CAMBRIDGE LIBRAF

Books of enduring sch

Classics

From the Renaissance to the nineteenth century, Latin and Greek were compulsory subjects in almost all European universities, and most early modern scholars published their research and conducted international correspondence in Latin. Latin had continued in use in Western Europe long after the fall of the Roman empire as the lingua franca of the educated classes and of law, diplomacy, religion and university teaching. The flight of Greek scholars to the West after the fall of Constantinople in 1453 gave impetus to the study of ancient Greek literature and the Greek New Testament. Eventually, just as nineteenth-century reforms of university curricula were beginning to erode this ascendancy, developments in textual criticism and linguistic analysis, and new ways of studying ancient societies, especially archaeology, led to renewed enthusiasm for the Classics. This collection offers works of criticism, interpretation and synthesis by the outstanding scholars of the nineteenth century.

Griechische Geschichte

Educated at Palermo, Rome and Heidelberg, the classical and economic historian Karl Julius Beloch (1845–1929) lived most of his life in Italy, becoming a *professor extraordinarius* of ancient history at the University of Rome in 1879. German scholars, notably Theodor Mommsen, criticised Beloch's work for his scepticism towards traditional material and his more subjective approach. In addition to important work on ancient demography, he produced this controversial yet influential opus, revised and published in four volumes between 1912 and 1927, in which he questions conventional views on Greek history. Each volume in its first part outlines historical events and in the second part goes into greater detail, emphasising Beloch's unique perspective. The first part of Volume 2 focuses on political, economic and cultural phenomena from the time of the Sophists until the Peloponnesian War.

Griechische Geschichte

VOLUME 2:
BIS AUF DIE SOPHISTISCHE BEWEGUNG
UND DEN PELOPONNESISCHEN KRIEG
PART 1

JULIUS BELOCH

CAMBRIDGE
UNIVERSITY PRESS

CAMBRIDGE UNIVERSITY PRESS

Cambridge, New York, Melbourne, Madrid, Cape Town,
Singapore, São Paolo, Delhi, Mexico City

Published in the United States of America by Cambridge University Press, New York

www.cambridge.org
Information on this title: www.cambridge.org/9781108050944

© in this compilation Cambridge University Press 2012

This edition first published 1914
This digitally printed version 2012

ISBN 978-1-108-05094-4 Paperback

GRIECHISCHE
GESCHICHTE

VON

KARL JULIUS BELOCH

ZWEITE NEUGESTALTETE AUFLAGE

ZWEITER BAND

BIS AUF DIE SOPHISTISCHE BEWEGUNG
UND DEN PELOPONNESISCHEN KRIEG

ERSTE ABTEILUNG

STRASSBURG

VERLAG VON KARL J. TRÜBNER

1914

Druck von Georg Reimer, Berlin W 10.

INHALT

III. Abschnitt.

Der wirtschaftliche Aufschwung nach den Perserkriegen.

IV. Abschnitt.

Die Demokratie.

V. Abschnitt.

Der Konflikt der Großmächte.

VI. Abschnitt.

Die Friedensjahre.

VII. Abschnitt.

Kunst und Dichtung.

VIII. Abschnitt.

Die Aufklärung.

IX. Abschnitt.

Die Reaktion.

X. Abschnitt.

Der peloponnesische Krieg bis zum Frieden des Nikias.

XI. Abschnitt.

Der Fall der athenischen Seeherrschaft.

XII. Abschnitt.

Der Fall der Demokratie.

I. Abschnitt.

Die Erhebung gegen die Fremdherrschaft.

Das griechische Volk hat das Glück gehabt, sich fast unbeeinflußt durch gewaltsame Eingriffe von außen in seiner Eigenart entwickeln zu können, bis es zur vollen geistigen und politischen Reife gelangt war. Kein fremder Eroberer hatte es versucht, nach Griechenland vorzudringen; und als die Hellenen selbst anfingen, sich über die Inseln und Küsten des Mittelmeeres auszubreiten, fanden sie bei den Bewohnern derselben keinen nennenswerten Widerstand. Sogar die Phoeniker wichen zunächst überall vor den Griechen zurück und überließen diesen fast ohne Kampf die Handelsreviere, die sie bisher ausgebeutet hatten.

Im VI. Jahrhundert begannen diese Verhältnisse sich zu ändern. Die kleinasiatischen Griechenstädte kamen unter lydische, Kypros unter aegyptische Herrschaft; im Westen schlossen sich die Phoeniker um Karthago zu einem einheitlichen Staate zusammen, der bald gegen die Griechen zum Angriff überging. Eine ernste Gefahr aber für die Freiheit des griechischen Mutterlandes bildete erst das Aufkommen der persischen Macht.

Die alten Monarchien des Orients, Medien, Lydien, Babylonien, Aegypten, waren durch Kyros und Kambyses eine nach der anderen unterworfen worden (oben I 1 S. 371ff.). Die persischen Könige geboten vom Aegeischen Meere und der großen Syrte bis zum Iaxartes und Indos. Ein Reich war geschaffen worden, wie die Welt es noch nie zuvor gesehen hatte und in dieser Weise auch nicht wieder gesehen hat oder doch nur noch einmal, in dem Reich Alexanders (unten III[1] 1 S. 10 A). War doch das Perserreich am Ausgang des VI. Jahrhunderts nicht nur die erste, sondern die einzige überhaupt bestehende Großmacht, neben der es nur unbedeutende Kleinstaaten gab. Es schien nur von dem Willen des Großkönigs abzuhängen, wo er die Grenzen seiner Herrschaft sich setzen wollte.

Denn das Reich verfügte über fast unerschöpfliche militärische Hilfsquellen[1]. Mochte auch das weite iranische Hochland relativ nur spärlich bewohnt sein, so zählte es doch bei seiner ungeheueren Ausdehnung (ca. 3 Millionen Q.-Km.) eine sehr beträchtliche absolute Bevölkerung. Um so größer war die Volksdichtigkeit in den fruchtbaren Ebenen am Euphrat und Tigris, im Niltal und in dem alten Kulturland Syrien[2]. Der König war in der Lage, jede beliebige Truppenzahl aufzubieten, die er nur zu verpflegen vermochte. Ebenso gewährte der Besitz der Seeküste vom Nil bis zum Hellespont die Mittel, um Hunderte von Kriegsschiffen auszurüsten, deren Kern die treffliche Marine der phoenikischen Handelsstädte bildete.

Die Finanzkraft des Reiches stand hinter seiner militärischen Leistungsfähigkeit nicht zurück; waren doch die reichsten Länder der damaligen Welt unter dem Zepter des Perserkönigs vereinigt. Neben dem Ackerbau blühten Handel und Industrie, namentlich in der Westhälfte des Reiches; noch die Hellenen des V. Jahrhunderts blickten auf Städte wie Memphis, Babylon, Susa, Egbatana mit derselben Bewunderung, wie die Reisenden des Mittelalters auf Kairo oder Bagdad. Die Einkünfte des Großkönigs sollen sich unter Dareios auf etwa 8000 babylonische Silbertalente (rund 50 Millionen Mark) belaufen haben, wozu dann noch bedeutende Naturalleistungen kamen[3]. Da die laufenden Ausgaben

---

[1] Über die Organisation des Reiches Ed. Meyer, *Gesch. des Altert.* III S. 16 ff.

[2] Vgl. meine *Bevölkerung* S. 252 und Ed. Meyer a. a. O. S. 91.

[3] Herod. III 89 ff., vgl. oben I 2 § 131, Weißbach, *Philol.* LXXI (NF. XXV), 1912, S. 479 ff. Die 360 tal. Goldstaub (etwa 25 Mill. M.), welche die indische Satrapie geliefert haben soll, sind hier außer Ansatz gelassen, denn

bei weitem nicht so hohe Summen erforderten, konnten die
Könige große Schätze ansammeln. Alexander soll in Susa
40—50 000 [1], in Persepolis 120 000 Talente Silber [2] er-
beutet haben. Erinnern wir uns dabei, daß der athenische
Staatsschatz zu Anfang des peloponnesischen Krieges nur
6000 Talente enthielt, während die gesamten Einkünfte des
attischen Reiches um diese Zeit 600 Talente nicht überstiegen.

Und alle diese unermeßlichen Machtmittel standen zur
unbeschränkten Verfügung eines einzigen. Neben dem Willen
des Herrschers galt kein anderer Wille im Reich; der vornehme Satrap, wie der gemeine Tagelöhner, sie alle waren
in gleicher Weise Knechte des Königs, sie alle warfen sich
vor der Majestät in den Staub, ein Schauspiel, das jeden
Hellenen mit tiefem Ekel erfüllte. So war die politische
Leistungsfähigkeit des Reiches zum großen Teil bedingt
durch die Persönlichkeit des Herrschers; und auch das Perserreich ist dem Fluch aller Monarchie nicht entgangen, daß
der Zufall der Geburt nur selten einen tüchtigen Mann auf
den Thron bringt.

Aber auch sonst barg das Reich Elemente der Schwäche
genug. Schon die große Ausdehnung neutralisierte bis zu
einem gewissen Grade die gewaltigen materiellen Mittel, über
die es verfügte. Erforderte es doch 4 Monate oder mehr, um

diese Angabe hat genau so viel Wert, wie die Erzählung von den Ameisen,
welche dieses Gold graben sollten (Herod. III 102 ff.); die Berechnung ist sehr
durchsichtig, es kommt gerade 1 tal. auf den Tag. Die Ansätze für die unteren
Satrapien mögen in der Hauptsache richtig sein (vgl. unten Abschn. II), wenn
auch die 500 tal. für Lydien im Verhältnis zu den 700 tal. für Aegypten auffallend hoch scheinen; dagegen sind die Ansätze für die oberen Satrapien stark
übertrieben. Nach Diod. XV 90, 4 hätten Kleinasien und Syrien, die nach Herodot
rund 2000 tal. zahlten, etwa die Hälfte aller Tribute geliefert; nach diesem
Verhältnis würden die Einkünfte Dareios' I. sich einschließlich Aegyptens auf
rund 5000 tal. belaufen haben, immer noch eine für die damaligen Verhältnisse
ungeheure Summe. Doch mag diese Schätzung zu niedrig sein.

[1] Arrian. III 16, 7, Diod. XVII 66, Strab. XV 728. 731, Curt. V 2, 11,
Plut. *Alex.* 36.

[2] Diod. XVII 71, Curt. V 6, 9. Diese Angabe ist ohne Zweifel viel zu
hoch, denn Alexander soll bei seinem Tode nur etwa 50000 tal. hinterlassen
haben (Iustin. XIII 1, 9; vgl. unten III 1 S. 44).

ein Heer von Babylon nach Sardes oder an den Nil marschieren
zu lassen, und noch längere Zeit, um die Truppenmassen aus
den weitgedehnten Provinzen zusammenzuziehen. Jeder
größere Feldzug, den der König unternehmen wollte, machte
demgemäß eine mehrjährige Vorbereitung nötig. Auch die
Qualität der Truppen ließ vieles zu wünschen übrig. Die
Bewohner des Reiches waren in ihrer großen Mehrzahl unkriegerisch, ganz abgesehen davon, daß sie für ihre fremden
Herren nur widerwillig in den Kampf zogen. Die Perser selbst
allerdings und überhaupt die arischen Stämme des iranischen
Hochlandes waren gute Soldaten, namentlich vorzügliche
Reiter und Bogenschützen. Aber so trefflich diese Waffen
auch auf den weiten Ebenen Asiens zu verwenden waren,
auf durchschnittenem oder gebirgigem Gelände waren die
Perser durch ihren Mangel an Disziplin und ihre leichte Rüstung
den griechischen Hopliten gegenüber im Nachteil; und noch
größer war die moralische Inferiorität der Asiaten, die vor der
Peitsche ihrer Offiziere zitterten, die nur für ihren König und
Herrn fochten, gegenüber den freien Bürgern griechischer Städte.

Es war überhaupt der wundeste Punkt des Perserreiches,
daß es nur auf brutale Gewalt begründet war und durch
brutale Gewalt zusammengehalten wurde. Kein gemeinsames
Interesse irgend einer, Art verband die unzähligen Völker
des Reiches; und die Perserherrschaft hat es nicht vermocht,
ja sie hat nicht einmal den Versuch gemacht, diese Völker
zu einem Ganzen zu verschmelzen. Babylonier, Meder,
Aegypter, Kleinasiaten standen sich zu Alexanders Zeit noch
genau so fremd gegenüber wie einst zur Zeit des Dareios;
sie alle, die Meder vielleicht ausgenommen, begrüßten den
Fall der Perserherrschaft als Befreiung von einem unerträg-
lichen Joche.

Schon nach Kambyses' Tode auf seiner Rückkehr aus
Aegypten hatte es einen Augenblick den Anschein gehabt,
als ob das Reich, kaum begründet, sich wieder auflösen sollte.
Im Stammlande Persis brach der Bürgerkrieg aus[1], und

---

[1] Die offizielle Version über diese Vorgänge, wie sie Dareios auf dem
Felsen von Baghistan seinen Völkern verkündet hat, und die griechischen

eine Reihe der unterworfenen Völker benutzte die Gelegenheit
zu dem Versuch, die Fremdherrschaft abzuschütteln. Erst
nach langen Kämpfen gelang es Dareios, einem Prinzen
aus einer Nebenlinie des Achaemenidenhauses [1], als Großkönig anerkannt zu werden und die abgefallenen Provinzen
wieder zu unterwerfen. Er gab dem Reiche jetzt eine straffere
administrative Organisation und regelte namentlich das
Finanzwesen durch feste Normierung der Tribute der einzelnen
Landschaften.

Der neue Großkönig wendete nun seine Blicke dem
Westen zu, den Kyros und Kambyses, von dringenderen
Aufgaben in Anspruch genommen, mehr als gut war vernachlässigt hatten. Eine Eroberung des europäischen Griechenlands allerdings scheint wenigstens ursprünglich nicht in
seinen Plänen gelegen zu haben. Vielmehr ließ Dareios eine
Schiffbrücke über den Bosporos schlagen und zog dann durch
das östliche Thrakien, dessen Stämme sich ohne Widerstand
unterwarfen. Die Geten in der heutigen Dobrudscha wurden
nach kurzem Kampfe zur Anerkennung der persischen Herrschaft gebracht. Inzwischen war die Flotte, aus den Kontingenten der kleinasiatischen Griechenstädte gebildet, längs
der Westküste des Pontos nach Norden gesegelt und in die
Donaumündung eingelaufen; da, wo der Fluß sich zu teilen
beginnt, etwas oberhalb der Spitze des Delta, ging der König
über den Strom und drang in das unwirtliche Gebiet der
Skythen im heutigen Bessarabien ein. Da die Flotte in der
Donau blieb, hat Dareios eine Eroberung des Skythenlandes

Historiker von Herodot an im wesentlichen wiederholt haben, ist in hohem
Grade verdächtig. Ein Mann wie Bartija, der der nächste am Thron war, konnte
nicht heimlich auf die Seite geschafft werden, und noch weniger ist es denkbar,
daß unmittelbar nach Bartijas' Tode ein Betrüger mit der Behauptung Glauben
hätte finden können, er sei der Sohn des Kyros, und noch dazu in Persis selbst,
wo Tausende lebten, die den wahren Bartija gekannt hatten. Wohl aber ist
es klar, daß Dareios alle Ursache hatte, seine Usurpation des Throns zu beschönigen.

[1] Lehmann-Haupt, *Darius und der Achaemenidenstammbaum, Klio* VIII,
1908, S. 493 ff.

offenbar nicht beabsichtigt [1]; er wollte nur den Skythen
seine Macht zeigen, um ihnen die Lust zu nehmen, den Istros
zu überschreiten, der bestimmt war, auf dieser Seite die
Grenze des Reiches zu bilden, wie sie der Iaxartes im Nordosten bildete. Indes die Skythen stellten sich nicht zum
Kampfe, sie wichen in das Innere ihrer Steppen und Sümpfe
zurück, und dem persischen Heere, das den Feind nirgends
finden konnte, blieb schließlich aus Mangel an Lebensmitteln
nichts übrig, als der Rückzug an die Donau, der nur unter
schweren Verlusten bewerkstelligt werden konnte (um 513) [2].

Das mißlungene Unternehmen mußte das persische
Ansehen in Kleinasien tief erschüttern. Bisher waren die
Perser von Sieg zu Sieg geschritten, der Ruf der Unwider-
stehlichkeit ging vor ihnen her; jetzt machte der Rückschlag
um so größeren Eindruck, als es der König selbst war, der
erfolglos von einem Feldzuge heimkehrte. Wenig fehlte, so
hätte die Mannschaft der griechischen Flotte, der die Hut
der Donaubrücke anvertraut war, diese Brücke abgebrochen
und sich nach Hause zerstreut, was das sichere Verderben
des persischen Heeres gewesen wäre. Der Plan scheiterte
an dem Widerstande des Tyrannen von Milet, Histiaeos,
der sehr wohl wußte, daß seine eigene Stellung an der Spitze
seiner Stadt nur auf dem Rückhalt beruhte, den er an der
Persermacht hatte. So wurde das Schlimmste noch abgewendet. Am Hellespont freilich brach ein Aufstand aus,
der aber isoliert blieb und mit leichter Mühe unterdrückt
wurde; ja es gelang den Persern, auch die thrakische Küste
bis zum Strymon hin ihrer Herrschaft zu unterwerfen [3].
Selbst König Amyntas von Makedonien beeilte sich, die

---

[1] Das hat Grundy, *Pers. War* S. 58 ff. richtig erkannt. Was Herodot
angibt (IV 1), der König habe den vor mehr als hundert Jahren erfolgten Einfall
der Skythen in Medien rächen wollen, kann unmöglich das wahre Motiv gewesen sein. Die Vermutungen der Neueren bei Busolt, *Gr. Gesch.* II² 524, 2.

[2] Herod. IV 83—143, Ktes. *Pers.* 16. 17. Die Angaben Herodots über
den Zug sind phantastisch. Wahrscheinlich sind die Perser nicht über den
Tyras (*Dnjestr*) hinausgekommen (Strab. VII 305), den sie auch ohne Schiffe
kaum hätten überschreiten können. Über die Chronologie unten 2. Abt. § 26.

[3] Herod. V 1—27.

Oberhoheit des Großkönigs anzuerkennen[1]. Aber im ganzen Westen Kleinasiens gärte es weiter. Sogar Histiaeos wurde dem König verdächtig, der ihn unter einem ehrenvollen Vorwand nach Susa berief und dort an seinem Hofe festhielt[2]. Unter solchen Umständen konnte der geringste Anlaß eine Empörung herbeiführen.

In Milet hatte nach Histiaeos' Abberufung dessen Vetter und Schwiegersohn Aristagoras die Regierung übernommen. Der faßte den Plan, die Kykladen seinem Einfluß zu unterwerfen, wozu die Rückführung verbannter Aristokraten nach Naxos den Vorwand abgeben sollte. Artaphernes, der Satrap von Sardes, billigte das Unternehmen, das ja auch die Interessen des Großkönigs förderte; eine Flotte aus den griechischen Küstenstädten wurde zusammengebracht und ein persisches Landungskorps an Bord genommen. Aber Naxos leistete einen unerwarteten Widerstand, und nachdem man vier Monate erfolglos vor der Festung gelegen hatte, blieb nichts übrig als die Rückkehr nach Asien (Ende Sommer 499)[3].

Das Scheitern dieser Expedition war der Funke, der den so lange glimmenden Brand zum Ausbruch brachte[4]. Aristagoras selbst stellte sich an die Spitze der Bewegung; er legte die Tyrannis nieder und rief die Milesier zum Freiheitskampfe gegen die Barbaren. Die Mannschaften der griechischen Flotte, die soeben von Naxos zurückgekehrt war und Milet gegenüber an der Maeandrosmündung lag, schlossen sich

---

[1] Herod. V 17 ff.

[2] Herod. V 23—25.

[3] Herod. V 28—34. Über die Chronologie s. unten 2. Abt. § 25.

[4] Herodot (V 35) führt wie gewöhnlich alles auf kleinliche persönliche Motive zurück. Aristagoras soll gefürchtet haben, zur Strafe für sein mißglücktes Unternehmen der Tyrannis entsetzt zu werden. Aber er hat ja den Aufstand damit begonnen, daß er freiwillig der Herrschaft entsagte. Also das kann der Grund nicht gewesen sein. Auch ist es evident, daß der Aufstand seine große Ausdehnung nicht hätte gewinnen können, wenn nicht alles in Kleinasien für die Erhebung bereit war. Offenbar sah Aristagoras, daß er die Bewegung nicht zurückhalten könne, und hielt es für das Klügste, ihre Leitung selbst zu ergreifen.

voll Begeisterung an; die auf der Flotte befindlichen Tyrannen
wurden ergriffen und ihren Städten zur Bestrafung ausgeliefert. Und nun verbreitete sich der Aufstand wie ein
Lauffeuer über die ganze kleinasiatische Küste; überall wurden
die Tyrannen gestürzt und den Persern der Gehorsam ge-
kündigt [1].

Ionien war damals das wirtschaftliche und geistige Zentrum
der griechischen Nation und der Länder am Mittelmeer
überhaupt. Wohl waren mit dem steigenden Wohlstand
auch die Ansprüche an die Lebenshaltung gestiegen, die hier
weit reicher und glänzender war, als drüben im Mutterlande;
aber der Luxus, der ja überdies auf die höheren Stände beschränkt blieb, hatte das Volk nicht verweichlicht, und auch
die Tatkraft der führenden Klassen keineswegs gelähmt.
Waren es doch ionische Schiffer, die den Pontos, den Adrias,
den fernen Westen bis nach den Säulen des Herakles erschlossen hatten, und noch immer weiter erschlossen. Auch
der kriegerische Geist war so wenig erloschen, daß es eben
ionische Söldner waren, die noch bis vor wenigen Jahren
den Kern des aegyptischen Heeres gebildet hatten; und noch
lauter spricht die Tatsache, daß die Ioner es vermocht haben,
aus eigener Kraft der ganzen Macht des Perserreiches 6 Jahre
lang Widerstand zu leisten und schließlich mehr der eigenen
Zwietracht als den Waffen der Gegner erlegen sind [2].

---

[1] Herod. V 36—38.

[2] Was Herodot (z. B. VI 11 ff.) von der Weichlichkeit der Ioner zu erzählen weiß, ist von freundnachbarlicher Abneigung diktiert und steht, wenigstens für die Zeit des großes Aufstandes, im Widerspruch mit den Tatsachen.
Für seine eigene Zeit mag es allerdings zum Teil richtig sein, vgl. Xen. *Hell.*
III 2, 17; 4, 15. Herodots Urteil ist dann, wie gewöhnlich, für die Neueren
maßgebend gewesen, ja sie gehen noch über ihn hinaus. So sieht Ed. Meyer
in Hipponax „den rechten Repräsentanten der ionischen Zustände dieser Zeit...
Ideale gibt es nicht mehr, nur Geld will der Dichter haben, und gut essen"
(*Gesch. d. Altert.* II S. 794). Nun, wenn die Ioner nichts weiter wollten, hätten
sie sich wahrhaftig nicht gegen Dareios zu erheben brauchen. Materiell ging
es ihnen ja unter der Perserherrschaft sehr gut. Übrigens, was wissen wir denn
von Hipponax? Die paar Fragmente reichen doch keineswegs aus, um darauf
hin zu behaupten, daß er für nichts Höheres Sinn gehabt habe.

Freilich, auf sicheren Erfolg war nur zu rechnen, wenn die Bewegung an den Stammesgenossen jenseits des Aegaeischen Meeres einen Rückhalt fand. Und es lag im eigensten Interesse der europäischen Griechen selbst, den Aufstand nicht ohne Unterstützung zu lassen. Es gehörte wahrlich nur ein sehr geringer Scharfblick dazu, um zu erkennen, daß das persische Reich auf die Dauer sich mit dem Besitz des asiatischen Teils der griechischen Welt nicht begnügen konnte. Mit welchen Plänen man sich in Susa und Sardes trug, hatte noch soeben die Unternehmung gegen Naxos gezeigt. Es war ein Gebot der Selbsterhaltung, dem Angriff zuvorzukommen und den früher oder später doch unvermeidlichen Kampf aufzunehmen, so lange man noch die asiatischen Brüder zur Seite hatte. Aristagoras wandte sich also um Hilfe an die griechische Vormacht Sparta; dort aber vermochte man sich zu einer so großzügigen Politik nicht zu entschließen und wies das Gesuch ab [1]. Besseren Erfolg hatte Aristagoras in Athen, wo die enge Stammverwandtschaft und die lebhaften Handelsbeziehungen den Ioniern warme Sympathien sicherten. Und auch abgesehen davon hatte man hier allen Grund, sich an dem Kriege gegen Persien zu beteiligen. Denn Hippias, als Herr von Sigeion persischer Reichsfürst, galt viel am Satrapenhofe in Sardes, und Artaphernes hatte bereits die formliche Aufforderung an Athen gestellt, den vertriebenen Tyrannen wieder aufzunehmen [2]. Vor allem aber winkte die Hoffnung, die Inseln Lemnos und Imbros wieder zu erlangen, die nach dem Sturze der Peisistra-

---

[1] Herod. V 38. 49—51. Die Rede, die Herodot V 49ff. nach spartanischer Quelle (c. 49) Aristagoras in den Mund legt, ist freilich absurd und hat nur den Zweck, Spartas kurzsichtige Politik zu entschuldigen. Kein Mensch kann damals an eine Offensive nach Susa gedacht haben. Aber Sparta verfügte ja über die beiden ersten Flotten im europäischen Griechenland, die von Korinth und Aegina; und was 25 Jahre früher gegen Polykrates geschehen war und 20 Jahre später bei Mykale geschehen ist, hätte auch jetzt geschehen können. Fünfzig peloponnesische Schiffe würden aller Wahrscheinlichkeit nach genügt haben, das Geschick des Tages von Lade zu wenden (gegen Ed. Meyer III S. 303).

[2] Herod. V 96.

tiden verloren gegangen waren [1]. Man tat also was man konnte und sandte den Ionern 20 Schiffe zu Hilfe, etwa die Hälfte der gesamten Athen zur Verfügung stehenden Seemacht. Auch das Milet von alters her befreundete Eretria stellte 5 Schiffe [2]. Das war alles, was das Mutterland für die Rettung seiner Kolonien tat. Aber so ungenügend diese Unterstützung auch sein mochte, sie hatte eine moralische Wirkung, deren Bedeutung kaum überschätzt werden kann.

In richtiger Erkenntnis der Lage · schritten die Ioner zur Offensive (Frühjahr 498), ehe der Feind seine Kräfte gesammelt hatte; und ebenso richtig war es, daß man die Hauptstadt Kleinasiens, Sardes, zum Ziel des Angriffs sich aussah [3]. Die persische Garnison war nicht stark genug, die weitgedehnte Stadt zu verteidigen, und zog sich in die uneinnehmbare Burg zurück. Während aber die Griechen einrückten, brach Feuer aus, das in den durchweg mit Rohr gedeckten Häusern mit reißender Schnelle um sich griff und die ganze Stadt in Asche legte. Eine Belagerung der Burg wagte man nicht, angesichts der heranziehenden persischen Verstärkungen. So blieb nichts übrig als der Rückzug

[1] Wenn die Inseln wirklich schon unter Peisistratos erobert worden sind (oben I 1 S. 388), müssen sie sich bei Hippias' Sturz der demokratischen Erhebung angeschlossen haben, denn sie wurden bald nach Dareios' Skythenzuge von den Persern erobert, die hier Lykaretos zum Regenten einsetzten, einen Bruder des Samiers Maeandrios (Herod. V 26, oben I 1 S. 378). Wären die Inseln dagegen unter Hippias' Herrschaft geblieben, so hätten die Perser zu einer Intervention keinen Grund gehabt. Lykaretos ist dann von den Lemniern erschlagen worden, wie es scheint, nicht lange darauf (Herod. V 27). Dann müßte die Eroberung durch Miltiades erfolgt sein (Diod. X 19, 6, Charax aus Pergamon *FHG*. III 642 fr. 30), falls nicht eine Verwechslung mit dem älteren Miltiades vorliegt (oben I 1 S. 388 Anm. 2). Jedenfalls muß die persische Herrschaft in irgendeiner Form wieder hergestellt worden sein. Die Vermutung liegt nahe, daß die Inseln an Hippias zurückgekommen sind, der ja der rechtmäßige Herrscher war, und hier gestorben sein soll (Suidas Ἱππίας b); vielleicht ist schon Lykaretos sein Statthalter gewesen.

[2] Herod. V 97—99.

[3] Die Angabe bei Plut. *De Herod. malign.* 24 S. 861, die Ioner wären nach Sardes gezogen βουλόμενοι τὴν Μιλήτου λῦσαι πολιορκίαν ist absurd; wie hätten sie an einen Zug ins Innere denken können, wenn sie nicht einmal imstande waren, die Perser aus ihrer Stellung vor Milet zu vertreiben?

nach Ephesos [1]. In ganz Kleinasien aber machte der Brand von Sardes tiefen Eindruck; die hellespontischen Städte, Karien, Lykien, Kypros, schlossen sich jetzt dem Aufstande an [2].

Die Athener verließen in Ephesos ihre Bundesgenossen und schifften nach Hause; Lemnos und Imbros wurden nun wieder mit Athen vereinigt [3]. Der Zweck, für den die Athener zu den Waffen gegriffen hatten, war erreicht, und sie haben infolgedessen an dem Kriege keinen weiteren Anteil genommen. Auch war für den Augenblick für sie nichts zu tun, da die ionische Flotte das Meer beherrschte, und später, als das Glück sich gegen die Ioner wandte, trat in Athen ein politischer Umschwung ein, der die Anhänger des Peisistratidenhauses an die Spitze des Staates brachte (siehe unten S. 13).

Inzwischen hatten die persischen Streitkräfte sich gesammelt. Im Frühjahr 497 ging ein Heer nach Kypros hinüber, wo die beiden ungriechischen Städte Amathus und Kition der königlichen Sache treugeblieben waren [4] und eine sichere Operationsbasis bildeten. Die ionische Flotte kam zu spät, die Landung des Feindes zu hindern; sie blieb allerdings in

---

[1] Nach Herod. VI 62 wären die Ioner von den Persern bis Ephesos verfolgt und dort gänzlich geschlagen worden. Charon von Lampsakos (*FHG.* I 33, 2 bei Plut. *Über Herodots Böswilligkeit* 24 S. 861) weiß von dieser Niederlage nichts, und er verdient nicht nur als ältere Quelle, sondern auch aus inneren Gründen mehr Glauben. Ed. Meyer meint (*Gesch. d. Altert.* III S. 304 A), Charon hätte auch sonst zugunsten der Griechen manches verschwiegen. Ich will darüber nicht streiten, denn es kommt sehr wenig darauf an. Das Entscheidende ist, daß der Aufstand sich nicht weiter ausgebreitet haben würde, wenn der Zug nach Sardes mit einer Niederlage geendet hätte. Herodots Erzählung des ganzen Aufstandes ist überhaupt gegen die Ioner voll Mißgunst. Das Stärkste ist wohl, daß er es VI 10 als ἀγνωμοσύνη bezeichnet, wenn die Führer der einzelnen ionischen Kontingente vor der Schlacht bei Lade die Aufforderung der vertriebenen Tyrannen zum Verrat an der Sache des Aufstandes zurückwiesen. Also Herodot selbst wäre zu einem solchen Verrat fähig gewesen.

[2] Herod. V 99—104.

[3] Überliefert ist das nicht, es liegt aber in der Natur der Sache.

[4] Über Amathus Herod. V 108. 114; daß das phoenikische Kition dem Aufstande fern blieb, ist selbstverständlich und wird durch den Stein von Idalion (*Gr. Dial.-Inschr.* I 60) bestätigt, wenn diese Inschrift wirklich, wie gewöhnlich angenommen wird, sich auf den ionischen Aufstand bezieht.

einer Seeschlacht über die Phoeniker siegreich, aber die vereinigten Kontingente der kyprischen Fürsten wurden in der
Ebene von Salamis von den Persern völlig geschlagen, wobei
der König dieser Stadt, Onasilos, das Haupt des Aufstandes,
seinen Tod fand. Jetzt trat Salamis wieder auf die persische
Seite hinüber, und damit war das Schicksal der Bewegung
entschieden. Die Städte, die noch im Widerstande verharrten,
wurden mit Waffengewalt zum Gehorsam zurückgebracht,
zuletzt Soloi nach langer Belagerung[1].

Gleichzeitig waren die Perser auch in Kleinasien zur
Offensive geschritten. Die Städte am Hellespont, Aeolien,
Klazomenae in Ionien wurden erobert; in Karien allerdings
erlitten die Feldherren des Königs nach anfänglichen Erfolgen
eine vernichtende Niederlage, die dem weiteren Fortschritt
der persischen Waffen vorderhand ein Ziel setzte. Aber seit
dem Verlust von Kypros war das Schicksal des Aufstandes
besiegelt. Aristagoras' Stellung in Milet wurde jetzt unhaltbar; er wandte also der Heimat den Rücken und ging nach
Myrkinos am unteren Strymon in Thrakien, das einst Histiaeos
vom Könige zur Belohnung seiner Verdienste verliehen worden
war. Bei dem Versuche, hier eine Stadt zu gründen — da,
wo später die Athener Amphipolis erbauten —, wurde er von
den Edonern erschlagen (496)[2].

Histiaeos war indessen von Dareios nach Sardes gesandt
worden, um durch seinen Einfluß die Ioner zur gutwilligen
Unterwerfung zu bewegen[3]. Statt dessen zettelte der alte
Tyrann mit unzufriedenen persischen Großen gegen Artaphernes eine Verschwörung an, und entfloh dann, als der
Satrap Verdacht schöpfte, nach Chios. Aber seine Hoffnung,
an die Spitze der nationalen Bewegung zu treten, schlug
fehl; die Milesier wollten von ihrem früheren Herrscher nichts

---

[1] Herod. V 108—115.
[2] Herod. V 116—126, Thuk. IV 102.   Über die Chronologie unten
2. Abt. § 25.
[3] Heinlein, *Histiaios von Milet*, *Klio* IX, 1909, S. 341 ff. hätte ungedruckt
bleiben können.

wissen. Endlich erhielt er von den Mytilenaeern einige Schiffe, mit denen er im Hellespont einen Parteigängerkrieg eröffnete [1].

Der Aufstand dauerte nun schon ins fünfte Jahr, und noch immer war Ionien unbezwungen. Der Versuch, die Griechen durch Verhandlungen zu trennen, war mißglückt, und mit dem Landheer allein war gegen die stark befestigten Küstenstädte nichts auszurichten. So erschien denn endlich im Sommer 494 im Aegaeischen Meer eine phoenikische Flotte, zu der auch die eben unterworfenen Kyprier ihr Kontingent hatten stellen müssen [2]. Aber auch jetzt, als die Gefahr in nächster Nähe sich zeigte, blieb das Mutterland untätig. In Athen war, bald nach der Wiederunterwerfung von Kypros, wahrscheinlich also unter dem Eindruck dieses Ereignisses, ein Umschwung erfolgt, der die Alkmeoniden von der Leitung des Staates herabstürzte und ihren Gegner Hipparchos aus Kollytos, einen nahen Verwandten des Peisistratidenhauses, als ersten Archon an die Spitze der Regierung brachte [3]. Die Kriegspolitik gegen Persien wurde infolgedessen jetzt aufgegeben. Und Sparta, das auch, als es die Hände freigehabt, den Ionern die Unterstützung versagt hatte, stand wieder einmal mit seiner alten Rivalin Argos im Kriege, der seine ganze Kraft in Anspruch nahm. Es scheint, daß König Kleomenes den Konflikt herbeigeführt hat; wenigstens war es, der die Offensive ergriff (um 494). Da er von Süden her nicht in die argeiische Ebene vorzudringen vermochte, ließ er sein Heer durch aeginetische und sikyonische Schiffe von Thyrea nach Nauplia überführen [4]; bei dem nahen Tiryns kam es

---

[1] Herod. V 106—7, VI 1—5.

[2] Herod. VI 6.

[3] Über Ἵππαρχος Χάρμου Κολλυτεύς oben I 2 S. 300 f. 332, sein Archontat ebenda S. 170. Vgl. unten 2. Abt. § 48.

[4] Herod. VI 76. 92. Die Wegführung der Geiseln aus Aegina durch Kleomenes, die Herodot wegen des angeblichen Medismos der Aegineten kurz vor der Schlacht bei Marathon erfolgen läßt (VI 49—50. 73), gehört wahrscheinlich in diesen Krieg, an dem die Aegineten sich nur gezwungen beteiligten (VI 92). Was Herodot von Damaratos' Opposition gegen Kleomenes bei dieser Gelegenheit erzählt, wird richtig sein; da er aber den ganzen Vorgang um einige Jahre zu tief herabrückt, muß er Leotychidas dabei mitwirken lassen. Übrigens ist es

zur Schlacht, in der das argeiische Heer nahezu vernichtet wurde[1]. Die stark befestigte Hauptstadt zu nehmen war Kleomenes allerdings nicht imstande, wie die Spartaner ja überhaupt im Belagerungskrieg wenig geübt waren; aber die Macht von Argos war doch auf lange Zeit hinaus lahmgelegt. Tiryns und Mykenae gewannen jetzt ihre Unabhängigkeit zurück und traten in Bund mit Sparta[2]. Den meisten übrigen Perioekengemeinden verlieh Argos sein Bürgerrecht, nur Kleonae und Orneae blieben in ihrer alten Stellung[3].

Um dieselbe Zeit etwa war in Ionien die Entscheidung gefallen. Rhodos, Knidos und Halikarnassos, mit den zu diesem

gar nicht ausgeschlossen, daß die Chronographen Leotychidas' Regierungsantritt eben nach dieser Herodotstelle datiert haben.

[1] Herod. VI 76—82. Nach dem Orakel bei Herod. VI 19 und 77 war die Niederlage der Argeier mit dem Fall von Milet (494) etwa gleichzeitig, während nach Herod. VII 148 die Schlacht bei Tiryns kurze Zeit (νεωστί) vor 480 erfolgt wäre. Jedenfalls ging sie dem Ausbruch des Krieges zwischen Aegina und Athen (etwa 488) vorher (Herod. VI 92), höchst wahrscheinlich auch der Absetzung des Damaratos (491, Plut. *Mul. virt.* 4 S. 245). Auch Diodor hat diese Niederlage oder doch deren Folgen für Argos nach dem Ende des ionischen Aufstandes, und vor dem Zuge des Datis erzählt (X 26, vgl. De Sanctis, *Saggi di Storia Antica e di Archeologia offerti a G. Beloch*, Rom 1910, S. 235 ff.). Die Angabe bei Paus. III 4, 1 Κλεομένης ὡς ἐβασίλευσεν, αὐτίκα ἐσέβαλεν ἐς τὴν Ἀργολίδα beweist nicht das geringste; C. Wells, *Journ. Hell. Stud.* XXV, 1905, S. 193 ff., hat sich vergeblich bemüht, sie zu verteidigen.

[2] Das zeigt ihre Haltung im Perserkriege: *IGA.* 70, Herod. VII 202. IX 27.

[3] Aristot. *Polit.* V 1303a, Plut. a. a. O., auch die Angabe über den Synoekismos von Argos bei Paus. VIII 27, 1 muß auf diese Zeit gehen. Herod. VI 83 läßt die δοῦλοι sich der Herrschaft in Argos bemächtigen. Auch Diod. X 26 spricht von einer Sklavenemanzipation (daß diese Stelle sich auf Argos bezieht, hat De Sanctis a. a. O. gesehen). Es könnte sich natürlich nur um die leibeigene Landbevölkerung handeln, die Gymneten oder Gymnesier (Polyd. III 83, Steph. Byz. Χίος, vgl. De Sanctis a. a. O.). Aber wenn es wirklich einmal solche Leibeigenen in Argos gegeben hat, muß deren Befreiung in viel frühere Zeit fallen. Dagegen hat Argos später keine Perioekenstädte mehr gehabt, mit Ausnahme von Kleonae und Orneae, die es noch zur Zeit des peloponnesischen Krieges waren (Thuk. V 67, 2; 72, 4; 74, 3). Der Erzählung von der Verteidigung der Stadt durch die Frauen (Paus. II 20, 8—10 = Suid. Τελεσίλλα, Plut. *Mul. Virt.* 4 S. 285, Polyaen. VII 33, Wilamowitz, *Textgesch. der griech. Lyriker*, *Abh. Gött. Ges.* NF. IV 3, Berlin 1900, S. 76 ff., Herzog, *Philol.*, NF. XXV, 1912, S. 17) liegt eine ätiologische Sage zugrunde.

gehörigen Inseln Kos und Kalymna, scheinen sogleich bei
Erscheinen der phoenikischen Flotte ihren Frieden mit dem
Könige gemacht zu haben. Die übrigen Städte versammelten
ihre gesamte Seemacht zum Schutz von Milet und nahmen
hier, im Angesicht der Stadt, bei der kleinen Insel Lade, die
Schlacht an. Wohl noch nie hatten so große Flotten gegen-
einander gekämpft. An Zahl der Schiffe waren die Ioner dem
Gegner annähernd gewachsen [1], aber es fehlte an Disziplin
und an festem Zusammenhalt; auch waren nicht alle Kontingente ganz zuverlässig. Unter den samischen Kapitänen
hatte der vertriebene Tyrann Aeakes viele Anhänger, die
sich nach kurzem Kampfe zur Flucht wandten; jetzt hielten
auch die Lesbier nicht mehr stand, und so endete der Tag
mit einer völligen Niederlage. Milet wurde nun zu Lande
und zur See eingeschlossen und endlich mit Sturm genommen.
Es hatte schwer für seinen Abfall zu büßen. Ein Teil der
Bewohner wurde hinweggeführt und in Babylonien angesiedelt; der Tempel Apollons in Didyma, vor den Toren der
Stadt, das berühmteste Heiligtum Ioniens, ging in Flammen
auf, seine reichen Schätze fielen den Persern zur Beute. Milet
hat sich nie wieder von diesem Schlage zu erholen vermocht;
seine alte Blüte war für immer gebrochen [2].

[1] Herod. VI 9 οἱ Περσέων στρατηγοὶ πυθόμενοι τὸ πλῆθος τῶν Ἰάδων
νεῶν καταρρώδησαν, μὴ οὐ δυνατοὶ γένωνται ὑπερβαλέσθαι. Die Ioner hätten
354, die Perser 600 Schiffe gezählt. Letzteres ist eine der stereotypen Zahlen,
auf die persische Flotten geschätzt werden, und die Angabe hat gar keinen
Wert. Die Zahl der ionischen Schiffe ist vielleicht nicht so sehr übertrieben,
da die Ioner doch gewiß die höchsten Anstrengungen gemacht haben, nur
können es nicht Trieren gewesen sein, wie Herodot sagt, der hier, wie gewöhnlich, die Verhältnisse seiner eigenen Zeit auf die Zeit der Perserkriege über-
trägt; haben doch selbst Athen und Syrakus auf der Höhe ihrer Macht nie eine
solche Flotte auf einem Punkte zu versammeln vermocht. Die Triere ist erst
kurz vor Xerxes' Zuge zum Linienschiff geworden; vorher bestanden die
Flotten in der Hauptsache aus Fünfzigruderern (Thuk. I 14).

[2] Herod. VI 6—20. Die Worte Μίλητος μὲν οὖν Μιλησίων ἠρήμωτο
enthalten eine starke Übertreibung; erwähnt doch Herodot selber (IX 104)
ein milesisches Kontingent in der Schlacht bei Mykale. Aber allerdings ist ein
Teil der Stadt, das Quartier im Süden, zerstört und nicht wieder aufgebaut
worden (Wiegand, *Abh. Berl. Akad.* 1908 Anhang S. 3 ff.). Die Angabe, daß

Jetzt wurde Karien mit leichter Mühe unterworfen; auch Samos beeilte sich, seinen Frieden mit dem Sieger zu machen, und nahm seinen alten Herrscher Aeakes, Sylosons Sohn, wieder auf [1]; die Männer, die sich bei der Revolution kompromittiert hatten, verließen die Insel und suchten sich eine neue Heimat im Westen, wo sie Zankle in Besitz nahmen [2]. Histiaeos aber ließ den Mut noch nicht sinken. Er eilte nach Chios, ergriff die Leitung der Bewegung und dachte, auf die Kräfte dieser Insel, von Lesbos und der hellespontischen Landschaft gestützt, den Krieg fortzusetzen. Noch war nicht alles verloren, wenn das Mutterland endlich der drohenden Gefahr gegenüber die Augen öffnete. Die Katastrophe Milets sprach wahrlich eine deutliche Sprache; sie mußte überall in der griechischen Welt einen nieder-schmetternden Eindruck machen, nirgends tiefer als in Athen, der engverwandten und verbündeten Stadt, wo man sich sagen mußte, durch die eigene tatlose Haltung die Kata-strophe mitverschuldet zu haben. Hier brachte der Tragiker Phrynichos im folgenden Frühjahr (493) den „Fall Milets" auf die Bühne und erzielte damit eine erschütternde Wirkung, so daß die Regierung, die sich getroffen fühlte, den Dichter in Strafe nahm [3]. Die Wahlen führten denn auch im nächsten Sommer Themistokles an die Spitze des Staates, den Mann, dem Ionien nach 14 Jahren seine Befreiung zu danken haben sollte; aber es war schon zu spät; noch ehe er sein Amt an-treten konnte, war die Entscheidung gefallen. Histiaeos war im Frühjahr nach Thasos hinübergegangen, um die reiche und mächtige Insel zum Anschluß an die nationale Sache

---

erst Xerxes den Tempel von Didyma verbrannt hätte (Strab. XIV 634), beruht nur auf einer Verwechslung.

[1] Herod. VI 25.

[2] Herod. VI 22 ff., Thuk. VI 4, 5. Sie haben dort mit samischen Typen Münzen geprägt. S. unten S. 69 A. 2.

[3] Herod. VI 21. Daß das Stück Themistokles' Politik unterstützen sollte, ist klar; hat doch Phrynichos auch später in den Phoenissen Themistokles' Taten verherrlicht (vgl. die Choregeninschrift bei Plut. *Them.* 5). Über Themi-stokles' Archontat unten S. 32 Anm. 2.

zu bringen und damit den Verlust des südlichen Ioniens wenigstens zum Teil auszugleichen. Hier aber wollte man es mit Persien nicht verderben, und als nun die phoenikische Flotte von Milet aus in See ging, mußte Histiaeos eiligst nach Lesbos zurückkehren. Eine Seeschlacht anzunehmen war er freilich zu schwach, und auf der Insel wollte er sich nicht einschließen lassen; er raffte also zusammen, was er an Truppen noch hatte, und ging nach dem nahen Festland hinüber. Hier traf er bei Malene am unteren Kaikos, im Gebiet von Atarneus, auf ein starkes persisches Heer unter Harpagos; er nahm die Schlacht an, die der Gegner ihm bot, und seine Truppen hielten lange Zeit wacker stand, mußten aber endlich dem Angriff der feindlichen Reiterei weichen (Juni 493). Auf der Flucht fiel Histiaeos in die Hände der Sieger; er wurde nach Sardes vor Artaphernes geführt und auf dessen Befehl hingerichtet [1]. Es bleibt sein Ruhm, daß er trotz seinen vertrauten Beziehungen zu Dareios keinen Augenblick gezögert hat, sich auf die Seite seiner Landsleute zu stellen; hätte man ihm zu rechter Zeit den Oberbefehl übertragen, so würde der Ausgang des Aufstandes vielleicht ein anderer gewesen sein. Auch so hat er getan, was er konnte, um nach der Niederlage bei Lade zu retten, was noch zu retten war; erst mit seinem Tode war der Sieg der Perser entschieden.

Ohne Widerstand zu finden, nahm jetzt die phoenikische Flotte Chios, Lesbos und die hellespontische Landschaft in Besitz [2]; der Tyrann des thrakischen Chersones, Miltiades, der sich gleich zu Anfang der nationalen Bewegung angeschlossen hatte, rettete sich durch die Flucht nach Athen [3]. Natürlich hatten die abgefallenen Städte bei der Wiederunterwerfung zum Teil schwer zu leiden, sonst aber ließen die Perser Milde walten und waren vielmehr bemüht, die Wunden, welche der Krieg geschlagen hatte, zu heilen. Der

---

[1] Herod. VI 26—30. Die Jahreszeit der Schlacht ergibt sich aus c. 28. διαβαίνει, ἐκ τοῦ Ἀταρνέος ὡς ἀμήσων τὸν σῖτον.

[2] Herod. VI 31—33.

[3] Herod. VI 41. Auch Lemnos und Imbros sind damals wieder persisch geworden (Herod. VIII 73).

Gesamtbetrag der Tribute wurde nicht erhöht, aber auf Grund einer Art roher Landesvermessung gerechter verteilt; das Fehderecht der Gemeinden wurde aufgehoben, und bestimmt, daß Streitigkeiten künftig durch Schiedsspruch geschlichtet werden sollten. Die Tyrannen, soweit sie der persischen Sache treu geblieben waren, wurden wieder in ihre Würde eingesetzt; in den übrigen Städten ließ man die demokratischen Verfassungen bestehen, wie sie während des Aufstandes eingeführt worden waren. Man hoffte so die asiatischen Griechen mit der persischen Herrschaft zu versöhnen und einem Wiederausbruch des Aufstandes vorzubeugen [1].

Es galt nun, die persische Herrschaft in Thrakien wiederherzustellen. Zu diesem Zwecke sandte der König seinen Schwiegersohn Mardonios mit Verstärkungen nach Kleinasien, und übertrug ihm den Oberbefehl über die dort stehenden Streitkräfte. Im Sommer 492 überschritt er den Hellespont und zog, von einer starken Flotte begleitet, nach Westen. Die griechischen Städte unterwarfen sich ohne Schwertstreich, auch Thasos, das bisher seine Unabhängigkeit behauptet hatte; ebenso kehrte Makedonien ohne weiteres zu seiner Lehnspflicht zurück. Nur mit den thrakischen Bergvölkern hatte Mardonios zu kämpfen; die Bryger an der makedonischen Grenze wagten sogar einen Überfall auf sein Lager, wobei Mardonios selbst eine Wunde erhielt. Da inzwischen der Herbst herangekommen war, beschloß man nach Asien zurückzugehen; dabei erlitt die Flotte, während der Umschiffung des Athos, durch einen Sturm sehr schwere Verluste. Doch der Zweck des Zuges war erreicht worden, und persische Garni-

---

[1] Herod. VI 42. 43. Die Angabe Herodots, τοὺς γὰρ τυράννους τῶν Ἰώνων καταπαύσας ὁ Μαρδόνιος δημοκρατίας κατίστα ἐς τὰς πόλις (VI 43) kann nur mit der oben gegebenen Einschränkung richtig sein; denn wir finden Strattis als Tyrann von Chios im Jahr 479 (VIII 132) wie zur Zeit des Skythenzuges (IV 138), und auf Aeantides von Lampsakos sind seine Söhne gefolgt, die erst um 490 großjährig sein konnten (Thuk. VI 59, 3, vgl. Herod. IV 138, und oben I 2 S. 300).

sonen sicherten fortan die wichtigsten Festungen an der
thrakischen Südküste [1].

Jetzt blieb noch übrig, Athen und Eretria zur Rechenschaft zu ziehen für die Unterstützung, die sie dem Aufstand
gewährt hatten.   Dazu mußte zunächst die Flotte wieder
instand gesetzt werden, die am Athos so schwer gelitten hatte,
und darüber verging der folgende Sommer; endlich im Frühjahr 490 war alles bereit, und die neue Flotte, mit Landungstruppen an Bord, konnte von Kilikien aus in See gehen.
Mardonios, der für die Katastrophe am Athos die Verantwortung trug, war abberufen worden, und der Befehl wurde
einem Brudersohne des Königs, Artaphernes, übertragen,
dem Sohne des Satrapen von Sardes; ein erfahrener Offizier,
der Meder Datis, wurde ihm als eigentlicher Leiter des Unternehmens zur Seite gestellt.   Die Flotte ging zunächst nach
Ionien, zog die Kontingente der griechischen Küstenstädte
an sich und wandte sich dann gegen Naxos, das vor 10 Jahren
der Belagerung durch die Perser getrotzt hatte.   Diesmal
wagten die Bewohner keine Verteidigung und flüchteten
in die Berge im Innern der Insel; die verlassene Stadt wurde
von den Persern niedergebrannt.   Die übrigen Kykladen
unterwarfen sich nun ohne Widerstand; die heilige Insel
Delos wurde mit aller Rücksicht behandelt, die Tempelschätze
nicht angetastet, und Datis selbst brachte am Altar Apollons
ein feierliches Rauchopfer dar.   Karystos auf Euboea ergab sich
nach kurzer Belagerung.   Das nächste Ziel der Flotte war
Eretria.   Die Bürger wußten, daß sie auf keine Schonung
zu rechnen hatten, glaubten aber im Vertrauen auf die Stärke
der Mauern, sich halten zu können, bis aus Athen Hilfe herbei-
käme.   Doch schon nach kurzer Berennung öffnete Verrat
dem Feinde die Tore, die reiche Stadt wurde geplündert und
niedergebrannt,   die Bewohner gefangen fortgeführt und
später von Dareios in der Nähe von Susa angesiedelt [2]. Eretria

---

[1] Herod. VI 43—45 und unten 2. Abt. § 34. Über die persischen Garnisonen Herod. VII 105—107.

[2] Herod. VI 94—101. Ein στρεπτὸν χρυσοῦν ..... Δάτιδος ἀνάθημα
wird in dem delischen Schatzinventar von 279 (Michel 833 Z. 95) aufgeführt.

ist zwar bald wieder aufgebaut worden, hat aber die Folgen dieser Katastrophe nie ganz überwunden.

Bis jetzt war den Persern alles nach Wunsch gegangen; aber es blieb noch der schwierigste Teil ihrer Aufgabe: die Bestrafung Athens. Doch Datis rechnete darauf, daß ihm auch hier innerer Zwist den Weg bahnen würde. Denn die Peisistratiden hatten noch immer zahlreiche und mächtige Anhänger; ja, der Führer dieser Partei, Hipparchos aus Kollytos, selbst ein naher Verwandter des Tyrannenhauses, war noch vor wenigen Jahren zum höchsten Amte des Staates gelangt (496/5), und sein Einfluß hat es ohne Zweifel bewirkt, daß Athen fortan sich dem Kriege gegen Persien fernhielt (vgl. oben S. 13). Und die großen militärischen Erfolge, welche die Perser in den letzten Jahren errungen hatten, mehr als alles der frische Eindruck der furchtbaren Katastrophe von Eretria, mußten weite Kreise zu der Überzeugung bringen, daß jeder Widerstand doch vergeblich sein würde, und es das Beste wäre, die Rettung des Staates durch Wiederaufnahme der Tyrannen zu erkaufen. Darum hatte Peisistratos' Sohn Hippias, der noch immer in Sigeion als persischer Vasallenfürst lebte, sich der Expedition angeschlossen[1]; auf seinen Rat sah Datis von einer Landung im Angesicht von Athen ab und schiffte sein Heer in der Bucht von Marathon aus, da, wo Peisistratos vor jetzt 60 Jahren, ebenfalls von Eretria kommend, gelandet war, um seinen Siegeszug nach Athen anzutreten. Man wollte dem Verrat Zeit lassen, in der Stadt sein Werk zu tun[2].

Indes die Männer, die an der Spitze Athens standen, waren entschlossen, alles an die Rettung der Freiheit zu setzen, allen voran Miltiades, der frühere Herrscher des thrakischen Chersones, der vor 3 Jahren von den Persern vertrieben worden war (oben S. 17)[3]. Durch seine einfluß-

---

[1] Herod. VI 107, Thuk. VI 59, 4, Suidas Ἱππίας b; die Zweifel von Wilamowitz (*Aristot.* I 112) sind nur subjektiver Natur.

[2] Herod. VI 107.

[3] Er soll damals, bei seiner Rückkehr nach Athen τυραννίδος τῆς ἐν Χερσονήσῳ angeklagt worden sein (Herod. VI 104). [Demosth.] g *Aristog.* II 6

reichen Familienverbindungen und seinen fürstlichen Reichtum war er rasch zu leitendem Einfluß gelangt[1], und eben jetzt war er einer der zehn Strategen, die das attische Heer befehligten. Als solcher setzte er einen Volksbeschluß durch, sich nicht auf die Verteidigung der Stadt zu beschränken, sondern dem Feinde entgegenzuziehen und es auf eine Schlacht ankommen zu lassen[2]. Das Landgebiet wurde damit vor den Verheerungen des Feindes geschützt, und vor allem die Machenschaften der Verräter im Keime erstickt. Das Heer rückte also ins Feld und nahm auf den Höhen, welche die Ebene von Marathon umkränzen, eine die Straße nach Athen deckende Stellung. Gleichzeitig sandte man nach Sparta um Bundeshilfe; es mußten aber im besten Fall etwa 14 Tage vergehen, ehe diese Hilfe zur Stelle sein konnte.

Es mochten etwa 6—7000 Hopliten sein, die hier versammelt standen; dazu kam mindestens die gleiche Zahl leichter Truppen und ein kleines Hilfskorps aus dem verbündeten Plataeae. Bei der Schwierigkeit, große Truppenmassen in e i n e m Transporte zur See zu befördern, ist es sehr fraglich, ob die persische Flotte eine viel stärkere Zahl

---

S. 802 verwechselt diesen Prozeß mit dem anderen, in dem Miltiades wenige Jahre später verurteilt wurde; die Vermutung liegt nahe, daß es sich überhaupt nur um ein Duplikat dieses letzteren Prozesses handelt. Vgl. Nepos *Milt.* 8, wo die Tyrannis im Chersones als Hauptursache der Verurteilung im Prozeß von 489 bezeichnet wird.

[1] Herod. VI 132 Μιλτιάδης καὶ πρότερον (vor Marathon) εὐδοκιμέων παρὰ Ἀθηναίοισι. Aristot. ΑΠ. 28, 2 τοῦ μὲν δήμου προειστήκει Ξάνθιππος, τῶν δὲ γνωρίμων Μιλιτάδης. Vgl. unten 2. Abt. § 50.

[2] Das Psephisma des Miltiades bezeugt von Kephisodotos bei Aristot. *Rhet.* III 10 S. 1411 a (δεῖν ἐξιέναι τὸ Μιλτιάδου ψήφισμα), Demosth. *vdGes.* 303 (Aeschines hatte es einmal verlesen lassen), Plut. *Quaest. conv.* I 10, 3 S. 628. Herodot (VI 109) läßt statt dessen die Strategen erst im Lager bei Marathon darüber beraten, ob man schlagen solle oder nicht, was ja dramatisch viel wirksamer ist. Wenn Spätere (Iustin. II 9, 10, Suidas Ἱππίας a, Nep. *Milt.* 4) den Kriegsrat in der Stadt vor dem Ausmarsch halten lassen, so ist das sachlich ganz richtig, aber offenbar nur Korrektur des Berichts Herodots. Daraus ergibt sich zugleich, daß die Zweifel, ob Athen damals befestigt war, ganz unbegründet sind, was übrigens auch ohne das, abgesehen von der Analogie von Städten wie Argos und Theben, aus Thuk. I 89, 3 und 93, 2 deutlich hervorgeht.

von Kombattanten an Bord hatte, und namentlich die furchtbarste Waffe des persischen Heeres, die Reiterei konnte, wenn
überhaupt, nur in sehr geringer Zahl vertreten sein [1]; die
Rudermannschaften aber waren für einen Kampf zu Lande
fast vollständig wertlos. Unter diesen Umständen zögerten
die Perser mit dem Angriff; die Athener andererseits konnten
gar nichts Besseres wünschen, als die Entscheidung bis zur
Ankunft der spartanischen Bundesgenossen hinauszuschieben.
Die entgegengesetzte Erwägung veranlaßte endlich den
persischen Befehlshaber Datis, die Schlacht auch auf un-
günstigem Terrain zu erzwingen, sobald er von dem Aus-
marsche der Spartaner Kunde erhielt [2]; aber seine leicht-
gerüsteten Truppen hielten dem Stoße der griechischen
Hopliten nicht stand. Unter großen Verlusten wurden die
Perser nach ihrem Schiffslager gedrängt, das sie mit allen
Kräften zu halten suchten. In der Tat gelang es, die Flotte
zu retten und die Einschiffung zu bewerkstelligen; nur 7
Schiffe blieben in der Hand der Athener. Von den Barbaren
sollen 6400 die Walstatt bedeckt haben; und mag die Zahl
auch weit übertrieben sein, daß die Niederlage eine sehr schwere
war, zeigen die umfassenden Vorbereitungen, die für den nächsten Feldzug nach Griechenland getroffen wurden. Der Verlust
der Sieger betrug nur 192 Mann, darunter aber der Polemarch
Kallimachos von Aphidna, und einer der Strategen, Stesileos [3].

[1] Herodot gibt keine Zahlen, und die Angaben Späterer beruhen offenbar nur auf Schätzung. Näheres unten 2. Abt. § 33.

[2] Daß die Spartaner versprochen hatten, zum Vollmonde auszurücken
(Herod. VI 107), können die attischen Strategen vor ihrem Heere nicht ge-
heim gehalten haben, und mußte man also, durch Überläufer oder Gefangene,
auch im persischen Hauptquartier wissen. Da nun die Spartaner gleich nach
der Schlacht (Herod. VI 120, Plat. *Menex.* 240 c, *Gesetze* III 698 e) eintrafen,
so muß es eben die Rücksicht auf diese Verstärkung des Feindes gewesen sein,
die Datis zum Angriff bestimmte. So hat Cornelius Nepos' (*Milt.* 5) Gewährs-
mann die Sache aufgefaßt. Daß die Spartaner die reichlich 200 km, zum Teil
auf schlechten Bergpfaden, von Sparta nach Athen nicht, wie Herodot angibt,
in 3 Tagen zurücklegen konnten, bedarf keiner Bemerkung; sie hatten aller-
mindestens 5 Tage nötig.

[3] Die älteste Darstellung der Schlacht gab das Gemälde des Mikon und
Paeanios, in der „bunten Halle", um 460, beschrieben von Paus. I 15, 3, vgl.

Datis gab auch jetzt seine Sache noch nicht verloren; er hoffte, das von Verteidigern entblößte Athen im Einverständnis mit Hippias' Parteigenossen durch einen Handstreich zu nehmen. In dieser Absicht umschiffte er Kap Sunion und erschien mit seiner Flotte auf der Reede von Phaleron, im Angesicht der Stadt. Aber er kam zu spät; das siegreiche Heer war bereits von der Walstatt zurückgekehrt und lagerte unter den Mauern. Eine neue Schlacht konnten die Perser natürlich nicht wagen, um so weniger, als die Spartaner schon ganz nahe waren; es blieb also nichts übrig als die Rückkehr nach Asien [1]. Dem greisen Hippias brach über der Vernichtung seiner Hoffnungen das Herz; er soll gestorben sein, noch ehe er sein Sigeion wiedererreichte [2].

So war Attika von der Invasion befreit, und alle Pläne einer monarchischen Restauration zerrannen in ihr nichts. Aber noch viel größer als die materielle war die moralische Bedeutung des Sieges. Zum erstenmal waren die Perser in einer großen Landschlacht geschlagen worden. Allerdings war der Erfolg hauptsächlich dem Umstande zu danken, daß der Feind keine Reiterei zur Verfügung gehabt hatte. Doch gleichviel; der Nimbus der Unbesiegbarkeit, der bis dahin die Eroberer Asiens in den Augen der Hellenen umgeben hatte [3], war mit diesem Tage zerstört. Mochten die Barbaren

den Rekonstruktionsversuch von Robert, *18. Hallisches Winckelmannsprogramm*, 1895, und B. Schröder, *Jahrb. Arch. Inst.* XXVI, 1911, S. 281 ff. Die Hauptzüge dieser Darstellung kehren bei Herodot wieder (VI 109—117), von dem alle anderen Quellen abhängig sind; was sie mehr bieten, ist wertlos oder unwesentlich. Das richtige Verständnis der Schlacht verdanken wir Delbrück, *Perserkriege und Burgunderkriege* S. 52—85. Die topographischen Fragen behandelt Lolling, *Ath. Mitt.* I, 1876, S. 88 ff. Inzwischen hat die Aufgrabung des σωρός gezeigt, daß dieser Hügel wirklich das Grabmal der Marathonkämpfer ist (Thuk. II 34, 5, Paus. I 32, 3, Stais, *Ath. Mitt.* XVIII, 1893 S. 46 ff.); die Schlacht ist also in dem südlichen Teile der Ebene geschlagen worden. Daß das heutige Dorf Marathon nicht dem antiken Demos entspricht, ist klar, vielmehr hat der Demos dem Meer näher gelegen (Milchhöfer, *Karten von Attika*, Text III 51 ff.). Über die Chronologie unten 2. Abt. § 23.

[1] Herod. VI 115—118.
[2] Suidas Ἱππίας. Nach Iustin. II 9, 21 wäre er bei Marathon gefallen.
[3] Herod. VI 112.

immerhin mit größerer Macht ihren Angriff erneuern, die Nation konnte mit Selbstvertrauen der Zukunft entgegensehen.

Auf persischer Seite war man sich keinen Augenblick darüber zweifelhaft, daß die Scharte von Marathon ausgewetzt werden müsse. Man hatte den Feind unterschätzt, den Feldzug mit unzureichenden Mitteln unternommen; es galt den Versuch in größerem Maßstabe zu wiederholen. Aber über den Rüstungen zu diesem Zuge starb Dareios, im fünften Jahre nach dem Tage von Marathon (485); und sein Nachfolger Xerxes hatte erst Aufstände in Aegypten und Babylonien niederzuschlagen, ehe er daran gehen konnte, die Pläne seines Vaters gegen Griechenland wieder aufzunehmen[1]. So war Hellas nach Marathon eine zehnjährige Ruhe gegönnt.

Aber nur in Athen, das freilich zunächst bedroht war, benutzte man die Frist, sich gegen den kommenden Angriff zu stärken. Gleich im Jahre nach der Schlacht bei Marathon machte Miltiades den Versuch, an der Spitze der gesamten athenischen Flotte die Kykladen zum Abfall von den Persern zu bringen[2]. Es gelang ihm auch wirklich, die westliche Inselreihe von Keos bis Melos zum Anschluß an Athen zu bewegen[3], aber die übrigen Kykladen hielten an dem persischen Bündnis fest, und die Belagerung von Paros, die Miltiades darauf unternahm, blieb erfolglos. Die Alkmeoniden ließen sich die günstige Gelegenheit zum Sturz ihres Gegners nicht entgehen. Bei seiner Rückkehr wurde Miltiades von Xanthippos von Cholargos vor Gericht gezogen, dem Führer der Volkspartei, der Kleisthenes' Nichte Agariste zur Frau hatte. Die Geschworenen sprachen zwar über den Sieger von Marathon nicht das Todesurteil, wie die Anklage beantragt hatte, legten ihm aber eine hohe Geldbuße auf. Kurze Zeit nachher starb Miltiades an einer Wunde, die er vor Paros

---

[1] Herod. VII 1—8. Über den Aufstand in Babylonien Ktes. 29, 21 f., vgl. E. Meyer, *Gesch. d. Altert.* III S. 131.

[2] Herod. VI 132 ff., Ephor. fr. 107, aus ihm Nepos *Milt.* 7.

[3] Diese Inseln haben später zur griechischen Flotte gegen Xerxes Schiffe gestellt, während die übrigen Kykladen mit den Persern im Bunde standen.

erhalten hatte [1]. Die Angriffspolitik gegen Persien wurde jetzt fallen gelassen; man machte nicht einmal den Versuch, Lemnos und Imbros wieder zu gewinnen, die nach dem ionischen Aufstand verloren gegangen waren [2].

Statt dessen ließ Athen sich in einen Krieg mit dem benachbarten Aegina verwickeln (488) [3], der während der nächsten Jahre alle seine Kräfte in Anspruch nahm. Die kleine Insel war, wie wir wissen, einer der Hauptplätze der griechischen Industrie und des griechischen Handels; ihre Marine die tüchtigste und stärkste in der ganzen griechischen Welt, seit die Seemacht Athens nach dem Sturze der Peisistratiden verfallen war, und die Schlacht bei Lade die Seemacht Ioniens gebrochen hatte. Athen war die benachbarte Insel schon lange ein Dorn im Auge; jetzt endlich schienen innere Wirren auf Aegina den Athenern die erwünschte Gelegenheit zu geben, ihre alten Feinde zu demütigen.

---

[1] Herod. VI 136, Nepos *Milt.* 8. Über Xanthippos unten 2. Abt. § 15. Die Buße hätte nach Herodot 50 tal. betragen, die Miltiades' Sohn Kimon nach dem Tode des Vaters bezahlt hätte. Die Späteren haben sich den Kopf darüber zerbrochen, woher denn Kimon das viele Geld genommen hätte; sie lassen den reichen Kallias eingreifen (Nepos *Cim.* 1), oder Kimon eine reiche Erbtochter heiraten (Wilamowitz, *Aristot. u. Athen* II 82, Anm. 18). Aber noch ein halbes Jahrhundert später, als Athen auf der Höhe seiner Macht stand, hat es dort kaum jemand gegeben, der 50 tal. besessen hätte (s. unten Abschn. III); es ist also klar, daß die Summe sehr übertrieben ist.

[2] Im Jahre 480 stellte Lemnos ein Schiff zur persischen Flotte, das freilich bei der ersten Gelegenheit zu den Athenern überging (Herod. VIII 11).

[3] Die Zeit ergibt sich aus dem Orakel, das Herodot V 89 an falscher Stelle erwähnt, wonach zwischen dem Beginn dieses und des nächsten Krieges gegen Aegina (458) 30 Jahre verflossen sind (vgl. Köhler, *Rh. Mus.* XLVI, 1891, S. 1 ff.). Im Jahre 489 war jedenfalls noch Frieden, da Miltiades seine parische Expedition sonst nicht hätte unternehmen können. Andererseits muß der Krieg 483, als Themistokles sein Flottengesetz einbrachte, bereits einige Jahre gewährt haben. Wenn Herodot den Ausbruch des Krieges vor Marathon erzählt (VI 87—93), so erklärt sich das daraus, daß er den ersten Anlaß dazu in der angeblichen Unterwerfung der Aegineten unter König Dareios sieht, die 491 erfolgt wäre (VI 49—50, 85—86), und den einmal begonnenen Bericht darüber nicht unterbrechen will. Eine Dittographie dieses Berichtes ist, was Herodot V 82—87 von einem älteren Krieg zwischen Athen und Aegina erzählt, dessen Zeit er unbestimmt läßt (Wilamowitz, *Aristot. u. Athen* II 280 ff.).

Aegina hatte sich seine aristokratische Verfassung bewahrt; aber auch hier gab es eine zahlreiche Partei, die auf
den Umsturz des Bestehenden hinarbeitete und mit Hilfe der
athenischen Demokratie ihr Ziel zu erreichen hoffte[1]. Indes
der Aufstand brach aus, ehe die Athener zur Stelle waren,
und wurde so von der Regierung mit leichter Mühe unterdrückt. Allerdings gelang es den Athenern, ein Landungskorps auf die Insel zu werfen, den Aegineten aber kam Hilfe
aus Argos, die athenischen Truppen auf Aegina erlitten eine
schwere Niederlage und mußten die Insel räumen, auch
zur See wurden die Athener mit dem Verlust von vier Schiffen
geschlagen. Die aeginetische Flotte beherrschte jetzt das
Meer, und die attische Küste lag ihren Verheerungen offen.

Um die Zeit als der Krieg mit Aegina ausbrach, gleich
nach Miltiades' Sturze, war in Athen eine einschneidende Verfassungsänderung im demokratischen Sinne erfolgt. Der
Staat hatte vor der Gefahr der Tyrannis gestanden; es galt
für die Zukunft ihre Wiederkehr zu verhindern. Man schritt
darum zu einer Beschränkung der Macht der Beamten. Die
Archonten waren zwar längst nicht mehr das, was sie zur Zeit
Solons gewesen waren; namentlich der Polemarch hatte den
Oberbefehl im Kriege verloren und war zum Verwaltungsbeamten geworden, aber auch als solcher hatte er noch eine
sehr einflußreiche Stellung, zog mit ins Feld und führte den
Vorsitz im Kriegsrat. Und der erste Archon war auch jetzt
der Präsident des attischen Staates, der der Politik ihre
Richtung gab. Noch vor wenigen Jahren war Hipparchos
aus Kollytos, der Verwandte und Anhänger der Peisistratiden,
zu diesem Amte gelangt; wer bürgte dafür, daß es künftig,
vielleicht in einem kritischen Augenblick, nicht wieder zu
einer ähnlichen Wahl käme? Es wurde also bestimmt (488/7),
daß fortan die neun Archonten nicht mehr durch Wahl,
sondern durch das Los bestellt werden sollten, und zwar aus

---

[1] Nach dem athenischen Bericht, dem Herod. VI 87 folgt, hätten die
Aegineten die Feindseligkeiten begonnen, indem sie ein athenisches Schiff
wegnahmen, das Festgesandte nach Sunion führten. Das sieht sehr wie ein
Versuch aus, den von den Athenern begangenen Friedensbruch zu beschönigen.

einer Anzahl von den einzelnen Demen erwählter Kandidaten, die den beiden oberen Schatzungsklassen angehörten; die durch das Los bezeichneten hatten sich dann noch vor dem Rate einer Prüfung zu unterziehen. So war es möglich, alle unzuverlässigen Elemente von dem Amte fernzuhalten; auch war es klar, daß ein beliebiger Bürger, der durch das Los Archon wurde, bei weitem nicht die Autorität haben konnte, wie ein Parteiführer, hinter dem die Majorität der Wähler stand. Schon dadurch mußte das Amt einen großen Teil seiner Bedeutung verlieren. Aber es wäre überhaupt ein Widersinn gewesen, dem erlosten Archon, der vielleicht ein ganz unfähiger Mensch war, die Kompetenz zu belassen, die der erwählte Archon gehabt hatte. Es wurde also den Archonten der größte Teil ihrer bisherigen Machtbefugnis entzogen, und es blieb ihnen nichts weiter als die Instruktion der Prozesse, die zu dem Amtsbereich eines jeden von ihnen gehörten, und eine Reihe von Verwaltungsgeschäften ohne politische Wichtigkeit. Die Leitung der Zivilverwaltung ging nun an den Rat der Fünfhundert über, die der Militärverwaltung an die Strategen, von denen einer den Vorsitz im Kriegsrate erhielt, den bisher der Polemarch gehabt hatte. Wie früher der Polemarch, so wurde fortan der vorsitzende Stratege aus allen Athenern gewählt, während die übrigen Mitglieder des Kollegiums wie bisher aus den einzelnen Phylen gewählt wurden. Diese Erweiterung der Kompetenz der Strategen hatte dann zur Folge, daß sie den Befehl über die aus den Kontingenten der einzelnen Phylen gebildeten Abteilungen des Bürgerheers nicht länger führen konnten; vielmehr wurde es nötig, zu diesem Zweck eine neue Charge zu schaffen, die Taxiarchen, die gleichfalls durch Volkswahl ernannt wurden. Die Strategen widmeten sich den Verwaltungsgeschäften, und übernahmen im Kriege, je nach Bedarf, den Oberbefehl über die Heere und Flotten. Da sie jetzt, von den untergeordneten Befehlshaberstellen abgesehen, die einzige Behörde bildeten, die durch Wahl besetzt wurde, wurde die Strategie das einflußreichste Amt des Staates, um so mehr, als man trotz alles demokratischen Mißtrauens

verständig genug war, nach Ablauf des Amtsjahres die Wiederwahl zu gestatten. Der Vorsitzende des Strategenkollegiums
wurde so, in gewissem Sinne, zum Präsidenten der athenischen
Republik, wie früher der erste Archon. Aber er war, unter
seinen Amtsgenossen, doch nur *primus inter pares*, er hatte
keinen Einfluß auf die Zivilverwaltung und war namentlich
finanziell vollständig vom Rate abhängig; so schien das Amt,
auch in den Händen eines ehrgeizigen Mannes, der Freiheit
nicht gefährlich zu sein. Und niemand konnte damals voraussehen, welche Erweiterung des Wirkungskreises der Strategen
schon die nächsten Jahre bringen würden [1].

---

[1] Direkt überliefert ist von dieser Verfassungsreform nur die Änderung
im Wahlmodus der Archonten (Aristot. ΑΠ. 22, 5); um so lauter sprechen die
Tatsachen. Themistokles hat die Anlage des Kriegshafens im Peiraeeus als
Archon begonnen (493/2, Thuk. I 93, 3), später hat der Archon mit den öffentlichen Bauten nichts mehr zu tun. Bei Marathon hat der Polemarch den Vorsitz
im Kriegsrat und in der Schlacht den Ehrenplatz auf dem rechten Flügel (Herod.
VI 109, Plut. *Quaest. conv.* I 10, 3 S. 628, nach Aeschylos); später ist er überhaupt nicht mehr mit ins Feld gezogen, und schon bei Salamis ist nur noch
von den Strategen die Rede oder vielmehr nur von einem Strategen, Themistokles, der also den Vorsitz im Kollegium gehabt haben muß. Daß es einen
solchen Vorsitzenden, der im Gegensatz zu seinen Kollegen aus allen Athenern
erwählt wurde, im V. Jahrhundert gegeben hat, zeigen alle Strategenkollegien
dieser Zeit, deren Zusammensetzung uns näher bekannt ist, wie ich *Att. Polit.*
S. 280 ff. näher ausgeführt habe (vgl. unten 2. Abt. § 112); es gibt keine andere
Erklärung der Tatsache, daß sich nie mehr als zwei Strategen aus derselben
Phyle finden, und daß von diesen beiden der eine immer ein hervorragender
Staatsmann oder Feldherr ist. Daß Aristoteles nichts davon sagt, ist nur ein
neuer Beweis dafür, daß er von der Verfassung Athens im V. Jahrhundert
eine sehr ungenügende Kenntnis gehabt hat. Als solche Oberstrategen (στρατηγὸς
δέκατος αὐτός sagt Thuk. II 13, 1 von Perikles) haben Themistokles, Kimon,
Perikles, Nikias, Alkibiades den Staat geleitet. Wie die zehnte Phyle, die keinen
Strategen stellte, wenn nicht etwa zufällig der Oberstrategie ihr angehörte,
entschädigt wurde, wissen wir nicht; ein Analogon gibt die Bestellung der
9 Archonten, die ebenfalls jeder einer anderen Phyle angehörten, während
die zehnte den Schreiber stellte (Aristot. ΑΠ. 55, 1). — Der Archon Telesinos
(487/6), unter dem Aristoteles die Reform erzählt (ΑΠ. 22, 5), ist ohne Zweifel
der erste erloste Archon, ganz ebenso wie Aristoteles (ΑΠ. 26, 2) die Zulassung
der Zeugiten zum Archontat unter Mnesitheides erzählt (457/6), der der erste
Archon aus dieser Klasse war. Die Reform ist also im Jahre 488/7 beschlossen
worden, gleichzeitig mit dem Gesetz über den Ostrakismos.

Demselben Zwecke wie die Beschränkung der Macht der Beamten diente ein anderes Gesetz, das in demselben Jahre vom Volke angenommen wurde [1]. Es sollte die Bürger treffen, die man im Verdacht hatte, nach der Tyrannis zu streben, und so jeden Versuch eines Umsturzes der bestehenden Verfassung schon im Keime ersticken. Fortan sollte das Volk in jedem Frühjahr darüber abstimmen, ob es in Athen einen Bürger gäbe, welcher der Freiheit gefährlich wäre. Bejahte die Majorität diese Frage, so wurde eine zweite Versammlung berufen, in der jeder Athener einen Namen auf ein Stimm-täfelchen (ὄστρακον) schrieb; daher wurde die ganze Prozedur als Ostrakismos bezeichnet. Zur Gültigkeit der Abstimmung war die Anwesenheit von 6000 Bürgern erforderlich, also etwa von einem Viertel der damaligen Bürgerzahl Attikas. Wer die meisten Stimmen gegen sich hatte, mußte das Land auf 10 Jahre verlassen, blieb aber im Besitze seines Vermögens und trat nach Ablauf der Verbannungsfrist wieder in den vollen Genuß seiner bürgerlichen Rechte. Es war ein Kampfgesetz, wie es das Gebot der Selbsterhaltung diktierte, und nur als solches ist es zu rechtfertigen und überhaupt zu verstehen [2]. Ob es freilich seinen Zweck erfüllt haben würde, wenn Athen noch einmal ernstlich von der Gefahr der Tyrannis bedroht gewesen wäre, mag dahingestellt bleiben; wohl aber liegt es auf der Hand, daß Mißbräuchen aller Art damit Tür und Tor geöffnet war. Für Parteiführer, die über die Majorität in der Volksversammlung verfügten, bot diese Institution ein treffliches Mittel, sich lästiger Gegner auf gute Manier

---

[1] Vgl. oben I 2 S. 332. J. Carcopino, *Histoire de l'Ostracisme Athénien*, *Bibl. de la Faculté des Lettres* XXV, Paris 1909, dessen Ergebnissen ich freilich nur zum Teil zustimmen kann.

[2] Das Altertum ist einstimmig in dieser Auffassung des Ostrakismos, vgl. z. B. Aristot. ΑΠ, 22, 3, *Polit.* III 1284, Diod. XI 55 (nach Ephoros), Androtion fr. 5 etc. Manche Neuere wissen die Sache natürlich viel besser. — Daß die 6000 Stimmen nicht etwa gegen e i n e n Bürger abgegeben werden mußten, sondern das Minimum der überhaupt bei dem Ostrakismus abzugebenden Stimmen bezeichnen, scheint mir aus statistischen Gründen wie nach der Analogie ähnlicher Fälle unzweifelhaft.

zu entledigen; und in der Tat ist es fast nur aus diesem Grunde zum Ostrakismos gekommen.

Es kann kaum ein Zweifel sein, daß diese Reformen, die unmittelbar nach dem Sturz des Miltiades eingeführt wurden, von der Alkmeonidenpartei ausgegangen sind, wie sie denn auch vollständig dem Geist der kleisthenischen Verfassung entsprechen [1]. Daß das Gesetz über den Ostrakismos in erster Linie auf Hipparchos aus Kollytos zielte, war klar; und er wurde denn auch, gleich im Frühjahr 487, das erste Opfer [2]. Aber die Alkmeoniden sollten nur zu bald erkennen, daß es eine zweischneidige Waffe war, die sie geschmiedet hatten. Was den Umschwung herbeiführte, sagt unsere dürftige Überlieferung nicht; da aber der Krieg mit Aegina eben um diese Zeit ausgebrochen ist, so wird es sehr wahrscheinlich, daß die Alkmeoniden dafür die Verantwortung trifft, und die Mißerfolge, die der Krieg brachte, ihre Stellung erschütterten [3]. Die Gegner säumten nicht, den günstigen Augenblick zu nutzen. Schon im folgenden Frühjahr kam es wieder zum Ostrakismos, und diesmal traf das Los in die Verbannung zu gehen Megakles, das einflußreichste Mitglied des Alkmeonidenhauses. Das Jahr darauf traf dasselbe Schicksal Alkibiades aus Skambonidae, der Megakles sehr nahe stand, und endlich wieder ein Jahr später (484) Megakles' Schwager Xanthippos, den eigentlichen Führer der Alkmeonidenpartei [4].

---

[1] Darum haben die Späteren das Gesetz über den Ostrakismos meist auf Kleisthenes selbst zurückgeführt; der Irrtum war um so leichter möglich, wenn es von seinem Neffen Megakles beantragt war. Auch Megakles' Ostrakismos wurde auf Kleisthenes übertragen (Aelian. *Verm. Gesch.* XIII 24). S. oben I 2 S. 332.

[2] Aristot. AΠ. 22, 4, Androtion fr. 5 bei Harpokration Ἵππαρχος, oben I 2 S. 332.

[3] S. unten 2. Abt. § 51.

[4] Aristot. AΠ. 22, 5—6, s. unten 2. Abt. § 51. Vasenscherben mit der Aufschrift Μεγακλες h[ιππο]κρατος Αλοπεκεθε *CIA.* IV 1, 3, 569 S. 192, mit Χσανθιππος Αρριφρονος ebenda 570. 571. Auf Megakles' Ostrakismos geht Pind. *Pyth.* VII 18. Den Sieg des Megakles, den diese Ode feiert, gehört in die 25. Pythiade, Sommer 486, also wenige Monate nach dem Ostrakismos. Vgl. Wilamowitz, *Aristot. u. Athen* II 323 ff.

Jetzt traten die Gegner der Alkmeoniden an die Spitze
des Staates, Aristeides aus Alopeke und Themistokles aus
Phrearrhioi. Aristeides stammte aus vornehmem Hause, das
mit dem eleusinischen Kerykes verwandt war [1], er selbst
aber war nur sehr mäßig begütert [2]. Bei Marathon war er
Stratege seiner Phyle gewesen [3] und dann im nächsten Jahre
zum höchsten Amte im Staate, der Würde des ersten Archon,
gelangt; da Miltiades damals auf dem Gipfel seines Einflusses
stand, hat Aristeides ohne Zweifel zu dessen Parteigenossen
gehört, wie er denn auch später zu Miltiades' Sohne Kimon
in engen Beziehungen gestanden hat. Als Feldherr wie als
Politiker ohne hervorragende Begabung, verdankt er seine
Stellung im Staate hauptsächlich dem Rufe seiner uner-
schütterlichen Rechtschaffenheit [4], einer Eigenschaft, die seine
Mitbürger um so höher schätzten, je seltener sie bei ihnen
zu finden war. In dieser Beziehung stand er hoch über
Themistokles, den die öffentliche Meinung in Geldsachen
zu allem fähig hielt, und der durch seine Staatsverwaltung
zum reichen Manne geworden ist [5], während Aristeides seine
Familie beinahe in Dürftigkeit zurückgelassen hat. Als Staatsmann freilich war Themistokles bei weitem bedeutender;
ja er ist vielleicht das größte politische Genie, das Athen
überhaupt hervorgebracht hat [6]. Nicht weil er erkannte,
daß Athens Zukunft auf dem Meere lag, und daß der Staat
wieder einlenken müsse in die Bahnen der Politik des Peisi-

---

[1] Plut. *Arist.* 25.

[2] Plut. *Arist.* 1. 24. 27, Nep. *Arist.* 3, 2, Athen. X 419 a. XII 511 c, Ael.
Verm. Gesch. II 43. X 15. XI 9.

[3] Plut. *Arist.* 5.

[4] Herod. VIII 79. 95, Timokreon fr. 1, Eupolis *Demen* fr. 91, und sehr
oft bei Späteren.

[5] Timokr. fr. 1, Herod. VIII 4. 5; Kritias bei Ael. *Verm. Gesch.* X 17,
und danach Theopomp. bei Plut. *Them.* 25; Plut. *Them.* 5. Darin steckt ja
sehr viel gehässige Übertreibung; aber warum hat man denn von Aristeides
nichts Derartiges erzählt?

[6] Vgl. die Charakteristik bei Thuk. I 138, 3 ἦν γὰρ ὁ Θεμιστοκλῆς ...
τῶν τε παραχρῆμα δι' ἐλαχίστης βουλῆς κράτιστος γνώμων, καὶ τῶν μελλόντων
ἐπὶ πλεῖστον τοῦ γενησομένου ἄριστος εἰκαστής.

stratos; das war so evident, daß es jeder sehen mußte, der
nur einiges politische Verständnis besaß. Sondern weil er
es vermocht hat, Mitbürger dahin zu bringen, nach dieser
Erkenntnis zu handeln, trotz der schweren Opfer, die
er von ihnen fordern mußte. Dadurch ist er der Begründer
der Größe Athens geworden. Es hat ihm zehnjährige Kämpfe
gekostet. Als er nach der Schlacht bei Lade als erster Archon
an die Spitze des Staates getreten war (493/2), hat er die
ersten Schritte in dieser Richtung getan; er hat damals begonnen, was vor ihm Hippias geplant hatte [1], statt der offenen
und schutzlosen Reede von Phaleron die treffliche Bucht
des Peiraeeus zum Kriegshafen umzugestalten [2]. Aber zur
Schöpfung einer großen Marine, wie sie Themistokles schaffen
wollte, gehörten sehr bedeutende Geldmittel; und die wieder
hergestellte Demokratie war wenig geneigt, ihre Popularität
durch Anspannung der Steuerkraft des Volkes aufs Spiel
zu setzen. So hatte man die Grundsteuer eingehen lassen,
die unter den Tyrannen erhoben worden war; ja man ging
so weit, die reichen Erträge der laurischen Silbergruben unter
die Bürger zur Verteilung zu bringen. Unter diesen Umständen war zunächst an eine Verwirklichung von Themistokles' Flottenprogramm nicht zu denken, und selbst die
Arbeiten am Kriegshafen blieben unvollendet liegen.

Da kam der Krieg gegen Aegina mit seinen Mißerfolgen.
Athen sah sich zur See wehrlos gegenüber der kleinen Nachbar-
insel, seine Küsten den Verheerungen der feindlichen Flotte

---

[1] Aristot. ATT. 19, 2.

[2] Thuk. I 93, 3. Es hat die höchste Wahrscheinlichkeit, daß der Archon
Themistokles des Jahres 493/2 mit dem berühmten Staatsmann identisch ist;
wenigstens wäre es sehr auffallend, wenn es in dieser Zeit zwei einflußreiche
Politiker namens Themistokles in Athen gegeben hätte. Vgl. auch Euseb. zu
Ol. 71, 1 (496/5) II S. 100 Schoene. Das angebliche Archontat des Themistokles
in 482/1 beruht nur auf einer ganz willkürlichen Kombination; auch wurden
die Archonten, wie wir jetzt wissen, damals bereits erlost. Wenn Herodot (VII
143), Themistokles noch 480 einen ἀνὴρ ἐς πρώτους νεωστὶ παριὼν nennt, so
hat er offenbar das drei Jahre vorher gegebene Flottengesetz im Auge; es ist
ja klar, daß Themistokles schon eine lange politische Vergangenheit haben
mußte, um eine Maßregel von dieser Wichtigkeit durchzusetzen.

preisgegeben. Es war ein schmachvoller Zustand, und immer weiteren Kreisen wurde es klar, daß die Dinge nicht so fort- gehen durften. Jetzt endlich konnte Themistokles hoffen, die öffentliche Meinung für seine Flottenpläne zu gewinnen. Vor allem mußte der Einfluß der Alkmeoniden gebrochen werden; der bittere Haß, mit den sie später Themistokles verfolgt haben, zeigt uns, daß er der hauptsächlichste Urheber ihres Sturzes gewesen ist [1]. Nun trat Themistokles mit seinem Programm hervor; es sollte eine Schlachtflotte von 100 Trieren erbaut werden, größere Kriegsfahrzeuge, die um diese Zeit anfingen, die alten Fünfzigruderer zu verdrängen; die Kosten sollten aus den Erträgen der laurischen Silbergruben be- stritten werden, die eben damals sehr reiche Überschüsse ergaben [2]. Die Flotte war viel größer, als sie für den Krieg gegen Aegina nötig gewesen wäre; es ist also kein Zweifel, daß dieser Krieg für Themistokles nur den Vorwand gab, und er in Wahrheit gegen Persien rüsten wollte. Natürlich stieß der Antrag auf sehr lebhafte Opposition, und kein Geringerer als Aristeides war es, der an ihre Spitze trat. Welche Motive ihn bestimmten, wissen wir nicht; wahrscheinlich war er der Ansicht, daß Attika zu klein sei, auf die Dauer die Lasten einer so großen Flotte tragen zu können; viel einfacher sei es doch, sich mit Aegina zu verständigen. Die Ge- fahr eines neuen Perserkrieges aber schien noch in weiter Ferne zu liegen; und wie konnte man denn überhaupt daran denken, dem Könige, der über die Flotten von Phoenikien und Ionien gebot, zur See entgegenzutreten? So folgten auf Xanthippos' Verbannung zwei Jahre innerer Kämpfe, bis es endlich nochmals zum Ostrakismos kam (Frühjahr 482). Die Entscheidung fiel gegen Aristeides [2], und nun gingen

---

[1] Plut. *Them.* 23. Daher auch das ungünstige Urteil des Herodot, der zum großen Teil aus alkmeonidischer Tradition schöpfte.

[2] Herod. VII 144, Aristot. ΑΠ. 22, 7.

[3] Aristot. ΑΠ. 22, 7, Plut. *Arist.* 7. Daß Aristeides dem Flottengesetz Opposition machte, ist nicht direkt überliefert, es folgt aber daraus, daß seine Verbannung durch den Ostrakismos und das Flottengesetz in dasselbe Jahr fallen. — Was Alte und Neuere von den politischen Folgen der Flottengründung (Stärkung der Demokratie) zu erzählen wissen, ist verkehrt; s. unten 2. Abt. § 52.

Themistokles' Anträge durch. Als zwei Jahre später die
Perser aufs neue gegen Hellas heranzogen, besaß Athen eine
Flotte, die nicht nur der von Aegina überlegen war, sondern
überhaupt der Flotte jedes anderen griechischen Staates,
die junge, in diesen selben Jahren von Gelon geschaffene
Marine von Syrakus allein etwa ausgenommen.

Während so Athen in der Stille zur ersten griechischen
Seemacht heranwuchs, war der führende Staat in Griechenland, Sparta, durch eine schwere innere Krise hindurch-
gegangen. Auch hier war die königliche Gewalt, wie wir
gesehen haben, schon früh durch den Rat der Alten, die Gerusia,
beschränkt worden; andererseits hatte die Volksversammlung
sich das Recht der letzten Entscheidung in allen wichtigen
Staatsangelegenheiten bewahrt[1]. Um die Mitte des VIII. Jahrhunderts, wenn nicht schon früher, wurde dann eine durch
Volkswahl bestellte Behörde, das Kollegium der Ephoren,
den Königen zur Seite gestellt, zu ihrer Unterstützung in der
Ziviljurisdiktion, und in der Polizeiaufsicht über Bürger
und Untertanen (oben I 1 S. 216). Dies Amt mußte an Einfluß
in dem Maße gewinnen, als die Könige bei der wachsenden
Ausdehnung des Staatsgebietes immer weniger imstande
waren, jene Funktionen selbst wahrzunehmen; doch
scheint die politische Bedeutung des Ephorats um die Zeit
des großen messenischen Aufstandes noch ziemlich beschränkt
gewesen zu sein[2]. Damals wurde Sparta von heftigen inneren
Unruhen erschüttert, die endlich durch einen förmlichen
Vertrag zwischen Volk und Königtum beigelegt wurden;
die Könige mußten schwören, die Gesetze zu halten, die
Ephoren dagegen gelobten im Namen des Volkes, die Könige

---

[1] Tyrt. fr. 4 δήμου δὲ πλήθει νίκην καὶ κάρτος ἕπεσθαι; auch in der
sog. lykurgischen Rhetra bei Plutarch *Lyk.* 6 ist wohl zu lesen δάμῳ δὲ τὰν
κυρίαν ἦμεν καὶ κράτος.

[2] Tyrt. fr. 4 erwähnt die Ephoren nicht, ebensowenig die sog. lykurgische
Rhetra (bei Plut. *Lyk.* 6), eine Darstellung der älteren spartanischen Verfassung
in Form eines Orakelspruches (vgl. E. Meyer, *Forschungen* I 262 ff.), wie solche
bereits in Tyrtaeos' Zeit umliefen (Tyrt. fr. 4). Das beweist natürlich keineswegs, daß es im VII. Jahrhundert noch keine Ephoren gegeben hat, wohl aber,
daß das Amt damals noch von untergeordneter Bedeutung war.

im Genuß ihrer Rechte zu schützen, so lange sie ihren Eid
hielten. Dieser Schwur wurde jeden Monat erneuert [1]. Die
Ephoren traten damit den Königen als gleichberechtigter
Faktor im Staate zur Seite [2].

Seitdem war es das stete Streben der Könige, diese
Fesseln zu sprengen; und als Kleomenes die Argeier nieder-
geworfen hatte' schien der günstige Moment da zu sein. Der
Sieger von Tiryns begann damit, die legitime Abkunft seines
Amtsgenossen Damaratos aus dem anderen Königshause
zu verdächtigen, und unter diesem Vorwande seine Absetzung
zu erwirken, wobei er durch den Spruch des delphischen
Orakels unterstützt wurde (491) [3]. Damaratos suchte in
Persien Zuflucht, wo ihm Dareios die Herrschaft über die
Bergfeste Pergamon und die Nachbarorte im fruchtbaren
Tal des Kaïkos in Mysien verlieh [4]; seine Stelle in Sparta
nahm Leotychidas ein, das Haupt der älteren Linie des Eury-
pontidenhauses, die vor etwa 80 Jahren vom Throne verdrängt worden war (oben I 2 S. 179 f.) [5]. Der neue König war

---

[1] Xen. *Staat d. Laked.* 15, 7, Niese, *Zur Verfassungsgeschichte Lakedaemons*,
in Sybels *Hist. Zeitschr.* LXII (N. F. XXVI), 1889, S. 69. Dieser Vertrag ist
dann später in die Zeit der dorischen Wanderung zurückdatiert worden, s. die
Belege bei Niese a. a. O.

[2] Bei Plut. *Kleom.* 10 wird der Ephor Asteropos, der „viele Generationen
nach Theopompos" gelebt hätte, als Begründer der Ephorenmacht genannt,
während Diog. Laert. I 68 dasselbe von Chilon erzählt, der um 560 Ephor war.
König Anaxandridas, dessen erste Ehe kinderlos blieb, wurde von den Ephoren
zur Eingehung einer zweiten Ehe gezwungen (Herod. V 40); König Kleomenes
hatte nach seinem Feldzug gegen Argos sich vor den Ephoren zu verantworten
(Herod. VI 82). Unser Quellenmaterial reicht nicht aus, um die Kompetenz
der Ephoren gegenüber den Königen in dieser Periode im einzelnen zu bestimmen.

[3] Herod. VI 51—86. Über die Chronologie oben I 2 S. 182.

[4] Herod. VI 70, Xen. *Hell.* III 1, 6, *Anab.* II 1, 3; VII 8, 17, Paus. III 7, 8,
Sex. Empir. *Adv. mathem.* I 258, Athen. I 29 f.

[5] Auf Leotychidas' Urgroßvater Hippokratidas ist nicht dessen Sohn
Agesilaos, sondern Damaratos' Großvater Agasikles gefolgt. Das muß etwa
um 570 geschehen sein, und hängt offenbar mit den inneren Wirren zu-
sammen, die damals zu der Beschränkung der Königsmacht durch das
Ephorat geführt haben. Mehr läßt sich bei unserer Unkenntnis der inneren
Geschichte Spartas in dieser Zeit nicht sagen. Dumm (*Spart. Königslisten*,
Innsbruck 1878, S. 19—30) hat die Hypothese aufgestellt, Agasikles sei der

natürlich ganz von Kleomenes abhängig, dem er seine Erhebung verdankte. Dieser gewann damit eine Stellung, wie
sie seit lange kein König in Sparta besessen hatte; aber eben
das führte eine Reaktion der öffentlichen Meinung herbei,
und Kleomenes sah sich genötigt, das Land zu verlassen.
Er ging nach Arkadien, wo er ein Heer sammelte, um die
Rückkehr mit Gewalt zu erzwingen. So bequemten sich die
Spartaner, ihn wieder in seine Königswürde einzusetzen. Bald
darauf soll er in Wahnsinn verfallen sein; er wurde auf Beschluß seiner Geschlechtsgenossen ins Gefängnis geworfen,
und hat sich dort, wie erzählt wird, mit eigener Hand den
Tod gegeben (um 488) [1]. Wahrscheinlich haben ihn die
Ephoren aus dem Wege geräumt, im Einverständnis mit seinen
Stiefbrüdern, Leonidas und Kleombrotos, von denen der
ältere, Leonidas, ihm auf dem Thron nachfolgte. Auch Leotychidas entging nur mit knapper Not der Absetzung [2]; aber
Damaratos, den Vasallen des Großkönigs zurückzurufen,
konnte man sich doch nicht entschließen, jetzt wo jeden
Augenblick ein neuer Einfall der Perser zu erwarten stand.
Das spartanische Königtum hat sich von diesen Schlägen
nie mehr erholt; fortan sind es die Ephoren, welche der Politik
des Staates ihre Richtung vorschreiben, während die Könige
mehr und mehr zu bloßen Exekutivbeamten herabsinken,
die von den Ephoren ihre Befehle erhalten.

Dies war die Lage in Hellas, als der Sturm losbrach,
der von Osten her so lange gedroht hatte.

älteste Sohn der Hippokratidas gewesen, also die gesetzliche Erbfolge ungestört geblieben. Ihm folgt Poralla, *Prosopographie der Lakedaemonier*, Dissert.
Breslau 1913, S. 154 ff. Das heißt den Knoten zerhauen statt ihn zu lösen,
denn nach Paus. III 7 war Agasikles vielmehr ein Sohn des Archidamos,
und diese Überlieferung, die einzige, die uns Agasikles' Vater nennt, geht
höchst wahrscheinlich durch Ephoros auf die Tradition im Hause der Damara-
tiden in Pergamon zurück, und wir haben keinen Grund diese Tradition zu
verwerfen.

[1] Herod. VI 61—75, über die Chronologie oben I 2 S. 174.
[2] Herod. VI 85.

II. Abschnitt.

Der Sieg über die Perser und Phoeniker.

Die persische Regierung hat der Versuchung lange wider-
standen, ihre Herrschaft auf das griechische Mutterland
auszudehnen. Man war sich offenbar der großen Schwierigkeiten eines solchen Unternehmens bewußt, zu denen der
Machtzuwachs, der dadurch zu gewinnen war, in keinem
Verhältnis zu stehen schien. Selbst die Expedition des Datis
hatte nur den Zweck, Athen und Eretria für die Unterstützung
zu züchtigen, die sie den Ioniern gewährt hatten; Eroberungen
in Griechenland zu machen, lag so wenig im Plane, daß man
nicht einmal Eretria festhielt, das doch bei der unbedingten
Überlegenheit der persischen Flotte auch nach Marathon
mit Leichtigkeit zu behaupten gewesen wäre.

Als aber der alte König Dareios gestorben war (485) [1]
und sein Sohn Xerxes den Thron der Achaemeniden bestiegen
hatte, begann die persische Politik sich weitere Ziele zu stecken.
Es war ja an und für sich sehr natürlich, daß der neue König
den Wunsch hegte, wie seine Vorgänger ein Mehrer des Reiches
zu sein. Aber auch abgesehen davon sprachen gewichtige
Gründe dafür, aus der bisher geübten Zurückhaltung herauszutreten. Ionien blieb immer ein unsicherer Besitz, solange
die Stammesgenossen jenseits des Meeres frei waren; und
die Unterstützung, die Sparta den Athenern gegen Datis
gesandt hatte, ließ keinen Zweifel daran, daß man bei einem
neuen Kriege gegen Athen auch mit dem peloponnesischen
Bunde zu kämpfen haben würde. So beschloß denn Xerxes,
ganze Arbeit zu tun und Griechenland zur persischen Satrapie
zu machen.

Von einer Unterschätzung des Feindes·war der König
weit entfernt, hatte doch noch soeben Marathon gezeigt, daß
man es mit einem Gegner von hervorragender Kriegstüchtigkeit

---

[1] Über die Chronologie der Perserkönige Ed. Meyer, *Forschungen* II 437 ff.

zu tun hatte. Das Unternehmen wurde demgemäß sehr sorgfältig vorbereitet. Man wollte mit so überlegenen Kräften
auftreten, daß schon dadurch jeder Mißerfolg ausgeschlossen
wäre. Es wurde also ein Heer zusammengebracht, wie es die
griechische Welt noch niemals gesehen hatte; die Grabschrift
der bei den Thermopylen gefallenen Peloponnesier gibt die
Stärke des Feindes auf 3 Millionen an [1], nach Herodot hätte
Xerxes 1 700 000 Kombattanten zu Fuß und 80 000 Reiter
über den Hellespont geführt, einschließlich des Trosses, der
Bemannung der Flotte und der Kontingente, die in Europa
zum Heere stießen, hätte die Gesamtzahl 5 283 220 Mann
betragen [2]. Das sind natürlich maßlose Übertreibungen;
aber an 60 000 Kombattanten mag Xerxes' Heer immerhin
gezählt haben [3]. Es war ein buntes Gemisch aus fast allen
Völkern des weiten Reiches bis nach dem fernen Indien;
Kontingente sehr ungleich an Bewaffnung wie an militärischem
Wert [4]. Bei solchen Massen war natürlich der Seetransport
ausgeschlossen, besonders auch mit Rücksicht auf die zahlreiche Reiterei, die den besten Bestandteil des Heeres bildete.
Xerxes war also auf den Landweg längs der thrakischen Küste
angewiesen. Da dieses ganze Gebiet bis zum Olympos hin
seit Mardonios' Zuge zum Reiche gehörte, waren auf dieser
Strecke Hindernisse nicht zu überwinden, abgesehen von den
Schwierigkeiten, welche die Verpflegung des großen Heeres
bot. Um diese zu sichern, wurden an geeigneten Punkten
längs dieser ganzen Küste große Magazine angelegt [5]. Weiter
wurde eine starke Flotte gerüstet, deren Kern die Phoeniker
bildeten, zu der aber auch die asiatischen Griechenstädte,
von Kypros bis zum Hellespont, ihre Kontingente stellen
mußten. Die Gesamtzahl der Schiffe wird auf 1207 angegeben [6],

[1] Herod. VII 228.
[2] Herod. VII 60 (Infanterie), 87 (Kavallerie), 186 (Gesamtzahl).
[3] S. unten 2. Abt. § 31.
[4] Aufzählung bei Herod. VII 61 ff. Damit ist natürlich noch nicht gesagt, daß alle diese Völker auch wirklich im Herre vertreten waren.
[5] Herod. VII 25.
[6] Aeschyl. *Pers.* 341 ff., danach Herod. VII 89, nach dem die Flotte
außerdem noch 3000 kleinere Schiffe gezählt hätte (VII 97).

in Wahrheit kann die Zahl der Kriegsschiffe nicht wohl mehr
als 500 betragen haben[1]. Die Flotte sollte den Übergang
nach Europa sichern, dann dem Zuge des Landheeres folgen
und mit diesem in steter Fühlung bleiben. Um der Wiederkehr
einer Katastrophe vorzubeugen, wie sie Mardonios' Flotte
betroffen hatte, gab Xerxes Befehl, durch den flachen Hals
der Athoshalbinsel einen Kanal zu graben, der freilich, wie es
scheint, nicht zur Vollendung gelangt ist[2].

Im Herbst 481 waren endlich die Rüstungen beendet,
die Kontingente sammelten sich in Kleinasien und nahmen
dort Winterquartiere[3]. Im nächsten Frühjahr brach Xerxes
dann an der Spitze des Heeres von Sardes auf, überschritt
etwa Anfang Juni den Hellespont auf zwei Schiffbrücken
und zog dann weiter der Küste entlang nach Therme in Makedonien, wo er etwa Ende Juni anlangte[4]. Schon im Winter
hatte er Herolde nach Griechenland gesandt, die zur gutwilligen Unterwerfung auffordern sollten[5].

Dort war die Stimmung sehr trübe. Den gewaltigen
Massen des Königs gegenüber schien den meisten jeder Widerstand nutzlos; selbst das delphische Orakel hielt den Sieg
der Perser für sicher und riet zur gutwilligen Ergebung in
das Unvermeidliche[6]. Der König wollte ja nicht die Hellenen
vernichten; nur Unterwerfung forderte er, und so gut wie die
Stammesgenossen in Asien konnte man es am Ende auch
noch unter persischer Herrschaft aushalten. Für Athen freilich
gab es keine Unterwerfung; nach dem, was vorgefallen war,
hatte man nur die Wahl zwischen Sieg oder Untergang. Und
für Sparta hätte die Unterwerfung unter Persien den Verlust
der Herrschaft über den Peloponnes bedeutet, die es sich
im letzten Jahrhundert erkämpft hatte. Beiden Staaten
war dadurch ihre Haltung vorgezeichnet; und die Politik

---

[1] S. unten 2. Abt. § 30.
[2] Herod. VII 22. 122, vgl. oben I 1 S. 277.
[3] Herod. VII 26.
[4] Herod. VII 33 ff. Über die Chronologie unten 2. Abt. § 19 ff.
[5] Herod. VII 32.
[6] Herod. VII 140. 141. Pomtow, *Jahrb. für Phil.* CXXIX, 1884, S. 253 ff.

Spartas war wieder bestimmend für die Glieder seines peloponnesischen Bundes. Die Militärmacht aber, über die dieser
Bund verfügte, war so bedeutend, daß die übrigen Staaten
des griechischen Festlandes, wenn auch zum Teil widerwillig,
der nationalen Sache sich anschlossen. Nur Argos, die alte
Rivalin Spartas, hielt sich neutral. Das seemächtige Kerkyra
versprach Hilfe, richtete es aber so ein, daß seine Flotte zur
Entscheidung zu spät kam. Gelon, der Herrscher des östlichen Siciliens, machte seinen Beistand von unerfüllbaren
Bedingungen abhängig. Er war bereit, sich dem Könige zu
unterwerfen, wenn diesem, wie es ja sehr wahrscheinlich
schien, in dem bevorstehenden Kriege der Sieg blieb [1].

Auch in den Staaten, die zum Kampfe für die Freiheit
entschlossen waren, war man von Siegeszuversicht weit
entfernt; man setzte seine Hoffnung mehr auf den Beistand
der Götter als auf die eigene Kraft [2]. Aber man tat doch,
was nötig war. Noch im Herbst 481 versammelten sich die
Abgeordneten der verbündeten Hellenen auf dem Isthmos [3].
Zunächst wurde in Hellas ein allgemeiner Landfriede ver-
kündet und dadurch endlich der Krieg zwischen Athen und
Aegina zu Ende gebracht. In Athen und wohl auch in anderen
Staaten wurden die politischen Verbannten zurückgerufen [4].
Xerxes' Boten wurden überall abgewiesen, ja in Sparta er-
kannte man Leuten, die es wagten, solche Zumutungen zu
stellen, den Schutz des Völkerrechts ab und ließ sie zum
Tode führen. Man machte damit den Bruch unheilbar, ohne
Zweifel mit voller Absicht, um den verbündeten Staaten die
Gewähr zu geben, daß Sparta bis zum äußersten kämpfen
würde [6].

---

[1] Herod. VII 145—171.
[2] Theogn. 773—782, Herod. VII 138, Thuk. III 56, 5.
[3] Herod. VII 132. 145. 172, Plut. *Them.* 6.
[4] Aristot. ATT. 22, 8, Plut. *Arist.* 8.
[5] Herod. VII 172—174.
[6] Daß die Lokrer und Boeoter nicht schon jetzt, wie Herodot berichtet
(VII 132), Xerxes Erde und Wasser gegeben haben können, ist klar, da sie
ja am Kriege gegen den König teilgenommen haben; Herodot nimmt also hier
voraus, was erst nach den Kämpfen an den Thermopylen geschehen ist. Auch

Es galt nun, den Feldzugsplan festzustellen. Als erste natürliche Verteidigungslinie boten sich die Pässe des Olympos an der Nordgrenze Thessaliens. Man sandte denn auch, im Mai 480, als Xerxes am Hellespont stand, ein Heer von 10 000 Hopliten dorthin ab, Peloponnesier, Athener und Boeoter, doch zeigte es sich sogleich, daß diese Truppen, auch mit dem thessalischen Aufgebot vereinigt, nicht ausreichten, um die Pässe zu halten. Ihr ganzes Bundesheer aber nach der makedonischen Grenze zu schicken und dort, fern von der Heimat, den Entscheidungskampf aufzunehmen, was ohne Zweifel das richtige gewesen wäre, konnten sich die Peloponnesier nicht entschließen; und es blieb dann nichts übrig, als Thessalien zu räumen [1]. Die Aleuaden, die den thessalischen Bund

die Thessaler haben bis zum letzten Augenblick gezögert, da die Boten die Zeichen ihrer Unterwerfung erst brachten, als Xerxes an ihrer Grenze in Pierien stand (Herod. VII 131). — Nach Herod. VI 48. VII 133 hätte schon Dareios vor Marathon die Hellenen durch Herolde zur Unterwerfung auffordern lassen. Diese Boten wären in Athen ἐς τὸ βάραθρον, in Sparta ἐς φρέαρ geworfen worden. Aber damals han elte es sich ja gar nicht um die Unterwerfung Griechenlands, sondern nur um die Bestrafung von Athen und Eretria; die Sache ist also vordatiert und die Herolde nach Sparta erst von Xerxes gesandt worden. Daß man sich dort an ihnen vergriffen hat, ist wegen der Erzählung vom Zorn des Talthybios bei Herod. VII 134 ff. nicht wohl zu bezweifeln. Höchst unwahrscheinlich dagegen und offenbar nur ein Duplikat des Vorganges in Sparta ist die Erzählung, daß die Athener dasselbe getan haben sollten (weiter ausgeschmückt bei Plut. *Them.* 6, Paus. III 12, 7). Auch stand ja Athen seit dem Ausbruch des ionischen Aufstandes mit Persien im Kriege, so daß für Xerxes gar kein Anlaß vorlag, Herolde dorthin zu schicken, wie denn auch Herod. VII 133 ausdrücklich sagt, daß er das nicht getan hat.

[1] Herod. VII 172—174. Da die Peloponnesier im Jahre darauf die Perser, Thessaler und Boeoter in offener Feldschlacht besiegt haben, trotz der Verluste, die sie bei den Thermopylen erlitten hatten, würden sie höchstwahrscheinlich auch jetzt Sieger geblieben sein, wo ihre eigene Macht noch ungeschwächt war, und sie die mittel- und nordgriechischen Kontingente an ihrer Seite gehabt hätten. Wenigstens hätten die Chancen des Sieges viel besser gelegen, falls nicht etwa Leonidas' Unfähigkeit alles verdorben hätte, und damit konnten dei Peloponnesier doch nicht rechnen. Aber das ist *ex eventu* geurteilt. Im Frühjahr 480 war Griechenland gelähmt durch die übertriebenen Vorstellungen von der Zahl und Tüchtigkeit des persischen Heeres; es ist sehr begreiflich, daß man Bedenken trug, alles auf einen Wurf zu setzen. Auch konnte der Peloponnes, mit Rücksicht auf die überlegene persische Flotte, nicht wohl von Streitkräften entblößt werden.

leiteten, waren schon vorher bedacht gewesen, durch geheime Unterhandlungen mit dem Feinde sich für den schlimmsten Fall den Rücken zu decken, was ihnen bei der exponierten Lage ihres Landes und der bekannten Abneigung der Pelo-ponnesier, außerhalb des eigenen Gebietes zu schlagen, kaum zu verdenken war [1]. Das kam den Thessalern jetzt zugute, als sie, von ihren Bundesgenossen verlassen, gezwungen waren, sich dem Könige zu unterwerfen. Xerxes änderte nichts an den Verhältnissen des Landes, das ihm fortan, mit seinen reichen Hilfsquellen, eine treffliche Operationsbasis bot.

So konnte das persische Heer ohne Schwertstreich bis in das Herz von Griechenland vordringen. Erst an der Süd-grenze Thessaliens traf man auf Widerstand. Die Peloponnesier hätten sich am liebsten auf die Verteidigung des Isthmos beschränkt, aber sie durften, mit Rücksicht auf Athen, Mittelgriechenland nicht aufgeben, wie sie Thessalien auf-gegeben hatten. Es wurde also beschlossen, die Linie der Thermopylen zu halten. Die bewaldeten Vorhöhen des Oeta traten hier so dicht an das Ufer des Malischen Busens heran, daß nur eben für die Straße Raum blieb, die Thessalien mit Mittelgriechenland verbindet [2]. Das enge Defilé konnte von einer geringen Truppenzahl gegen eine große Übermacht verteidigt werden, vorausgesetzt, daß der Verteidiger das Meer beherrschte und stark genug war, auch die Bergpfade zu sperren, auf denen die Stellung in der linken Flanke um-gangen werden konnte. Im Vertrauen auf die natürliche Stärke des Passes sandten die Peloponnesier zunächst nur ein Korps von 4000 Hopliten unter dem Befehl des lake-daemonischen Königs Leonidas [3]; dazu kamen die Gesamt-

---

[1] Herod. VII 6. 131. 172. Daß die Aleuaden Xerxes zu dem Zuge nach Griechenland aufgefordert hätten, ist natürlich Verleumdung; sie hätten ja durch einen solchen Schritt nichts zu gewinnen gehabt, da sie bereits über Thessalien herrschten.

[2] Seit dem Altertum hat sich durch die Anschwemmungen des Spercheios hier ein breites Vorland gebildet, so daß der ganze Charakter der Gegend ver-ändert ist. Das Beste über die Topographie gibt Grundy, *Persian War* S. 257 ff. mit Karte nach eigener Aufnahme.

[3] Die Zahl nach der Inschrift des Denkmals, das hier später zum Ge-dächtnis der gefallenen Peloponnesier errichtet wurde (Herod. VII 228).

aufgebote der umliegenden Landschaften Boeotien, Lokris und Phokis, so daß im ganzen über 10 000 Schwerbewaffnete bei den Thermopylen zum Empfang des Feindes vereinigt standen, außerdem mindestens die gleiche Zahl Leichtbewaffneter [1]. Der Rest des Bundesheeres sollte folgen, sobald die Karneien und Olympien vorüber wären, deren Feier man aus religiösen Bedenken nicht aufschieben mochte. Die Flotte nahm gleichzeitig Stellung an der Nordküste von Euboea bei dem Tempel der Artemis Proseoa im Gebiet von Histiaea, um dem Feinde die Einfahrt in die mittelgriechischen Gewässer zu wehren [2]. Den Befehl führte dem Namen nach der lakedaemonische Nauarch Eurybiadas; in Wahrheit der athenische Stratege Themistokles, da die mehr als 100 Schiffe die Athen gestellt hatte, ein gutes Drittel der gesamten griechischen Seemacht bildeten.

Es war etwa Ende Juli, als die persischen Heeresmassen, durch ihre neuen thessalischen Bundesgenossen verstärkt, vor den Thermopylen anlangten. Der starken feindlichen Stellung gegenüber zögerte Xerxes einige Tage mit dem Angriff [3]; er erwartete die Ankunft seiner Flotte, um dann die Griechen durch eine Demonstration in ihrem Rücken zur Räumung des Passes zu zwingen. Die Flotte war denn auch aus Therme abgesegelt, sobald sie Nachricht von Xerxes' Ankunft im südlichen Thessalien erhalten hatte. Dabei traf sie bei Kap Sepias, der SO. Spitze von Magnesia, ein heftiger Sturm aus Nordosten, vor dem an dieser felsigen hafenlosen Küste nur sehr ungenügende Deckung zu finden war, so daß viele Schiffe zugrunde gingen. Drei Tage wütete das Meer; als es sich endlich beruhigte, fuhren die Perser in den Sund von Euboea ein und gingen bei Aphetae vor Anker, am Eingang in den Pagasaeischen Busen, der griechischen Flotte beim Artemision gegenüber. Ein Geschwader von 15 Schiffen,

---

[1] Herod. VII 202—3, weiteres unten 2. Abt. § 38.

[2] Über die Lokalität vgl. Lolling, *Ath. Mitt.* VIII, 1883, S. 7 ff. Der Tempel der Ἄρτεμις Προσηψα lag nicht weit von der Nordspitze der Insel, zwischen den Dörfern Potokki (w.) und Kurbatsi (ö.).

[3] Herod. VII 210.

das von der Hauptmacht abgekommen war, fiel noch am
Abend dieses Tages· in die Hände der Griechen; ebenso am
nächsten Tage eine kilikische Flottenabteilung [1]. Endlich
am dritten Tage war die persische Flotte wieder soweit ge-
fechtsfähig, daß sie den Griechen die Schlacht bieten konnte,
fand aber so kräftigen Widerstand, daß sie nach Aphetae
zurückgehen mußte, während die Griechen im Besitze der
Toten und Schiffstrümmer blieben. Beide Teile hatten sehr
schwere Verluste gehabt [2].

Als Xerxes sah, daß er zunächst auf eine Unterstützung
durch seine Flotte nicht rechnen konnte, entschloß er sich
zum Sturm auf die Thermopylen; er durfte nicht zögern,
bis das peloponnesische Hauptheer herankam. Indes die
Frontangriffe auf den Paß blieben ohne Erfolg, da der König
auf dem engen Raum weder seine Übermacht zur Geltung
bringen, noch seine beste Waffe, die Reiterei, überhaupt
verwenden konnte; im Nahkampfe aber war die griechische
Infanterie durch ihre schwere Rüstung der persischen weit
überlegen. Während aber die Aufmerksamkeit der Griechen
nach dieser Richtung in Anspruch genommen war, sandte
Xerxes am Abend des zweiten Kampftages eine auserlesene
Heeresabteilung in die Berge, den Feind im Rücken zu fassen.
Der sehr schwierige Übergang durch das waldbedeckte
Gebirge hätte mit Leichtigkeit verteidigt werden können,
aber die Phoker, denen die Hut dieses Passes anvertraut

---

[1] Herod. VII 188—195. VIII 1—14. Näheres unten 2. Abt. § 35. Da
Kap Sepias nach Strab. VII 330, 32 den Golf von Pagasae von dem Golf von
Therme trennte, auch nach Apoll. Rhod. I 582 f. westlich von Skiathos lag, kann
nur das Kap Kato Georgi verstanden werden, nicht Kap Pori an der Ostküste
von Magnesia, halbwegs zwischen Kato Georgi und der Peneiosmündung, wie
Wace will (*The Topography of Pelion and Magnesia*, *Journ. Hell. Stud.* XXVI,
1906, S. 145), vgl. die Kartenskizze *Journ. Hell. Stud.* XXVIII, 1908, S. 211.
Aphetae muß nach den Angaben Herodots über die Schlacht beim Artemision
an der Südküste von Magnesia gelegen haben, nicht am Südufer des Golfes
von Pagasae, wo Richard Kiepert (*Formae orbis ant.* XVI Text S. 7) es ansetzt;
nach Wace a. a. O. S. 146 am Strande von Plataniá, dem ersten Ankerplatz
westlich von Kato Georgi, was richtig sein wird.

[2] Herod. VIII 15—18.

war, ließen sich im Schlaf überraschen und dachten dann nur
an die eigene Rettung. Die Perser konnten also ungehindert
weiterziehen und waren mit Tagesanbruch im Besitz der die
Stellung an den Thermopylen beherrschenden Höhen.

Leonidas wäre stark genug gewesen, den Spitzen der
feindlichen Umgehungskolonne überlegene Kräfte entgegen-
zuwerfen und so entweder seine Stellung zu halten oder sich
doch einen geordneten Rückzug zu sichern. Aber im griechischen Heere brach eine Panik aus, und bald wurde die Flucht
allgemein. Nur Leonidas mit seinen Spartanern hielt stand,
»gehorsam den Gesetzen ihres Staates«, wie später die Inschrift
auf dem Denkmal der Gefallenen rühmte. Als aber Xerxes
den Angriff auf den Paß erneuern ließ, und zugleich die Perser
von den Höhen herabstürmten, war gegen die Übermacht
bald jeder Widerstand vergebens; Leonidas fiel, und die
meisten seiner Leute wurden zusammengehauen. Auch einige
Bundeskontingente hatten schwer zu leiden; die Thespier
sollen 700 Mann verloren, die Thebaner die Waffen gestreckt
haben, der griechische Gesamtverlust wird auf 4000 Mann
angegeben. Leonidas trifft als Feldherrn der Vorwurf, nicht
mit der nötigen Umsicht gehandelt zu haben; er hat die Stärke
seiner Stellung überschätzt und nicht ernsthaft genug mit
der Möglichkeit einer Umgehung gerechnet. Als Soldat hat
er seine Pflicht getan, wie sie jeder Spartaner von Ehre an
seiner Stelle getan haben würde. Daß vollends ein spartanischer König es ertragen könnte, als Besiegter aus einer Schlacht
heimzukehren, schien ein unfaßbarer Gedanke, bis der letzte
aus Leonidas' Geschlecht, der Sozialreformer Kleomenes,
bei Sellasia zeigte, daß es doch möglich war. Der Glanz
besonderen Heldentums, der Leonidas' Namen umstrahlt,
ist also nicht voll verdient; er verdankt ihn nicht so sehr sich
selbst, als der Sache, für die er gefallen ist [1].

Die Katastrophe an den Thermopylen machte in Griechenland einen niederschmetternden Eindruck. Die erste Schlacht
war verloren, ein Heer vernichtet, ein spartanischer König

---

[1] Weiteres unten 2. Abt. § 37 ff. *Die Legende von Leonidas.*

gefallen, was, solange Menschen denken konnten, noch niemals
geschehen war, der Ruf der spartanischen Unbesiegbarkeit
war zerstört. An eine Verteidigung Mittelgriechenlands war
jetzt nicht mehr zu denken; das peloponnesische Bundesheer
blieb auf dem Isthmos, und arbeitete mit aller Kraft daran,
so gut es in der Eile gehen wollte, hier eine Befestigungslinie
von Meer zu Meer anzulegen[1]. Die Flotte verließ auf die
Nachricht von Leonidas' Niederlage noch in der folgenden
Nacht ihre so rühmlich behauptete Stellung beim Artemision
und gab damit Euboea preis; aber den Athenern blieb keine
Wahl, als so schnell sie konnten zum Schutz der bedrohten
Heimat zurückzukehren, und die übrigen Kontingente waren
nicht stark genug, es mit der persischen Flotte aufzunehmen[2].

Die Perser rückten nun in Phokis ein; die Einwohner
flohen zum Teil auf die unzugänglichen Höhen des Parnasos,
die verlassenen Städte gingen in Flammen auf. Die übrige
Landschaft unterwarf sich dem König[3]. Daß auch Delphi
dasselbe getan hat, ist bei der Haltung des Orakels schon vor
der Ankunft der Perser sehr wahrscheinlich; jedenfalls mußte
Xerxes aus Rücksicht auf seine thessalischen Bundesgenossen
das Heiligtum schonen[4]. Ebenso beeilten sich die Boeoter
und opuntischen Lokrer, ihren Frieden mit dem Sieger zu
machen; nur Thespiae und Plataeae hielten an der nationalen
Sache fest und wurden zur Strafe dafür niedergebrannt,
während die Bewohner sich nach Attika und dem Peloponnes
gerettet hatten[5].

An eine Verteidigung von Attika war unter diesen Um-

---

[1] Herod. VIII 40. 71. Daß diese Arbeiten schon vorher begonnen hätten,
sagt Herodot nicht, und es wird auch dadurch unwahrscheinlich, daß die Befestigung erst im nächsten Sommer vollendet wurde (Herod. IX 7).

[2] Herod. VIII 21—22. 40.

[3] Herod. VIII 31—34, IX 31.

[4] Was Herod. VIII 35 ff. von einem persischen Angriff auf Delphi erzählt,
kann, wenn richtig, sich nur auf einen, auf eigene Hand plündernden Haufen
beziehen. Vgl. auch Herod. IX 42. Nach Ktesias 25 wäre Mardonios gegen
Delphi gezogen und hätte dabei den Tod gefunden. Was dann c. 27 weiter
erzählt wird, geht offenbar auf die Plünderung des Tempels von Branchidae.

[5] Herod. VIII 50.

ständen nicht zu denken. Athen selbst hätte es allerdings auf eine Belagerung ankommen lassen können, aber der Mauerring war nicht weit genug, der ganzen Landbevölkerung Zuflucht zu gewähren, und vor allem, die waffenfähige Mann-schaft wurde auf der Flotte gebraucht. Themistokles aber war mit Recht überzeugt, daß jetzt, nach der Niederlage an den Thermopylen, die Entscheidung zunächst auf dem Meere gesucht werden müsse. So setzte er es denn durch, daß die Stadt aufgegeben und die Räumung des ganzen Landes beschlossen wurde; die waffenfähigen Männer be-stiegen die Schiffe, die Weiber und Kinder und die fahrende Habe wurden nach Salamis, Aegina und dem Peloponnes hinüber geschafft. Ohne Widerstand zu finden, konnte Xerxes in Athen einziehen (Mitte August). Nur auf der Akropolis war eine kleine Besatzung zurückgeblieben, die nach wenigen Tagen den Angriffen der Perser erlag; der Sieger ließ die Tempel der Burg in Feuer aufgehen zur Vergeltung für die Zerstörung von Sardes[1].

Um den Abzug der attischen Bevölkerung zu ermög-lichen und zugleich Megara und Aegina zu decken, war die griechische Flotte bei Salamis konzentriert worden. Neue Verstärkungen hatten die Verluste beim Artemision aus-geglichen, so daß Eurybiadas jetzt 310 Schiffe unter seinem Befehl hatte[2]. Die feindliche Flotte war inzwischen, ohne sich mit der Unterwerfung von Euboea aufzuhalten, geraden Weges durch den Euripos gesegelt und in der Bucht von Phaleron, dem Hafen Athens, angelangt[3]. Die Hellenen standen damit vor der Entscheidung, ob sie die Schlacht bei Salamis annehmen oder sich nach dem Isthmos zurück-ziehen sollten, wo das peloponnesische Bundesheer zum Schutze der Halbinsel versammelt stand. Die Peloponnesier stimmten begreiflicherweise für das letztere; während die Athener, Aegineten und Megarer ebenso begreiflicherweise für das Ausharren bei Salamis eintraten. War doch Salamis

---

[1] Herod. VIII 31—39, 50—55.
[2] Herod. VIII 40—49. Aeschyl. *Pers.* 339. Vgl. unten 2. Abt. § 27 ff.
[3] Herod. VIII 66.

das letzte Stück athenischen Bodens, das noch nicht in der
Hand des Feindes war; hier hatte der größte Teil der Bevölkerung Attikas Zuflucht gesucht und ihre fahrende Habe
hierher gerettet; es wäre sehr schwer gewesen, bei einer
Räumung der Insel auch nur die Personen in Sicherheit zu
bringen.   Und Megara und Aegina würden dem feindlichen
Angriff schutzlos offen gelegen haben.   Auch militärisch bot
die Stellung große Vorteile; in den engen Gewässern zwischen
der Insel und der attischen Küste konnten die Perser ihre
Überzahl wie ihre bessere Manöverierfähigkeit nicht zur
Geltung bringen, ja es war anzunehmen, daß sie überhaupt
nicht imstande sein würden, auch nur die Einfahrt in den
Sund zu erzwingen.   Eine Niederlage schien unter diesen
Umständen kaum zu besorgen; hatte doch die griechische Flotte
am Artemision unter viel ungünstigeren Verhältnissen dem
Feinde das Gleichgewicht zu halten vermocht.   Solange aber
die Griechen bei Salamis blieben, war ein Angriff auf den
Peloponnes für Xerxes unmöglich; die befestigte Stellung
auf dem Isthmos konnte zu Lande nicht umgangen werden,
und die persische Flotte war nicht stark genug, ein größeres
Geschwader gegen den Peloponnes zu entsenden und zugleich
den Griechen bei Salamis die Spitze zu bieten.   Dem Gewicht
dieser Gründe konnten sich die Peloponnesier nicht entziehen,
um so weniger, als das athenische Kontingent ein gutes Drittel
der ganzen Flotte bildete, was der Stimme des Themistokles
im Kriegsrat ausschlaggebende Geltung verschaffte.   Es
wurde also beschlossen, bei Salamis auszuharren [1].

Xerxes wünschte eine Schlacht bei Salamis aus denselben
Gründen zu vermeiden, welche die Griechen zur Wahl dieser
Stellung bestimmt hatten.   Er zögerte also solange als
möglich; endlich mußte er doch zum Angriff schreiten.   Die
gute Jahreszeit neigte sich ihrem Ende zu, und den Winter
über konnte die große Flotte schon wegen der Schwierigkeit
der Verpflegung nicht in den griechischen Gewässern bleiben.
Ein Rückzug ohne Schlacht aber war nicht viel besser als

---

[1] Herod. VIII 56—64.

eine Niederlage. Freilich der griechischen Flotte gegenüber
die Einfahrt in den Sund von Salamis zu erzwingen, wäre
ein ganz aussichtsloses Beginnen gewesen; Xerxes hätte
da nicht mehr Schiffe ins Gefecht bringen können als der
Feind, und bei gleichen Kräften war kein entscheidender
Erfolg zu erwarten. Nur eine Überraschung konnte zum
Ziele führen. Xerxes ließ also eines Abends (es war schon
gegen Ende September) nach Sonnenuntergang seine ganze
Flotte nach Salamis aufbrechen, während zugleich das Landheer die der Insel gegenüberliegende Küste besetzte. Die
Griechen hatten nichts weniger als einen solchen nächtlichen
Angriff erwartet; als das Herankommen der Perser gemeldet
wurde, war es zu spät, die Flotte kampfbereit zu machen,
auch war ja die Annahme eines Nachtgefechtes überhaupt
ausgeschlossen. Die Perser, das phoenikische Kontingent
voran, die Ioner in der Nachhut, gelangten also ohne Hindernis
in den Sund, wo sie längs der attischen Küste in langer Linie
Stellung nahmen, die griechische Flotte, die gegenüber in
den Häfen bei der Stadt Salamis lag, in weitem Bogen um-
fassend. In der ersten Morgenfrühe wurde dann noch eine
Abteilung persischer Truppen nach der kleinen Insel Psyttaleia
(*Hagios Georgios*) übergesetzt, die vor der Stadt Salamis
mitten im Sunde liegt, an dessen engster Stelle. Die Besatzung
sollte, falls es zur Schlacht kam, die eigenen Schiffbrüchigen
retten, wenn sie hier angetrieben wurden, die feindlichen
niedermachen; weigerten die Griechen die Schlacht, so sollte
die Insel für den Übergang des Landheeres nach Salamis
einen Stützpunkt bilden.

Strategisch hatte Xerxes gesiegt, auch hier wie bis jetzt
überall auf diesem Feldzuge. Der etwa 6 km lange, 1—2 km
breite Sund bot genügenden Raum zur Entfaltung, wenn
nicht der ganzen, so doch des größten Teiles der Flotte, den
Griechen war jede Möglichkeit des Rückzuges abgeschnitten,
sie waren rettungslos verloren selbst dann, wenn der Kampf
wie am Artemision unentschieden blieb. Bei der Überlegenheit
seiner Flotte glaubt der König aber auf sicheren Sieg rechnen
zu dürfen, um so mehr, als unter seinen eigenen Augen ge-

kämpft werden sollte. An der schmalsten Stelle der Meerenge, bei einem kleinen Tempel des Herakles, da, wo jetzt die Fähre nach Salamis geht, ließ er seinen Thronsessel aufschlagen, von dem aus er die Schlacht leiten wollte.

Mit Tagesanbruch stellte sich die griechische Flotte in Schlachtlinie; die Peloponnesier auf dem rechten Flügel gegen die Ioner, die Athener auf dem linken Flügel gegen die Phoeniker. Hier, in den Gewässern um Psyttaleia, wo der Sund am engsten ist, begann die Schlacht. Die Semiten konnten ihre überlegene Manöveriertüchtigkeit nicht zur Geltung bringen, im Kampfe Mann gegen Mann aber waren sie den Athenern bei weitem nicht gewachsen. Sie begannen zu weichen und sahen sich bald gegen die attische Küste zurückgedrängt. Hier angelangt, blieb ihnen keine Wahl, als nach links auszubiegen, gegen das Zentrum der persischen Stellung. Dadurch kam auch dieses in Verwirrung; gerade unter Xerxes' Thron beim Herakleion, wo das Fahrwasser durch Felsenriffe und Untiefen eingeengt ist, ballten sich die persischen Schiffe zum Knäuel zusammen und taten sich gegenseitig mehr Schaden, als ihnen der Gegner zufügen konnte. Alles drängte darauf, aus dem Sunde herauszukommen, die ganze persische Schlachtlinie wurde von rechts nach links aufgerollt, aber wem es gelang, den Athenern zu entfliehen, fiel den Aegineten und den übrigen Peloponnesiern auf dem rechten Flügel der griechischen Aufstellung in die Hände. Der ganze Sund bedeckte sich mit Schiffstrümmern und Leichen, bis endlich die hereinbrechende Nacht dem Morden ein Ende machte. Einen so blutigen Tag hatten die griechischen Ge-wässer noch nie gesehen; die Schmach von Lade war aus-getilgt. Was von der persischen Flotte noch übrig war, suchte Schutz auf der Reede von Phaleron.

Sobald der rechte Flügel der persischen Flotte sich zur Flucht gewandt hatte, noch während im östlichen Teile des Sundes gekämpft wurde, war eine Abteilung athenischer Hopliten von Salamis nach Psyttaleia hinübergegangen und hatte die dort gelandete persische Besatzung zusammen-gehauen, im Angesichte des Königs, der drüben am Herakleion als ohnmächtiger Zuschauer stand. Ihm blieb nichts übrig, als sein Heer nach Athen zurückzuführen [1].

Die persische Flotte war der griechischen noch immer an Zahl gewachsen, aber unter dem Eindruck der Niederlage konnte sie nicht daran denken, noch einmal die Schlacht zu wagen. Der Angriff auf den Peloponnes mußte unter diesen Umständen aufgegeben werden. Immerhin hatte Xerxes auf diesem Feldzuge Großes erreicht. Athen war gezüchtigt worden, Griechenland bis zum Isthmos erobert, der glänzende Sieg an den Thermopylen ein frisches Blatt in dem alten Ruhmeskranze des persischen Heeres. Die paar hundert Schiffe, die bei Kap Sepias und bei Salamis verloren gegangen waren, fielen demgegenüber kaum ins Gewicht, waren sie doch von den Untertanen gestellt. Und bei den Mitteln, über die das Reich verfügte, schien es ein leichtes zu sein, den Verlust zu ersetzen. Das erforderte freilich eine gewisse Zeit. Aber solange die Perser zu Lande die Oberhand behaupteten, war ihre Stellung in Griechenland gesichert; und von dieser Basis aus mußte es früher oder später gelingen, auch den Peloponnes zu erobern.

In dem verwüsteten Attika allerdings konnte man den Winter nicht bleiben. Xerxes ließ also, wenige Tage nach der Schlacht, die Flotte nach Asien zurückgehen und führte dann das Heer nach Thessalien in die Winterquartiere. Dort übergab er den Befehl seinem Schwager Mardonios; er selbst zog weiter nach dem Hellespont, wo er nach beschwerlichem Marsch durch das rauhe Thrakien um Mitte Dezember an-langte [2]. Den Winter über blieb er in Sardes, um dem Kriegs-schauplatz nahe zu sein [3].

Die Hellenen hatten den Rückzug des Feindes nicht zu stören gewagt. Man beschränkte sich darauf, wie es einst Miltiades nach Marathon versucht hatte, die Kykladen zum Anschluß an die nationale Sache zu bringen und sie durch Eintreibung von Kontributionen für ihren Abfall zu strafen.

[1] Aeschyl. *Pers.* 290—471, Herod. VIII 66—96, unten 2. Abt. § 41—43.
[2] Herod. VIII 97—120. Aeschyl. *Pers.* 480—510.
[3] Herod. IX 3. 107.

Andros, das die Zahlung weigerte, wurde erfolglos belagert.
Dann lösten Heer und Flotte sich auf [1]; die geflüchtete Bevölkerung Attikas kehrte zurück in ihre verwüstete Heimat.
In Thrakien erhoben sich im Spätherbst die Städte auf der
Halbinsel Pallene und die benachbarten Bottiaeer gegen die
persische Herrschaft. Zwar das bottiaeische Olynthos wurde
bald erobert und den treugebliebenen Chalkidern übergeben;
Poteidaea auf Pallene aber schlug alle Stürme ab, und die
Belagerer mußten unverrichtetersache abziehen [2]. Materiell
hatte der Abfall nicht viel zu bedeuten, um so bedenklicher
war er als Symptom; er zeigte, daß die Niederlage bei Salamis
und der Rückzug des Königs begannen, auch moralisch ihre
Wirkung zu tun.

Für den nächsten Feldzug war den Griechen ihre Aufgabe klar vorgezeichnet; sie mußten alles daran setzen, den
Feind aus Griechenland, wenigstens aus Mittelgriechenland
zu vertreiben, solange die persische Flotte nicht aktionsfähig
war. Demgemäß war der griechischen Flotte zunächst nur
eine defensive Rolle zugedacht; 110 Schiffe unter dem Befehl
des spartanischen Königs Leotychidas gingen im Frühjahr
nach Delos, um die Bewegungen des Feindes zu beobachten
und die Kykladen zu schützen [3], während das Landheer
die Offensive ergriff. Doch konnten die Operationen zu Lande,
wegen der Schwierigkeit der Verpflegung großer Heeresmassen, erst um die Zeit der Ernte beginnen.

---

[1] Herod. VIII 108. 111—112. 124. IX 10. Über den angeblichen Vorschlag des Themistokles, zur Zerstörung der Schiffbrücken nach dem Hellespont
zu fahren, s. unten 2. Abt. § 54.

[2] Herod. VIII 126. 129. Darum steht der Name der Poteidaeaten auf
dem delphischen Siegesdenkmal.

[3] Herod. VIII 131. 132. Daß diesmal ein spartanischer König den Befehl
führte, statt wie im Vorjahr ein bloßer Nauarch, beweist keineswegs, daß die
Flotte zu großen Dingen bestimmt war. Denn im vorigen Feldzuge hatte die
Flotte mit dem Landheer zusammen operieren sollen, und die Spartaner haben,
seit dem Zerwürfnis zwischen Kleomenes und Damaratos auf dem Feldzuge
gegen Athen, niemals beide Könige auf denselben Kriegsschauplatz geschickt
(Herod. V 75). Da war also für Leotychidas kein Platz. In diesem Jahre aber
hatte die Flotte ein selbständiges Operationsfeld.

Indes Mardonios kam dem Gegner zuvor. Er wußte natürlich sehr wohl, daß ein Angriff auf die Befestigungen des Isthmos ganz aussichtslos war, solange er keine Flotte zur Verfügung hatte, und auch, daß er für dies Jahr auf keine Unterstützung zur See aus Asien rechnen durfte. Er machte also den Versuch, die Athener durch große Anerbietungen auf seine Seite zu ziehen [1]. Als das ohne Erfolg blieb, rückte er, sobald das Getreide zu reifen begann, ins Feld, um einen militärischen Druck auf Athen auszuüben, oder doch die Peloponnesier zu zwingen, aus den Verschanzungen am Isthmos herauszukommen; ein großer Sieg in offener Feldschlacht an dem er nicht zweifelte, würde ihm auch ohne Flotte die Tore des Peloponnes geöffnet haben. Von Thessalien nach der attischen Nordgrenze ist es nicht weiter, als von Sparta dorthin; und da Mardonios ein stets schlagfertiges Heer zur Verfügung hatte, während die Peloponnesier erst mobil machen mußten, war es natürlich, daß er eher als sie in Boeotien stand. Die Athener allein aber waren viel zu schwach, die Pässe des Kithaeron zu halten; es blieb ihnen nichts übrig, als wie im vorigen Jahre die Landschaft zu räumen und auf Salamis eine Zuflucht zu suchen. Ohne Widerstand zu finden, konnten die Perser zum zweitenmal in Athen einziehen (etwa Anfang Juni). Mardonios erbot sich, den Athenern ihr Gebiet unversehrt zurückzugeben, wenn sie noch jetzt seine Vorschläge annehmen wollten; doch auch diesmal mit nicht besserem Erfolge als früher [2].

Inzwischen begann das peloponnesische Bundesheer sich auf dem Isthmos zu sammeln; den Oberbefehl führten Euryanax und Pausanias, die Brudersöhne des Leonidas, als Regenten für dessen Sohn, den unmündigen König Pleistarchos [3] Noch waren die Kontingente bei weitem nicht alle zur Stelle, als Pausanias die Offensive ergriff und zunächst eine Abteilung von 1000 Lakedaemoniern auf Megara vorrücken ließ, um wenigstens diese Stadt vor dem Feinde zu

---

[1] Herod. VIII 136. 140—4, Plut. *Arist.* 10.
[2] Herod. IX 1—6; über die Chronologie unten 2. Abt. § 22.
[3] Über Euryanax und Pausanias s. unten 2. Abt. § 58.

schützen, und den Athenern die Gewähr zu geben, daß die Hilfe nahe sei. Auf die Nachricht davon zog auch Mardonios vor Megara; er hoffte die schwache feindliche Abteilung auf dem Marsche vernichten zu können. Doch er kam zu spät; die Lakedaemonier waren bereits hinter den Mauern von Megara in Sicherheit. In Attika aber, mit dem Kithaeron im Rücken, wollte er die Entscheidungsschlacht nicht annehmen; ohnehin machte die Schwierigkeit der Verpflegung ein längeres Verweilen in dem unfruchtbaren Lande unmöglich. Mardonios zerstörte also, was von Athen nach der Verwüstung durch Xerxes noch übrig war, und ging dann über Dekeleia nach Boeotien zurück; hier schlug er nicht weit von Plataeae am linken Ufer des Asopos ein befestigtes Lager. Das nahe Theben bot ihm einen sicheren Stützpunkt, das ebene Gelände ein Schlachtfeld, wie er es für die Entfaltung seiner besten Waffe, der Reiterei, sich nur wünschen konnte. Zugleich war das verbündete Boeotien gegen jeden Angriff des Feindes geschützt. In dieser Stellung beschloß er den Gegner zu erwarten. Er mochte noch etwa 50 000 Mann asiatischer Truppen unter seinen Befehlen haben, wozu dann weiter 10—20 000 Mann hellenischer Bundesgenossen, Boeoter, Lokrer, Phoker, Thessaler, Makedonen hinzutraten, die freilich zum großen Teil recht unzuverlässig waren [1].

Währenddessen hatte die peloponnesische Hauptmacht den Isthmos überschritten; sie bestand, außer den Lakedaemoniern und Tegeaten, im wesentlichen nur aus den Kontingenten der Städte am Isthmos; die meisten Arkader und die Eleier fehlten noch immer. Auf dem Durchmarsch zog man die Megarer an sich und vereinigte sich dann bei Eleusis mit den Athenern. Darauf ging das Heer über den Kithaeron und nahm auf dessen nördlichen Vorhöhen Stellung, da, wo die große Straße von Athen nach Theben aus dem Gebirge tritt. Es waren etwa 12 000 Hopliten aus dem Peloponnes, gegen 8000 aus Athen, Megara und Plataeae, dazu reichlich ebensoviel leichte Truppen, im ganzen eine Masse

---

[1] Herod. IX 13—15.

von etwa 50 000 Mann, das größte Heer, das Griechenland
bis dahin aufgestellt hatte. Man war also dem Feinde an Zahl
annähernd gewachsen; bedenklich war nur der Umstand,
daß es den Griechen an Kavallerie sogut wie ganz fehlte,
während dem Feinde außer seinen asiatischen Reitern auch
die trefflichen boeotischen und thessalischen Geschwader
zur Verfügung standen [1].

Die Heere standen sich eine Zeitlang untätig gegenüber.
Die Hellenen wagten es aus Furcht vor der feindlichen Reiterei
nicht, in die Ebene herabzusteigen, und Mardonios schreckte
vor dem Sturm auf die Höhen zurück, wo er seine Reiterei
nicht entfalten konnte. Nach einem glücklichen Gefecht
gegen die feindliche Reiterei, die sich zu weit vorgewagt
hatte, entschlossen sich die Griechen näher an den Feind
heranzurücken, auf die Hügel, die das Asopostal im Süden
begrenzen; ihr linker Flügel stützte sich auf das halbzerstörte
und von seinen Bewohner verlassene Plataeae, der rechte
auf eine Höhe, die jetzt eine Kirche des heiligen Demetrion
trägt, oberhalb der Quelle Gargaphia. Aber die Hoffnung,
Mardonios dadurch zum Angriff zu verlocken, schlug fehl;
vielmehr hielt der persische Feldherr nach wie vor seine
Hauptmacht auf dem linken Ufer des Asopos zurück und
beschränkte sich darauf, den Feind durch seine Reiterei
beunruhigen zu lassen. Infolge der Vorwärtsbewegung nach
glataeae hin war ferner die Hauptverbindungslinie des
Priechischen Heeres, der Paß von Dryoskephalae, ohne Deckung
geblieben, und so gelang es den Persern, hier einen großen
Transport abzufangen, worauf sich dann die griechischen
Proviantkolonnen überhaupt nicht mehr aus dem Gebirge
herauswagten. Es war also notwendig, den Paß zu sichern,
und Pausanias entschloß sich demgemäß zu einer Front-
änderung. Er ließ seinen linken Flügel, das athenische Kontingent, bei Plataeae stehen, nahm sein Zentrum hinter den
Bach Oëroë zurück, der im Osten bei Plataeae vorbeifließt,
eine Stellung, in der er besser vor der Belästigung durch

---

[1] Herod. IX 10. 19, über die Heeresstärken unten 2. Abt. § 32.

die feindlichen Reiter geschützt war, und rückte selbst an der
Spitze seines rechten Flügels, der Lakedaemonier und Tegeaten,
nach den Vorhöhen des Kithaeron, am Ausgang des Passes
von Dryoskephalae. Die neue Stellung würde eine Länge
von 5—6 km gehabt haben und konnte also mit der zur
Verfügung stehenden Truppenzahl sehr gut verteidigt werden,
um so mehr, als beständig verspätete Kontingente aus dem
Peloponnes herbeiströmten. Um aber bei dieser Bewegung
nicht von der persischen Reiterei gehindert zu werden, war
es nötig, sie in der ersten Morgenfrühe vorzunehmen, und
dabei ging es nicht ohne Verwirrung und manche Verzögerung
ab. Das Zentrum war zu weit zurückgegangen und verlor
dadurch die Fühlung mit den Lakedaemoniern; diese selbst
hatten die in Aussicht genommene Stellung am Kithaeron
noch nicht erreicht und standen, vom übrigen Heere getrennt,
auf den flachen Hügeln am Bache Maloeis, bei einem Heiligtum
der eleusinischen Demeter unterhalb Hysiae (beim heutigen
Dorf Kriekuki), als die persischen Reiter herankamen und
einen weiteren Vormarsch unmöglich machten.

Mardonios wünschte eine Entscheidung nicht weniger
lebhaft als Pausanias. Die Hilfsquellen, die ihm Boeotien für
die Verpflegung seines großen Heeres bot, mußten bald erschöpft sein, und dann blieb ihm nur die Wahl zwischen
Schlacht oder Rückzug. Jetzt, da er sah, daß die Griechen
ihre Stellung geräumt hatten und auseinandergekommen
waren, schien ihm der günstige Augenblick da zu sein, auf
den er so lange gewartet hatte. Er überschritt also mit ganzer
Macht den Asopos und warf sich mit seinen persischen Kern-
truppen auf die Spartaner, während die Boeoter und die
übrigen griechischen Bundesgenossen gegen die Athener
auf dem linken Flügel vorgingen. Pausanias sah sich so in
einer sehr kritischen Lage; er mußte zunächst sein Zentrum
heranziehen, und inzwischen blieben die Spartaner, Gewehr
bei Fuß, dem feindlichen Pfeilhagel ausgesetzt. Aber sie
hielten stand, bis die Korinthier und andere Kontingente
zur Stelle waren, und jetzt konnte Pausanias zum Angriff
schreiten. Wie einst bei Marathon, zeigte die aufgelöste

Fechtart der leichtbewaffneten Asiaten sich ohnmächtig gegen die festgeschlossenen Linien der erzgepanzerten Hopliten; bei dem Versuch, das Gefecht herzustellen, fiel Mardonios selbst, und sein Tod gab das Signal zur Flucht des persischen Heeres. Gleichzeitig hatten die Athener auf dem linken Flügel den Angriff der Boeoter zurückgeschlagen. Die Sieger schritten nun zum Sturm auf das persische Lager, das nach kurzem Kampf unter großem Gemetzel genommen wurde, wobei unermeßliche Beute in ihre Hände fiel. Ein großer Teil des feindlichen Heeres war überhaupt nicht zum Schlagen gekommen; Mardonios' Unterfeldherr Artabazos sammelte die Flüchtigen unter dem Schutze der Reiterei, der gegenüber die Griechen an eine Verfolgung nicht denken konnten; die Megarer und Phleiasier, die zu unvorsichtig vorgegangen waren, erlitten dabei schwere Verluste. So gelang es Artabazos, den Rückzug in guter Ordnung zu bewerkstelligen, und seine Truppen, angeblich noch etwa 40 000 Mann, im wesentlichen intakt, nach Asien zurückzuführen. Die Sieger sollen im ganzen 1360 Mann eingebüßt haben [1].

Pausanias durfte sich rühmen, die größte Schlacht gewonnen zu haben, die je von Griechen gekämpft worden war. Seine kühne Vorwärtsbewegung vom Kithaeron nach Plataeae herab hatte endlich, nachdem sie schon mißlungen schien, doch vollen Erfolg gehabt; sie hatte den Gegner dazu gebracht, die Schlacht auf dem von Pausanias gewählten Gelände anzunehmen. Das lag nun freilich vor allem daran, daß Mardonios, wenn auch formell in der Defensive, doch in Wahrheit der Angreifer war; als solcher mußte er, unter allen Umständen, eine Schlacht herbeiführen, ganz wie Datis bei Marathon, Xerxes bei Salamis. Aber auch in der Schlacht selbst hat Pausanias sich als umsichtiger Feldherr gezeigt,

---

[1] Herod. IX 20—85, unten 2. Abt. § 44—46. Munro, *Journ. Hell. Stud.* XXIV, 1904, S. 144 ff. Winter, *Die Schlacht bei Plataeae*, Dissert. Berlin 1909. Kahrstedt, *Hermes* XLVIII, 1913, S. 283 ff. Über die Topographie des Schlachtfeldes am besten Grundy, *Persian war*, mit Karte nach eigener Aufnahme. Der griechische Verlust bei Plut. *Arist.* 19 (ob glaubwürdig?), Herod. IX 69. 70 gibt nur Teilzahlen.

am glänzendsten in dem kritischen Augenblick, als während
der Frontveränderung des griechischen Heeres der Feind
unerwartet mit ganzer Macht zum Angriff schritt. Euryanax
sah sich seinem Mitfeldherrn gegenüber in den Hintergrund
gedrängt; schon die Zeitgenossen haben nur Pausanias als
den Sieger von Plataeae gefeiert, und dieser selbst hat in der
Aufschrift des Dreifußes, der nach der Schlacht in Delphi
geweiht wurde, die Ehre des Sieges für sich allein in Anspruch
genommen [1].

Die Sieger blieben zehn Tage auf dem Schlachtfelde,
beschäftigt mit der Bestattung der Toten und der Verteilung
der Beute. Aus dem Zehnten wurden Weihgeschenke in
Delphi , Olympia und auf dem Isthmos aufgestellt [2], und auf
dem Schlachtfelde ein Altar Zeus des Befreiers errichtet,
bei dem alle vier Jahre Wettspiele zum Andenken des Sieges
gefeiert werden sollten. Den Plataeern wurde im Namen
der verbündeten Staaten die Unverletzlichkeit ihres Gebietes
gewährleistet [3]. Dann zog das Heer gegen Theben, das nach
zwanzigtägiger Belagerung zur Unterwerfung gebracht wurde.
Von den Führern der medischen Partei war der angeschenste,
Attaginos, entflohen, die übrigen wurden Pausanias ausgeliefert, der sie auf dem Isthmos als Vaterlandsverräter
hinrichten ließ; der boeotische Bund, an dessen Spitze Theben
bisher gestanden hatte, wurde aufgelöst [4]. Die Kontingente
des Heeres wurden in ihre Heimat entlassen. Hellas konnte
aufatmen; die Persernot war vorüber. Fortan sollte durch
zwei Jahrhunderte der Boden Griechenlands von keinem
fremden Feinde betreten werden.

---

[1] Thuk. I 132, 2.

[2] Herod. IX 81, das delphische Weihgeschenk *IGA.* 70; Fabricius, *Jahrb.
arch. Inst.* I, 1886, S. 175 ff.; Domaszewski, *N. Heidelb. Jahrb.* I, 1891, S. 181ff.;
über das Weihgeschenk von Olympia Paus. V 23, 1. 2; Boissevain in der *Fest-
schrift für Hirschfeld*, Berlin 1903, S. 69 ff.

[3] Inschrift des Altars Simonid. fr. 140, Eleutherien Plut. *Arist.* 21, Strab.
IX 412, Paus. IX 2, 5, Poseidippos fr. 29 bei Herakl. Krit. (sog. Dikaearchos)
11 (*Geogr. Gr. Min.* I 102), Privilegien der Plataeer Thuk. II 71, 2, Plut. *Arist.* 21.

[4] Herod. IX 86—88, Auflösung der boeotischen Bundes Iustin. III 6, 10,
Diod. XI 81. 1. 2.

Jetzt war der Augenblick zur Befreiung der Stammesgenossen jenseits des Meeres gekommen. Die griechische
Flotte war den Sommer über bei Delos geblieben (oben S.
52), aber der persische Angriff, den man erwartet hatte, war nicht
erfolgt, die meisten Kontingente der feindlichen Flotte hatten
sich nach der Schlacht bei Salamis in ihre Heimatshäfen
zerstreut und sind auch im nächsten Frühjahr nicht zurückgekehrt; der Rest lag zum Schutze Ioniens bei Samos, war
aber nicht stark genug, um eine Seeschlacht zu wagen [1].
Dagegen erhielt Leotychidas aus Chios und Samos dringende
Aufforderungen, nach Ionien hinüberzukommen, wo alles
zum Aufstand bereit sei. So segelten die Hellenen nach Samos,
um die Zeit, als bei Plataeae gekämpft wurde, wahrscheinlich
erst auf die Nachricht von dem entscheidenden Siege. Die
Perser warteten ihre Ankunft nicht ab und gingen nach
der nahen Küste des Festlandes zurück, wo sie am Nordufer
des latmischen Busens, Milet gegenüber, unweit des Vor-
gebirges Mykale, ein befestigtes Lager schlugen, und hier
ihre Schiffe ans Land zogen. Sie glaubten, in dieser starken
Stellung einen feindlichen Angriff abschlagen zu können,
und für den schlimmsten Fall hatten sie den Rückzug zu
Lande frei. Als die Griechen sahen, daß die Perser eine Seeschlacht nicht annahmen, setzten sie ihre Truppen ans Land
und schritten zum Sturm. Die ionischen Kontingente im
persischen Heer machten mit ihren Landsleuten gemeinsame
Sache, und so wurden die Befestigungen nach heftigem Kampfe
genommen. Als alles verloren war, steckten die Perser ihre
Flotte in Brand und räumten das Lager [2].

---

[1] Herod. IX 96 βουλευομένοισι γάρ σφι ἐδόκεε ναυμαχίην μὴ ποιέεσθαι,
οὐ γὰρ ἐδόκεον ὁμοῖοι εἶναι. Da die griechische Flotte nach Herod. VIII 131:
110 Schiffe zählte, kann die persische höchstens ebenso stark gewesen sein,
während sie nach Salamis doch noch mindestens 300 Schiffe gezählt haben
muß; daraus ergibt sich das oben im Texte Gesagte. Die Phoeniker sollen nach
Herod. IX 96 erst von Samos aus nach Hause gesandt worden sein; aber wenn
das phoenikische Kontingent, das beste und zahlreichste, noch bei der persischen
Flotte war, würde sie doch wohl der griechischen gewachsen gewesen sein. Es
ist also viel wahrscheinlicher, daß die Phoeniker schon gleich nach Salamis
nach Hause gesegelt sind, wie Diod. XI 19, 4; 27, 1 angibt.

[2] Herod. IX 96—106, der c. 96 erzählt, daß ein persisches Landheer von

Die Folge dieses Sieges war der Abfall ganz Ioniens; die von den Persern eingesetzten Tyrannen wurden überall verjagt, die Inseln Samos, Lesbos und Chios in den hellenischen Bund aufgenommen; mit den festländischen Städten, deren Verteidigung die Peloponnesier nicht übernehmen mochten, schlossen die Athener ein Separatbündnis [1]. Die hellenische Flotte fuhr nun weiter nach dem Hellespont, wo Abydos und die meisten anderen Griechenstädte sogleich übertraten. Da inzwischen der Herbst herangekommen war, kehrten die Peloponnesier nach Hause zurück; die Athener dagegen, von ihren neuen ionischen und hellespontischen Bundesgenossen unterstützt, schritten zum Angriff auf das Abydos gegenüberliegende Sestos, das von einer persischen Besatzung gehalten wurde. Die Belagerung des sehr festen Platzes zog sich bis tief in den Herbst hinein; endlich zwang der Hunger die Verteidiger, die Stadt zu räumen [2]. Der Hellespont war damit ganz in griechischer Hand und für die Perser gesperrt, so daß Artabazos, als er mit den Resten des bei Plataeae geschlagenen Heeres im Spätherbst hier ankam, bei Byzantion über den Bosporos gehen mußte [3].

Mit dem Frühjahr 478 ging die peloponnesische Flotte von neuem in See, diesmal allerdings nur 20 Trieren stark, unter dem Befehl des Siegers von Plataeae, Pausanias. Dreißig attische Schiffe schlossen sich an; dazu kamen die Kontingente der im vorigen Jahre befreiten Ioner und Lesbier. Die Inseln an der karischen Küste wurden zum Abfall von den Persern gebracht, dann fuhr die Flotte, ohne Widerstand zu finden,

---

60 000 Mann die Flotte gedeckt habe. Das kann nicht richtig sein, da die griechische Flotte nicht wohl mehr als 2—3000 Kombattanten an Bord haben konnte, und die Rudermannschaften militärisch wertlos waren. Es ist also klar, daß ein persisches Landheer von irgend nennenswerter Stärke nicht zur Stelle gewesen ist. Ebenso klar ist es, daß die Griechen nicht so töricht gewesen sein können, die eroberte feindliche Flotte zu verbrennen; es müssen also die Perser selbst gewesen sein, die ihre Schiffe verbrannt haben, um sie nicht dem Feind in die Hände fallen zu lassen.

[1] Herod. IX 104, Leo, *Verh. der Phil.-Vers. in Wiesbaden* 1878 S. 60 ff.
[2] Herod. IX 90—122. Thuk. I 89.
[3] Herod. IX 89, s. unten 2. Abt. § 22.

nach Kypros, das ebenfalls zum größten Teile den Persern
entrissen wurde. Von dort wandte man sich wieder nach den
hellespontischen Gewässern zurück, wo nach langer Belagerung Byzantion genommen wurde, die letzte Festung,
die hier noch von den Persern besetzt war [1].

Bisher hatten die Athener auch zur See sich dem spartanischen Oberbefehl willig unterworfen, war doch diese
Unterordnung das einzige Mittel, um ein Zusammenwirken
der peloponnesischen und attischen Flotte möglich zu machen.
Seit aber die Ioner dem Bunde beigetreten waren, brauchte
man die Peloponnesier nicht mehr, um so weniger, als diese
doch nicht gewillt waren, für den Seekrieg irgendwelche
nennenswerten Anstrengungen zu machen; die 20 Schiffe,
die mit Pausanias gekommen waren, konnten sehr wohl
anderweitig ersetzt werden. Und war es nicht ein Widersinn,
die Flotte von Offizieren befehligen zu lassen, die ihr ganzes
Leben lang nur zu Lande gedient hatten? Dazu kam, daß
das stramm-militärische spartanische Wesen den asiatischen
Griechen sehr unsympatisch war; und Pausanias, der sich
seit seinem Siege bei Plataeae für den leibhaftigen Herrgott
hielt und seine Untergebenen dementsprechend behandelte,
war am wenigsten der Mann dazu, für Sparta Stimmung
zu machen. So kam es denn nach der Einnahme von Byzantion
zur offenen Meuterei auf der Flotte. Die Ioner weigerten
den Befehlen des spartanischen Admirals den Gehorsam
und trugen die Führung im Seekriege den Athenern an, die
sich natürlich nicht lange bitten ließen (477). Pausanias
wurde auf die Nachricht von diesen Vorgängen nach Sparta
zurückgerufen; aber sein Nachfolger, der Nauarch Dorkis,
fand bei den Bundesgenossen keine bessere Aufnahme. Den

---

[1] Thuk. I 94. 128, 5. Es ist klar, daß die Hellenen nach Kypros erst fahren
konnten, wenn sie Rhodos und die benachbarten Inseln in ihrer Gewalt hatten,
vgl. Timokreon fr. 1 und meine Bemerkungen *Rh. Mus.* XLIII, 1888, S. 107 ff.
und unten 2. Abt. § 53. Damals wird Artemisia von Halikarnassos den Besitz
von Kos und Kalymna und Nisyros (Herod. VII 99) verloren haben, die später
als selbständige Mitglieder des attischen Seebundes erscheinen. Halikarnassos
selbst ist wahrscheinlich bis zur Schlacht am Eurymedon persisch geblieben.

Spartanern blieb nichts übrig, als zum bösen Spiel gute Miene
zu machen; man rief die peloponnesischen Kontingente von
der Flotte ab und war im Grunde gar nicht so unzufrieden,
die Führung des kostspieligen Seekrieges losgeworden zu
sein [1]. Die Gefahren, welche dieser Verzicht auf die Seeherrschaft dereinst heraufführen sollte, ahnte man in Sparta
noch nicht; auch stand man ja zu Athen in den besten Beziehungen. Immerhin ließ man das wichtige Byzantion nicht
aus den Händen und sicherte sich dadurch die Möglichkeit,
jederzeit wieder in die asiatischen Verhältnisse einzugreifen [2].

Inzwischen gab es für Sparta in Griechenland selbst
dringendere Aufgaben zu lösen. König Leotychidas ging
mit einem Heere und einer Flotte nach Thessalien, diese
Landschaft, oder vielmehr die dort herrschenden Adels-
geschlechter für ihren Abfall zu den Persern zu züchtigen (477).
Es wurden denn auch bedeutende Erfolge erreicht; Pagasae,
der Hafen von Pherae, wurde genommen und der Herrscher
dieser Stadt, Aristomedes vertrieben. Aber gegen die Aleuaden
von Larisa, mit ihrer überlegenen Reiterei, vermochte Leotychidas in dem ebenen Lande nichts Ernstliches auszurichten,
wenn er auch in allen Gefechten siegreich war. So verging
der Sommer, ohne eine Entscheidung gebracht zu haben;
das peloponnesische Heer nahm bei Pherae Winterquartiere,
und endlich blieb nichts übrig, als mit den Aleuaden einen
Vertrag zu schließen, der sie in ihrer Stellung an der Spitze
von Larisa beließ. Immerhin war das Übergewicht gebrochen,
das sie bisher in Thessalien gehabt hatten. Doch in Sparta
hatte man mehr erwartet; man sprach von Bestechung, und
dieser Verdacht sollte Leotychidas später verhängnisvoll
werden [3].

---

[1] Thuk. I 95, unten 2. Abt. § 68.

[2] Das ergibt sich daraus, daß Pausanias später dahin zurückkehren konnte;
s. unten S. 66.

[3] Herod. VI 72, Paus. III 7, 9, Plut. *de Herod. malign.* 21, 2 S. 859. Nach
Plutarch a. a. O. wären zwei thessalische Dynasten, Angelos und Aristomedes,
von Leotychidas gestürzt worden; Aleuaden können das nicht gewesen sein,
da diese ja mit dem spartanischen König ein Abkommen geschlossen haben
(Herod. a. a. O.), auch herrschten in Larisa damals Thorax und seine Brüder

Währenddessen schritt Athen zur Organisation seiner neuen Bundesgenossenschaft. War es doch klar, daß der Krieg gegen Persien sich in die Länge ziehen würde; es galt also, für die Beschaffung der nötigen finanziellen Mittel Vorsorge zu treffen. Und diese Mittel waren reichlich vorhanden; man brauchte nur die Tribute, die bisher an die Perser entrichtet worden waren, an die hellenische Kriegskasse abzuführen. Die wenigen Staaten, die eine leistungsfähige Marine besaßen, wie Samos, Chios, Lesbos, Thasos und Naxos, blieben von dieser Zahlung befreit und unterhielten dafür ihr Flottenkontingent aus eigenen Mitteln; die übrigen zahlten einen jährlichen Beitrag (φόρος) an den Bundesschatz, und wurden dafür des lästigen Kriegsdienstes ledig, den sie in der Perserzeit noch neben dem Tribute zu leisten gehabt hatten[1]. Athen

(Herod. IX 1. 58). Es handelt sich also um Herrscher anderer thessalischer Städte. Ein Aristomedes aus Pherae erscheint später als Offizier in persischen Diensten im Kriege gegen Philipp und bei Issos gegen Alexander (Didym. zu Demosth. 9, 43, Arr. *Anab.* II 13, 2); er hat also zu der Philipp feindlichen Partei in Thessalien gehört, folglich zum Anhang der Tyrannen von Pherae, vielleicht zum Tyrannenhause selbst. Da nun Leotychidas die Winterquartiere eben im Gebiet von Pherae genommen hat (Plut. *Them.* 20, vgl. unten 2. Abt. § 72), so liegt die Vermutung sehr nahe, daß auch jener ältere Aristomedes in Pherae zu Hause war. Der Name Ἄγγελος ist selten, er kommt zwar gerade in Thessalien (*Inscr. Thess.* 1228, 27) und im benachbarten Epeiros (Plut. *Pyrrh.* 2) vor, paßt aber wenig für den Angehörigen eines vornehmen Hauses; es liegt also nahe, an eine Verschreibung aus Ἀγέλαος zu denken, was auf das Dynastengeschlecht von Pharsalos führen würde (delphische Inschrift des Daochos, *Bull. Corr. Hell.* XXI, 1897, S. 592 ff. = Michel 1281). Hat der Mann aber wirklich Angelos geheißen, so mag er ein Bruder des Aristomedes von Pherae oder Herrscher einer der umliegenden Städte gewesen sein. Über die Chronologie unten 2. Abt. § 72.

[1] Da fast alle Gemeinden, die mit Athen den neuen Bund schlossen, unter persischer Herrschaft gestanden hatten, liegt es in der Natur der Sache, daß die bisherigen Tributsätze auch unter der neuen Ordnung in Geltung blieben oder doch die Grundlage für die neue Veranlagung bildeten. Das sagt denn auch Herodot mit klaren Worten an einer Stelle, die den Auslegern viel Kopfzerbrechen gemacht hat (VI 42); dort wird erzählt, daß Artaphernes nach Unterdrückung des ionischen Aufstandes φόρους ἔταξε ἑκάστοισι, οἳ κατὰ χώρην διατελέουσι ἔχοντες ἐκ τούτου τοῦ χρόνου ἀεὶ ἔτι καὶ ἐς ἐμὲ ὡς ἐτάχθησαν ἐξ Ἀρταφέρνεος. An die Perser haben die ionischen Städte in Herodots Zeit keinen Tribut gezahlt, wie an und für sich klar ist und von Thuk. VIII 5, 5

übernahm es, aus diesen Geldern eine Flotte aufzustellen, die stark genug wäre, das Aegaeische Meer gegen die Perser zu verteidigen. Die Bestimmung der Höhe des Beitrages, den jeder Staat zu zahlen hatte, wurde in Aristeides' Hände gelegt, der durch seine über allem Zweifel stehende Integrität wie kein zweiter zu diesem Geschäfte geeignet war; und er entledigte sich denn auch der schwierigen Aufgabe zu allgemeiner Zufriedenheit. Der Gesamtbetrag belief sich auf 460 attische Talente, oder etwa $2\frac{1}{2}$ Millionen Mark, eine für die griechischen Verhältnisse dieser Zeit ganz ungeheure Summe, so sehr sie auch hinter den finanziellen Mitteln, die der Großkönig zur Verfügung hatte, zurückstehen mochte. Die Gelder sollten bei dem Apollontempel auf Delos, dem gemeinsamen Heiligtum des ionischen Stammes, niedergelegt und dort von einer athenischen Behörde von 10 Männern,

---

ausdrücklich bezeugt wird; also spricht Herodot von dem Tribut, der an die Athener gezahlt wurde. So erklärt es sich auch, daß Lemnos und Imbros allein von allen athenischen Kleruchien tributpflichtig gewesen sind; sie waren es in der Perserzeit gewesen und durften natürlich keine privilegierte Stellung erhalten. Nun soll allerdings die erste Satrapie unter Dareios 400 babylonische oder rund 470 attische Talente gezahlt haben (Herod. III 90), während die entsprechenden Steuerbezirke des attischen Reiches, der Ἰωνικὸς und Καρικὸς φόρος, nicht mehr als 151 tal. gezahlt haben (Pedroli in meinen *Studi di Stor. Ant.* I 199). Doch waren gerade die steuerkräftigsten Gemeinden, Chios, Samos und die Städte auf Lesbos unter der athenischen Herrschaft tributfrei, Lykien zahlte nur die ganz irrisorische Summe von 10 tal., Pamphylien, das innere Karien, Magnesia am Maeandros lagen überhaupt außerhalb des athenischen Machtbereichs. Da Rhodos den Athenern 25 tal. gezahlt hat, wird der Tribut der drei anderen großen Inseln in der Perserzeit auf etwa 70 tal. geschätzt werden können, rechnen wir weiter 10 tal. auf Magnesia (die 50 tal. bei Nepos *Them.* 10, 3 sind natürlich nicht der Tribut, sondern die Einkünfte des Stadtherrn Themistokles), je 50 tal. auf Lykien und Pamphylien, 100 tal. auf Karien, so erhalten wir annähernd die Summe bei Herodot, der ja nur eine runde Zahl gibt. Auch kann die Zahl übertrieben sein. Wenigstens ist es ganz ausgeschlossen, daß das benachbarte Lydien, wie Herodot angibt, 500 tal. gezahlt hat, diese Zahl ist vielmehr nur haltbar, wenn wir sie auf Lydien und die Küstenprovinz zusammen beziehen, die ja bis gegen Ende des V. Jahrhunderts unter demselben Satrapen gestanden haben (Krumbholz, *De Asiae Minoris satrapis persicis*, Diss. Leipzig 1883, S. 16 ff.).

den „Schatzmeistern der Hellenen" (Hellenotamien) verwaltet werden; hier trat auch die Bundesversammlung zusammen, um über die gemeinsamen Angelegenheiten zu
beraten. Die Führung im Kriege stand den Athenern zu[1].

Es waren schwere Lasten, die der Bund seinen Mitgliedern auferlegte, und noch schwerer mußte die Beschränkung
der Autonomie der Einzelstaaten empfunden werden, die durch
das Bundesverhältnis notwendig gegeben war. Aber die
bittere Lehre der Fremdherrschaft war nicht verloren gewesen; selbst diesem so durch und durch partikularistisch
gesinnten Volke war es endlich klar geworden, daß die neu
gewonnene Freiheit nur durch Einigkeit zu behaupten war.
So traten denn alle vom Perserjoche befreiten Städte dem
Bunde bei, außerdem Euboea und die westlichen Kykladen,
die zwar frei geblieben waren, aber die Persergefahr aus
nächster Nähe gesehen hatten. Es erleichterte die Einigung,
daß die meisten dieser Staaten, wie die Athener selbst, ionischen
Stammes waren, und sich, direkt oder indirekt für Kolonien
Athens ansahen.

Die dringendste Aufgabe für den neuen Bund war die
Säuberung der thrakischen Südküste von den noch dort
stehenden persischen Garnisonen. Demgemäß wandte sich
die Bundesflotte unter Kimon, dem jungen Sohn des Miltiades,
gegen Eïon an der Mündung des Strymon und brachte diese
Festung nach hartnäckigem Widerstande in ihre Gewalt (476).
Es war der erste militärische Erfolg des neuen Bundes, und
er erfüllte die Athener mit berechtigtem Selbstgefühl. Der
wichtige Platz, auf den Athen noch von der Peisistratidenzeit
her Ansprüche hatte, wurde durch eine attische Kolonie
gesichert[2]. Auch aus den übrigen thrakischen Festungen

---

[1] Thuk. I 96. Vgl. *Rh. Mus.* XLIII, 1888, S. 104—113, wo ich, gegen
Kirchhoff, gezeigt habe, daß der Bund schon von Anfang an annähernd
die Ausdehnung gehabt haben muß, die er bis auf den peloponnesischen Krieg
behalten hat. Über die Organisation des Bundes U. Köhler, *Urkunden und
Untersuchungen zur Geschichte des delisch-attischen Bundes, Abh. Berl. Akad.* 1869.

[2] Thuk. I 98 Herod. VII 107, vgl. die Inschriften der Hermen, die in
Athen zum Gedächtnis des Sieges aufgestellt wurden, bei Aesch. *gKtes.* 183
und Plut. *Kim.* 7. Über die Chronologie unten 2. Abt. § 68.

wurden die persischen Besatzungen jetzt vertrieben; nur
Doriskos unweit der Hebrosmündung hielt sich noch durch
einige Jahre[1].

Bald nach dem Fall von Eïon nahm Kimon die kleine
Insel Skyros in Besitz, die bisher ein Seeräubernest gewesen
war, und die nun an attische Kleruchen verteilt wurde (475)[2].
Auch Karystos, die einzige Stadt auf Euboea, die bisher ihre
Unabhängigkeit bewahrt hatte, wurde zum Anschluß an den
Bund gezwungen.   Ein Aufstand der Naxier wurde unterdrückt und die Insel mit dem Verluste ihrer Autonomie be-
straft.   Es war das erste Mal, daß ein Bundesstaat sich gegen
Athen aufgelehnt hatte; ein bedenkliches Symptom dafür,
daß die Einigkeit unter den Verbündeten zu schwinden begann[3].

Um dieselbe Zeit etwa gewannen die Athener Byzantion.
Pausanias hatte, wie wir wissen, bei seiner Abberufung hier
eine Besatzung zurückgelassen; später war er ohne Auftrag
seiner Regierung dahin zurückgekehrt, um auf eigene Hand
am Kriege gegen Persien sich zu beteiligen.   Er soll sich hier
eine Hofhaltung nach persischem Muster eingerichtet, persische Tracht angelegt, sich mit medischen und aegyptischen
Trabanten umgeben haben.· Man erzählte sich auch, daß er
geheime Verbindungen mit dem Großkönig unterhielte.
Mochte dieser Verdacht nun begründet sein oder nicht, er gab
den Athenern den willkommenen Vorwand zur Intervention.
Byzantion wurde belagert, und Pausanias zur Räumung
des wichtigen Platzes genötigt (472).   Die spartanische Regierung erhob keinen Widerspruch, da ihr die Machtstellung
des Siegers von Plataeae am Hellespont mindestens ebenso
unbequem war als den Athenern[4].

---

[1] Herod. VII 106.

[2] Thuk. I 98. Plut. *Kim.* 8. *Thes.* 36, vgl. unten 2. Abt. § 68.

[3] Thuk. I 98.   Über den Krieg mit Karystos auch Herod. IX 105. S.
unten 2. Abt. § 69.

[4] Thuk. I 128—131, dem Nepos (*Paus.* 3) und Diodor (XI 44 f.) folgen,
Iust. IX 1, 3.   Die Annahme persischer Sitte kann, wenn überhaupt etwas
wahres an der Sache ist, erst in Pausanias' zweiten Aufenthalt in Byzantion
fallen; s. unten 2. Abt. § 58; über die Chronologie § 70.

Der König hatte allen diesen Fortschritten der Athener
untätig zusehen müssen, da er nicht imstande war, eine Flotte
nach dem Aegaeischen Meere zu schicken; denn zunächst
galt es, Kypros zum Gehorsam zurückzubringen.   Die dort
von Pausanias befreiten Städte (oben S. 61) hatten sich
nach dessen Sturze dem athenischen Seebunde nicht angeschlossen und waren Sparta treugeblieben, dieses aber war
nach dem Abfalle Athens und der Ioner nicht mehr imstande,
die Insel wirksam zu schützen.   So wurde die persische Herrschaft hier bald wieder hergestellt [1].   Nun sollte die Reihe
an Ionien kommen, aber man wußte in Susa nur zu gut,
daß ein solches Unternehmen sehr sorgfältige Vorbereitungen
erforderte.   Endlich, um 470, waren die Rüstungen vollendet;
eine phoenikische Flotte von 120 Trieren wurde nach Pamphylien vorgeschoben, wo sie, in Erwartung weiterer Verstärkungen, an der Mündung des Eurymedon vor Anker ging.
Doch Kimon kam dem Angriff zuvor; er segelte dem Feinde
in die pamphylischen Gewässer entgegen und wandte sich
zunächst gegen Phaselis, die blühende rhodische Kolonie

---

[1] Direkt überliefert ist davon nichts, da unsere Quellen für diese Zeit nur
von dem sprechen, was die Athener getan haben; wird doch selbst Leotychidas'
thessalischer Zug nur beiläufig bei Gelegenheit der Amtsentsetzung des Königs
erwähnt. So hören wir denn von Kypros seit 478 nichts weiter, bis die Athener
bei Beginn des aegyptischen Aufstandes wieder eine Flotte dorthin sandten.
In der Zwischenzeit haben sie sich offenbar um die Insel nicht gekümmert,
und diese kann also in den Seebund nicht eingetreten sein. Anderseits ist
klar, daß die Perser eine Flotte nach Pamphylien nicht vorschieben konnten,
bis Kypros wieder unterworfen war; die Unterwerfung fällt also zwischen 477
und etwa 470. Es ist, wie man sieht, nach der zweiten Erhebung Ioniens gegangen, wie nach der ersten; die Perser haben zuerst Kypros zum Gehorsam
zurückgebracht und sich dann, nach sorgfältigen Rüstungen, gegen Ionien
gewandt. Nur daß die Ioner das zweite Mal den Rückhalt an Athen hatten,
der ihnen das erste Mal fehlte. So allein erklärt es sich, daß der Großkönig
so lange Zeit sich um das Aegaeische Meer nicht gekümmert hat. Auch nach
der Schlacht am Eurymedon ist Kimon nicht nach Kypros gegangen; ja es
wird als etwas Großes erwähnt, daß die Athener während der nächsten Jahre
sich in Rekognoszierungsfahrten bis jenseits der chelidonischen Inseln vorgewagt
haben (Plut. *Kim.* 13). Das zeigt uns, daß Kypros damals im sicheren Besitz
der Perser gewesen ist; es ist ja auch gar nicht abzusehen, wie die Insel ohne
Unterstützung von Athen aus ihre Unabhängigkeit hätte behaupten können.

an der Ostküste Lykiens, der Mündung des Eurymedon gerade
gegenüber. Bei der exponierten Lage ihrer Stadt war es den
Phaseliten nicht zu verargen, wenn sie Bedenken trugen,
sich gegen ihren Landesherrn, den Großkönig, aufzulehnen;
als aber Kimon Gewalt brauchte, und von der persischen
Flotte keine Hilfe kam, gab Phaselis den Widerstand auf
und trat in den attischen Seebund[1]. So war für die weiteren
Operationen ein fester Stützpunkt gewonnen. Jetzt schritt
Kimon zum Angriff auf die persische Flotte; da der Feind
zu schwach war, um eine Seeschlacht zu wagen, und das
Eintreffen der Verstärkungen abwartete, ließ Kimon seine
Leute ans Land gehen, wie einst Leotychidas bei Mykale,
und erstürmte das Schiffslager der Perser, wobei die ganze
dort liegende Flotte in seine Hände fiel. Es war hohe Zeit,
denn schon nahte eine zweite phoenikische Flotte von 80
Segeln; Kimon griff sie ohne Zögern an, wie es heißt, noch
am selben Tage, und schlug sie bis zur Vernichtung (um 470).
Es war der glänzendste Sieg, der die griechischen Waffen
seit Salamis und Plataeae errungen hatten; Kimon hatte die
höchste Aufgabe gelöst, die dem Feldherrn gestellt ist, die
völlige Zerstörung der feindlichen Streitkräfte. Ein persischer
Vorstoß nach dem Aegaeischen Meer war in absehbarer Zeit
nicht mehr zu besorgen[2].

Die persische Herrschaft an der Südwestküste Kleinasiens brach infolge dieses Schlages zusammen; Lykien und
der größere Teil Kariens bis tief in das Binnenland hinein
schlossen sich an Athen an und bequemten sich zur Tributzahlung[3]. Der Bund umfaßte nunmehr sämtliche Inseln

---

[1] Plut. *Kim.* 12; die Tributlisten zeigen, daß Phaselis bis in die Zeit des
peloponnesischen Krieges zum Seebunde gehört hat.

[2] Thuk. I 100, Plut. *Kim.* 12. 13, wertvoll durch den Auszug aus dem
Bericht des Kallisthenes, ganz phantastisch Diod. XI 60—62 (nach Ephoros).
Die Grabschrift auf die gefallenen Athener *Anth. Pal.* VII 258. Von den Neueren
gibt das beste E. Meyer, *Forschungen* II S. 1 ff.; einige Nachträge dazu unten
2. Abt. § 59, über die Chronologie § 69.

[3] Diod. XI 60, 4, der aber vor die Schlacht setzt, was wenigstens in der
Hauptsache erst eine Folge der Schlacht sein konnte, s. unten 2. Abt. § 59.
Bestätigt wird das durch die Tributlisten. Vgl. Kirchhoff, *Hermes* XI, 1876,

des Aegaeischen Meeres mit Ausnahme von Melos, Thera, Aegina; sämtliche Griechenstädte an der thrakischen Südküste vom Olymp bis zum Bosporos, und die ganze asiatische Küste vom Bosporos bis Pamphylien. Die Zahl der Bundesstaaten mochte etwa 250 betragen. Athen war in die Reihe der Mächte ersten Ranges getreten, und es war nur natürlich, daß diese gewaltige Machtentfaltung die leitenden Männer in Sparta mit Besorgnis erfüllte. Wenn auch das gute Einvernehmen zwischen beiden Mächten zunächst noch ungestört blieb, es war vorauszusehen, daß schon die nächste Zukunft den Bruch herbeiführen würde.

Während so im griechischen Mutterland die persische Invasion siegreich zurückgeschlagen, die Brüder jenseits des Meeres befreit wurden, und die befreiten Städte sich zur politischen Einheit zusammenschlossen, hatten die Kolonien in Sicilien eine ganz analoge Entwicklung durchlaufen. Nur daß die Einheitsbewegung hier von des Tyrannis ausging, die um den Anfang des V. Jahrhunderts im hellenischen Westen die herrschende Staatsform bildete. So bemächtigte sich Anaxilaos von Rhegion (494—476) [1] mit Hilfe der Samier, die nach der Schlacht bei Lade ihre Heimat verlassen hatten (oben S. 16), des seiner Stadt gegenüberliegenden Zankle, das nun den Namen Messene annahm, zu Ehren des Tyrannen, dessen Geschlecht aus Messenien stammte. Doch hat Anaxilaos die Samier nicht lange darauf vertrieben, und die Stadt mit neuen Ansiedlern besetzt [2]. Zu noch größerer Macht gelangte

---

S. 1—45, und dazu meine Bemerkungen *Rh. Mus.* XLIII, 1888, S. 104 ff. Vor der Schlacht scheinen auf dem karischen Festlande nur der knidische Chersones (Plut. *Kim.* 12) und die rhodische Peraea zum Seebunde gehört zu haben.

[1] Diod. XI 48, unten 2. Abt. § 65.

[2] Herod. VI 22 ff., Thuk. VI 4, 5—6. Die Münzen mit samischen Typen und der Aufschrift Μεσσενιον beweisen, daß die Änderung des Stadtnamens bei der Besitznahme durch die Samier erfolgt ist, wie Herodot richtig angibt (VII 164), während nach Thukydides die Sache erst nach der Vertreibung der Samier erfolgt wäre. Ich hebe das hervor zu Nutz und Frommen derer, die jedes Wort des Thukydides als Orakel betrachten. Über Anaxilaos' Geschlecht oben I 2 S. 266.

Hippokrates, der um den Anfang des V. Jahrhunderts seinem Bruder Kleandros in der Tyrannis über Gela gefolgt war. Er unterwarf die südlichen Stämme der Sikeler und die chalkidischen Kolonien Naxos, Kallipolis und Leontinoi. In einer großen Schlacht am Flusse Eloros besiegte er die Syrakusier und nötigte sie zur Abtretung von Kamarina, das jetzt als Kolonie von Gela neu organisiert wurde. Dieser Schlag hatte zur Folge, daß die Oligarchie der Grundbesitzer (Gamoren) in Syrakus durch einen Aufstand des Demos und der leibeigenen sikelischen Bauern, der sog. Kyllyrier, gestürzt wurde; die Gamoren suchten Zuflucht in der syrakusischen Kolonie Kasmenae [1].

Hippokrates war inzwischen auf einem Feldzug gegen die Sikelerstadt Hybla gefallen; die Tyrannis ging über auf seinen Reiterobersten Gelon, des Deinomenes Sohn, aus einem vornehmen geloischen Hause, einen Mann von hervorragenden militärischen und politischen Fähigkeiten (491). Der neue Fürst nahm die Pläne seines Vorgängers gegen Syrakus wieder auf; und bei der Anarchie, die jetzt in dieser Stadt herrschte, hatte er leichtes Spiel. Der Demos öffnete ihm die Tore, und Gelon schlug nun in Syrakus seine Residenz auf (485). Die Gamoren wurden jetzt zurückgeführt, aber die alten Verhältnisse nicht wieder hergestellt, vielmehr behielten die Kyllyrier ihre Freiheit. Ähnliche Zustände wie in Syrakus herrschten in dem nahen Megara; auch hier hatten der Demos und die Leibeigenen die Oligarchie der Gamoren gestürzt, ihre Güter eingezogen, und selbst die Leitung des Staates in die Hand genommen. So konnte Gelon ohne Schwierigkeit auch diese Stadt unterwerfen; sie wurde zerstört, die Gamoren erhielten das syrakusische Bürgerrecht, die früheren Leibeigenen sollen in die Sklaverei verkauft worden sein. Ein gleiches Schicksal erlitt die chalkidische Kolonie Euboea. Auch die Bürgerschaft von Kamarina und

---

[1] Herod. VII 154—155. Über die Schlacht am Eloros auch Pindar *Nem.* IX 40 mit den Scholien. Über Kamarina auch Thuk. VI 5, 3, Philist. fr. 17. Über die Kyllyrier oben I 1 S. 305 Anm. 3. Über die Chronologie unten 2. Abt. § 60 ff.

die meisten Bürger von Gela wurden in Syrakus angesiedelt,
das damit zur größten Stadt des Westens, ja der hellenischen
Welt überhaupt wurde[1].

In ähnlicher Weise dehnte um dieselbe Zeit Theron,
der Tyrann von Akragas (etwa seit 488[2]) seine Macht über
die Nachbarstädte aus. Selbst Terillos, der Herrscher von
Himera, wurde vertrieben und diese Gemeinde mit Akragas vereinigt, so daß sich Therons Reich jetzt quer durch die Mitte
der Insel vom Libyschen bis zum Tyrrhenischen Meere erstreckte[3]. Zu seinem mächtigen Nachbar im Osten trat er
in die engsten Beziehungen; er gab Gelon seine Tochter Damareta zur Frau und verband sich selbst mit einer Nichte Gelons,
der Tochter von dessen jüngerem Bruder Polyzalos[4].

Die Einheitsbewegung der sicilischen Griechen konnte
Karthago nicht gleichgültig lassen; hatte man doch erst
vor wenigen Jahren den Angriff des Dorieus abzuwehren
gehabt (oben I 1 S. 383). Man glaubte also der Gefahr eines
neuen Angriffs zuvorkommen zu müssen, und als Theron
den Tyrannen von Himera, Terillos vertrieben hatte, und
dieser sich nach Karthago um Hilfe wandte, beschloß man
den Krieg. Ein starkes Heer wurde bei Panormos ans Land
gesetzt: karthagische Bürger, konskribierte libysche Untertanen, ligurische und iberische Söldner; den Befehl führte
der König Hamilkar. Anaxilaos von Rhegion, der Schwieger-

---

[1] Herod. VII 155—6, Aristot. *Polit.* V 1302 b. Über die Revolution in
Megara haben wir die Angaben des zeitgenössischen Dichters Theognis, der
hier zu Hause war und an den Parteikämpfen tätigen Anteil genommen hat
(oben I 2 S. 366 ff.), besonders 53—60, vgl. 1109—1114, 833—836, 1197—1202.
So wird die Behandlung der Stadt durch Gelon verständlich, während nach
Herodots Erzählung Gelons Verhalten völlig unbegreiflich ist. Eine von Herodot
abweichende Version hat Polyaen. I 27, 3; es gab eben über diese Ereignisse,
von Theognis abgesehen, keine zuverlässige Überlieferung, und Herodot hat
die Haltung der Parteien in Syrakus gegenüber Gelon einfach auf die Parteien
in Megara übertragen. — Die syrakusischen Kyllyrier werden seit Gelon nicht
mehr erwähnt; da sie sich ihm freiwillig unterworfen hatten, so ist es klar, daß
er sie nicht wieder in die Knechtschaft zurückstoßen konnte.

[2] Diod. XI 53, s. unten 2. Abt. § 63.

[3] Herod. VII 165.

[4] Timaeos fr. 86 und 90.

sohn des Terillos, schloß Bündnis mit den Barbaren; und
auch Selinus, das sich durch die Fortschritte Therons bedroht
sah, trat der Koalition bei. So ergriff Hamilkar die Offensive
und begann die Belagerung von Himera.

Auf der anderen Seite zog Gelon mit ganzer Macht seinem
Schwiegervater zu Hilfe. Unter den Mauern von Himera
kam es zur Schlacht, und die Karthager wurden bis zur Vernichtung geschlagen (um 480)[1]. Die Freiheit der Westhellenen war gerettet; nicht mit Unrecht hat man diesen Sieg
dem Tage von Salamis an die Seite gestellt[2]. Den Krieg
weiter fortzusetzen lag nicht in Gelons Interesse, da eventuelle
Eroberungen im karthagischen Sicilien doch nur Theron
zugute kommen konnten; auch mußte es gegenüber der
Invasion Griechenlands durch die Perser geboten scheinen,
den Konflikt mit Karthago möglichst schnell zu beendigen.
So gewährte Gelon den Besiegten den Frieden auf Grund
des gegenwärtigen Besitzstandes, gegen eine Entschädigung
von angeblich 2000 Talenten. Auch Anaxilaos und die Selinuntier beeilten sich, mit dem Sieger ihren Frieden zu machen;
sie erhielten ihn gegen Abschluß eines Bündnisses, das sie
zur Heeresfolge verpflichtete. Das ganze hellenische Sicilien
war damit unter Gelons Führung vereinigt[3].

Gelon überlebte seinen großen Sieg nur um wenige Jahre.
Als er 478 mit Hinterlassung eines unmündigen Sohnes starb,

---

[1] Herod. VII 165—7, Diod. XI 1. 20—25 (nach Timaeos), Polyaen. I
27, 2; 28. Einen brauchbaren Schlachtbericht besitzen wir nicht. Über Selinus
Diod. XI 21, 4, XIII 55, 1.

[2] Schon Herodot (VII 166) berichtet nach sikeliotischer Quelle, es seien
beide Siege an demselben Tage erfochten worden. Im IV. Jahrhundert hat
man auch einen inneren Zusammenhang zwischen den Ereignissen in Sicilien
und Hellas konstruiert; die Karthager sollten auf Befehl des Xerxes ihren
Zug nach Sicilien unternommen haben. Herodot weiß davon noch nichts, vielmehr war nach der Version, die er in seiner Erzählung bevorzugt, der karthagische Angriff im Herbst 481 bereits zurückgeschlagen (VII 158). Auch ist
das karthagische Unternehmen durch die politischen Verhältnisse Siciliens
vollständig motiviert.

[3] Diod. XI 26. Inschriften des in Delphi zum Gedächtnis des Sieges
errichteten Denkmals Dittenb. *Syll.*[2] 910 und Simonides fr. 141.

ging die Regierung auf seinen Bruder Hieron über, der bisher
in Gela geherrscht hatte [1]. Unter ihm erreichte die syrakusische Tyrannis den höchsten Glanz. Die reiche Beute
von Himera bot die Mittel zu prächtigen Bauten und glänzenden Festen. Die ersten Dichter der Nation, Simonides, Pindar,
Bakchylides, Aeschylos, Xenophanes, Epicharmos, wurden
an den Hof gezogen und wetteiferten in der Verherrlichung
des Herrscherhauses. Auch nach außen hin wußte Hieron
sein Machtgebiet auszudehnen. Er schützte die sybaritischen
Kolonien Skidros und Laos gegen die Angriffe Krotons (um
476) [2], ebenso die italischen Lokrer gegen Anaxilaos von
Rhegion [3]. Und als Kyme nach dem Sturze seines Tyrannen
Aristodemos auf dem Punkte stand, der etruskischen Übermacht zu erliegen, trat Hieron für die bedrängten Stammesgenossen ein; seine Flotte brachte der etruskischen Seemacht
auf der Höhe von Kyme eine Niederlage bei, von der sie sich
nie mehr erholt hat (474) [4]. Das Griechentum am Golf von
Neapel war noch einmal gerettet. Zur Sicherung des Er-

---

[1] Diod. XI 38. Pindar nennt Hieron βασιλεύς (*Ol.* I 35, *Pyth.* III 124),
ebenso seinen Sohn Deinomenes (*Pyth.* I 116); an anderer Stelle heißt Hieron
einfach Συρακοσίων ἀρχός (*Pyth.* I 141). Niemand wird bei einem Dichter eine
exakte staatsrechtliche Terminologie suchen. Nach Pindars Vorgang gibt
dann auch Diodor Gelon (XI 26, 6, XI 38, 2. 7), Hieron (XI 66, 1. 4) und selbst
Thrasybulos (XI 67, 1) den Königstitel. Aber daß ein griechischer Tyrann
im V. Jahrhundert diesen Titel nicht geführt haben kann, ist klar, auch haben
ja die Deinomeniden ihre Münzen im Namen des syrakusischen Volkes geschlagen, statt, wie die makedonischen und kyprischen Könige, im eigenen
Namen, und ebenso fehlt der Königstitel auf dem delphischen Weihgeschenk
Gelons (Dittenb. *Syll.*[2] 910). Dementsprechend heißt Gelon denn auch bei
Diod. XIII 94, 5 und Polyaen. I 27, 1 στρατηγὸς αὐτοκράτωρ. Da nun das höchste Amt in einer Republik nicht einem unmündigen Knaben übertragen werden
kann, so konnte Gelons Sohn dem Vater nicht nachfolgen, und der älteste Bruder
trat an die Spitze des Staates. Das ist ein weiterer Beweis dafür, daß Gelon
nicht König gewesen ist, und Hieron ebensowenig, da auch diesem nicht sein
Sohn, sondern sein Bruder Thrasybulos gefolgt ist. Vgl. über die Frage Freeman, *Hist. of Sic.* II 499 ff., 536 ff., Wilamowitz, *Berl. S.-B.* 1901 S. 1275 ff.

[2] Diod. XI 48, Tim. fr. 90.

[3] Pind. *Pyth.* II 35 mit den Scholien.

[4] Pind. *Pyth.* I 140, Diod. XI 51, *IGA.* 510.

rungenen wurde auf Ischia eine syrakusische Kolonie angelegt [1].

So war durch die Ereignisse von kaum einem Jahrzehnt die politische Lage am Mittelmeer völlig verändert
worden. Der Traum der persischen Weltherrschaft war dahin,
und Karthago war in seine Schranken zurückgewiesen. Kein
äußerer Feind bedrohte mehr die Unabhängigkeit Griechenlands oder wagte es, den Griechen die Herrschaft des Meeres
streitig zu machen. Neben dem peloponnesischen Bunde
Spartas hatten sich aus der wüsten Masse griechischer Kleinstaaten zwei neue Großmächte erhoben, im Osten der Seebund
Athens, im Westen die syrakusische Militärmonarchie. Das
Schicksal der Welt hing nun zunächst von der Frage ab, wie
das Verhältnis zwischen diesen Mächten sich gestalten würde.

III. Abschnitt.

Der wirtschaftliche Aufschwung nach den Perserkriegen.

Es ist gesagt worden, die ganze Kulturentwicklung
würde einen anderen Verlauf genommen haben, wenn die
Perser bei Salamis Sieger geblieben wären; so daß wir in
letzter Linie die Güter unserer heutigen Zivilisation Themistokles und seinem Flottengesetz zu verdanken hätten. Das
ist recht oberflächlich geurteilt; von solchen Zufälligkeiten
hängt das Geschick großer Völker nicht ab. Wäre es anders,
so gebührte das Verdienst Hellas aus der Persernot gerettet
zu haben mindestens ebenso sehr als Themistokles jenem
Seesturm, der einen Teil der Flotte des Xerxes an der Küste
von Magnesia zerschmetterte. Vielmehr sind die Griechen
in dem Kampf gegen das Perserreich Sieger geblieben, weil
sie ihren Feinden sittlich und intellektuell überlegen waren.
Wenn es aber auch Xerxes gelungen wäre, die griechische
Halbinsel zu erobern, so würde doch die hellenische Kultur

---

[1] Strab. V S. 248.

dadurch keineswegs zugrunde gegangen sein, denn diese
Kultur ruhte damals noch hauptsächlich auf Ionien, das
ja schon seit mehr als einem halben Jahrhundert unter persischer Herrschaft stand. Auch kann gar kein Zweifel sein,
daß Griechenland sehr bald seine Unabhängigkeit wieder
erlangt haben würde. Hat doch sogar Aegypten sie wieder
zu gewinnen vermocht.

Aber die Siege über die Barbaren haben allerdings die
Wirkung gehabt, die Entwicklung der griechischen Kultur
mächtig zu beschleunigen. Nicht daß der Krieg selbst diese
Blüte herbeigeführt hätte; der Krieg schafft nicht, er zerstört
nur Werte, und die Beute, die man dem Feinde abnahm,
konnte nicht in Betracht kommen gegenüber den Verlusten,
welche der Wohlstand von Hellas durch die persische Invasion
erlitten hatte. Aber der Krieg hatte die eine Hälfte der griechischen Welt von dem Drucke der Fremdherrschaft befreit,
der anderen ihre Unabhängigkeit nach außen gesichert; er
hatte den Hellenen das stolze Bewußtsein gegeben, das erste
Volk der Erde zu sein. Der Name Barbaren, der ursprünglich
nur die „Welschen" bezeichnet hatte, deren Sprache man
nicht verstand, begann jetzt die Bedeutung anzunehmen,
die ihm seitdem geblieben ist[1]. Die Tage von Salamis und Himera
waren auch für den phoenikischen Handel vernichtende
Schläge; Griechenland nahm seitdem durch zwei Jahrhunderte
auf dem Meere die Stellung ein, die England so lange behauptet
hat und zum großen Teil noch heute behauptet. Und nicht
zuletzt unter den Ursachen des materiellen Aufschwungs
steht die Entfesselung aller geistigen Kräfte des Volkes, wie
sie die demokratische Bewegung herbeiführte, die nach den
Siegen über die Perser fast alle griechischen Staaten ergriff.

Allerdings nahmen nicht alle griechischen Landschaften
an diesem Aufschwunge in gleichem Maße Anteil. Hatten
bisher die asiatischen Kolonien an Bildung und Reichtum,
an industrieller und kommerzieller Bedeutung in erster Reihe

---

[1] Vgl. z. B. Euripid. *Iph. Aul.* 1400 f., *Telephos* fr. 717, Thrasymachos
fr. 2 Diels.

gestanden, so ging jetzt mit der politischen auch die wirtschaftliche Führung an das griechische Mutterland über.
Schon die erste persische Eroberung hatte Ionien tiefe Wunden
geschlagen; das einst so blühende Phokaea war seitdem nur
noch der Schatten seiner alten Bedeutung. Noch weit ver-
hängnisvoller wirkte der Aufstand unter Dareios; Milet, bis
dahin die erste Handels- und Industriestadt der griechischen
Welt, hat sich von der Eroberung im Jahre 494 nie mehr
erholt, und auch die übrigen Städte hatten schwer unter
der Hand des Siegers zu leiden. Die Schlacht bei Mykale
und die ihr folgenden Kämpfe brachten dann wohl die Befreiung von der Fremdherrschaft, aber sie stellten zugleich
die Küste in politischen Gegensatz zu ihrem Hinterlande.
So lange der Perserkrieg währte, bis zum sogenannten „kimonischen" Frieden, muß der Verkehr zwischen den ionischen
Häfen und dem Innern Kleinasiens zum großen Teil unterbrochen gewesen sein; und auch später ließ sich bei den gespannten Beziehungen Athens zu den Satrapen von Sardes
das alte Verhältnis nicht wieder herstellen. Den ionischen
Städten war damit der Lebensnerv unterbunden; und es
sind offenbar diese materiellen Interessen gewesen, die es
bewirkt haben, daß die asiatischen Griechen schließlich ohne
allzu großes Widerstreben unter die persische Herrschaft
zurückgekehrt sind.

Während so der persische Orient dem griechischen Handel
zum Teil verschlossen wurde, waren die Kolonien im Westen
mächtig emporgeblüht, begünstigt durch den unerschöpf-
lichen Reichtum ihres jungfräulichen Bodens. Der Handel
dorthin gewann damit eine immer steigende Wichtigkeit,
um so mehr, als gleichzeitig auch die Völker Italiens in der
Kultur fortschritten, und dieses infolgedessen zu einem wichtigen Absatzmarkt für die hellenischen Industrie- und Boden-
produkte wurde [1]. Für den Verkehr mit dem Westen aber
hatten die Häfen des griechischen Mutterlandes vor Ionien

---

[1] Den Beweis geben die italischen Nekropolen des V. Jahrhunderts.
Leider fehlt uns noch immer eine zusammenfassende Behandlung der dort
gemachten Funde.

vermöge ihrer Lage einen durch nichts auszugleichenden
Vorsprung. Vor allem Korinth war die natürliche Vermittlerin
dieses Handels, nicht allein als der einzige Hafen des östlichen
Griechenlands, von dem man nach Sicilien gelangen konnte,
ohne die gefährliche Fahrt um das Vorgebirge Malea zu machen,
sondern ebensosehr, weil die erste Stadt Siciliens eine korinthische Kolonie war, und wegen der nahen Stammverwandtschaft der Korinthier mit der Hauptmasse der Griechen des
Westens. Aber auch die Häfen am Saronischen Golfe lagen
Sicilien immer noch um zwei oder drei Tagfahrten näher als
Milet oder Mytilene, während sie für die Fahrt nach Aegypten
oder nach dem Pontos ebenso günstig gelegen waren als die
ionischen Plätze.

Dank dieser Vorteile wurden Korinth und Aegina um
die Zeit der Perserkriege zu den ersten Handelsstädten der
griechischen Welt[1]. Bald aber erwuchs ihnen selbst ein
gefährlicher Konkurrent in dem von Themistokles angelegten
neuen Seehafen Athens, dem Peiraeeus[2]. Die Werften und
Arsenale für die erste Kriegsflotte Griechenlands, die hier
angelegt wurden, bewirkten allmählich das Zusammenströmen
einer zahlreichen Bevölkerung; bald zog sich auch der Handel
von der schutzlosen Rhede Phaleron nach dem trefflichen
Hafen, und die Machtstellung Athens an der Spitze des Seebundes tat das übrige[3]. Die Konkurrenz Aeginas[4] wurde
durch die Unterwerfung der Insel um 457 zum großen Teile

---

[1] Von den Reichtümern Aeginas in dieser Zeit erzählt Herodot IX 80
mit naiver Motivierung. Pind. *Paean* VI 123 ὀνυ]μακλύτα γ᾽ ἔνεσσι Δω-
ριεῖ μ[ε]δέοισα [πό]ντῳ νᾶσος [ῶ] Διὸς Ἑλλανίου φαεννὸν ἄστρον. Als
athenischer Bundesstaat (seit 457) hat die Insel einen Tribut von 30 Talenten
gezahlt, soviel wie sonst bis zur Tributsteigerung von 425/4 nur Thasos mit
seinen reichen Goldbergwerken zu entrichten hatte. Aegina mag immerhin
hoch eingeschätzt worden sein, aber es war doch imstande, die Last zu tragen.

[2] Wachsmuth, *Ein antiker Seeplatz*, in Conrads *Jahrbüchern für National-
ökonomie*, XIII, 1886, S. 83 ff., *Stadt Athen* II 1—176. Judeich, *Topographie
von Athen* (München 1905) S. 375 ff.

[3] Vgl. [Xenoph.] *Staat der Athen.* I 17, mit meinen Bemerkungen *Rh. Mus.*
XXXIX, 1884, S. 47 f.

[4] Perikles nannte die Insel λήμην τοῦ Πειραιῶς (Aristot. *Rhet.* 10 S. 1411,
Plut. *Per.* 8).

gebrochen, und durch die Vertreibung der aeginetischen
Bürgerschaft im Jahre 431 gänzlich zerstört. So war der
Peiraeeus bereits zu Anfang des peloponnesischen Krieges,
was er seitdem bis auf die makedonischen Zeiten geblieben
ist, der erste Handelsplatz der griechischen Welt, wo Schiffe
aus dem Pontos, aus Phoenikien, Aegypten, Kyrene, Sicilien
und Italien ihre Ladungen löschten, und alles zu haben war,
was der Osten und Westen hervorbrachte [1]. Noch zu Beginn
des IV. Jahrhunderts, als das athenische Reich in Trümmern
lag, und Athen aus tausend Wunden blutete, die der lange
Krieg und die Revolution ihm geschlagen hatten, betrug der
Wert der jährlichen Ein- und Ausfuhr über 2000 Talente
(etwa 11 Millionen Mark) [2]; vor dem Kriege ist er ohne Zweifel
beträchtlich höher gewesen. Was diese Summe nach den
Verhältnissen der damaligen Zeit bedeutete, können wir
daraus entnehmen, daß die Handelsbewegung aller übrigen
Häfen des athenischen Reiches um 414 etwa 30—40 000
Talente betragen hat [3]. Der neuen Stadt wurde durch Hippodamos von Milet, den ersten Architekten der Zeit, der Plan
vorgezeichnet; kein größerer Gegensatz, als die breiten, sich
unter rechtem Winkel schneidenden Straßen des Peiraeeus
und das Gewirr der engen Gassen des alten Athen.

---

[1] [Xen.] *Staat der Athen.* II 7, Hermippos fr. 63 Kock, vgl. Wilamowitz,
Kydathen S. 76 ff., H. Droysen, *Athen und der Westen*, Berlin 1882.

[2] Der Wertzoll von 2%, der von der Ein- und Ausfuhr im Peiraeeus erhoben wurde, ergab gleich nach 400 einen Reinertrag von 30—36 tal. (Andok.
vdMyst. 133 f.), entsprechend einem Wert der verzollten Waren von 1500 bis
1800 tal. Rechnen wir die Erhebungskosten, Defraudationen, zollfreien Ein-
gänge u. dgl. dazu, so ergibt sich mindestens die obige Summe. So schon Böckh,
Staatsh. I ² 430. Vgl. meine Bemerkungen in Conrads *Jahrb. f. Nat.-Ökon. und
Statistik*, 3. Folge XVIII, 1899, S. 626 ff. und in J. Wolfs *Zeitschr. f. Social-
wissenschaft* V, 1902, S. 99 ff. Wenn der Getreidezoll schon damals gesondert
verpachtet wurde (vgl. [Demosth.] *gNeaera* 27 S. 1353) würde die Handelsbewegung noch um mehrere hundert Talente höher gewesen sein.

[3] Die Athener beschlossen damals die Ersetzung der Tribute durch einen
Wertzoll von 5% auf die Ein- und Ausfuhr und erwarteten davon eine Steigerung
ihrer Einnahmen (Thuk. VII 28, 4). Die Tribute ergaben in dieser Zeit 1000 tal.,
wobei zu berücksichtigen ist, daß Chios, Lesbos, Samos und die meisten Kleruchien
überhaupt keinen Tribut zahlten.

Und mit dem Handel wanderte auch die Industrie aus Ionien nach dem Mutterlande hinüber. Wohl hatte es hier auch früher an Gewerbtätigkeit nicht gefehlt, und die Erzeugnisse derselben sind zum Teil schon im VII., in größerer Menge im VI. Jahrhundert ins Ausland gegangen; aber eine größere Industrie hat sich auf der Westseite des Aegaeischen Meeres doch erst seit den Perserkriegen entwickelt. Infolgedessen begann man jetzt Massen unfreier Arbeiter nach den Städten am Saronischen Golf einzuführen. Um die Mitte des V. Jahrhunderts soll Korinth 60 000 Sklaven gezählt haben, während in Attika beim Ausbruch des peloponnesischen Krieges an 70—80 000 Sklaven vorhanden sein mochten, so daß in dem ganzen Industriebezirk des europäischen Griechenlands damals gegen 200 000 Sklaven beschäftigt waren, und die unfreie Bevölkerung der freien an Zahl annähernd gleichkam, in einzelnen Städten, wie in Korinth und Aegina, sie überwog[1]. In den übrigen Teilen der griechischen Halbinsel dagegen, die bei Ackerbau, Viehzucht und Kleingewerbe verharrten, gab es in dieser Zeit noch so gut wie gar keine Sklaven[2], außer zur persönlichen Bedienung der Reichen; hier herrschte nach wie vor die freie, oder, wie in Lakonien und Thessalien, die halbfreie Arbeit.

Auch die freie Bevölkerung aus den umliegenden Landschaften, ja zum Teil selbst aus den Gebieten jenseits des Meeres strömte nach den Mittelpunkten der Industrie und des Handels zusammen; und die neuen Ankömmlinge wurden mit offenen Armen aufgenommen. Namentlich Athen war,

---

[1] Näheres in meiner *Bevölkerung der griechisch-römischen Welt* (Leipzig 1886) S. 84 ff., wo ich gezeigt habe, daß die ins ungeheure übertriebenen Sklavenzahlen bei Athenaeos VI 272 b—d (400 000 Sklaven für Athen, 460 000 für Korinth, 470 000 für Aegina nur dadurch entstanden sind, daß dieser Schriftsteller oder seine Quelle das Zeichen M (μυριάς) in der Bedeutung 40 nahm und die so gelesenen Zahlen M, MF, MZ als Myriaden interpretierte. Doch ist die Zahl für Aegina, auch so reduziert, ohne Zweifel noch weit übertrieben. Über Athen unten S. 84 Anm. 1.

[2] Thuk. I 141 nennt die Peloponnesier αὐτουργοί gegenüber den sklavenhaltenden Athenern. Wegen Phokis und Lokris vgl. Timaeos fr. 67, wegen Boeotien meine Bemerkungen im *Hermes* XXIV, 1889, S. 479.

getreu den Traditionen der kleisthenischen Zeit, in den ersten
Jahrzehnten nach den Perserkriegen sehr liberal in der Er-
teilung seines Bürgerrechts[1], bis Perikles im Jahr 451/0 dem
Drängen der Menge nachgab, welche die mit dem attischen
Bürgerrecht verbundenen materiellen Vorteile allein genießen
wollte, und die Bedingungen für die Aufnahme Fremder
verschärfte[2]. Aber auch wer als Bürger nicht zugelassen
war, durfte doch ganz ebenso frei wie die Bürger selbst seinem
Erwerbe nachgehen, und war in derselben Weise durch die
Gesetze geschützt; das Wort Homers von dem „rechtlosen
Einsassen" hatte in dieser Zeit seine Geltung verloren. Nur
von der Erwerbung von Grundbesitz waren die Nichtbürger
ausgeschlossen, sofern ihnen nicht durch spezielles Privileg
auch dieses Recht gewährt worden war; da sie indes in ihrer
großen Mehrzahl dem Stand der Gewerbetreibenden angehörten, blieb diese Bestimmung praktisch von nur geringer
Bedeutung. So trat in den größeren Städten neben die Bürgerschaft eine zahlreiche Klasse von ansässigen Fremden, sogenannten „Metoeken", die sich zum Beispiel in Athen bei
Ausbruch des peloponnesischen Krieges auf wenigstens 30 000
Köpfe belief[3]. Es war das allerdings zum großen Teil eine
Folge der Stellung Athens an der Spitze des Seebundes; in
Korinth oder Chios waren die Metoeken ohne Zweifel verhältnismäßig weniger zahlreich, und in dem konservativen
Sparta vollends suchte die Regierung durch Ausweisungen
(ξενελασίαι) den Fremdenzufluß nach Möglichkeit zu beschränken[4]. Daß solche Maßregeln aber auch hier notwendig
wurden, bleibt trotzdem nicht weniger charakteristisch.

---

[1] Isokr. v. Frieden 88.

[2] Aristot. ΑΠ. 26, 4, vgl. Philochoros fr. 90, Plut. Per. 37.

[3] Es dienten allein 3000 Metoeken als Schwerbewaffnete (Thuk. II 31),
die große Mehrzahl aber wird den Hoplitenzensus nicht erreicht haben. Dazu
die Weiber und Kinder. Daß die in Attika domizilierten Metoeken zum weitaus
überwiegenden Teil ihren Wohnsitz in der Stadt und deren Vororten hatten,
liegt in der Natur der Sache, und wird durch die Angaben der Inschriften bestätigt.

[4] Müller Dorier II [2] S. 3, vgl. oben I 1 S. 282.

So entwickelten sich jetzt städtische Mittelpunkte, die alles weit hinter sich ließen, was das VI. Jahrhundert gesehen hatte. Athen kann beim Sturz der Tyrannenherrschaft einschließlich seiner Vororte und der Häfen kaum über 25 000 Einwohner gezählt haben (oben I 1 S. 280); schon 30 Jahre später war der Stadt ihr alter Mauerring zu eng geworden, so daß es nötig wurde, die Befestigungslinie zu erweitern[1]; nach noch einem halben Jahrhundert, beim Ausbruch des peloponnesischen Krieges, war die Bevölkerung auf etwa 100 000 gestiegen. Mit Athen wetteiferte Syrakus, die Hauptstadt Siciliens. Die kleine Insel Ortygia, auf der einst die Korinthier sich angesiedelt hatten, genügte schon gegen Ende des VI. Jahrhunderts der wachsenden Bevölkerung nicht mehr, und es bildete sich auf dem gegenüberliegenden Ufer des sicilischen Festlandes eine Vorstadt, die mit der Insel durch einen seinerzeit viel bewunderten Damm in feste Verbindung gebracht wurde[2]. Unter der Herrschaft Gelons ward dann diese Vorstadt — die Achradina, wie sie genannt wurde — zum Mittelpunkte von Syrakus, an den dann weiter, nach dem Demetertempel im Westen hin, die neue Vorstadt Temenites sich ansetzte. Syrakus war in dieser Zeit ohne Frage die größte Stadt der ganzen griechischen Welt überhaupt[3]. Allerdings war dieses Wachstum zum Teil durch künstliche Mittel hervorgerufen, wie die Verpflanzung ganzer Bürgerschaften und die Ansiedlung von Tausenden ausgedienter Söldner; aber Syrakus blieb doch auch nach dem Sturze der Deinomeniden und dem Zerfall ihres Reiches die Metropole des Westens, und zur Zeit des peloponnesischen Krieges stand es an Bevölkerung Athen kaum nach[4]. Auch sonst fehlte es in Sicilien nicht an bedeutenden Städten, wie

---

[1] Thuk. I 93, 2. Kurz vorher (486) spricht Pindar von den μεγαλοπόλιες Ἀθᾶναι (*Pyth.* VII 1).

[2] Ibykos fr. 22. Lupus, *Die Stadt Syrakus im Altertum*, Übersetzung der Cavallari-Holmschen *Topografia archeologica di Siracusa*, Straßburg 1887.

[3] Herod. VII 156, Pind. *Pyth.* II 1 μεγαλοπόλιες ὦ Συράκοσαι; er gibt dies Beiwort sonst nur Athen.

[4] Thuk. VII 28, 3.

Gela, und namentlich Akragas. In Italien war das reiche und blühende Sybaris gegen Ende des VI. Jahrhunderts von Kroton zerstört worden (oben I 1 S. 383); seitdem nahm dieses dort den ersten Rang ein. Im griechischen Mutterlande stand Korinth Athen zunächst; es mochte um 450 etwa 60 000 Einwohner zählen. Dann folgten Sparta, Argos, Theben, Aegina, Sikyon, Megara, Kerkyra und der Haupthafen von Thessalien, Pagasae, die wir uns als Städte von etwa 20 bis 30 000 Einwohnern zu denken haben[1]. Die altberühmten Handelsplätze am Euripos, Eretria und Chalkis, kamen jetzt in Verfall, zum Teil durch die politischen Verhältnisse, zum Teil infolge des Aufblühens von Athen. Dagegen wurde im Westen des Peloponnes, wo städtische Mittelpunkte bisher so gut wie ganz gefehlt hatten, bald nach den Perserkriegen die Stadt Elis gegründet[2].

Über die relative Bedeutung der Städte des attischen Reiches gibt uns die Höhe der Tribute Auskunft, die sie an den Vorort bezahlt haben. Denn es liegt in der Natur der Sache, daß die finanzielle Leistungsfähigkeit für die Normierung dieser Ansätze in erster Linie maßgebend war, wenn auch in vielen Fällen daneben noch andere Rücksichten in Betracht kamen. Jedenfalls bilden die Tributlisten für die Erkenntnis der wirtschaftlichen Zustände Griechenlands im V. Jahrhundert eine Quelle von ganz hervorragender Wichtigkeit, und so möge die nebenstehende Übersicht hier eine Stelle finden[3].

---

[1] Vgl. meine *Bevölkerung der griechisch-römischen Welt*, Leipzig 1886. Sparta und Argos können möglicherweise etwas größer gewesen sein, von den übrigen mag die eine oder andere die Zahl von 20 000 Einwohnern nicht ganz erreicht haben.

[2] Diod. XI 54, 1; Strab. VIII 336.

[3] Beste Zusammenstellung von Pedroli, *I tributi degli alleati d'Atene*, in meinen *Studi di Storia Antica* I (Rom 1891). Das seitdem hinzugetretene Material bei Cavaignac, *Études sur l'hist. financière d'Athènes au Ve siècle* (*Bibl. Écoles franç.* 100) Paris 1908, und Wilhelm, *Anz. Wien. Akad.*, phil.-hist. Kl. 1909, Nr. X S. 41 ff. Die Zahlen beziehen sich auf die Schätzungsperiode von 446/5—440/39, für die allein das Material annähernd vollständig vorliegt. Bei Chalkis, Methone und Termera, deren Quoten fehlen, sind die Tributsummen

Tribute	Gemeinden
30 t.	Aegina, Thasos.
16¹/₅ t.	Paros.
15 t.	Abdera, Byzantion.
12 t.	Lampsakos.
10 t.	Aenos, Chalkis (?), Eretria (?), Perinthos.
9 t.	Kalchedon, Kyme, Kyzikos.
7 t.	Erythrae.
6²/₃ t.	Naxos.
6 t.	Andros, Ephesos, Ialysos, Kamiros, Lindos, Poteidaea, Samothrake, Skione, Teos, Torone.
5 t.	Karystos, Kos, Mende, Miletos, Selymbria, Sermylia.
4 t.	Abydos, Keos.
3 t.	Aenea, Akanthos, Chersonesos in Karien, Hephaesteia, Knidos, Kythnos, Methone (?), Peparethos, Phaselis, Prokonnesos, Siphnos, Tenedos, Tenos.
2¹/₂ t.	Termera (?).
2 t.	Arisbe, Olynthos, Phokaea, Singos, Spartolos.
1²/₃ t.	Halikarnassos.
1¹/₂ t.	Astypalaea, Galepsos, Kalydna, Keramos, Klazomenae, Kolophon, Maroneia, Myrina auf Lemnos.

Samos, Chios und Lesbos waren tributfrei; sie würden sonst am Anfang der Liste oder gleich hinter Aegina und Thasos ihre Stelle haben. Alle übrigen Städte haben 1 t. oder weniger gezahlt.

Auf den ersten Blick tritt in dieser Tabelle die Bedeutung der Städte an der Wasserstraße des Hellespontos und der Propontis hervor; ebenso die Wichtigkeit der Kolonien an der Südküste Thrakiens. Die Kykladeninsel Paros muß im V. Jahrhundert ein Handelsplatz von ähnlicher Bedeutung gewesen sein, wie Delos in der Periode nach Alexander, und in unserer Zeit Syra [1]. Dagegen treten die Städte des ionischen

aus anderen Schätzungsperioden eingesetzt. Eretria hat später, als der Tribut von Chalkis auf 3 tal. herabgesetzt war, denselben Tribut wie dieses gezahlt (Köhler, *Hermes* XXXI, 1896, S. 142) und ist darum auch hier in die gleiche Kategorie mit Chalkis gestellt worden. Die Tribute von Byzantion und Tenedos sind oben auf ganze Talente abgerundet. Die Tributlisten sind nach allen möglichen Richtungen hin verwertet worden, nur nicht für das Gebiet, in das sie zunächst gehören, die Wirtschaftsgeschichte; vielleicht finde ich einmal Zeit, auf diese Frage zurückzukommen.

[1] Nepos *Milt.* 7, 2 *Parum insulam opibus elatam.* Die Marmorbrüche allein erklären den hohen Tribut von Paros keineswegs.

Festlandes auffallend zurück, und ganz besonders bezeichnend sind die geringen Tributsummen von Milet und Phokaea, der beiden hervorragendsten Handelsstädte Ioniens im VI. Jahrhundert.

Das rasche Wachsen der Städte, wenigstens im europäischen Griechenland, hat zur Voraussetzung, daß auch die Gesamtbevölkerung sich in dieser Periode beträchtlich vermehrte. Allerdings, die Ausbreitung der griechischen Rasse über die Küsten des Mittelmeeres war seit der Mitte des VI. Jahrhunderts zum Stillstand gelangt, im Osten gehemmt durch das Perserreich, im Westen durch die Macht der Karthager. Aber es sind wahrlich nicht die Ansiedler gewesen, an denen es gefehlt hat. Wo immer in der hellenischen Welt sich Gelegenheit fand, eigenen Grundbesitz zu erwerben, strömten sie zu Tausenden herbei; so bei den Gründungen von Thurioi und Herakleia am tarantinischen Golfe, von Aetna und Kalakte in Sicilien, von Amphipolis in Thrakien, von Herakleia Trachis in Griechenland selbst. Es ist bezeichnend, daß die Staatswissenschaft noch des IV. Jahrhunderts, wenn sie auf Populationsverhältnisse zu sprechen kommt, sich nur mit der Gefahr der Übervölkerung beschäftigt; und als endlich die persische Herrschaft zusammenbrach, hat das westliche Asien sich mit einem dichten Netze griechischer Kolonien bedeckt.

Ganz besonders drängte sich die Bevölkerung, wie natürlich, in dem Industriebezirk am Isthmos und am Saronischen Busen zusammen. Hier lebten auf den 2500 qkm Attikas zu Anfang des peloponnesischen Krieges über 200 000 Menschen[1]

---

[1] Nach den Angaben bei Thuk. II 13 und IV 94, 1 vgl. 90, 1 und 93, 3 über die Wehrkraft Attikas in den Jahren 431 (14 000 Reiter und Bürgerhopliten von 20—60 Jahren) und 424 (Gesamtaufgebot der Bürger und Metoeken von 20—50 Jahren über 20 000 Mann, davon 8000 Hopliten und Reiter), und III 16, 1 über die Flottenrüstung im Jahr 428 kann die Gesamtzahl der erwachsenen Freien männlichen Geschlechts zu Anfang des peloponnesischen Krieges auf rund 45 000, nach dem Erlöschen der Pest auf rund 35 000 veranschlagt werden, darunter 431 etwa 35 000 Bürger; die freie Gesamtbevölkerung hat demnach etwa 140 000 bzw. 110 000 Köpfe betragen. Die Sklavenzahl wird mit Rücksicht auf Thuk. VII 27, 5 und VIII 40, 2 um 414 auf kaum mehr

also etwa 80 auf einen Quadratkilometer. Dieselbe Volksdichtigkeit wird für die benachbarte Megaris (470 qkm) anzunehmen sein, ebenso in der Argolis (4200 qkm) mit ihren
zahlreichen Handels- und Industriestädten, wie Korinth,
Sikyon, Aegina, Argos selbst [1]. Ähnlich, zum Teil vielleicht
auch noch größer, war die Dichtigkeit der Bevölkerung auf
einigen der bedeutenderen Inseln, wie Kerkyra, Chios und
Samos [2]. In den hauptsächlich ackerbautreibenden Landschaften dagegen mußte die Bevölkerung verhältnismäßig
viel geringer sein. So kann Boeotien auf annähernd demselben
Flächenraum wie Attika kaum über 150 000 Einwohner
gezählt haben (etwa 60 auf 1 qkm) [3], und die Bevölkerung des
ganzen Peloponnes (22 300 qkm) wird um 430 auf rund eine
Million veranschlagt werden dürfen. Thessalien mit seinen
Nebenländern mußte bei seiner großen Ausdehnung (etwa
16 000 qkm) eine starke absolute Bevölkerung zählen, obgleich bei dem Fehlen bedeutenderer städtischer Mittelpunkte
und den traurigen sozialen Verhältnissen die Volksdichtigkeit
hier ohne Zweifel hinter der in Boeotien beträchtlich zurück-

---

als 70 000 geschätzt werden dürfen; vor der Pest wird sie nicht wesentlich höher
gewesen sein, da ja die Verluste durch Einfuhr ersetzt werden konnten, und
soweit die Industrie in Betracht kam, ohne Zweifel zum größten Teil ersetzt
worden sind. Wenn Wilamowitz (*Aristot. und Athen* II 208) eine Bürgerzahl
von 60 000, Ed. Meyer (*Forschungen* II 179) von 55 500 annimmt, so beruht
das auf unhaltbaren Voraussetzungen, wie *Klio* V (1905) S. 356 ff. gezeigt ist.

[1] Nach Lysias 34, 7 hatte Argos um 403 etwa 20 000, nach Xen. *Hell.*
V 3, 16 Phleius um 380 mehr als 5000 Bürger; alle Städte der Landschaft mit
Ausnahme von Phleius und Aegina konnten 394: 14 500 Hopliten ins Feld
stellen (Xen. *Hell.* IV 2, 16 f., was ungefähr richtig ist; vgl. *Klio* VI, 1906,
S. 52 ff.). Daraus ergibt sich eine Bürgerzahl von 60 000 und eine bürgerliche
Gesamtbevölkerung von rund 200 000 Seelen, wozu dann noch etwa die Hälfte
an Sklaven zu rechnen ist.

[2] Über Chios Thuk. VIII 40, über Kerkyra Partsch, *Die Insel Korfu*,
Ergänzungsheft 88 zu *Petermanns Mitteilungen* (1887), doch siehe unten 2. Abt. § 92.

[3] Das Gesamtaufgebot betrug nach Thuk. IV 93 8000 Hopliten und Reiter
(Effektivstärke), nach Kratippos (*Hell. Oxyrh.* XI 4) 12 000 (Sollstärke), dazu,
nach Thuk. a. a. O. noch reichlich ebenso viele leichte Truppen. Demnach mag
sich die freie Bevölkerung auf etwa 110—120 000 belaufen haben. Vgl. auch
Xen. *Denkw.* III 5, 2. Die Zahl der Sklaven kann nicht sehr beträchtlich gewesen sein, s. oben S. 79 Anm. 2.

blieb, war es doch neben Makedonien die einzige Landschaft der griechischen Halbinsel, die Getreide auszuführen ver-mochte. Sehr dünn bewohnt waren die Gebirgslandschaften des griechischen Nordwestens, vom ozolischen Lokris bis hinauf nach Obermakedonien; die Bevölkerung lebte hier in offenen Weilern zerstreut, die durch weite Waldgebiete voneinander getrennt waren [1]. So mag denn die Bevölkerung der ganzen griechischen Halbinsel mit den zugehörigen Inseln in der zweiten Hälfte des V. Jahrhunderts etwa drei bis höch-stens vier Millionen betragen haben.

Von den Kolonialländern hat Sicilien etwa den gleichen Flächenraum (25 600 qkm) wie der Peloponnes; die Be-völkerung mußte bei der soviel jüngeren Kultur der Insel und dem Vorherrschen des Ackerbaues und der Viehzucht weniger dicht sein, und wird also für das Ende des V. Jahr-hunderts auf höchstens 800 000 Einwohner veranschlagt werden dürfen. Doch standen nur etwa zwei Fünftel der Insel unter griechischer Herrschaft, und von den Bewohnern werden kaum mehr als ein Drittel griechischer Abkunft gewesen sein. Die Gebiete der Kolonien auf dem italischen Festlande kamen Sicilien an Ausdehnung und, da die wirtschaftlichen Ver-hältnisse im ganzen dieselben waren, wohl auch an Bevölkerung annähernd gleich; aber auch hier bildeten die griechischen Ansiedler nur eine Minderzahl. Sehr stark bevölkert waren die hellespontischen Landschaften und Ionien; doch fehlen hier genügende Anhaltspunkte zur ziffermäßigen Bestimmung der Volkszahl, und dasselbe gilt von den Kolonien am Pontos, auf Kypros und in Libyen. Immerhin werden wir sagen dürfen, daß die Bevölkerung der Kolonien, einschließlich der eingeborenen Untertanen, im V. Jahrhundert der des Mutterlandes etwa gleich gekommen ist, so daß die Gesamt-bevölkerung aller griechischen Staaten in dieser Zeit etwa 7—8 Millionen Bewohner betragen haben mag [2].

[1] Thuk. III 94.
[2] Näheres in meiner *Bevölkerung der griechisch-römischen Welt* (Leipzig 1886); ferner in J. Wolfs *Zeitschr. f. Sozialwiss.* II, 1899, S. 601 ff. und für Sicilien im *Archivio Storico Siciliano*, n. s. XIV, Palermo 1889.

Schon um die Zeit der Perserkriege war Griechenland
auf den Punkt gelangt, seinen Bedarf an Nahrungsstoffen
zum Teil vom Ausland einführen zu müssen [1]. Bei der steigenden Bevölkerung nahm dieser Import im Laufe des V. Jahrhunderts immer größere Verhältnisse an. Namentlich die
Industriestädte waren in jeder Weise bemüht, die Einfuhr von
Getreide zu befördern und die Preise niedrig zu halten [2].
Unter den Exportländern standen die fruchtbaren Ebenen
im Norden des Pontos, das heutige Südrußland, obenan,
weiterhin Sicilien und Aegypten. Über die Menge des eingeführten Getreides haben wir allerdings erst aus der Mitte
des IV. Jahrhunderts Nachricht. Damals betrug die Einfuhr
nach dem Peiraeeus jährlich etwa 800 000 Medimnen (etwa
400 000 hl oder 300 000 metrische Zentner), wovon die Hälfte
aus dem Pontos kam [3]; da aber Athen vor dem peloponnesischen Kriege nicht weniger Einwohner hatte als in der
demosthenischen Zeit, kann der Import im V. Jahrhundert
kaum geringer gewesen sein. Freilich hatte keine zweite
griechische Stadt einen so hohen Bedarf an fremdem Getreide;
aber der Gesamtimport nach den Häfen des Aegaeischen
Meeres muß sich doch auf mehrere Millionen Medimnen belaufen haben [4].

Die heimische Landwirtschaft hatte dieser Konkurrenz
gegenüber einen um so schwereren Stand, als sie noch mit
recht primitiven Methoden betrieben wurde. Der Pflug war
noch im wesentlichen der alte homerische, nur daß er jetzt
durchweg mit metallener Pflugschar versehen war. Ebenso
ließ man nach wie vor die Körner auf der Tenne durch das

---

[1] Herod. VII 147, Theopomp. fr. 219 bei Athen. VI 232 b. Schon Solon
soll die Getreideausfuhr aus Attika verboten haben (Plut. *Solon* 22. 24).

[2] Boeckh, *Staatshaush.* ² S. 115 ff. Gernet, *L'approvisionnement d'Athènes
en blé au Ve et IVe siècles* (*Bibliothèque de la Faculté de Lettres, XXV, Mélanges
d'hist. anc.*, Paris 1909), unkritisch.

[3] Demosth. *g. Leptin.* 32.

[4] So gewährte Athen im Jahre 426 der verhältnismäßig kleinen Stadt
Methone in Pierien, die zu einem Tribut von 3 Talenten veranlagt war, das
Privileg, mehr als 4000 Medimnen Weizen (die Zahl ist unvollständig überliefert,
es können bis zu 7000 gewesen sein) aus dem Pontos einzuführen (*CIA.* I 40).

Vieh austreten. Auch die alte Brachwirtschaft, wobei die Felder nur ein Jahr um das andere mit Getreide bestellt wurden, war noch am Anfang des IV. Jahrhunderts selbst in Attika allgemein üblich. Die Leute schüttelten mit dem Kopfe, wenn ein intelligenter Landwirt den Versuch machte, einen rationelleren Betrieb einzuführen[1]. Immerhin wirkten die hohen Transportkosten wie eine Art Schutzzoll, so daß der Getreidebau trotz alledem lohnend blieb. Zu Alexanders Zeit betrug die jährliche Produktion Attikas 400 000 Medimnen (etwa 200 000 hl), fast ausschließlich Gerste, während die fruchtbare Insel Lemnos jährlich 300 000 Medimnen erzeugte[2].

Besseren Ertrag brachten die edleren Kulturen, der Wein- und Ölbau. Die Landschaften am Aegaeischen Meere hatten hier noch keine Konkurrenz zu fürchten; vielmehr bildeten das Öl Attikas, der Wein Ioniens und von der thrakischen Südküste einen bedeutenden Ausfuhrartikel. Ein Import von lebendem Vieh über See auf weite Entfernungen war bei dem Zustande der Schiffahrt in dieser Zeit so gut wie ausgeschlossen, wohl aber wurden gesalzenes Fleisch, Käse, Talg und andere animalische Produkte in großer Menge aus den Kolonien eingeführt und bildeten im Mutterlande einen wichtigen Bestandteil der Volksnahrung[3].

---

[1] Lysias g. *Polemos* bei Suidas ἐπὶ καλάμῃ ἀροῦν, vgl. Xen. *Oekon.* 16, 10. Noch in einem Pachtkontrakt aus Amorgos, aus dem III. Jahrhundert, wird Brache ein um das andere Jahr vorgeschrieben (Dittenb. *Syll.* [2] 539).

[2] *CIA.* IV 2, 834 b, vgl. Foucart, *Bull. Corr. Hell.* VIII, 1884, S. 211. In demselben Jahre, auf das sich die obigen Angaben beziehen (329/8), erzeugte Salamis 24 525 Med., Skyros 38 400, Imbros 70 200. Wir wissen allerdings nicht, ob es sich dabei um ein Jahr mit guter oder schlechter Ernte handelt, doch ist es aus anderen Gründen wahrscheinlich, daß die mittlere Getreideproduktion Attikas im V. und IV. Jahrhundert sich nicht allzuweit von dem oben angegebenen Betrage entfernt hat (vgl. meine *Bevölkerung* S. 90—97). Jetzt soll das Ackerland auf Lemnos 250 000 Stremmata (= 25 000 ha), also etwa die Hälfte der Insel betragen (Conze, *Reise auf den Inseln des thrakischen Meeres*, Hannover 1860, S. 106), viel ausgedehnter kann es auch im Altertum nicht gewesen sein. So lange also das Brachsystem herrschte, konnte der Ertrag in Jahren mittlerer Ernte nicht wesentlich höher sein, als oben angegeben.

[3] Wiskemann, *Die antike Landwirtschaft und das von Thünensche Gesetz* (*Preisschriften der Jablonowskischen Gesellschaft* VII), Leipzig 1859.

Die alte Naturalwirtschaft verschwand jetzt oder erhielt sich doch nur in den abgelegeneren Teilen der griechischen Welt [1]. In Athen sind die Sätze der solonischen Schatzung
schon früh in Geld umgerechnet worden; als Pentakosio-
medimne galt jetzt nicht mehr, wer jährlich 500 Scheffel
Gerste erntete, sondern wer ein Talent (5482 Mark) im Vermögen hatte [2]. Sehr charakteristisch für den Umschwung
in den wirtschaftlichen Verhältnissen ist es, daß dabei nicht
mehr ausschließlich der Grundbesitz, sondern ebenso auch
das bewegliche Vermögen berücksichtigt wurde. Dementsprechend wurde die Steuer, die noch unter den Peisistratiden in Natur entrichtet worden war, jetzt in Geld bezahlt;
und auch die von Aristeides geordnete Steuerverfassung
des athenischen Seebundes beruhte durchaus auf der Geldwirtschaft und schloß alle Naturalleistungen aus [3].

Selbst das Perserreich vermochte sich dieser Strömung
nicht zu entziehen und ist vielleicht bereits unter Kyros,
jedenfalls unter Dareios, zur Münzprägung übergegangen [4],

---

[1] S. oben I 1 S. 295.

[2] Näheres in meinem Aufsatz über *Das Volksvermögen von Attika* im *Hermes*
XX, 1885, S. 245 ff. Wann diese Reform durchgeführt worden ist, wissen wir
nicht; spätestens um die Zeit der Perserkriege.

[3] Reste der Naturalwirtschaft haben sich übrigens auch in Attika bis in
späte Zeiten erhalten, namentlich bei der Verwaltung des Tempelgutes. So
bezahlte der Redner Hypereides die Pacht für das rarische Feld an den eleusinischen Tempel in Natur mit 619 Medimnen (*CIA.* IV 2, 834 b II 41), ebenso
wurde die Abgabe vom Ertrag der heiligen Ölbäume in Natur entrichtet (Aristot.
AΠ. 60, 2).

[4] Der persische Goldstater hieß bei den Griechen δαρεικός, es lag also
nahe, den Anfang der Prägung auf Dareios zurückzuführen; so Herod. IV 166.
Doch kommt das Wort *dariku* schon in babylonischen Inschriften aus der Zeit
Nebukadnezars und Nabonidos' vor (Babelon, *Traité des monnaies* II 2 Sp. 37 f.,
mit Verweisung auf Muss-Arnoldt, *A concise dictionary of the Assyrian lan-
guage*, Berlin 1905, vox Dariku; bestätigt und ergänzt durch freundliche Mitteilungen von Prof. Lehmann-Haupt), natürlich nicht als Bezeichnung einer Münze,
sondern wohl eines Hohlmaßes. Besser ist die Ableitung aus dem Zend, die
O. Blau gegeben hat (*Zeitschr. Deutsch. Morg. Ges.* VI 482): Avest. *zairi* „gelb,
goldfarbig" würde altpersisch *dari heißen, *dari-ka also „golden, Goldstück"
(Weißbach ebend. LXV, 1911, 643). Demnach steht nichts im Wege, die
Prägung schon unter Kyros beginnen zu lassen. Daraus fogt aber noch nicht,

Die lydische Währung diente dabei, wie natürlich, als Vorbild, nur wurde das bimetallistische System noch reiner durchgeführt und überhaupt kein Goldstück im Gewicht des Silberstücks mehr geschlagen. Auch das Gewichtsverhältnis des Gold- zu dem Silberstater wie 3 : 4 wurde beibehalten, der Münzfuß aber etwas erhöht und dem im Reiche verbreitetsten Gewichtssystem, dem babylonischen, angepaßt, so daß der Goldstater (Dareikos) im Gewicht eines leichten babylonischen Schekels (8,4 g) ausgebracht wurde. Der entsprechende Silberstater hätte also $1^1/_3$ Schekel oder $^1/_{45}$ Mine wiegen sollen, doch wurde statt des Ganzstücks in der Regel die Hälfte, im Gewicht von $^2/_3$ des babylonischen Schekels oder $^1/_{90}$ Mine (5,6 g) geprägt und dieses Stück dann als Silberschekel (σίγλος) bezeichnet. Von diesen Stücken wurden 20 auf den Dareikos gerechnet, so daß sich eine Wertrelation zwischen beiden Metallen wie 1 : $13^1/_3$ ergab, die den Verhältnissen Innerasiens besser entsprach, als die Relation, die der lydischen Währung zugrunde gelegen hatte. Das Goldstück zeigt auf der Vorderseite den persischen König mit Bogen und Speer, die Rückseite ist glatt, mit einer unregelmäßigen Vertiefung in der Mitte; eine Aufschrift fehlt. Die neuen Münzen wurden in großen Mengen geschlagen und zirkulierten bald auf allen griechischen Märkten, wo sie anderthalb Jahrhunderte lang das herrschende Goldkurant gebildet haben, bis Philipp von Makedonien dem Dareikos seinen Philippeios entgegenstellte. Die Einführung der Doppelwährung in einem so weiten Wirtschaftsgebiete wie das persische Reich hat dann zur Folge gehabt, daß das ihr zugrunde liegende Wertverhältnis auch in Griechenland Eingang gefunden hat und trotz mancher Kursschwankungen im

---

daß das wirklich geschehen ist; die Sache kann auch mit Dareios' Finanzreform zusammenhängen, und Kyros und Kambyses können in Sardes mit Kroesos' Typen weiter geprägt haben. Wenn Percy Gardner sagt (*Proceedings Brit. Acad.* III 1908, *The Gold coinage of Asia* S. 10): *when the Kingdom of Croesus fell, the royal coinage at Sardes of course ceased*, so kann ich das nicht zugeben; der Perserkönig war ja in Sardes nichts weiter, als der Rechtsnachfolger der lydischen Könige.

einzelnen in Geltung geblieben ist, solange diese Doppelwährung bestanden hat [1].

Der Perserkönig nahm in seinem Reiche das Monopol
der Goldprägung in Anspruch, und infolgedessen hörte die
Elektronprägung der kleinasiatischen Griechenstädte zunächst
auf, da ja auch das Elektron als eine Art Gold betrachtet
wurde [2]. Während des ionischen Aufstandes wurde sie vorübergehend wieder aufgenommen, dauernd nach der Befreiung
der kleinasischen Städte von der Perserherrschaft, in Mytilene,
Chios, Phokaea, Lampsakos.   In Kyzikos ist die Prägung
überhaupt nie unterbrochen gewesen; die hier in großer Menge geschlagenen Elektronstatere phokaeischen Fußes („Kyzikener")
bildeten neben den Dareiken bis auf Philipp die Hauptmasse
des Goldkurants, das am Aegaeischen Meer umlief.   In reinem
Golde hat man dagegen in der griechischen Welt erst gegen
Ende des V Jahrhunderts zu prägen begonnen, zunächst in
den beiden größten Städten Athen und Syrakus.

---

[1] So ist das Gold für die chryselephantine Statue der Athena im Parthenon
(vollendet 434/3, Pareti, *Röm. Mitt.* XXIV, 1910, S. 271 ff.) zum Kurs von
etwa 1 : 14 angekauft worden (*CIA.* IV 1, 298 S. 146, vgl. I 301 S. 160). Seit
alle Kulturstaaten zur Goldwährung übergegangen sind, oder doch die freie
Ausprägung des Silbers sistiert haben, darf der Wert der antiken Silbermünzen
weder nach der fiktiv gewordenen Relation von 1 : 15$\frac{1}{2}$, noch nach dem heutigen
Silberpreise bestimmt werden, so wenig wie etwa der Wert des italischen *aes grave*
nach dem heutigen Marktpreise des Kupfers.   Wir müssen vielmehr von der
antiken Goldmünze ausgehen und danach, unter Zugrundelegung des im Altertum
gültigen Wertverhältnisses zwischen beiden Metallen, den Wert der Silber-
münze bestimmen.   Demgemäß sind in dem vorliegenden Bande alle
in griechischer Silberwährung ausgedrückten Summen nach dem Verhältnisse
wie 1 : 13$\frac{1}{3}$ in Markwährung umgerechnet worden (aus 1 kg Gold werden für
2790 Mark Goldmünzen geprägt).   Danach beträgt der Wert des Silbertalents
von 26,2 kg 5482,35 Mark, der Wert der entsprechenden Silbermine (436,6 g)
91,37 Mark, der attischen Drachme 91 Pfennig, des aeginaeischen Staters 2,61 Mark.
Der Goldwert des Dareikos ist 23,44 Mark. — Weißbach a. a. O. S. 641 bestimmt auf Grund von zwei Gewichten des Dareios die babylonische Mine
zu 500,17 g, was für den Dareikos 8,34 g ergeben würde (a. a. O. S. 680). Der
kleine Unterschied kommt hier für uns nicht in Betracht.

[2] So Percy Gardner, *The Gold coinage of Asia* (oben S. 90 Anm.);
wieweit das richtig ist, muß wohl noch näher untersucht werden; jedenfalls hat
Kyzikos auch unter der persischen Herrschaft in Elektron geprägt, s. Fritze,
Die Elektronprägung von Kyzikos (*Nomisma* VII), Berlin 1912.

Um so reichlicher war die Silberprägung. Auch die Land-schaften, die bisher keine Münzen geschlagen hatten, wie Thessalien, Elis, Kreta, nahmen jetzt daran teil. Das konser-vative Sparta freilich hielt an seinem Eisengelde fest; und auffallenderweise haben auch die Industriestadt Megara und ihre Kolonien Byzantion und Kalchedon sich der Prägung in edlem Metall ferngehalten. Die lebhafteste Tätigkeit ent-faltete die Münze von Athen, wo die Silberbergwerke von Laureion das Metall in reicher Fülle lieferten, und seit der Überführung des Bundesschatzes von Delos jahraus jahrein gegen 500 Talente Tributgelder einliefen, die dann in attisches Geld umgeprägt wurden. Das politische und wirtschaftliche Übergewicht Athens, noch mehr aber das reine Korn und die vollwichtige Ausprägung der attischen Münzen machte diese zum herrschenden Kurant im ganzen Umkreis des Aegaeischen Meeres und weit darüber hinaus. Die Folge war, daß die Kykladen ihre Prägung einstellten oder doch nur noch sehr wenig geprägt haben. Aegina hat bei dem Verlust seiner Selbständigkeit 457 sein Münzrecht verloren, ebenso die Städte auf Euboea nach dem mißglückten Aufstande des Jahres 446 (unten Abschnitt V). Endlich, um die Zeit des Nikias-Friedens, hat man in Athen den Schritt getan, den verbündeten Städten das Münzrecht zu nehmen, und im ganzen Reich attische Münze und attisches Maß und Gewicht einzuführen; doch ließ der Fall der athenischen Herrschaft es nicht zur Durchführung dieser Maßregel kommen [1].

Das für diese Ausmünzungen nötige Metall lieferten außer den Silbergruben von Laureion an der Südspitze Attikas [2] namentlich die Minen in der Landschaft am unteren Strymon an der Grenze zwischen Thrakien und Makedonien [3]. Ein

---

[1] Übersicht über die Münzverhältnisse im attischen Reiche bei Cavaignac, *Hist. financ. d'Athènes* (*Bibl. des Écoles franç.* 100) S. 179 ff. Der Volksbeschluß über die Einführung der attischen Münze *Inscr. Ins.* V 1, 480, Anspielung darauf bei Aristoph. *Vögel* 1040 f.; dazu Weil, *Zeitschr. f. Numismatik* XXV, 1906, S. 52.

[2] Aesch. *Perser* 238, Herod. VII 144, Aristot. ATT. 22, 7, Ardaillon, *Les Mines du Laurion dans l'Antiquité* (*Bibl. des Écoles franç.* 77) Paris 1897.

[3] Alexander I von Makedonien soll aus seinen Silbergruben am Strymon einen Ertrag von täglich einem Talent gezogen haben (Herod. V 17).

großer Teil des vorhandenen Metallvorrats wurde allerdings
dem Verkehr durch Thesaurierung entzogen. Hatte doch fast
jeder Tempel seinen Schatz; und wenn es sich dabei auch
meist nur um Silbergerät im Gewicht von wenigen Minen
handelte, so ergab sich doch bei der Menge der Heiligtümer
eine sehr bedeutende Gesamtsumme. So befanden sich in den
Tempeln Attikas beim Ausbruch des peloponnesischen Krieges
Weihgeschenke im Werte von 500 Talenten (2 750 000 Mk.) [1],
abgesehen von der Statue der Athena im Parthenon, die
allein einen Goldwert von 616 Silbertalenten hatte [2]. Daneben
waren noch sehr ansehnliche Barbestände vorhanden, aus
denen der Staat in den zehn ersten Jahren des Krieges gegen
800 Talente (4 400 000 Mark) entliehen hat, und zwar abgesehen von den Beträgen, die dem Schatze der Stadtgöttin
(Ἀθηνᾶ πολιάς) entnommen wurden, der bei weitem der
reichste dieser Tempelschätze war [3]. Auch in Delos und
Olympia lagen bedeutende Schätze. Der delphische Tempel
soll um 360 10 000 Talente (55 Millionen Mark) besessen
haben, eine Angabe, die allerdings übertrieben ist; da indes
die Phoker später aus diesen Geldern die Kosten eines zehnjährigen Krieges bestritten haben, der mit großen Söldner-
heeren geführt wurde, und die Weihgeschenke des Kroesos
allein, nach der damaligen Wertrelation zwischen Gold und
Silber wie 1 : 12, einen Wert von etwa 1900 Silbertalenten
hatten, mag der Gesamtbetrag sich immerhin auf gegen
8000 Talente belaufen haben; und von diesen Weihgeschenken
muß der bei weitem größte Teil schon im V. Jahrhundert
vorhanden gewesen sein [4]. Dazu kam dann weiter der Schatz

---

[1] Thuk. II 13, 4. Die Angabe beruht nur auf Schätzung und mag sehr
übertrieben sein.

[2] Thuk. II 13, 4, Philochoros fr. 97, s. unten 2. Abt. § 143.

[3] Kirchhoff, *Abhandl. der Berl. Akad.* 1876 S. 31, *CIA.* I 273.

[4] Diod. XVI 56, 6, wo die von Kroesos geweihten Weißgoldziegeln als
von reinem Gold in Rechnung gestellt sind, so daß ein Wert von über 3000 tal.
herauskommt; vgl. dazu oben I 1 S. 297 Anm. 2. Die übrigen goldenen Weihgeschenke hätten sich auf 30 tal., also entsprechend einem Wert von etwa
400 Silbertalenten, belaufen, die silbernen Weihgeschenke auf 6000 tal. Da
Zahl und Gewicht der Ziegeln, abgesehen von der Abrundung der Zahl, richtig

der Athena Polias, der kurz vor dem Ausbruch des peloponnesischen Krieges einen Bestand von gegen 6000 Talenten
(33 Millionen Mark) hatte[1].

Immerhin war die Menge des in den Verkehr strömenden
edlen Metalls groß genug, um ein beträchtliches Steigen der
Preise hervorzurufen.   Der Scheffel Gerste, der in Solons
Zeit in Athen eine Drachme gekostet hatte, galt um die Wende
vom V. zum IV. Jahrhundert das Doppelte, der Scheffel
Weizen 3 Drachmen[2]. Sehr viel bedeutender war die Steigerung
der Viehpreise, da hier die überseeische Konkurrenz nicht in
Betracht kam, und in Griechenland selbst bei dem Anwachsen
der Bevölkerung die Viehzucht immer mehr hinter den Ackerbau zurücktrat. Während um 600 ein Schaf in Athen für eine
Drachme zu kaufen gewesen war, betrug der Preis zwei Jahrhunderte später 10—20 Drachmen; ein Ochse kostete in
dieser Zeit etwa 50—100 Drachmen[3]. Dagegen galt im vieh-
reichen Sicilien ein „schönes Kalb" noch in der Zeit nach den
Perserkriegen nur 10 Litren, oder 2 attische Drachmen[4].

Die Vermehrung des umlaufenden Edelmetalls mußte

angegeben wird, ebenso das Gewicht der übrigen goldenen Weihgeschenke
(der Löwe und der Mischkrug des Kroesos wogen nach Herod. I 50 zusammen
15 tal. 12 m., dazu nach unserer Stelle 360 goldene Schalen im Gewicht von
je 2 m., zusammen also 12 tal. und eine Frauenstatue), so haben wir keinen
Grund, an der Richtigkeit der Angabe über das Gewicht der silbernen Weihgeschenke zu zweifeln, wenn sie auch nach oben abgerundet sein mag.

[1] Thuk. II 13, 3, *CIA.* I 273, vgl. unten 2. Abt. § 141.

[2] Ein Weizenpreis aus dem V. Jahrhundert ist nicht überliefert. Am
Anfang des folgenden Jahrhunderts rechnet Aristophanes den Scheffel Weizen
zu 3 dr. (*Ekkl.* 547); in einem aus etwa derselben Zeit stammenden Opfertarif
(*CIA.* 631) wird $^1/_{12}$ Medimnos zu 3 Obolen gerechnet, aber einschließlich einer
Fleischportion. Nach einer Anekdote, die auf den Namen des Sokrates (Plut.
v. d. Seelenruhe 10 S. 470, Stobaeos *Floril.* III 211 Mein.) und des Kynikers
Diogenes (Diog. Laert. VI 35) erzählt wird, hätte die Choenix Gerstenmehl
(ἄλφιτα) $^1/_4$ ob., der Medimnos also 2 dr. gekostet; eine Angabe, die natürlich
nur einen sehr bedingten Wert hat. Näheres in dem Aufsatze von Corsetti
über die Getreidepreise im Altertum, in meinen *Studi di Storia antica*, Heft II,
Rom 1893.

[3] Boeckh, *Staatshaush.* I² S. 105, und über das Steigen der Viehpreise
seit Solon Demetrios von Phaleron bei Plut. *Solon* 23.

[4] Epicharmos bei Polydeukes IX 80.

zur Folge haben, daß es im V. Jahrhundert viel leichter war,
ein Talent Silber geliehen zu erhalten, als es im VI. Jahrhundert gewesen war. Ein Scheffel Getreide war allerdings
ums Jahr 400, in Silber ausgedrückt, viel teurer als in Solons
Zeit, aber nur darum, weil der Vorrat an Silber noch rascher
gewachsen war als das Angebot von Zerealien. Dabei hatte
man jetzt die Möglichkeit, in Zeiten des Mißwachses fremdes
Korn in fast unbeschränkter Menge heranzuziehen; und so
fand ein Bauer, der für die Aussaat und zum Unterhalt seiner
Familie bis zur nächsten Ernte Getreide nötig hatte, jetzt
viel weniger Schwierigkeit, sich seinen Bedarf zu verschaffen,
als einst, wo er darauf angewiesen gewesen war, zu seinem
reichen Nachbar zu gehen. Infolgedessen mußten Darlehen,
sei es in Naturalien, sei es in deren Äquivalent in Geld jetzt
zu besseren Bedingungen als früher zu erhalten sein, mit
anderen Worten, der Zinsfuß mußte niedriger werden. Doch
wirkte dieser Tendenz der lebhafte Aufschwung in Industrie
und Handel entgegen, der eine große Nachfrage nach Kapitalien bedingte. So blieb der Zins auch jetzt noch verhältnismäßig sehr hoch. Waren in Solons Zeit bei guter Sicherheit
im Mittel 18% gezahlt worden (oben I 1 S. 300), so lieh im
Jahre 434/3 der delische Tempel seine Gelder zu 10% aus,
wobei aber die Zinsen erst nach Ablauf von 5 Jahren zugleich
mit dem Kapital gezahlt werden sollten, und Zinseszins nicht
berechnet wurde [1]. Doch wird der Zinsfuß am offenen Markt
höher gestanden haben. Der athenische Staat verzinste
während des peloponnesischen Krieges die bei den Tempelschätzen aufgenommenen Anleihen zuerst, wie es scheint,
mit 6%, später mit nur 1,2%, Sätze, die wohl als die Hälfte
bzw. das Zehntel eines Zinses von 12% anzusehen sind, so daß
dies schon damals der landesübliche Zinsfuß gewesen sein
müßte, wie später im IV. Jahrhundert [2]. Bei Anlagen, die
mit Risiko verbunden waren, und in Zeiten knappen Geld-
standes wurden natürlich viel höhere Zinsen genommen.

---

[1] *CIA.* I 283.
[2] Boeckh, *Staatsh.* I² 581, Unger, *Jahrb. f. Philol.* CXLVII, 1893, S. 225 ff.

Irgendwelche gesetzliche Bestimmung über ein Zinsmaximum hat es wenigstens in Athen nicht gegeben[1]; wenn auch die öffentliche Meinung hier wie überall die Ausbeutung der Not der Mitmenschen durch Wucher verurteilte und damit immerhin einen moralischen Druck ausübte[2].

Ein solcher Zinsfuß hat eine große Produktivität der Industrie zur Voraussetzung, also hohe Preise und niedrige Arbeitslöhne. In der Tat sind die Preise von Industrieerzeugnissen, die aus dem V. und IV. Jahrhundert überliefert werden, z. B. von Kleidern und Waffen, gegenüber den Getreidepreisen sehr ansehnlich[3]. Vor allem aber gab das Bestehen der Sklaverei dem Kapitale die Möglichkeit, die Arbeitskraft rücksichtslos auszubeuten. Ein kräftiger Sklave, wie er in den Bergwerken gebraucht wurde, war für 100—150 Drachmen zu kaufen, und brachte einen täglichen Reinertrag von einem Obol, also, das Jahr nur zu 300 Arbeitstagen gerechnet, eine Verzinsung des Kaufpreises von $33^{1}/_{3}$—50%, worin allerdings auch die Amortisationsquote für die Abnutzung des Kapitals einbegriffen ist[4]. Geschulte Fabrikarbeiter (χειροτέχναι) gaben natürlich viel höhere Erträge, täglich zwei Obolen und mehr[5]; doch war hier, dementsprechend, auch der Ankaufspreis höher, bis zu 5 und 6 Minen[6]. Die 32—33 Eisenarbeiter, die der Vater des Redners Demosthenes in seiner Fabrik hatte, brachten einen jährlichen Reinertrag von 30

---

[1] Ein angeblich oder wirklich solonisches Gesetz, das noch am Anfang des IV. Jahrhunderts in Geltung stand, bestimmte ausdrücklich τὸ ἀργύριον στάσιμον εἶναι ἐφ᾽ ὁπόσῳ ἂν βούληται ὁ δανείζων (Lys. 10, g Theomn. I, 18 vgl. 15).

[2] Vgl. im allgemeinen Billeter, *Geschichte des Zinsfußes im griech.-röm. Altertum*, Leipzig 1898, und meinen Artikel in Conrads *Handwörterbuch der Staatswissenschaften* [3] VIII S. 1117 ff.

[3] Boeckh, *Staatsh.* I [2] S. 148 ff.

[4] Xen. *v. d. Einkünften* IV 14—23.

[5] Aeschin. *g. Tim.* 118.

[6] Über die Sklavenpreise Boeckh, *Staatsh.* I [2] S. 95 ff. und die offiziellen Angaben über den Erlös aus den Gütern, die infolge des Hermen- und Mysterienprozesses im Jahre 415 eingezogen worden waren (*CIA.* I 274. 275. 277, IV 1, 274 S. 35).

Minen, also gegen 100 Drachmen auf den Kopf; die 20 Möbel-
arbeiter, die derselbe Unternehmer beschäftigte, allerdings
nur 12 Minen, je 60 Drachmen, was wenig mehr als einen
Obolos auf den Tag beträgt, aber immerhin noch eine Verzinsung von 30% ergibt, da sie je 2 Minen gekostet hatten [1].

Auch im Seehandel konnten Kapitalien sehr hohe Verzinsung finden; dem entsprach dann aber auch die Größe
des Risiko. Stand doch die Schiffahrt noch immer in ihrer
Kindheit, so bedeutende Fortschritte sie auch seit den homerischen Zeiten gemacht haben mochte. Die ansehnlichsten
Kriegsfahrzeuge des V. Jahrhunderts, die Trieren, waren
doch nur große Kähne, mit geringem Tiefgang, die bei nur
einigermaßen bewegter See ihre Manöverierfähigkeit ein-
büßten und bei der Ankunft im Hafen auf den Strand gezogen
wurden. Ein Handelsschiff von etwa 10 000 Talenten (260
Tonnen) Tragfähigkeit galt bereits als sehr stattlich [2]. Wenn
man auch jetzt mehr als früher Fahrten durch das offene
Meer wagte [3], so hielt man sich doch für gewöhnlich noch
immer so viel als möglich in der Nähe der Küsten, so daß
beispielsweise ein Schiff, das von Griechenland nach Sicilien
bestimmt war, erst nach Kerkyra und Tarent hinauffuhr,
um dann längs der Küste des heutigen Calabriens wieder nach
Süden zu steuern. Und noch jetzt wagte man längere See-
reisen fast nur in der guten Jahreszeit [4]. Dazu kam weiter
das Fehlen aller der Hilfsmittel, ohne die wir uns heut einen
Verkehr zur See kaum vorstellen können, wie Seekarten,
Kompaß, Leuchttürme, Bezeichnung des Fahrwassers und
ähnliches; und ganz besonders die Gefährdung durch die

---

[1] Demosth. g. Aphob. I 9 S. 816. Die Angaben des Redners sind überall,
wo er in eigener Sache spricht, sehr unzuverlässig, doch mußte er sich gerade
in diesem Punkte in den Grenzen des Wahrscheinlichen halten, wenn er auch
natürlich die höchsten Erträge angesetzt haben wird.

[2] Thuk. VII 25, 6 (ναῦν μυριοφόρον). Ich verstehe Talente von 26 kg,
und zwar darum, weil auch die Römer den Gehalt ihrer Schiffe nach solchen
Talenten bestimmt haben, nämlich nach amphorae zu 26, 2 l. (Liv. 21, 63).

[3] Thuk. VI 88, 9, VII 31, 1; es ist zu berücksichtigen, daß die Küsten-
fahrt in beiden Fällen gesperrt war.

[4] Vgl. z. B. Thuk. VI 21, 2.

Piraterie, welche die attische Seeherrschaft selbst auf dem Aegaeischen Meere nicht völlig auszurotten vermocht hat. So mußten denn die Chancen des Gewinns hoch sein, wenn der Seehandel bestehen sollte. Bei Fahrten in ferne Meere, wie den Pontos oder den verrufenen Adrias, stieg dieser Gewinn oft bis auf 100% und darüber[1]; aber auch bei Fahrten im Aegaeischen Meere konnten 20—30% verdient werden. Dem entsprechend verzinsten sich denn auch die Kapitalien, die auf sogenannten „ Seezins" (ναυτικὸς τόκος) ausgeliehen wurden, wobei der Darleiher gemeinschaftlich mit dem Schiffsreeder das Risiko trug[2].

Geringeren Ertrag gewährte der Grundbesitz; bildete er doch in dieser Zeit neben guten Hypotheken so ziemlich die einzige ganz sichere Kapitalanlage, auch abgesehen von den damit verbundenen sozialen Vorteilen. Immerhin stand die Grundrente, dem Zinsfuß entsprechend, nach unseren Begriffen sehr hoch. Bestimmte Angaben darüber haben wir allerdings erst aus dem nächsten Jahrhundert; damals betrug die Pacht von Landgütern in Attika 8—12%[3], und ungefähr ebenso hoch scheint der Mietsertrag von Häusern gewesen zu sein[4].

Wenn die Grund- und Kapitalrente einen so bedeutenden Teil des Ertrages der nationalen Arbeit in Anspruch nahm, so mußte der Anteil der Arbeiter an diesem Ertrage entsprechend niedriger sein. Der Sklave erhielt nur, was er zu seiner Existenz unbedingt nötig hatte, und die Konkurrenz

---

[1] Lysias g. Diogeiton 25.

[2] Boeckh, Staatsh. I [2] S. 184 ff., Billeter, Zinsfuß S. 30 ff. Nach Xen. v. d. Einkünften betrug der gewöhnliche Seezins in Athen um die Mitte des IV. Jahrhunderts 20—33$^{1}/_{3}$%, womit die Angaben der übrigen Quellen übereinstimmen.

[3] Isaeos 11 (v. Hagn. Erbsch.) 42, aus der Zeit um 380 (Schaefer, Demosth. III B 234, jetzt bestätigt durch Kratippos II 1): 8%, CIA. II 600, aus 300/299: 12%. Daß ein Haus auf dem verpachteten Grundstücke stand, tut nichts zur Sache, da es nur einen Wert von einigen hundert Drachmen gehabt haben kann, der in den Preis von 5000 dr. einbegriffen ist.

[4] Isaeos a. a. O.: Zwei Häuser im Wert von zusammen 3500 dr. bringen 3 m. Miete, also etwas über 8$^{1}/_{2}$%.

der Sklavenmassen drückte wieder auf den Lohn der freien
Arbeiter. Es gibt vielleicht keine schwerere und weniger
angenehme Arbeit als den Ruderdienst an Bord einer Galeere,
von der Gefahr im Falle einer Seeschlacht oder durch Schiffbruch ganz abgesehen; und doch fanden sich zur Zeit des
peloponnesischen Krieges Zehntausende, die bereit waren,
für einen Sold von täglich 3 Obolen diese Arbeit zu übernehmen[1].
Für einen monatlichen Sold von einem Dareikos (23½ Mark)
konnten persische Satrapen griechische Söldner bekommen
so viel sie nur wollten; und zwar Leute, die imstande waren,
auf eigene Kosten sich auszurüsten[2]. Gegen eine Vergütung
von 2—3 Obolen die Sitzung drängten die Handwerker und
Arbeiter Athens sich zu der Funktion des Geschworenen.
Es entsprach das etwa dem Tagelohn für ungeschulte Arbeit[3],
während gelernte Handwerker natürlich höher bezahlt wurden.
So erhielten z. B. die Steinsäger und Maurer beim Bau des
Erechtheion in Athen in den letzten Jahren des peloponnesischen Krieges täglich eine Drachme[4]. Freilich lebte der
griechische Arbeiter sehr frugal, und er mußte es, wenn er
mit seinem Triobolon auskommen wollte. Unter diesen Umständen war es nicht so ungerechtfertigt, wenn der Arbeiter-
stand, so oft er die Gewalt in die Hände bekam, darauf bedacht war, seine Lage mit Hilfe des Staates zu verbessern.
Nur wurden diese Versuche durchweg am unrechten Ende
angefangen. Statt an die Wurzel der sozialen Übel, die Sklaverei, die Hand zu legen, suchte man Zuschüsse aus Staats-
mitteln zu erlangen, sei es in Form von Besoldungen für die
Ausübung der Souveränitätsrechte, sei es von Geld- und
Getreidespenden, oder unentgeltlich dargebotenen Ver-

---

[1] Thuk. VIII 45, Xen. *Hell.* I 5, 7, vgl. Thuk. VIII 29. Bei Expeditionen
in ferne Meere mußten natürlich höhere Löhne gezahlt werden; so gaben die
Athener 415 jedem Ruderer der nach Sicilien bestimmten Flotte täglich eine
Drachme (Thuk. VI 31, vgl. VI 8). Die Angaben in dem interpolierten Kapitel
Thuk. III 17 sind wertlos.
[2] Xen. *Anab.* I 3, 21 vgl. VII 2, 36; 6, 1.
[3] Aristoph. *Ekkl.* 310.
[4] *CIA.* I 324.

gnügungen; was dann nur den Erfolg hatte, die arbeitende Klasse mehr und mehr zu demoralisieren. Noch verderblicher wirkte der gewaltsame Umsturz der Eigentumsordnung, zu dem wohl nach Revolutionen gegriffen wurde, allgemeiner Schuldenerlaß und Neuverteilung des Grundbesitzes; doch ist es zu solch extremen Maßregeln im V. Jahrhundert nur selten gekommen.

Geistige Arbeit, die jeder auch nur etwas gebildete zu leisten imstande war, wurde nicht höher bezahlt als die geschulte handwerksmäßige Arbeit. So erhielt der Werkführer (ἀρχιτέκτων) beim Bau des Erechtheion den Tag nur eine Drachme, soviel wie ein Steinsäger [1]; und auch die Epidaurier zahlten dem Architekten ihres Asklepiostempels nur eine aeginaeische Drachme (= etwa $1\frac{1}{2}$ attische Drachmen) [2]. Der Sold eines Subalternoffiziers betrug in der Regel nur das Doppelte der Löhnung eines gemeinen Soldaten [3], und auch die Gehälter der niederen Staatsbeamten waren gering, wie denn in Athen die Mitglieder des Rates täglich je eine Drachme empfingen. Höhere Stellen wurden durchweg im Ehrenamt versehen, und nur die etwa entstehenden Kosten vom Staate vergütet. Dagegen wurden hervorragende Leistungen auf geistigem Gebiet sehr glänzend honoriert. So soll nach Herodot der Arzt Damokedes aus Kroton in der zweiten Hälfte des VI. Jahrhunderts auf Aegina einen jährlichen Gehalt von einem Talent bezogen haben, darauf in Athen 100 Minen, und später von Polykrates, dem Tyrannen von Samos, zwei Talente [4]. Mögen diese Angaben auch übertrieben sein, sie beweisen doch, daß Ärzte von Ruf in Herodots Zeit sehr bedeutende Gehälter empfingen, wofür sie dann freilich ihre Klinik (ἰατρεῖον) im Stande zu halten, ihre Gehilfen zu besolden und die Medikamente zu liefern hatten. Berühmte Dichter, wie Simonides und Pindar, ließen sich für ihre Lieder

---

[1] *CIA.* 1 324.
[2] *Inscr. Argol.* 1484, 9. 104.
[3] Xen. *Anab.* VII 2, 36; 6, 1.
[4] Herod. III 131.

ansehnliche Honorare bezahlen [1], und auch die Dichter, deren
Stücke auf dem Theater zur Aufführung kamen, wurden vom
Staate honoriert [2]. Ebenso hatten Musikvirtuosen und hervorragende Schauspieler sehr hohe Einnahmen .[3] Als dann um
die Mitte des V. Jahrhunderts das allgemeine Interesse an
Philosophie und Rhetorik zu erwachen begann, wurden auch
an die Lehrer dieser Wissenschaften verhältnismäßig hohe
Honorare gezahlt. Doch ist es starke Übertreibung, wenn
berichtet wird, Protagoras und Gorgias hätten 100 Minen
für die Ausbildung eines Schülers genommen; vielmehr hinterließ Gorgias bei seinem Tode nur ein mäßiges Vermögen,
und auch Isokrates, der berühmteste Rhetor seiner Zeit,
wurde zwar ein recht wohlhabender, aber keineswegs ein
sehr reicher Mann [4]. Drei bis vier, in Ausnahmefällen zehn
Minen betrug im IV. Jahrhundert das Honorar für den vollständigen rhetorischen Kursus, der aber mehrere Jahre
dauerte [5].

Über die Höhe des Volksvermögens besitzen wir nur
für Athen bestimmte Angaben, und auch hier erst aus dem
Anfang des IV. Jahrhunderts. Im Jahr 378/7 wurde ein
Kataster des ganzen beweglichen und unbeweglichen Eigentums in Attika veranstaltet, und der Gesamtbetrag zu 5750
Talenten abgeschätzt (31½ Millionen Mark) [6]. Dabei ist
das Eigentum des Staates nicht einbegriffen und ebensowenig das Vermögen der ärmsten Bürgerklasse, das von der
Zahlung direkter Steuern befreit war. Beides konnte nicht
wesentlich in Betracht kommen; um so mehr der Umstand,
daß jede Steuereinschätzung weit hinter dem Betrage des

---

[1] Pind. *Isthm.* II 1 ff., Schol. Aristoph. *Fried.* 697.
[2] Schol. Aristoph. *Frösche* 367, *Ekkl.* 102, Boeckh, *Staatsh.* I ² S. 339.
[3] Boeckh a. a. O. S. 169 f., Isokr. *Antid.* 157.
[4] Isokr. a. a. O. 155 ff., Blass, *Att. Beredsamkeit* II ² 69 f.
[5] Isokr. *g. die Sophisten* 3, Demosth. *g. Lakritos* 16. 42.
[6] Polyb. II 62, 6, Demosth. *v. d. Symm.* 18, Philoch. fr. 151. Dazu Boeckh,
Staatsh. I ² S. 636 ff., und gegen dessen Auffassung meine Bemerkungen im
Hermes XX, 1885, S. 237 ff., XXII, 1887, S. 371 ff. Was Stahl, *Rh. Mus.*
LXVII, 1912, S. 391 ff. dagegen einwendet, zeigt nur, daß ihm diese Dinge
recht fern liegen.

wirklichen Vermögens zurückbleibt. Ein halbes Jahrhundert früher, vor Beginn des peloponnesischen Krieges, hatte sich Athen in viel blühenderen wirtschaftlichen Zuständen befunden; auch besaßen im Jahre 431 zahlreiche athenische Bürger außerhalb Attikas Grundbesitz, der infolge des Krieges verloren ging. Das Volksvermögen ist also damals ohne Zweifel beträchtlich höher gewesen. Da indes Athen seit der Mitte des V. Jahrhunderts die bei weitem reichste Stadt des europäischen Griechenlands war und es auch trotz der Krise des peloponnesischen Krieges im folgenden Jahrhunderte geblieben ist, so können wir mit voller Sicherheit aussprechen, daß das Volksvermögen in keiner zweiten griechischen Landschaft von gleicher Ausdehnung auch nur annähernd dieselbe Höhe erreicht hat, die Kolonien in Kleinasien, wie namentlich Chios [1], etwa ausgenommen.

In der Verteilung des Besitzes bestanden zwischen den einzelnen Teilen der griechischen Welt große Verschiedenheiten. In Lakonien und Thessalien, mit ihrer leibeigenen Landbevölkerung, herrschte der Großgrundbesitz vor. Das Eurotastal und fast ganz Messenien, ein Gebiet von gegen 5000 qkm, war mit Ausnahme der Staatsdomänen im Besitze von nur 1500 Eigentümern, der sogenannten spartanischen „Gleichen" (ὅμοιοι); aber auch unter diesen stand neben den wenigen Latifundienbesitzern die große Mehrzahl derer, die nur die alte „lykurgische" Hufe ihr Eigen nannten [2]. Der Reichtum der thessalischen Adelsfamilien war sprichwörtlich [3]; es gab dort manchen Grundherrn, der es vermochte, aus eigenen Mitteln ein ganzes Truppenkorps auszurüsten [4]. In dem etwa 9000 qkm großen Lande soll es 6000 Männer gegeben haben, die imstande waren, auf eigene Kosten zu Pferde zu dienen, mehr als in ganz Griechenland

---

[1] Thuk. VIII 45, 4: die Chier πλουσιώτατοι τῶν Ἑλλήνων; der Superlativ braucht nicht gepreßt zu werden.

[2] Plat. *Alkibiades* S. 122 d, und über die Zahl der Bürger Spartas meine *Bevölkerung* S. 138.

[3] Kritias fr. 5.

[4] Demosth. g. *Aristokr.* 199.

südlich der Thermopylen zusammen. Infolgedessen fehlte es an einem Mittelstande, und Thessalien konnte im Verhältnis zu seiner Größe nur wenige Hopliten aufbringen[1]. Auch in Boeotien muß der größere Grundbesitz stark vertreten gewesen sein, wie denn die Landschaft 1000 Reiter aufstellen konnte; da aber hier die Bauern ihre Freiheit bewahrt hatten, so gab es daneben auch eine zahlreiche Klasse mittlerer Grundbesitzer, die imstande waren, mit eigener Rüstung in den Krieg zu ziehen[2]. Ähnliche Verhältnisse herrschten in Makedonien und Sicilien; Syrakus zum Beispiel hatte im peloponnesischen Kriege dieselbe Reiterzahl wie Boeotien[3], und Philipp und Alexander verdankten ihre Siege nicht so sehr der Phalanx, als der makedonischen Ritterschaft[4]. In Attika dagegen war das Grundeigentum sehr zersplittert. Schon nach der solonischen Verfassung stimmte jeder Bürger in der ersten Klasse, der 500 Scheffel Getreide erntete, und die Gesetzgebung trug Sorge dafür, die Anhäufung großen Grundbesitzes in einer Hand zu verhindern[5]. So galt denn in der Zeit des peloponnesischen Krieges ein Grundstück im Werte von einem Talent schon für beträchtlich, und selbst altangesehene Adelsfamilien besaßen oft nicht mehr als etwa 300 Plethren (30 ha)[6], während kleinere Parzellen bis zum Wert von wenigen hundert Drachmen herunter häufig erwähnt werden[7]. Am Ende des V. Jahrhunderts soll es nur 5000 Bürger gegeben haben, die ohne Grundbesitz waren[8], unter

---

[1] Xen. *Hell.* VI 1, 8, vgl. 1, 19; Isokrates *v. Frieden* 118, meine *Bevölkerung* S. 199. Es handelt sich hier nur um Thessalien im engeren Sinne, also mit Ausschluß der Nebenländer.

[2] Thuk. IV 93, näheres in meiner *Bevölkerung* S. 162 ff.

[3] Thuk. VI 67, über die akragantinischen Latifundienbesitzer Timaeos bei Diod. XIII 83 f.

[4] Über die Latifundien der makedonischen Ritterschaft Theopomp. fr. 249 M. = 217 G. u. H.

[5] Aristot. *Polit.* II 1266 b.

[6] Plat. *Alk.* S. 123 c, der den Gegensatz zwischen Athen und Sparta in dieser Beziehung hervorhebt.

[7] Boeckh, *Staatsh.* I ² S. 89 ff., Guiraud, *Propriété foncière* S. 392 ff.

[8] Dionys. Hal. in der Einleitung zu Lysias' Rede *von der Verfassung*.

einer Gesamtzahl von damals etwa 25 000. Als man nach
den Perserkriegen daran ging, ein größeres Reiterkorps aufzustellen, war das nur möglich dadurch, daß der Staat den
einzelnen Pflichtigen starke Zuschüsse zahlte; dafür aber
war die Hälfte der Bürger imstande, mit eigener Rüstung
ins Feld zu ziehen [1]. Und wie in Attika, haben auch in den
meisten übrigen Landschaften der griechischen Halbinsel
die durch ihr Vermögen zum Dienst mit schwerer Rüstung
qualifizierten Bürger, also in der Hauptsache der Mittelstand,
einen sehr bedeutenden Teil der Bevölkerung gebildet [2].

Angaben über den Betrag des Vermögens einzelner
Bürger haben wir aus dieser Zeit fast nur für Athen. Ein
Besitz von 8—10 Talenten (etwa 50 000 Mark) galt hier
zur Zeit des peloponnesischen Krieges als sehr ansehnlich;
mehr besaßen nur wenige [3]. Konon, der in seiner langen
Feldherrnlaufbahn vielfach Gelegenheit zur Bereicherung
gefunden hatte, auch aus einer altangesehenen Familie stammte,
hinterließ bei seinem Tode (392/1) etwa 40 Talente; sein
Sohn Timotheos, der davon 17 Talente (93 000 Mark) erbte,
galt mit diesem Vermögen als einer der reichsten Männer
von Athen [4]. Nikias' Sohn Nikeratos, ,,beinahe der erste
Athener an Ansehen und Reichtum", hinterließ bei seiner
Hinrichtung durch die Dreißig nicht mehr als 14 Talente.
Die Familie mochte während des Krieges sehr starke Verluste
erlitten haben; wenn man sich aber in Athen erzählte, Nikias
habe 100 Talente besessen, so ist das nur ein neuer Beweis
dafür, daß die Menge zu allen Zeiten geneigt ist, große Vermögen zu überschätzen. Ähnlich verhält es sich mit der Angabe, Kallias, der Sohn des Hipponikos, habe 200 Talente
(1 Million Mark) im Vermögen gehabt. Allerdings war er der

---

[1] Meine *Bevölkerung* S. 72 ff., vgl. *Klio* VI 371.

[2] Das ergibt sich aus den uns überlieferten Angaben über die militärischen
Leistungen der griechischen Staaten im Verhältnis zu ihrer bürgerlichen Be-
völkerung, auch wenn letztere sehr hoch angesetzt wird, vgl. meine *Bevölkerung*
S. 24 f., und [Herodes] περὶ πολιτείας 31.

[3] Xen. *Oekon.* 2, Isaeos v. *Dikaeog. Erbschaft* 35 ff., Boeckh, *Staatsh.* I²
S. 624 ff.

[4] Lysias v. *Aristoph. Vermögen* 39 f., Demosth. g *Aphob.* I 7 ff.

reichste Mann in Athen zu Perikles' Zeit; aber das würde
er auch schon bei einem Vermögen von 50 Talenten gewesen
sein. Sein gleichnamiger Enkel, freilich ein notorischer Ver-
schwender, besaß zuletzt nicht mehr als zwei Talente Vermögen [1].

So gering diese Vermögen nach unseren Begriffen auch
sind, selbst im Verhältnis zu den Getreidepreisen des V. Jahrhunderts, so ist doch andererseits nicht zu vergessen, daß die
Kapitalien etwa den dreifachen Ertrag brachten als heute,
und daß der Grieche, der Athener nicht ausgeschlossen, sehr
viel geringere Ansprüche an den Komfort des Lebens stellte,
als wir. Die Privathäuser waren noch sehr unansehnlich,
in der Regel aus Holz, Fachwerk und Lehm erbaut, mit höchstens einem oberen Stockwerk. Wenn trotzdem auf den
550 Hektaren, die von den Befestigungen Athens und des
Peiraeeus umschlossen waren, an 100 000 Einwohner Raum
fanden [2], also etwa 180 auf einem Hektar, oder annähernd
dieselbe Dichtigkeit, wie heut in Berlin mit seinen hoch-
aufragenden Häusern, so zeigt das, wie eng die Bevölkerung
der griechischen Städte dieser Zeit aneinandergedrängt lebte.
Das Wohnen im eigenen Hause bildete allerdings noch die
Regel, namentlich bei wohlhabenden Familien; daneben aber
finden wir in den größeren Städten dieser Zeit, wie Athen und
Kerkyra, schon zahlreiche Mietskasernen (συνοικίαι). Der
bekannte Bankier Pasion besaß ein solches Haus im Werte
von 100 Minen (etwa 9000 Mark) [3], der höchste Häuser-
preis, der aus dem IV. Jahrhundert erwähnt wird. Selbst
ein so reicher Mann, wie Demosthenes, der Vater des Redners,
begnügte sich mit einem Hause im Werte von 30 Minen (2700
Mark), und dieses Gebäude enthielt neben der Wohnung
noch ausgedehnte Fabrikräume. Die Familien des Mittelstandes behalfen sich also ohne Zweifel mit noch viel einfacheren

---

[1] Lysias a. a. O. 47.

[2] Athen hatte Vorstädte außerhalb der Mauern, dafür aber war ein sehr
bedeutender Teil des von Mauern eingeschlossenen Raumes, namentlich im
Peiraeeus unbebaut.

[3] Demosth. *g. Steph.* I 28 S. 1110. Über Kerkyra Thuk. III 74, 2.

Wohnungen, wie denn Häuser bis zum Werte von 5 und sogar von 3 Minen herab (450—270 Mark) aus Athen erwähnt werden [1]. In anderen griechischen Städten mochte der Wert des städtischen Grundeigentums noch geringer sein. Dagegen waren die Landhäuser der reichen Athener vor dem pelo- ponnesischen Kriege besser gebaut und luxuriöser ausgestattet, als die Wohnungen in der Stadt [2]. Doch war der Hausrat meist dürftig; es mußte ein sehr reicher Mann sein, der Mobiliar im Werte von mehr als 1000 Drachmen besaß [3]. Dafür war das Dienstpersonal verhältnismäßig zahlreich. Es gehörte zum guten Ton, sich von seinem Bedienten begleiten zu lassen, und Damen aus gutem Hause gingen überhaupt nie ohne eine solche Begleitung aus. Auch die heranwachsenden Söhne solcher Häuser standen stets unter Aufsicht eines Sklaven, des „Pädagogen" Bei den niedrigen Sklavenpreisen konnte dieser Luxus ohne allzu großen Aufwand bestritten werden.

Der geläuterte Kunstgeschmack einerseits, die demo- kratische Strömung andererseits brachten in dieser Zeit in der griechischen Tracht eine Revolution hervor, wie sie aus ähnlichen Ursachen um die Wende vom XVIII. zum XIX. Jahrhundert erfolgt ist [4]. Es bildete sich die Tracht, die wir als die griechische schlechtweg anzusehen gewohnt sind; man begann sich einfacher zu kleiden, und zugleich nivellierten sich unter dem Einflusse des gesteigerten Verkehrs die Unter- schiede, die bisher in dieser Beziehung zwischen den ver- schiedenen Teilen der griechischen Welt bestanden hatten. Und entsprechend dem Zurücktreten Ioniens gegenüber dem Mutterlande war es der kurze Wollenchiton der Peloponnesier, der den langen ionischen Linnenchiton verdrängte; nur in der weiblichen Kleidung behauptete die Leinwand auch jetzt

---

[1] Boeckh, *Staatsh.* I [2] S. 94 f.

[2] Thuk. II 65, 2.

[3] Lysias *v. Aristoph. Verm.* 30 f. Wilhelm, *Alkibiades' häusliche Ein- richtung, Österr. Jahresh.* VI, 1903, S. 236 ff.

[4] Iwan Müller, *Griechische Privataltertümer (Handbuch der Altertums- wissenschaft* IV, 1) S. 420 ff., Pernice in Gercke und Norden, *Einleitung* II 42 f. Thuk. I 6, 3 f. Hauptquelle für uns sind die Vasenbilder.

neben der Wolle ihren Platz. Die reichgemusterten Stoffe
der vorhergehenden Periode verschwinden; das Purpurgewand
wird nur noch selten und bei besonderen Gelegenheiten getragen; es diente den spartanischen Hopliten als Kriegs-
kleid und den athenischen Strategen als Abzeichen. Sonst
erschienen die Männer aus den höheren Gesellschaftsklassen
in dieser Zeit in einfach weißem Gewande, während die ärmere
Bevölkerung aus Sparsamkeitsrücksichten sich mit dunklen
Stoffen begnügen mußte. Auch die Frauen trugen noch immer
farbige Kleider, aber in der Regel ohne auffallende Muster,
nur mit einem schmalen andersfarbigen Saum. Die künst-
lichen Haarfrisuren der griechischen „Zopfzeit" verschwanden,
man ließ Haar und Bart frei wachsen und hielt sie unter der
Schere, nicht viel anders als wir es heute tun. Nur die Spartaner ließen ihr Haar lang herabwallen, und es fehlte im
übrigen Griechenland nicht an Stutzern, die sich darin gefielen, sie nachzuäffen. Ebenso kam die steife Fältelung der
Gewänder jetzt aus der Mode, die für die Zeit vor den Perserkriegen so charakteristisch ist; das Himation wurde fortan
in freien Falten über die Schulter gelegt und konnte sich
der Gestalt organisch anschmiegen. Ein solches Obergewand
kostete in der Zeit des peloponnesischen Krieges etwa 16 bis
20 Drachmen; eine Bluse (ἐξωμίς), wie sie die Arbeiter trugen,
etwa 10 Drachmen [1] Die weibliche Kleidung wird kostspieliger gewesen sein, und namentlich der Schmuck der
Frauen war oft von bedeutendem Werte, in vornehmen Häusern
wohl bis zu 5000 Drachmen [2]. Großer Luxus wurde mit wohl-
riechenden Salben getrieben, die aus dem Orient eingeführt,
aber auch in Griechenland selbst fabriziert wurden und verhältnismäßig sehr hoch im Preise standen [3].

Wie alle Südländer, lebten auch die Griechen sehr mäßig.
Das Hauptnahrungsmittel bildete Getreide, das meist im
Hause gemahlen und in der Form von Brei oder von flachen
Kuchen (μᾶζα) genossen wurde; weiterhin Hülsenfrüchte

[1] Boeckh, *Staatsh.* I² S. 148.
[2] Plat. *Alkib.* S. 123 c.
[3] Boeckh, *Staatsh.* I² S. 149.

und Gemüse aller Art. Dazu kamen als Zukost (ὄψον) Oliven, Käse, Feigen und namentlich eingesalzene Fische (τάριχος), die aus dem Pontos in großen Mengen importiert wurden, in den Küstengegenden natürlich auch frische Fische. Auf einen erwachsenen Mann rechnete man täglich eine Choenix (etwa 1 Liter) Gerstenmehl [1], deren Preis in Athen ungefähr $1/_4$ Obolos betragen haben soll [2]. Eine Arbeiterfamilie konnte also bei einem Tagelohn von 3 Obolen allenfalls auskommen; bei steigenden Getreidepreisen mußte freilich die Not groß werden. Doch war es immerhin nur ein Bruchteil der bürgerlichen Bevölkerung Athens, der in dieser Weise zu leben hatte, da die meisten Familien, wie wir gesehen haben, ein Grundstück besaßen und geschulte Arbeit höher bezahlt wurde.

Viel größeren Aufwand machten natürlich die oberen Gesellschaftsklassen. Die solide, aber recht einfache Küche der homerischen Zeit mit ihren riesigen Rinder- und Schweinebraten hatte längst einer verfeinerten Kost Platz gemacht; ja die Bereitung der Speisen war zu einer wirklichen Kunst (μαγειρική) geworden, die von berufsmäßigen Köchen geübt wurde und schon im V. Jahrhundert in eigenen Lehrbüchern behandelt worden ist [3]. Aber auch in reichen Familien kam mit Ausnahme von Wild nur selten Fleisch auf den Tisch; den ersten Platz nahmen Seefische ein, die Leidenschaft der attischen Feinschmecker, in denen bei Gastmählern ein großer Luxus entwickelt wurde. Ein solches Diner kostete dann wohl an 100 Drachmen; die feinen Weine, die dabei getrunken wurden, ebenso viel [4]. Doch das waren Ausnahmen; im allgemeinen verwendete auch der vornehme Athener nicht mehr als 3—4 Obolen für seinen Tisch [5]. Noch einfacher lebte man in Sparta, wo die Küche einer vergangenen Zeit in den Syssitien künstlich konserviert wurde, was natürlich

---

[1] Boeckh, a. a. O. S. 128.
[2] S. oben S. 94 A. 2.
[3] Platon *Gorgias* S. 518 erwähnt das berühmte Kochbuch des Sikelioten Mithaekos.
[4] Eupolis fr. 149 Kock.
[5] Boeckh, *Staatsh.* I[2] S. 143.

zur Folge hatte, daß die Spartaner, wenn sie einmal aus den
Grenzen ihres Staates herauskamen, sich den Reizen des
fremden Luxus um so williger hingaben. Dagegen waren
die Häuser des thessalischen Adels ebenso wie der reichen
Bürger in den Kolonien des Westens durch ihre exquisite
Küche berühmt, oder wenn man will, berüchtigt; allerdings
war das Leben dort auch sehr viel wohlfeiler als in Athen.

Nichts ist lehrreicher für die Erkenntnis der wirtschaftlichen Zustände eines Landes, als ein Blick auf sein Finanzwesen. In den einfachen Verhältnissen der Vorzeit hatte
der Aufwand für öffentliche Zwecke sich beschränkt auf den
Unterhalt des Königs und die Opfer an die unsterblichen
Götter; die Kosten dafür waren aus den Erträgen des Kron-
guts bestritten worden. Zu Kriegen und öffentlichen Bauten
wurde das ganze Volk aufgeboten, ohne daß der einzelne
dafür ein besonderes Entgelt erhalten hätte. Das mußte
sich ändern, als seit dem VII. Jahrhundert die Funktionen
des Staates sich erweiterten, als die Geldwirtschaft immer
mehr an Stelle der alten Naturalwirtschaft trat, und es bei den
komplizierteren sozialen Verhältnissen nicht mehr möglich
war, die Bürger zu Frondiensten heranzuziehen. So hatte
sich der Staatsbedarf schon während der Periode der Tyrannis
im VI. Jahrhundert bedeutend gesteigert, und es war nötig
geworden, zur Erhebung regelmäßiger Steuern zu schreiten,
auf deren Ertrag der Staatshaushalt bald hauptsächlich
basiert wurde (oben I 1 S. 356).

Die Demokratie ging auf diesem Wege weiter. Allerdings der Aufwand für die Hofhaltung des Herrschers kam
jetzt im Wegfall. Um aber den Klassen, die für ihr tägliches
Brot zu arbeiten hatten, die aktive Teilnahme an der Verwaltung des Staats zu ermöglichen, wurde es notwendig,
das alte Prinzip zu durchbrechen, daß jeder Bürger dem
Staate unentgeltlich als Beamter zu dienen habe. So bestimmte schon Kleisthenes, daß der permanente Ausschuß
des Rates, die „Prytanen", im Rathause auf öffentliche Kosten
unterhalten würde; später, wohl erst nach den Perserkriegen,
wurde jedem der 500 Ratsherren ein täglicher Sold von einer

Drachme ausgesetzt, was das Budget mit jährlich gegen
30 Talenten belastete. Noch größere Summen verschlang
der Richtersold, seit Ephialtes die Kompetenz der Volksgerichte erweitert, und Perikles die Bundesgenossen gezwungen
hatte, ihr Recht vor den athenischen Gerichten zu nehmen.
Jeder Geschworene erhielt für die Sitzung zwei Obolen, bis
Kleon im peloponnesischen Kriege den Sold auf eine halbe
Drachme erhöhte; und da bei der Masse der zu bewältigenden
Prozesse und der zahlreichen Besetzung der Gerichtshöfe
täglich mehrere tausend Geschworene in Tätigkeit waren,
so kann das Erfordernis dafür jährlich kaum unter 60, und
seit der Erhöhung des Soldes kaum unter 90 Talente betragen
haben; eine Summe, die allerdings zum großen Teil durch die
Gerichtskosten gedeckt wurde [1]. In den übrigen Demokratien
mußte der Aufwand für den Rat und namentlich für die
Gerichte natürlich im Verhältnis viel niedriger sein. Aber
selbst oligarchische Staaten sahen sich wohl genötigt, den
Ratsherren, die längere Zeit in der Hauptstadt ihren Aufenthalt nehmen mußten, Diäten zu zahlen [2].

Auch die Ausgaben für den Kultus, und was damit zu-
sammenhing, waren in beständigem Anwachsen, nicht weil
man frömmer geworden wäre, sondern weil das Volk immer
reichere Opferschmäuse und glänzendere Schaustellungen
verlangte. Ohnehin stiegen die Kosten der Opfer mit den
steigenden Viehpreisen. Ein Teil dieses Aufwandes wurde
nun freilich von den Tempelschätzen aus eigenen Mitteln
bestritten; wie denn z. B. der Tempel von Delos in den drei
Jahren 376—374 zusammen etwa 6 Talente auf die Feier des
Apollonfestes verwendet hat [3]. Aber auch die Staaten leisteten

---

[1] Aristoph. *Wespen* 663 rechnet nach der Solderhöhung 150 Talente, was
das Maximum ist, das diese Ausgabe überhaupt betragen konnte. Oben ist
angenommen, daß in jeder der 10 Sektionen der Heliaea täglich im Mittel 300
Richter gesessen haben, oder 400, wenn wir nur 300 Gerichtstage annehmen.
Auf 10—20 Talente mehr oder weniger kommt es bei solchen ungefähren Über-
schlägen nicht an. Näheres *Rh. Mus.* XXXIX, 1884, S. 239 ff.

[2] So z. B. der nach der Schlacht bei Koroneia 447/6 neubegründete
boeotische Bund (Kratippos XI 4).

[3] *CIA.* II 813.

bedeutende Zuschüsse; Athen schon seit Solons Zeit [1]. Selbst
in der finanziellen Bedrängnis des dekeleiischen Krieges, im
Jahr 410, wurden 6 Talente für die großen Panathenaeen
bewilligt [2], allerdings das Hauptfest Athens, das nur alle
vier Jahre gefeiert wurde. Dazu kam dann der Aufwand
der einzelnen Bürger, die bei der Festfeier Ehrenämter be-
kleideten, und namentlich für die Einübung der Chöre zu
sorgen hatten, die bei den dramatischen und musikalischen
Aufführungen mitwirken sollten [3]. Sogar kleine Dörfer gaben
für ihre Feste große Summen aus; Plotheia in Attika z. B.,
das kaum mehr als 100 Bürger gezählt haben kann, gegen
Ende des V. Jahrhunderts jährlich 2—3000 Drachmen [4].

So große Kosten' aber der Kultus verursachte, sie traten
zurück gegenüber dem Aufwand für Tempelbauten. Allerdings hatte auf diesem Gebiet, wie wir gesehen haben, bereits
das VI. Jahrhundert die wesentlichste Arbeit getan, aber
auch im V. Jahrhundert ist doch eine stattliche Reihe von
Tempeln errichtet worden. Ganz besonders lebhaft war diese
Bautätigkeit in Athen, wo es galt, die von den Persern zerstörten Heiligtümer wieder aufzurichten, während zugleich
reichere finanzielle Mittel zur Verfügung standen, als irgendwo
sonst. Die perikleischen Bauten auf der Akropolis haben
2012 Talente gekostet [5], allerdings einschließlich der Kolossalstatue der Athena, deren Goldwert allein 616 Talente betrug.

---

[1] Lysias 30 (g *Nikom.*) 20 f.

[2] *CIA.* I 188. Fünf Jahre früher (415/4) waren für die kleinen Panathenaeen 9 tal. aus dem Schatze gezahlt worden (*CIA.* I 183).

[3] Über die Kosten dieser Leistungen Lysias 19 (*vAristophVerm.*) 42,
und besonders 21 (Ἀπολογία δωροδοκίας) 1—5; der Sprecher der letzteren
Rede will darauf in 9 Jahren (411/0—403/2) 20 600 dr. verwendet haben; er
leistete allerdings mehr, als wozu er gesetzlich verpflichtet war.

[4] Nämlich die Zinsen von einem Kapital von 22 200 dr. und den Ertrag
einiger Grundstücke, *CIA.* II 570. Die Inschrift gehört ohne Zweifel in die
Zeit kurz vor der Besetzung von Dekeleia.

[5] Heliodor bei Harpokr. und Suidas Προπύλαια. Daß hier nicht, wie
allerdings unsere Quellen wollen, die Kosten der Propylaeen allein gemeint
sein können, hat R. Schoene (*Im neuen Reich* 1871) gesehen; kostete doch
selbst in Alexanders Zeit der Bau eines großen Tempels nicht mehr als 1500 tal.
(Diod. XVIII 4, vgl. Plut. *Per.* 12). Herod. II 180. V 62 beweist für das VI. Jahr-

Um so weniger wurde für sonstige öffentliche Arbeiten aufgewendet, mit Ausnahme der Bauten für Militär- und Marinezwecke. Es ist den Athenern oder überhaupt irgendeiner griechischen Gemeinde dieser Zeit nie in den Sinn gekommen, etwa ein monumentales Rathaus zu errichten. Für den öffentlichen Unterricht tat der Staat meist noch gar nichts, wenn wir von den Turnplätzen (Palaestren, Gymnasien) absehen, die auf öffentliche Kosten angelegt und unterhalten wurden, oder von den Staatsprämien, die für die Sieger in den gymnastischen Wettkämpfen ausgesetzt waren[1]. Die Kosten des auswärtigen Dienstes beschränkten sich auf die sehr mäßigen Diäten (etwa 2—3 Drachmen den Tag), welche den Gesandten gezahlt wurden, die man bei außergewöhnlichen Anlässen ins Ausland schickte[2]. Der Staatskredit war noch sehr wenig entwickelt, und so bildeten die Ausgaben für die öffentliche Schuld noch keinen Posten in den ordentlichen Budgets der griechischen Staaten dieser Zeit. Die Erhebung der indirekten Auflagen endlich wurde durchweg an Privatunternehmer vergeben, während die direkten Abgaben, wie die Grund- und Vermögenssteuer, von den Organen der Selbstverwaltung erhoben wurden, so daß das Budget des Staates nur Nettosummen umfaßte.

Das Kriegswesen hatte ursprünglich nur sehr geringen Aufwand erfordert, da jeder Wehrmann verpflichtet war, sich aus eigenen Mitteln auszurüsten und zu erhalten. Selbst das stehende Heer Spartas kostete dem Staate als solchen gar nichts; der Unterhalt wurde durchaus aus den Beiträgen der einzelnen Bürger bestritten. Doch kam seit dem VIII. oder VII. Jahrhundert die Sitte auf, in Kriegszeiten Söldner (ἐπίκουροι) in Dienst zu nehmen[3], die dann natürlich aus

hundert nichts, wohl aber, daß um die Mitte des V. Jahrhunderts der Bau eines großen Tempels etwa 300 tal. erforderte. Also kann der Aufwand für die Propylaeen nicht wohl höher gewesen sein. Der Parthenon allerdings mag gegen 1000 tal. gekostet haben (vgl. Plut. *Per.* 12). Näheres unten 2. Abt. § 143.

[1] Es wird als etwas ganz Außergewöhnliches hervorgehoben, daß in Thurioi vom Staate besoldete Elementarlehrer angestellt waren (Diod. XII 12, 4).

[2] Aristoph. *Acharn.* 65 und 602.

[3] Archilochos fr. 14. 24.

der Staatskasse bezahlt werden mußten; schon in der Ilias
wird hin und wieder das Verhältnis der Troer zu ihren Bundesgenossen in dieser Weise aufgefaßt [1]. Die Tyrannen haben
dann zum Teil auch in Friedenszeiten Soldtruppen unterhalten,
wenn auch in geringer Zahl, wie denn z. B. das stehende
Heer des Polykrates aus nicht mehr als 1000 Bogenschützen
bestanden haben soll [2]. Diese Einrichtung blieb, in größeren
Staaten wenigstens, auch nach dem Sturz der Tyrannis bestehen. So hatte Athen im V. Jahrhundert ein Polizeikorps
von 1000 skythischen Bogenschützen, die auf den Sklaven-
märkten am Pontos für Rechnung des Staates gekauft waren [3].
Um dieselbe Zeit ging Athen dazu über, ein Reiterkorps
aufzustellen, das allmählich auf 1200 Pferde gebracht wurde [4];
der Aufwand dafür betrug in der ersten Hälfte des IV. Jahrhunderts 40 Talente und kann im V. Jahrhundert nicht
geringer gewesen sein [5]. Weiterhin sah Athen sich genötigt,
für die Erfordernisse des Flotten- und Besatzungsdienstes
eine größere Zahl von Bürgern aus der Thetenklasse auf
Staatskosten mit schwerer Rüstung zu versehen [6]. Andere
Staaten, wie Argos, Elis, Syrakus unterhielten ausgewählte
Hoplitenkorps (ἐπίλεκτοι), die besonders sorgfältig bewaffnet
und eingeübt, und stets marschbereit waren [7]. Seit endlich

---

[1] P 225 f., vgl. Σ 288 ff.

[2] Herod. III 39. Periandros soll 300 Leibwächter (δορυφόροι) unterhalten haben (Nikol. v. Damask. fr. 59).

[3] Boeckh, *Staatsh.* I [2] 290.

[4] Boeckh, a. a. O. S. 351. Es waren 1000 Lanzenreiter und 200 be-
rittene Bogenschützen (Thuk. II 13,8).

[5] Xen. *Hipp.* 1, 19. Im Jahre 410/9 wurden in 4 Prytanien zusammen
über 16 Talente für den Unterhalt der Reiterei aus dem Staatsschatz angewiesen
(*CIA.* I 188); doch sind unter der 3. Prytanie 2 Zahlungen verzeichnet, von
denen also die eine wohl nachträglich für die 2. Prytanie geleistet ist. Bei
den übrigen Prytanien wird die Bestimmung der gezahlten Gelder nicht angegeben. Der Aufwand für die Reiterei hat also auch damals über 30 Tal.
betragen, doch war das Reiterkorps wahrscheinlich nicht mehr vollzählig.

[6] Thuk. VI 43 (ὁπλῖται θῆτες), Antiphon *gPhilin.* bei Harpokr. θῆτες,
vgl. meine *Bevölkerung* S. 62 f.

[7] Thuk. V 67. 2 Ἀργείων οἱ χίλιοι λογάδες, οἷς ἡ πόλις ἐκ πολλοῦ
ἄσκησιν τῶν ἐν τοῖς ὅπλοις δημοσίᾳ παρεῖχε. Über die 300 λογάδες von

die Kriege längere Dauer bekommen hatten und zum Teil in weitentlegenen Gebieten geführt wurden, war es unumgänglich, die Verpflegung der aufgebotenen Mannschaften auf die Staatskasse zu übernehmen. Man zahlte dem Mann um das Ende des V. Jahrhunderts etwa 3 aeginaeische (= etwa 4 attischen) Obolen für den Tag, dem Reiter das Doppelte, oder auch wohl das Vierfache [1]. Großen Aufwand erforderten auch die Befestigungen, besonders bei so bedeutenden Werken wie der themistokleischen Mauer um den Peiraeeus, oder den „langen Mauern", durch die Perikles Athen mit seinen Häfen verband; doch ließ man im Frieden die Befestigungen oft mehr verfallen als gut war.

Höhere Kosten als auf das Landheer mußten auf die Marine verwendet werden; weshalb im Laufe des V. Jahrhunderts, seit die Kriegsflotten durchweg aus Trieren bestanden, die meisten griechischen Staaten überhaupt auf die Unterhaltung einer eigenen Seemacht verzichteten. Der Bau einer Triere scheint im V. Jahrhundert etwa ein attisches Talent erfordert zu haben [2]; die Bemannung bestand aus gegen 200 Matrosen und Soldaten, die jeder eine tägliche Löhnung von 3 Obolen erhielten (oben S. 99), so daß der Aufwand für ein in Dienst gestelltes Kriegsschiff sich auf etwa ein halbes Talent im Monat belief [3]). Doch ließ in Friedenszeiten nur Athen mobile Geschwader in See stechen [4]. Der Bau der Arsenale (νεώρια) am Peiraeeus soll nach einer allerdings wohl übertriebenen Angabe 1000 Talente gekostet haben [5]. An Zahl der Schiffe stand Athen seit den Perser-

---

Elis Thuk. II 25, 3, über die 600 auserlesenen Hopliten von Syrakus Diod. XI 76, Thuk. VII 43, 4.

[1] Xen. *Hell.* V 2, 21, Thuk. V 47. Vor Poteidaea sollen die Athener jedem Hopliten 2 dr. gezahlt haben; eine für ihn selbst und eine für seinen Diener; doch steht diese Angabe in dem interpolierten Kapitel Thuk. III 17. Daß der „Sold" bei Bürgertruppen nur „Verpflegungsgeld" (σῖτος) ist, sollte einer Hervorhebung nicht bedürfen.

[2] Aristot. ATT. 22, 7.

[3] Xen. *Hell.* I 5, 5.

[4] Plut. *Per.* 11, Aristot. ATT. 24, 3, unten 2. Abt. § 140.

[5] Isokr. *Areopag.* 66.

kriegen allen anderen griechischen Staaten voran; bei Ausbruch des peloponnesischen Krieges verfügte es über 300
seetüchtige Trieren [1], abgesehen von den Flotten der verbündeten Inseln Lesbos und Chios, von denen die letztere
allein 60 Trieren besaß [2]. Die syrakusische Marine, die unter
Gelon aus 200 Trieren bestanden haben soll [3], geriet nach dem
Sturze der Tyrannen in Verfall, zählte aber zur Zeit der großen
athenischen Expedition (415) noch immer 80 Schlachtschiffe.
Die Flotte Aeginas, mehr als 70 Trieren, wurde nach der
Eroberung der Insel (457) von den Athenern weggeführt;
ebenso 439 die etwa gleichstarke Flotte von Samos. So nahm
zu Anfang des peloponnesischen Krieges Kerkyra mit seinen
120 Trieren unter den griechischen Seemächten die zweite
Stelle ein; dann folgte Korinth, das damals allerdings nur
etwa 30 seetüchtige Trieren besaß, aber außerdem über die
Marinen seiner Kolonien Leukas und Ambrakia verfügen
konnte. Auch Megara hatte in seinem Arsenal 40 Trieren;
die Flotten aller übrigen griechischen Staaten waren nur
unbedeutend [4].

Unter diesen Umständen mußten die Kriege, namentlich Seekriege, einen verhältnismäßig sehr hohen Aufwand
verursachen. Allerdings die Landheere waren bei der Kost-
spieligkeit der Hoplitenrüstung nur wenig zahlreich; selbst
die erste griechische Landmacht, der peloponnesische Bund,
vermochte für Feldzüge außer Landes nicht über 20 000
Schwerbewaffnete aufzustellen [5] und dieses Heer nicht länger
als einige Wochen zusammenzuhalten. Boeotien verfügte

---

[1] Thuk. II 13, 8.
[2] Thuk. VIII 6, 4.
[3] Herod. VII 158 vgl. Thuk. I 14, 1.
[4] Über Syrakus Thuk. VII 22. 38, ‚Aegina Thuk. I 105, 2; 108, 7, Samos
Thuk. I 116, Kerkyra Thuk. I 29, 4, Korinth Thuk. I 36, 3; 27, 2, weiteres unten
2. Abt. § 92 ff.; Megara Thuk. II 93, 2.
[5] *Klio* VI, 1906, S. 51 ff., über Boeotien ebenda S. 34 ff., dazu jetzt
Kratippos XI 4, wonach etwa 11 000 Hopliten und 1100 Reiter in den Listen
geführt wurden, von denen die Reiter ziemlich vollzählig, die Hopliten aber
natürlich nur zum Teil im Felde verwendet werden konnten; über Argos *Klio*
a. a. O. S. 56 f.

über etwa 7000 Hopliten und 1000 Reiter; Argos, das im
V. Jahrhundert noch keine Reiterei unterhielt, über 5—6000
Hopliten. Athen hatte zu Anfang des peloponnesischen
Krieges 13 000 Bürgerhopliten, außerdem 1200 Reiter und
1600 Bogenschützen zu Fuß; doch konnte diese Macht bei
der weiten Ausdehnung des attischen Reiches niemals auf
e i n e n Punkt konzentriert und noch weniger längere
Zeit unter Waffen gehalten werden [1]. Zu den Hopliten trat
allerdings in dieser Zeit ein mindestens gleichstarkes Aufgebot von Leichtbewaffneten. Wohl aber erforderten die
Flotten eine sehr starke Bemannung, 100 Trieren z. B. nahe
an 20 000 Mann. So kostete die etwa zweijährige Belagerung
von Poteidaea durch die Athener (432 bis 430) 2400 Talente [2],
die von Samos, die wenig über 9 Monate dauerte (440/39)
über 1200 Talente [3]; die Verteidigung von Syrakus in den
Jahren 415—413 weit mehr als 2000 Talente [4]. Die ersten
zehn Jahre des peloponnesischen Krieges (431—421) haben
dem athenischen Staatsschatze nach einer ungefähren Berechnung gegen 12 000 Talente gekostet (65 Millionen Mark) [5].
    Die Deckung dieser Ausgaben mußte fast ausschließlich
durch Steuern erfolgen, da von den alten Staatsdomänen im
V. Jahrhundert im allgemeinen wenig mehr übrig war. Das
Krongut war bei der Abschaffung der Monarchie in der Regel
der königlichen Familie geblieben, oder es war zersplittert
worden; und in den größeren, durch Synoekismos gebildeten
Staaten, wie Attika und Elis [6], hatte jede der früher selbständigen Gemeinden ihren Grundbesitz behalten. Auch
später hat man in Athen die Grundstücke, die dem Staate
durch Konfiskation oder auf anderem Wege zufielen, unter

---

[1] Thuk. II 13, und dazu *Klio* V, 1905, S. 356 ff.

[2] Isokr. *Antid.* 113, Thuk. II 70 sagt in runder Zahl 2000 tal.

[3] *CIA.* I 177, Nep. *Timoth.* 1, wonach Diod. XII 28 zu emendieren ist,
vgl. Isokr. *Antid.* 111. Näheres *Rh. Mus.* XXXIX, 1884, S. 58 und unten 2. Abt.
§ 144.

[4] Thuk. VII 48, 5.

[5] *Rh. Mus.* XXXIX, 1884, S. 244, wo aber die Einnahmen aus der εἰσφορά
und wohl auch die Bundessteuern zu hoch veranschlagt sind.

[6] Vgl. *IGA.* 113.

den Hammer gebracht und den Erlös für die laufenden Bedürfnisse verwendet. Dagegen besaßen die kretischen Städte
ausgedehnte Ländereien, aus deren Ertrag die Kosten der
gemeinsamen Mahlzeiten der Bürger bestritten wurden[1];
und sehr bedeutend war der Domänenbesitz noch im IV. Jahrhundert in Makedonien[2]. Mehr ins Gewicht fielen die Bergwerke. Die Silbergruben von Laureion an der Südspitze
Attikas nennt Aeschylos die „Schatzkammer des Landes"[3],
wie sie denn in der Tat Themistokles die Mittel zu seinem
Flottenbau geliefert haben; doch ist die Ausbeute noch im
Laufe des V. Jahrhunderts sehr zurückgegangen[4]. Auch
die Finanzen von Thasos und der makedonischen Könige
ruhten zum großen Teil auf dem Ertrage der Bergwerke[5].
Das waren aber auch so ziemlich die einzigen griechischen
Staaten, denen solche natürliche Hilfsquellen zu Gebote
standen[6].

Direkte Steuern sind in Form von Naturalleistungen
bei außergewöhnlichen Anlässen schon in homerischer Zeit
von den Bürgern erhoben worden[7]; und auch die solonische
Klasseneinteilung diente ebensosehr diesem Zwecke, als der
Abstufung der politischen Rechte. Unter der Tyrannenherrschaft wurden diese Steuern zur regelmäßigen Abgabe,
wie denn z. B. Peisistratos und seine Söhne Jahr für Jahr 5%
von dem Ertrage des Grundeigentums in Attika erhoben
haben[8]. Die Demokratie kehrte dann wieder zu dem alten
Systeme zurück und erhob solche Steuern nur bei außer-
ordentlichem Bedarf, besonders in Kriegszeiten; denn im

---

[1] Aristot. *Polit.* II 1272 a.

[2] Plut. *Alex.* 15.

[3] Aesch. *Pers.* 238.

[4] Xen. *Denkwürdigkeiten* III 6, 12.

[5] Thasos: Herod. VI 46, Makedonien: Herod. V 17.

[6] Die Bergwerke von Siphnos (oben I 1 S. 296) waren in dieser Zeit erschöpft (Paus. X 11, 2), daher die Insel den Athenern nur 3 tal. Tribut zahlte.

[7] P 225. ν 14. τ 197; auch die Freier wollen Odysseus in dieser Weise
für das ihm geraubte Gut entschädigen (χ 55, vgl. β 78).

[8] Thuk. VI 54; nach Aristot. ΑΠ. 16, 5 10%, vgl. Diog. Laert. I 53, und
oben I 1 S. 390.

bezeichnenden Gegensatz zu unserer modernen Demokratie,
die in diesem Punkte die Anschauungen der Physiokraten
noch nicht überwunden hat, sahen die Griechen in jeder
direkten Besteuerung eine Beschränkung der persönlichen
Freiheit. Die Matrikularbeiträge, welche Athen von seinen
Bundesstädten erhob, waren keineswegs eine direkte Steuer
im eigentlichen Sinne des Wortes, da es den einzelnen Staaten
freistand, die dafür erforderlichen Summen durch indirekte
Auflagen oder aus den Erträgen ihres Domänenbesitzes zu
beschaffen.

Es waren demnach die indirekten Steuern, welche das
eigentliche Rückgrat für den Haushalt der griechischen
Staaten in dieser Zeit bildeten. Sie trugen zum großen Teil
noch den Charakter von Gebühren, die freilich mitunter
bereits auf eine Höhe gesteigert waren, die zu der Gegenleistung des Staates außer Verhältnis stand. Den ersten Platz
darunter nahmen die Zölle ein, d. h. die Gebühren für die
Benutzung der Häfen (ἐλλιμένιον). Sie haben sich aus den
Geschenken entwickelt, die fremde Kaufleute für die Erlaubnis Handel zu treiben den Königen darbrachten[1]. Schon
um 600 sollen die Bewohner von Krisa, dem Seehafen von
Delphi, die Pilger, die nach diesem Heiligtum zogen, durch
Zölle bedrückt haben[2]; und auch von Periandros wird erzählt,
daß er die Staatsausgaben, ohne direkte Steuern, lediglich
aus dem Ertrage der Zölle und Marktgefälle bestritten hätte[3].
Der Wert dieser Angaben mag dahingestellt bleiben; jedenfalls aber war der griechische Handel in dieser Periode bereits
weit genug entwickelt, um die Erhebung von Zöllen lohnend
zu machen. Auch ist kaum abzusehen, worauf der ordent-
liche Staatshaushalt Athens in Solons Zeit beruht haben
sollte, wenn nicht auf solchen Gefällen. Im V. Jahrhundert
müssen sie allgemein bestanden haben; der Betrag war allerdings sehr mäßig, 2—5% vom Werte, und zwar ohne Unterschied für alle Waren, und ebenso für die Einfuhr wie Ausfuhr.

[1] Ψ 745.
[2] Strab. IX 418.
[3] [Herakleides] Polit. 5 (FHG. II 213).

Ja, im Peiraeeus betrug der Zoll bis auf die Besetzung von Dekeleia durch die Lakedaemonier sogar nur 1% [1]. Unter diesen Umständen lag zum Schmuggel wenig Anreiz vor, und die griechischen Staaten hatten nicht nötig, sich mit geschlossenen Zollinien zu umgeben. An Landgrenzen sind, soviel wir sehen, überhaupt keine Zölle erhoben worden. Ein reiner Finanzzoll war dagegen der Zehnt (δεκάτη), den die Athener im peloponnesischen Kriege im thrakischen Bosporos von der Durchfuhr nach dem Pontos und der Einfuhr aus diesem Meere erhoben [2]. Die Zolleinnahmen waren trotz der niedrigen Sätze verhältnismäßig ansehnlich. So ergab der Zoll von 2% im Peiraeeus in den ersten Jahren nach dem peloponnesischen Kriege, als Athen wirtschaftlich tief gesunken war, doch einen Reinertrag von einigen dreißig Talenten; und als die Athener nach der Besetzung von Dekeleia die Tribute durch einen Zoll von 5% auf die Ein- und Ausfuhr in den Häfen der Bundesstaaten ersetzten, versprachen sie sich davon eine Erhöhung ihrer Einkünfte, obgleich die Tribute bereits wenige Jahre vorher auf über 1000 Talente gesteigert worden waren [3].

Auch von dem Marktverkehr wurden Gebühren erhoben (ἀγορᾶς τέλος); in Athen war man zur Zeit des peloponnesischen Krieges bereits dahin gelangt, die Erhebung an die Tore zu verlegen (διαπύλιον), und so dieser Abgabe den Charakter einer Verbrauchssteuer zu geben [4]. Steuerpflichtig waren ferner Verkäufe, die vor öffentlichen Behörden abgeschlossen wurden, namentlich also Verkäufe von Immobilien. Gewerbesteuern wurden im allgemeinen nicht bezahlt, da ja direkte Abgaben von Bürgern überhaupt nicht erhoben

---

[1] [Xen.] *Staat der Athen.* I 17, vgl. *Rh. Mus.* XXXIX, 1884, S. 47 f.

[2] Xen. *Hell.* I 1, 22 (Diod. XII 64), im korinthischen Kriege von Thrasybulos erneuert (Xen. *Hell.* IV 8, 27. 31). Mit diesem Zoll scheint die *CIA.* I 32 erwähnte δεκάτη identisch zu sein (*Rh. Mus.* XXXIX S. 38). Dieser Volksbeschluß gehört in die Zeit kurz nach dem Nikiasfrieden, der Zoll wird also während des archidamischen Krieges eingerichtet worden sein (Näheres unten 2. Abt. § 147, vgl. inzwischen *Rh. Mus.* XLIII, 1888, S. 113 ff.).

[3] S. oben S. 78 A. 3.

[4] Boeckh, *Staatsh.* I [2] S. 438.

wurden; doch zog man einige Gewerbetreibende, die eine besondere Polizeiaufsicht nötig machten, wie Gaukler, Wahrsager und öffentliche Dirnen zur Steuer heran. Hierher gehört auch das Schutzgeld, das eingesessene Fremde zu zahlen hatten. Von den prozeßführenden Parteien wurden ziemlich hohe Gerichtskosten erhoben. Endlich bildeten die eingezogenen Güter von zahlungsunfähigen Staatsschuldnern oder von politischen Verbrechern einen ziemlich regelmäßigen Posten in den Einnahmebudgets der griechischen Staaten; der bedenklichste Punkt in dem ganzen Finanzwesen, der zahllosen Mißbräuchen Tür und Tor öffnete.

Bei dem geringen Umfange der meisten griechischen Staaten in dieser Zeit konnte der Gesamtbetrag aller dieser Einnahmen nicht hoch sein. Herodot erzählt, daß Thasos im V. Jahrhundert 300 Talente (1 600 000 Mark) jährlicher Einkünfte hatte, und hält das offenbar für eine große Summe [1]; wie denn die Angabe auch wahrscheinlich übertrieben ist. Betrug doch die Gesamtsumme aller Einnahmen, die Athen aus seinem weiten Reiche zog, beim Beginn des peloponnesischen Krieges nicht mehr als 5—600 Talente (rund 3 Millionen Mark) [2]; und es gab keinen zweiten griechischen Staat, der auch nur entfernt über ähnliche finanzielle Mittel verfügt hätte. Der peloponnesische Bund z. B. besaß als solcher gar keine Einnahmen, und auch mit der Finanzkraft seiner einzelnen Staaten war es sehr übel bestellt, Korinth und Sikyon etwa ausgenommen [3]. Syrakus muß allerdings unter den Deinomeniden, als es an der Spitze eines großen Teils von Sicilien stand, verhältnismäßig bedeutende Einkünfte gehabt haben; nach dem Sturz der Tyrannis war es, neben den indirekten Auflagen im wesentlichen auf den Getreidezehnten angewiesen, dessen reicher Ertrag zwar sprichwörtlich wurde, der aber in dieser Zeit schwerlich mehr als 200 000 Medimnen

---

[1] Herod. VI 46.
[2] S. unten 2. Abt. § 142. Den Betrag der Einnahmen aus Attika selbst kennen wir nicht; die Schätzung Boeckhs beruht auf einer unzulässigen Kombination heterogener Angaben.
[3] Thuk. I 80, 4; 141, 3.

(etwa 100 000 hl) ergeben haben kann, also nach attischen
Marktpreisen etwa 100 Talente, nach sicilischen natürlich
viel weniger [1]. Auch der thessalische Bund hatte einst von
den untertänigen Landschaften Tribut erhoben [2]; aber seit
den Perserkriegen war die Zentralgewalt in Verfall geraten
und die Abhängigkeit der Nebenländer nur noch nominell.

Wir dürfen aber dabei nicht vergessen, daß die griechischen
Staaten auch jetzt noch ihre Bürger in ausgedehntestem
Maße zu unbesoldeten Ehrenämtern heranzogen. Selbst in
den Demokratien empfing kein höherer Beamter Gehalt,
und viele dieser Ehrenämter waren mit bedeutenden Kosten
verbunden. So die Choregie oder die Verpflichtung, einen
Chor für die Aufführungen im Theater mit allem Nötigen
auszustatten, ihn einüben zu lassen und ihn während der
dazu erforderlichen Zeit zu besolden und zu verpflegen; oder die
Gymnasiarchie, die eine ähnliche Verpflichtung gegenüber
den Mitwirkenden bei den gymnastischen Wettspielen auferlegte. Der Aufwand schwankte zwischen mehreren hundert
und mehreren tausend Drachmen, je nach der Art der Spiele,
um die es sich handelte, und dem guten Willen des Pflichtigen.
Weit kostspieliger war die Trierarchie, d. h. die Verpflichtung,
ein vom Staate geliefertes Kriegsschiff auszurüsten und
während der Indienststellung in seetüchtigem Stande zu
erhalten; wofür dem zu der Leistung Verpflichteten die Ehre
zufiel, das Schiff zu befehligen. Die Kosten betrugen in der
Zeit des peloponnesischen Krieges etwa 50 Minen [3], genug,
um die Vermögensverhältnisse auch eines reichen Mannes zu
zerrütten und bei öfterer Wiederholung der Leistung zugrunde zu richten. Man hat denn auch schon früh zu der

---

[1] Strab. VI S. 269, das Sprichwort mißverstanden von Demon, *FHG*.
I 381, 14. Bei der Berechnung ist vorausgesetzt, daß Syrakus mit seinem Gebiet
etwa $1/4$ Million Einwohner zählte (meine *Bevölkerung* S. 281), zu deren Unterhalt, einschließlich der Aussaat, etwa 1 750 000 Medimnen nötig waren, so daß
250 000 Medimnen für die Ausfuhr verfügbar blieben.

[2] Xen. *Hell.* VI 1, 19.

[3] Der Sprecher in Lysias 21. Rede (Ἀπολογία δωροδοκίας) war im deke-
leischen Kriege sieben Jahre lang Trierarch (411—405) mit einem Aufwande
von zusammen 6 Talenten. Vgl. die Rede g*Diogeiton* 26 f.

Auskunft gegriffen, gleichzeitig je zwei Bürger den Aufwand
für ein Schiff leisten zu lassen, außer wenn es sich um sehr
reiche Leute handelte; aber auch so blieb die Last höchst
ungleich verteilt. Es ist zum großen Teil eben die Trierarchie
gewesen, die im peloponnesischen Kriege den Ruin so mancher
vornehmen Familie Athens herbeigeführt hat.

So ließ denn allerdings das Steuersystem viel zu wünschen
übrig, und auch sonst gab es im Wirtschaftsleben der dunkelen
Punkte genug. Aber das V. Jahrhundert bildet doch in national-
ökonomischer Beziehung, wie in so mancher anderen, einen
Höhepunkt in der Geschichte des griechischen Volkes. Zum
guten Teil beruht das darauf, daß die fünfzig Jahre nach
Plataeae und Mykale für die griechische Welt im großen und
ganzen eine Periode des Friedens waren, wie sie seitdem bis
auf die Zeiten der römischen Hegemonie nicht wiedergekehrt ist.

IV. Abschnitt.

Die Demokratie.

Die Generation, die unter den Eindrücken der Perserkriege groß geworden ist, hat das Ideal der Freiheit ihr Leben
lang im Herzen getragen. Wie sie auf geistigem Gebiete die
freie Forschung an die Stelle des Autoritätsglaubens setzte,
wie sie überall das Vernunftrecht an die Stelle des sogenannten
historischen Rechtes zu setzen bemüht war, so strebte sie
auch auf politischem Gebiet nach Niederreißung der überlieferten Schranken. Die Wortführer der Nation in Wissenschaft und Literatur während des größten Teils des V. Jahrhunderts sind fast ausnahmslos demokratisch gesinnt.
Empedokles stand in erster Reihe unter den Begründern
der Volksfreiheit in seiner Vaterstadt Akragas[1]; Gorgias
ist um seiner demokratischen Überzeugungen willen in die

---

[1] Aristot. und Timaeos (fr. 88. 88 a) bei Diog. Laert. VIII 63, Plut. *Kolot.*
32 S. 1126.

Verbannung gegangen; Euripides ist ein entschiedener Gegner
der Monarchie wie der Oligarchie [1]; der alte Herodot ist be-
geistert für Freiheit und Gleichheit (ἰσονομίη und ἰσηγορίη)
noch in einer Zeit, wo die gebildete Jugend in ihrer großen
Mehrheit ganz anderen Tendenzen huldigte.   Protagoras
hat die erste theoretische Rechtfertigung der Demokratie
versucht.   Damit überhaupt eine menschliche Gesellschaft
bestehen könne, so führt er aus, ist es notwendig, daß jeder
von uns die Rechte des anderen achte; wer es nicht tut, muß
als krankes Glied aus dem Staate ausgestoßen werden.   Wer
aber die sozialen Tugenden der Gerechtigkeit (δίκη) und der
Gewissenhaftigkeit (αἰδώς) besitzt, der ist eben damit auch
vollkommen befähigt, seine Stimme bei der Beratung über
das gemeine Wohl geltend zu machen.   Folglich ist eine andere
als diese moralische Qualifikation für die Ausübung der politischen Rechte nicht erforderlich, und es ist ganz verkehrt,
eine besondere technische Ausbildung dafür zu verlangen [2].

Das VI. Jahrhundert hatte der praktischen Verwirklichung dieser Forderungen mächtig vorgearbeitet.   In dem
größten Teil der griechischen Welt waren die Vorrechte der
Geburt beseitigt worden und die Vorrechte des Besitzes
an ihre Stelle getreten.   Jetzt waren, gegenüber der Strömung
der öffentlichen Meinung, auch diese Privilegien nicht mehr
zu halten, oder sie waren es doch nur in beschränktem Umfange.   In der Regel erfolgte die Reform auf verfassungs-
mäßigem Wege, mit Hilfe des allgemeinen Stimmrechts,
das sich aus der Königszeit her erhalten und nach dem
Sturze der Adelsherrschaft wieder einen realen Inhalt gewonnen hatte.   Eben deswegen blieb die Bewegung fast überall
auf das politische Gebiet beschränkt, und es erfolgte keine
Umwälzung in den Besitzverhältnissen.   Wo freilich die
bestehende Ordnung auf dem Wege gewaltsamer Revolution
gestürzt wurde, wie in Sicilien nach dem Tode Hierons, waren
einschneidende Veränderungen auch in der Verteilung des

---

[1] Vgl. z. B. *Auge* fr. 277, *Pleisthenes* fr. 628 Nauck.
[2] Plat. *Protag.* 322 c ff. Es ist kein Zweifel, daß Platon hier Gedanken
des Protagoras wiedergibt, denn er selbst dachte ganz anders.

Eigentums nicht zu vermeiden[1]. Als dann die besitzlose
Masse zum maßgebenden Faktor im Staate geworden war,
hat sie natürlich es nicht verschmäht, materielle Vorteile
aus dieser Stellung zu ziehen; und die daraus entspringenden
Bedrückungen der besitzenden Klassen haben das ihrige dazu
beigetragen, den Fall der Demokratie herbeizuführen. Doch
sollten diese Mißbräuche erst gegen den Ausgang des Jahrhunderts stärker hervortreten.

Auch auf politischem Gebiete erstrebte die griechische
Demokratie in dieser Zeit noch keineswegs die absolute Gleichheit der Rechte aller Staatsbürger. Selbst in Athen haben
die Bürger der dritten Vermögensklasse, die Zeugiten, erst
in 457 Zutritt zu dem formell noch immer höchsten Staatsamt,
dem Archontate, erlangt, und die Bürger der untersten Klasse,
die Theten, blieben auch jetzt davon ausgeschlossen[2]. Nur
Grundbesitzer konnten zu Strategen gewählt werden, und
an der Bestimmung, daß zu den höheren Finanzämtern nur
Pentakosiomedimnen gelangen sollten, ist nicht gerüttelt
worden. Man war verständig genug, zu erkennen, daß nur
vermögende Männer für die gewissenhafte Verwaltung so
verantwortungsreicher Ämter die nötigen . Garantien gewährten. Ohnehin hätte ja das passive Wahlrecht zu solchen
Stellen für die nichtbesitzenden Klassen keine praktische
Bedeutung gehabt[3]. Die Bestrebungen der Demokraten
richteten sich vielmehr darauf, die Machtvollkommenheit
der Beamten nach Möglichkeit zu beschränken. Alle irgend
wichtigen Verwaltungssachen sollten der Volksversammlung
oder wenigstens ihrem permanenten Ausschuß, dem Rat, zur
Entscheidung vorgelegt werden; in der Rechtspflege sollte
den Behörden nur die Instruktion der Prozesse bleiben, das
Urteil aber von aus dem Volke erlosten Geschworenen gesprochen werden, falls nicht etwa, in Staatsprozessen, die
Volksversammlung selbst als Gerichtshof sich konstituierte.
Gegen etwaige Übergriffe der Behörden sicherte die Rechen-

---

[1] Diod. XI 76.
[2] Aristot. ATT. 26, 2.
[3] [Xen.] *Staat d. Athen.* I 3.

schaftspflicht nach Ablauf des Amtsjahres; auch hatte die
Volksversammlung jederzeit das Recht, einen mißliebigen
Beamten seiner Stellung zu entheben.

Um die Zeit der Perserkriege war die demokratische
Staatsform in Griechenland im wesentlichen auf Attika und
einige der umliegenden Landschaften beschränkt gewesen;
in Kleinasien und Sicilien herrschte die Tyrannis, in dem
bei weitem größten Teile der griechischen Halbinsel die Oligarchie oder Aristokratie. Da war es nun von folgenschwerster
Bedeutung, daß das demokratische Athen an die Spitze des
Bundes trat, den die vom persischen Joche befreiten See-
staaten zu ihrer gemeinsamen Verteidigung schlossen. Es
konnte nicht fehlen, daß das Beispiel der führenden Macht
auf die Bündner den weitgreifendsten Einfluß ausübte. Als
bei der Vertreibung der Perser in den asiatischen Städten die
Tyrannen gestürzt wurden, hat man die Verfassungen vielfach
nach dem Muster der athenischen umgestaltet; wie denn z. B.
Milet und Priene so weit gegangen sind, sogar die Namen der
kleisthenischen Phylen herüberzunehmen [1]. Oft wurden
solche Reformen auch von Athen aus oktroyiert [2], namentlich bei der Wiederunterwerfung abgefallener Bundesstaaten;
war es doch klar, daß die gemeinsame demokratische Staatsordnung den festesten Kitt zwischen den Gliedern des Bundes
bilden mußte. Immerhin verstand es Athen in der demokratischen Propaganda Maß zu halten. So ist in der wichtigsten
Bundesstadt, in Samos, die Oligarchie der Grundbesitzer
(Geomoren) bis auf den Aufstand des Jahres 440 bestehen
geblieben [3], und auch in Mytilene herrschte noch 428 eine
gemäßigt-oligarchische Staatsform [4]. Aber allerdings mußte
die athenische Hegemonie im Laufe der Zeit mit Notwendigkeit
dahin führen, die Demokratie auf den Inseln und an den
Küsten des Aegaeischen Meeres zur Herrschaft zu bringen.

---

[1] Le Bas, *Asie Mineure* 238. 242, vgl. Haussoullier, *Rev. de Philol.*
XX, 1896, S. 38 ff., *Inschr. v. Priene*, Index.

[2] Vgl. den attischen Volksbeschluß über die Neuordnung der Verfassung
von Erythrae *CIA.* I 9.

[3] Thuk. I 115.

[4] Thuk. III 27. 47.

Im Westen der hellenischen Welt hinderten zunächst
die beiden Militärmonarchien von Syrakus und Akragas
die Ausbreitung der demokratischen Bewegung. Um seiner
Macht Dauer zu geben, hatte schon Gelon das syrakusische
Bürgerrecht an Tausende von ausgedienten Mietsoldaten
verliehen [1]; sein Nachfolger Hieron schritt auf dieser Bahn
weiter. Um 475 wurden die Bewohner von Katane nach
Leontinoi verpflanzt und die verlassene Stadt unter dem
Namen Aetna in eine Militärkolonie umgewandelt [2]. Außer-
dem stand ein starkes Söldnerkorps beständig unter Waffen,
und im Arsenal lag eine zahlreiche Kriegsflotte. So glich
Syrakus einer großen Kaserne [3]. Man hatte das willig ertragen, so lange die nationale Unabhängigkeit durch die
Karthager bedroht war; der Sieger von Himera besaß eine
fast unbegrenzte Popularität, und noch lange nach seinem
Tode hat das Volk ihn in dankbarem Gedächtnis behalten [4].
Aber schon unter Hieron begann das Verhältnis zwischen
Herrscher und Volk sich zu trüben; es ist bezeichnend dafür,
daß der Tyrann zur Einrichtung einer Geheimpolizei schreiten
mußte und selbst die Dienste von Agents provocateurs nicht
verschmähte [5]. Für sich allein freilich hätte diese beginnende
Unzufriedenheit noch nicht allzuviel zu bedeuten gehabt,
gegenüber den Machtmitteln, die der Regierung zu Gebote
standen, und ihren Erfolgen in der äußeren Politik. Bedenk-

---

[1] Diod. XI 72.

[2] Diod. XI 49 (Ol. 76, 1 476/5), Pind. *Pyth.* I 59. 118 ff., III 123. Bei
seinem pythischen Sieg im Spätsommer 470 ließ Hieron sich als Aetnaeer aus-
rufen; dagegen findet sich *Ol.* I (476) noch keine Anspielung auf Aetna (Schol.
v. 33 τότε γὰρ ὁ Ἱέρων ἦν Συρακούσιος καὶ οὐδὲ ἦν Αἰτναῖος, ὥς φησιν
Ἀπολλόδωρος. Vgl. Wilamowitz, *BerlSB.* 1901, S. 1299.

[3] Pind. *Pyth.* II 1 Συράκοσαι, βαθυπολέμου τέμενος Ἄρεος, ἀνδρῶν
ἵππων τε σιδαροχαρμᾶν δαιμόνιαι τροφαί.

[4] Als Timoleon in der Finanznot des Karthagerkrieges die ehernen Statuen
in Syrakus einschmelzen ließ, machte er mit der Statue Gelons eine Ausnahme
(Plut. *Timol.* 24). Noch Hieron II nannte wegen dieser Popularität seinen
Sohn Gelon, eine seiner Töchter Damareta. Vgl. auch Diod. XIII 22,4, XIV
66, 1, Plut. *Dion.* 5.

[5] Aristot. *Polit.* V 1313 b.

licher war es, daß die Einigkeit im Herrscherhause selbst zu schwinden begann. Schon bald nach Gelons Tode kam es zum Konflikt zwischen Hieron und seinen Bruder Polyzalos, der nach Gelons letztem Willen sich mit dessen Witwe Damareta vermählt hatte und, wie es scheint, Hieron in der Herrschaft über Gela gefolgt war; Polyzalos wurde vertrieben und suchte Schutz bei seinem Schwiegervater Theron von Akragas. Wenig fehlte, und es wäre darüber zwischen den beiden großen sicilischen Militärmächten zum Kriege gekommen; aber Hieron trug Bedenken, die Sache bis zum Äußersten zu treiben, und bequemte sich endlich dazu, den Bruder zurückzurufen[1]. Als aber Theron wenige Jahre später gestorben und sein Sohn Thrasydaïos ihm in der Herrschaft gefolgt war, kam der Krieg doch zum Ausbruch. Thrasydaïos verfügte über eine sehr bedeutende Macht, angeblich 20 000 Mann, aber in der entscheidenden Schlacht blieb Hieron nach großem Blutvergießen der Sieg. Und nun erhob sich das Volk in Akragas und Himera gegen den verhaßten Tyrannen; Thrasydaïos mußte in die Verbannung gehen, und die republikanische Verfassung wurde in beiden Städten wieder hergestellt. Sie traten zu Hieron in das Verhältnis abhängiger Bundesgenossen (471)[2].

Der Sturz der Monarchie in Akragas konnte auf Syrakus nicht ohne Rückwirkung bleiben. Freilich so lange Hieron lebte, hielt alles sich ruhig; kaum aber hatte der alte Tyrann die Augen geschlossen (466), als die Revolution losbrach. Der Zwist im Herrscherhause bahnte ihr den Weg. Denn da Polyzalos bereits gestorben war, ging die Oberleitung des Staates jetzt auf Thrasybulos über, den letzten der vier Söhne des Deinomenes; es gab aber eine starke Partei am Hofe, die statt seiner den jungen Sohn Gelons auf den Thron

---

[1] Diod. XI 48, Timaeos fr. 90, unten 2. Abt. § 62.
[2] Diod. XI 53, vgl. XI 68. 1, 76. 4. Auf die Befreiung von Himera, geht Pind. Ol. XII 1 Λίσσομαι παῖ Ζηνὸς Ἐλευθερίου, Ἱμέραν εὐρυσθένε' ἀμφιπόλει, Σώτειρα Τύχα. Über die Verfassung von Akragas Diog. Laert. VIII 66.

bringen wollte [1]. Darüber erhob sich das Volk von Syrakus, aus den anderen Städten des Reiches kam Zuzug, und bald sah der Tyrann mit seinen Mietstruppen sich auf den Besitz der inneren Stadt Syrakus, die Quartiere Ortygia und Achradina beschränkt, während die Aufständischen in den Vorstädten lagerten. Zu Wasser und zu Lande geschlagen, blieb Thrasybulos schließlich nichts übrig, als auf freien Abzug zu kapitulieren, im elften Monate seiner Herrschaft (465); er ging in die Verbannung nach Lokroi, wo er im Andenken an den Schutz, den einst Hieron der Stadt gewährt hatte, gut aufgenommen wurde und bis an sein Ende als Privatmann gelebt hat [2].

So war Sicilien frei. Überall wurden nun demokratische Verfassungen eingeführt, und die bisher von Syrakus abhängigen Städte gewannen ihre Selbständigkeit zurück. Aber die Insel sollte noch nicht so bald zur Ruhe kommen. Die Altbürger blickten mit nur zu berechtigtem Mißtrauen auf die zahlreichen Söldner, welche die Tyrannen in Syrakus und den übrigen Gemeinden angesiedelt und in die Bürgerschaft aufgenommen hatten; diese sahen sich infolgedessen unter der neuen Ordnung in jeder Weise zurückgesetzt. So griffen sie endlich zu den Waffen, im Vertrauen auf ihre überlegene Kriegstüchtigkeit. Es gelang ihnen, die Stadt Syrakus in ihre Gewalt zu bringen; aber die Altbürger behaupteten sich in den Vorstädten, schlossen die Stadt durch eine Umwallungslinie ein, besiegten die Söldner in einer Seeschlacht und zwangen sie endlich durch Hunger zur Übergabe [3]. Die Sieger wandten sich nun gegen Aetna, die Militärkolonie Hierons (oben S. 126), wo dieser seinen Sohn Deinomenes zum Herrscher eingesetzt

---

[1] Arist. *Polit.* V 1312 b, vgl. Timaeos fr. 84. Über die Chronologie unten 2. Abt. § 60 f.

[2] Diod. XI 67—68.

[3] Diod. XI 72—73. 76, Aristot. *Polit.* V 1303 a b. Diodor hat vergessen das Ende des Aufstandes zu berichten; da er aber von dem Mangel an Lebensmitteln in der belagerten Stadt erzählt (XI 73, 3) und zugleich die Erfolglosigkeit der Stürme der Belagerer hervorhebt (76, 1), so ergibt sich das oben im Text Gesagte. Ohnehin war in dieser Zeit die Einnahme einer starken, gut

hatte [1]; nach längeren Kämpfen mußten die Söldner auch hier weichen, und die alten Bürger kehrten in ihre Heimatsstadt zurück, die nun wieder ihren früheren Namen Katane annahm, der ihr seitdem bis heute geblieben ist (um 461). Das Grab Hierons, der als Gründer von Aetna hier bestattet war, wurde niedergerissen. Doch behaupteten sich die Söldner in dem nahen Inessa (*Paternò*), einer Ortschaft des katanaeischen Gebietes, wo sie ein neues Aetna gründeten [2]. Inzwischen waren auch in Gela, Himera und Akragas die dort angesiedelten Söldner vertrieben worden; sie zogen sich nach festen Orten der Nachbarschaft zurück, die aus Gela nach Omphake und Kakyron, die aus Akra-

---

verteidigten Festung anders als durch Hunger kaum möglich, es sei denn, daß der Verrat ein Tor öffnete. Der große Sieg der Syrakusier ἐπὶ τῆς χώρας (76, 2) wird über ein Entsatzheer erfochten sein, da ja die syrakusischen Söldner in der Stadt eingeschlossen waren (73, 2), und es doch an sich klar ist, daß die Söldner in Aetna etwas für ihre Genossen in Syrakus getan haben müssen.

[1] Vgl. Paus. VIII 42, 9; VI 12, 1. Pind. *Pyth.* I 116 nennt ihn bei Lebzeiten des Vaters Αἴτνας βασιλεύς; wahrscheinlich ist er unter dem ἡγούμενος von Aetna zu verstehen, den Duketios einige Jahre später ermorden ließ (Diod. XI 91, 1).

[2] Diod. XI 76, 3, vgl. 91, 1. Strab. VI 268. Die Neueren (vgl. Casagrandi, *Su due città antiche sicule Vessa ed Inessa (Aetna)*, Aeireale 1894) setzen Aetna durchweg nach S. Maria di Licodia. Aber nach dem *Itin. Anton.* (S. 93 Wess.) lag Aetna 12 Milien von Katane und ebensoweit von Kentoripa, letztere Distanz gibt auch die *Tab. Peut.*, wo die Entfernung nach Katane ausgefallen ist; nach Strab. VI 268 betrug sie 80 Stadien oder 10 Milien. S. Maria di Licodia aber ist von Catania 28 km oder fast 19 Milien entfernt. Wohl aber liegt 12 Milien von Catania und etwa ebensoweit von Centuripe Paternò, das den Neueren für Hyble gilt, weil hier eine Statuenbasis mit der Inschrift *Veneri Victrici Hyblensi* gefunden ist (*CIL.* X 7013). Aber die Aphrodite von Hyble konnte doch auch in den Nachbargemeinden verehrt werden; der Zusatz *Hyblensi* macht es sogar wahrscheinlich, daß unsere Inschrift nicht aus Hyble selbst stammt. Entscheidend ist, daß das Gebiet von Aetna, neben dem von Leontinoi, der ergiebigste Getreidebezirk Siciliens war (Cic. *Verr.* III 44, 104; 45, 106), sich also in die Ebene am unteren Symaethos hinein ausdehnte; das paßt auf Paternò, aber in keiner Weise auf S. Maria di Licodia. Der (antike?) Befestigungsring bei La Civita, 2 Milien südlich von letzterem Orte, an der Straße nach Paternò (Casagrandi S. 21), umfaßt nur ¼ ha und ist also für eine Stadt wie Aetna viel zu klein.

gas nach Herakleia Minoa, und setzten von dort aus den Kampf fort [1].

Der Fall der Herrschaft der Deinomeniden zog auch den Sturz der Tyrannis in Rhegion nach sich. Dort war Anaxilaos im Jahre 476/5 gestorben mit Hinterlassung noch unmündiger Söhne, für die ein naher Verwandter, Mikythos, die Regierung übernahm [2]. Unter seiner Verwaltung wurde Pyxus mit rheginischen Kolonisten besetzt (471/0) [3]; ein Krieg aber, den er, im Bunde mit Tarent, gegen die Iapyger unternahm, führte zu einer vernichtenden Niederlage, wie es heißt, der schwersten, die bis dahin ein griechisches Heer erlitten hatte [4]. Mikythos' Stellung mußte dadurch aufs stärkste erschüttert werden; und da Anaxilaos' Söhne inzwischen herangewachsen waren, sah er sich gezwungen, die Herrschaft niederzulegen,

---

[1] Wir kennen diese Ereignisse, abgesehen von einer knappen Angabe bei Diod. XI 76, 4, nur aus einem Bruchstück des Inhaltsverzeichnisses eines Werkes über sicilische Geschichte, vielleicht Philistos, das auf zwei in Oxyrhynchos gefundenen Papyrusfetzen erhalten ist (*Oxyrh. Pap.* IV S. 80 ff., vgl. außer den Bemerkungen der Herausgeber Grenfell und Hunt, De Sanctis, *Una nuova pagina di Storia Siciliana*, *Riv. Filol.* XXXIII, 1905, S. 66 ff., Pais, *Rendiconti Lincei* XVII, 1908, S. 329 ff. De Sanctis ergänzt v. 1 richtig Ὀμφά[κη], ein Ort, der in der Gründungsgeschichte von Gela als πόλισμα Σικανικὸν erwähnt wird (Paus. VIII 46, 2 vgl. IX 40, 2) und also in der Nähe dieser Stadt gelegen haben muß. Kakyron kommt sonst nur bei Ptol. *Geogr.* III 4, 7 vor, wo die Ausgaben Μάκυρον haben. Über den inneren Zusammenhang der Begebenheiten enthält unser Fragment begreiflicherweise nichts.

[2] Diod. XI 48, 2, Herod. VII 170, Iustin. IV 2, 5. S. unten 2. Abt. § 65. Privatrechtlich war er der Vormund (ἐπίτροπος) der Söhne des Anaxilaos (daher die Rechenschaftsablage vor den πατρικοὶ φίλοι, Diod. XI 66, 2), staatsrechtlich aber der Herrscher von Rhegion, da ja die Tyrannis ihrem Wesen nach eine Regentschaft nicht zuläßt (oben S. 73 A. 1.). Herod. a. a. O. wirft beides zusammen (ἐπίτροπος ῾Ρηγίου κατελέλειπτο); richtiger sagt Diod. XI 59, 4 ὁ τὴν δυναστείαν ἔχων ῾Ρηγίου καὶ Ζάγκλης, Strab. VI 253 ὁ Μεσσήνης ἄρχων τῆς ἐν Σικελίᾳ.

[3] Diod. XI 59, 4, unter 471/0, nach der chronologischen Quelle, Strab. VI 253.

[4] Herod. I 170, Diod. XI 52, Aristot. *Polit.* V 1303 a. Pais, *Ricerche storiche e geografiche sull' Italia antica* (Turin 1908) S. 29 ff. hat richtig gesehen, daß das Bündnis zwischen Rhegion und Tarent mit der Besetzung von Pyxus zusammenhängt, die Niederlage also erst einige Zeit nach 471/0 erfolgt ist; das Datum bei Diodor (473/2) bezieht sich auf den Anfang des Krieges (ἐπ'

und nach Tegea in die Verbannung zu gehen (467/6) [1]. Der
älteste der Brüder, Leophron, trat nun an die Spitze des
Staates. Er führte einen glücklichen Krieg gegen Lokroi,
vermochte sich aber der demokratischen Bewegung gegenüber
nur wenige Jahre im Besitz der Tyrannis zu behaupten, und
Rhegion und Messene gewannen die Freiheit zurück (461/0) [2].
Messene löste nun seine politische Verbindung mit der Nachbarstadt jenseits der Meerenge, der alte Name Zankle kam
noch einmal zur Geltung. Bald aber brach Streit aus zwischen
den Altbürgern und den von Anaxilaos angesiedelten Kolonisten; die schwächere Partei rief die soeben aus Himera vertriebenen Söldner zur Hilfe herbei, doch diese ergriffen die
günstige Gelegenheit, sich selbst der Stadt zu bemächtigen.
Da sie in ihrer Mehrzahl aus dem Peloponnes stammten,
wurde Messene, wie es jetzt wieder genannt wurde, zur dorischen
Stadt [3].

Indessen war es zwischen den befreiten Städten auf
Sicilien zum Kriege gekommen. Die Akragantiner erhoben
Anspruch auf Krastos, eine sikanische Ortschaft, die, wie
es scheint, zum Gebiet von Himera gehörte, und suchten

ἄρχοντος Μένωνος πόλεμος ἐνέστη Ταραντίνοις πρὸς τοὺς Ἰάπυγας), der, wie
er ausdrücklich sagt, längere Zeit gedauert hat. Die entscheidende Schlacht
muß in der Nähe von Tarent geschlagen worden sein (Diod. XI 52, 5); daß die
Sieger den Feind bis nach Rhegion hin verfolgt hätten, wie Diodor sagt, beruht
natürlich auf einem Mißverständnis.

[1] Diod. XI 66, vgl. Herod. I 170, Paus. V 24, 6; 26, 2—5, und die Inschriften des von Mikythos in Olympia gestifteten Weihgeschenks *IGA.* 532.
533 = *Inschr. v. Olymp.* 267—269. Daß der Regierungswechsel sich nicht so
glatt vollzogen hat, wie Diodor erzählt, zeigen Herodots Worte ἐκπεσὼν ἐκ
Ῥηγίου.

[2] Diod. XI 76, 5, und über Leophron unten 2. Abt. § 65.

[3] Es gibt Münzen attischer Währung mit der Aufschrift Δανκλαιον,
die nach ihrem Stil in die Zeit um die Mitte des V. Jahrhunderts gehören, folglich
erst nach dem Sturz der Tyrannis geprägt sein können (A. J. Evans, *Num.
Chron.* 1896 S. 109 ff., Hill, *Coins of Sicily*, Westminster 1903, S. 70). Diodor
drückt sich also korrekt aus, wenn er (XI 76, 5) von der Erhebung der Ῥηγῖνοι
μετὰ Ζαγκλαίων gegen die Söhne des Anaxilaos erzählt. — Über die inneren
Wirren in Zankle Iustin. IV 3, 1—3, ein Bericht, dessen Verständnis uns erst
der Papyrus von Oxyrhynchos (oben S. 130 Anm. 1) erschlossen hat. Damit

sich mit Waffengewalt in ihren Besitz zu setzen; Himera
und Gela verbündeten sich nun gegen die mächtige Nachbarstadt und lieferten den Akragantinern vorKrastos eine Schlacht,
deren Ausgang uns nicht berichtet wird. Syrakus aber hielt
an dem Bündnis mit Akragas fest, und es gelang den Akragantinern mit dessen Hilfe, die Söldner, die sich noch in Herakleia
Minoa hielten, von dort zu vertreiben [1]. Endlich trat ein
allgemeiner Friedenskongreß zusammen; mit den Söldnern
wurde ein Abkommen geschlossen, das Messene in ihrem
Besitze beließ, und denen, die noch in Waffen standen, freien
Abzug dorthin gewährte, unter Mitnahme ihrer beweglichen
Habe; in den übrigen Städten wurden die Verbannten zurückgerufen und die Verteilung des Grundeigentums neu geregelt.
Kamarina, das seit der Schlacht am Eloros zu Gela gehörte,
dessen Bewohner aber von Gelon nach Syrakus verpflanzt
worden waren (oben S. 70 und 71), wurde als geloische
Kolonie neu gegründet und erhielt seine Selbständigkeit
zurück [2].

Wie es nicht anders sein konnte, dauerte es noch geraume
Zeit, bis die neuen Zustände sich befestigten. In Syrakus
versuchte ein einflußreicher Bürger, Tyndaridas, auf die
besitzlose Menge gestützt, sich zum Tyrannen aufzuwerfen;
als die Regierung ihn verhaften lassen wollte, kam es zum
Straßenkampf, bei dem der Prätendent mit vielen seiner

---

tritt nun auch die Angabe Diodors a. a. O., daß das Gebiet von Messene den
Söldnern überlassen wurde, in das rechte Licht und gibt ihrerseits eine Bestätigung für den Bericht des Iustinus. Demnach ist klar, daß unter den
Rheginern, von denen dort die Rede ist, die von Anaxilaos in Zankle angesiedelten Kolonisten zu verstehen sind. Die messenischen Münzen tragen seitdem stets die Aufschrift Μεσσανιος oder Μεσσανιων, ein Beweis für die völlige
Dorisierung der Stadt.

[1] *Oxyrhynchus Pap.* IV S. 80 ff. Krastos wird sonst nur noch bei Steph.
Byz. s. v., mit Berufung auf das 13. Buch des Philistos (fr. 43) als πόλις Σικελίας
τῶν Σικανῶν erwähnt, hat also wahrscheinlich im Zentrum der Insel gelegen.
Daß es sich bei den Kämpfen um die Stadt um Grenzstreitigkeiten handelt,
scheint klar.

[2] Diod. XI 76, 5. 6. Über Kamarina auch Pind. *Ol.* V 19 (νέοικον ἔδοαν)
mit den Scholien.

Anhänger den Tod fand (um 454)[1]. Um die Wiederkehr solcher Vorgänge zu verhindern, führte die syrakusische Demokratie ein dem attischen Ostrakismos ähnliches Verfahren bei sich ein, den Petalismos, so genannt, weil die Abstimmung mittelst Olivenblättern geschah[2]. Wirklich scheint es zu keinem Versuche mehr gekommen zu sein, die Tyrannis herzustellen; wie hoch aber die Wogen des Parteikampfes auch jetzt noch gingen, zeigen die wiederholten Feldherrnprozesse, die in den nächsten Jahren in Syrakus zur Verhandlung kamen[3].

Auf dem italischen Festlande hatte die demokratische Bewegung inzwischen weiter um sich gegriffen. In Tarent gab die große Niederlage gegen die Iapyger (oben S. 130) den Anlaß, die alte monarchisch-aristokratische Verfassung durch die Demokratie zu ersetzen[4]. In den Achaeerstädten des heutigen Calabrien, wo es dem Geheimbund der Pythagoreer gelungen war, die Leitung des Staates an sich zu reißen, ward diesem halb aristokratischen, halb theokratischen Regiment jetzt ein blutiges Ende bereitet; die Mitglieder der Sekte wurden getötet oder vertrieben[5]. In Kyme war, wie wir wissen, die Tyrannis des Aristodemos schon einige Jahre früher gestürzt worden (oben I 1 S. 381). So war auch in den italischen Kolonien die Demokratie fast überall zur Herr-

---

[1] Diod. XI 86.

[2] Diod. XI 87.

[3] Diod. XI 88. 91.

[4] Arist. *Polit.* V 1303 a.

[5] Hauptstellen Aristoxenos *FHG.* II 274, 11 und Polyb. II 39; vgl. Dikaearchos *FHG.* II 245, 31, Iustin. XX, 4, Diog. Laert. VIII 39, Apollonios bei Iambl. *Leben des Pythag.* 254 ff. Die Katastrophe setzen Dikaearchos und andere noch in Pythagoras' Zeit, während nach Aristoxenos Epameinondas' Lehrer Lysis dabei gegenwärtig gewesen wäre; da nun Epameinondas nicht wohl vor 420 geboren sein kann, so kann Lysis' Geburt kaum vor 470 gesetzt werden, und die Katastrophe fiele frühestens um die Mitte des V. Jahrhunderts. Die inneren Wirren mögen aber schon vorher begonnen haben. Es liegt nahe, den Versuch der Sybariten, ihre Stadt wieder aufzubauen (453), mit diesen Unruhen in Kroton in Zusammenhang zu bringen. — Vgl. Zeller, *Philos. d. Griechen* I [5] 331 ff., Rohde, *Kl. Schr.* II 102 ff., bes. 114 A, Corssen, *Philol.* LXXI (N. F. XXV), 1912, S. 332 ff.

schaft gelangt; nur in Lokroi erhielt sich die alte aristokratische Staatsform [1].

Gleichzeitig mit dieser Bewegung, und wenn auch nicht
durch sie hervorgerufen, so doch in ihren Erfolgen mächtig
gefördert, trat eine nationale Reaktion gegen den Hellenismus
bei den Eingeborenen Italiens ein. Und zwar ebenso bei den
Stämmen des Kontinents, wie Siciliens. Sie wird eingeleitet
mit jener blutigen Niederlage der Tarantiner durch die
Iapyger. Bald werden die Lucaner, in der heutigen Basilicata,
ein Volk, dessen Namen jetzt zum ersten Male genannt wird,
den Städten am Golf von Tarent lästige Nachbarn [2]. Um
dieselbe Zeit steigen die Samniten in die seitdem sogenannte
campanische Ebene hinab, erobern das etruskische Capua
und kommen dadurch in unmittelbare Berührung mit Kyme,
das ihren Waffen wenig später erliegen sollte [3].

Nicht so erfolgreich war die nationale Reaktion auf
Sicilien, wo die Eingeborenen auf allen Seiten von hellenischen Kolonien umgeben und durch das Meer von den
Stammesgenossen auf dem Festland getrennt waren. Die
Bewegung fand hier ihren Führer in Duketios, dem König
von Menae (Mineo bei Caltagirone) [4]. Als Verbündeter der
syrakusischen Demokratie hatte er an dem Feldzuge gegen

---

[1] Aristot. *Polit.* V 1307 a.

[2] Polyaen. II 10, 2. 4 (bald nach der Gründung von Thurioi). Naiverweise
hat man daraus geschlossen, die Lucaner seien erst in dieser Zeit aus Samnium
eingewandert. Die Sache ist vielmehr analog dem Aufkommen der Namen
der großen germanischen Stämme im III. Jahrhundert nach oder des Hellenen-
namens im VII. Jahrhundert vor unserer Zeitrechnung. Offenbar haben die
kleinen oskischen Stämme in den Bergen zwischen dem Principato und der
Basilicata sich damals zu einer politischen Einheit zusammengeschlossen.

[3] Nach Diodor ist Capua 438/7 (XII 31), Kyme 421/0 (XII 76) genommen
worden; sind die Angaben aus römischer Quelle geflossen, so würde 445 und 428
dafür zu setzen sein. Livius berichtet die Einnahme von Capua unter 423 (IV 37),
die von Cumae unter 421 (IV 44).

[4] Diod. XI 88, 6. Μένας ist Konjektur von Clüver für das von den meisten
Handschriften überlieferte μὲν Νέας; der Patmius hat μινέας. Eine Bestätigung
gibt Apollodor *Chron.* II fr. 60 Jac. Μεναὶ πόλις Σικελίας ἐγγὺς Παλικῶν,
denn Apollodor kann die Stadt nur bei Gelegenheit der Geschichte des Duketios

Hierons Sohn Deinomenes von Aetna teilgenommen und zu dem glücklichen Ausgange wesentlich beigetragen[1]. Bald darauf gelang ihm die Eroberung des wichtigen Morgantine; und dieser Erfolg gab den Anlaß, daß fast die ganze sikelische Nation sich unter Duketios' Führung zu e i n e m Staate zusammenschloß. Am heiligen See der Paliken, unweit von Menae, da, wo das heraeische Bergland zur fruchtbaren Ebene von Catania sich herabsenkt, wurde die Hauptstadt des neuen Reiches gegründet, die jenen Nationalgöttern zu Ehren den Namen Palike erhielt (459/8)[2].

Duketios kehrte jetzt seine Waffen gegen Hierons alte Söldner in Aetna (Inessa); der feste Platz wurde genommen, und damit der letzte Rest der Deinomenidenherrschaft zerstört, Hierons Sohn Deinomenes fand dabei seinen Tod[3]. Jetzt hielt sich der sikelische König für stark genug, den Befreiungskrieg gegen die Griechen zu beginnen. Es gelang ihm auch, die Akragantiner und die ihnen verbündeten Syrakusier in offener Feldschlacht zu schlagen und die akragantinische Grenzfestung Motyon einzunehmen; auf die Dauer aber zeigten sich die Hilfsquellen der griechischen Städte weit überlegen. Im folgenden Frühjahr erlitt Duketios durch die Syrakusier bei Noae eine schwere Niederlage, Motyon wurde von den Akragantinern wieder erobert, und der König, von seinen Anhängern verlassen, war endlich gezwungen, sich den Syrakusiern auf Gnade und Ungnade zu ergeben (etwa 450). Sein Reich zerfiel; der südliche Teil, das fruchtbare Piano di Catania, mit Morgantine, Menae und Inessa kam an Syrakus; die nördlichen Gegenden, das obere Symaethostal und die nebrodischen Berge behielten ihre Unabhängigkeit, so daß jede Stadt wieder wie früher einen selb-

---

erwähnt haben. Nach Diod. XI 78, 5 (aus der chronographischen Quelle) wäre Μέναινον (Nebenform von Μεναί) von Duketios gegründet worden; das ist nichts weiter als ein Parallelbericht zu dem μετοικισμός von Menae nach dem Palikensee, der XI 88, 6; 90, 1 nach der historiographischen Quelle erzählt wird.

[1] Diod. XI 76, 3.
[2] Diod. XI 78, 5; 88, 6; 90, 1.
[3] Diod. XI 91, 1.

ständigen Kleinstaat bildete.   Duketios selbst wurde nach
Korinth relegiert [1].

Jetzt aber kam es zum Bruch zwischen den Siegern.
Syrakus hatte im Kriege gegen die Sikeler das Beste getan
und dementsprechend den Löwenanteil der Beute für sich
genommen; Akragas war nicht gesonnen, das zu dulden, und
griff zu den Waffen.   Die übrigen Städte der Insel nahmen für
und wider Partei, doch am Flusse Himeras erlitten die Akragantiner eine entscheidende Niederlage, die sie zwang, um
Frieden zu bitten (446/5) [2].   Diese Wirren benutzte Duketios,
um nach Sicilien zurückzukehren; von Archonidas, dem
Könige von Erbita, unterstützt, gründete er an der Nordküste der Insel die Stadt Kalakte, in der Hoffnung, von hier
aus noch einmal eine nationale Erhebung zustande zu bringen.
Doch bald setzte der Tod diesen Plänen ein Ziel [3].   Die Syrakusier wandten sich jetzt gegen Palike, die Stadt, die Duketios
einst beim Beginn seiner Laufbahn gegründet hatte; sie fiel
nach tapferem Widerstande und wurde von den Siegern
zerstört (um 440) [4].   Das Schicksal der sikelischen Nation

---

[1] Diod. XI 91—92. Die entscheidende Schlacht wäre nach Diod. XI 91, 2
περὶ τὰς Νομὰς geschlagen worden; da aber bei Apollodor *Chron.* II fr. 61
(bei Steph. Byz.) eine sicilische Stadt Νόαι erwähnt wird, die nur bei dieser
Gelegenheit genannt sein konnte, so ist klar, daß bei Diodor Νόας herzustellen
ist. Die Lage ist unbekannt. — Auf die Einnahme von Motyon, nicht aber auf
einen Sieg über das phoenikische Motye bezieht sich das von Paus. V 25, 2
erwähnte Weihgeschenk, das die Akragantiner in Olympia aufstellten, vgl.
Hermes XXVIII, 1893, S. 633. — Morgantine (Thuk. IV 65, 1) und überhaupt
die sikelischen Städte in der Ebene von Catania (οἱ πρὸς τὰ πεδία μᾶλλον
τῶν Σικελῶν, Thuk. VI 88, 4) waren zur Zeit des peloponnesischen Krieges den
Syrakusiern untertänig; in Inessa (Aetna) lag damals eine syrakusische Besatzung (Thuk. III 103, 1, vgl. VI 94, 3). Diese Gebiete müssen im Kriege gegen
Duketios gewonnen worden sein, vgl. Diod. XII 30, 1 (unter dem Jahr 439/8).

[2] Diod. XII 8.

[3] Diod. XII 8, 2; 29, 1.

[4] Diod. XII 29, 2—4. In den Handschriften heißt die Stadt Τρινακίη,
was sicher korrupt ist; im Inhaltsverzeichnis zum XII. Buch steht Πικηνούς
oder Πικίνους. Nun sagt Diod. XI 90, 1 von Palike, die Stadt sei bald blühend
geworden, aber schon nach kurzer Zeit zerstört worden und dann wüst geblieben; περὶ ὧν τὰ κατὰ μέρος ἀναγράψομεν ἐν τοῖς οἰκείοις χρόνοις. In
unserem Diodortext ist aber nicht wieder von Palike die Rede. Wenn also Diodor

war besiegelt; sie hat seitdem nie mehr den Versuch gemacht, aus eigener Kraft die Fremdherrschaft abzuschütteln.

Nicht lange nach dem Fall der Monarchie in Sicilien wurde in Kyrene das Haus der Battiaden gestürzt, das die Stadt seit ihrer Gründung beherrscht hatte. Schon um die Mitte des VI. Jahrhunderts, unter Battos III., „dem Lahmen" war es hier infolge von Zwistigkeiten im Schoß der königlichen Familie zu einer Reform im demokratischen Sinne gekommen; der Mantineer Damonax, den man auf Anweisung des delphischen Orakels als Gesetzgeber berufen hatte, gab dem Staat eine neue Organisation, die den Königen nichts als einige leere Ehrenrechte übrig ließ. Als dann Battos' Sohn Arkesilaos den Versuch machte, die alten Zustände herzustellen, wurde er seiner Würde entsetzt und mußte nach Samos in die Verbannung gehen; von dort kehrte er mit zahlreichen Anhängern zurück, die er durch das Versprechen einer neuen Landverteilung geworben hatte, und gewann mit ihrer Hilfe den Thron wieder. Endlich wurde er in Barke von kyrenaeischen Verbannten ermordet (um 510); doch die Königinmutter Pheretime übernahm mit fester Hand die Regentschaft für ihren unmündigen Enkelsohn Battos „den Schönen" und rettete ihrem Hause den Thron. Mit persischer Hilfe gelang es ihr, Barke einzunehmen, das nun, ebenso wie Euesperides, politisch mit Kyrene vereinigt wurde. Dieses wurde so zu einem der mächtigsten griechischen Staaten,

---

an unsererStelle die Zerstörung einer reichen und mächtigen Sikelerstadt berichtet, und zwar im unmittelbaren Anschluß an das Ende des Duketios, so ist die Vermutung kaum abzuweisen, daß er das XI 90, 1 gegebene Versprechen hier einlöst; der Ausfall zweier Buchstaben genügte, um aus Π(αλ)ικίνους· Πικίνους werden zu lassen. In der ersten Auflage hatte ich an die Emendation Πιακίνους gedacht, die ja paläographisch noch leichter ist; ebenso Pais, *Ricerche storiche e geografiche* S. 163 ff. Aber Piakos hat, nach dem Zeugnis seiner Münzen, noch am Ende des V. Jahrhunderts bestanden, kann also nicht um 440 zerstört worden sein. In unserer literarischen Überlieferung kommt die Stadt nur bei Stephanos vor; Diodor konnte also nicht wohl von Piakos sagen ἀεὶ τὸ πρωτεῖον ἐσχηκυῖα τῶν Σικελικῶν πόλεων. Das paßt vielmehr allein auf Palike, das die Hauptstadt von Duketios' sikelischem Reiche gewesen war und an der Stätte des vornehmsten Nationalheiligtums lag.

der den Vergleich mit dem Deinomenidenreiche auf Sicilien kaum zu scheuen brauchte. Dank diesen Erfolgen und noch mehr vielleicht Dank dem Rückhalt, den ihm die Perser gewährten, konnte Battos sich bis an seinen Tod in der Herrschaft behaupten und sie seinem Sohn Arkesilaos hinterlassen (um 465). Der aegyptische Aufstand, der bald darauf ausbrach, löste das Band, das Kyrene an das Perserreich geknüpft hatte; zugleich aber brachen innere Unruhen aus, in deren Verlauf Arkesilaos ermordet und die Demokratie eingeführt wurde. Wie in Sicilien nach dem Sturze der Deinomeniden, löste sich jetzt das Reich auf; Barke, Euesperides Teucheira gewannen ihre Unabhängigkeit zurück und Kyrene blieb wieder auf sein altes Gebiet beschränkt[1].

Größer waren die Hindernisse, die sich der demokratischen Bewegung auf der griechischen Halbinsel selbst entgegenstellten. Die wirtschaftliche und intellektuelle Entwicklung war hier noch nicht so weit vorgeschritten wie im ionischen Osten oder wie auf Sicilien; und was noch schwerer ins Gewicht fiel, die konservativen Interessen fanden hier einen festen Rückhalt an Sparta, das mit dem ganzen Gewicht seiner militärischen Macht und seines moralischen Ansehens für die Erhaltung des Bestehenden eintrat. Immerhin hatten die demokratischen Ideen auch hier bedeutende Erfolge zu verzeichnen. Die Ereignisse des Jahres 479 fegten in Theben das aristokratische Regiment hinweg, das es mit den Persern gehalten hatte[2]. An die Stelle der gestürzten Regierung trat die Demokratie; und teils dies Beispiel, teils der Einfluß

---

[1] Herod. IV 160—167, 200—205, Menekles von Barke *FHG*. IV 479, Herakleides *Polit.* 4 (*FHG*. II 212), Pind. *Pyth.* IV und V mit den Scholien. Näheres oben I 2 S. 210 ff. und bei Thrige, *Res Cyrenensium*, Kopenhagen 1828. Die Reste des athenischen Heeres in Aegypten retteten sich durch Libyen nach Kyrene (Thuk. I 110, 1), das also damals (456) nicht mehr von Persien abhängig war. Daß die kleineren Städte selbständig wurden, ergibt sich aus ihrer Münzprägung.

[2] Thuk. III 62, 5. Nach Aristot. *Polit.* V 1302 b bestand die Demokratie in Theben zur Zeit der Schlacht bei Oenophyta (vgl. Kirchhoff, *Abh. Berl. Akad.* 1878 S. 6); für ihre Einsetzung ist kein anderer Zeitpunkt denkbar, als gleich nach der Schlacht bei Plataeae. Die Annahme, daß die Demokratie in Theben

des nahen Athen brachte auch in den übrigen boeotischen Städten die Demokratie zur Herrschaft.

In Argos war die Königsmacht schon um 600 nach dem Sturze der Temeniden beschränkt worden (oben I 1 S. 333); die Aufnahme der Perioeken in die Bürgerschaft nach der Niederlage bei Tiryns gegen Kleomenes (oben S. 14) mußte eine weitere Ausdehnung der Volksrechte zur Folge haben; Argos war jetzt eine Demokratie mit monarchischer Spitze[1], so daß dem König nur noch der Oberbefehl im Kriege blieb, der ihm dann im Laufe der nächsten Jahrzehnte ebenfalls entzogen und auf ein Kollegium von fünf Strategen übertragen wurde. Von hier breitete die demokratische Bewegung sich über das benachbarte Arkadien aus; die ganze Landschaft fiel von Sparta ab und suchte bei Argos Anlehnung[2]. Mit Hilfe der neuen Bundesgenossen unterwarfen jetzt die Argeier

---

erst nach der Schlacht bei Oenophyta eingeführt worden wäre, steht nicht nur in Widerspruch mit den Worten unserer Quelle, sondern ist auch an sich unzulässig, da sich Theben in diesem Falle an Athen angeschlossen haben würde.

[1] Als solche erscheint Argos in Aeschylos' Hiketiden, neben den Persern dem ältesten erhaltenen Stücke des Dichters. Daraus folgt freilich nicht, daß die Monarchie damals noch in Argos bestanden hat, wohl aber bezeugt das Herod. VII 149 für das Jahr 480, und zwar hatte der König noch den Befehl im Kriege. Noch in einem Volksbeschluß aus der Mitte des V. Jahrhunderts wird der König erwähnt (Vollgraff, *Bull. Corr. Hell.* XXXIV, 1910, S. 332 ff. ἐπὶ Μελάντα βασιλέος), ob es sich aber um den alten Erbkönig oder um einen Jahrkönig handelt, wissen wir nicht. Jedenfalls wurde zur Zeit des peloponnesischen Krieges (418) das argeiische Heer nicht mehr vom Könige, sondern von fünf Strategen befehligt (Thuk. V 59,5), und die Verfassung wird als demokratisch bezeichnet (Thuk. V 31, 6; 44, 1). Volksgerichte, wie in Athen: Aeschyl. *Hiket.*, also schon bald nach den Perserkriegen, Thuk. V 60, 6, Eurip. *Orest.* 872 ff., weiteres bei Ed. Meyer, *Forschungen* I 101 ff., vgl. auch Wilamowitz, *Kydathen* S. 92 ff., jetzt zum Teil nicht mehr haltbar. Ostrakismos: Aristot. *Polit.* V 1302 b, Schol. Aristoph. *Ritter* 855, doch wohl aus Athen entlehnt, da Argos, unseres Wissens, bis auf die makedonischen Zeiten nie unter Tyrannen gestanden hat.

[2] Über den Abfall Arkadiens Herod. IX 35, s. unten S. 143 Anm. 1. Die Verfassung von Mantineia war im Jahr 421 demokratisch (Thuk. V 29, 1), wenn Aristot. *Polit.* VI 1318 b, wie wahrscheinlich, auf diese Zeit geht, eine gemäßigte Demokratie. Fünf Phylen: Le Bas-Foucart 352 p. Von der Verfassung der übrigen Städte im V. Jahrhundert wissen wir nichts.

ihre kleinen Nachbarstädte Mykenae und Tiryns, die sagen-
berühmten Sitze der ältesten griechischen Kultur; sie wurden
zerstört und ihre Bewohner vertrieben [1]. Auch Elis, neben
Korinth der wichtigste Staat des peloponnesischen Bundes,
ging um diese Zeit zur Demokratie über. Die alte Geschlechter-
ordnung wurde gestürzt und eine Neuorganisation des Staates
in 10 Phylen vorgenommen, offenbar nach dem Muster der
kleisthenischen Verfassung Athens [2]. Die Reform war mit
einem Synoekismos verbunden; die neue Hauptstadt wurde
am Ufer des Peneios angelegt, am Fuße der alten Königs-
burg des Oxylos, allerdings ohne zunächst befestigt zu werden
(471) [3]. Bald trugen die Eleier ihre Waffen nach Süden,
und unterwarten die Städte Triphyliens bis herab an die
messenische Grenze [4].

Sparta mußte zunächst das alles geschehen lassen, denn
es hatte genug zu tun, um die revolutionäre Bewegung seinen
eigenen Grenzen fernzuhalten. Lag doch nirgends so viel
Zündstoff aufgehäuft wie hier, wo die große Mehrzahl der
Bevölkerung in Leibeigenschaft gehalten wurde, ohne Gewähr
auch nur für die persönliche Sicherheit; wo ein anderer großer
Teil der Bevölkerung — die Bewohner der Landstädte —
zwar die persönliche Freiheit und eine gewisse kommunale
Autonomie besaß, politisch aber in jeder Hinsicht von Sparta
abhing; wo endlich unter den Bürgern der herrschenden
Stadt selbst die größte Ungleichheit des Vermögens bestand,

---

[1] Herod. VI 83, Diod. XI 65, Strab. VIII 373. 377. Die Tirynthier fanden
eine neue Heimat in Halieis bei Hermione (Herod. VII 137, Ephoros bei Steph.
Byz. Ἁλιεῖς vgl. Τίρυνς, Svoronos, *Journ. Intern. de Numism.* X, 1907,
S. 5 ff.). Über die Chronologie unten 2. Abt. § 71.

[2] Aristot. *Polit.* V 1306 a, Paus. V 9, 5.

[3] Diod. XI 54, Strab. VIII 337.

[4] Herod. IV 148. Lepreon, 479 noch unabhängig (*CIA.* 70), war zu Anfang des peloponnesischen Krieges eine eleiische Perioekenstadt (Thuk. V 31).
Aus der Kriegsbeute errichteten die Eleier den Tempel des Zeus in Olympia
mit der berühmten chryselephantinen Statue, vgl. Paus. V 10, 2. Da der Tempel
457 bereits im wesentlichen vollendet war (Paus. V 10, 4) und der Bau doch
längere Jahre in Anspruch genommen hat, muß die Eroberung Triphyliens
um 470 oder wenig später gesetzt werden.

und nur die Wohlhabenden sich im Genuß des vollen Bürgerrechtes befanden. Und auch diese kleine Minderheit war
wieder durch mannigfache Parteiinteressen zerspalten. Die
Königsmacht war zwar im Laufe der Zeit immer mehr beschränkt worden, aber der Nimbus, der nun einmal trotz allem
den königlichen Namen umgab, der große Reichtum der
königlichen Häuser, ihre Verschwägerung mit den ersten
Familien der Stadt, vor allem das Recht des Oberbefehls
im Kriege, das keine Verfassungsreform den Königen zu
entreißen vermocht hatte, das alles gab ihnen eine Stellung,
die in der Hand eines fähigen Mannes der Freiheit des Staates
verhängnisvoll werden konnte. So herrschte denn zwischen
den höchsten Gewalten in Sparta, zwischen Königtum und
Ephorat, beständig ein Zustand latenten Krieges, und es
bedurfte nur eines unbedeutenden Anlasses, diesen Konflikt
zum offenen Ausbruch zu bringen. Wir haben oben gesehen
(S. 35f.), wie Sparta eine solche Krisis unmittelbar vor dem
Perserkriege zu bestehen gehabt hatte; kurz hintereinander
hatte man den König aus dem einen Hause seiner Würde
entsetzt, den des anderen Hauses ins Gefängnis geworfen
und dort ermorden lassen. Mußte das königliche Ansehen
durch diese Vorgange einen schweren Stoß erleiden, so trugen
andererseits die Erfolge des Jahres 479 dazu bei, es aufs neue
zu befestigen. Ein siegreicher Krieg wird dem glücklichen
Feldherrn stets zu Einfluß und politischer Bedeutung verhelfen,
und so konnte es nicht fehlen, daß die Sieger von Plataeae
und Mykale, Pausanias und Leotychidas, ein Ansehen er-
langten, wie es die Könige seit Kleomenes' Sturz nicht mehr
besessen hatten. War es zu verwundern, daß sie suchten,
die Gunst des Augenblicks zu benutzen? Der Oberbefehl
über die hellenische Bundesflotte, der Pausanias im Jahre 478
übertragen wurde, gab ihm die Mittel in die Hand, deren er
zur Verwirklichung seiner Pläne bedurfte. Da stürzte ihn
der Abfall Ioniens (oben S. 61) von seiner Höhe herab. Er
wurde nach Sparta zurückgerufen, und seine Feinde ergriffen
die Gelegenheit, ihm wegen seines Verhaltens auf dem Feldzuge vor Gericht zu ziehen. Doch Pausanias ging aus dem

Prozeß als Sieger hervor, und wenn auch die Regierung
nicht die Absicht hatte, sich weiter an dem Seekriege zu
beteiligen, so wagte sie doch auch nicht, dem Regenten Hindernisse in den Weg zu legen, als er auf eigene Hand noch einmal
nach dem Hellespont abging. Aber seine alte Stellung wieder-
zugewinnen, gelang ihm nicht; von den Athenern mit Waffengewalt aus Byzantion vertrieben (oben S. 66), mußte er sich
nach Kolonae in der Troas zurückziehen. Hier soll er mit den
Persern in Verbindung getreten sein; wir begreifen freilich
nicht, welche Hilfe er sich von einer Macht versprechen konnte,
die nicht einmal ihr eigenes Gebiet gegen die Athener zu
schützen imstande war. Bald rief jhn der Befehl der Ephoren
nach Sparta zurück. Er dachte jetzt auf revolutionärem Wege
sein Ziel zu erreichen und wiegelte die Heiloten mit dem
Versprechen von Freiheit und Bürgerrecht zur Empörung auf.
Nun endlich schritten die Ephoren offen gegen den Regenten
ein; die angeblichen Beziehungen zu Persien mußten den
Vorwand abgeben. Pausanias wußte, was ihm diesmal bevorstand und entzog sich der Gefangenschaft durch die Flucht
in den Tempel der Athena Chalkioekos; doch die Ephoren
ließen den Eingang vermauern, und der Sieger von Plataeae
fand sein Ende durch Hunger [1]. — Etwa gleichzeitig erfolgte
auch der Sturz seines Amtsgenossen Leotychidas (469). Da
man ihm sonst nichts anhaben konnte, griff man auf seinen
thessalischen Feldzug zurück; er habe sich damals von den
Aleuaden bestechen lassen. Dafür wurde der König jetzt
vor Gericht gestellt, schuldig gesprochen und seiner Würde
entsetzt; er ist in Tegea in der Verbannung gestorben [2]

So war das Ephorat in dem Kampfe gegen das Königtum Sieger geblieben; die Helden des Perserkrieges waren
aus dem Wege geräumt. Den Thron nahmen zwei Jünglinge
ein, Leotychidas' Enkel Archidamos und Leonidas' Sohn
Pleistarchos; von dieser Seite war keine Gefahr für die be-

---

[1] Thuk. I 128—134, vgl. unten 2. Abt. § 57 f. (*Der Verrat des Pausanias*)
und über die Chronologie § 70.

[2] Herod. VI 72 (daraus Paus. III 7, 8), Plut. *v. Herod. Schlechtigkeit* 21
S. 859. Weiteres unten 2. Abt. § 72.

stehende Verfassung zu fürchten. Es hat zwei Jahrhunderte
gedauert, ehe wieder ein König es wagte, sich gegen die Ephorenmacht aufzulehnen.

Jetzt endlich konnte Sparta daran denken, seine wan-
kende Hegemonie im Peloponnes aufs neue zu befestigen.
Das lakedaemonische Heer rückte in Arkadien ein, und bei
Tegea wurden die verbündeten Argeier und Tegeaten aufs
Haupt geschlagen; nach einem zweiten Siege der Spartaner
bei Dipaea am Westabhang des Maenalon kehrte die ganze
Landschaft zum Gehorsam zurück (466). Spartas Ober-
herrschaft über den Peloponnes war jetzt in demselben Umfange wieder hergestellt, wie sie zur Zeit der Perserkriege
bestanden hatte; und für mehr als ein Menschenalter, bis
zum großen Kriege gegen Athen, haben die peloponnesischen
Bundesgenossen keinen Versuch mehr gemacht, sich dieser
Abhängigkeit zu entziehen [1].

Unter den Heiloten aber gärte es weiter, trotz der
energischen Maßregeln der Regierung, die den schuldigen
oder verdächtigen gegenüber selbst das Asylrecht der Tempel
nicht achtete. Da geschah es, daß Sparta von einem furchtbaren Erdbeben getroffen wurde, das fast alle öffentlichen
und Privatgebäude niederwarf und einen großen Teil der
Bevölkerung unter den Trümmern begrub (464) [2]. Diese
Katastrophe brachte die längst vorbereitete Empörung zum
Ausbruch. Im eigentlichen Lakonien freilich konnte der
Aufstand keine rechte Verbreitung gewinnen, da die Perioekenstädte Sparta treu blieben; dagegen stand das Land jenseits
des Taygetos, das alte Messenien, bald fast ganz gegen seine
spartanischen Herren in Waffen, denn es gab hier nur wenige
Perioekengemeinden, und von diesen nahm eine der wichtigsten,
Thuria, an der Erhebung teil [3]. Aber mochten auch die

---

[1] Herod. IX 35, Isokr. *Archid.* 99, Polyaen. II 10, 3; über Mantineia
Xen. *Hell.* V 2, 3. Über die Chronologie unten 2. Abt. § 71.

[2] Thuk. I 128. Diod. XI 63 f. Plut. Kim. 16, unten 2. Abt. § 74.

[3] Thuk. I 101, 2. Die übrigen messenischen Perioeken blieben Sparta
treu, bis auf die Αἰθαῆς, die sonst nicht genannt werden. Wenn der Name
nicht verschrieben ist, mag die Stadt bei diesem Aufstande zugrunde gegangen sein

Heiloten in der ersten Verwirrung einige Erfolge erringen,
auf die Dauer konnten sie der militärischen Disziplin der
Spartiaten unmöglich gewachsen sein. Nach einer Niederlage
beim sogenannten „Isthmos" mußten sie das offene Land
aufgeben und sich auf den Berg Ithome zurückziehen, der
wie eine Akropolis in der Mitte Messeniens aufragt, und schon
einmal vor einem viertel Jahrtausend ihren Vorfahren im
Kriege gegen Sparta Zuflucht gewährt hatte. Hier, wo sie alle
Vorteile des Geländes für sich hatten, leisteten sie den Spartanern erfolgreichen Widerstand. Der Krieg begann sich
in die Länge zu ziehen; und bei dem Ungeschick, das die
Lakedaemonier von jeher im Belagerungskriege gezeigt
hatten, war nicht abzusehen, wie lange Zeit die Niederwerfung
des Aufstandes in Anspruch nehmen würde. Und doch war
Gefahr im Verzuge; denn so lange die Messenier unbezwungen
auf Ithome standen, war Spartas Aktionsfähigkeit nach
außen hin lahm gelegt. So entschloß man sich in Sparta,
nicht nur die peloponnesischen Bundesgenossen gegen die
Messenier aufzubieten, sondern auch Athens Bundeshilfe
in Anspruch zu nehmen[1].

Dort war in den ersten Jahren nach Salamis Themistokles
der einflußreichste Staatsmann geblieben. Er war es, der
nach dem Abzug der Perser den Wiederaufbau der Stadt
leitete[2] und die Befestigung des Peiraeeus zu Ende führte,
die er einst als Archon begonnen hatte[3]; wir können nicht
zweifeln, daß auch die Organisation des Seebundes zum großen
Teile sein Werk war[4]. Aber eben diese Stellung an der Spitze
des Staates machte es ihm unmöglich, Athen auf längere Zeit

---

[1] Thuk. I 101 f. Vernichtung einer spartanischen Abteilung bei Steny-
klaros Herod. IX 64, Sieg der Spartaner πρὸς Ἰσθμῷ Herod. IX 35, was schon
Paus. III 11, 8 so gelesen hat, vgl. Wilamowitz, *Aristot.* II 296, 10. Wo freilich
dieser Isthmos gelegen hat, wissen wir nicht, er muß aber im SO. von Ithome
gesucht werden. Klar ist jedenfalls, daß es sich bei Herodot um eine Feldschlacht
handelt.

[2] Thuk. I 89—93.

[3] Thuk. I 93.

[4] Vgl. Timokreon fr. 1 mit meinen Bemerkungen *Rh. Mus.* XLIII, 1888,
S. 108 f., und unten 2. Abt. § 53.

zu verlassen, und persönlich die Führung des Perserkrieges zu übernehmen, seit Asien und Thrakien zum Kriegsschauplatze geworden waren. So verblaßte der Ruhm des Siegers von Salamis allmählich vor den frischen Lorbeeren Kimons. Dazu kam, daß das gute Einvernehmen mit Sparta, das zur Zeit des persischen Einfalles geherrscht hatte, naturgemäß sich zu trüben begann, seit Athen durch die Stiftung des Seebundes Sparta als ebenbürtige Macht zur Seite getreten war. Es ist begreiflich, daß man in Sparta die Ursache dieser Veränderung nicht in der Verschiebung der Machtverhältnisse suchte, sondern in der Politik des leitenden athenischen Staatsmannes; und allerdings mußte ein so scharfblickender Politiker wie Themistokles früher als jeder andere die Unmöglichkeit erkennen, daß Athen und Sparta auf die Dauer friedlich nebeneinander bestehen könnten. Infolgedessen arbeitete nun auch der spartanische Einfluß in Athen gegen Themistokles; und dieser Einfluß war noch immer sehr mächtig. Kimon, der junge ruhmgekrönte Feldherr, der unter den Eindrücken der Perserkriege zum Manne gereift war und das Heil für Hellas nur in der engen Verbindung Athens mit Sparta erblickte, wurde dadurch in Gegensatz zu Themistokles gedrängt; ohnehin glaubte er durch seine Taten Anspruch auf die erste Stelle im Staate zu haben. Vor allem arbeitete natürlich die von den Alkmeoniden geleitete Volkspartei an dem Sturz ihres alten Gegners, und auch Aristeides ließ die günstige Gelegenheit nicht vorübergehen, für seinen Ostrakismos an dessen Urheber Vergeltung zu üben[1]. So

---

[1] Kimon und Aristeides Gegner des Themistokles nach Plut. *Kim.* 10, während *Arist.* 25 Alkmeon und Kimon als solche genannt werden, und Aristeides sich zurückgehalten hätte. Alkmeon ist hier mit seinem Sohne Λεωβώτης Ἀλκμέωνος Ἀγρυλῆθεν verwechselt, der später die Eisangelie gegen Themistokles einbrachte (Krateros fr. 5, *FHG.* II 619, Plut. *Them.* 23). Kimon hat später Epikrates aus Acharnae zum Tode verurteilen lassen, weil er Themistokles dessen Frau und Kinder nachgesandt hatte (Stesimbrotos bei Plut. *Kim.* 24). Wenn Plut. *Kim.* 10 angegeben wird, Kimon und Aristeides seien Themistokles entgegengetreten πέραν τοῦ δέοντος ἐπαίροντι τὴν δημοκρατίαν, so liegt dem die Vorstellung zugrunde, Themistokles' Flottengesetz sei eine demokratische Maßregel gewesen, was völlig verkehrt ist (2. Abt. § 52). Auf

vielen Feinden war Themistokles nicht gewachsen. Es kam
zum Scherbengericht — wie es scheint 470 —, und diesmal
entschied das Volk gegen Themistokles. Der Mann, der Athens
Größe begründet hatte, ging in die Verbannung nach Argos [1].
Aber auch hier sollte seines Bleibens nicht sein. Die
Lakedaemonier erhoben in Athen Anklage gegen ihn, er
habe sich am Verrat des Pausanias beteiligt; und es ist in
der Tat wahrscheinlich, daß er den Plänen, die auf einen
Umsturz der Dinge im Peloponnes hinzielten, nicht fern-
gestanden hatte. Die in Athen herrschende Partei aber ergriff
begierig den Vorwand, ihren Feind für immer zu vernichten.
Themistokles wurde vor der Volksversammlung des Hoch-
verrats angeklagt [2], in Argos Auslieferung verlangt, der
Verbannte durch ganz Hellas gehetzt, bis er schließlich zu
dem wurde, wozu seine Feinde ihn machen wollten, und die
einzige Zuflucht aufsuchte, die ihm auf der Welt noch offen
stand, den Schutz des Großkönigs (464). Solch einflußreiche
Politiker waren am persischen Hofe stets willkommen, da
sie eventuell wichtige Dienste leisten konnten; König Artaxerxes, der soeben seinem Vater Xerxes auf dem Thron
der Achaemeniden gefolgt war, nahm also Themistokles
freundlich auf und verlieh ihm das Fürstentum von Magnesia
am Maeandros, hart an der Grenze des athenischen Bundesgebietes. Dort hat er bis zu seinem Tode geherrscht, so viel
wir sehen, unbelästigt von den Athenern, was mit dem kurz

---

derselben Vorstellung beruht die Anekdote bei Aristot. AΠ. 25, 3, daß Themistokles beim Sturz des Areopags durch Ephialtes mitgewirkt habe (vgl. unten
2. Abt. § 54). Ephialtes muß vielmehr der Alkmeonidenpartei angehört haben
und also Themistokles' Gegner gewesen sein.

[1] Thuk. I 135, 3, Plat. *Gorg.* 516 d, Diod. XI 55, Plut. *Them.* 22. Über
die Chronologie unten 2. Abt. § 73.

[2] Thuk. I 135 sagt von Themistokles ἔτυχη γὰρ ὠστρακισμένος, καὶ
ἔχων δίαιταν μὲν ἐν Ἄργει, ἐπιφοιτῶν δὲ καὶ εἰς τὴν ἄλλην Πελοπόννησον;
Vergnügungsreisen werden das nicht gewesen sein. Über die Anklage und den
Prozeß außerdem Diod. XI 55, Plut. *Them.* 23, Krateros fr. 5, aus dem sich
ergibt, daß es sich um ein Eisangelieverfahren handelte, also die Volksversammlung das Urteil gefällt hat. Der Prozeß vor dem Ostrakismos bei Diod.
XI 54 ist ein Duplikat, für das Ephoros nicht verantwortlich zu sein braucht.

darauf erfolgten Bruch zwischen Athen und Sparta zusammenhängen wird [1].

Nach dem Ostrakismos des Themistokles war Kimon
unbestritten der erste Mann in Athen, um so mehr, als Aristeides
und Xanthippos um diese Zeit starben, oder doch vom politischen Schauplatze abtraten [2]. Ein echter Junker vom Kopf
bis zur Zehe, ritterlich, aber etwas beschränkten Geistes,
und den Freuden des Bechers und der Liebe mehr ergeben
als gut sein mochte, dankte er seine Popularität ebenso sehr
wie seinen Kriegstaten der Leutseligkeit, mit der er auch dem
geringsten Bürger begegnete, und der fast unbegrenzten
Freigebigkeit, zu der ihn sein fürstliches Vermögen in den
Stand setzte [3]. Und eben jetzt mußte der große Sieg am
Eurymedon (oben S. 68) ihn noch mehr in seinem Ansehen
befestigen. Für das Reich aber hatte dieser Sieg die Folge,
daß das gute Einvernehmen zwischen Athen und seinen
Bundesstädten sich zu lockern begann; schien doch die Persergefahr auf absehbare Zeit beseitigt, und damit die Unterordnung unter Athen weniger notwendig, während man
andererseits in Athen die Zügel straffer anzuziehen begann.

---

[1] Thuk. I 135—138, anekdotenhaft ausgeschmückt; daraus, mit einigen
meist wertlosen Zusätzen, Diod. XI 55—58, Plut. *Them.* 22—31. Als Fürst
von Magnesia hat Themistokles Didrachmen attischen Fußes im eigenen
Namen geprägt (Weil, *Themistokles als Herr von Magnesia, Corolla Numism.*
für B. Head, Oxford 1906, S. 301 ff.); über ein von ihm dort gestiftetes Fest
Possis aus Magnesia bei Athen. XIII 533 e. Myus und Lampsakos, die ihm
ebenfalls vom Könige geschenkt sein sollen, müssen damals zum delischen
Bunde gehört haben, und es ist also nicht wohl denkbar, daß Themistokles dort
Hoheitsrechte ausgeübt hat. Immerhin haben seine Nachkommen in Lampsakos
Ehrenrechte gehabt (*Athen. Mitt.* VI, 1881, S. 103), er muß sich also um die
Stadt irgendwie verdient gemacht haben.

[2] Die Anekdote bei Plut. *Kim.* 25 (aus Theophrast) beweist keineswegs,
daß Aristeides zur Zeit der Überführung des Bundesschatzes aus Delos nach
Athen noch am Leben war. Nach Nepos (*Arist.* 3) wäre er im 4. Jahre nach
dem Ostrakismos des Themistokles, also etwa 468/7, gestorben, aber wir wissen
nicht, worauf dieser Ansatz sich gründet.

[3] Plutarch *Kim.* 4. 5 (nach Melanthios, Archelaos, Stesimbrotos), 9 (nach
Ion), 10 (nach Kratinos und Kritias), 15 (nach Eupolis); Theopomp bei Athen.
XIII 533 (*FHG.* I 293).

So erhob sich jetzt Thasos, die mächtigste Bundesstadt im
Norden des Aegaeischen Meeres; den äußeren Anlaß gaben
Streitigkeiten um die Goldbergwerke an der gegenüberliegenden thrakischen Küste. Kimon war gerade damit beschäftigt, die letzten persischen Besatzungen aus dem Chersones
zu vertreiben [1]; als das getan war, wandte er sich gegen Thasos,
schlug die feindliche Flotte und schloß dann die Stadt selbst ein.

Nun schritten die Athener dazu, das goldreiche Gebiet
am Pangaeon zu besetzen, das den Siegespreis· bilden sollte.
Schon vor einem Jahrzehnt, nach der Einnahme von Eïon,
hatten sie den Versuch gemacht, hier eine Kolonie zu gründen,
auf der Stelle, wo später Amphipolis erbaut wurde; das Unternehmen war damals an dem Widerstande der kriegerischen
Thraker gescheitert.   Jetzt sollte es mit stärkeren Kräften
zur Ausführung gebracht werden.   Zunächst ging auch alles
nach Wunsch; als aber das Expeditionskorps dann tiefer
ins Innere eindrang, wurde es bei Drabeskos von den Edonern
angegriffen und bis zur Vernichtung geschlagen (465).   Es
war die schwerste Katastrophe, die bis dahin ein athenisches
Heer betroffen hatte [2].   König Alexandros von Makedonien
scheint dabei die Hände im Spiel gehabt zu haben; er hatte,
nach dem Abzug der Perser, sein Reich bis an den Strymon
ausgedehnt, zog reiche Einkünfte aus den Bergwerken dieser
Gegend und konnte also den Versuch der Athener, sich hier
festzusetzen, nur sehr ungern sehen.   Kimon mußte die Sache
hingehen lassen; er war bei weitem nicht stark genug, einen
Zug ins makedonische Binnenland zu unternehmen, und mit

---

[1] Plut. *Kim.* 14, und die Verlustliste *CIA.* I 432. IV S. 107, mit Köhlers
Bemerkungen, *Hermes* XXIV, 1889, S. 85.

[2] Thuk. I 100, 2. 3 (daraus Diod. XI 70,5. XII 68, 2), Schol. Aesch. *vdGes.*
31, Herod. IX 75, Isokr. *vFr.* 86. Die Zahl von 10 000 Kolonisten, die Thukydides und Isokrates geben, ist natürlich sehr übertrieben; aber eben diese Übertreibung beweist die Schwere der Niederlage. Drabeskos (*Daravescos*) lag nach
der Peutingerschen Tafel an der Straße von Philippoi nach Herakleia Sintike,
12 Milien von ersterer Stadt und 8 vom Strymon; die eine dieser Zahlen muß
verderbt sein, und zwar die erstere, oder es ist zwischen *Philippis* und *Daravescos*
eine Station ausgefallen; denn Drabeskos lag nach Appian *Bürgerkr.* IV 105
nicht weit von Myrkinos und dem Strymon. Vgl. Perdrizet, *Klio* X, 1910, S. 14 f.

der Flotte allein war dem Könige gegenüber nicht viel auszurichten [1].

Die Thasier faßten nun neuen Mut und wandten sich
um Hilfe nach Sparta. Auch dort tat die Katastrophe von
Drabeskos ihre Wirkung; die Ephoren sollen versprochen
haben, im nächsten Sommer ein Heer in Attika einrücken
zu lassen und so der belagerten Stadt Luft zu machen; doch
das Erdbeben und der Heilotenaufstand ließen es nicht dazu
kommen. So blieb den Thasiern nichts übrig, als sich in das
Unvermeidliche zu schicken und mit Athen ihren Frieden zu
machen (464). Die Bedingungen waren sehr schwer; Thasos
mußte seine festländischen Besitzungen abtreten, seine Befestigungen niederreißen, seine Flotte ausliefern, die Kriegskosten erstatten und sich zur Tributzahlung verpflichten.
Den übrigen Bundesgenossen war ein warnendes Beispiel
gegeben [2].

Während Kimons langer Abwesenheit hatte die radikale
Demokratie in Athen von neuem das Haupt erhoben. Das
unnatürliche Bündnis, das der hochgeborene Feldherr mit
der Volkspartei zu Themistokles' Sturze geschlossen hatte,
mußte in dem Augenblick auseinanderfallen, als der Zweck
erreicht war und der gemeinsame Gegner durch seine Flucht
zu den Persern sich selbst das politische Todesurteil gesprochen
hatte. Die Alkmeoniden allerdings traten jetzt in den Hintergrund; sie hatten keinen fähigen Mann unter sich, und die
Zeiten waren nicht mehr, wo das bloße Ansehen eines Ge-

---

[1] Plut. *Kim.* 14. Zur Zeit des Dareios war das Land rechts vom Strymon
noch nicht makedonisch; die Grenze bildete das Gebirge Dysoron (Herod. V
16. 17); erst König Alexandros hat dieses Gebiet erobert (Herod. V 17, Thuk.
II 99, vgl. Iustin. VII 4, 1), er soll auch die Stätte des späteren Amphipolis
besetzt haben (Philipps Brief [Demosth. XII] 21).

[2] Thuk. I 100. 101, Plut. *Kim.* 14, Diod. XI 70. Über die Chronologie
unten 2. Abt. § 74. Da das spartanische Hilfsversprechen, wie Thuk. I 101, 2
ausdrücklich sagt, nur im geheimen (κρύφα τῶν Ἀθηναίων) gegeben wurde
und nicht zur Ausführung kam, so kann es sich höchstens um eine private Zusage
der Ephoren gehandelt haben, die noch der Ratifizierung durch das Volk be-
dürft hätte, und es ist unter diesen Umständen sehr zweifelhaft, ob überhaupt
an der ganzen Sache etwas Wahres ist.

schlechtes genügt hatte, dessen Oberhaupte eine leitende
Stellung im Staate zu sichern. So trat jetzt an die Spitze
der Partei Ephialtes, ein Mann, der seinen Einfluß ebensosehr
seiner über allem Zweifel erhabenen Integrität verdankte,
wie der unnachsichtlichen Strenge, mit der er alle Mißbräuche
der Verwaltung vor Gericht verfolgte. Infolgedessen war
er zum Strategen erwählt worden und als solcher, nach der
Schlacht am Eurymedon, wohl während Kimons thasischem
Feldzuge, gegen die Perser in See gegangen, ohne übrigens
Gelegenheit zu finden, etwas Bedeutendes auszurichten[1].
Sein politisches Ziel war der Sturz des Areopags, der einzigen
Körperschaft im Staate, deren Mitglieder auf Lebenszeit
saßen und damit tatsächlich von jeder Verantwortung frei
waren. Daß eine so zusammengesetzte Behörde so ausgedehnte
Machtbefugnisse besaß, widersprach nicht nur dem demo-
kratischen Geist der Verfassung, sondern es war auch ein
Widersinn geworden, seit das Archontenamt durch das Los
besetzt wurde, also jedem beliebigen Bürger der beiden oberen
Vermögensklassen offen stand und damit den letzten Rest
seiner alten Bedeutung verloren hatte. Denn der Areopag
ergänzte sich, wie wir wissen, aus den Archonten, die ihr Amt
tadellos verwaltet hatten; es war ein Oberhaus im besten
Sinne des Wortes, eine Versammlung der ersten politischen
Kapazitäten des Landes gewesen, solange die Archonten durch
Volkswahl bestellt wurden, jetzt aber füllte es sich mehr
und mehr mit dunkeln Ehrenmännern, und die Zeit war nicht
fern, wo fast nur noch solche darin sitzen würden. Natürlich
mußte das Ansehn des Areopags sich dementsprechend vermindern; eine Beschränkung seiner Befugnisse war also die
logische Konsequenz der Einführung des Loses bei der
Archontenwahl.

Zur Durchführung dieser Reform aber war es unumgänglich, Kimon aus seiner leitenden Stellung zu verdrängen;
denn er und seine Partei sahen im Areopag, auch wie er jetzt
geworden war, den letzten Hort der konservativen Interessen.

---

[1] Aristot. ΑΠ 25, 1; 28, 2; Plut. *Kim.* 10, *Per.* 10; über seine Fahrt
ἐπέκεινα Χελιδονίων, also in die kyprischen Gewässer, Plut. *Kim.* 13.

Man zog also Kimon bei seiner Rechenschaftsablage über den thasischen Feldzug vor Gericht. Die Katastrophe von Drabeskos muß in Athen einen niederschmetternden Eindruck gemacht haben, und wenn Kimon auch keine direkte Schuld daran traf, so war sie doch erfolgt, während er den Ober-befehl in Thrakien führte. Daraufhin wurde Kimon beschuldigt, er habe sich von König Alexandros bestechen lassen. An-kläger war der junge Perikles, dessen Vater Xanthippos einst Kimons Vater Miltiades vor Gericht gezogen und seine Ver-urteilung durchgesetzt hatte (oben S. 24); er sollte sich hier seine ersten politischen Sporen verdienen. Doch Kimons Ansehen stand fester, als die Radikalen geglaubt hatten, und der Prozeß endete mit seiner Freisprechung [1]. Der Agitation gegen den Areopag war damit zunächst ein Ende gemacht.

Kimon dachte nun den Perserkrieg wieder aufzunehmen; denn eben jetzt bot sich eine unvergleichlich günstige Gelegen-heit, einen entscheidenden Schlag zu führen. Während des thasischen Krieges war König Xerxes gestorben, und erst nach längeren Wirren war es seinem Sohne Artaxerxes ge-lungen, festen Besitz von der Regierung zu nehmen (464) [2]. Darüber brach in Aegypten ein Aufstand aus, wie einst nach dem Tode des Dareios. An die Spitze der Bewegung trat Inarôs, der Fürst der Libyer von Mareia in der Nähe des späteren Alexandrien (463). Der Satrap Achaemenes, ein Oheim des Königs, erlitt bei Papremis im westlichen Teile des Delta eine schwere Niederlage und blieb selbst auf dem Schlachtfeld. So lange der Aufstand dauerte, war das Perser-reich in seiner Aktionsfähigkeit gehemmt, und so schien es

---

[1] Plut. *Kim.* 14, *Per.* 10, Aristot. ATT. 27, 1. Das juristische Fundament der Anklage bildete die angebliche Bestechung durch Alexandros; das politische Fundament aber muß die Niederlage von Drabeskos gebildet haben, denn niemand ist so töricht, einen siegreichen Feldherrn vor Gericht zu ziehen. Daß der Plan, am Strymon eine Kolonie zu gründen, von Kimon ausgegangen war, ergibt sich daraus, daß die beiden Versuche, die dazu gemacht wurden, mit Kimons Anwesenheit in dieser Gegend zusammenfallen; auch sagt es Nepos (*Cim.* 2, 2) ausdrücklich, nur daß er den ersten Versuch mit dem zweiten und mit der Gründung von Amphipolis durch Hagnon zusammenwirft.

[2] Ktesias 29—31, Iustin. III 1, Diod. XI 69, Aristot. *Polit.* V 1311 b. Zur Chronologie Ed. Meyer, *Forschungen* II 482 ff.

nicht schwer, dem Könige Kypros zu entreißen, das einzige
Gebiet griechischer Zunge, das noch unter seiner Herrschaft
stand. Es wurde also beschlossen, im nächsten Sommer eine
Flotte von 200 Schiffen dorthin in See gehen zu lassen[1].

Da kam das Hilfsgesuch Spartas (oben S. 144). Das gute
Einvernehmen zwischen den beiden hellenischen Vormächten
zu erhalten, dem die Nation es zu danken hatte, daß sie vom
Perserjoch frei geblieben oder wieder frei geworden war, war
stets der Angelpunkt der Politik Kimons gewesen; war doch
eine Fortführung des Perserkrieges, wie er sie plante, nur
unter dieser Voraussetzung möglich. In den letzten Jahren
waren die Beziehungen zu Sparta kühler geworden; es gab
dort eine mächtige Partei, die mit Sorge auf die beständigen
Fortschritte der Athener blickte und bereit war, ihnen bei erster
Gelegenheit mit den Waffen in der Hand entgegenzutreten.
Ohne das Erdbeben wäre es vielleicht schon während des
thasischen Aufstandes dazu gekommen (oben S. 149). Eine
Verweigerung der Bundeshilfe seitens Athens mußte dieser
Partei das Übergewicht geben; auch war es klar, daß Sparta
über kurz oder lang auch allein mit den Messeniern fertig
werden würde. So trat denn Kimon mit dem ganzen Gewicht
seines Ansehens für die Gewährung des Hilfsgesuchs ein.
Vergebens erhob Ephialtes seine Stimme gegen das geplante
Unternehmen; die Erinnerung an die alte Waffenbrüderschaft
war noch zu frisch, als daß er hätte durchdringen können.
Es wurde also beschlossen, 4000 Hopliten, ein gutes Drittel
des athenischen Gesamtaufgebots, den Spartanern zu Hilfe
zu senden; Kimon selbst übernahm den Befehl (Frühjahr
462)[2]. Etwa gleichzeitig ging die große Flotte nach Kypros ab.

---

[1] Thuk. I 104, Herod. III 12. VII 7. 97, Ktesias 32, Diod. XI 71. 74. Da
Herodot von einer Teilnahme der Athener an der Schlacht bei Papremis nichts
weiß, und Inarôs nach Thuk. I 104, 1 die Athener erst zu Hilfe rief, als er bereits
den größten Teil des Landes zum Abfall gebracht hatte, so scheint die Schlacht
vor der Ankunft der Athener geliefert zu sein, obgleich Diodor das Gegenteil
angibt.

[2] Thuk. I 102, 1, Plut. *Kim.* 16 am Ende. Die Zahl nach Aristoph. *Lysistr.*
1143; Thukydides sagt nur πλήθει οὐκ ὀλίγῳ. Über die Chronologie unten
2. Abt. § 76.

Indes die Resultate entsprachen sehr wenig den Erwartungen, die man in Sparta gehegt hatte. Gegenüber
den Felsen von Ithome war auch die vielgerühmte Belagerungs-
kunst der Athener zunächst ohnmächtig. Dazu kam weiter,
daß in dem athenischen Heer so manche Elemente sich fanden,
die mit Ephialtes der Ansicht waren, es könne für Athen
gar nichts Vorteilhafteres geben, als einen Sieg der Messenier.
Genug, in Sparta faßte man Verdacht gegen die athenischen
Bundesgenossen; und da zu einer bloßen Einschließung der
feindlichen Stellung auch die peloponnesischen Kontingente
ausreichend waren, so wurde Kimon eröffnet, daß man seiner
Dienste nicht weiter bedürfe [1].

Die Rücksendung des attischen Heeres bewirkte in
Athen einen völligen Umschwung der politischen Lage. Die
öffentliche Meinung war erbittert über die erlittene De-
mütigung; und diese Erbitterung wandte sich naturgemäß
gegen den Mann, der die Verantwortung für den Zug nach
Ithome trug, und die Partei, deren Führer er war. Kimon
wurde von der leitenden Stellung herabgestürzt, die er seit
dem Ostrakismos des Themistokles eingenommen hatte;
er mußte es geschehen lassen, daß das Bündnis mit Sparta
aufgesagt wurde und Athen dafür mit Spartas Todfeinden,
den Argeiern, in Bund trat. Es ist ein charakteristisches
Zeichen der herrschenden Stimmung, daß selbst ein vornehmer
Mann wie Alkibiades, in dessen Hause die Vertretung der
spartanischen Interessen in Athen (die sogenannte Proxenie)
erblich war, dieses Ehrenamt jetzt niederlegte [2].

Nun war für Ephialtes die Bahn frei, sein Reformprogramm
durchzuführen. Er beantragte also, die Kompetenz des Areopags auf die Blutgerichtsbarkeit zu beschränken, die man ihm
aus sakralen Rücksichten nicht wohl entziehen konnte; alle
politische Kompetenz aber, die der Areopag bisher ausgeübt
hatte, sollte dem Rate, der Volksversammlung und besonders
dem Geschworenengericht der Heliaea übertragen werden,

---

[1] Thuk. I 102, Plut. *Kim.* 16 f. Diod. XI 64.

[2] Thuk. I 102, 4. Über Alkibiades (den Großvater des berühmten Feldherrn)
Thuk. V 43, 2; die Sache kann nur in diese Zeit gehören.

das, wie wir wissen, aus allen athenischen Bürgern von über
30 Jahren erlost wurde (oben I 1 S. 365). Die große Zahl der
Richter — bei wichtigen Sachen bis 1500 — ebenso wie die
Neubesetzung in jedem einzelnen Falle sollte Gewähr dafür
geben, daß das Urteil der öffentlichen Meinung entsprechen
würde [1].

Natürlich machten Kimon und seine Anhänger diesen
Reformen die heftigste Opposition, und ihr Einfluß war noch
immer so groß, daß es nötig wurde, die Entscheidung dem
Scherbengericht anheimzustellen [2].   Doch Kimon unterlag;
der Sieger am Eurymedon mußte in die Verbannung gehen,
und Ephialtes' Anträge wurden zum Gesetze erhoben (461) [3].
Vergebens griffen die Konservativen zum letzten Mittel, dem
Meuchelmord.   Zwar Ephialtes fiel [4], ein Märtyrer der Idee,
der er sein Leben geweiht hatte; aber sein Werk überlebte
ihn, und die Volksgerichte sind seitdem das Palladium der
athenischen Freiheit geblieben.

Die Leitung der Partei und damit im wesentlichen
auch die Leitung des Staates ging jetzt auf Perikles über,
den Sohn des Xanthippos aus Cholargos, des Siegers von
Mykale. Er war ein verhältnismäßig noch junger Mann, etwa
am Anfang oder in der Mitte der dreißiger [5], und er hatte
noch nie Gelegenheit gehabt, im Kriege sich auszuzeichnen,
wie er denn überhaupt eine hervorragende militärische Be-

---

[1] Aristot. ATT. 25, *Polit.* II 1274 a, Philochoros fr. 141 b, Plut. *Kim.* 15,
Diod. XI 77.   Die Anekdote bei Aristot. a. a. O., wonach Themistokles neben
Ephialtes beim Sturz des Areopags die Hauptrolle gespielt hätte, ist historisch
wertlos, wie schon die chronologische Unmöglichkeit der Sache zeigt, s. unten
2. Abt. § 54.

[2] Plut. *Kimon* 17, *Perikles* 9, vgl. *Kimon* 15.   Es ist klar, daß der Ostrakismos der Verfassungsreform vorausgehen mußte.

[3] Das Jahr (Archon Konon, 462/1) gibt Aristot. ATT. 25, 2.   Da der Ostrakismos im Frühjahr stattfand, wird die Durchführung der Reform gegen Ende
des attischen Amtsjahres erfolgt sein.

[4] Aristot. a. a. O. 25, 4 (daraus Plut. *Per.* 10), Diod. XI 77, Antiphon
v. Herodes Ermord. 67.   Aus Arist. a. a. O. 26, 5 ergibt sich, daß Ephialtes noch
im Jahre der Reform selbst ermordet wurde.

[5] Aristot. ATT. 27, 1.   Seine Geburt muß in das erste Jahrzehnt des Jahrhunderts fallen, s. unten 2. Abt. § 110.

gabung nicht besessen hat[1]. Wir können selbst zweifeln,
ob er ein großer Staatsmann gewesen ist; wenigstens hat
er es nicht vermocht, das attische Reich auf der Höhe zu
erhalten, auf die es Themistokles und Kimon geführt hatten,
und er hat bei seinem Abtritt vom politischen Schauplatz
Athen jenen Krieg als Erbschaft hinterlassen, an dem es
schließlich zugrunde gegangen ist. Aber er war, wie wir heute
sagen würden, ein großer Parlamentarier. Wie kein zweiter
seiner Zeitgenossen besaß er die Gabe, die Massen durch die
Macht seiner Rede zu lenken und mit sich fortzureißen[2];
und er hatte ein sehr feines Gefühl für das, was die öffentliche
Meinung verlangte. Der Weg zur Macht war ihm durch seine
Familienverbindungen geebnet; und sie waren es auch, die
seine Stellung im Kampf der Parteien bestimmten. War
doch seine Mutter Agariste eine Nichte des großen Kleisthenes,
des Begründers der attischen Volksfreiheit; und so wuchs
Perikles in den Traditionen der Alkmeonidenpartei auf und
in der Gegnerschaft gegen Kimon, was ihn dann zum Anschluß
an die Reformpartei führen mußte, auch wenn er nicht erkannt
hätte, daß ihr die Zukunft gehörte.

Perikles schritt also auf der von Ephialtes eröffneten
Bahn weiter. Wenn die Demokratisierung der Gerichtshöfe nicht ein toter Buchstabe bleiben sollte, war es nötig,
den ärmeren Klassen der Bürgerschaft die materielle Möglichkeit zu gewähren, an den Sitzungen der Heliaea Anteil
zu nehmen. So wurden auf Perikles' Antrag den Geschworenen
Diäten bewilligt in dem Betrage von zwei Obolen für die
Sitzung, entsprechend etwa dem Minimum des Tagelohnes,
wie er um die Mitte des V. Jahrhunderts in Attika stand[3].

---

[1] Vgl. Pflugk-Harttung, *Perikles als Feldherr*, Stuttgart 1884.

[2] Thuk. I 139. 4, Aristoph. *Acharn.* 530, Eupolis *Demen* fr. 9 Kock, Plut.
Per. 5 und 8. Vgl. Blass, *Att. Beredsamkeit* I ² S. 34 ff. Aber große Redner sind
selten große Staatsmänner: οἱ γὰρ ἐν σοφοῖς φαῦλοι παρ' ὄχλῳ μουσικώ-
τεροι λέγειν (Eur. *Hipp.* 988).

[3] Aristot. ΑΠ. 27, 3, *Polit.* II 1274 a, Plat. *Gorg.* 515 e, Plut. *Per.* 9.
Erst durch Kleon ist der Sold von 2 auf 3 ob. erhöht worden (Schol. Aristoph.
Wesp. 88).

Diese Maßregel war um so notwendiger, als es sonst nicht
möglich gewesen sein würde, die erforderliche Zahl von Richtern
zusammenzubringen, seit man angefangen hatte, auch die
wichtigeren Prozesse aus den Bundesstaaten vor die attischen
Gerichte zu ziehen. Das hatte dann bald zur Folge, daß ein
großer Teil der athenischen Bürgerschaft sich der produktiven
Arbeit entwöhnte und begann, in dem Richtersolde seine
hauptsächlichste Subsistenzquelle zu sehen.

Von hier bis zu der Forderung, daß der Staat überhaupt
für den Unterhalt seiner Bürger zu sorgen habe, war es nicht
mehr weit. Die großen öffentlichen Bauten, die unter der
perikleischen Regierung in Attika ausgeführt wurden (siehe
unten VII. Abschnitt), hatten zum Teil den Zweck, der ärmeren
Klasse Verdienst zu verschaffen [1]. Auch Getreide wurde
öfter unter die Menge verteilt [2]. Vor allem aber gewährte
die Machtstellung Athens die Möglichkeit, Tausenden von
athenischen Bürgern außerhalb Attikas Grundbesitz anzu-
weisen. Wenn es sich bei einem Teile dieser sogenannten
Kleruchien auch hauptsächlich darum handelte, militärisch
wichtige Punkte durch zuverlässige Besatzungen zu sichern,
so stand bei anderen doch der sozialpolitische Zweck in erster
Linie; so z. B. bei den Landanweisungen in den Gebieten
von Chalkis und Eretria nach der Wiederunterwerfung Euboeas
im Jahr 446, oder auf Lesbos im Jahr 427; denn die Empfänger
dieser Lose blieben ruhig in Athen wohnen und ließen ihren
Grundbesitz durch einheimische Pächter bewirtschaften [3].

---

[1] Plut. *Per.* 12.

[2] Z. B. in 445/4 30 000 Medimnen, die der libysche Fürst Psammetichos
(ein Sohn des Inarôs?) dem Volk zum Geschenk geschickt hatte (Philoch. fr. 90
Plut. *Per.* 37). Für die Zeit des peloponnesischen Krieges vgl. Aristoph.
Wespen 717.

[3] Thuk. III 50 von der Kleruchie auf Lesbos, Aelian *Verm. Gesch.* VI 1
(geht auf die Kleruchie von 446, vgl. Swoboda, *Serta Harteliana* S. 30) von
Chalkis. Es ist klar, daß der Abfall von Lesbos 412, von Chalkis und Eretria
411 nicht möglich gewesen wäre, wenn dort Tausende von athenischen Kleruchen
gewohnt hätten, ebenso daß die Kleruchen in diesem Falle ihre Grundstücke
selbst bewirtschaftet haben würden. Denn von den armseligen 2 m. Pacht-
ertrag (etwa 3 ob. den Tag) hätten sie unmöglich leben können. Vgl. meine
Bevölkerung S. 87.

Arbeitsunfähigen Bürgern wurde ferner aus der Staatskasse
Pension bezahlt, wenn auch nur in dem mäßigen Betrage
von einem Obol für den Tag, der gerade zur Bestreitung des
notdürftigsten Unterhalts ausreichte[1]. Auch die Kinder
der im Kriege gefallenen Bürger wurden bis zu ihrer Mündig-
keit auf Staatskosten unterhalten[2].

Man ging aber noch weiter. Wenn schon die Tyrannen
es für ihre Aufgabe angesehen hatten, dem Volke möglichst
prächtige Schaustellungen zu bieten, so blieb die Demokratie
hinter diesem Beispiele nicht zurück. Die Feste in Athen
unter der perikleischen Verwaltung ließen an Zahl wie an
Pracht der Ausstattung alles hinter sich, was die griechische
Welt bis dahin gesehen hatte[3]. Und nicht genug damit,
wurden bei solchen Gelegenheiten auch Geldspenden an die
Bürger gezahlt[4].

Wieweit andere Demokratien in dieser Zeit dem von
Athen gegebenen Beispiele gefolgt sind, wissen wir nicht,
und ebensowenig, ob nicht die perikleischen Maßregeln bereits
in anderen Städten ihr Vorbild gefunden haben. Jedenfalls
mußten außerhalb Athens die beschränkteren finanziellen
Hilfsquellen dem Eintreten des Staates zugunsten der „enterbten" Klasse engere Grenzen ziehen. Und es ist nicht zu
vergessen, daß auch in Athen selbst es doch nur die Bürger
waren, denen die Fürsorge des Staates sich zuwandte, d. h.
höchstens die Hälfte der Bewohner Attikas, ganz abgesehen
davon, daß die Mittel zu alledem zum großen Teile von den
Bundesgenossen aufgebracht wurden. Auch diese radikale
Demokratie also kam tatsächlich doch heraus auf eine Ausbeutung der Mehrheit durch eine Minderheit.

---

[1] Lysias 24 (περὶ τοῦ ἀδυνάτου) 13, Aristot. ATT. 49, 4. Später ist der
Betrag der Unterstützung erhöht worden, offenbar weil bei den steigenden
Preisen im IV. Jahrhundert niemand mehr mit 1 ob. leben konnte, vgl. Aristot.
a. a. O., Philochoros fr. 68.

[2] Thuk. II 46.

[3] [Xenoph.] *Staat d. Athen.* 3, 1. 8, Plut. *Per.* 11.

[4] Plut. *Per.* 9, *Philochoros* fr. 85 (aus dem III. Buch), Ulpian zu Demosth.
Olynth. I 1.

Aber allerdings war die Macht der demokratischen Idee
stark genug, um auch auf die Stellung des minderberechtigten
oder auch des gesetzlich rechtlosen Teiles der Bevölkerung
ihre Rückwirkung zu üben. Wir haben bereits gesehen, wie
die Fremden in Athen im wesentlichen denselben Rechts-
schutz genossen, sich ebenso frei bewegen durften, wie die
Bürger, und wie ihnen selbst die Erwerbung des Bürgerrechtes verhältnismäßig leicht gemacht war, bis um die Mitte
des Jahrhunderts die großen materiellen Vorteile, die mit
dem Besitze des attischen Bürgerrechtes verbunden waren,
die Abschließung der bevorrechteten Klasse herbeiführten
(unten Abschn. VI). Selbst den Sklaven war in Athen eine Freiheit
gewährt, um die sie die ärmeren Bürger manches oligarchischen
Staates hätten beneiden mögen. Niemand durfte sich herausnehmen, einen fremden Sklaven zu mißhandeln [1]; kein Sklave
dachte daran, einem Bürger auf der Straße auszuweichen,
und in der Kleidung war zwischen der arbeitenden Klasse
der freien Bevölkerung und den Sklaven kein Unterschied [2].
Von ihren Herren schlecht behandelte Sklaven fanden im
Theseion und anderen Tempeln ein Asyl und konnten verlangen, an einen anderen Herrn verkauft zu werden [3]. Was
sich die Sklaven im Hause herausnehmen durften, zeigt die
Komödie. Es war ferner allgemein üblich, daß man Sklaven,
die ein Handwerk gelernt hatten, selbständig ihrem Erwerb
nachgehen ließ, gegen eine mäßige Abgabe (ἀποφορά) an den
Herrn; solche Sklaven waren im tatsächlichen Genuß der
Freiheit und konnten bei einiger Sparsamkeit bald dahin
gelangen, sich ganz freizukaufen. Daß trotz alledem die
Stellung der Sklaven auch in Athen traurig genug war, liegt
in der Natur des Verhältnisses; ihr Schicksal hing eben doch
von ihren Herren ab, und vor Gericht konnte ihre Aussage
durch die Folter erzwungen werden.

Dagegen ist die demokratische Bewegung auf die Lage
des weiblichen Geschlechts, zunächst wenigstens, ohne Einfluß

[1] Demosth. gMeid. 46, Aeschin. gTim. 17.
[2] [Xenophon] Staat d. Athen. I 10.
[3] Plut. Thes. 36, Polydeukes VII 13.

geblieben; ja die strenge ionische Sitte, welche die Frau auf die Sphäre des Hauses beschränkte (oben I 1 S. 406), hat gerade in dieser Zeit weitere Verbreitung gewonnen. Es ist, als ob die Frauen gegen das ungemessene Streben der Männer nach Freiheit ein Gegengewicht hätten schaffen wollen. Noch Kimons Schwester Elpinike hat in der athenischen Gesellschaft eine hervorragende Rolle gespielt und dadurch selbst politischen Einfluß zu üben vermocht; schon in der nächsten Generation wäre das unmöglich gewesen [1]. Das Mädchen wuchs in fast klösterlicher Abgeschiedenheit auf; nach der Verheiratung sah die Frau außerhalb des engsten Familienkreises sich ausschließlich auf weiblichen Umgang beschränkt, vom Besuch des Theaters war sie ausgeschlossen. So fehlte ihr jede Gelegenheit, ihren Geist auszubilden, wenn sie in den Schranken bleiben wollte, welche die Sitte gezogen hatte, und über die ein Weib sich ungestraft nicht hinwegsetzen kann. Die Folge war, daß das V. Jahrhundert keine einzige Dichterin mehr hervorgebracht hat.

Aber es gab doch einzelne Frauen, die von dem Hauche der neuen Zeit ergriffen wurden, die nach Freiheit und Bildung verlangten und den Mut hatten, allen Vorurteilen zu trotzen, die sich diesem Drange entgegenstellten; der öffentlichen Meinung galten sie natürlich als Hetaeren, und sie waren es meist wohl auch wirklich. Die Männerwelt war bezaubert von dem, was ihr hier geboten war; hier fand sie, was sie zu Hause vergeblich suchte: einen geistig anregenden weiblichen Umgang. So wurden diese „Hetaeren" der belebende Mittelpunkt der griechischen, vor allem auch der athenischen Gesellschaft; nicht nur die „goldene Jugend",

---

[1] Plut. *Kim.* 14, *Per.* 10, und Stesimbrotos (*FHG.* II 55), Antisthenes bei *Athen.* XIII 589 e. Ob die hier erzählten Tatsachen richtig sind, ist gleichgültig; das Wesentliche ist, daß man Elpinike eine solche politische Rolle zutraute. Auch für Kunst hat sie Interesse gehabt (Plut. *Kim.* 4). Den Zeitgenossen des peloponnesischen Krieges erschien das alles unweiblich, und sie haben es infolgedessen in gemeinster Weise mißdeutet (Plut. *Kim.* 4). Daraus können wir abnehmen, was von dem Schmutze zu halten ist, mit denen ihr Verhältnis zu Kimon beworfen wurde (Eupolis bei Plut. *Kim.* 15, Schol. Aristot. S. 515, Dind., Antisthenes a. a. O. und Plut. *Kim.* 4).

auch die Größen der Wissenschaft, der Kunst und der Politik
drängten sich in ihren Empfangssälen; hat es doch selbst
ein Sokrates nicht verschmäht, ihnen zu huldigen. Mit dem
Maßstabe konventioneller Moral dürfen wir diese Frauen
freilich nicht messen; sie waren eben in jeder Hinsicht eman-
zipiert; aber wir sollen darüber nicht vergessen, welch mächtigen Einfluß sie auf die griechische Kulturentwicklung ausgeübt haben. Sie sind es, die den Griechen zuerst wieder das
Ideal des gebildeten Weibes gezeigt haben; und ihr Verdienst
vor allem war es, wenn die griechische Frau in der Zeit nach
Alexander wieder die ebenbürtige Genossin des Mannes geworden ist. Als das erreicht war, war die dominierende Rolle
der Hetaeren in der Gesellschaft ausgespielt.

Den günstigsten Boden fanden diese Emanzipations-
bestrebungen naturgemäß in Ionien, der Landschaft, wo die
Bildung am höchsten stand, während zugleich die Frauen
in der freien Bewegung am meisten beschränkt waren. Von
hier, aus Milet, stammte Thargelia, die in Dareios' Zeit nach
Thessalien kam, wo sie durch ihre Schönheit und ihren Geist
eine hervorragende gesellschaftliche Stellung gewann; zu
dem König Antiochos trat sie in ein enges Verhältnis und
hat dadurch auch politischen Einfluß geübt [1]. Nicht minder
gefeiert wurde ein halbes Jahrhundert später ihre Lands-
männin, die schöne und hochbegabte Milesierin Aspasia [2].

---

[1] Hippias bei Athen. XIII 609 a und Hesych. Θαργηλία, fr. 4 (Diels
Vorsokr. II 1 c. 79), Aeschines der Sokratiker bei Philostratos *Briefe* S. 364
und im *Tract. de mulierib.* 11 bei Westermann, *Paradoxogr.* S. 217 (= Suidas
Θαργηλία), Plut. *Per.* 24. Vgl. Ed. Meyer, *Theopomps Hellenika* (Halle 1909)
S. 243, 3 und oben I 2 S. 204.

[2] Gegen Aspasia hat Wilamowitz, *Aristot.* II 99 A. 35 einen Angriff gerichtet, der nur beweist, daß das „tote Frauenzimmer" denn doch sehr viel
mehr gewesen ist, als eine Hetaere gewöhnlichen Schlages. Daß sie eine hoch-
gebildete Frau war, wie vielleicht keine zweite ihrer Zeit, zeigen Aeschines,
Antisthenes und Platon (oder wer der Verfasser des *Menexenos* sein mag), die
sie zur Protagonistin sokratischer Dialoge genommen haben. (Dagegen die Anklage wegen ἀσέβεια beweist nichts, denn auch Phryne hat einen solchen Prozeß
zu bestehen gehabt.) Nicht minder beredtes Zeugnis geben die Angriffe der
Komödie; Kratinos nannte sie die Hera des Olympiers Perikles (fr. 241 Kock
bei Plut. *Per.* 24, vgl. Schol. Plat. *Menex.* 235 e), Eupolis dessen Omphale (fr. 274).

Um 450 kam sie nach Athen[1] und wußte hier den leitenden Staatsmann Perikles so zu fesseln, daß er um ihretwegen seine hochadelige Gemahlin verstieß. Natürlich gab es einen großen Skandal, und die Komödie ist nie müde geworden, das dankbare Thema auszubeuten; aber Perikles erreichte es doch, daß Aspasia in weiten Kreisen der athenischen Gesellschaft für voll angesehen wurde und daß selbst Frauen aus den besten Familien keine Bedenken trugen, ihre Gesellschaften zu besuchen. Freilich setzten sie damit bei den herrschenden Vorurteilen ihren guten Ruf aufs Spiel; die Anklage, mit der später Aspasia von Hermippos vor Gericht gezogen wurde, gründete sich zum Teil eben darauf, daß sie freie Athenerinnen zu unsittlichem Lebenswandel verleite[2]. Und allerdings konnte Perikles seine Geliebte nicht zu seiner rechtmäßigen Gemahlin erheben, da zwischen Athen und Milet keine Ehegemeinschaft bestand; aber der Sohn, der dieser Verbindung entsproß, ist später legitimiert worden und trotz aller Anfeindungen endlich zum höchsten Staatsamt, der Strategie, gelangt.

Es ist charakteristisch, mit welcher Leichtigkeit Perikles sich über die Schranken der konventionellen Moral hinwegsetzte. Er handelte dabei ganz im Geiste seiner Zeit; gegenüber dem Naturrecht der Liebe mußten die auf menschliche Satzung begründeten Rechte der Ehe zurücktreten. Befreiung von jedem Zwange, er sei welcher er sei, ist überhaupt das Streben dieses Jahrhunderts; und vielleicht niemals wieder ist dieses

---

Aristophanes in den *Acharnern* macht sie für den Ausbruch des peloponnesischen Krieges verantwortlich, spätere (Theophrast und Duris bei Harpokr. Ἀσπασία, Plut. *Per.* 24) lassen sie auch den samischen Krieg anstiften. Vgl. Ed. Meyer, *Forschungen* II 55.

[1] Ihr Sohn, der jüngere Perikles, ist um 445 geboren, s. unten 2. Abt. § 15.

[2] Plut. *Per.* 24, Aeschines der Sokratiker bei Cic. *de inv.* I 31. 51, Athen. V 220 b. Daß nach Aeschines Xenophon mit seiner Frau bei Aspasia verkehrt haben soll, ist einer jener Anachronismen, wie sie sich auch in Platons Dialogen so oft finden; er hat aber zur Voraussetzung, daß Aspasias Salon auch von Damen der besten Gesellschaft besucht wurde. Dasselbe ergibt sich aus der Anklage des Hermippos gegen Aspasia ὡς Περικλεῖ γυναῖκας ἐλευθέρας εἰς τὸ αὐτὸ φοιτώσας ὑποδέχοιτο (Plut. *Per.* 32).

Ideal so verwirklicht worden, wie in dem damaligen Athen. Vor allem herrschte unbedingte Freiheit des Wortes (παρρησία und ἰσηγορία); mit Recht waren die Athener stolz darauf und ließen selbst Metoeken und Sklaven daran Anteil nehmen [1]. Sogar auf der Bühne durfte lange Zeit jeder Bürger angegriffen und verspottet werden, er mochte sein wer er wollte; ein 440/39 gegebenes Gesetz, das diese Freiheit beschränkte, wurde schon nach drei Jahren wieder aufgehoben [2]. Doch wurde später (um 426) wenigstens das Verbot erlassen, fungierende Beamte nicht mehr in Person auf die Bühne zu bringen [3], während im übrigen der Komödie ihr Recht der Kritik der bestehenden Zustände ungeschmälert blieb. Auch sonst mischte sich das Gesetz so wenig wie möglich in das Privatleben der Bürger. Die Ungebundenheit, welche die Folge davon war, hatte ja auch ihre Schattenseiten [4]; aber sie war jedenfalls sehr viel besser, als die kleinlichen Polizeireglements, mit denen oligarchische Staaten ihre Bürger in der freien Bewegung beschränkten, oder gar als die militärische Staatsordnung Spartas [5].

Trotz alledem behielt selbst in Athen der Adel noch lange die Leitung des Staates in der Hand. Zur Strategie sind bis zum Anfang des peloponnesischen Krieges fast nur Adelige erwählt worden [6], obgleich der Zugang dazu jedem Bürger offen stand, der aus einer rechtmäßigen Ehe Kinder hatte und liegendes Eigentum besaß. In den übrigen griechischen Demokratien, in Syrakus z. B. [7], stand es in diesem Punkte ganz ebenso. Wie hätte es auch anders sein können, solange die großen Vermögen noch hauptsächlich in Grund-

---

[1] Demosth. gPhilipp III 3.
[2] Schol. Aristoph. Acharn. 67.
[3] Schol. Aristoph. Acharn. 1150, vgl. Schol. Vögel 1297, [Xenoph.] Staat der Athen. II 18, Keck Quaest. Aristoph. hist., Halle 1876.
[4] Vgl. die übrigens sehr harmlose Karikatur des ἀνὴρ ἰσονομικὸς bei Platon Staat VIII S. 561.
[5] Vgl. Thuk. II 37. 2.
[6] [Xenoph.] Staat der Athen. I 3, Eupolis fr. 117 Kock, Aristot. ΑΠ. 26, 1.
[7] Diod. XIII 91. 5.

besitz bestanden und in den Händen der Adelsfamilien konzentriert waren?

Die Opposition gegen diesen Zustand blieb natürlich
nicht aus. Herodot spottet über Hekataeos, der an einer Stelle
seines Werkes seine 15 Ahnen aufgezählt hatte, bis hinauf
zu dem göttlichen Stammvater seines Geschlechts [1]. Euripides
läßt kaum eine Gelegenheit vorübergehen, die Prätensionen
des Adels in ihrer ganzen Nichtigkeit hinzustellen [2], und der
Sophist Lykophron meint, die Schönheit des Adels sei sehr
fragwürdig und sein Ansehen beruhe nur auf Einbildung [3].

Der Erfolg dieser Agitation wurde mächtig gefördert
durch die wirtschaftliche Entwicklung, infolge deren die
in Handel und Industrie gewonnenen Vermögen dem ererbten
Grundbesitz ebenbürtig zur Seite traten. Auch führten die
politischen Krisen in den letzten Jahrzehnten des V. Jahrhunderts dazu, daß ein großer Teil des Adels verarmte; wobei
dann jeder sich durch den Augenschein überzeugen konnte,
was „edele" Geburt ohne Reichtum noch wert ist. So geschah
es, daß im Jahre 425 der Gerbereibesitzer Kleon in Athen zu
der Stellung gelangte, die einst Kimon und Perikles innegehabt
hatten. Der attischen Aristokratie und ihrem servilen Gefolge
schien das der Anfang vom Ende; nicht etwa weil Kleon ein
unfähiger Staatsmann gewesen wäre, denn das war er keineswegs, jedenfalls in viel geringerem Maße als sein hochadeliger
Gegner Nikias, sondern weil er ein selbstgemachter Mann
oder vielmehr der Sohn eines selbstgemachten Mannes [4] war.
Aber es half nichts, daß die Komödie nicht müde wurde, ihr
Gift gegen Kleon zu spritzen, nicht einmal, daß Kleons Politik
endlich bei Amphipolis Schiffbruch litt. Andere Männer aus
dem Volke nahmen die leergewordene Stelle ein; und seit
dem oligarchischen Reaktionsversuch im Jahre 404/3 wird

---

[1] Herod. II 143.

[2] Z. B. *Elektra* 385. 351, fr. 22. 53. 54. 345. 514.

[3] Bei Aristot. fr. 91 Rose.

[4] Schon Kleons Vater Kleaenetos besaß das ἐργαστήριον δούλων βυρσοδε-
ψῶν (Schol. Aristoph. *Ritter* 44), das später sein Sohn übernommen hat, und
hat Leiturgien geleistet (*CIA.* II 971 a); er war also ein wohlhabender Mann.

der Adel fast vollständig von der Leitung des Staates zurückgedrängt. Es gibt fortan in Athen nur noch den Gegensatz
zwischen der besitzenden und der nichtbesitzenden Klasse,
und dasselbe gilt überhaupt für die griechische Welt, soweit
sie demokratisch oder durch die Schule der Demokratie
gegangen war. Jeder gebildete und wohlhabende Mann hat
nach dem Sprachgebrauch dieser Zeit, auf den Namen eines
„Gentleman" (καλὸς κἀγαθὸς) oder eines Vornehmen (γνώριμος)
Anspruch [1]. Die Demokratisierung der griechischen Gesellschaft war damit vollendet.

V. Abschnitt.
Der Konflikt der Großmächte.

In der Zeit des Dareios und Xerxes war Sparta die einzige
hellenische Großmacht gewesen; niemand hatte versucht,
ihm die Führung im Freiheitskampfe streitig zu machen,
und selbst zur See hatten sich die Athener willig untergeordnet
trotz der großen Überlegenheit ihrer Flotte. Das änderte
sich seit der Stiftung des attischen Seebundes. Man begann
denn auch in Sparta sehr bald einzusehen, welch schweren
Fehler man durch den Verzicht auf die weitere Beteiligung
am Perserkriege und damit auf die Seeherrschaft begangen
hatte; und wenigstens eine Partei drängte darauf hin, das Versäumte gutzumachen, ehe es zu spät wäre. Eine günstige
Gelegenheit dazu schien sich zu bieten, als das mächtige
Thasos gegen Athen sich erhob und bei Sparta Anlehnung
suchte. In der Tat sollen die Spartaner auf dem Punkte
gestanden haben, ein Heer in Attika einrücken zu lassen,
als der Heilotenaufstand sie zwang, alle Kräfte an die Verteidigung der eigenen Heimat zu setzen (oben S. 149).

So blieb das gute Einvernehmen zwischen den beiden
griechischen Vormächten für jetzt noch ungestört, ja Athen

---

[1] Meine *Att. Polit.* S. 2—6.

stellte, wie schon erzählt worden ist, sogar ein Truppenkontingent gegen die Messenier auf Ithome, und erst die
schimpfliche Rücksendung dieses Hilfskorps durch die Spartaner drängte die attische Politik in eine neue Richtung.
Die demokratische Reformpartei, in deren Hände die Leitung
des Staates jetzt kam, erklärte das in der Zeit der Perserkriege mit Sparta geschlossene Bündnis für aufgelöst, und
Athen trat statt dessen mit den Argeiern in Bund (oben
S. 153). Thessalien, wo der Feldzug des Leotychidas noch
in frischem Andenken stand, schloß sich als drittes Glied
dieser Verbindung an (462) [1].

Nicht lange darauf mußte sich Ithome den Spartanern
ergeben (461); die Verteidiger erhielten freien Abzug und
wurden von den Athenern in Naupaktos angesiedelt, das sie
soeben den ozolischen Lokrern entrissen hatten [2]. Die Spartaner wandten sich nun gegen Argos, unter ihrem jungen
König Pleistarchos, dem Sohn des Leonidas, wurden aber
an der Westgrenze des argeiischen Gebietes, bei Oenoë, von
den Argeiern und deren athenischen Verbündeten zurückgewiesen, ein Sieg, der in Argos großen Jubel hervorrief und
durch ein prächtiges Denkmal in Delphi verherrlicht wurde
(um 460) [3]. Schon etwas früher war Megara vom peloponnesischen Bund abgefallen; es war mit seiner mächtigen Nachbarstadt Korinth wegen Grenzstreitigkeiten in Krieg geraten,
und da Sparta keine Hilfe gewähren wollte oder konnte,

---

[1] Thuk. I 102.

[2] Thuk. I 103, Diod. XI 84, 7, über die Chronologie unten 2. Abt. § 75.
Bei welcher Gelegenheit Naupaktos von den Athenern genommen worden ist,
sagt Thukydides nicht; daß das bei der Expedition des Tolmides 456 geschehen
wäre, wie Diodor angibt, ist bloße Kombination, die sich bei der von Diodors
Quelle befolgten Chronologie ganz von selbst ergab. Die Messenier wurden
neben den alten Einwohnern angesiedelt und bildeten mit diesen eine Doppelgemeinde, Μεσσάνιοι καὶ Ναυπάκτιοι, wie sie sich auf der Basis der Nike des
Paeonios nennen (*IGA.* 348 = *Inschr. v. Olymp.* 259).

[3] Paus. I 15, 1 und X 10, 4; Herzog, *Philol.* N. F. XXV, 1912, S. 1 ff.
bezieht auf diesen Sieg sehr ansprechend die von Vollgraff, *Bull. Corr. Hell.*
XXXII, 1908, S. 236—258 veröffentlichte argeiische Inschrift, in der von einem
Siege über Pleistarchos die Rede ist. Näheres unten 2. Abt. § 84.

schloß es sich an Athen an, eine Verbindung, auf die es ebensosehr durch seine demokratische Verfassung wie durch seine
wirtschaftlichen Interessen hingewiesen war (461). Attische
Garnisonen besetzten jetzt die Hauptstadt des Ländchens
und den Hafen Pagae am Korinthischen Busen; erstere, die
etwa 1½ km vom Meere entfernt liegt, wurde durch zwei
Befestigungslinien mit ihrem Hafen Nisaea verbunden und
damit gegen die Gefahr einer Umschließung durch einen
zu Lande überlegenen Feind gesichert[1].

Die Fortführung des Perserkrieges gab man wegen dieser
Verwicklungen in Athen nicht auf; denn eben jetzt schien
es möglich, einen Schlag zu führen, der Athen die Herrschaft
im ganzen Umkreis des östlichen Mittelmeeres sichern mußte.
König Inarôs von Aegypten war wohl in der Feldschlacht
gegen Achaemenes Sieger geblieben (oben S. 161); aber die
Perser ganz aus dem Lande zu vertreiben, war er bei weitem
nicht stark genug, schon weil er keine Flotte zur Verfügung
hatte. So wandte er sich um Hilfe nach Athen; und hier
zögerte man nicht, in die gebotene Hand einzuschlagen. Die
bei Kypros operierende Flotte erhielt also Befehl, nach
Aegypten hinüberzugehen; sie lief in den Nil ein, säuberte
den Strom von den persischen Schiffen und brachte die Hauptstadt Memphis in ihre Gewalt. Nur in der stark befestigten
Zitadelle, dem „weißen Schloß“ (Λευκὸν τεῖχος) hielten
sich die Überreste der feindlichen Truppen (461)[2].

Artaxerxes versuchte jetzt, sich den Lakedaemoniern
zu nähern und sie zu einem Einfall in Attika zu veranlassen;
aber obgleich sein Abgesandter Megabazos das Geld nicht
sparte, ließ man sich doch in Sparta nicht bereit finden, mit
dem Landesfeinde gemeinsame Sache zu machen[3]. Dagegen
begann Korinth wegen Megara Krieg mit Athen, unterstützt
durch die Städte der argolischen Akte, während auf athenischer

---

[1] Thuk. I 104, vgl. unten 2. Abt. § 83.
[2] Thuk. I 104, Ktes. 32, Diod. XI 74. Über die Chronologie unten 2. Abt.
§ 79. 82.
[3] Thuk. I 109, 2, Diod. XI 74, 5.

Seite Argos sich an dem Kriege beteiligte [1]. Um einen Stützpunkt für die Fahrt nach der verbündeten Stadt zu gewinnen,
griffen die Athener Halieis an der äußersten Südspitze der
Argolis an, wurden aber von den Korinthiern und Epidauriern
zurückgeschlagen; dafür blieb ihnen in einem Seetreffen bei
der kleinen Insel Kekryphaleia zwischen Epidauros und
Aegina der Sieg [2]. Infolgedessen sah Aegina, die alte Rivalin
Athens, sich veranlaßt, in den Kampf einzugreifen. Aber trotz
der bewährten Seetüchtigkeit der Aegineten und obgleich
200 Trieren Athens und seiner Bundesgenossen fern in
Aegypten gegen die Perser kämpften, wurde die peloponnesische Flotte vor Aegina bis zur Vernichtung geschlagen
und 70 Trieren fielen in die Hand des Siegers; seit diesem
Tage war die alte Bedeutung Aeginas als Seemacht dahin.
Die Athener setzten nun ein Heer nach der Insel hinüber
und begannen die Belagerung der Hauptstadt. Eine Diversion,
welche die Korinthier durch einen Einfall in die Megaris
machten, wurde blutig zurückgewiesen (458) [3].

Diesen Fortschritten Athens gegenüber konnte Sparta
nicht länger untätiger Zuschauer bleiben. Es wurde also
etwa die Hälfte des peloponnesischen Bundesheeres, 11 500
Hopliten, zu einem Zuge nach Mittelgriechenland aufgeboten (457); den Befehl hatte Pausanias' Bruder Niko-

---

[1] Die Teilnahme der Argeier ergibt sich aus den Aufschriften zweier in
Olympia geweihten Waffenstücke, die nach dem Schriftcharakter in diese Zeit
gehören (*IGA.* 32. 33 = *Inschr. v. Olymp.* 250. 251 Τἀργεῖοι ἀνέθεν τῷ ΔιϜὶ
τῶν Κορινθόθεν).

[2] Auf unseren Karten wird Angistri als Kekryphaleia bezeichnet. Plin.
IV 57, der einzige, bei dem sich eine Angabe über die Lage der Insel findet,
sagt aber: *contra Epidaurum Cecryphalos, Pityonesos VI a continente, ab hac
Aegina liberae condicionis XV.* Also lag Pityonnesos zwischen Kekryphaleia
und Aegina, und entspricht folglich Angistri. Das zeigt auch der Name; noch
jetzt ist Angistri von einem Pinienwalde gekrönt, während Kyra, das unseren
Karten als Pityonnesos gilt, so klein ist, daß eine nennenswerte Waldung dort
nie gewesen sein kann. Die Entfernungen sind von Epidauros gerechnet; in
Wahrheit sind es von dort bis Kyra 7, bis Angistri 9, bis Aegina 18 Milien; da
es sich aber um Distanzen zur See handelt, die ja nicht wirklich gemessen werden
konnten, hat das nichts zu bedeuten.

[3] Thuk. I 105—106; daraus indirekt Diod. XI 78. 79. S. unten 2. Abt. § 78.

medes, Regent für seinen Neffen, den jungen König Pleistoanax, Pausanias' Sohn, der eben seinem Vetter Pleistarchos
auf dem Thron der Agiaden gefolgt war. Offenen Krieg mit
Athen wollte man freilich vermeiden, und so mußte eine
Fehde der Dorier im Kephisostale mit den Phokern den Vorwand für die Intervention in Mittelgriechenland abgeben.
Der Zweck, das dorische Mutterland zu schützen, wurde denn
auch ohne Schwertstreich erreicht, da die Phoker viel zu
schwach waren, einem solchen Heere zu widerstehen. Und
jetzt begannen die wahren Ziele der lakedaemonischen Politik
sich zu enthüllen. Nikomedes überschritt die boeotische
Grenze und bezog ein Lager bei Theben, wo er mit offenen
Armen aufgenommen wurde. Er hatte Verbindungen mit
der oligarchischen Partei in Athen und wartete auf die Gelegenheit, einen Handstreich zu wagen.

In Athen erkannte man die Gefahr und beschloß, ihr
zuvorzukommen. Das ganze Bürgeraufgebot wurde zu den
Waffen gerufen, aus Argos, Thessalien und den Städten des
Seebundes Hilfstruppen herangezogen. Obgleich ein be-
trächtlicher Teil der attischen Macht in Aegypten und auf
Aegina stand, kamen doch 14 000 Hopliten zusammen, ein
Heer, das den vereinigten Peloponnesiern und Thebanern
numerisch wenigstens annähernd gewachsen war. So ergriffen
die Athener die Offensive. Zwischen Tanagra und Theben
traf man auf den Feind; es war das erstemal, daß Athener
und Lakedaemonier in offener Feldschlacht sich maßen.
Nach sehr blutigem Kampfe blieb den Peloponnesiern der
Sieg; wie die Athener sagten, infolge des Verrates der thessalischen Reiter, die während der Schlacht zum Feinde über-
gingen. Aber es gelang dem geschlagenen Heere, seinen Rückzug aus Boeotien im wesentlichen intakt zu bewerkstelligen;
und auch die Peloponnesier hatten so schwer gelitten, daß
Nikomedes eine Invasion Attikas nicht ratsam schien. Die
athenischen Oligarchen warteten vergeblich auf die ver-
sprochene Hilfe[1]. Die Sieger begnügten sich, die boeotischen

---

[1] Thuk. I 107. 108, Diod. XI 79—80, Paus. I 29, 6. 9, Plut. *Per.* 10, *Kim.*

Landstädte zu veranlassen, ihren Bund mit Theben zu erneuern, der vor 20 Jahren nach der Schlacht bei Plataeae
aufgelöst worden war. Es sollte ein Gegengewicht gegen
Athen geschaffen werden, wodurch dieses gehindert würde,
noch weiter aggressiv gegen den Peloponnes vorzugehen [1].
Darauf zog Nikomedes durch die Megaris und die Pässe der
Geraneia nach dem Peloponnes zurück [2]. Strategisch hatten
die Athener gesiegt, trotz ihrer taktischen Niederlage [3].

Mittelgriechenland war also aufs neue sich selbst überlassen, und in Athen säumte man nicht, die Gunst des Moments
zu benutzen. Sobald das bei Tanagra geschlagene Heer wieder
kampffähig war, überschritten die Athener noch einmal die
boeotische Grenze, geführt von Myronides, einem Veteranen
aus den Freiheitskriegen, der bei Plataeae unter den Strategen
gewesen war und noch soeben, durch die siegreiche Abwehr
des korinthischen Angriffs auf die Megaris, sich als tüchtiger
Feldherr bewährt hatte [4]. Der neubegründete boeotische
Bund aber war noch zu wenig gefestigt, als daß er imstande
gewesen wäre, aus eigener Kraft dem Stoße zu widerstehen,
dem soeben die Peloponnesier nur mit Mühe standgehalten
hatten. In den „Weinbergen" (Oenophyta) erlag das boeotische
Bundesheer dem athenischen Angriff, am 62. Tage nach der
Schlacht bei Tanagra. Der Bund löste infolge dieses Schlages

---

17. Die Inschrift des Weihgeschenks, das die Peloponnesier zum Gedächtnis
des Sieges in Olympia stifteten, bei Paus. V 10, 4, *IGA.* 26 a. Grabschrift der
gefallenen Kleonaeer *CIA.* I 441 und IV 1 S. 107. Über die Chronologie unten
2. Abt. § 77.

[1] Diod. XI 81, Iustin. III 6, 10. Nach Diod. 81, 3 hätten die Spartaner
damals die Ringmauer Thebens erweitert; bei der kurzen Dauer ihres Aufent-
halts in Boeotien kann dazu nicht wohl Zeit gewesen sein. Kratippos XII 3
setzt die Übersiedlung der Bewohner der umliegenden Kleinstädte nach Theben
vielmehr an den Anfang des peloponnesischen Krieges; ohne Zweifel mit Recht.

[2] Thuk. I 108, 2.

[3] Die Athener haben darum später die Schlacht bei Tanagra nicht als
Niederlage anerkennen wollen: Plat. *Menex.* 242 b, Diod. XI 81, 6.

[4] Myronides Strateg bei Plataeae: Plut. *Arist.* 20, in der Megaris 458:
Thuk. I 105, 4, Lys. 2 (*Epitaphios*) 52. Als hervorragender Vertreter der guten
alten Zeit erscheint er bei Aristoph. *Lysistr.* 801, *Ekkles.* 304, Eupolis *Demen*
fr. 98.

sich auf. Theben blieb wieder auf sein eigenes Gebiet beschränkt; die Landstädte traten in enge Verbindung mit Athen, Phokis folgte freiwillig, das opuntische Lokris gezwungen diesem Beispiel. Das ganze Gebiet vom Isthmos bis zu den Thermopylen, mit alleiniger Ausnahme Thebens, war damit der Oberhoheit Athens unterworfen[1].

Eine weitere Folge der Schlacht bei Oenophyta war die Kapitulation von Aegina, dessen Belagerung trotz der Bedrohung der attischen Grenzen nicht unterbrochen worden war. Die besiegte Stadt mußte sich harten Bedingungen unterwerfen: die Kriegsflotte wurde den Athenern ausgeliefert, die Mauern geschleift, Aegina trat in den Seebund und verpflichtete sich zur Zahlung eines Tributs von 30 Talenten, mehr als in dieser Zeit irgendeine andere Bundesstadt zahlte[2]. Auch das nahe Troezen trat jetzt auf die athenische Seite[3].

---

[1] Thuk. I 108, Diod. XI 81—83, der die Schlacht aus Nachlässigkeit zweimal erzählt, Front. Strat. II 4, 11; IV 7, 21. Der Erfolg wurde nicht so sehr den athenischen Waffen verdankt, als den inneren Wirren, von denen Boeotien zerrissen war (Thuk. III 62, 5, IV 92, 6, vgl. Perikles' Ausspruch bei Aristot. Rhet. III 4 S. 1407 a), und zwar handelte es sich dabei nicht sowohl um den Gegensatz zwischen Oligarchen und Demokraten als zwischen Theben und der autonomistischen Partei in den Landstädten (Plat. Menex. 242 b). Ein Bild der Stimmung in Theben nach der Schlacht gibt Pindar Isthm. VII (VI). Daß die ἀδίκως φεύγοντες, welche die Athener nach dem Siege bei Oenophyta δικαίως zurückführten (Plat. a. a. O.), solche Autonomisten und nicht etwa Oligarchen gewesen sind, ergibt sich daraus, daß die verbannten Oligarchen erst zur Zeit der Schlacht bei Koroneia zurückkehrten; denn wären die φυγάδες Βοιωτῶν, die in dieser Schlacht siegten, Demokraten gewesen, so würde die Verfassung Boeotiens nach dem Siege demokratisch, nicht oligarchisch geworden sein. [Xen.] vStaatdAthen. III 10 ist korrupt; hat der Verfasser gemeint, was man aus der Stelle herausliest, so würde daraus nur folgen, daß Athen beim Sturze der Demokratie in Theben nach der Schlacht bei Oenophyta (unten S. 179) die Hand im Spiele hatte, in der Hoffnung, die neue Regierung würde sich an Athen anschließen. Denn Theben hat, allein in Boeotien, sich nach der Schlacht bei Oenophyta Athen nicht unterworfen, was ja nach dem Gesagten eines Beweises nicht weiter bedarf, übrigens von Diodor XI 83, 1 ausdrücklich bezeugt wird; eine Bestätigung gibt Thuk. III 62, 5 Ἀθηναίων τὴν ἡμετέραν χώραν πειρωμένων ὑφ' αὑτοῖς ποιεῖσθαι καὶ κατὰ στάσιν ἤδη ἐχόντων αὐτῆς τὰ πολλά.

[2] Thuk. I 108, Diod. XI 78.

[3] Die Stadt blieb bis zum Frieden von 446 im Besitz der Athener (Thuk.

Um dieselbe Zeit wurde ein Werk vollendet, das bestimmt war, dem Verteidigungssysteme Athens seinen Abschluß zu geben: die Verbindung der Stadt mit ihren Häfen durch eine doppelte Befestigungslinie. Es war ein Riesenbau, wie er bisher in Griechenland noch nicht zustande gekommen war; betrug doch die Entfernung von Athen nach dem Peiraeeus 40, nach Phaleron 35 Stadien, 7 bzw. 6 km. Jetzt war Athen unter allen Umständen die freie Verbindung mit dem Meere gesichert, auch wenn ein überlegener Feind in Attika einfiel; man brauchte in solchen Fällen nicht mehr, wie noch Themistokles beabsichtigt hatte, zu dem verzweifelten Mittel zu greifen, die Stadt aufzugeben und im Peiraeeus Zuflucht zu suchen [1].

Athen stand auf der Höhe seiner Macht. Seit den Siegen über Korinth und Aegina beherrschte es das Meer unbedingt, und auch zu Lande war es durch das Bündnis mit Argos und die Herrschaft über Mittelgriechenland dem peloponnesischen Bunde annähernd gewachsen. Es glaubte jetzt zu einem Angriff auf Sparta selbst schreiten zu können. Eine Flotte unter Tolmides wurde nach der lakonischen Küste geschickt (456), und es gelang auch, das spartanische Arsenal in Gytheion zu zerstören und Methone an der messenischen Küste einzunehmen; freilich mußte der Platz gleich wieder aufgegeben werden, sobald die Spartaner heranrückten. Tolmides wandte sich nun nach Aetolien, wo er die korinthische Kolonie Chalkis eroberte; auch Achaia hat sich um diese Zeit an Athen angeschlossen [2].

I 115, IV 21, Andok. *vFr.*, 3); wann sie sich an Athen angeschlossen hat, wird nicht überliefert. Auch Halieis muß sich um diese Zeit an Athen angeschlossen haben, denn es stand 458 noch auf spartanischer Seite (oben S. 167) und wurde dann von dem Spartaner Aneristos durch einen kühnen Handstreich zurückgewonnen (Herod. VII 137).

[1] Thuk. I 108, 3; vgl. 107, 4, Kratinos fr. 300 Kock, bei Plut. *Per.* 13.

[2] Thuk. I 108, Diod. XI 84, Schol. Aesch. *vdGes.* 78, Paus. I 27, 5. Über die Chronologie unten 2. Abt. § 77. Wann die Achaeer sich an Athen angeschlossen haben, wird nicht überliefert; sie erscheinen bei Perikles' Feldzug in diesen Gegenden (455) bereits als athenische Bundesgenossen (Thuk. I 111, 3, Plut. *Per.* 19). Auch die Chalkis benachbarte korinthische Kolonie Molykreion

Doch diese Erfolge waren nur durch die äußerste Anspannung aller Kräfte des Staates zu erreichen gewesen.
Als die Korinthier im Sommer 458 gegen Megara zogen, hatte
man die letzte Reserve, die ältesten und jüngsten Jahrgänge
zu den Waffen rufen müssen, um nicht gezwungen zu sein,
die Belagerung von Aegina aufzuheben [1]. Die zufällig erhaltene
Verlustliste eines der zehn Stämme, in welche die attische
Bürgerschaft zerfiel, aus diesem selben Jahre führt 177 Namen
auf; haben die übrigen Stämme in gleichem Maße gelitten,
so hat dieses eine Jahr gegen 1800 Bürger gekostet, aus einer
Gesamtzahl von höchstens 30 000 waffenfähigen Männern [2].
Unter diesen Umständen war Athen nicht imstande gewesen, Verstärkungen nach Aegypten zu senden. Das schien
auch lange Zeit nicht nötig; die Flotte, die dort stand, war
ausreichend, die am Nil und in Kypros gewonnene Stellung
zu behaupten und auch die phoenikische Küste zu beunruhigen [3]. Mehr freilich wurde nicht erreicht; ja es gelang
nicht einmal, die Burg von Memphis zur Übergabe zu bringen.
Inzwischen hatte der König ein großes Heer und eine starke
Flotte gerüstet unter seinem Schwager Megabyzos, der nach
Dareios' Tode das abgefallene Babylon zum Gehorsam zurückgebracht hatte. Diesen überlegenen Streitkräften vermochten
die Aegypter und ihre griechischen Bundesgenossen nicht
standzuhalten; sie wurden in offener Feldschlacht geschlagen,
Memphis mußte infolgedessen geräumt werden, und die
Athener wurden auf die Nilinsel Prosopitis gedrängt (Herbst

---

muß um diese Zeit unter athenische Herrschaft gekommen sein (vgl. Thuk.
III 102, 2).

[1] Thuk. I 105, 4, und dazu *Klio* V, 1905, S. 363 f.

[2] *CIA.* I 433, vgl. Isokr. 8 (*vFrieden*) 88.

[3] *CIA.* I 433. Eine Tributliste in Krateros' Ψηφισμάτων συναγωγὴ (bei
Steph. Byz. Δῶρος, a. E.) führte Doros unter den Städten des Καρικὸς
φόρος auf; da wir keine Stadt dieses Namens in Karien kennen, scheint das
phoenikische Doros, oder wie es später gewöhnlich genannt wurde, Dora gemeint
(Köhler, *Abh. Berl. Akad.* 1869 S. 121. 207), das dann also eine Zeitlang, natürlich vor dem Kalliasfrieden, zum athenischen Reiche gehört haben müßte.
In der Krateros vorliegenden Urkunde, die schon die Steuerbezirke hatte, kann
sie allerdings nur *in partibus infidelium* aufgeführt gewesen sein.

458). Hier hielten sie sich 18 Monate, bis es den Persern endlich gelang, durch Ableitung eines Kanals die athenischen Schiffe aufs Trockene zu setzen und die Insel mit dem Land-heere zu erstürmen. Nur schwache Trümmer der Bemannung der griechischen Flotte retten sich durch Libyen über Kyrene in die Heimat. Jetzt endlich, wo es zu spät war, erschien eine athenische Entsatzflotte von 50 Schiffen und lief, ohne eine Ahnung von der erfolgten Katastrophe zu haben, in den mendesischen Nilarm ein; hier wurde sie von den Phoenikern angegriffen und zum größten Teile vernichtet (456). Auch König Inarôs, das Haupt der Empörung, wurde gefangen und hingerichtet. Aegypten kehrte zum Gehorsam zurück[1]. Doch behaupteten sich die Aufständischen unter Psammetichos, dem Sohne des Inarôs, im libyschen Grenzgebiet, und unter Amyrtaeos in den Sümpfen im Norden des Delta[2].

Die aegyptische Katastrophe war, nach einer ununter-brochenen Reihe von Siegen, der erste Mißerfolg, den der Perserkrieg gebracht hatte; man hatte jetzt wieder ernstlich mit dem Erscheinen einer phoenikischen Flotte im Aegaeischen Meere zu rechnen. Demgegenüber schien der Bundesschatz in dem offenen Delos zu exponiert, und die Bundesversammlung beschloß demgemäß, auf Antrag der Samier, ihn nach der Akropolis von Athen in Sicherheit zu bringen (Frühjahr 455)[3]. Im übrigen beschränkte sich Athen darauf, seine Stellung

---

[1] Thuk. I 109. 110, Ktes. 33 ff. (im einzelnen nicht immer zuverlässig). Der Bericht bei Diod. XI 74. 75. 77 (Ephoros?) beruht auf Thukydides mit Benutzung des Ktesias. Über Prosopitis auch Herod. II 41, über Megabyzos III 160. Die Vernichtung der 200 Schiffe αὐτοῖς τοῖς πληρώμασιν erwähnt auch Isokrates (8., vFrieden, 86). Aber ein Teil der Flotte war auf Kypros geblieben (CIA. I 433), und ein anderer Teil mag, nach den großen Erfolgen am Anfang des Feldzuges, nach Hause zurückgekehrt sein. Immerhin war es eine furchtbare Katastrophe: ὀλίγοι ἀπὸ πολλῶν ἐσώθησαν, οἱ δὲ πλεῖστοι ἀπώλοντο (Thuk. I 110, 1). Über die Chronologie unten 2. Abt. § 82

[2] Herod. III 15, Philochoros fr. 90 (unter dem Jahr 445/4), über Amyrtaeos Thuk. I 112, Herod. II 410 vgl. III 160. Thannyras, ein Sohn des Inarôs, den die Perser später als König anerkannten, ist entweder mit Psammetichos identisch oder diesem seinem Bruder nach 445/4 in der Herrschaft gefolgt.

[3] Plut. Per. 12, Arist. 25, Diod. XII 38, Iustin. III 6. Über die Chrono-logie unten 2. Abt. § 81 f.

in Mittelgriechenland zu befestigen. Vor allem galt es, den athenischen Einfluß in Thessalien wieder zur Geltung zu bringen, das um die Zeit der Schlacht bei Tanagra von Athen abgefallen war (oben S. 168). Damals war Orestes, der Sohn des athenerfreundlichen Tagos Echekratidas, aus Pharsalos verbannt worden; jetzt sollte ihn ein athenisches Heer unter Myronides, durch boeotische und phokische Kontingente verstärkt, auf den väterlichen Thron zurückführen. Aber durch die überlegene thessalische Reiterei sahen die Athener in dem ebenen Lande sich in allen Bewegungen gehemmt; man gelangte zwar vor Pharsalos, vermochte aber die Stadt nicht zu nehmen, und es blieb endlich nichts übrig als unverrichteter Sache zurückzugehen (Sommer 455) [1]. Noch in demselben Sommer unternahm Perikles von Pagae in der Megaris aus eine Expedition auf dem Korinthischen Golfe, die gleichfalls erfolglos blieb; denn das feste Oeniadae in den Sümpfen an der Acheloosmündung leistete so kräftigen Widerstand, daß die Belagerung abgebrochen werden mußte, worauf die Flotte nach Hause zurückfuhr [2].

---

[1] Thuk. I 111, 1, Diod. XI 83. Daß Myronides befehligte, sagt nur Diodor, es wird aber richtig sein, da Diodors Quelle offenbar nur darum den Bericht über diesen Zug unmittelbar an die Schlacht bei Oenophyta angeschlossen hat. Über Orestes oben I 2 S. 204, über die Chronologie unten 2. Abt. § 80. Damals werden die Pheraeer den Sieg über die attische Reiterei erfochten haben, zu dessen Gedächtnis sie das von Paus. X 15, 4 erwähnte Denkmal in Delphi errichteten.

[2] Thuk. I 111, 2. 3, Plut. Per. 19, Diod. XI 85 = XI 88, wo das unbedeutende Scharmützel an der sikyonischen Küste, das ich oben im Texte nicht habe erwähnen mögen, ad maiorem Periclis gloriam zu einem großen Siege aufgebauscht wird. Unrichtig ist auch Diodors Angabe (XI 85, 2), Perikles habe, außer Oeniadae, alle akarnanischen Städte genommen; denn nach Thuk. II 68, 8 ist ein Bündnis mit Akarnanien zuerst von Phormion geschlossen worden, einige Zeit vor Ausbruch des peloponnesischen Krieges. Die Eroberung von Oeniadae durch die Messenier von Naupaktos, denen es dann nach einem Jahre durch die Akarnanen wieder entrissen wurde (Paus. IV 25, vgl. V 26, 1), muß, falls sie überhaupt historisch ist, in eine etwas spätere Zeit gehören,. Die ganze Energielosigkeit der perikleischen Kriegführung zeigt sich schon in diesem seinem ersten Feldzuge, über den wir etwas näher unterrichtet sind. Über die Chronologie unten 2. Abt. § 80.

Während der nächsten Jahre schlief der Krieg in Griechenland ein; Athen bedurfte nach der aegyptischen Katastrophe
der Sammlung, Sparta war nicht imstande, gegen Athen
vorzugehen, solange dieses die Isthmospässe und den korinthischen Golf beherrschte. Auch mag es sein, daß die Rücksicht
auf die von Persien her drohende Gefahr für die Haltung
Spartas mitbestimmend war. Der persische Angriff erfolgte
nun allerdings nicht, da Flotte und Heer des Großkönigs
noch in Aegypten und Kypros beschäftigt waren; aber eben
darum galt es, zu verhüten, daß diese äußersten Bollwerke
des Hellenentums ganz in die Hände der Perser fielen. Dazu
aber mußte Athen in Griechenland den Rücken frei haben;
denn daß es nicht imstande war, den Krieg mit zwei Fronten
zu führen, hatten die Ereignisse der letzten Jahre nur zu
deutlich bewiesen. Es war also notwendig, mit Sparta zu
einer Verständigung zu kommen. Der einzige athenische
Staatsmann, der dort Einfluß genug besaß, eine solche zustande zu bringen, war Kimon; und eben jetzt kehrte dieser
nach Ablauf der zehnjährigen Frist aus der Verbannung
zurück, die das Scherbengericht über ihn verhängt hatte
(Frühjahr 451). Er nahm nun sogleich das Werk der Ver-
söhnung in seine Hand, und es gelang ihm denn auch, zwar
keinen dauernden Frieden, aber doch wenigstens einen Waffenstillstand auf 5 Jahre zwischen den beiden griechischen Vormächten zum Abschluß zu bringen (Sommer 451)[1]. Athen

---

[1] Thuk. I 112, Andok. vFr. 4, Plut. Kim. 18, Diod. XI 86, 1, vgl. Theopomp.
fr. 92, Nepos Cim. 3. Näheres, auch über die Chronologie, unten 2. Abt. § 85 f.
In diese Zeit muß die Sendung des Arthmios von Zeleia fallen, der von den
Athenern geächtet wurde, ὅτι τὸν χρυσὸν τὸν ἐκ Μήδων εἰς Πελοπόννησον ἤγαγεν
(das Ächtungsdekret bei Demosth. Phil. III 42, die Redner spielen oft darauf
an; vgl. Swoboda, Epigr. arch. Mitt. aus Österreich, XVI S. 49 ff.). Da Kimon
das Dekret beantragt hat (Krateros im Schol. zu Aristeid. bei Wilamowitz,
Sommerprogramm Göttingen 1884, bei Plut. Them. 6 wird irrtümlich Themistokles
genannt), ist das Jahrzehnt seiner Verbannung ausgeschlossen, die Zeit vorher
kann nicht in Betracht kommen, da damals noch gute Beziehungen zwischen
Athen und Sparta herrschten, und 450 ist Kimon gestorben. Arthmios hat
also offenbar den Auftrag gehabt, die Annäherung Spartas an Athen zu verhindern, die zum Abschluß des fünfjährigen Friedens geführt hat.

zahlte dafür allerdings einen teuren Preis; es löste sein Bündnis mit Argos, und dieses war dadurch gezwungen, nun auch seinerseits ein Abkommen mit Sparta zu schließen, und zwar auf Grund des gegenwärtigen Besitzstandes, also unter Anerkennung der spartanischen Herrschaft über die Kynuria (Winter 451/0). Dies Abkommen sollte auf 30 Jahre Geltung haben, so daß also Sparta, wenn sein Waffenstillstand mit Athen ablief, von Argos nichts zu besorgen hatte [1].

Jetzt konnte Kimon den Perserkrieg wieder aufnehmen. Mit 200 Schiffen ging er nach Kypros in See (Frühjahr 450), das zum größten Teil wieder in die Gewalt des Königs gekommen war; dort angelangt, sandte er 60 Schiffe nach Aegypten zu König Amyrtaeos, um das Land von neuem zum Aufstand zu bringen; er selbst nahm Marion ein und begann dann die Belagerung von Kition, das als phoenikische Kolonie den festesten Stützpunkt der Perser auf der Insel bildete. Hier, im Lager vor der Stadt, ist Kimon einer Epidemie erlegen, die im athenischen Heere ausgebrochen war. Inzwischen war eine persische Flotte an der Ostküste der Insel erschienen und hatte ein starkes Truppenkorps ans Land gesetzt. Die Athener brachen infolgedessen die Belagerung von Kition ab und segelten dem Feinde entgegen. Bei dem kyprischen Salamis wurde die letzte Schlacht des Perserkrieges geschlagen, und noch einmal blieb der Sieg, zu Wasser und zu Land, den Hellenen. Es war ein Erfolg fast wie der am Eurymedon; 100 feindliche Schiffe wurden genommen, nach der Niederlage in Aegypten war die Ehre der griechischen Waffen wieder hergestellt; es war glänzend bewiesen, daß Athen noch immer die erste Seemacht der Welt war [2].

---

[1] Thuk. V 14, 4. Beim Ausbruch des peloponnesischen Krieges war Argos mit Athen nicht verbündet, woraus sich ergibt, daß das 462 geschlossene Bündnis 451 gelöst worden ist.

[2] Einziger brauchbarer Bericht über den Krieg Thuk. I 112, dazu die Grabschrift auf die bei Salamis Gefallenen Diod. XI 62, *Anthol. Palat.* VII 296, Aristeid. II 209 d, vgl. unten 2. Abt. § 86. Die Echtheit von Br. Keil, *Hermes* XX, 1885, S. 343 ff. sehr mit Unrecht bestritten. Diod. XII 3. 4, Plut. *Kim.*

Aber der Kampf gegen die Barbaren wurde nicht weiter-geführt. Mit Kimons Tode ging die Leitung des athenischen Staates wieder an Perikles über; und dieser war der Ansicht, daß Athen vor allem Ruhe bedürfe zur Sammlung seiner Kräfte für den unvermeidlichen Kampf mit den Peloponnesiern. Er rief also die Flotte von Kypros und aus Aegypten zurück und begann Unterhandlungen mit dem Großkönig[1].

Eine athenische Gesandtschaft ging nach Susa hinauf, geführt von Kallias, dem Oberpriester der eleusinischen Göttinnen und reichsten Manne Athens. Da auch der König sich von einer Weiterführung des Krieges nach der Niederlage bei Salamis keine Erfolge versprechen durfte, kam man bald zur Verständigung. Athen verzichtete auf Aegypten und Kypros, der König andererseits versprach, keine Kriegs-schiffe in das Aegaeische Meer einlaufen zu lassen und die athenischen Bundesstädte an den kleinasiatischen Küsten auch zu Lande nicht anzugreifen (449). Das Ganze war, wie wir sagen würden, mehr ein *modus vivendi* als ein wirklicher Friedensvertrag; der König gab seine Rechte auf die asiatischen Griechenstädte nicht förmlich auf, aber er ließ diese Rechte für jetzt ruhen; die Städte blieben tributfrei, wie sie es bisher gewesen waren[2]. So war denn der 30 jährige Perserkrieg

---

18. 19 geben ein verzerrtes Bild des Feldzuges, weil sie den Sieg von Kimon selbst erfochten werden lassen. Einzelheiten, wie die Einnahme von Marion durch Kimon (Diod. XII 3, 3) mögen richtig sein. Die große Doppelschlacht ist nach Thukydides ὑπὲρ Σαλαμῖνος geschlagen worden, nach Diod. c. 4, 1 ff. lag in Salamis eine persische Besatzung und die Stadt wurde nach dem See-siege von den Athenern vergeblich belagert, bis die Friedensverhandlungen den Feindseligkeiten ein Ende machten. Auch das wird richtig sein. — Bei Thuk. I 112, 4 ist λοιμοῦ γενομένου zu lesen, wenn auch die Handschriften und ihnen folgend unsere Ausgaben λιμοῦ haben; denn eine Hungersnot kann wohl in einer belagerten Stadt ausbrechen, nicht aber bei einem Belagerungs-heere, da müßte σιτοδεία gesagt sein.

[1] Thuk. I 112, 4.

[2] Die Gesandtschaft des Kallias erwähnt, ohne Angabe des Zwecks, Herod. VII 151. Den Abschluß des Friedens bezeugen Isokr. *Paneg.* 118 ff., *Areop.* 80, *Panath.* 59, Demosth. *vdGes.* 273, Lyk. *gLeokr.* 73, Diod. XII 4, Plut. *Kim.* 13, Didym. zu Demosth. 7, 73, Suidas Κίμων usw. Thukydides schweigt, bezeugt aber VIII 56, 4 die Bestimmung des Vertrages, die den Persern das Aegaeische

beendet, und es herrschte fortan freier Verkehr zwischen dem athenischen und dem persischen Reiche.

Auch in Griechenland suchte Perikles zur Herstellung eines dauernden Friedenszustandes zu gelangen. Er ließ es geschehen, daß die Spartaner ein Heer über den krisaeischen Golf nach Delphi sandten, das die mit Athen verbündeten Phoker aus der Stadt vertrieb, und den Delphern die Verwaltung ihres Tempels zurückgab (449), welche die Phoker usurpiert hatten [1]. Im folgenden Jahre lud er alle hellenischen

Meer verschloß. Ebenso ergibt sich aus Thuk. VIII 5. 6, daß die athenischen Bundesstädte in Asien keinen Tribut an den König zahlten; der freie Verkehr folgt aus [Xen.] *Staat d. Ath.* II 7, Thuk. II 69, 1, VIII 35, 2, auch aus Herodots Reisen im Perserreich. Die Urkunde des Vertrages gab Krateros in seiner Ψηφισμάτων συναγωγή (Plut. *Kim.* 13); Theopomp (fr. 167. 168) erklärte sie für eine Fälschung, weil sie im ionischen Alphabet geschrieben war. Aber der Volksbeschluß für Phaselis *CIA.* II 11 = Dittenb. *Syll.* [2] 72 (vgl. S. 640) ist ebenfalls im ionischen Alphabet geschrieben, obgleich er aus der Mitte des V. Jahrhunderts stammt (Wilhelm, *Gött. Gel. Anz.* 1898, S. 204). Die lange Diskussion unter den Neueren über die Realität dieses sehr mit Unrecht sog. „kimonischen Friedens" ist heute wohl erledigt; vgl. Ed. Meyer, *Forschungen* II 71, der in allem Wesentlichen richtig gesehen hat. Über die Chronologie unten 2. Abt. § 86. Die Angabe, daß der Unterhändler Kallias zu einer Buße von 50 tal. verurteilt worden wäre (Demosth. a. a. O.), ist sehr unwahrscheinlich und beruht offenbar auf einer Verwechslung mit der Buße von ebenfalls 50 tal., die sein Oheim Kallias nach Miltiades' Tode für seinen Schwager Kimon bezahlt haben soll (oben S. 25, Anm. 1, vgl. unten 2. Abt. § 18). Auch würde Kallias, wenn er παραπρεσβείας verurteilt worden wäre, nicht fast unmittelbar darauf als Gesandter zum Abschluß des dreißigjährigen Friedens nach Sparta geschickt worden sein (Diod. XII 7).

[1] Thuk. I 112, 5, Philochoros fr. 88 bei Schol. Aristoph. *Vög.* 556, Plut. *Per.* 21, Strab. IX 423. Es ist dabei, an der Ostgrenze des delphischen Gebiets, bei Anemoreia (Arachowa) zu einem großen Kampfe zwischen den Spartanern und Phokern gekommen; das Massengrab der dabei gefallenen Spartaner ([πολυ]άνδρειον Λακώνων), das in dieser Gegend gelegen hat (Wescher, *Monument bilingue de Delphes*, Paris 1868, S. 55), kann auf keinen anderen Krieg bezogen werden, denn die Niederlage des Areus, an die man auch denken könnte, ist auf der anderen Seite von Delphi, in der krisaeischen Ebene, erfolgt (Iustin. XXIV 1). Über die Chronologie unten 2. Abt. § 86. Da der erste heilige Krieg gegen Krisa, nicht gegen Phokis geführt worden ist, so hat Krisa, auf dessen Gebiet Delphi lag, damals nicht zum phokischen Bunde gehört. Der Krieg war um die Unabhängigkeit Delphis geführt worden; also können die Amphiktionen nach dem Siege die Stadt den Phokern nicht gegeben haben. Daß sie

Staaten diesseits des ionischen Meeres zu einem Kongreß
in Athen ein, zur Beratung über den Wiederaufbau der von
den Persern zerstörten Tempel, über die im Perserkriege
gelobten Opfer, über die Freiheit der Schiffahrt und die Erhaltung des Friedens. Das Projekt scheiterte an dem Widerstande Spartas [1], das schon an dem Ort des Kongresses Anstoß
nehmen mußte und außerdem keineswegs gewillt war, den
jetzt in Hellas herrschenden politischen Zustand als end-
gültigen anzuerkennen. Perikles' Antwort war ein Zug nach
Delphi, wo er die Verwaltung des Heiligtums den Phokern
zurückgab. Unter diesen Umständen war eine Verlängerung
des 5 jährigen Waffenstillstands bei seinem nahe bevorstehenden
Ablauf kaum zu erwarten; aller Voraussicht nach mußte
der Sommer 446 den Krieg bringen.

Jetzt hielten die Gegner Athens in Mittelgriechenland
den Augenblick für gekommen, einen entscheidenden Schlag
zu führen. Schon früher, nach der Schlacht bei Oenophyta
und zum Teil eben infolge dieser Niederlage, war die Demokratie in Theben zusammengebrochen und hatte einer
gemäßigten Oligarchie Platz gemacht [2]; die oligarchischen
Verbannten aus den boeotischen Kleinstädten gewannen
dadurch mitten in Boeotien selbst einen festen Stützpunkt.
Jetzt griffen sie zu den Waffen und besetzten Orchomenos
und das von diesem abhängige Chaeroneia im äußersten

---

es nicht getan haben, folgt aus der Bestimmung des Nikias-Friedens: Δελφοὺς
αὐτονόμους εἶναι κατὰ τὰ πάτρια (Thuk. V 18, 2). Demnach können die Phoker
Delphi nicht sehr lange vor 449 in Besitz genommen haben. Auch gibt es
archaische Münzen mit der Aufschrift Δαλφικον, die offenbar älter sind als 449,
während die Phoker seit dem VI. Jahrhundert Bundesmünzen geprägt haben.
Und da bei der spartanischen Intervention in Phokis vor der Schlacht bei Tanagra
(457) von Delphi nicht die Rede ist (Thuk. I 117, 2), so haben die Phoker wahrscheinlich erst nach der Schlacht bei Oenophyta mit athenischer Hilfe sich zu
Herren von Delphi gemacht.

[1] Plut. Per. 17, ohne Zweifel nach dem Volksbeschluß in der Sammlung
des Krateros. Die Sache kann nur in eine Zeit gehören, in der Athen mit Sparta
in Frieden war, und kann auch nicht später gesetzt werden, als der Beginn
des Baues des Parthenon (447). Andererseits war offenbar Kimon schon tot und der
Perserkrieg beendet. Vgl. Busolt, Gr. Gesch. III 1 S. 445 ff.

[2] Aristot. Polit. V 1302 b, vgl. oben S. 170 A. 1.

12*

Westen des Landes (Winter 447/6). In Athen unterschätzte
man die Bedeutung des Aufstandes; mit nur 1000 Bürgerhopliten und einer Anzahl Bundeskontingenten zog Tolmides
nach Boeotien, und es gelang ihm auch, Chaeroneia zu nehmen,
zu einer Belagerung von Orchomenos aber war er nicht stark
genug, und so blieb nichts übrig als der Rückzug. Doch beim
Tempel der itonischen Athena im Gebiet von Koroneia fand
er die Straße vom Feinde besetzt, der aus Theben, dem
opuntischen Lokris und durch euboeische Verbannte Zuzug
erhalten hatte. Tolmides war nicht imstande, diese Stellung
zu durchbrechen; er selbst fiel mit einem Teil seiner Leute,
der Rest seines Korps wurde zur Ergebung gezwungen. Um
die zahlreichen Gefangenen auszulösen, mußten die Athener
sich zur Räumung von ganz Boeotien verstehen; nur Plataeae
hielt auch jetzt fest an der Verbindung mit Athen [1]. Überall
sonst wurden nun oligarchische Verfassungen eingeführt,
und der alte Bund mit Theben erneuert, und zwar auf dem
Fuße völliger Gleichberechtigung, nur daß die Bundesbehörden
auf der Kadmeia ihren Sitz hatten, und Theben, seiner größeren
Bevölkerung entsprechend, darin stärker vertreten war, als
die übrigen Bundesstädte. An der Spitze des Bundes stand
ein Kollegium von 11 Boeotarchen, etwa mit der Kompetenz
der athenischen Strategen, von denen Theben und die ihm
zugewandten Orte 4, Orchomenos und Thespiae, ebenfalls

---

[1] Thuk. I 113, Hellanikos (?) fr. 49 bei Steph. Byz. Χαιρώνεια, Plut.
Per. 18, Diod. XII 6 (gibt nur ein Exzerpt aus Thukydides). Aus Thuk. III
62. 67, IV 92 ergibt sich die Teilnahme der Thebaner an der Schlacht, die der
Natur der Sache nach keine Verbannten gewesen sein können, so daß also der
Staat Theben den Verbannten Zuzug gesandt hat. Offenbar standen die Boeoter
mit der Front gegen Westen, wie 53 Jahre später auf demselben Schlachtfelde
gegen Agesilaos (Plut. *Ages.* 19), so daß Tolmides nur durch ein siegreiches
Gefecht sich den Weg nach Athen hätte öffnen können; dadurch erklärt es sich,
daß sein ganzes Korps vernichtet wurde. Das hat aber wieder zur Voraussetzung,
daß der Feind in Theben seine Basis hatte; auch der Führer der Boeoter, Sparton
(Plut. a. a. O.), war, wie der Name zeigt, ein Thebaner. Xen. *Denkw.* III 5, 4
verlegt die Schlacht nach Lebadeia, Paus. I 27, 5 läßt die Athener auf dem
Marsche nach Haliartos angegriffen werden. Unter den Gefallenen war Kleinias,
der Vater des Alkibiades: Plat. *Alk.* I 112 c, Isokr. 16, περὶ τοῦ ζεύγους, 28,
Plut. *Alk.* 1.

mit den zugewandten Orten, je 2, Tanagra 1, Lebadeia, Koroneia und Haliartos, und ebenso Akraephion und Kopae je 1 im Turnus stellten. Ferner bestand eine Ratsversammlung, in der die einzelnen Städte nach ihrer Größe vertreten waren, wie die Phylen und Demen im Rate Athens, und zwar im Verhältnis von 60 Abgeordneten für jeden Boeotarchen, so daß die ganze Versammlung 660 Mitglieder zählte; sie war in vier Sektionen geteilt, von denen eine im Turnus den Vorsitz führte, die laufenden Angelegenheiten vorberiet und sie dann an das Plenum zur Entscheidung brachte. Wählbar war nur, wer ein gewisses Vermögen besaß. Volksversammlungen brauchte der Bund nicht, da die Wahlen in den Einzelstädten gehalten wurden und der Rat in letzter Instanz über alles entschied; wohl aber gab es ein Bundestribunal, dessen Richter von den einzelnen Städten nach dem Verhältnis der Zahl der Boeotarchen gestellt wurden. Nach demselben Verhältnis wurden die Matrikularbeiträge zur Bestreitung der Ausgaben des Bundes aufgebracht; und ebenso zerfiel, den 11 Boeotarchen entsprechend, das Bundesheer in 11 Hoplitenregimenter zu etwa 1000 Mann und 11 Schwadronen zu 100 Pferden, wenn auch natürlich, besonders bei den Hopliten, die Effektivstärke beträchtlich hinter der Sollstärke zurückblieb [1]. Dank dieser Verfassung, die alle Kräfte des Landes der Zentralregierung zur Verfügung stellte, war Boeotien fortan einer der mächtigsten griechischen Staaten [2].

Durch den Abfall Boeotiens gingen auch Phokis und das

---

[1] Wir haben ein klares Bild dieser Verfassung erst aus den neuentdeckten Fragmenten des Kratippos erhalten (c. 11, fr. D col. XI). Daß auch der Bundesrat, ebenso wie die Ratsversammlungen der Einzelstädte, in vier Sektionen geteilt war, sagt Kratippos nicht ausdrücklich, um sich nicht wiederholen zu müssen, es folgt aber aus Thuk. V 38, 2, wo die τέσσαρες βουλαὶ τῶν Βοιωτῶν, αἵπερ ἅπαν τὸ κῦρος ἔχουσι, nur als Sektionen des Bundesrates gefaßt werden können (vgl. Glotz, Bull. Corr. Hell. XXXII, 1908, S. 271 ff.). Die auf den ersten Blick auffallende Zahl von 11 Boeotarchen erklärt sich wohl aus dem Wunsche, eine eventuelle Stimmengleichheit zu vermeiden; auch der im IV. Jahrhundert reorganisierte Bund hat eine ungerade Zahl Boeotarchen gehabt.

[2] Thuk. III 62, 5. ἵππους τε παρέχονται καὶ παρασκευὴν ὅσην οὐκ ἄλλοι τῶν ξυμμάχων (als Bundesgenossen Spartas im peloponnesischen Kriege).

opuntische Lokris für Athen verloren [1]; Delphi hat damals
oder wenig später seine Autonomie wieder erlangt [2]. Und
kurz darauf erhob sich auch Euboea gegen die athenische
Herrschaft (Sommer 446). Sogleich ging nun Perikles mit
einem Heere nach der Insel hinüber; kaum aber war er dort
angekommen, als ein Aufstand in Megara ausbrach; die
athenische Besatzung der Stadt wurde zusammengehauen,
und nur die beiden Hafenstädte Nisaea am Saronischen, Pagae
am Korinthischen Golfe von den Athenern behauptet. Korinth,
Epidauros und Sikyon hatten die Erhebung mit Truppen
unterstützt, während zugleich ein peloponnesisches Bundesheer auf dem Isthmos sich sammelte, unter dem jungen König
Pleistoanax, dem ein erprobter Offizier, Kleandridas, als
militärischer Ratgeber zur Seite gestellt war [3]; denn eben
war der fünfjährige Waffenstillstand mit Athen abgelaufen,
und Sparta hatte so die Hände frei. Auf die Nachricht von
diesen Vorgängen führte Perikles sein Heer aus Euboea zurück
und rückte in die Megaris ein, wich dann aber vor den weit
überlegenen Kräften der Peloponnesier ohne Kampf zurück
und räumte sogar die Ebene von Eleusis, die nun vom Feinde
besetzt wurde [4]. Jetzt, wo die Peloponnesier nur wenige

---

[1] Beide Landschaften sind am Anfang des peloponnesischen Krieges mit
Sparta verbündet (Thuk. II 9), trotz der Sympathie der Phoker für Athen
(Thuk. III 95, 1); dagegen hatten die Lokrer von Opus schon bei Koroneia
gegen die Athener mitgefochten (Thuk. I 113, 2).

[2] Überliefert ist das nicht. Da aber im Nikiasfrieden die Autonomie
Delphis κατὰ τὰ πάτρια garantiert wird (Thuk. V 18, 2), und die Phoker im
archidamischen Kriege mit Sparta verbündet waren, können die Spartaner
ihnen damals den Besitz der Stadt nicht entzogen haben; sie muß also schon
vor dem Kriege autonom gewesen sein. Es liegt ja auch in der Natur der Sache,
daß die Spartaner die Unabhängigkeit Delphis wieder herstellten, sobald Mittelgriechenland unter ihren Einfluß gekommen war.

[3] Kleandridas hatte sich bereits in den Kämpfen gegen Arkadien um 466
ausgezeichnet (Polyaen. II 10, 3), später, nach seiner Verbannung, ist er in
Thurioi an die Spitze des Heeres getreten (Polyaen. II 10).

[4] Thuk. I 114, Diod. XII 7, Plut. Per. 22. Auf die Ereignisse in der Megaris
bezieht Köhler (Hermes XXIV, 1889, S. 92 und dazu meine Bemerkungen
ebenda S. 479) die Grabschrift des Megarers Python (CIA. II 1675), die von
diesem rühmt, er habe drei athenische Phylen gerettet ἐκ Παγῶν ἀγαγῶν διὰ

Stunden von Athen standen, begann Perikles Unterhandlungen;
und da er bereit war, den Frieden mit sehr schweren Opfern
zu erkaufen, kam man bald zur Verständigung. Athen erkannte
die Unabhängigkeit von Megara an, räumte Nisaea und Pagae
und verzichtete auf Troezen und Achaia; dafür erlangte
es die Anerkennung seiner Seehegemonie seitens der Peloponnesier; auch Aegina sollte unter athenischer Oberhoheit
bleiben, in seinen inneren Angelegenheiten aber unabhängig
sein. Zwischen dem peloponnesischen und dem attischen
Bunde sollte freier Verkehr herrschen; etwaige Streitigkeiten
durch Schiedsspruch geschlichtet werden. Kleandridas und
der junge König waren überzeugt, daß auch bei einer Fortsetzung des Krieges nicht mehr zu erreichen gewesen wäre;
mit vollem Recht, wie die späteren Ereignisse bewiesen haben.
Sie schlossen also auf diese Bedingungen hin einen Präliminarfrieden und führten ihr Heer nach dem Peloponnes zurück.
Im Laufe des Winters erfolgte dann die Ratifizierung des
Vertrages durch die Volksversammlungen in Sparta und Athen
und die peloponnesischen Bundesgenossen. Das Abkommen
sollte auf 30 Jahre in Geltung bleiben [1].

Der Abschluß des Präliminarfriedens gab Perikles freie
Hand gegen Euboea, das er nun an die Spitze von 5000 Hopliten

Βοιωτῶν ἐς Ἀθήνας. Kaum richtig. — Natürlich müssen dem Ablaufe des fünfjährigen Friedens Verhandlungen über eine Verlängerung des Vertrages voraus-
gegangen sein, die aber zu keinem Ergebnis führten, weil Sparta mehr forderte,
als Athen damals bewilligen wollte.

[1] Thuk. I 115, Paus. V 23, 3, die Abtretungen auch IV 21, 3, Autonomie
Aeginas I 67, 2, freier Verkehr I 67, 4, Schiedsgericht I 144, 2; 140, 2; 144, 2; 145;
VII 18. Über die Chronologie unten 2. Abt. § 87. Da die Ratifizierung des
Friedens erst im Winter erfolgt ist, müssen noch nach Abschluß des Präliminarfriedens längere Verhandlungen geführt worden sein; offenbar hat die Kriegspartei in Sparta schon damals dem Abkommen scharfe Opposition gemacht.
Daß aber Athen in diesem Stadium noch weitere Konzessionen gemacht haben
sollte, ist unwahrscheinlich, denn weniger als schließlich erlangt wurde, haben
Kleandridas und Pleistoanax nicht wohl fordern können. Während der Verhandlungen ist Pindars 8. pythische Ode, für Aristomenes aus Aegina, geschrieben; der Wunsch, den der Dichter am Schluß ausspricht, Αἴγινα, φίλα
μᾶτερ, ἐλευθέρῳ στόλῳ πόλιν τάνδε κόμιζε Δὶ καὶ κρέοντι σὺν Αἰακῷ
sollte freilich nicht in Erfüllung gehen.

mit leichter Mühe zum Gehorsam zurückbrachte. Die Insel
hatte schwer für ihren Abfall zu büßen, die Bewohner von
Histiaea wurden ausgetrieben und ihr Gebiet an athenische
Kleruchen verteilt; die übrigen Gemeinden blieben zwar
bestehen, hatten aber bedeutende Gebietsabtretungen zu
machen und wurden in völlige Abhängigkeit von Athen
gebracht [1].

So war denn, allerdings um teuren Preis, das Schlimmste
noch abgewendet. Wenn auch Athens Einfluß auf dem
griechischen Festlande verloren war, so stand doch die Seeherrschaft unerschüttert, und sie war jetzt von den Peloponnesiern ausdrücklich anerkannt. Vor allem aber, auf ein
Menschenalter schien Hellas der innere Friede gesichert.

<hr />

VI. Abschnitt.

Die Friedensjahre.

Der Frieden war durch ein Kompromiß zustande gekommen; wenn Athen schwere Opfer gebracht hatte, so hatte
doch auch Sparta nicht alles erreicht, wofür es zum Schwerte
gegriffen hatte. Man hatte Euboea preisgegeben, das sich im
Vertrauen auf die peloponnesische Hilfe erhoben hatte, und
das stammverwandte Aegina nicht von der athenischen Herrschaft befreit. Das schien vielen in Sparta ein schimpflicher
Frieden. Bei den Ephorenwahlen, die im nächsten Sommer
(445) gehalten wurden, kam diese Stimmung zum Ausdruck.
Freilich, der einmal beschworene Vertrag war nicht mehr
rückgängig zu machen; aber seine Urheber, der König Pleistoanax und dessen Ratgeber Kleandridas, wurden unter der
Anklage, von Perikles bestochen zu sein, vor Gericht gestellt.
Der König wurde seiner Würde entsetzt und gezwungen,

<hr />

[1] Thuk. I 114, Plut. *Per.* 23, Diod. XII 22, *CIA.* IV 1, 27 a, Aristoph.
Wolk. 213 mit den Scholien (Philoch. fr. 89). Über die Kleruchie in Histiaea
(fortan Oreos genannt) außerdem Theopomp. fr. 164 M. Nach Andokides
vFr. 9 wäre mehr als $2/3$ der Insel in athenischen Besitz gekommen.

im Tempel des lykaeischen Zeus in Arkadien eine Zuflucht
zu suchen, und auch Kleandridas mußte in die Verbannung
gehen.   Den erledigten Thron nahm Pleistoanax' unmündiger
Sohn Pausanias ein [1].

Wenn Sparta seinen siegreichen König zur Rechenschaft
zog, was hatte der leitende Staatsmann Athens verdient,
der so völlig mit Blindheit geschlagen gewesen war, sich
von der revolutionären Bewegung in Boeotien, Euboea, der
Megaris ahnungslos überraschen zu lassen, und der infolgedessen nichts getan hatte, der Katastrophe vorzubeugen,
die über Athen hereingebrochen war? Die Gegenpartei säumte
denn auch nicht, ihren Vorteil aus dieser Lage zu ziehen.   An
ihrer Spitze stand jetzt, nach Kimons Tode, Thukydides
von Alopeke, der Sohn des Melesias, ein Mann aus vornehmem
Hause, mit Kimon verschwägert, ausgezeichnet als Redner,
und, was bei einem griechischen Staatsmanne besonderer
Hervorhebung bedurfte, von anerkannter persönlicher Integrität; nach Platons und Aristoteles' Urteil einer der besten
Bürger, die Athen je gehabt hat.   Kimon freilich vermochte
er seiner Partei nicht zu ersetzen, da ihm der Nimbus des
militärischen Erfolges mangelte; immerhin war, wie die Dinge
lagen, auch Thukydides für Perikles ein sehr gefährlicher
Gegner [2].

Indes die Mehrheit der attischen Bürgerschaft war für
eine Reaktion nicht zu haben.   Im Frühjahr 445 entschied
das Scherbengericht gegen Thukydides, und Perikles stand
nun ohne Nebenbuhler an der Spitze des Staates [3].   Jahr

---

[1] Thuk. II 21, 1; V 16, Ephor. fr. 118, Diod. XIII 106, 10, Plut. *Per.* 23.
Über die Chronologie oben I 1 S. 176f.

[2] Plut. *Per.* 8. 11, Platon *Laches* S. 179 f., *Menon* 94 d, Aristot. ΑΠ.
28, 2. 5, Androtion fr. 43, Philochoros fr. 95 bei Schol. Aristoph. *Wesp.* 947.
Aristot. a. ᴐ. O. nennt ihn κηδεστὴς Κίμωνος, nach Schol. Aristeid. III S. 446 Df.
wäre er dessen Schwiegersohn gewesen. In den Biographien des Historikers
Thukydides wird dieser mit dem Sohn des Melesias und anderen gleichnamigen
Männern vielfach zusammen geworfen. — Ohne Zweifel hat Thukydides schon
während Kimons Verbannung dessen Partei geführt, daher sagt Plut. *Per.* 8
πλεῖστον ἀντεπολιτεύσατο τῷ Περικλεῖ χρόνον.

[3] Plut. *Per.* 14.   Die Zeit ergibt sich aus c. 16 μετὰ τὴν Θουκυδίδου κα-

für Jahr wurde er zum Strategen erwählt; in Rat und Volksversammlung herrschte sein Wort unbedingt. Kein attischer
Bürger seit Hippias hatte eine solche Machtfülle besessen,
und die Opposition verfehlte natürlich nicht, diese Parallele
zu ziehen [1]. Es war, wie der Historiker Thukydides sagt,
„dem Namen nach eine Demokratie, in Wahrheit gebot
Perikles als Alleinherrscher" [2]. Aber es war eine Macht, die
ausschließlich auf freiwilliger Unterordnung der Bürger
beruhte. Zum Tyrannen fehlte Perikles der Rückhalt eines
ihm persönlich ergebenen Heeres; und so hat, als er das Vertrauen des Volkes verlor, eine einzige Abstimmung genügt,
ihn von seiner Höhe herabzustürzen.

Bei dem tiefen Frieden, der jetzt, zum erstenmal seit
dem Zuge des Xerxes, nach allen Seiten hin herrschte, konnte
Perikles ungestört der Konsolidierung des Seebundes seine
Tätigkeit zuwenden. War der Bund ursprünglich eine auf
freiwilliger Übereinkunft beruhende Vereinigung völlig selbständiger Staaten zur gemeinsamen Verteidigung gegen die
Perser, so hatte das Schwergewicht der Verhältnisse bald

τάλυσιν καὶ τὸν ὀστρακισμὸν οὐκ ἐλάττω τῶν πεντεκαίδεκα ἐτῶν διηνεκῆ καὶ
μίαν οὖσαν ἐν ταῖς ἐνιαυσίαις στρατηγίαις ἀρχὴν καὶ δυναστείαν κτησάμενος.
Da Perikles zu Anfang 430/29 abgesetzt wurde, läuft diese 15jährige ununter-
brochene Strategie von 445/4—431/0. Wer die 15 Jahre bis zu Perikles' Tode
(429/8) rechnen will, obgleich es dann eben keine διηνεκὴς καὶ μία ἀρχὴ mehr
wäre, erhält 443 als Datum des Ostrakismos. Doch hat es auch aus inneren
Gründen große Wahrscheinlichkeit, daß der Angriff gegen Perikles bald nach
dem Abschluß des dreißigjährigen Friedens erfolgt ist, wie in Sparta der Angriff
gegen Pleistoanax. 11 Tonscherben mit Thukydides' Namen sind vor kurzem
beim Dipylon zutage gekommen (*Jahrb. d. Inst.* XXVI, 1911, Anz. Sp. 121, doch
scheinen sie von einem späteren Ostrakismos zu stammen (s. unten Abschn. X).
In der zweiten Vita des Thukydides bei Westermann heißt es (S. 202 Z. 70)
πρῶτον μὲν γὰρ ὑπὸ τοῦ Ξενοκρίτου, ὡς Σύβαριν ἀποδημήσας, ὡς ἐπανῆλθεν
εἰς Ἀθήνας συγχύσεως δικαστηρίου φεύγων ἑάλω, ὕστερον δ' ἐξοστρακίζεται
ἔτη ί. Das muß auf den Sohn des Melesias gehen. Die Unwahrscheinlichkeit der
letzteren Angabe liegt auf der Hand; wohl aber könnte er während seiner Verbannung nach Thurioi gegangen sein.

[1] Plut. *Per.* 16, vgl. c. 7.
[2] Thuk. II 65 ἐγένετο δὲ λόγῳ μὲν δημοκρατία, ἔργῳ δὲ ὑπὸ τοῦ
πρώτου ἀνδρὸς ἀρχή; Plut. *Per.* 15 f., und die dort angeführten Verse des
Telekleides (fr. 42 Kock).

dahin geführt, die Macht des Vororts zu steigern. Es lag in der
Natur der Sache, daß aufständischen Bundesstaaten nach
ihrer Unterwerfung die Mittel genommen wurden, den Aufstand zu wiederholen. Sie mußten ihre Kriegsschiffe ausliefern, ihre Mauern schleifen, und statt des bisher gestellten
Flottenkontingents an die Bundeskasse Tribut zahlen. War
die Verfassung einer solchen Stadt oligarchisch gewesen,
so wurde sie jetzt im demokratischen Sinne reformiert [1].

In der Regel mußte auch ein Teil des Gebiets abgetreten
werden, der dann sehr oft unter attische Bürger verteilt
wurde. So geschah es um 450 in Naxos und Andros [2], 446
in Chalkis und Eretria [3]. In besonders schweren Fällen wurde
wohl die ganze Bevölkerung der aufständischen Stadt ausgetrieben, wie das zuerst durch Perikles mit den Bürgern
von Histiaea geschehen ist [4], und im peloponnesischen Kriege
sich noch öfter wiederholen sollte. An die Stelle der vertriebenen Bewohner traten dann attische Bürger, die für
die Verwaltung ihrer Lokalangelegenheiten eine eigene Gemeinde bildeten, im übrigen aber fortfuhren dem athenischen
Staate anzugehören. Auch bei Eroberung von Gebieten, die
bisher außerhalb des Bundes gestanden hatten, wurde mitunter in derselben Weise verfahren, wie zum Beispiel nach
der Erwerbung von Skyros durch Kimon. Diese „Kleruchien"

---

[1] So in Erythrae um 460 (*CI.I.* I 9), in Milet 450 (*CIA.* IV, 1, 22 a S. 7).

[2] Diod. XI 88, 3 (unter 453/2), Plut. *Per.* 11 (die Liste ist nicht, wie man
gemeint hat, chronologisch geordnet), Paus. I 27, 5, über Naxos auch Andok.
vFr. 9 und Plat. *Euthyphron* 4 c. Da Tolmides die Kleruchien nach Naxos und
Andros geführt haben soll (Diod. und Paus. a. a. O.), so können sie nicht nach
447 gesetzt werden; die Gebietsabtretung auf Naxos muß nach dem Aufstande
um 472 erfolgt sein; Andros mag sich entweder an diesem Aufstande oder an
dem Kriege des benachbarten Karystos gegen Athen beteiligt haben. — Daß
um 450 neue Kleruchen nach Lemnos gegangen wären, ist nicht bezeugt, und
lediglich aus der Herabsetzung des Tributs erschlossen; es wird sich dabei aber
um eine Erleichterung handeln, die den alten Kleruchen bewilligt wurde.

[3] Plut. *Per.* 23, Aelian *Verm. Gesch.* VI 1 (s. oben S. 184), *CIA.* I 339
τῆς ἀποι[κίας] τῆς εἰς Ἐρ[ετρίαν].

[4] Als Grund wird angegeben, daß die Bürger der Stadt die Bemannung
eines von ihnen genommenen athenischen Schiffes niedergemacht hätten (Plut.
Per. 23).

bildeten natürlich die festesten Stützpunkte für die attische
Herrschaft [1].

Aber auch wo kein Aufstand erfolgte, konnte es doch
an Anlaß für die Einmischung des Vororts in die inneren
Verhältnisse der Bundesstädte nicht fehlen. Die Tribute
blieben sehr oft im Rückstande und mußten durch Exekution
beigetrieben werden [2]; Athen unterhielt zu diesem Zweck
stehende Geschwader (ἀργυρολόγοι νῆες) auf dem Aegaeischen
Meere [3]. Bei Streitigkeiten einzelner Bundesstaaten unter-
einander, wie bei Parteikämpfen innerhalb eines Bundesstaates war der Vorort der natürliche Schiedsrichter, dessen
Intervention denn auch in der Regel von der schwächeren
Partei angerufen wurde [4]. Zur Aufrechterhaltung der inneren
Ordnung sah sich dann Athen wohl genötigt, Besatzung in die
Bundesstädte zu legen, deren Befehlshaber (φρούραρχος)
damit natürlich in einer solchen Stadt leitenden Einfluß
erhielt; in den meisten Fällen genügte die Absendung athenischer Zivilkommissare (ἐπίσκοποι) [5].

Ganz besonders dringend aber war die Ordnung der
Rechtspflege. Wenn wir erwägen, wie es selbst in Athen
damit aussah, so werden wir uns ein lebhaftes Bild davon
machen können, wie es in den Mittel- und Kleinstädten in
diesem Punkte bestellt sein mußte. Und es gab im Bunde
nur sehr wenige Gemeinden, welche die Zahl von 10 000

---

[1] Über die beiden Klassen von Kleruchien meine *Bevölkerung* S. 87. In
unseren epigraphischen und literarischen Quellen werden die Ausdrücke ἀποικία
und κληρουχία für beide unterschiedslos gebraucht, ἀποικία z. B. für die Neugründung Brea, *CIA.* I 31 und für die Landanweisungen im Gebiet von Eretria,
CIA. I 339. Vgl. oben S. 146 Anm. 3.

[2] Thuk. I 99.

[3] Aristot. AΠ 24, 3. Plut. *Per.* 11, und öfter bei Thukydides.

[4] Vgl. z. B. Thuk. I 115, 2.

[5] S. besonders den athenischen Volksbeschluß über die Neuordnung
der Verfassung von Erythrae *CIA.* I 9, ferner das Privileg für Leonidas aus
Halikarnassos *CIA.* IV 1, 27 c S. 164 = Dittenb. *Syll.* [2] 23 und *CIA.* I 51 (IV 1
S. 16) = Dittenb. 49, ein ἄρχων ἐν Σκιάθῳ *CIA.* IV 1 62 b S. 166 = Dittenb. 54;
Antiphon und Theophrast bei Harpokr. (= Suidas) ἐπίσκοποι. Nach Aristot.
AΠ. 24, 3 hätte es ἀρχαὶ ὑπερόριοι εἰς ἑπτακοσίους gegeben; die Zahl
ist korrupt und weit übertrieben.

Bürgern erreichten. Es war ganz unvermeidlich, daß die Rechtsprechung statt nach sachlichen, oft nach persönlichen und politischen Rücksichten gehandhabt wurde; und so waren überall da, wo die Athen feindliche Partei die Regierungsgewalt hatte, die Freunde Athens schutzlos der Willkür ihrer Gegner preisgegeben [1]. Um diesen Zuständen ein Ende zu machen, gab es, wie die Dinge lagen, nur das Mittel, den Bundesstaaten die höhere Kriminalgerichtsbarkeit zu entziehen und alle Prozesse dieser Art vor die athenischen Geschworenen zu verweisen. Diese Maßregel ist zuerst gegenüber abgefallenen Bundesstädten zur Anwendung gebracht worden, wie z. B. gegen Chalkis nach der Wiederunterwerfung von Euboea im Jahre 446 [2]; allmählich aber wurde der Gerichtszwang auch auf die meisten übrigen Bundesstaaten ausgedehnt. Und da die athenischen Geschworenen natürlich nach attischem Rechte ihren Spruch fällten, so war damit in dem größten Teile des Bundes die Einheit des Kriminalrechtes hergestellt; aber auch abgesehen von diesem Fortschritte bot der Spruch fremder Richter, überall da, wo das politische Interesse Athens nicht ins Spiel kam, ohne Frage eine weit größere Gewähr für die Gerechtigkeit des Urteils als der Spruch der eigenen Landsleute. Allerdings wurde die Kriminalrechtspflege für die Bundesgenossen dadurch sehr kostspielig; die Parteien hatten die weite Reise nach Athen zu machen und dort bei der Überhäufung der Gerichtshöfe mit Prozessen oft monatelang auf die Entscheidung zu warten [3]. Und wenn wir bedenken, mit welchen Augen die Gebildeten in Athen selbst auf die Volksgerichte blickten, so werden wir uns leicht vorstellen können, was die Bundesgenossen empfinden mußten, wenn sie gezwungen waren, von solchen Richtern ihr Recht zu empfangen.

Je mehr Staaten in dieser Weise in Abhängigkeit von Athen kamen, desto mehr mußte die Bundesversammlung ihre Bedeutung verlieren; seit der Überführung des Schatzes

---

[1] [Xenoph.] *Staat d. Athen.* 1, 16.
[2] *CIA.* IV 1, 27 a S. 10.
[3] [Xen.] *Staat d. Athen.* 3, 1 ff.

auf die Akropolis von Athen schlief sie allmählich ganz ein [1].
Athen leitete jetzt die Bundesangelegenheiten völlig nach
eigenem Ermessen; über Krieg und Frieden entschied allein
die athenische Volksversammlung, und ihre Beschlüsse waren
für alle Bundesstaaten verbindlich. Die Höhe der Tribute
wurde durch attische Schätzungskommissionen (τακταί) ein-
seitig festgestellt; wenn eine Stadt sich für zu hoch belastet
hielt, mußte sie ihre Sache vor das attische Volksgericht
bringen, dessen Spruch in letzter Instanz entschied. Immerhin
blieben, solange Perikles an der Spitze des Staates stand,
die alten aristeidischen Tributsätze im wesentlichen in Geltung;
erst in der finanziellen Bedrängnis des peloponnesischen
Krieges ist man dazu geschritten, die Tribute zu verdoppeln
und zu verdreifachen, bis man schließlich das alte Steuersystem des Bundes ganz über den Haufen warf und die Tribute
durch Hafenzölle ersetzte. Zum Zwecke der Steuererhebung
erhielt das Bundesgebiet im Jahr 442 eine Einteilung in fünf
Bezirke: Ionien, die hellespontischen Landschaften, Thrakien,
Karien und die „Inseln", d. h. die Kykladen, Aegina, Euboea,
Lemnos und Imbros [2].

Auch über die Verwendung der Bundesgelder entschied
die athenische Volksversammlung nach freiem Ermessen.
Perikles scheute sich nicht, offen zu erklären, daß Athen den
Bündnern darüber keine Rechenschaft schuldig sei, solange
es nur seinen vertragsmäßigen Verpflichtungen nachkomme,
die Bundesgenossen gegen Persien zu verteidigen und die
Ordnung auf dem Meere aufrecht zu erhalten [3]. Die Mittel
des Bundes wurden denn auch in immer steigendem Maße
für rein athenische Interessen verwendet. Der Richtersold,
soweit er nicht aus den eigenen Einnahmen der Rechtspflege
bestritten wurde, die Kosten für die Unterhaltung der Reiterei
wurden auf die Bundeskasse abgewälzt; die großen Bauten,

---

[1] Das letzte Mal, daß ein Beschluß der Bundesversammlung erwähnt
wird, ist eben bei der Verlegung des Schatzes: Theophrast bei Plut. *Arist.* 25.
[2] *Rh. Mus.* XLIII, 1888, S. 104 ff.
[3] Plut. *Per.* 12.

mit denen Perikles Athen schmückte, hauptsächlich aus den
Tributen und dem Bundesschatze bestritten.

Während so die Rechte der Bundesstaaten in jeder
Weise beschränkt wurden, der Bund sich in ein athenisches
Reich (ἀρχή) verwandelte [1], geschah nichts, um die Bundesgenossen innerlich mit dem leitenden Staate zu verknüpfen.
Vielmehr begann Athen gerade jetzt schroffer als bisher von
seinen Untertanen sich abzuschließen.   Athen war bisher
mit seinem Bürgerrechte [2] sehr freigebig gewesen.   Wie
Kleisthenes bei seiner Verfassungsreform zahlreichen in Athen
ansässigen Fremden, ja selbst freigelassenen Sklaven das
Bürgerrecht gegeben hatte [3], so geschah es auch später; nur
dadurch war es überhaupt möglich gewesen, die großen Verluste während der langen Kriegszeit zu überstehen [4]. Nament
lich Söhne athenischer Väter von fremden Müttern wurden
ohne weiteres in die Bürgerliste eingeschrieben, entsprechend
den Anschauungen, wie sie in der Zeit der Adelsherrschaft
gegolten hatten, als Megakles seine Gemahlin aus Sikyon,
Peisistratos aus Argos, Miltiades aus Thrakien geholt hatte.
Jetzt dachte die Demokratie exklusiver, und sie hatte dazu
guten Grund; war doch das athenische Bürgerrecht zum
wertvollen Privileg geworden, das große materielle Vorteile
bot, und diese Vorteile wollte man natürlich mit möglichst
wenig Anwärtern teilen.   So war es denn eine sehr populäre
Maßregel, als Perikles im Jahre der Rückkehr Kimons, 451/0,
ein Gesetz zur Annahme brachte, nach dem fortan nur die-
jenigen als athenische Bürger zu gelten hätten, die von Vater-
und Mutterseite bürgerlicher Abstammung wären [5].   Nur
für Euboea wurde später, wohl erst nach 446, eine Ausnahme

---

[1] In dem Volksbeschluß über Erythrae (*CIA.* I 9, ca. 460) wird der Bund
noch als ξυμμαχία bezeichnet, in der Zeit des peloponnesischen Krieges als
ἀρχή, auch in offiziellen Urkunden, wie bei Thuk. V 18, 7; V 47.

[2] Otto Müller, *Unters. zur Gesch. d. att. Bürger- und Eherechts, Fleckeis.
Jahrb.* XXV. Suppl. Bd. 1899.

[3] Aristot. *Polit.* 1275 b, vgl. ATT. 21, 2, und oben I 1 S. 396.

[4] Isokr. 8, *vFrieden*, 88.

[5] Aristot. ATT. 26, 4, Plut. *Per.* 37.

gemacht und den Bewohnern die Ehegemeinschaft verliehen[1], was bei den engen Beziehungen der Insel zu Athen
und den zahlreichen dort angesiedelten athenischen Bürgern
eine Notwendigkeit war. Zugleich wurden auch die übrigen
Aufnahmebedingungen in die athenische Bürgerschaft ver-
schärft; und als einige Jahre später, 445/4, eine Getreide-
spende zur Verteilung gebracht werden sollte, benutzte man
die Gelegenheit, eine strenge Prüfung der Qualifikation aller
Empfänger vorzunehmen, bei der eine sehr große Zahl von
Bürgern als zu unrecht eingeschrieben ausgestoßen worden
sein sollen[2]. Erst als das Reich in seinen Grundfesten zu
wanken begann, nach der sicilischen Katastrophe, ist der
Gedanke aufgetaucht, den Bewohnern der Inseln das athenische
Bürgerrecht zu verleihen[3], und nach dem Schlage von Aegos-
potamos ist es den Samiern wirklich verliehen worden[4];
da war es denn freilich zu spät. Es ist diese engherzige Bürger-
rechtspolitik, die vor allem den Fall Athens verschuldet hat.

Das alles mußte zu einer immer wachsenden Entfremdung
zwischen Athen und seinen Bundesgenossen führen. Die
Perserfurcht, die den Bund ins Leben gerufen hatte, trat
immer mehr in den Hintergrund; und die demokratischen
Verfassungen, die man soweit als möglich in den Bundesstädten
eingeführt hatte, sicherten Athen allerdings die Sympathien
der besitzlosen Menge[5], entfremdeten ihm aber die gebildeten
und besitzenden Klassen in demselben Maße, als die Mißbräuche der Demokratie wuchsen, und die öffentliche Meinung
in Griechenland immer lauter eine Beschränkung der zügel-
losen Volksherrschaft zu fordern begann. Mit bitteren Ge-
fühlen verglich man die eigene Lage mit der freien Stellung
der peloponnesischen Bundesgenossen Spartas; und man
wartete nur auf eine günstige Gelegenheit, die verhaßte

---

[1] Lysias 34 (vdVerf.) 3.

[2] Philochor. fr. 90, Plut. Per. 37, meine Bevölkerung S. 75 ff., Ed. Meyer, Forschungen II 178.

[3] Vgl. Aristoph. Lysistr. 582 ff.

[4] CIA. IV 2, 1 b.

[5] Thuk. III 47, 2, [Xen.] v. Staat d. Athen. III 10.

athenische Herrschaft abzuschütteln. Selbst wer demokratisch
gesinnt war, konnte doch nicht mit rechter Freudigkeit für
Athen wirken, das seiner Stadt die Knechtschaft gebracht
hatte; und so ist der Abfall der Bundesstädte nur sehr selten
durch die Opposition des Demos verhindert worden.

In Athen gab man sich denn auch keiner Täuschung
darüber hin, daß es nur die brutale Gewalt war, welche die
Bundesgenossen im Zaume hielt. Perikles' energielose Kriegführung am Anfange des peloponnesischen Krieges war hauptsächlich durch die Überzeugung bedingt, daß eine verlorene
Schlacht den sofortigen Abfall der Bundesstaaten nach sich
ziehen würde [1]; und Kleon spricht es bei Thukydides offen
aus, daß Athen zu seinen Bundesstaaten im selben Verhältnis
stehe wie ein Tyrann zu seinen Untertanen [2]. So arbeitete
Athen systematisch darauf hin, seine Bundesgenossen zu
entwaffnen; und es wurde ihm leicht gemacht, da die unkriegerischen Bewohner der Inseln und der asiatischen Küste
es in der Regel gleich von vornherein vorgezogen hatten,
Tribut zu zahlen, statt ein Kontingent zur Flotte zu stellen.
Soweit es anging, wurden die Bundesstädte ihrer Mauern
beraubt [3]. Um 450 hatten im ganzen Bundesgebiet nur noch
die drei mächtigen Inseln Samos, Chios und Lesbos ihre volle
Unabhängigkeit bewahrt, waren von Tributzahlung frei,
und stellten statt dessen ihre eigenen Kontingente zur attischen
Flotte. Von hier ging denn auch die erste Erhebung aus, die
den Bestand des Reiches ernstlich in Frage stellte.

Unter den Bundesstaaten Athens hatte Samos von
Anfang an den ersten Platz eingenommen. Hier kam im
Jahre 479 die Erhebung Ioniens gegen die Perserherrschaft
zum Ausbruch, und auch die Gründung des Seebundes war

---

[1] Thuk. I 143, 5.

[2] Thuk. III 37, 2 ὅτι τυραννίδα ἔχετε τὴν ἀρχὴν καὶ πρὸς ἐπιβου-
λεύοντας αὐτοὺς καὶ ἄκοντας ἀρχομένους.

[3] So waren die Städte Ioniens zu Anfang des peloponnesischen Krieges
unbefestigt (Thuk. III 33, 2), doch wohl nur nach der Seeseite hin, vgl. die 432
an Poteidaea gestellte Forderung τὸ ἐς Παλλήνην τεῖχος καθελεῖν (Thuk.
I 56, 2), nicht auch die Nordmauer gegen das Festland hin.

zum größten Teil das Werk der Samier. Keine zweite Bundesstadt verfügte über eine so bedeutende Macht; außer ihrer
eigenen Insel gehörte den Samiern Amorgos und ein ziemlich
ausgedehntes Gebiet auf dem ionischen Festlande [1]. Wegen
dieser festländischen Besitzungen lag Samos seit alten Zeiten
mit dem benachbarten Priene in Grenzstreit; und als jetzt
(442) die Milesier Priene ihrem Staat einverleibten, kam es
darüber mit Samos zum Kriege [2]. Milet war dem Gegner in
keiner Weise gewachsen und sah sich bald gezwungen, die
Vermittlung Athens anzurufen. Und allerdings hatte Athen,
wenn nicht das formelle Recht, so doch die moralische Verpflichtung, einen Krieg zwischen Gliedern seines Bundes zu
hindern. Aber Perikles glaubte noch weiter gehen zu müssen.
An der Spitze von 40 Trieren erschien er unvermutet vor
Samos, bemächtigte sich mit Hilfe der demokratischen Partei
der Stadt und führte eine Demokratie ein an Stelle der oligarchischen Verfassung, die bisher auf der Insel bestanden
hatte (441). Es war vielleicht der flagranteste Eingriff in
die Autonomie eine Bundesstaates, den Athen sich bisher
hatte zuschulden kommen lassen, und er sollte nicht un-

---

[1] Oben I 1 S. 211; über die festländischen Besitzungen der Samier vgl.
auch Wiegand, *Priene* (Berlin 1904) S. 28 ff., und Karte I. Anaea samisch:
Thuk. III 19. 32, IV 75, Strab. XIV 639 εἶτ' Ἄναια πόλς, ἢ πρότερον μὲν
ἦν Ἐφεσίων, νῦν δὲ Σαμίων διαλλαξαμένων πρὸς τὸ Μαραθήσιον (so Wilamowitz, *Berl. S.-B.* 1906 S. 45 A, statt εἶτα Νεάπολις, wie in den Ausgaben
steht).

[2] Priene hat noch im Frühjahr 442 Tribut gezahlt, fehlt aber seitdem in
den Listen für den Ἰωνικὸς φόρος, der vollständigen von 440/39 und der
annähernd vollständigen von 442/1. Man könnte annehmen, daß Priene wegen
des Krieges mit dem Tribute in Rückstand geblieben wäre, aber Milet hat in
beiden Jahren gezahlt. Es bleibt also wohl kaum eine andere Erklärung, als
die oben im Text gegebene, um so mehr, als nach Thuk. I 115, 2 der Krieg περὶ
Πριήνης geführt wurde (Ed. Meyer. *Gesch. d. Alt.* III S. 63). Um dieselbe Zeit
etwa hat Milet auch Teichiussa und Leros sich einverleibt. Das alles konnte
natürlich nicht ohne die Konnivenz Athens geschehen; und Perikles' Gegner
hatten wahrscheinlich nicht so unrecht, wenn sie darin die Hand der Aspasia
sahen (Theophr. bei Harpokr. Ἀσπασία, Duris ebenda und bei Plut. *Per.* 24).
Bei der Schatzung von 425/4 erscheinen dann Priene und Teichiussa wieder
als selbständige Bundesglieder (*CIA.* I 37); damals war Perikles tot.

gestraft bleiben. Schon im nächsten Frühjahr brach auf Samos ein Aufstand aus, die neubegründete Demokratie stürzte zusammen, die Besatzung, die Perikles in die Stadt gelegt hatte, wurde gefangen genommen. Byzantion und eine Anzahl Städte in Karien schlossen sich der Erhebung an. Der Satrap von Sardes, Pissuthnes, hatte bei dem allem die Hände im Spiele gehabt.

So sah Athen sich aufs neue vor einem gefährlichen Kriege, und niemand vermochte zu sagen, welche Dimensionen er annehmen würde. Nur rasches und energisches Handeln konnte unabsehbares Unheil verhüten, und Perikles ging denn auch sogleich auf die Nachricht von der Erhebung auf Samos mit 60 Trieren in See. Die Samier hatten sich inzwischen mit 70 Schiffen gegen Milet gewendet, segelten aber bei der Annäherung der athenischen Flotte nach Samos zurück. Vergebens versuchte Perikles ihnen den Rückzug abzuschneiden und so den Krieg mit einem Schlag zu beenden; bei der kleinen Insel Tragia zwischen Milet und Samos durchbrachen die Samier die feindliche Linie und gelangten glücklich in Sicherheit [1]. Ansehnliche Verstärkungen aus Athen, aus Chios und Lesbos setzten Perikles bald in Stand, die Stadt Samos zu Lande und zur See einzuschließen.

Es war kein Zweifel, daß der samische Aufstand dasselbe Schicksal haben würde, wie alle früheren Erhebungen von Bundesgenossen gegen die athenische Herrschaft, im Fall er isoliert blieb. Die Hoffnung auf eine allgemeine Erhebung der Bündner war fehlgeschlagen; Chios und Lesbos, die als Seemächte allein in Betracht kamen, hielten fest an ihrer Bundespflicht; die Furcht vor den Persern überwog hier noch die Besorgnis vor der wachsenden Macht Athens. So blieb nur die Hoffnung auf das Ausland, Sparta und Persien. Und allerdings war in Sparta bald nach dem Abschluß des dreißigjährigen Friedens die Kriegspartei ans Ruder gelangt (oben S. 184); der samische Aufstand schien nun die erwünschte

---

[1] Pflugk-Harttung, *Perikles als Feldherr* (Stuttgart 1884) S. 133 ff., der diese Ereignisse zuerst militärisch richtig gewürdigt, auch die Lage von Tragia (Gaidaronisi, das früher für Hyetussa galt) bestimmt hat.

Gelegenheit zu bieten, das vor 6 Jahren Versäumte nach-
zuholen. Aber auf der peloponnesischen Bundesversammlung,
die zur Beschlußfassung über Krieg und Frieden berufen
wurde, machten die Korinthier so energische Opposition
gegen den Bruch mit Athen, daß Sparta gezwungen war,
alle Kriegspläne fallen zu lassen [1], um so mehr, als auch in
Sparta selbst gewiß sehr viele Bedenken trugen, den eben
beschworenen Frieden ohne Provozierung von der anderen
Seite zu brechen.

So blieb den Samiern nur die Hoffnung auf Persien,
und auch sie sollte trügen. Allerdings hatte der Satrap von
Sardes die Erhebung gegen Athen unterstützt; aber wirksame
Hilfe konnte nur eine phoenikische Flotte gewähren. Freund
und Feind erwarteten, daß der König die Gelegenheit benutzen
würde, einen Schlag gegen den attischen Seebund zu führen.
Dieser Gefahr gegenüber entschloß sich Perikles seine Flotte
zu teilen und mit 60 Schiffen den Phoenikern entgegenzufahren,
während 65 Trieren vor Samos zurückblieben. Die Samier
benutzten die Gunst des Moments; unter ihrem Feldherrn
Melissos, demselben, der sich auch als Philosoph einen Namen
gemacht hat, warfen sie sich auf das Blockadegeschwader,
das dem unerwarteten Angriff nicht gewachsen war. Die
Blockade wurde gesprengt, und Samos gewann die Möglichkeit, sich aufs neue zu verproviantieren. Aber es war
nur der Erfolg eines Augenblicks. Die erwartete phoenikische
Flotte erschien nicht; Perikles konnte auf die Nachricht von
der Niederlage der Belagerungsflotte sogleich nach Samos
zurückkehren, von Athen, Lesbos, Chios kamen Verstärkungen.
Gegenüber den 200 Schiffen, die Perikles jetzt unter seinem
Befehl hatte, war jeder Widerstand auf offener See aussichtslos;
es blieb den Samiern nichts anderes übrig, als sich in ihren
Mauern einzuschließen. Die Stadt hielt aus bis zum äußersten;
endlich, da kein Entsatz kommen wollte, ergab sie sich im
9. Monat der Belagerung (439). Samos verlor seine Selbständigkeit und die Herrschaft über Amorgos; die Urheber

---

[1] Thuk. I 40. 5, 41. 2.

des Aufstandes wurden verbannt, die Kriegsschiffe ausgeliefert, die Mauern niedergerissen. Die Kriegskosten —
1200 Talente — sollten in Raten abgezahlt werden. Die
Demokratie aber, die sich so unzuverlässig erwiesen hatte,
wurde nicht wieder hergestellt, und die Grundbesitzer (Geomoren) blieben im Besitz der Regierungsgewalt [1].

Athen hatte gesiegt; aber es verdankte den Sieg hauptsächlich der Loyalität der Peloponnesier und der Schlaffheit
der persischen Politik. Auch war das Reich nicht ohne schwere
Einbuße aus der Krisis hervorgegangen. Zwar Byzantion
unterwarf sich sogleich nach dem Falle von Samos [2]; aber
eine Reihe von Bundesstädten auf dem asiatischen Festlande
behaupteten mit persischer Hilfe ihre Unabhängigkeit, vor
allem Anaea in Ionien, wo die samischen Verbannten sich
festsetzten, und eine Reihe von Plätzen in Karien [3]. Auch

---

[1] Hauptquelle Thuk. I 115—117, von dem Diod. XII 27. 28 durch Vermittlung des Ephoros und Plut. *Per.* 25—28 abhängen. Letzterer, d. h. die
alexandrinische Biographie, die er ausschreibt, hat außer Ephoros namentlich
Duris herangezogen, der als Samier natürlich gegen Athen Partei nahm, auch
einiges aus Stesimbrotos, Ion und Aristoteles entlehnt. Vgl. Ion fr. 1 (Strategie
des Sophokles), Duris fr. 58—60. Über Melissos Plut. *Per.* 26. *Them.* 2, *gKolot.*
32, 6 S. 1126, Ael. *Verm. Gesch.* VII 14. Höhe der Kriegskosten: 1200 tal.
(so auch bei Diod. XII 28, 3 herzustellen) Nep. *Timoth.* 1; Isokrates 15, *Antid.*
111 gibt in runder Zahl 1000 tal., die unvollständig erhaltene Schatzrechnung
CIA. I 177: 1276 tal. Ein Teil dieser Summe scheint durch Landabtretungen
gedeckt worden zu sein (*IGA.* 8, *Bull. Corr. Hell.* VIII 160). Amorgos, das bis
437/6 in unseren Tributlisten nicht vorkommt, erscheint seitdem als tribut-
pflichtiger Bundesstaat. Samos dagegen hat keinen Tribut gezahlt, und muß
also, da es keine Schiffe mehr stellen konnte, in anderer Weise besteuert worden
sein, vgl. *Rh. Mus.* XXXIX, 1884, S. 36 ff. Die Angabe Diodors (XII 28, 4),
daß die Demokratie auf Samos eingerichtet worden wäre, wird widerlegt durch
Thuk. VIII 21; 63, 3, wonach 412 die Oligarchie der Geomoren in Samos bestanden hat; es wäre doch völlig widersinnig, anzunehmen, daß die Demokratie
in der Zwischenzeit gestürzt worden wäre. Offenbar hat Perikles eingesehen,
daß er mit dem Sturze der Oligarchie 441 einen schweren Fehler begangen
hatte. — Über die Chronologie unten 2. Abt. § 88.

[2] Thuk. I 117, 3. Byzantion scheint damals die kleine Insel Bysbikos
verloren zu haben, vielleicht auch Kallipolis, die 437/6 zum erstenmal in den
Tributlisten erscheinen (Busolt, *Philol.* XLI S. 694); auch der Tribut von
Byzantion scheint etwas erhöht worden zu sein.

[3] Anaea Thuk. III 19, 2; 32, 2; IV 75, 1. Eine Reihe karischer Städte,

Lykien hat seitdem keinen Tribut mehr gezahlt[1]; die Reste
des karischen Steuerbezirks wurden jetzt mit dem ionischen
Bezirk vereinigt (439). Immerhin war die Macht Athens
im wesentlichen intakt aus dem Kampfe hervorgegangen,
und Perikles hatte allen Grund, mit Befriedigung auf den
Erfolg zu blicken, der ebensosehr seine eigene Stellung in
Athen, wie die Autorität Athens bei den Bundesstaaten
befestigte.

Nach außen hin sicherte das gute Einvernehmen mit
den Peloponnesiern, das soeben eine schwere Probe glücklich
bestanden hatte, dem Reiche den Frieden; und wenn die
Beziehungen zum Großkönig während des samischen Krieges
für einen Augenblick sich zu trüben gedroht hatten, so hatte
doch schließlich auch Persien es nicht gewagt, etwas Ernstliches gegen Athen zu unternehmen. So hatte Perikles freie
Hand, dem Reiche für die in Griechenland und Kleinasien
in den letzten Jahren erlittenen Verluste im Norden Ersatz
zu schaffen. Schon 447 war der thrakische Chersones mit
attischen Kleruchen besiedelt worden[2]; jetzt gelang auch die
Besitznahme des Landes am unteren Strymon, die unter
Kimon vergeblich versucht worden war. Hier wurde mit
attischen und chalkidischen Ansiedlern die Kolonie Amphipolis
gegründet, fortan die Hauptstadt des athenischen Thrakien
(437/6)[3]. Die neue Festung beherrschte die einzige Straße,

---

meist des Binnenlandes, die noch 441/0 bzw. 440/39 Tribut gezahlt hatten,
verschwinden seitdem aus den Listen.

[1] Lykien erscheint in den Tributlisten zum letztenmal 446/5; daß es am
Anfang des peloponnesischen Krieges nicht mehr athenisch war, zeigt auch
Thuk. II 69, III 19.

[2] Diod. XI 88, 3 (unter Lysikrates, 453/2), Plut. *Per.* 11. 19. Die chersone-
sitischen Städte haben bis 448/7 in Syntelie 18 tal. Tribut gezahlt; vom folgenden
Jahre an zahlen die einzelnen Städte gesondert, und der Tribut wird sehr bedeutend ermäßigt, zusammen auf etwa 2½ tal. Danach scheint es, daß die
Kleruchie erst jetzt nach dem Chersones geführt worden ist, und Diodor die
Sache im Anschluß an andere Unternehmungen des Perikles vorgreifend erzählt
hat (Kirchhoff, *Abh. Berl. Akad.* 1873 S. 25, Busolt, *Gr. Gesch.* III 1, S. 412).

[3] Thuk. IV 102. Schol. Aesch. *vdGes.* II 34. Diod. XII 32, 3. Plut. *Per.* 11
erwähnt die Gründung von Amphipolis nicht, wohl aber die Aussendung einer
Kleruchie von 1000 Bürgern ins Land der Bisalten. Ferner ist inschriftlich

die aus Makedonien nach den hellespontischen Landschaften
führte; die Goldbergwerke des nahen Pangaeon wurden für
Athen eine wichtige Einnahmequelle.   Kurz darauf (435/4)
wurde Astakos an der Propontis mit athenischen Kolonisten
besetzt [1].   Um dieselbe Zeit unternahm Perikles selbst eine
Expedition in den Pontos; athenische Kolonisten wurden
nach Sinope und Amisos an der paphlagonischen Küste geführt, die wichtigsten griechischen Kolonien am Nordufer
des Schwarzen Meeres in das Reich aufgenommen und zur
Tributzahlung verpflichtet [2].

Schon etwas früher hatte Athen begonnen, seine Macht
auch nach dem Westen hin auszubreiten.   Als Kroton durch
die inneren Wirren erschüttert wurde, die zur Austreibung
der Pythagoreer führten (oben S. 133), hatten die Nachkommen der flüchtigen Sybariten den Versuch gemacht,
ihre Stadt wieder aufzubauen (453), waren aber schon nach
5 Jahren (448) von den Krotoniaten vertrieben worden [3].
Sie wandten sich nun um Beistand nach dem Mutterlande,
und forderten jeden, der wollte, zur Ansiedlung in ihrem
alten Gebiete auf.   Der Ruf der Fruchtbarkeit der Ebene
am Krathis lockte bald zahlreiche Kolonisten aus allen Teilen
von Hellas herbei; Athen stellte sich an die Spitze des Unter-

eine Kleruchie Brea bezeugt (CIA. I 31), die ebenfalls in dieser Gegend gelegen
hat (Theopomp. fr. 157 bei Steph. Byz.), sonst aber niemals genannt wird,
nicht einmal von Thukydides da, wo er sie unbedingt hätte erwähnen müssen,
bei der Beschreibung von Brasidas' Feldzug.   Es bleibt kaum eine andere Annahme, als daß Brea mit Amphipolis identisch ist; daß letzterer Name erst
nach oder während der Erbauung der Stadt aufkam, ist ja eigentlich selbstverständlich.

[1] Diod. XII 34, 5, nach der chronographischen Quelle.   Das dort überlieferte ΛΕΤΑΝΟΝ haben Niese, Gött. Gel. Anz. 1886 S. 755, und ohne diese
Rezension zu kennen, De Sanctis, Hermes XXIX, 1894, S. 479 als Verschreibung
aus ΑCΤΑΚΟΝ erkannt.   Vgl. auch Toepffer, Hermes XXXI, 1896, S. 124 ff.

[2] Plut. Per. 10.   Nymphaeon am kimmerischen Bosporos war zur Zahlung
eines Talentes veranlagt (Krateros fr. 12, vgl. Aesch. gKtes. 171); auch bei der
Neuregulierung der Tribute 425/4 scheinen pontische Städte eingeschätzt worden
zu sein (CIA. I 37).   Eine wirkliche Zahlung ist allerdings in unseren Tributlisten nicht aufgeführt.   Über die Zeit der Expedition unten 2. Abt. § 89.

[3] Diod. XI 90. 3, XII 10.

nehmens, und so entstand auf den Höhen in der Nähe der
zerstörten Stadt ein neues Sybaris (444/3)[1]. Die Sybariten
selbst freilich sahen sich bald bitter enttäuscht in den Hoffnungen, die sie an diese Gründung geknüpft hatten; denn die
neuen Ansiedler waren keineswegs geneigt, die Ansprüche
anzuerkennen, welche die alten Herren des Landes auf den
Besitz der besten Grundstücke und überhaupt auf eine be-
vorrechtete Stellung in dem neuen Gemeinwesen erhoben.
Es kam zum Bürgerkriege und die Sybariten wurden noch
einmal aus der Heimat vertrieben[2]. Sie siedelten sich jetzt
am Flusse Traeis (*Trionto*) an, im Süden ihres alten Gebiets
an der krotoniatischen Grenze; doch hat dies jüngste Sybaris
bei seiner verhältnismäßig ungünstigen Lage es nie zu größerer
Bedeutung zu bringen vermocht[3]. Infolge dieser Ereignisse
nahm die panhellenische Kolonie am Krathis jetzt den Namen
Thurioi an, nach der Quelle Thuria, die der Stadt ihr Trink-
wasser gab[4].

---

[1] Diod. XII 10 ff. (einziger ausführlicher Bericht), Strab. VI 263 f., Plut.
Per. 11, Aristoph. *Wolk.* 332 mit den Schol. und Photios Θουριομάντεις.
Ob die vielen Berühmtheiten, die an der Kolonisation teilgenommen haben
sollen, wirklich alle nach Thurioi gezogen sind, mag dahingestellt bleiben;
jedenfalls sind manche, z. B. Lysias, erst viel später gekommen.

[2] Diod. XII 11, Strab. VI 263 f., Aristot. *Polit.* V 1303 a.

[3] Diod. XII 22, Strab. VI 264; es ist wohl auch bei Polyb. II 39, 6 gemeint.
Die Zerstörung durch die Brettier (Diod. a. a. O.) gehört natürlich erst in das
IV. Jahrhundert.

[4] Daß man zuerst den alten Namen beibehielt, liegt in der Natur der
Sache, da die Neugründung von den Sybariten selbst ausging; es wird bezeugt
im *Leben der X Redner*, Lysias S. 835 d, und bestätigt durch die Münzen, die auf
der Vorderseite den Kopf der Athena, mit athenischem Helm, im Stil der sog.
Athena Lemnia mit der Aufschrift Σύβαρι, auf der Rückseite den sybaritischen
Stier zeigen, denn Sybaris am Traeis können diese Münzen wegen des Athena-
kopfs nicht wohl zugeteilt werden. Daß man nur Kleinsilber prägte, $^1/_3$, $^1/_6$ und
$^1/_{12}$ Statere, geht offenbar auf athenischen Einfluß zurück; das attische Tetra-
drachmon sollte das Ganzstück bilden. Diese Prägung muß eine Reihe von
Jahren gedauert haben, wie sich auch daraus ergibt, daß die Münzen mit
Θουρίων einen entwickelteren Stil zeigen (Furtwängler, *Meisterwerke* S. 144 ff.).
Auch Herod. V 45 spricht von Συβαρῖται, womit die Thuriner gemeint sind.
Es scheint also, daß die Vertreibung der Sybariten nicht so unmittelbar auf die
Gründung gefolgt ist, wie Diodor XII 22 angibt, jedenfalls gehört die Namens-

Kroton konnte natürlich die Festsetzung der Athener am Krathis nur ungern sehen, aber es war noch zu schwach, um die Sache hindern zu können; es machte also gute Miene zum bösen Spiele und trat zu der neuen Stadt in freundliche Beziehungen [1]. Dagegen hatte Thurioi mit seinen Nachbarn im Norden, den eingeborenen Lucanern (oben S. 134), lange Kämpfe zu bestehen. Der Versuch, wie einst Sybaris sein Gebiet bis ans Tyrrhenische Meer auszudehnen, führte zum Krieg mit Terina, einer krotoniatischen Pflanzstadt, die sich längst selbständig gemacht hatte und jetzt die mächtigste Stadt an dieser Küste war. Auch mit Tarent kam es zum Kriege um den Besitz des Landes am Siris, auf das beide Städte Anspruch erhoben; der Sieg blieb endlich den Tarantinern, die hier ihre Kolonie Herakleia gründeten (433) [2]. Im ganzen aber gelang es Thurioi, sich gegen seine Nachbarn zu behaupten, und es wuchs bald zur blühenden Stadt empor [3], wenn es auch die Bedeutung seiner Vorgängerin Sybaris niemals erreicht hat.

Die Erwartungen freilich, die Athen an die Gründung von Thurioi geknüpft hatte, sollten nicht in Erfüllung gehen.

änderung erst in eine etwas spätere Zeit. Dann muß aber die Stadt gleich von vornherein auf der Stelle von Thurioi gegründet worden sein, wie ja Diod. XII 10, 5 ff. ausdrücklich angibt. Man wollte der bösen Luft unten im Tale aus dem Wege gehen. Wenn Diodor selbst an anderer Stelle (XII 10, 3) und Strab. VI 263 die Umnennung zugleich mit dem Wechsel des Platzes erfolgen lassen, so haben sie sich im Streben nach Kürze ungenau ausgedrückt. Über die Lage von Thurioi (le Muraglie, 6 km östlich von Terranova di Sibari) Nissen, *Ital. Landesk.* II 921.

[1] Diod. XII 11, 3.

[2] Über diese Kriege Polyaen. II 10, Antiochos fr. 12 bei Strab. VI 264, Diod. XII 23. 36. *IGA.* 548 = *Inschr. v. Olympia* 254—256: Drei Lanzenspitzen mit der Aufschrift σκῦλα ἀπὸ Θουρίων Ταραντῖνοι ἀνέθηκαν Διὶ Ὀλυμπίῳ δεκάταν. Das Bündnis der Athener mit dem Messapierfürsten Artas (Thuk. VII 33, 4) kann aber damit nichts zu tun haben, da Athen an diesen Kämpfen nicht beteiligt war; sonst wäre der Ausgang ein anderer gewesen. — Von der Geschichte Terinas wissen wir sonst fast gar nichts; von der Bedeutung der Stadt in dieser Zeit zeugt die reichliche Münzprägung, mit der die Prägung keiner anderen Stadt zwischen Rhegion und Elea auch nur annähernd sich vergleichen kann (Regling im Berl. *Winckelmannsprogramm* 1906).

[3] Diod. XII 11, 3. In den Θουριοπέρσαι des Metagenes war Thurioi als Schlaraffenland geschildert (Kock *Com.* fr. I S. 706).

Bei der buntgemischten Bevölkerung der neuen Stadt konnten
innere Zwistigkeiten nicht ausbleiben, und da die Kolonisten
athenischen Ursprungs nur einen kleinen Bruchteil dieser
Bevölkerung bildeten, während etwa die Hälfte aus Peloponnesiern und Boeotern bestand, so gewannen diese natürlich die Oberhand [1]. Der einflußreichste Mann war in der ersten
Zeit der Spartaner Kleandridas, der nach seiner Verbannung
(oben S. 185) sich hierher gewandt hatte, wo er sogleich an
die Spitze des Heeres gestellt wurde [2]; er war zwar kein Gegner
Athens, aber eben doch ein Spartaner. So nahm Thurioi
Athen gegenüber eine völlig selbständige Stellung in Anspruch;
ja selbst als Mutterstadt wollte man Athen nicht mehr anerkennen, und endlich schlichtete das delphische Orakel, das
als Schiedsrichter angerufen wurde, die Sache dahin, daß
Apollon selbst als Gründer der Stadt zu gelten habe (434) [3].

Bessere Erfolge hatte die attische Politik in Sicilien
und bei den chalkidischen Städten Italiens. Zu den Elymern
von Segesta und Halykiae trat Athen schon um 450 in freund-
schaftliche Beziehungen [4]; mit Leontinoi und Rhegion wurden
433/2 Bündnisverträge geschlossen [5]. Auch Neapolis in Cam-

---

[1] Von den 10 Phylen, die nach athenischem Vorbild in Thurioi eingerichtet
wurden, bestanden 4 aus Peloponnesiern oder vom Peloponnes ausgegangenen
Kolonisten (Ἀρκάς, Ἀχαΐς, Ἠλεία, Δωρίς; daß die letztere mit der Doris
am Oeta nichts zu tun hat, liegt auf der Hand), 2 aus Ansiedlern aus Mittelgriechenland (Βοιωτία, Ἀμφικτιονίς), die übrigen 4 aus Griechen ionischen
Stammes (Ἰάς, Ἀθηναΐς, Εὐβοῖς, Νησιωτίς).

[2] Thuk. VI 104, Diod. XIII 106, 10, Polyaen. II 10.

[3] Diod. XII 35.

[4] CIA. IV 1, 22 k S. 58, Δελτίον ἀρχαιολ. 1891 S. 105, vgl. Köhler,
Athen. Mitt. IV, 1879, S. 30 ff., und meine Bemerkungen Hermes XXVIII,
1893, S. 630 ff., wo ich, im Anschluß an Köhlers Emendation Ἁλικυαίοις
für das überlieferte Λιλυβαίοις vorgeschlagen habe, bei Diod. XI 86, 2 (Archon
Ariston 454/3) Ἐγεσταίοις καὶ Ἁλικυαίοις ἐνέστη πόλεμος ⟨πρὸς Σελινουντίους⟩
zu lesen; auf diesen Krieg könnte dann die bekannte Siegesinschrift aus Selinus
IGA. 515 bezogen werden.

[5] CIA. I 33. IV 1, 33 a S. 13. Vgl. Thuk. III 86, 3, wonach die chalkidischen Städte im Jahre 427 ihre παλαιὰ ξυμμαχία mit Athen geltend machten.
Es mögen also auch mit Katane und Naxos 433 ähnliche Verträge geschlossen
worden sein.

panien schloß sich an Athen an und wurde durch attische
Kolonisten verstärkt [1]. In ihrer weiteren Entwicklung mußte
diese Politik Athen notwendig in Konflikt mit Syrakus bringen,
und auch die Peloponnesier, die schon im Osten von dem
attischen Reiche umfaßt waren, konnten das Streben Athens
nach Expansion auch nach Westen hin keineswegs gleichgültig ansehen. So lag die Gefahr eines feindlichen Zusammen-
stoßes sehr nahe, und es sollte nur zu bald dazu kommen.

VII. Abschnitt.
Kunst und Dichtung.

Auf die Stürme der Freiheitskriege war ein halbes Jahrhundert der Ruhe gefolgt. Wohl hat es auch in dieser Zeit
an äußeren und inneren Kämpfen nicht gefehlt; aber sie
blieben auf kleinere Gebiete beschränkt und waren meist
nur von kurzer Dauer, oder sie wurden, wie der Krieg gegen
Persien, an der Peripherie der griechischen Welt ausgefochten.
Seitdem Athen mit dem Großkönige (448) und den Peloponnesiern (446) Frieden geschlossen hatte, war die Grundlage für jenen wirtschaftlichen Aufschwung gegeben, den wir
oben verfolgt haben.

Die reichen Mittel, die infolgedessen zur Verfügung
standen, wurden, dem religiösen Sinne der Zeit gemäß, zum
großen Teile dazu verwendet, der Dankbarkeit gegen die
unsterblichen Götter Ausdruck zu geben, die Hellas so sicht-
bar beschützt hatten. Nur die Ioner sollen einen Schwur
geleistet haben, die von den Persern zerstörten Heiligtümer
nicht wieder aufzubauen, den kommenden Geschlechtern

---

[1] Timaeos fr. 99, vgl. Strab. V 246, Diod. XIII 44, wo unter Χαλκιδεῖς
kaum etwas anderes als die Neopoliten verstanden werden kann; auch die Münz-
typen weisen auf die Verbindung mit Athen und Thurioi hin. Vgl. mein *Cam-
panien* S. 30. Der Stratege Diotimos, der bei Timaeos a. a. O. erwähnt wird,
war einer der Befehlshaber des athenischen Geschwaders bei Sybota (Thuk.
I 45, 2); er mag also nach dieser Schlacht weiter nach Westen gefahren sein
und die Bündnisse mit Rhegion und Leontinoi vermittelt haben.

zur Mahnung [1]; und wirklich ist Milet erst zum Neubau seines Apollontempels geschritten, als das Land durch Alexander befreit war. Im Peloponnes aber, der vom Feinde nicht betreten worden war, wurde gleich nach dem Siege, an der heiligen Stätte von Olympia, der Bau eines Zeustempels begonnen, der durch seine Größe (64 × 27 m) das alte Heraeon weit in den Schatten stellte und die ganze Altis beherrschte; um 460 war das Werk im wesentlichen vollendet [2]. Eine sehr lebhafte Bautätigkeit setzte nach dem Siege über die Karthager in Sicilien ein [3]. Bei Syrakus begann Gelon den Bau eines Tempels der Göttinnen, deren Priestertum in seinem Hause erblich war, Demeter und Kore, der natürlich erst unter Hieron oder unter der Demokratie vollendet worden sein kann; aus etwas späterer Zeit stammt der Athenatempel auf Ortygia, der dann im Mittelalter zur Kathedrale umgebaut worden ist. Auf der Burg von Akragas errichtete Theron nach dem Siege bei Himera einen Tempel des Zeus Atabyrios, des rhodischen Gottes, dessen Dienst die Ansiedler nach der neuen Heimat mitgebracht hatten. Um dieselbe Zeit wurde in der Unterstadt der Tempel des olympischen Zeus begonnen, neben dem Apollonion in Selinus der größte Siciliens. Die riesigen Dimensionen (113 × 56 m) zwangen dazu, den Säulenumgang durch eine mit Halbsäulen geschmückte Mauer zu ersetzen; im Innern dienten mächtige Gigantenfiguren als Träger des Gebälks der Cella. Im Laufe der nächsten Jahrzehnte wurden dann in der Nähe zwei weitere Tempel errichtet, und so entstand hier, längs des Südrandes des Stadtplateaus, jene herrliche Tempelreihe, die uns noch heute die Wahrheit von Pindars Wort empfinden läßt, daß Akragas die schönste der Städte der Sterblichen sei. Um die Mitte

---

[1] Isokr. *Paneg.* 156, und dazu Köpp, *Jahrb. des Instit.* V, 1890, S. 272 ff.

[2] *Ausgrabungen in Olympia* II S. 4 ff. (Berlin 1892), Paus. V 10; da die Peloponnesier den goldenen Schild, den sie als Weihgeschenk aus der Beute von Tanagra stifteten, am Giebel des Tempels aufgehängt haben, muß der Bau damals im wesentlichen vollendet gewesen sein.

[3] Koldewey und Puchstein, *Griechische Tempel in Unteritalien und Sicilien*, Berlin 1899.

des Jahrhunderts ist auch der schönste Tempel errichtet worden, der uns im Westen des ionischen Meeres erhalten ist, der große Tempel von Poseidonia. Der dorische Tempelstil hatte jetzt seine höchste Vollendung erreicht; im Grundriß wird die Länge im Verhältnis zur Breite verkürzt, von der Cella hinten ein Raum abgetrennt, der von der Rückseite aus einen eigenen, ebenfalls säulengeschmückten Eingang erhält, alle Proportionen sind leichter und gefälliger als bisher.

Athen [1] hat zunächst an dieser Bautätigkeit keinen Anteil genommen. Es gab hier dringendere Aufgaben: den Wiederaufbau der zerstörten Stadt, den Ausbau und die Befestigung des Kriegshafens. Unter Kimon wurde dann der Markt mit Säulenhallen geschmückt und mit Platanen bepflanzt, aber der alte Athenatempel auf der Burg mit seinen vom persischen Brande her rauchgeschwärzten Mauern blieb, zum warnenden Exempel, noch stehen [2]. Erst als der Frieden mit Persien geschlossen war, ging man daran, der „Jungfrau Athena" einen neuen Tempel zu errichten, an derselben Stätte, auf der schon die Demokratie nach dem Sturze der Peisistratiden den Bau eines solchen Tempels begonnen hatte, auf den alten Fundamenten, aber nach einem neuen Plane des Architekten Iktinos (447—432). Der Bau wurde ganz aus pentelischem Marmor aufgeführt, in mächtigen Dimensionen (69 × 31 m); in der Harmonie der Linien und der künstlerischen Durchbildung ließ er alle bis dahin erbauten Tempel weit hinter sich und ist nie mehr erreicht worden. In der christlichen Zeit ist er einer anderen Jungfrau, der Gottesmutter, geweiht und dadurch vor Zerstörung bewahrt worden, bis vor jetzt zwei Jahrhunderten (26. September 1687) die Bombe eines deutschen Abenteurers in venezianischen Diensten die Mitte des Baues in die Luft sprengte; möchte die Zeit nicht fern sein, die aus den noch fast vollständig am Boden liegenden Trümmern den Tempel in alter Herrlichkeit wieder erstehen läßt.

---

[1] Quellen und Literatur am besten bei Judeich, *Topographie von Athen* (Iwan Müllers *Handbuch* II 2, 2), München 1905.

[2] So hat Herodot den Tempel gesehen (V 77).

Den Eingang zur Burg hatte schon Peisistratos mit
einem Säulentore geschmückt, das wie alles übrige von den
Persern zerstört worden war; als der Parthenon im wesentlichen vollendet stand, ließ Perikles dieses Tor, die „Propylaeen
der Akropolis", durch den Architekten Mnesikles größer
und schöner wieder aufrichten (437—432). Der Bau ist infolge
des Ausbruchs des peloponnesischen Krieges nicht ganz nach
dem ursprünglichen Plane zur Vollendung gelangt. Etwas
später, nach dem Nikiasfrieden, wurde auf der Bastion vor
den Propylaeen, die den Aufgang zur Burg von rechts her
beherrscht, ein kleiner Tempel der „siegbringenden Athena"
(Ἀθηνᾶ Νίκη) errichtet. Um dieselbe Zeit wurde der alte
Tempel der Athena niedergerissen und durch einen Neubau
im vollendetsten ionischen Stile ersetzt, das sog. Erechtheion,
richtiger Tempel der Athena Polias; im Jahr 405 durch Brand
beschädigt, ist er erst am Anfang des IV. Jahrhunderts zur
Vollendung gelangt [1]. Am Fuße der Burg, auf der Höhe,
die den Stadtmarkt beherrschte, wurde etwa gleichzeitig
mit dem Parthenon jener Tempel errichtet, den wir uns gewöhnt haben, als Theseion zu bezeichnen und der vielleicht
dem Hephaestos geweiht war; der einzige aller griechischen
Tempel, der im wesentlichen unversehrt bis heute erhalten
ist. So wurde hier ein Komplex von Gebäuden geschaffen,
wie er auf der Welt seinesgleichen nicht hatte und auch nicht
wieder gehabt hat. Mit berechtigtem Stolze konnte ein Zeitgenosse des Perikles sagen [2]:

> Du bleibst ein Klotz, bis du Athen gesehn;
> Ein Esel, sahst du's, und es ließ dich kalt;
> Und wenn du gerne scheidest, ein Kamel.

Ist doch noch heute, wo nur nackte Trümmer noch übrig sind,
kaum ein Schatten der alten Herrlichkeit, die Akropolis

---

[1] Die Frage nach den Schicksalen des alten Athenatempels ist viel um-
stritten. Mir scheint unzweifelhaft, daß der Tempel abgebrochen war, als die
Korenhalle am Erechtheion errichtet wurde, da diese sonst verdeckt geblieben
wäre. Literatur bis 1905 bei Judeich a. a. O. S. 240. Weiter Petersen, *Der Burg-
tempel der Athenaia*, Berlin 1907, *Hekatompedon, Klio* IX, 1909, S. 229 ff.

[2] Lysippos fr. 7 Kock (I 702).

bei weitem das Schönste, was man auf Erden sehen kann.
Freilich sind es nicht die Wunder der Architektur allein, die
diesen Zauber bewirken. Es ist vor allem die Landschaft,
in die diese Trümmer gestellt sind. Von der luftigen Höhe
schweift der Blick über den Saronischen Golf, nach den Küsten
des Peloponnes. Dort drüben liegt Aegina, der „leuchtende
Stern des Zeus Hellanios", die alten Rivalin Athens; weiter
im Westen Salamis, wo die Geschicke der Welt entschieden
worden sind, und noch weiter am Horizont die Burg von
Korinth, überragt von der schneebedeckten Kyllene, auf der
Hermes geboren war. Und unten zu Füßen das Häusermeer
der Stadt, mit dem Ölwald am Kephisos, eingerahmt von dem
Berghang, der die attische Ebene umschließt, den Kuppen
des Parnes, der Pyramide des Pentelikon, dem langgestreckten
Kamm des Hymettos. Das alles beleuchtet von dem Glanz
der Sonne des Südens, in der klaren Luft Attikas. Es gibt
wohl nur zwei Stätten, die mit der Akropolis von Athen sich
vergleichen lassen, die Burg von Mykenae und das Trümmer-
feld von Poseidonia; aber in Poseidonia fehlt der historische
Hintergrund, und die Bauten in Mykenae wirken hauptsächlich durch ihre wuchtige Masse.

Auch die übrigen Teile von Attika wurden nicht vernachlässigt. In Eleusis wurde der von den Persern zerstörte
Mysterientempel von Iktinos, dem Meister des Parthenon,
wieder aufgebaut, nach dem alten Plane, aber in sehr viel
größeren Dimensionen. Auf der Südspitze der attischen Halbinsel, dem Kap Sunion, wurde ein Tempel des Poseidon errichtet, dessen Säulen noch heute weithin das Meer über-
schauen. In Rhamnus erstand ein neuer, größerer Tempel
der Nemesis, neben dem alten, den die Perser zerstört hatten [1].

Der Ruhm dieser Bauten erfüllte bald ganz Hellas und

---

[1] Eleusis: Philios, Πρακτικά 1884 S. 64 ff., 1887 S. 50 ff., *Fouilles d'Eleusis*,
Athen 1889, *Eleusis, ses mystères, ses ruines et son musée*, Athen 1896. Ruben-
sohn, *Mysterienheiligtümer*, Berlin 1892. Eine wissenschaftlich genügende
Publikation fehlt noch. Iktinos: Strab. IX 395, Vitruv. VII *Praef.* 16. — Sunion:
Dörpfeld und Fabricius, *Athen. Mitt.* IX, 1884, S. 324 ff., Stais, Ἐφημ. ἀρχ.
1900, S. 113 ff.

trug den attischen Meistern auch nach auswärts Aufträge
ein. So erbaute Iktinos, der Schöpfer des Parthenon, dem
Apollon einen Tempel bei Phigaleia in Arkadien [1], auf ein-
samer Berghöhe, der eben wegen dieser Lage den Stürmen
der Zeit bis heute getrotzt hat. Der Bau ist dorisch, doch
sind zur inneren Ausschmückung ionische Säulen verwendet,
daneben, zum ersten Male in der Geschichte der griechischen
Architektur, eine Säule mit korinthischem Kapitäl. Nicht
lange darauf zerstörte eine Feuersbrunst den altehrwürdigen
Tempel der Hera bei Mykenae (423), der nun durch den
argeiischen Architekten Eupolemos größer und prächtiger
wieder aufgebaut wurde [2]. Und das sind nur die wichtigsten
unter den vielen Tempeln, die in dieser Zeit errichtet worden
sind; erinnern wir uns dabei, daß die Kosten eines großen
Tempels mehrere hundert Talente betrugen und allein die
perikleischen Bauten in Attika an 2000 Talente erfordert
haben [3].

Neue Aufgaben erwuchsen der Architektur aus der
Entwicklung der Musik und des Dramas. Nach dem Vorbilde,
das fast ein Jahrhundert früher Theodoros in der Skias gegeben
hatte (oben I 1 S. 422), ließ Perikles, um 450, am Fuß der
Akropolis in Athen das Odeion errichten, einen halbkreis-
förmigen Bau, dessen zeltartiges Dach von zahlreichen Säulen
getragen war [4]. Es war, wie der Name sagt, für Konzerte
bestimmt. Die dramatischen Aufführungen waren in Athen
ursprünglich auf dem Markte veranstaltet worden, wobei
die Menge von hölzernen Tribünen aus zusah; als diese einmal
unter der Last der Zuschauer zusammengebrochen waren,
verlegte man die Aufführungen in den heiligen Bezirk des
Dionysos von Eleutherae am Südfuße der Burg. Hier wurde
für den Chor ein kreisrunder Tanzplatz (Orchestra) gebaut,

---

[1] Paus. VIII 41, 7—9, Stackelberg, *Apollotempel zu Bassae*, Frankfurt
1826, Πρακτικά 1902 S. 23, Kuruniotis, Ἐφημ. ἀρχ. 1910 S. 271.

[2] Thuk. IV 123, Paus. II 17, 3, Waldstein, *The Argive Heraeon* I, 1902.

[3] Vgl. unten 2. Abt. § 143. Die Kosten der chryselephantinen Kolossalstatue der Athena sind in dieser Summe einbegriffen.

[4] Thiersch, *Zeitschr. f. Gesch. der Architektur* II, 1909, S. 77.

und für die Zuschauer an dem darüber ansteigenden Berghang ein halbrunder Zuschauerraum hergerichtet und mit
steinernen Sitzen versehen. Auch der Peiraeeus hat noch
im Laufe des V. Jahrhunderts ein solches Theater erhalten,
ebenso der Demos Thorikos, der Mittelpunkt des laurischen
Minendistrikts. Außerhalb Athens hat Korinth schon am
Anfang des IV. Jahrhunderts ein Theater gehabt, das also
wohl noch vor dem peloponnesischen Kriege erbaut sein wird;
ebenso schon im V. Jahrhundert Syrakus. Sonst aber hat es
in der griechischen Welt in dieser Zeit Theater noch kaum
gegeben, für die ja auch kein Bedürfnis vorhanden war, da die
dramatischen Aufführungen auf Athen, die Isthmosstädte
und Syrakus beschränkt waren [1].

So großartige Aufwendungen aber die griechischen
Staaten in dieser Zeit für Bauten zum Zwecke des Kultus
machten — und auch die Theater gehörten nach damaliger·
Auffassung dazu — so wenig verwendeten sie auf die Ausschmückung öffentlicher Profangebäude (oben S. 112). Und
in dieser demokratischen Zeit waren auch die Privathäuser
klein und unansehnlich, mit höchstens einem Stockwerk
über dem Erdgeschoß [2]. So war der Architektur hier keine
Aufgabe gestellt, die sie zu künstlerischem Schaffen hätte
anregen können. Auch neue Städte sind im V. Jahrhundert
nur wenige angelegt worden. Man befolgte dabei die regel-
mäßige Disposition sich im rechten Winkel schneidender
Straßen, wie sie unter dem Einfluß des Orients bereits seit
dem VII. Jahrhundert sich ausgebildet hatte; nach diesem
Plane erbaute der milesische Architekt Hippodamos den
Peiraeeus und die 444 in Italien gegründete Kolonie Thurioi [3].
Stadtbefestigungen wie die von Athen und seinen Häfen durch

---

[1] Dörpfeld und Reisch, *Griechisches Theater*, Athen 1896, Puchstein,
Die griechische Bühne, Berlin 1901. Theater im Peiraeeus: Thuk. VIII 93, in
Korinth: Xen. *Hell.* IV 4, 3, Thorikos: *Papers Amer. School Athens* IV 1885/6
S. 1 ff., Syrakus: Sophron bei Eustath. zu γ 68.

[2] Vgl. Demosth. *Olynth.* III 25, g *Aristokr.* 207.

[3] Peiraeeus: Aristot. *Polit.* II 1267 b, Harpokrat. Ἱπποδάμεια, Hesych.
Ἱπποδάμου νέμησις, Andok. *vdMyst.* 45, Xen. *Hell.* II 4, 11; Thurioi: Hesych.
a. a. O., und über die Stadtanlage Diod. XII 10, 7.

Themistokles und Perikles haben mit der Architektur als bildender Kunst nichts zu tun.

Während die Architektur sich nur in den Bahnen weiter bewegte, die bereits das VI. Jahrhundert gewiesen hatte, begann für die Malerei mit den Perserkriegen eine neue Epoche. Sie hatte bisher hauptsächlich in Ionien Pflege gefunden und war schon um den Ausgang des VI. Jahrhunderts zu großen, figurenreichen Kompositionen aufgestiegen; so weihte Mandrokles aus Samos, der Erbauer der Brücke über den Bosporos bei Dareios' Skythenzuge, in dem Heratempel seiner Vaterstadt ein Tafelbild, auf dem der Übergang des persischen Heeres nach Europa dargestellt war [1]. Aber erst unter den gewaltigen Eindrücken der Perserkriege reifte die Malerei zur Monumentalkunst. Sie fand jetzt ihren ersten großen Meister in Polygnotos aus Thasos, der in Kimons Zeit nach Athen kam, wo ihm, ebenso wie dem Architekten Hippodamos aus Milet, in Anerkennung seiner künstlerischen Leistungen das Bürgerrecht verliehen wurde [2]. Er hat eine Reihe großer Wandgemälde geschaffen. Zusammen mit Mikon und Panaenos, dem Bruder des Pheidias, schmückte er, bald nach 460, die von dem Alkmeoniden Peísianax am Markte erbaute Säulen- halle, die eben danach später gewöhnlich die „bunte Halle" (ποικίλη στοά) genannt wurde, mit einem Zyklus von Fresken aus der Geschichte Athens, oder was dieser Zeit dafür galt; dargestellt waren die Amazonenschlacht, die Zerstörung Troias,

---

[1] Herod. IV 88.

[2] Über Polygnots Verhältnis zu Kimons Schwester Elpinike Plut. *Kim.* 4, oben S. 159 A. Das Theseion (nicht der Tempel, den wir heute so nennen) ist infolge der Überführung der Gebeine des Heros aus Skyros (475) erbaut worden, doch mag der Bau sich durch eine Reihe von Jahren hingezogen haben. Mikon, der auch Bildhauer war, hat die Statue des Atheners Kallias, Sohn des Didymias, gearbeitet, der 472 in Olympia im Pankration gesiegt hatte (Paus. V 9, 3, VI 6, 1, *Inschr. v. Olymp.* 146 = Loewy 41, vgl. *CIA.* I 418. 419). Da die Inschrift der Statue im ionischen Alphabet geschrieben ist, Mikon sich aber darauf als Athener bezeichnet, so war er wohl ein Ioner, der wie Polygnot das athenische Bürger- recht erhalten hat, also damals schon ein Künstler von Ruf. Loewy setzt darauf hin seine Geburt und die seines Genossen Polygnot um 510 (mündliche Mit- teilung).

die Schlacht bei Marathon und der Sieg bei Oenophyta (unten
2. Abt. §84). Etwas früher fallen wohl die Fresken im Theseion
und Anakeion, die er ebenfalls in Gemeinschaft mit Mikon
geschaffen hat. Im Tempel der Athena Areia in Plataeae,
der zum Gedächtnis des Sieges von dem Erlös aus der Beute
gebaut war, malte er eine Darstellung des Freiermordes,
mit Anspielung auf die Vernichtung des Perserheeres. Polygnotos' berühmtestes Werk aber waren die beiden großen
Kompositionen an den Wänden der Halle (λέσχη) der Knidier
in Delphi: die Einnahme von Troia und Odysseus' Hades-
fahrt. Sie nahmen in der Entwicklung der griechischen Malerei
etwa die Stelle ein wie die Fresken Giottos und Orcagnas
in der Geschichte der italienischen Malerei.

Diese Fresken waren in wenigen Grundfarben ausgeführt,
Schwarz, Weiß, Rot, Gelb, die aber bereits abgetönt wurden,
auch Blau und Grün wurden hin und wieder verwendet.
Auch Schatten wurden bereits angegeben. Die Figuren waren
in Gruppen angeordnet, wobei eine Art Perspektive zur An-
wendung kam und mitunter schon kühne Verkürzungen
gewagt wurden. Erklärende Beischriften erleichterten das
Verständnis. Aber trotz dieser einfachen Mittel wußte der
Meister seinen Gestalten lebendigen Ausdruck zu geben; seine
Gemälde atmeten eine erhabene Hoheit, wie sie die spätere
Kunst, trotz aller technischen Fortschritte, nicht mehr zu
erreichen vermocht hat. Was Polygnot gab, war religiöse
Kunst, wie die Dichtungen seiner Zeitgenossen Aeschylos
und Pindar. Noch Aristoteles hat den Anblick dieser Bilder
für die heranwachsende Jugend gewünscht [1].

---

[1] Über Polygnot vor allem Hauser in Furtwängler-Reichhold, *Griech.
Vasenbilder* II, München 1909, S. 305 ff. Roberts Rekonstruktionen der poly-
gnotischen Gemälde (Hallische *Winckelmannsprogramme* XVI—XVIII, 1892
bis 1894), die ja für ihre Zeit sehr verdienstlich waren, wirken heute wie Kari-
katuren. Bei dem völligen Verluste der Schöpfungen der großen griechischen
Malerei können wir von ihrer Technik nur aus den Vasenbildern und Reliefs
eine Anschauung gewinnen. Dazu treten, für die Komposition, die Beschreibungen
der Gemälde in der Poekile und der Lesche der Knidier bei Pausanias (I 15
und X 25—31).

Hinter den Fortschritten der Malerei blieb die Plastik
zunächst noch etwas zurück; sie folgte den Bahnen, die ihr
die großen Meister der vorhergehenden Periode gewiesen
hatten [1]. Um die Zeit der Perserkriege wirkten in Athen
Kritios und Nesiotes, die Schöpfer der Gruppe der Tyrannen-
mörder, die dort zum Ersatz des von Xerxes hinweggeführten
Werkes des Antenor bald nach der Schlacht bei Plataeae
auf dem Markte errichtet wurde. Das aus Erz gebildete
Original ist längst zugrunde gegangen; dafür bewahrt das
Museum von Neapel eine treffliche Marmorreplik, die auch
uns die Anschauung des Werkes vermittelt. Es ist die älteste
wahrhaft plastisch komponierte Gruppe, die uns erhalten ist.
Sonst steht sie im Kunstcharakter, wie es nicht anders sein
kann, den Aegineten sehr nahe; eine gewisse Milderung der
Härte mag ionischem Einfluß verdankt werden, soweit sie
nicht auf Rechnung des Kopisten kommt. Größere Anmut
soll Kalamis seinen Werken gegeben haben, der noch mit
Onatas zusammen gearbeitet hat, aber bis wenigstens zur
Mitte des V. Jahrhunderts tätig gewesen ist. Hochberühmt
waren namentlich ein Frauenbild von seiner Hand, die sog.
Sosandra, in Athen, und eine Kolossalstatue des Apollon
in Apollonia am Pontos. Für uns ist er ein bloßer Name [2].
Sein Zeitgenosse, der Samier Pythagoras (tätig von 476—452) [3],
der nach Rhegion übersiedelte und darum meist Rheginer
genannt wird, soll nach dem Urteil eines antiken Kunst-
forschers zuerst Rhythmus und Symmetrie erstrebt haben.
Von seinem Philoktet in Syrakus rühmte man, daß der Beschauer den Schmerz der Wunde mitempfinde. Er bildete
meist Athletenstatuen; doch auch von seinem Kunstcharakter
fehlt uns noch die konkrete Anschauung.

---

[1] Literaturnachweise im Anhang zu Springer-Michaelis, *Handbuch der
Kunstgeschichte* I [9], Leipzig 1911. Die antiken Zeugnisse bei Overbeck, *Schrift-
quellen*, Leipzig 1868, und Loewy, *Inschr. griech. Bildhauer*, Wien 1885. Zur
Chronologie Robert, *Hermes* XXXV, 1900, S. 141 ff.

[2] Über Kalamis Studniczka, *Abh. Sächs. Ges. phil.-hist. Kl.* 25, 4, 1905,
S. 1 ff., Reisch, *Österr. Jahreshefte* IX, 1906, S. 199 ff., Furtwängler, *S.-B.
Bayer. Akad.* 1907, S. 160 ff.

[3] Robert, *Hermes* XXXV, 1900, S. 184.

Sie alle aber wurden weit in den Schatten gestellt durch
den Athener Pheidias (etwa 500—432), der die archaische
Plastik zur Vollendung führte, wie Polygnot die archaische
Malerei. Er war von Hause aus Erzbildner; als solcher schuf
er eine Kolossalstatue der Athena Promachos für die Akropolis
und eine figurenreiche Gruppe, welche die Athener, in Kimons
Zeit, zum Gedächtnis des Sieges von Marathon nach Delphi
weihten [1], Miltiades zwischen Athena und Apollon, umgeben
von den attischen Stammesheroen. Durch diese Werke gelangte er zu panhellenischem Ruhme: und so wurden ihm die
beiden größten Aufträge zuteil, die diese Zeit zu vergeben
hatte: das Kolossalbild des Zeus für den Tempel in Olympia
und das Kolossalbild der Athena für den Parthenon. Sie
waren bestimmt, dem Beschauer die Gottheit in ihrer ganzen
überirdischen Majestät vor Augen zu führen, und bestanden
demgemäß aus dem kostbarsten Material; das Antlitz und
die anderen entblößten Körperteile aus Elfenbein, die Gewänder und das übrige Beiwerk aus Gold. Es war eine Technik,
die sich aus der alten Holzschnitzerei entwickelt hatte; ein

---

[1] Paus. X 10, 1—2, Pomtow, *Klio* VIII, 1908, S. 84 ff., wo die weitere
Literatur. Da Miltiades im Jahre nach der Schlacht verurteilt worden ist,
auch die Hervorhebung eines der Strategen unmittelbar nach der Schlacht
undenkbar wäre, so kann die Gruppe erst einige Jahrzehnte später aufgestellt
worden sein, und dann natürlich nicht aus der marathonischen Beute. Auf
Weihinschriften wird der Ort des Sieges nur ausnahmsweise angegeben, in der
Regel nur der Name des Feindes, oder es heißt einfach ἀπὸ τῶν πολεμίων.
Es liegt also kein Grund vor, die Gruppe Pheidias abzusprechen. Sein ältestes
Werk, von dem wir Kenntnis haben, ist das ξόανον ἐπίχρυσον im Tempel
der Athena Areia in Plataeae (Paus. IX 4, 1). Der Tempel ist nicht aus der
Beute von Marathon gebaut (Paus. a. a. O.), da ja Plataeae 480 zerstört worden
ist, sondern aus der Beute von Plataeae, wie Plut. *Arist.* 20 richtig angibt;
er wird also kaum vor 470 fertig geworden sein. Die Zeusstatue in Olympia
muß älter sein als die Parthenos, schon darum, weil der Zeustempel eher fertig
geworden ist, als der Parthenon; auch wurde Pheidias gleich nach der Vollendung
der Parthenos wegen Unterschleifs angeklagt (unten Abschn. X.), und selbst wenn
wir die Angabe verwerfen, nach der er im Gefängnis gestorben wäre (Plut.
Per. 31), bleibt es undenkbar, daß die Eleier ihm dann noch die Anfertigung
des Zeusbildes übertragen hätten. Auch bezieht das Datum für Pheidias' ἀκμή
bei Plin. XXXIV 49 (Ol. 83 = 448) sich doch ohne Zweifel auf die Einweihung
dieser Statue.

hölzerner Kern war mit Goldblech und Platten aus Elfenbein
überkleidet. Von dem Eindruck, den solche Werke im Halb-
dunkel der Tempelcellen auf den Beschauer hervorbringen
mußten, mögen uns die Mosaiken auf Goldgrund in altchrist-
lichen und byzantinischen Kirchen eine schwache Vorstellung
geben. Wer in den Tempel zu Olympia trat, glaubte den
Göttervater zu sehen, wie ihn Homer geschildert hatte, ruhig
und mild, in erhabener Größe; er fühlte sich in eine höhere
Region entrückt, und mochte über dem Anblick aller Sorgen
und Nöte des Lebens vergessen [1]. Nicht ganz so hoch stand
die Statue der Parthenos; der Künstler hatte hier der Tradition
des Kultbildes mehr Konzessionen machen müssen, als gut
war, was die künstlerische Wirkung abschwächte.

Inzwischen hatten die Fortschritte der Malerei die Plastik
zu beeinflussen begonnen. Der Bahnbrecher der neuen Zeit
ist hier Myron aus dem Städtchen Eleutherae an der attisch-
boeotischen Grenze. Er zuerst hat es vermocht, die bewegte
Einzelgestalt in lebensvoller Weise wiederzugeben. Keines
seiner zahlreichen Werke zeigt diese Meisterschaft in so hohem
Maße, wie der Diskoswerfer, dessen beste Replik in Rom
im Palazzo Massimo steht. Von seinen zahlreichen Athletenstatuen war die berühmteste die des Wettläufers Ladas, von
der keine Nachbildung auf uns gelangt ist. Hochgefeiert
waren auch seine Tierbilder, namentlich das Erzbild einer
Kuh, das in unzähligen Epigrammen besungen worden ist [2].

Die stärkste Einwirkung übte die Malerei natürlich auf
das Relief. Wir sehen das recht deutlich an dem plastischen
Schmucke des Parthenon. Während die Metopen noch archai-
schen Charakter tragen, zeigt der Fries bereits eine vollständige Beherrschung der Technik, in der Komposition
ebenso, wie in der Schönheit der Formen. Dargestellt ist
die Prozession an den Panathenaeen, dem größten Feste

---

[1] Vgl. die Beschreibung bei Dion Chrysost. XII 51 f. Arnim.

[2] Da sein Sohn Lykios um 446 als Bildhauer tätig war (*CIA*. IV 1, 418 h,
S. 184 = Dittenb. *Syll.* [2] 15), muß Myron etwa um 500 geboren sein oder doch
nicht viel später; Athletenstatuen von seiner Hand sind aus den Jahren 456
und 448 bezeugt.

Athens; den Glanzpunkt bildet der Aufzug der Reiterei, der in unübertrefflicher Lebendigkeit und Naturwahrheit geschildert ist; die steigenden und ausschlagenden Rosse, die Reiter mit den fliegenden Mänteln lassen den Einfluß Myrons erkennen. Noch größere Vollendung zeigen die als Rundbilder gearbeiteten Figuren der Giebelgruppen, denen die Plastik aller Zeiten nur wenig technisch Gleichwertiges an die Seite stellen kann. Und doch sind es Werke namenloser Künstler, namenlos schon im Altertum, das diese Skulpturen überhaupt keines Wortes der Erwähnung gewürdigt hat; da der Fries allein eine Länge von 160 m hat, mußte die Ausführung natürlich in der Hand einfacher Steinmetzen liegen. Nichts anderes vielleicht kann uns einen so hohen Begriff von der Stufe des Könnens geben, welche die Plastik damals in Athen erreicht hatte.

Der Peloponnes blieb hinter Athen nicht zurück. Auch hier wurde der Archaismus jetzt überwunden. Die aeginetische Schule freilich verfiel, seit die Insel unter athenische Herrschaft gekommen war. Um so kräftiger blühte die Schule, die Hagelaidas in Argos begründet hatte. Hier wirkte, einer Künstlerfamilie entsprossen, in der zweiten Hälfte des Jahrhunderts Polykleitos, ein Meister von streng methodischer Schulung, der auf das vollendete Ebenmaß der Proportionen das höchste Gewicht legte und dafür in seinem Lanzenträger (Doryphoros) ein vielbewundertes Muster gegeben hat. Nach diesem Vorbilde hat er zahlreiche Siegerstatuen geschaffen, sein Höchstes aber im Götterbilde geleistet. Nach dem Brande des alten Heratempels bei Mykenae (423) fiel ihm, als dem anerkannt ersten Meister seiner Vaterstadt und damals ganz Griechenlands, die Aufgabe zu, für den neuen Tempel das Kultbild zu schaffen. Es war eine Kolossalstatue aus Gold und Elfenbein, zwar von kleineren Dimensionen als der Zeus des Pheidias, aber dessen würdiges Gegenstück; in der feinen Durchführung des einzelnen und vor allem durch den freien Stil diesem noch überlegen [1].

---

[1] Der Neubau des Tempels muß eine Reihe von Jahren erfordert haben, um so mehr, als Argos von 420 bis wenigstens 412 mit Sparta im Kriege stand

Um dieselbe Zeit blühte in Athen Alkamenes, angeblich ein Schüler des Pheidias; wie dieser hat er hauptsächlich Götterbilder geschaffen, in Marmor, Erz und chryselephantiner Technik, von so erhabener Schönheit, daß ihm spätere Kunstforscher den ersten Platz nach seinem großen Meister zuerkannt haben [1]. Für uns ist er ein bloßer Name, da keine der erhaltenen Statuen mit Sicherheit auf ihn zurückgeführt werden kann. Wohl aber besitzen wir noch ein Werk seines Zeitgenossen Paeonios aus Mende in der thrakischen Chalkidike, ein Weihgeschenk, das die Messenier von Naupaktos in Olympia aufgestellt haben: Nike, die nach der Erde herabschwebt; die Virtuosität, mit der das wehende Gewand im Marmor gebildet ist, zeigt deutlich den Einfluß der Malerei. In ähnlichem Stil, aber von noch feinerer Durchbildung im einzelnen, sind die Siegesgöttinnen auf den Reliefs von der Balustrade des Niketempels am Eingang zur Akropolis in Athen, deren Meister uns nicht genannt wird, und also vielleicht nur ein

---

und also schwerlich für andere Zwecke viel Geld zur Verfügung hatte. Und der Tempelbau wie die chryselephantine Statue müssen doch sehr bedeutende Summen erfordert haben, jedenfalls mehrere hundert Talente. Unter diesen Umständen ist es kaum denkbar, daß die Statue vor Ende des Jahrhunderts fertig geworden sein sollte; einen *terminus ante quem* gibt der Ausbruch des korinthischen Krieges. Wir hören denn auch, ·daß Polykleitos für Amyklae ein Denkmal des Sieges bei Aigospotamoi geschaffen hat (Paus. III 18, 8). Der jüngere Künstler dieses Namens kann hier nicht gemeint sein, da er ein halbes Jahrhundert später die Tholos in Epidauros erbaut hat (Paus. II 27, 5). Es ist also ein Anachronismus, wenn Platon (*Prot.* 311 c) die Söhne Polyklets den Söhnen des Perikles (geboren um 460) gleichaltrig sein läßt. Die Siegerstatuen des Kyniskos (um Ol. 80), des Aristion und Pythokles (Ol. 82) können dann allerdings nicht wohl von dem großen Polykleitos geschaffen sein, wenn wir nicht annehmen wollen, daß sie erst lange nach den Siegen, die sie verherrlichen sollen, gefertigt sind. Sonst müßte sie von einem älteren Künstler gleichen Namens herrühren, der ja derselben Familie angehört haben mag. Das Material bei Robert, *Hermes* XXXV, 1900, S. 185 ff., der nur seine frühere richtige Ansicht über Polyklets Lebenszeit (*Arch. Märch.* S. 98 ff.) nicht hätte zurücknehmen sollen.

[1] Alkamenes ist noch zur Zeit der Wiederherstellung der Demokratie in Athen, 403/2, tätig gewesen (Paus. IX 11, 6), seine Wirksamkeit fällt folglich in die Zeit des peloponnesischen Krieges, und er könnte also nur in Pheidias' letzten Jahren und als ganz junger Mensch dessen Schüler gewesen sein.

Steinmetz gewesen ist; auch hier haben malerische Motive zum Vorbild gedient.

Denn eben damals waren in der Malerei epochemachende Fortschritte gelungen, die sie weit über die Stufe hinausheben, welche sie durch Polygnotos erreicht hatte, und sie in kurzer Zeit auf die Höhe ihrer Entwicklung führen sollten. Den Ausgangspunkt dafür bildete, wie es scheint, die Dekorationsmalerei für die Bühne. Der Künstler mußte danach streben, bei den Zuschauern die Illusion der Wirklichkeit hervorzurufen, was nur durch die Anwendung einer Art Perspektive zu erreichen war. Das soll zuerst durch Agatharchos aus Samos geschehen sein, der angeblich schon für Aeschylos tätig gewesen ist, aber noch die Zeiten des peloponnesischen Krieges erlebt hat. Durch ihn wurde Apollodoros aus Athen angeregt, der „Schattenmaler", der das neue Prinzip auf die Tafelmalerei übertrug und es zugleich vervollkommnete und folgerecht durchführte. So wurde er der Entdecker der dritten Dimension auf der Bildfläche; erst jetzt war es möglich, statt bloßer Umrißzeichnungen, wie sie die Vasenbilder zeigen, plastisch wirkende Bilder zu geben [1]. Das führte zu einer völligen Umwälzung der malerischen Technik. Die neue Malweise fand sofort ihren ersten großen Meister in Zeuxis aus Herakleia, in der Zeit des peloponnesischen Krieges [2]. Sein berühmtestes Bild war wohl seine Helena; es war das erste Mal, daß ein Künstler den vollen Glanz weiblicher Schönheit mit dem Streben nach der Illusion der Wirklichkeit zur Darstellung brachte, und das Bild wirkte denn auch auf die Beschauer wie eine Offenbarung aus einer neuen Welt. Der Andrang soll so groß gewesen sein, daß der Künstler Eintrittsgeld erheben mußte, wobei er sehr gute Geschäfte gemacht haben soll. Daß seine Bilder hohe Preise erzielten, ist unter diesen Umständen sehr begreiflich; so soll ihm König Archelaos von Makedonien für die Ausführung der Wandgemälde in seinem Palaste ein Honorar von 400 m. gezahlt haben. Neben

---

[1] Pfuhl, *Apollodoros* ὁ σκιαγράφος, *Jahrb. Arch. Inst.* XXV, 1910, S. 12 ff.

[2] Sein Eros im Aphroditetempel zu Athen erwähnt bei Aristoph. *Acharn.* 991 (mit dem Scholion), also 425, damals wohl noch nicht lange gemalt.

Zeuxis steht sein Altersgenosse Parrhasios aus Ephesos. Auch
er wirkte in Athen, für das er ein hochberühmtes Bild des
Stadtheros Theseus malte. Überhaupt hat er seine Stoffe
fast ausschließlich dem Kreise der Götter und Heroen entnommen. Der Beifall der Zeitgenossen und der Nachwelt
ist auch ihm in reichem Maße zuteil geworden; man stritt
darüber, ob er oder Zeuxis der größere Künstler wäre. Uns
ist hier, bei dem völligen Untergang der Schöpfungen der
griechischen Malerei, jedes eigene Urteil versagt.

Die Fortschritte der großen Malerei mußten auch auf
die Vasenmalerei zurückwirken. Seit Polygnot und Mikon
kommt sie ganz in Abhängigkeit von der großen Kunst, der
sie ihre Gestalten, oft auch die ganze Komposition entnimmt.
Demgemäß werden jetzt wieder mit Vorliebe Darstellungen
aus dem Mythos gegeben. Die Zeichnungen sind von hoher
Vollendung und Anmut, aber die Maler selbst fühlten, daß
sie nichts Selbständiges mehr zu schaffen vermochten und
setzen darum nur noch ausnahmsweise ihre Namen auf die
Gefäße. Dem neuen Stile, der durch Apollodoros aufkam,
vermochte dann die Technik der rotfigurigen Vasen überhaupt
nicht mehr zu folgen, und sie geriet darum seit dem pelo-
ponnesischem Kriege in raschem Verfall. Dafür beginnt jetzt
die Fabrikation der sogenannten Lekythen, schlanker Gefäße
mit dünnem Halse, von weißem Ton mit polychromen Darstellungen, technisch bei weitem das Vollendetste, was die
griechische Vasenmalerei geschaffen hat. Sie waren meist
bestimmt, den Toten ins Grab mitgegeben zu werden. Doch
blieb ihre Verwendung auf Attika und die Nachbargebiete,
wie Euboea, beschränkt, und ein größerer Export der Gefäße
dieses Stils hat nicht stattgefunden; denn Unteritalien, das
bisher das hauptsächlichste Absatzgebiet für die attischen
Vasen gebildet hatte, begann sich nun auf eigene Füße zu
stellen.

Wie die bildenden Künste, standen auch Musik und
Dichtung noch hauptsächlich im Dienste des Kultus; an den
Festen, die mit immer steigendem Glanze zu Ehren der Götter
gefeiert wurden, fanden sie ein reiches Feld der Betätigung.

Auch auf diesem Gebiete nahm Athen jetzt die Führung. Hier war um die Zeit der Perserkriege die Tragödie durch Phrynichos und vor allem durch Aeschylos zu hoher Ausbildung gelangt (oben I 1 S. 419); mit der reichen Fülle dessen, das in diesen Dramen geboten wurde, vermochten die älteren Gattungen der Poesie nicht zu wetteifern. Das alte Volksepos war längst tot, wenn auch die Gesänge Homers bei Festen noch immer durch Rhapsoden zum Vortrag kamen; und die Versuche, ein Kunstepos zu schaffen, blieben ohne durchgreifenden Erfolg, so oft sie auch unternommen wurden. Gegen den alten Homer konnte eben niemand aufkommen. So besang Panyassis aus Halikarnassos, ein Oheim des Geschichtschreibers Herodot, bald nach den Perserkriegen die Taten des Herakles und die Gründung der ionischen Kolonien; Xenophanes aus Kolophon verfaßte ein Epos über die Gründung von Elea in Italien. Erfreulicher waren die Leistungen in der Elegie, die in dieser Zeit sehr lebhaft gepflegt wurde, auch von bedeutenden Dichtern, wie Sophokles, Ion aus Chios, Euripides; doch wurde auf diesem Gebiete gegenüber der vorhergehenden Periode kein Fortschritt erreicht, bis gegen Ende des Jahrhunderts Antimachos von Kolophon in seiner Lyde der Elegie neue Bahnen öffnete. Die Elegien des Theognis, die Trinklieder des Alkaeos und Anakreon blieben nach wie vor populär; wer anderes suchte, fand sangbare Lieder genug in den lyrischen Partien der Dramen [1].

In Athen sind die musikalischen und dramatischen Aufführungen [2] schon sehr bald nach der Zerstörung der Stadt durch die Perser wieder aufgenommen worden, spätestens im Frühjahr 475. Bald darauf wurde die Technik der Tragödie durch Einführung eines dritten Schauspielers verbessert (um 465—460), eine epochemachende Neuerung, durch die erst eine Handlung im vollen Sinne des Wortes ermöglicht

---

[1] Aristoph. Δαιταλῆς fr. 223 K., *Ritter* 529.

[2] Wilhelm, *Urkunden dramatischer Aufführungen in Athen. Sonderschriften des österreichischen archäologischen Instituts* VI, Wien 1906. Im übrigen verweise ich auf die Handbücher der griechischen Literaturgeschichte und die Artikel über die einzelnen Dichter in Pauly-Wissowa-Kroll.

wurde. Die Tragödie hatte damals ihren anerkannt größten
Meister in Aeschylos (oben I 1 S. 419), der 484 seinen ersten
Sieg gewonnen, 472 seine Perser auf die Bühne gebracht
hatte, und noch im hohen Alter, 458, sein reifstes und groß-
artigstes Werk aufführen ließ, die Orestie. Hier pulsiert,
bei aller Dürftigkeit der Handlung und trotz der noch immer
endlosen Chorgesänge, wirklich dramatisches Leben; wir
sehen im ersten Teile die Heimkehr Agamemnons und seine
Ermordung, im zweiten den Muttermord, im dritten wagt
es der Dichter, den Chor der Erinyen auf die Bühne zu bringen,
und wir hören ihr markdurchschauerndes Lied. Aber an der
Aufgabe, die Sühne des Unsühnbaren darzustellen, mußte
des Dichters Kunst scheitern; das Stück endet mit einem
Prozeß, in dem Apollon den Advokaten spielt und Athena
die parteiische Vorsitzende.

Doch schon war Aeschylos ein gefährlicher Nebenbuhler
erstanden. Sophokles (etwa 495—406) [1] war ein Sohn der
neuen Zeit, herangewachsen unter den Eindrücken der Perserkriege; er hat, in der Technik und im Inhalt seiner Stücke,
wie kein zweiter, den Idealen dieser neuen Zeit Ausdruck
gegeben. Er wußte die Handlung reicher zu gestalten und
ließ die lyrischen Partien dagegen zurücktreten; an Stelle
der schwülstigen, aeschyleischen Chorlieder treten einfache,
leicht verständliche Kompositionen, oft von hoher poetischer
Schönheit, wahre Perlen der Lyrik. Niemand hat ihn in der
Kunst übertroffen, den dramatischen Knóten zu schürzen
und ohne Anwendung gewaltsamer Mittel zu lösen. So konnte
es nicht fehlen, daß er an den großen Dionysien im Frühjahr
468 gegen Aeschylos den Sieg gewann. Freilich die Erhaben-
heit der aeschyleischen Gedankenwelt suchen wir bei ihm
vergebens; es sind Menschen, nicht mehr Heroen, die er auf
die Bühne bringt, aber künstlerisch stilisierte Menschen,

---

[1] Das Todesjahr steht fest durch die Frösche des Aristophanes; dem
entsprechend geben die Chronographen den Archon Kallias (406/5). Erster
Sieg unter Apsephion 468/7 (*Marm. Par.* ep. 56, Plut. *Kim.* 8). Über das Geburtsjahr hatte man keine sicheren Angaben; die Ansätze schwanken zwischen 500
und 495 (Jacoby zum *Marm. Par.* a. a. O.).

Typen ohne rechte Individualität, ähnlich denen, welche
die zeitgenössische Plastik bildete. Die Konflikte in diesen
Dramen vermögen uns darum, trotz aller dichterischen
Vollendung des Ganzen, doch nicht recht zu erwärmen. Und
hier und da zeigt sich eine wahrhaft erschreckende Gefühls-
roheit, wie in der Elektra, in der Sophokles in oberflächlicher
Glätte denselben Stoff behandelt, den Aeschylos zu seinem
tiefsinnigsten Werke gestaltet hatte. Das ethische Problem,
mit dem Aeschylos in seiner Orestie gerungen hatte, existiert
für Sophokles einfach nicht; Apollon hat den Muttermord
befohlen, und damit ist die Sache abgetan. An die Stelle
wahrer Frömmigkeit tritt scheinheilige Jesuitenmoral. Aber
Sophokles gab, was die Zeitgenossen verlangten; seine Tragödien sind die dichterische Verklärung des perikleischen
Athen, wie die Werke eines Iktinos und Pheidias dessen
künstlerische Verklärung sind. Solange er lebte, hat auf dem
attischen Theater niemand gegen ihn aufkommen können.

Und doch brachte die Zeit eine reiche Fülle dramatischer
Talente hervor. Auch waren es nicht mehr Athener allein,
die für die Bühne ihrer Stadt tätig waren; das Theater Athens
gewann nationale Bedeutung, und Dichter aus anderen Städten
begannen dort in die Schranken zu treten, wie Ion aus Chios,
Achaeos aus Eretria, Neophron aus Sikyon, die sehr Tüchtiges
geleistet haben, so wenig sie sich auch mit Sophokles messen
konnten. Aber der bedeutendste unter Sophokles' Nach-
folgern, der einzige, der schon bei Sophokles' Lebzeiten ihm
als ebenbürtiger Meister zur Seite gestellt wurde, war doch
ein Athener, Euripides (etwa 480—406)[1]. Mit ihm zog der

---

[1] Euripides war soeben gestorben, als Aristophanes seine an den Lenaeen
405 aufgeführten Frösche schrieb. Demgemäß setzte Apollodor seinen Tod
unter den Archon Kallias 406/5 (Diod. XIII 103, 5), nach Vorgang von Erato-
sthenes und Timaeos (Jacoby, *Apollodors Chronik* S. 257). Das *Marmor Par.*
ep. 63 gibt den Archon Antigenes (407/6). Erste Aufführung unter Kallias
456/5 (*Vita* bei Westermann S. 134, 29). Das Geburtsdatum beruht auf Konjektur;
es wird entweder mit der Schlacht bei Salamis 480/79, oder mit Aeschylos'
erstem Siege unter Philokrates 485/4 (*Marm. Par.* ep. 50) gleichgesetzt. Die
kürzlich gefundenen Fragmente von Satyros' Lebensbeschreibung des Dichters

Realismus auf der attischen Bühne ein. Seine Personen tragen zwar noch die heroische Maske, doch nur, weil diese einmal durch das Herkommen vorgeschrieben war; es sind Menschen aus des Dichters eigener Zeit, nicht mehr Typen, sondern Individuen, mit allen ihren Schwächen und Leidenschaften. Und die Konflikte, die sie durchkämpfen und in denen sie, je nachdem das Los fällt, siegen oder zugrunde gehen, sind die Konflikte des wirklichen Lebens. Dabei wird auch den Frauen ihr Recht; Euripides hat das Weib für die Poesie entdeckt, oder wenn man will, nach Homer zuerst wiederentdeckt, und demgemäß nimmt die Liebe unter seinen dramatischen Motiven eine hervorragende Stellung ein. Er ist dabei gewagten Situationen nicht aus dem Wege gegangen und hat dadurch bei den Zeitgenossen schweren Anstoß erregt. Nicht minderen Anstoß gab es, daß er die Gedanken der neuen Weltanschauung, die eben damals hervorzutreten begannen, von der Bühne herab in die Massen warf. So ist es ihm versagt geblieben, wirkliche Popularität zu erringen; er hat nur wenige Siege gewonnen und sein Leben lang mit den erbittertsten Anfeindungen zu kämpfen gehabt. Aber den Besten seiner Zeit hat er genug getan; seine Schöpfungen wurden bald allen Gebildeten vertraut, und wenn die Komödie nicht müde wurde, ihn mit beißendem Spotte zu überschütten, so zeugt sie eben damit für seine alles überragende Bedeutung, wie sie denn selbst durchaus unter euripideischem Einfluß steht. Ihm gehörte die Zukunft; die Tragödie ist, während des ganzen nächsten Jahrhunderts, den Bahnen gefolgt, die er gewiesen hatte, und seine eigenen Stücke haben sich auf der Bühne behauptet, solange es ein antikes Theater gegeben hat. Außer Homer hat kein anderer griechischer Dichter eine so tiefgreifende Wirkung geübt.

In der Komposition der lyrischen Partien schloß Euripides sich den Neuerungen an, die zu seiner Zeit eine Umwälzung in der Musik herbeiführten. Schon die großen Klassiker um die Wende vom VI. zum V. Jahrhundert hatten begonnen,

(Oxyrh. Pap. IX S. 153) enthalten über die Chronologie nichts und lehren uns auch sonst über Euripides' Leben kaum etwas Neues.

mehr Gewicht auf die Musik zu legen, als auf den ihr unter-
legten Text; bei Simonides' Neffen Bakchylides hat dieser
Text kaum mehr poetischen Wert als ein gutes Libretto.
Der Chorlyrik als solcher war damit das Todesurteil gesprochen.
Die Entwicklung ist dann auf diesem Wege weiter gegangen.
Um die Mitte des V. Jahrhunderts trat dem Klassizismus
gegenüber eine neue Richtung auf, die danach strebte, eine
reichere Klangwirkung zu erzielen und der Musik dramatisches
Leben zu geben; sie fand ihre ersten großen Vertreter in dem
Kitharoeden Phrynis aus Mytilene (um 450)[1] und dem Dithy-
rambiker Melanippides aus Melos (in der Zeit des peloponnesischen Krieges)[2]. Auf Phrynis' Schultern stand Timotheos
aus Milet (etwa 450—360), der den neuen Stil in der Kitharoedik
zur Vollendung führte, aber auch im Dithyrambos sehr Bedeutendes geleistet hat[3]; neben ihm fand Melanippides in
Telestes aus Selinus (um 400), Philoxenos aus Kythera (435
bis 380) und Polyidos ebenbürtige Nachfolger[4]. Die Anhänger
des Alten schrien natürlich ach und wehe über diesen „Verfall" der Musik; aber die Bewegung schritt siegreich weiter,
und bald kam die Zeit, wo die großen Meister dieser griechischen
„Zukunftsmusik" selbst als Klassiker galten, deren Kompositionen die Theater beherrschten und deren Lieder in den
Schulen gelernt wurden. Sehr bezeichnend ist es dabei, daß
man jetzt den ethischen Wert dieser Musik nicht genug zu
rühmen wußte, die vielen Zeitgenossen geradezu unsittlich
erschienen war[5].

---

[1] Er siegte in Athen an den Panathenaeen 446 (Schol. Aristoph. *Wolken*
971, Wilamowitz, *Timoth. Pers.* S. 66, 1).

[2] Suidas s. v., Xenoph. *Denkw.* I 4, 3. Daß er unter Perdikkas von Makedonien gestorben ist, folgt aus Suidas a. a. O. nicht; da er aber bei Diod. XIV
46, 6 nicht genannt wird, scheint er 398 nicht mehr am Leben gewesen zu sein.

[3] *Marm. Par.* ep. 76, Diod. a. a. O. Das Textbuch zu seinen Persern ist
uns auf einem Papyrus aus dem IV. Jahrh. v. Chr. erhalten; herausgegeben
von Wilamowitz, Leipzig 1903; der poetische Wert ist gleich Null, die Musik
leider verloren.

[4] Diod. a. a. O., über Philoxenos auch *Marm. Par.* ep. 69.

[5] Polyb. IV 20, 9, und die Dekrete von Knosos und Priansos für Menekles
aus Teos, Le Bas-Waddington III 81, 82 = Michel 65. 66.

Neben Athen fand die dramatische Kunst ihre zweite Heimat in Syrakus, der Großstadt des griechischen Westens. Aeschylos hat, unter Hieron, seine Perser hier zum zweitenmal aufgeführt und ein eigenes Stück, die „Aetnaeerinnen" für die syrakusische Bühne geschrieben. Seit dem Sturz der Tyrannis hören wir freilich von der Aufführung von Tragödien in Syrakus nichts mehr; daß aber die Tradition nicht abgerissen ist, zeigt das Beispiel des älteren Dionysios, der sich nur in seiner Vaterstadt zum Tragiker ausgebildet haben kann, und doch offenbar in seiner Jugend, ehe er an die Spitze des Staates trat.

Wenn die Tragödie in Syrakus immer eine exotische Pflanze geblieben ist, so entwickelte sich dafür dort ein anderer Zweig der dramatischen Kunst, die Komödie. Die ersten Anregungen mögen aus den Isthmosstädten gekommen sein, namentlich aus Megara, wo am Demeterfest seit alter Zeit derbe Schwänke improvisiert wurden, bei denen es recht ungeniert zuging; ihre kunstmäßige Ausbildung aber konnte die Komödie erst in der Großstadt erhalten. Sie fand ihren ersten Meister in Epicharmos, der, im sikelischen Megara geboren, infolge der Zerstörung seiner Vaterstadt durch Gelon noch in jungen Jahren nach Syrakus übergesiedelt war und hier unter Hieron als Dichter aufzutreten begann; da er ein Alter von 90 Jahren erreicht haben soll, mag er noch die Zeiten des peloponnesischen Krieges erlebt haben. Er entnahm seine Stoffe dem Leben des Tages, wobei oft eine Parodie des Göttermythos als Einkleidung diente; politische Fragen konnte er unter Hieron nicht wohl auf die Bühne bringen und scheint es auch später nicht getan zu haben. Wohl aber hat er an den geistigen Strömungen der Zeit regen Anteil genommen und vielfach, im Ernst wie im Scherz, philosophische Fragen behandelt; im Alter hat er ein populär-philosophisches Lehrgedicht und eine Spruchsammlung verfaßt, als praktischen Ratgeber in allen Lebenslagen. Die dürftigen Reste gestatten nicht, uns von der Komposition seiner Dramen ein Bild zu machen; es scheint, daß er einen Chor nicht verwendete, dafür aber drei und vielleicht noch mehr Schauspieler auf-treten ließ. Die hohe Anerkennung, die er bei Mit- und Nach-

welt gefunden hat, läßt keinen Zweifel, daß er zu den aller-
bedeutendsten Erscheinungen der griechischen Literatur gehört; hat doch Platon kein Bedenken getragen, ihn neben
Homer zu stellen [1].

Natürlich stand Epicharmos nicht allein; wir hören,
daß Phormis und Deinolochos zu seiner Zeit in Syrakus Dramen
derselben Art aufgeführt haben, und zahlreiche andere Namen
werden verschollen sein. Die Komödie hat in Syrakus noch
Jahrhunderte weiter geblüht, freilich ist sie bald von ihrer
Höhe herabgesunken und zum Rüpelspiel entartet (Φλύακες,
unten III 1 S. 515). Auch der Mimos ist aus der Komödie
hervorgegangen, Darstellungen aus dem Volksleben, in unge-
bundener Rede, in Gesprächsform, eine Gattung, in der um
die Zeit des peloponnesischen Krieges Sophron Vortreffliches
geleistet hat [2].

Um dieselbe Zeit etwa, wie in Syrakus, fand die Komödie
auch in der Großstadt des griechischen Ostens, in Athen, eine
Stätte, und zwar in ganz spontaner Entwicklung, ohne jede
Beeinflussung durch den großen sicilischen Dichter. Die
Komödie hat hier, ebenso wie die Tragödie, ihre Wurzel in
den Dionsysosfesten, dem athenischen Karneval, bei dem
junge Leute in phantastischem Kostüme umherzogen, dessen
wesentlichsten Bestandteil ein riesiger Phallos bildete; dabei
wurden zu Ehren des Gottes und zur Freude des Publikums
Lieder gesungen und Tänze aufgeführt, die mit diesem Kostüme
in Einklang standen, und endlich dem Volke, in langer Scheltrede, sein Sündenregister vorgehalten. An Stelle der Im-
provisation trat dann die vorbereitete Rede, das Ganze erhielt
künstlerischen Zuschnitt, und endlich nahm der Staat die
Sache in die Hand und sorgte für die Aufführung von Komödien,

---

[1] Plat. *Theaet.* 152 e. Über die Chronologie unten 2. Abt. § 152. Lorenz,
Leben und Schriften des Koers Epicharmos, Berlin 1864. Die Fragmente bei
Kaibel, *Com. Graec. fragm.* I, *Hibeh Papyri* I S. 14.

[2] Reich, *Mimus* I, Berlin 1903, die Fragmente bei Kaibel, *Com. Graec.
fragm.* I 152—182, Wilamowitz, *Hermes* XXXIV, 1899, S. 208. Sophrons
Zeit (verwirrt Suidas s. v. κατὰ Ξέρξην καὶ Εὐριπίδην) ergibt sich daraus,
daß sein Sohn Xenarchos, der gleichfalls Mimen gedichtet hat (Aristot. *Poet.*
I 1447 b) unter Dionysios dem Älteren tätig gewesen ist (Suidas Ῥηγίνους).

wie er für die Aufführung von Tragödien sorgte. Das ist
in der Zeit der Perserkriege geschehen; die ältesten Dichter,
die uns genannt werden, sind Chionides und Magnes [1], in
Perikles' Zeit tritt dann Kratinos hervor, der erste klassische
Meister des attischen Lustspiels. Er war ein strammer Zecher,
der mit trockener Kehle nicht dichten konnte und über dem
Becher nur zu oft das Dichten vergaß; er selbst hat diesen
Konflikt in einem seiner besten Stücke, der „Flasche" (Πυτίνη)
auf der Bühne behandelt (423). Es war der glänzende Abschluß einer langen Laufbahn; schon im nächsten Jahre ist
der Dichter hochbetagt gestorben. Neben ihm wirkten Krates
(seit 449) und Pherekrates (seit 437), die sich mehr an Epicharmos anschlossen, ihren Stücken eine festere Handlung
gaben, in den Invektiven Maß hielten und so die Richtung
anbahnten, die nach einigen Jahrzehnten in der attischen
Komödie zur Herrschaft kommen sollte. Um den Anfang
des peloponnesischen Krieges traten dann eine Reihe jüngerer
Dichter hervor, Phrynichos (seit 429), Platon (seit etwa 428)
und vor allem Eupolis (seit 429) und Aristophanes (seit 427),
die auf Kratinos' Bahn weiter schreitend diese sogenannte
„alte" Komödie zur Vollendung führten. Auch in ihren
Stücken zeigt sich der Ursprung aus dem alten Phallosliede,
in dem grotesken Kostüm der Darsteller, der phantastischen
Handlung, dem Mangel an jeder Rücksicht auf gute Sitte
und Anstand; auch die Scheltrede („Parabase") blieb und
damit die politische Färbung. Bei der freien Verfassung
Athens führte das zu den schärfsten Angriffen auf die bestehenden Zustände wie auf die leitenden Männer, überhaupt
auf jeden, der irgendwie im öffentlichen Leben hervortrat.

---

[1] Suidas Χιωνίδης, ὃν καὶ λέγουσι πρωταγωνιστὴν γενέσθαι τῆς ἀρχαίας
κωμῳδίας, διδάσκειν δ' ἔτεσιν η' πρὸ τῶν Περσικῶν, also 488/7 oder 487/6;
wahrscheinlich sind in diesem Jahre zuerst Komödien von Staats wegen aufgeführt worden (Ed. Meyer IV S. 93). Magnes hat an den Dionysien 472 einen
Sieg errungen (Kaibel bei Wilhelm, *Urk. dram. Aufführungen* S. 173). Über
die Entwicklung der älteren Komödie Aristoph. *Ritter* 520 ff. Für die Chronologie grundlegend Wilhelm, *Urkunden dramatischer Aufführungen in Athen*,
Wien 1906. Die Fragmente am besten bei Kock, *Comicorum Atticorum fragm.*,
Leipzig 1880.

Aber über dem allem ausgegossen liegt der Hauch jener unvergleichlichen Anmut, der alle Schöpfungen der attischen Kunst dieser Zeit verklärt.

Die Aufführung eines griechischen Dramas würde auf uns Neuere freilich einen sehr fremdartigen Eindruck gemacht haben. Da am hellen Tage unter freiem Himmel gespielt wurde, vor Zehntausenden von Zuschauern, so trug der Schauspieler vor dem Gesicht eine Maske, die ihn weithin kenntlich machte; ein Überrest der alten Vermummung bei den Dionysosfesten, die sich ja noch bis heute in unserem Karneval erhalten hat. Die Kunst des Schauspielers blieb damit auf den Vortrag und das Gebärdenspiel beschränkt. Auch sonst war das Theaterkostüm konventionell: Schuhe mit Leisten unter den Sohlen und hohen Absätzen, langer, bis auf den Boden herabwallender Chiton, Polster zur Verstärkung der Körperformen; ein Aufzug, in dem uns die Schauspieler wie lebende Marionetten erschienen sein würden[1]. Gespielt wurde ausschließlich an den Festen des Dionysos. So wurden in Athen in älterer Zeit nur einmal im Jahre Tragödien aufgeführt, an den „großen Dionysien" im Frühling, dann aber gleich eine ganze Menge hintereinander, da jedesmal drei Dichter mit je drei Tragödien und einem Satyrspiel um den Sieg stritten. Später, etwa seit 440, sind Tragödien auch an den Lenaeen, im Winter, aufgeführt worden. Komödien wurden an beiden Festen gegeben, und zwar jedesmal drei. Da fast nur neue Stücke gegeben wurden, war der Bedarf an Dramen sehr bedeutend, und dem entsprach denn auch die Produktion, um so mehr, als der Staat sie durch materielle Belohnungen zu fördern suchte, die er den Dichtern aussetzte. Allein für die großen Dionysien müssen in der Zeit von Kleisthenes bis zum Ende des peloponnesischen Krieges an 1200 Tragödien und Satyrspiele geschrieben worden sein, ferner mehrere hundert für die Lenaeen und im ganzen gegen 500 Komödien. Die Dichter dieser Periode entwickelten denn auch zum Teil eine staunens-

---

[1] Schon auf Lukian (περὶ ὀρχήσεως 27) haben sie diesen Eindruck gemacht.

werte Fruchtbarkeit; Aeschylos z. B. hat 90, Sophokles 130,
Euripides 92, Aristophanes 40 Dramen geschrieben [1], so daß
der Bedarf des athenischen Theaters an Tragödien und Satyr-
spielen im V Jahrhundert zu etwa einem Fünftel allein durch
die drei großen Tragiker gedeckt worden ist.

Außerhalb Athens sind in dieser Zeit, wenn wir von
Syrakus absehen, Dramen noch kaum gegeben worden;
man begnügte sich mit den althergebrachten musikalischen
Aufführungen. Hauptsächlich aber blieb das Interesse des
Volkes auch jetzt noch den gymnastischen Wettkämpfen
zugewandt; das große Turnfest, das alle 4 Jahre in Olympia
gehalten wurde, blieb nach wie vor das vornehmste National-
fest, zu dem die Zuschauer aus allen Teilen der griechischen
Welt zusammenströmten, während die musischen Agone
in Delphi eine ähnliche Popularität nicht gewinnen konnten,
obgleich sie doch ebenfalls mit einem großen Turnfest verbunden waren, und diese heiligste Stätte in Hellas schon
an sich eine mächtige Anziehungskraft üben mußte. Die
Wettkämpfe wurden freilich mehr und mehr zu Schaustellungen
eines professionellen Athletentums. Ganz besonderer Gunst
erfreuten sich die Pferderennen; reiche Familien setzen ihren
Stolz darein, einen Rennstall zu halten, nirgends mehr als
in Sparta [2], und ein Wagensieg in Olympia oder Delphi wurde
von der öffentlichen Meinung nicht weniger gefeiert als ein
Sieg beim Wettlauf oder beim Ringkampf im Stadion.

Wir dürfen uns nach dem allen von der Wirkung der
hohen Kunstblüte dieser Zeit auf die Masse des Volkes keine
übertriebenen Vorstellungen machen. Die weit überwiegende
Mehrzahl, alle, die nicht in größeren Städten lebten oder die
Mittel hatten, dorthin zu reisen, bekam davon überhaupt

---

[1] Die Zahlen sind natürlich nur approximativ richtig; sie gehen auf die
alexandrinischen Kataloge zurück.

[2] Vgl. das Verzeichnis der Wagensiege des Spartaners Damonon *Inscr.
Lacon.* 213. Es wurden damals, in der Zeit kurz vor Ausbruch des peloponnesischen Krieges, im spartanischen Gebiet an sechs Festen solche Rennen
gehalten (ἐν ΓαιαϜόχῳ, Ἀθάναια, Ἐλευhύνια, Ποhοίδαια Ἕλει, Ποhοίδαια
Θευρία, ἐν Ἀριοντίας).

kaum etwas zu sehen oder zu hören; den höchsten Kunst-
genuß, die Tragödie, bot fast allein Athen. Hier mag allerdings auch der gemeine Mann einen gewissen Firnis ästhetischer
Bildung gewonnen haben, aber eine ethische Wirkung konnten
Aufführungen kaum haben, die nur ein- oder zweimal im
Jahre stattfanden[1] und deren Eindruck zum Teil durch die
Nuditäten des Satyrspiels oder die Gemeinheiten der Komödie
neutralisiert wurde. Lauter als alles spricht die Roheit, mit
der sich das Publikum im Theater benahm; da wurde gebrüllt
und getobt und zum Zeichen des Mißfallens mit allem Möglichen nach der Bühne geworfen[2]. Der Pöbel blieb eben Pöbel,
trotz aller schönen Verse, die er zu hören bekam.

Allerdings war man humaner geworden. Unter dem
Einfluß der demokratischen Strömung wurde, in Kleisthenes'
Zeit, in Athen Bürgern gegenüber die Folter abgeschafft,
was in der modernen Welt erst im Laufe der zweiten Hälfte
des XVIII. Jahrhunderts erreicht worden ist; gegen andere
Freie kam sie nur in besonders schweren Fällen zur Anwendung, und nur Sklaven blieben ihr nach wie vor unterworfen[3]. Verstümmelung und andere barbarische Strafen
(oben I 1 S. 352) waren längst abgekommen, ja selbst die
Todesstrafe wurde in der humansten Weise vollzogen, indem
man dem Verurteilten den Schierlingsbecher zu trinken gab[4].
Athen mag hier dem Vorgang anderer Staaten gefolgt sein;
jedenfalls aber mußte das Beispiel Athens im ganzen attischen
Reiche maßgebend werden, seit die Kriminalverbrechen
von athenischen Gerichten abgeurteilt wurden. Freilich
waren nicht alle Teile der griechischen Welt so weit vorgeschritten, in Makedonien bestand die Folter noch zu

---

[1] Platon hat jedenfalls an eine solche ethische Wirkung nicht geglaubt,
da er die Tragödie geradezu als unsittlich verurteilt hat (*Polit.* X 598 e).

[2] Platon *Gesetze* III 701 a, Demosth. *vdGes.* 337, *vKranz* 262, Athen. IX
406 f.

[3] Meier und Schoemann, *Att. Prozeß* [2], S. 893 ff. Über die Zeit des ἐπὶ
Σκαμανδρίου ψήφισμα (Andok. *vdMyst.* 43), durch das die Folterung aufgehoben
wurde, s. oben I 1 S. 167.

[4] Thalheim in Hermanns *Antiquitäten* [3] II 1 S. 120 ff.

Alexanders Zeit [1], und Dionysios hat nach der Einnahme von Motye griechische Überläufer ans Kreuz schlagen lassen [2].

Es war also nicht so unberechtigt, wenn die Athener sich etwas auf ihre Menschenfreundlichkeit (φιλανθρωπία) zugute taten [3]; stand doch auf ihrem Markte, und hier allein von allen griechischen Städten, ein Altar des Mitleids (ἔλεος) [4]. Daher die Fürsorge des Staates für die arbeitsunfähigen Bürger und die humane Behandlung der Sklaven (oben S. 158). Das kam auch den Tieren zugute; Athen ist wohl der erste Staat gewesen, der die Tierquälerei unter Strafe gestellt hat [5]. Die orphischen Lehren von der Wesensgleichheit alles dessen was lebt, mögen dazu mitgewirkt haben. „Es gibt Erinyen auch für die Hunde," lautete ein griechisches Sprichwort [6], und Zeus oder Apollon strafen den Frevler, der Vögeln ihre Nester zerstört [7]. So standen die Griechen, die Athener wenigstens, in diesem Punkte sittlich höher als heute die christlichen Völker am Mittelmeer.

Das hinderte nicht, daß in der Leidenschaft des Parteikampfes mitunter die ärgsten Greuel verübt wurden. Und selbst die humanen Athener haben mit kaltem Blute ganze Bürgerschaften hinschlachten lassen, die sich gegen ihre Herrschaft empört hatten. Nicht besser trieben es die Lakedaemonier; sie ließen in den ersten Jahren des peloponnesischen Krieges die Mannschaft aller Kauffahrer aus Athen und dessen Bundesstädten, ja sogar aus neutralen Staaten, über die

---

[1] Sie soll z. B. im Prozeß gegen Philotas zur Anwendung gekommen sein (Curt. VI 11, 13 ff.). Ebenso in Phokis zur Zeit des heiligen Krieges im Prozeß gegen Philon (Diod. XVI 56, 4).

[2] Diod. XIV 53, 5. Der Akragantiner Polos zählt bei Plat. *Gorg.* 473 c die barbarischen Strafen auf, die einen gestürzten Tyrannen bedrohen; worauf Sokrates erwidert μορμολύττει αὖ, ὦ γενναῖε Πῶλε.

[3] Leopold Schmidt, *Ethik der alten Griechen* II 276 ff.

[4] Paus. I 17, 1. Später sind solche Altäre auch sonst errichtet worden, z. B. in Epidauros (Dittenb. *Syll.* ² 782), vgl. Diod. XIII 22, 7.

[5] Plut. περὶ σαρκοφ. I 996 Ἀθηναῖοι τῷ ζῶντα τὸν κριὸν ἐκδείραντι δίκην ἐπέθηκαν.

[6] *Paroemiogr. Gr.* I 397, II 161. Εἰσὶ καὶ κυνῶν Ἐρινύες.

[7] Aeschyl. *Agam.* 48 ff.

Klinge springen, die in ihre Hände fielen [1]. Es war den Athenern nicht zu verdenken, wenn sie Repressalien nahmen und nun ihrerseits die peloponnesischen Gesandten hinrichten ließen, die zum Großkönig reisten [2]. Als die Syrakusier das athenische Belagerungsheer zur Ergebung gezwungen hatten, wurden die beiden Feldherren zum Tode geführt, die Truppen, denen man in der Kapitulation das Leben zugesichert hatte, in die Steinbrüche eingeschlossen, wo sie, allen Unbilden der Witterung ausgesetzt, bei mangelhafter Verpflegung, zum großen Teil langsam verkommen sind. Nach dem Siege bei Aegospotamoi haben die Spartaner alle athenischen Gefangenen niedergemacht, wofür ähnliche Grausamkeiten zur Rechtfertigung dienen mußten, welche die Athener begangen haben sollten. Später sind solche Barbareien nicht mehr vorgekommen oder doch nur ganz vereinzelt. Es kann kein Zweifel sein, daß das eine Folge des intellektuellen Fortschritts gewesen ist, den die Nation seit den Perserkriegen gemacht hatte, und der eben in der Zeit des peloponnesischen Krieges in weitere Kreise zu dringen begann. Denn aller Kulturfortschritt ist in letzter Linie Fortschritt im Wissen.

VIII. Abschnitt.

Die Aufklärung.

Die wissenschaftliche Bewegung, die in der zweiten Hälfte des VI. Jahrhunderts begonnen hatte, war seitdem in immer breiter werdendem Strome dahingeflutet [3]. Mathematik und Astronomie fanden, außer in Pythagoras' Schule, auch in ihrer alten Heimat Ionien Pflege. Allerdings die astronomischen Entdeckungen der Pythagoreer blieben hier im Osten noch unbekannt oder fanden doch Ablehnung; die

---

[1] Thuk. II 67, 4, III 32.
[2] Thuk. II 67.
[3] Die Zeugnisse und Fragmente am besten bei Diels, *Vorsokratiker*. Sonst vgl. namentlich Gomperz, *Griechische Denker* I.

Erde galt dort nach wie vor als flache Scheibe, die von der
Luft getragen mitten im Raume schwebe. Aber es war immerhin ein sehr bedeutender Fortschritt, wenn Anaxagoras aus
Klazomenae in Perikles' Zeit[1] lehrte, die Sonne sei eine
glühende Steinmasse, „größer als der Peloponnes", der Mond
erhalte sein Licht von der Sonne, habe Berge und Täler wie
die Erde und sei von lebenden Wesen bewohnt. Auch mit
mathematischen Problemen, wie der Quadratur des Kreises,
hat Anaxagoras sich beschäftigt. Neben ihm steht, als einer
der Begründer der mathematischen Wissenschaft, sein etwas
jüngerer Zeitgenosse Oenopides aus Chios. Hippokrates,
ebenfalls aus Chios und also wohl Oenopides' Schüler, schrieb
um die Zeit des peloponnesischen Krieges das erste mathe-
matische Lehrbuch. Auch durch selbständige Forschung
hat er die Mathematik gefördert. Er hat den Satz bewiesen,
daß Kreisflächen den Quadraten ihrer Durchmesser pro-
portional sind; und wenn er auch das Problem der Ver-
doppelung des Würfels noch nicht zu lösen vermochte, so
hat er doch wenigstens den Weg zu dessen Lösung gezeigt.
        Die Fortschritte der Mathematik und Astronomie fanden
jetzt zur Regelung der Zeitrechnung praktische Anwendung.
Die Sonnenuhr, eine Erfindung der Babylonier[2], gelangte
schon im VI. Jahrhundert nach Griechenland und damit
die Einteilung des Tages in 12 Stunden; der Milesier Anaximenes (oben I 1, S. 438) soll die erste solche Uhr in Sparta
aufgestellt haben[3]. Auch die Aufgabe, das im bürgerlichen
Leben geltende Mondjahr mit dem Sonnenjahr in Einklang
zu bringen, wurde jetzt von der Wissenschaft in Angriff genommen. Oenopides bestimmte das Sonnenjahr auf 365 Tage
8 Stunden 57 Minuten, und berechnete danach eine Periode
von 59 Sonnenjahren gleich 730 Mondmonaten, die er auf

---

[1] Seine Lebenszeit ist bestimmt durch seine Beziehungen zu Perikles
und die Anklage wegen Asebie kurz vor Anfang des peloponnesischen Krieges;
danach setzte man seine Geburt in Ol. 70, 500—496 v. Chr. (Diog. Laert.
II 7). Jedenfalls kann er nicht älter gewesen sein.
        [2] Herod. II 90.
        [3] Plin. Nat. Hist. II 187.

eine Kupfertafel eingegraben in Olympia aufstellte [1]. Noch vollkommener war der neunzehnjährige Zyklus, den der Athener Meton im Jahre 432 entwarf; das von ihm berechnete Sonnenjahr überstieg den wahren Wert nur um eine halbe Stunde (genauer 30′ 9″). Doch gelangte dieser verbesserte Kalender zunächst noch nirgends zur offiziellen Einführung; man behalf sich, so gut es gehen wollte, mit der alten unvollkommenen Oktaëteris [2].

Von einer wissenschaftlichen Erdkunde konnte natürlich keine Rede sein, solange die Kugelgestalt unseres Planeten noch nicht zur Anerkennung gelangt war. Man baute auf dem Grunde weiter, den Hekataeos gelegt hatte; in dessen Weise verfaßten Dionysios aus Milet, dann, um die Mitte des Jahrhunderts, Phileas und der Astronom Euktemon aus Athen, um die Zeit des peloponnesischen Krieges Damastes aus Sigeion Erdbeschreibungen, letzterer soll auch eine Erdkarte entworfen haben [3].

Die Beobachtung, daß die nördlichen Länder ein kälteres, die südlichen ein wärmeres Klima haben, mußte sich seit der Erschließung Aegyptens und der Besiedelung der Nordküste des Pontos den Griechen von selbst aufdrängen. Ebenso, daß der Charakter von Flora und Fauna durch das Klima bedingt ist; und man ist selbst dazu übergegangen, auch die Verschiedenheit zwischen den einzelnen Völkern in Körperbau und geistiger Anlage von den klimatischen Bedingungen ihres Wohnorts abzuleiten [4]. Wodurch freilich die Verschiedenheiten des Klimas bedingt werden, das zu erklären, war die Geographie außerstande, so lange sie sich der Lehre von der Kugelgestalt der Erde verschloß; es war nur ein dürftiger Notbehelf, wenn Anaxagoras und nach ihm Herodot meinten,

---

[1] Adolf Schmidt, *Griech. Chronol.* S. 424.

[2] A. Schmidt a. a. O. S. 434 ff.

[3] Von Phileas kennen wir kaum mehr als den Namen; Euktemon liegt vielleicht bei Avienus für die westlichen Küstenländer des Mittelmeeres als Quelle zugrunde (vgl. Rehm, *Euktemon* in Pauly-Wissowa VI 1060). Über Damastes *FHG.* II 64 und Schwartz in Pauly-Wissowa IV 2050.

[4] So namentlich Hippokrates (oder wer sonst der Verfasser sein mag) in der Schrift Περὶ ἀέρων ὑδάτων καὶ τόπων.

die Sonne würde von den Winterstürmen nach Süden gedrängt. Die richtige Erklärung hatte bereits, von pythagoreischen Voraussetzungen ausgehend, Parmenides in seiner
Zonenlehre gegeben; nur daß er soweit ging, die Tropenzone
und die beiden arktischen Zonen als ganz unbewohnbar hinzustellen.

Von den biologischen Wissenschaften ist es die Medizin,
die ihres praktischen Nutzens wegen zuerst Anbau zu finden
pflegt, selbst bei Völkern, denen sonst der Begriff einer Wissenschaft noch nicht aufgegangen ist. Im Altertum galt Aegypten
als das klassische Land der Heilkunde, und schon die Odyssee
feiert den Ruhm der aegyptischen Ärzte [1]. Die Überreste
der aegyptischen medizinischen Literatur, die auf uns gelangt
sind, haben indes diesen Ruf keineswegs gerechtfertigt; sie
zeigen vielmehr, daß die aegyptische Heilkunde nichts anderes
gewesen ist, als ein Gemisch von wüstem Aberglauben und
roher Empirie. So ist die griechische Medizin in noch höherem
Grade die selbständige Schöpfung des griechischen Geistes,
als es bei der Astronomie oder der Mathematik der Fall ist.

Der Naturmensch sieht die Krankheit als Wirkung
übernatürlicher Kräfte an und sucht demgemäß auch durch
übernatürliche Mittel sich dagegen zu schützen, durch Opfer,
Gebete und Beschwörungen. So zeigt uns der Eingang der
Ilias die Pest im griechischen Lager; aber niemand denkt
daran, etwa die Ärzte zu Rate zu ziehen, sondern man fragt
den Wahrsager, und sucht auf dessen Geheiß Apollons Zorn
zu versöhnen. Namentlich waren es die Tempel des Heil-
gotts Asklepios, bei denen die Leidenden Hilfe suchten; die
Kranken legten sich im Heiligtum zum Schlummer nieder,
und aus den Träumen, die ihnen der Gott dabei offenbarte,
deuteten die Priester die Natur des Übels und bestimmten
das Heilmittel. Die glücklich genesenen pflegten dann Tafeln
mit der Geschichte ihrer Heilung im Tempel aufzuhängen.
So krasser Aberglaube nun auch hier mit unterlief [2],

---

[1] δ 229 ff.

[2] Geschichten solcher wunderbarer Heilungen, aus dem Asklepieion bei
Epidauros, *Inscr. Argol.* 951 ff.

so hat doch die Entwicklung der Medizin in Griechenland
eben an die Asklepieien angeknüpft, namentlich an die berühmten Tempel von Kos und Knidos, wo die Menge der
beständig zuströmenden Kranken reiche Gelegenheit zur
Beobachtung bot. Und zwar wurde die ärztliche Kunst, wie
alle Kunst in der griechischen Vorzeit, in bestimmten Familien
erblich, die dann ihre Abstammung auf den Heilgott Asklepios
selbst zurückzuführen pflegten. Als solche Asklepiaden erscheinen schon in der Ilias Machaon und Podaleirios, die
Ärzte des griechischen Heeres vor Troia. Bereits in dieser
Zeit zeigt sich ein achtbarer Anfang anatomischer Kenntnisse; und vor allem wird die Besprechung mit Zauberformeln,
die im Volke noch lange in Übung blieb, von den Ärzten nicht
mehr angewendet [1]. Im Laufe der nächsten Jahrhunderte
ist dann ein reicher Schatz medizinischen Wissens aufgehäuft
worden, der durch mündliche Tradition vom Lehrer auf den
Schüler sich fortpflanzte. Der Lehrling mußte sich dabei
durch feierlichen Eidschwur verpflichten, seinen Meister
gleich den eigenen Eltern zu ehren, den Kranken nach Wissen
und Vermögen beizustehen und sich jeden Mißbrauchs seiner
Stellung zu enthalten [2]. Die Heilkunde erreichte auf diesem
Wege eine verhältnismäßig hohe Ausbildung. Schon König
Dareios hatte einen griechischen Arzt in seinen Diensten,
Damokades aus Kroton, dessen Kunst die der berühmten
aegyptischen Ärzte in den Schatten stellte. Auch Hippokrates spricht mit großer Hochachtung von den Leistungen
seiner Vorgänger. Seit den Perserkriegen begann sich dann
auch eine medizinische Literatur zu entwickeln, die bald
einen beträchtlichen Umfang erreichte [3].

---

[1] Weder Machaon bei der Behandlung der Wunde des Menelaos (Δ 213 ff.),
noch Patroklos bei der Behandlung der Wunde des Eurypylos (Λ 844 ff., O 393 f.)
wenden solche Zauberformeln an. Dagegen besprechen τ 457 die Söhne des
Autolykos die Wunde ihres Neffen Odysseus.

[2] Dieser „Eidschwur" ist eines der ältesten Stücke der unter Hippokrates'
Namen überlieferten Sammlung medizinischer Schriften (IV 628 ff. Littré).

[3] Xen. *Denkwürdigkeiten* IV 2. 10. Uns ist davon nur das Corpus der
Hippokrateer erhalten, in das allerdings auch manche fremde Bestandteile
eingedrungen sind.

Unter den medizinischen Schulen, die sich in dieser
Zeit bildeten, nahm eine der hervorragendsten Stellen die
von Kroton ein, der außer dem schon erwähnten Damokades
der Pythagoreer Alkmaeon in der zweiten Hälfte des V. Jahrhunderts angehörte. Ferner die Schule von Knidos, deren
berühmtester Vertreter Euryphon war, einer der ältesten
medizinischen Schriftsteller; auch Ktesias ist aus ihr hervorgegangen, der um die Wende vom V. zum IV. Jahrhundert
Leibarzt des persischen Königs Artaxerxes war. Alle anderen
Schulen aber stellte die von Kos in den Schatten mit ihrem
großen Meister Hippokrates (geb. 460). Es sind die Schriften
dieser Schule, denen wir fast ausschließlich unsere Kenntnis
der griechischen Medizin des V. Jahrhunderts verdanken,
und die grundlegend für die ganze spätere Entwicklung der
medizinischen Wissenschaft geworden sind.

Der Glaube an übernatürliche Ursachen der Krankheiten war jetzt bei den Ärzten vollständig überwunden.
Nirgends in der Sammlung der hippokratischen Schriften
ist von Beschwörungen und Zaubermitteln die Rede, nirgends
wird der Besuch der Asklepieien auch nur erwähnt. Wie
dieser Aberglaube auch bei den Gebildeten allen Kredit verloren hatte, zeigt Aristophanes, der in seinem Plutos die
Incubation dem Gelächter der Zuschauer preisgibt. Mit großer
Feinheit spricht sich ein Hippokrateer über diese Fragen
aus bei der Beschreibung einer unter den Skythen herrschenden
Krankheit (θήλεια νοῦσος), die von diesen göttlicher Einwirkung zugeschrieben wurde. „Auch mir scheint dieses
Leiden göttlichen Ursprungs zu sein, und ebenso alle übrigen
Krankheiten, keine göttlicher als die andere, noch auch menschlicher, sondern alle göttlich. Jede Krankheit aber hat ihre
natürliche Ursache, und ohne natürliche Ursache geschieht
überhaupt nichts." Selbst Geisteskrankheiten werden in
dieser Weise beurteilt.

Grundlage aller Medizin ist die Kenntnis des menschlichen Körpers. Allerdings waren die religiösen Vorurteile
noch zu stark, um eine Zergliederung menschlicher Leichen
anders als in Ausnahmefällen zu gestatten; immerhin aber

hatten die Hippokrateer in der Anatomie und Physiologie ein recht ausgebreitetes Wissen, das wir freilich mit unserem Maßstab nicht messen dürfen. So fehlte ihnen völlig die Kenntnis, daß Empfindung und Bewegung durch die Nerven vermittelt werden; das Gehirn galt ihnen, und noch Aristoteles, als kalte Masse, bestimmt, den im Körper erzeugten überflüssigen Schleim an sich zu ziehen. Sehr unvollkommen waren natürlich auch die Vorstellungen von dem Gefäßsystem, wie ja das Altertum überhaupt zur Erkenntnis des Kreislaufs nicht gekommen ist.

Unter diesen Umständen, und bei dem Mangel aller optischen und chemischen Hilfsmittel konnte von einer wissenschaftlichen Erforschung der pathologischen Vorgänge noch kaum die Rede sein. In der knidischen Schule herrschte eine wüste Kasuistik, die unzählige Krankheiten annahm und für jede ein Spezifikum hatte. Hippokrates dagegen meinte, die Gesundheit beruhe auf der richtigen Mischung der im Körper enthaltenen vier Säfte, Blut, Schleim, schwarze und gelbe Galle; die Krankheit auf der Störung dieses Verhältnisses. Übrigens war er sich der Grenzen des ärztlichen Könnens wohl bewußt; der beste Arzt wäre die Natur selbst (νούσων φύσιες ἰητροί). Die Bemühungen der Hippokrateer waren darum in erster Linie darauf gerichtet, den natürlichen Heilungsprozeß zu unterstützen; aber wo es darauf ankam, schreckten sie auch vor energischen Eingriffen nicht zurück. „Was Arzeneien nicht heilen, heilt das Eisen, was das Eisen nicht heilt, heilt das Feuer, was aber auch das Feuer nicht heilt, das ist überhaupt nicht zu heilen", lautet ein bekannter Lehrsatz der Schule. In der Tat hatte die Chirurgie bereits eine verhältnismäßig hohe Vollendung erreicht; nur Amputationen wagte man noch nicht, da man die Unterbindung der Adern, das wichtigste blutstillende Mittel nicht kannte.

Weiter vorgeschritten war man zum Teil in Kroton. Hier hat der Pythagoreer Alkmaeon zuerst erkannt, daß das Gehirn das Organ des Denkens ist, eine Entdeckung, die freilich erst ein Jahrhundert später zur allgemeinen Anerkennung gelangen sollte; die Gesundheit sei bedingt durch das

Gleichgewicht der im Körper wirksamen Kräfte, des Feuchten und Trockenen, des Kalten und Warmen, des Bittren und Süßen usw., die Krankheit entstehe aus der Störung dieses Gleichgewichtes; bei der Therapie handele es sich also darum, das Gleichgewicht wieder herzustellen. Gegenüber der Humoralpathologie des Hippokrates bezeichnet diese Theorie ohne Zweifel einen bedeutenden Fortschritt.

In dieser krotoniatischen Schule, oder doch unter ihrem Einfluß, hat Empedokles seine Bildung erhalten. Er stammte aus einer der angesehensten Familien von Akragas; sein Großvater, dessen Namen er trug, hat mit einem Rennpferde in Olympia einen Sieg errungen (496), sein Vater Meton stand in erster Reihe bei der Befreiung der Vaterstadt von der Tyrannis (473), er selbst hat später die Verfassung in demokratischem Sinne reformiert [1]. Schon sein Großvater soll Anhänger der orphischen Lehre gewesen sein und als solcher bei dem Festmahl zur Feier seines in Olympia errungenen Sieges den Gästen statt des üblichen Opferstieres einen mit kostbaren Spezereien gewürzten Riesenkuchen in Form eines Stieres vorgesetzt haben [2]; Empedokles selbst ist dem Glauben, in dem er erzogen war, zeitlebens treu geblieben und hat als Weihpriester und Wahrsager mit Wort und Schrift eifrige Propaganda dafür gemacht. Dabei war er ein berühmter Arzt; wohin er kam, strömte die Menge zusammen, den großen Mann zu sehen und Hilfe in Krankheit oder Rat für ihr Seelenheil zu erbitten.

Aber Empedokles war doch zu sehr Gelehrter und Sohn seiner Zeit, als daß er nicht das Bedürfnis gefühlt hätte, für seinen Glauben die wissenschaftlichen Beweise zu finden.

---

[1] Diog. Laert. VIII 51 ff.

[2] Athen. I 3 e, Diog. VIII 53. Man mag über diese Erzählung denken wie man will, jedenfalls ist bei einem Gelehrten wie Empedokles, der an der Schwelle der sophistischen Bewegung stand und einer ihrer hauptsächlichsten Vorläufer gewesen ist, der orphische Glaube nur zu erklären, wenn er darin erzogen war. Fr. 139 Diels kann sich auf ein früheres Leben beziehen; wenigstens sehe ich nicht, wie Empedokles zu dem Grade der Heiligkeit hätte gelangen können, den er sich fr. 146 vindiziert, wenn er in diesem Leben die Todsünde begangen hätte, Fleisch zu essen.

Er schloß sich dabei an Parmenides an und dessen Lehre von
der Unzerstörbarkeit des Seienden, wie er Parmenides auch
darin gefolgt ist, daß er seinen Werken poetische Form gab
und sie damit einem weiten Hörer- und Leserkreise zugänglich
machte. Ist nun das Sein überhaupt unzerstörbar, dann ist
es auch unser eigenes Sein, unsere Seele; denn „kein weiser
Mann wird sich dergleichen in seinen Sinnen träumen lassen,
solange wir leben, was man so Leben heißt, nur solange seien
wir vorhanden, und widerfahre uns schlimmes und gutes,
dagegen bevor wir Sterbliche geworden und nachdem wir
uns wieder aufgelöst haben, seien wir nichts". Die Seele
muß also nach dem Tode in andere Körper eingehen, und
zwar keineswegs nur in menschliche Körper, sind doch die
Seelen der Tiere, und selbst das, was die Pflanze belebt, unserer
eigenen Seele wesensgleich. Ebenso haben wir vor unserer
Geburt schon in allerhand Tierkörpern und auch als Pflanzen
gelebt. So hatte Empedokles die orphische Lehre von der
Seelenwanderung philosophisch begründet; es war natürlich,
daß er hier nicht stehen blieb, und mit den Orphikern weiter
annahm, was sich freilich nicht mehr beweisen ließ, daß unsere
Seele göttlichen Ursprungs, und zur Strafe für eine Sünde,
die sie begangen, verurteilt ist, ihren Weg durch unzählige
sterbliche Leiber zu nehmen, bis sie dereinst, geläutert, wieder
zu ihrem Ursprung zurückkehrt. Die Körperwelt aber ist nach
Empedokles aus vier qualitativ verschiedenen Elementen
zusammengesetzt, Erde, Wasser, Luft, Feuer, die von zwei
Kräften, der Attraktion und Repulsion bewegt werden,
oder wie der Philosoph selbst mit orphischer Terminologie
es ausdrückt, von Liebe und Haß. So wurde Empedokles
der Begründer einer Lehre, welche die Naturwissenschaft zwei
Jahrtausende hindurch beherrscht hat und die in zeitgemäßer
Umbildung noch unserer heutigen Chemie zugrunde liegt.
Er hatte damit die Möglichkeit, die Erscheinungen zu erklären,
ohne sie wie Parmenides als Sinnentrug betrachten zu müssen.
In seinem philosophischen Lehrgedicht schildert er uns, wie
zu Anfang alle Grundstoffe gleichmäßig durcheinander gemischt
waren und dieses Gemenge die Gestalt einer gewaltigen Kugel

(σφαῖρος) hatte und unbewegt war; ganz so, wie Parmenides
sein reines Sein sich gedacht hatte. Dann aber kam durch
den Kampf der Liebe und des Hasses Bewegung in die Masse;
Luft und Feuer nahmen die äußeren Teile des Sphaeros ein,
während sich in dessen Mitte aus den beiden anderen Elementen
die Erde bildete. Diese Welt wird dereinst durch die Macht
des Hasses zerstört werden und die Elemente in den Sphaeros
zurückkehren, aus dem dann wieder eine neue Welt entstehen
wird; und so wird das fortgehen in ewigem Kreislauf. Besonders bemerkenswert ist dabei seine Lehre von der Entstehung der organischen Wesen. Zuerst bildeten sich die
Pflanzen, darauf wuchsen einzelne Teile von Tieren aus dem
Boden, die sich dann, wie es der Zufall fügte, miteinander
vereinigten. Von den so entstandenen Organismen gingen
die unzweckmäßig gebildeten unter und nur die zweckmäßig
gebildeten erhielten sich. Wie man sieht, spricht Empedokles
hier einen Gedanken aus, der in unserer Zeit der Naturforschung
neue Wege gewiesen und auch die Geisteswissenschaften
mächtig beeinflußt hat [1]).

Es ist etwas Großes, was Empedokles geleistet hat;
sein System ist der erste rationelle Versuch einer mechanischen
Naturerklärung. Aber freilich, auch er vermochte nicht zu
sagen, woher denn der erste Anstoß zur Bewegung des Sphaeros
gekommen sei, und eben so wenig war er im stande zu beweisen, daß die unendliche Mannigfaltigkeit der Substanzen,
die uns in der Sinnenwelt entgegentreten, wirklich aus seinen
vier Elementen hervorgegangen sei. Dieser letzteren Schwierigkeit suchte sein Zeitgenosse, der Mathematiker Anaxagoras
aus Klazomenae (oben S. 232) zu begegnen durch die Annahme einer unendlichen Vielheit qualitativ verschiedener

---

[1] Von Empedokles ist uns mehr erhalten, als von irgend einem anderen
griechischen Philosophen vor Platon, Demokrit allein ausgenommen. Trotzdem
ist er von den Neueren durchweg mißverstanden worden. Zwischen den Καθαρμοί
und Περὶ φύσεως besteht gar kein Gegensatz, weder ein psychologischer noch
ein logischer, außer soweit zwischen Wissen und Glauben überhaupt ein solcher
Gegensatz besteht; vielmehr ergänzen beide Gedichte einander. Nur der wird
ihn einen Scharlatan nennen, der in jedem Priester einen Scharlatan sieht.
Da hat Epikur ihn viel richtiger beurteilt (Lucret. I 729 ff.).

Urstoffe, von „Samen der Dinge", aus deren Mischung und Trennung alles hervorgehe. Und in der Tat, wenn wir einmal die qualitative Einheit der Materie aufgeben, warum nicht ebensogut 10 000 Elemente annehmen, als vier mit Empedokles? Der feinste und reinste aller Stoffe aber ist der Geist (νόος), in dem Anaxagoras die bewegende und gestaltende Kraft des Universums erkennt: „wie die Dinge sein sollten, und wie sie geworden sind und jetzt sind und sein werden, das alles hat der Geist angeordnet". Damit war der Begriff der Teleologie in die Wissenschaft eingeführt, ein Gespenst, das noch heute umgeht. Die Weltbildung selbst aber, nachdem der „Geist" einmal den Plan vorgezeichnet und den Anstoß gegeben hatte, läßt auch Anaxagoras in durchaus mechanischer Weise vor sich gehen; und so hat sein System allerdings der dualistischen Naturauffassung den Weg gebahnt, steht aber selbst in der Hauptsache noch auf monistischem Boden.

Doch die Elementenlehre ist nur eine Hilfskonstruktion, die unser Denken auf die Dauer nicht befriedigen kann, am wenigsten in der Gestalt, die ihr Anaxagoras gegeben hatte. So griff denn um den Anfang des peloponnesischen Krieges Diogenes aus Apollonia wieder auf die altionische Vorstellung von dem e i n e n Urstoff zurück, und zwar sah er diesen, die Lehre des Anaximenes wieder aufnehmend, in der Luft. Aber er war, mit Anaxagoras, überzeugt, daß die zweckmäßige Ordnung der Welt ein denkendes Wesen als Urheber fordert, und dies Wesen könne kein anderes als die Luft sein: „denn gerade sie, dünkt mich, ist Gott, ist allgegenwärtig und alles verwaltend und in allem vorhanden. Und es gibt auch nicht das geringste, das nicht an ihrem Wesen teil hätte". Zu ähnlichen Ergebnissen gelangte um dieselbe Zeit Anaxagoras' bedeutendster Schüler Archelaos. So war denn der Monismus gerettet, aber um teuren Preis, und der Spott war nur zu berechtigt, den die Komödie über das neue System ausschüttete. Die Naturphilosophie hatte ihren eigenen Bankrott erklärt.

Parmenides' Lehre von der Einheit des Seins und der Unmöglichkeit der Bewegung fand Verteidiger an seinen

Schülern Zenon aus Elea und Melissos aus Samos, demselben, der als Stratege die Verteidigung seiner Vaterstadt gegen Perikles geleitet hat (oben S. 196); durch sie wurde dies System auch im Osten der griechischen Welt, in Athen und Ionien, bekannt. Dabei wurden, wie es zu geschehen pflegt, die Einseitigkeiten des Meisters noch überboten; Melissos ging so weit, die Körperlichkeit des Seins überhaupt zu leugnen, weil es ja sonst Teile haben müsse und keine Einheit mehr wäre; Zenon suchte durch dialektische Spitzfindigkeiten zu erweisen, daß die Bewegung, ebenso wie die Vielheit der Dinge durch das Denken nicht zu begreifen sei, und wir es also nur mit Sinnestäuschungen zu tun hätten. Die Zeitgenossen waren außerstande, seine blendenden Trugschlüsse zu widerlegen; aber es war eine zweischneidige Waffe, die Zenon schwang, und auch sein eigenes System ist dadurch zertrümmert worden, denn solche Lehren führten geraden Weges zur Skepsis.

Erkenntnistheoretische Zweifel waren auch sonst aufgetaucht. Bereits Heraklit hatte gesagt, daß Augen und Ohren schlechte Zeugen sind, und seine Schule ist darin noch weiter gegangen. So gelangte Kratylos schließlich dahin, überhaupt gar kein Urteil mehr auszusprechen, weil ja jeder Satz die Aussage über ein Sein enthalte, dieses aber in seinem Wesen nicht erfaßt werden könne. Und wie Heraklit, wenn auch von ganz anderen Voraussetzungen aus, warnt Empedokles seine Leser, dem Sinnenscheine zu trauen. Doch hat er sich mit dem Erkenntnisproblem nicht näher beschäftigt. Auch hier sind die Schüler über den Meister hinausgegangen; so suchte Gorgias den Beweis zu führen, daß es überhaupt kein Seiendes gäbe, gäbe es aber auch ein Seiendes, so sei es doch für uns in seinem Wesen nicht erkennbar, und wäre es erkennbar, so würde diese Erkenntnis doch nicht mitteilbar sein. Freilich war es ihm dabei wohl hauptsächlich darum zu tun, ein blendendes Paradoxon aufzustellen [1].

Dieser Selbstzersetzung der Wissenschaft trat Protagoras aus Abdera (etwa 480—410) entgegen, in seiner Schrift „Von

---

[1] Isokr. im Prooemion der *Helena*, H. Gomperz, *Sophistik und Rhetorik*, Leipzig 1912, S. 24 ff.

der Wahrheit", durch die er der Begründer der Erkenntnistheorie geworden ist. An die Spitze stellte er den berühmten
Satz: „Das Maß aller Dinge ist der Mensch, der seienden,
daß sie sind, der nichtseienden, daß sie nicht sind". Das heißt,
alle Erkenntnis ist relativ, bedingt durch das erkennende
Subjekt. Es sind also sehr viele Auffassungen der Dinge
möglich, die alle subjektiv gleichberechtigt sein können.
Daraus folgt aber natürlich keineswegs, daß Protagoras nun
die Möglichkeit einer objektiven Erkenntnis geleugnet hätte;
seine ganze Tätigkeit als Forscher und Lehrer zeugt laut für
das Gegenteil.

Die erkenntnistheoretischen Zweifel haben es bewirkt,
daß die Forschung sich mehr und mehr von der Naturwissenschaft abwandte. Sie fand dafür reichen Ersatz in der Beschäftigung mit dem Geistesleben, wo noch so gut wie alles
zu tun war. Die Saat, die einst Hekataeos ausgestreut hatte,
begann jetzt aufzugehen; Akusilaos aus Argos und Pherekydes
aus Leros verfaßten in Hekataeos' Art Werke über die griechische Urgeschichte, und die weltbewegenden Ereignisse der
Perserkirege hatten zur Folge, daß die Geschichtschreibung
sich auch der jüngsten Vergangenheit zuzuwenden begann.
Dionysios aus Milet gab eine Geschichte dieser Zeit[1], Charon
aus Lampsakos behandelte die Weltgeschichte im Rahmen
einer Chronik seiner Vaterstadt (ὧροι Λαμψακηνῶν) etwa in
der Art, wie in byzantinischer Zeit Malalas von Antiochien
seine Weltchronik schrieb oder im Mittelalter Giovanni Villani
seine Chronik von Florenz[2].

Doch alle diese Versuche wurden tief in den Schatten
gestellt durch die Geschichte der Perserkriege, die Herodotos

---

[1] Lehmann-Haupt, *Klio* II 337. III 330; zitiert werden τὰ μετὰ Δαρεῖον
ἐν βιβλίοις ε' und Περσικά, natürlich handelt es sich um dasselbe Werk, das
also, wenn der erste Titel korrekt überliefert und nicht etwa κατὰ Δαρεῖον
zu lesen ist, erst die Zeit des Xerxes ausführlicher behandelt haben könnte.
Das einzige, Schol. Herodot. III 61 erhaltene Fragment (fehlt *FHG.*) bezieht
sich allerdings auf den sog. falschen Smerdis.. Über Vermutungen ist hier nicht
hinauszukommen.

[2] Vgl. Wiedemann, *Philol.* XLIV, 1875, S. 171, Schwartz, Art. *Charon*
in Pauly-Wissowa III 2179. Charon erzählte noch die Flucht des Themistokles

aus Halikarnassos in Perikles' Zeit verfaßt hat, die erste
groß angelegte historische Darstellung, die überhaupt geschrieben worden ist. Der Kampf zwischen Griechen und
Persern wird aufgefaßt als eine Episode in dem großen Kampfe
zwischen Europa und Asien, der mit dem Raube der Io durch
phoenikische Schiffer seinen Anfang genommen habe; doch
läßt Herodot die mythischen Zeiten beiseite und beginnt
mit der Unterwerfung der ionischen Städte durch die Könige
von Lydien. Darauf schildert er uns die Entstehung und das
Wachstum des Perserreiches und geht dann zu seiner eigentlichen Aufgabe über, der Erzählung der Kämpfe der Griechen
gegen Dareios und Xerxes. Den Schluß bildet die Befreiung
Ioniens durch die Schlacht bei Mykale. Die Darstellung
wird durch Einstreuung reichen geographischen und ethno-
graphischen Materials belebt, das der Verfasser zum großen
Teil selbst auf weiten Reisen gesammelt hat. In der An-
ordnung des Stoffes nahm er sich das Epos zum Vorbild,
wie auch seine Weltanschauung im Grunde noch die alte
homerische ist. Auch Herodot erkennt überall die Hand der
Gottheit, die alles nach ihrem Willen lenkt; aber natürlich
teilt er nicht mehr den naiven Glauben Homers, sondern
steht als rechter Sohn seiner Zeit auf dem rationalistischen
Standpunkt des Hekataeos, für den es keine Wunder mehr
gibt. Von einer wirklichen Einsicht in die Ursachen der
Begebenheiten kann also bei ihm keine Rede sein, um so
weniger, als es ihm an politischen und militärischen Kenntnissen ganz fehlte; er beschränkt sich im wesentlichen auf die
Wiedergabe der Berichte seiner Gewährsmänner; nur seine
Sympathien für Athen und seine Begeisterung für die Demokratie treten überall hervor. Aber er hat diese Berichte zu
einem lebensvollen Bilde verwebt, das schon die Zeitgenossen
zur Bewunderung hinriß und uns noch heute mit unwider-
stehlicher Macht in seinen Bann zieht; er hat die Geschichtschreibung als Kunstform begründet und ist in dieser Be-

---

zu Artaxerxes (Plut. *Them.* 27), hat also jedenfalls nach 465 geschrieben; wie
lange nachher, wissen wir nicht. Die Περσικά, die er verfaßt haben soll, werden
mit dem zweiten Teil der Ὧροι identisch sein.

ziehung für alle Folgezeit ein selten erreichtes Vorbild geblieben [1].

Aber schon hatte die Forschung begonnen, die Grundlage zu erschüttern, auf der Herodots Weltanschauung beruht. Eine so revolutionäre Zeit, die alles Bestehende vor den Richterstuhl ihrer Kritik zog, mußte mit Notwendigkeit dahin kommen, auch die Voraussetzungen des religiösen Glaubens auf ihre Haltbarkeit hin zu prüfen. Mit den anthropomorphistischen Vorstellungen hatte die Philosophie bereits aufgeräumt, seit Xenophanes zuerst begonnen hatte, sie zu bekämpfen. Bei Anaxagoras hatte sich der Gottesbegriff zur Weltseele verflüchtigt, die zwar den Weltplan entworfen hat, aber in den Verlauf der Dinge nicht eingreift. Protagoras ist dann noch einen Schritt weiter gegangen. „Über die Götter weiß ich nichts zu sagen, weder daß sie sind, noch daß sie nicht sind, noch welcherlei Art; denn vieles hindert unsere Erkenntnis, die Dunkelheit des Gegenstandes, und die Kürze des menschlichen Lebens." Also es gibt keinen zureichenden Beweis für das Dasein Gottes, freilich auch keinen entscheidenden Gegenbeweis. Wer so dachte, hatte mit der Religion abgeschlossen; denn wie kann man Wesen anbeten, die vielleicht überhaupt nicht vorhanden sind? Die vollen Konsequenzen daraus hat dann um den Anfang des peloponnesischen Krieges Diagoras aus Melos gezogen; er war der erste, der den Mut hatte, die Existenz der Götter offen zu leugnen. Seitdem blieb diese Frage ein Gegenstand lebhafter Diskussion unter den Gebildeten, wie sie denn von Euripides mehrfach auf der Bühne behandelt worden ist. Der Forschung erwuchs jetzt das Problem, die Entstehung der Religion zu erklären. Während Prodikos von Keos den Götterglauben aus dem Naturkultus ableitete, was bei der Durchsichtigkeit der griechischen Mythologie ja sehr nahe lag, erklärte der Athener Kritias, Platons Oheim, die Religion als eine Erfindung kluger Männer, zu dem Zweck, die Massen durch die Furcht vor den Göttern zu sittlichem Handeln zu zwingen.

---

[1] Oben I 1 S. 26, unten 2. Abt. § 1, Ed. Meyer, *Forschungen* II 196 ff.

Der alte Glaube, der das Sittengesetz auf göttliches
Gebot zurückführte, war damit in sein Gegenteil verkehrt.
Der Weg war jetzt frei zu einer Kritik der geltenden Sittlich-
keitsbegriffe. Daß Gesetz und Herkommen keinen Maßstab
für den sittlichen Wert unserer Handlungen abgeben können,
zeigte schon ein Blick auf die so weit voneinander abweichenden
Sitten der verschiedenen Völker. So kam man dahin, der
menschlichen Satzung (νόμος) ein Naturrecht (φύσει δίκαιον)
gegenüberzustellen, das allein absolute Geltung beanspruchen
könne. Die Frage war nur, was man denn unter Naturrecht
zu verstehen habe. Daß in der Natur nur das Recht des
Stärkeren gilt, ist klar, und es hat denn auch schon damals
nicht an solchen gefehlt, die das Naturrecht in diesem Sinne
verstehen wollten und die Lehre vom Übermenschen predigten,
dem alles erlaubt sei. Doch das waren natürlich nur ver-
einzelte Stimmen. Demgegenüber betonte Protagoras, daß
wir eben nicht im Naturzustande leben, wie die Tiere, sondern innerhalb der menschlichen Gesellschaft, deren Bestand
ohne Achtung vor den Rechten anderer nicht möglich ist;
dieses Gefühl ist denn auch der großen Mehrzahl der Menschen
von Natur eingepflanzt, wer es aber nicht hat, der muß aus
der Gesellschaft gestoßen werden, wie ein Pestkranker [1].
Alle Menschen sind von Natur Brüder, sagt ein anderer Vertreter der Aufklärung, der Eleier Hippias, und nur das Gesetz
hat Schranken zwischen ihnen errichtet [2]. Es sind die Gedanken, die im Staatsleben zur Demokratie geführt hatten,
auf die hier die Sittenlehre gegründet wird.

　　Und noch in anderer, ebenso folgenreicher Weise wirkte
die Demokratie auf das Geistesleben zurück. Mehr als je vorher
war die Herrschaft über das Wort jetzt unerläßliches Erfordernis für jeden, der zu Einfluß und Macht gelangen oder
auch nur die eigene Sache mit Erfolg vor Gericht führen
wollte. Da galt es, vor einer Versammlung von mehreren
hundert Geschworenen zu reden, die zum größten Teil den

---

[1] Plat. *Protag.* 322 c, s. oben S. 123 A. 2.

[2] Wenigstens legt ihm Platon im Protagoras (337 c) diese Worte in den
Mund. Vgl. Dümmler, *Akademika* S. 252.

unteren Klassen der Bürgerschaft angehörten und nicht die
Bildung besaßen, um einer etwas verwickelteren juristischen
Beweisführung folgen zu können; alles hing also von der
Geschicklichkeit ab, mit der die Parteien ihre Sache vorzutragen
wußten. So kam man dazu, darüber nachzudenken, worauf
denn die Wirkung der Rede beruhe, und ob es nicht möglich
sei, dem Mangel natürlicher Begabung durch Kunst nach-
zuhelfen oder die vorhandene Anlage weiter auszubilden.
Der große Empedokles ist einer der ersten, die sich mit diesen
Problemen beschäftigt haben; auf dem von ihm gelegten
Grunde baute sein Schüler Gorgias weiter (geb. etwa 460)[1],
der dann infolge der Zerstörung seiner Vaterstadt Leontinoi
durch die Syrakusier nach dem griechischen Mutterlande
übersiedelte, wo er in Thessalien seinen dauernden Wohnsitz
nahm und lange Jahre, bis an seinen Tod, als Lehrer der Beredsamkeit tätig gewesen ist. Seinen Ruhm suchte er vor allem
in der Festrede (λόγος ἐπιδεικτικός). Er gefiel sich dabei
in einer feierlichen, halb dichterischen Sprache voll kühner
Metaphern und gesuchter Antithesen, mit strenger Responsion
der Satzglieder, wobei die Rede in endlosen Perioden dahinfloß.
Uns erscheint das alles ja unerträglich, die Zeitgenossen aber
waren hingerissen von dem, was ihnen hier, zum ersten Male,
geboten wurde, und gaben sich dem Genuß, solche Reden
zu hören, mit nicht geringerer, vielleicht noch größerer Begeisterung hin, wie etwa der Aufführung einer Tragödie oder
eines Dithyrambos. So lange er lebte, ist Gorgias der gefeiertste Meister der Redekunst geblieben.

Etwa um dieselbe Zeit hatten in Syrakus Korax und sein
Schüler Teisias die Theorie der Gerichtsrede ausgebildet,
wozu die nach dem Sturze der Tyrannis (465) eingeführten
Volksgerichte die äußere Veranlassung gaben; sie sind auch
die ersten, die Lehrbücher der Rhetorik veröffentlicht haben.
Um die Ausbildung der Kunst des Beweises, der Dialektik,
dieses wesentlichsten Bestandteils der griechischen Rhetorik,
erwarb sich Parmenides' Schüler Zenon große Verdienste,

---

[1] Diels, *Gorgias und Empedokles*, S.-B. Berl. Akad. 1884. Über Gorgias'
Lebenszeit unten 2. Abt. § 154.

so daß er von Aristoteles geradezu ihr Begründer genannt
wird. In derselben Richtung, und mit noch größerem Erfolg,
war um dieselbe Zeit auch Protagoras tätig. Er zuerst hat
den Satz aufgestellt, man könne über jeden Gegenstand zwei
einander widerstreitende Behauptungen aufstellen, und mit der
gleichen subjektiven Berechtigung verteidigen. Thrasymachos
aus Kalchedon, einer der ersten Advokaten dieser Zeit, trat
dann dem gorgianischen Schwulste mit der Forderung entgegen, der Stil der Rede solle nichts anderes sein, als die
idealisierte Sprache des täglichen Lebens, scharf und klar,
mehr durch Gründe wirkend, als durch farbenprächtige Bilder.
Es ist die Sprache, wie sie für die Gerichtsrede paßt.

Die neue Kunst fand bald überall in Griechenland eifrige
Pflege, nirgends mehr als in Athen, seit das dortige Volks-
gericht zum Obertribunal des ganzen Reiches geworden war.
Sie hat hier, kaum begründet, in Antiphon aus Rhamnus,
Kritias, Andokides, dem Geschichtschreiber Thukydides be-
deutende Meister gefunden, bis Athen dann, in der nächsten
Generation, zum hauptsächlichsten Sitz der Beredsamkeit
werden sollte.

Dichter, Künstler und Ärzte waren von jeher in der
griechischen Welt umhergezogen, um Ruhm und Verdienst
zu suchen; es ist selbstverständlich, daß Männer wie Gorgias
und Protagoras sich nicht mit dem engen Wirkungskreise
begnügen konnten, den ihre leontinische oder abderitische
Heimat ihnen bot. Ja die Zerstörung von Leontinoi durch
die Syrakusier im Jahre 423 würde Gorgias auch ohne das
in die Fremde getrieben haben. Die beste Gelegenheit, um
die neue Lehre in die weitesten Kreise zu tragen, boten die
großen Nationalspiele; so hat Gorgias vor den versammelten
Hellenen in Olympia und Delphi zwei seiner berühmtesten
Reden gehalten, und seitdem gehörten dort rhetorische Vorträge zu dem stehenden Festprogramm. Ohne etwas Reklame
ging es dabei freilich nicht ab; das Publikum war einmal daran
gewöhnt und wollte es nicht anders. Wie die Rhapsoden
in prächtigem Gewande, den Kranz auf dem Haupte, den
Stab in der Hand, ihre Vorträge hielten, so suchten auch die

„Lehrer der Weisheit" („Sophisten"), wie sie genannt wurden [1], durch gewählte Tracht Aufsehen zu erregen; um ihre Meisterschaft zu beweisen, waren sie bereit, aus den Stegreif über jedes Thema zu sprechen, jedem, der es wollte, auf beliebige Fragen Rede und Antwort zu stehen. Männer wie Protagoras hatten das freilich bald nicht mehr nötig; wohin sie kamen, öffneten sich ihnen alle Pforten und die vornehme Jugend strömte ihren Vorträgen zu.

Geistige Arbeit war in Griechenland stets honoriert worden. Pindar und Simonides haben sich ihre Lieder gut bezahlen lassen, die dramatischen Dichter, die bei den Aufführungen im athenischen Theater den Sieg errangen, erhielten ansehnliche Geldpreise, und vor allem die Ärzte haben schon damals mit ihrer Kunst sehr viel Geld verdient. Natürlich haben auch die Sophisten ihren Unterricht nicht umsonst gegeben; die Honorare waren anfangs recht hoch, so lange die neue Kunst noch von wenigen gelehrt wurde, sind dann aber allmählich heruntergegangen, und selbst die berühmtesten Sophisten, wie Gorgias, sind durch ihre Lehrtätigkeit doch nur zu mäßigem Wohlstand gelangt (oben S. 101).

So wurde der griechischen Jugend zum ersten Male ein höherer Unterricht geboten. Bisher hatte dem Jüngling der besseren Stände als Ideal vorgeschwebt, Siege in den Nationalspielen zu erringen; demgemäß brachte er fast den ganzen

---

[1] In diesem Sinne braucht Pindar (*Isthm.* V 36) das Wort in bezug auf die Dichter, Herod. IV 95 in bezug auf Pythagoras. Die Auffassung der Neueren ist lange durch Platons Polemik gegen die Sophisten bedingt gewesen; eine objektivere Auffassung ist dann durch Grote (*Hist. of Greece* VIII) angebahnt und namentlich von Th. Gomperz (*Gr. Denker* I) näher begründet worden. Einen Rückfall in alte Anschauung bezeichnet H. Gomperz' *Sophistik und Rhetorik* (Leipzig 1912); er begeht die *petitio principii*, erst die Sophisten nach Platon zu schildern und sich dann auf Platon zum Beweise der Richtigkeit des so gezeichneten Bildes zu berufen. Er sieht in den großen Sophisten des V. Jahrhunderts, Protagoras allein bis zu einem gewissen Punkte ausgenommen, nur Redekünstler ohne jedes andere ernste Interesse. Die Frage, wodurch denn dann die Umwälzung in der griechischen Weltanschauung hervorgebracht worden ist, die eben in dieser Zeit eintrat, scheint er sich nicht vorgelegt zu haben.

Tag auf dem Turnplatze zu, während die geistige Ausbildung
sich auf Lesen und Schreiben, etwas Musik und die Kenntnis
der hauptsächlichsten Dichter beschränkte. Die Lehren
der Philosophen und Mathematiker waren nicht über die engsten
Kreise hinausgedrungen, und selbst sozial hochstehende
Männer waren in diesen Dingen meist von krassester Unwissenheit. Es war eine seltene Ausnahme, daß Perikles sich
durch Anaxagoras in die Naturwissenschaft einführen ließ
und mit Protagoras über ethische Fragen diskutierte; und
es ist ihm von vielen Seiten verargt worden. Aber schon in der
nächsten Generation wurde einige Bekanntschaft mit der
Redekunst ein notwendiges Erfordernis für jeden, der auf Bildung Anspruch machte; und nicht mit der Redekunst allein,
denn die großen Männer, von denen diese Umwälzung im
griechischen Geistesleben ausging, wußten sehr wohl, daß die
bloße rhetorische Dressur den Redner nicht macht. So war
Protagoras bemüht, seinen Schülern eine tüchtige ethische
Ausbildung zu geben, um sie dadurch zu charaktervollen
Männern zu erziehen, die imstande wären, sowohl ihr eigenes
Hauswesen wie den Staat in richtiger Weise zu leiten. Hippias
aus Elis ging noch weiter und zog auch Mathematik, Astronomie
und Musik in den Bereich seines Unterrichts, während Gorgias
und Thrasymachos sich mehr auf die Rhetorik im engeren Sinne
des Wortes beschränkten. Natürlich wurde das Turnen dadurch
keineswegs aus der Erziehung verdrängt, aber es wurde doch
ein gewisses Gleichgewicht zwischen geistiger und körperlicher
Ausbildung hergestellt.

Das Auftreten der Sophisten brachte im griechischen
Geistesleben eine Umwälzung hervor, so tiefgreifend und
zugleich so plötzlich eintretend, wie vielleicht keine zweite
im ganzen Verlauf der Weltgeschichte. Die alten ionischen
Denker hatten meist jedes Heraustreten in die Öffentlichkeit
verschmäht und ihre Lehre nur einem kleinen Schülerkreise
mitgeteilt; die Versuche, die Xenophanes und nach seinem
Vorbild Parmenides und Empedokles mit einer Popularisierung
der Ergebnisse ihrer Forschung gemacht hatten, waren im
ganzen erfolglos geblieben oder hatten doch nur im Westen

der griechischen Welt eine Wirkung geübt. Erst der Unterricht der Sophisten hat der neuen Weltanschauung zum Siege verholfen. Die ältere Generation, die um die Mitte des Jahrhunderts bereits das fertige Mannesalter erreicht hatte, stand mit wenigen Ausnahmen der neuen Bildung ablehnend oder doch teilnahmslos gegenüber, während die damals heranwachsende Jugend in ihrer großen Mehrheit sich ihr bedingungslos hingab. So ging denn in dieser Zeit ein tiefer Riß durch die griechische Welt; zwei Weltanschauungen standen fast unvermittelt einander gegenüber. Sophokles und Euripides haben nebeneinander für die attische Bühne geschrieben; der Altersunterschied zwischen beiden betrug noch nicht 20 Jahre und doch trennt sie ein Abgrund; der ältere wurzelt mit seinem ganzen Denken in der Vergangenheit, während der jüngere den Ideen Ausdruck gegeben hat, denen die Zukunft gehörte. Euripides' Dramen sind die poetische Verklärung der neuen Bildung; er hat alle die Probleme auf der Bühne behandelt, die in den Kreisen der Sophisten verhandelt wurden, ohne Rücksicht auf die Vorurteile der großen Menge, die meist gar nicht imstande war, seinem Gedankenfluge zu folgen; und auch die neue Kunst der Rhetorik hat er in den Dienst seiner Muse gestellt. So hat er zur Verbreitung der neuen Gedanken vielleicht noch mehr beigetragen, als die berühmtesten Sophisten seiner Zeit; aber er hat es erkauft mit dem Verzicht auf jene Popularität, die seinem Rivalen Sophokles in so reichem Maße zu teil wurde.

Ähnlich wie zwischen den beiden großen Tragikern ist das Verhältnis zwischen den beiden großen Historikern dieser Zeit; Thukydides (um 460 geboren) ist kaum 20 Jahre jünger als Herodot, aber er ist durch die Schule der sophistischen Bildung gegangen. Bei ihm spielt die Gottheit keine Rolle mehr; die Geschichte ist ihm einfach ein Produkt ethischer und politischer Faktoren. An der Stelle der liebenswürdig-naiven Darstellung Herodots tritt der scharfpointierte, wenn man will, etwas manirierte Stil, wie er von den Sophisten gelehrt wurde. Dabei hat Thukydides vor Herodot das Verständnis politischer und militärischer Dinge voraus. Einer

vornehmen Familie Athens angehörig, ist er zum höchsten
Staatsamt, der Strategie, gelangt; ein militärischer Mißerfolg
brachte ihm die Verbannung, die ihn der Vaterstadt 20 Jahre
lang fernhielt (424—404). Die unfreiwillige Muße benutzte er
zur Abfassung eines Geschichtswerkes über den großen Krieg
zwischen Athen und den Peloponnesiern, der für ihn selbst
so verhängnisvoll geworden war. Seine Verbindungen stellten
ihm das beste Material zur Verfügung, und er hat es mit
Kritik und im ganzen auch mit Unparteilichkeit verarbeitet;
daß seine persönlichen Sympathien und Antipathien in der
Darstellung gleichwohl überall hervortreten, wird ihm, der
Zeitgeschichte schrieb, niemand zum Vorwurfe machen.
Auch mit der älteren Geschichte hat er sich eingehend beschäftigt, und wir verdanken diesen Studien jenen meisterhaften Abriß der Kulturentwicklung des griechischen Volkes,
den er seinem Werk als Einleitung vorangestellt hat. Dabei
werden Forschungsmethoden verwendet und kritische Grund-
sätze, zwar nicht immer befolgt, aber doch aufgestellt, die
unsere Wissenschaft noch heute, besser gesagt, heut wieder
beherrschen. So bleibt Thukydides der Ruhm, die wissenschaftliche Geschichtschreibung begründet zu haben; in der
ganzen historiographischen Literatur, die uns aus dem Altertum erhalten ist, nimmt sein Werk den ersten Platz ein. Zugleich ist es auch das einzige große Werk der sophistischen
Periode, das auf uns gelangt ist. So kommen wir leicht dahin,
dem Verfasser als eigenes Verdienst anzurechnen, was er der
Zeitströmung dankte, von der er getragen wurde und in deren
Mitte er stand.

Wenn Thukydides im wesentlichen Zeitgeschichte gegeben
hat, unternahm es sein Altersgenosse Hellanikos aus Mytilene [1],
die gesamte Geschichte des griechischen Volkes seit den
mythischen Zeiten zur Darstellung zu bringen. Besonderes
Gewicht legte er dabei auf die Chronologie, und er hat den
Ruhm, diesen Zweig der historischen Wissenschaft begründet
zu haben. Kritik gegenüber seinen Quellen lag ihm freilich

---

[1] Jacoby, Art. *Hellanikos* in Pauly-Kroll VIII 104 ff.

noch ebenso fern wie Herodot; der Mythos galt auch ihm als
Geschichte. So nahm er zur Grundlage seines chronologischen
Systems das Verzeichnis der Priesterinnen des Heratempels
bei Mykenae, das in seinen echten Teilen immerhin in ziemlich frühe Zeiten hinaufreichen mochte, weiterhin aber will-
kürlich bis in die graueste Vorzeit verlängert worden war [1].
Darauf gestützt wußte Hellanikos denn zum Beispiel anzu-
geben, daß die Sikeler in der dritten Generation vor dem
troischen Kriege, als Alkyone im 26. Jahr Priesterin war,
in die nach ihnen benannte Insel hinübergewandert wären [2].
Um die einzelnen Ereignisse, namentlich der mythischen Zeit
in diesen chronologischen Rahmen einzuordnen, bediente
er sich der Rechnung nach Generationen, die ihm von seinen
genealogischen Studien her sehr nahe lag. Auf diesem Wege
bestimmte er die Rückkehr der Herakliden auf das Jahr 1149,
die Zerstörung Troias auf 1209, den Regierungsantritt des
Kekrops auf 1606; Ansätze, die im großen und ganzen für die
griechische Chronologie der späteren Zeit maßgebend geblieben sind. Neben diesem Hauptwerke verfaßte Hellanikos
noch eine Reihe kleinerer Schriften, von denen seine Chronik
Athens Erwähnung verdient als der erste Versuch, die Geschichte
dieser geistigen Hauptstadt Griechenlands darzustellen.

In ähnlichen Bahnen bewegte sich die Forschung des
Damastes aus Sigeion (um 400) [3], der Hellanikos' Schüler
gewesen sein soll, und des Sophisten Hippias aus Elis; letzterer
hat unter anderem ein Verzeichnis der Sieger in den olympischen Spielen zusammengestellt (oben I 2 S. 150). Der
Lyder Xanthos schrieb die Geschichte seines Volkes, in griechischer Sprache; Hippys aus Rhegion behandelte die Geschichte
der Gründung der Kolonien in Italien und Sicilien, und Antiochos aus Syrakus verfaßte ein ausführliches Werk über die
Geschichte der Westhellenen von den ältesten Zeiten bis auf
den peloponnesischen Krieg [4]. Nicht eigentlich historischen

---

[1] S. oben I 1 S. 23.
[2] Hellan. fr. 53 bei Dionys. *Archaeol.* I 22.
[3] Suidas Δαμάστης, *FHG.* II 64.
[4] S. unten 2. Abt. § 12.

Inhalts scheinen dagegen die „Reiseerinnerungen" ('Επιδημίαι)
des Ion aus Chios gewesen zu sein; vielmehr diente das Historische hier, wie später in Platons Dialogen, nur zur Einkleidung, wobei es mit der Wahrheit nicht so genau genommen
wurde, und namentlich Anekdoten einen breiten Raum einnahmen [1].

Wie die Geschichte als Wissenschaft, so ist auch die
Sprachwissenschaft von der Sophistik geschaffen worden.
Die Beschäftigung mit der Rhetorik mußte von selbst zum
Nachdenken über Bau und Entstehung der Sprache anregen,
und so hat schon Protagoras diese Untersuchungen in Angriff
genommen. Er zuerst hat die Redeteile unterschieden, die
Geschlechter der Nomina, die Tempora und Modi der Verben
bestimmt, und die seitdem gültige Terminologie der Grammatik
geschaffen [2]. Auch mit der Frage, ob die Sprache dem Menschen
von Natur (φύσει) eigen, oder erst durch die Kulturentwicklung (νόμῳ) geschaffen sei, hat er sich beschäftigt und sich
für die letztere Alternative entschieden. Er leitete daraus
für den Sprachforscher das Recht ab, die Anomalien des
Sprachgebrauchs zu verbessern; was ihn denn freilich im
Eifer der Entdeckung zu manchen unhaltbaren Behauptungen
verleitet hat. Auf dem von Protagoras gelegten Grunde baute
dann Prodikos aus Keos weiter, der sich namentlich um die
Synonymik Verdienste erwarb. Gegen Ende des Jahrhunderts
beschäftigten sich Hippias aus Elis und Demokritos aus
Abdera mit Lautphysiologie.

Schon früher hatte die Kritik und Interpretation der
Dichter begonnen, vor allem Homers, dessen altertümliche
Sprache dem Verständnis so viele Schwierigkeiten bot. In
erster Linie waren es die Rhapsoden, die durch ihren Beruf
auf solche Untersuchungen geführt wurden. Als ältester
wird Theagenes aus Rhegion genannt [3], der bald zahlreiche

---

[1] Vgl. besonders das bei Athen. XIII 603 e erhaltene längere Fragment
über Sophokles, und unten 2. Abt. § 70.

[2] Zeller I[5] 1141.

[3] Diels, *Vorsokratiker* c. 72. Angeblich aus Kambyses' Zeit, was kaum
richtig sein kann.

Nachfolger fand, wie Stesimbrotos aus Thasos[1], in Perikles' Zeit, und Glaukon aus Teos[2]. Auch Historiker und Sophisten haben sich gelegentlich mit diesen Fragen beschäftigt. Um die Anstöße zu beseitigen, welche der Inhalt des Epos dem religiösen und ethischem Empfinden dieser Zeit bot (oben I 1 S. 442), griff man zu allegorischer Erklärung, in der namentlich Metrodoros aus Lampsakos, ein Schüler des Anaxagoras, sich auszeichnete: Agamemnon sei der Äther, Achilleus die Sonne, Hektor der Mond, Helena die Erde, Alexandros die Luft, und in dieser Art weiter[3]. Glaukos aus Rhegion und Damastes aus Sigeion machten dann, gegen Ende des Jahrhunderts, den ersten Versuch einer literargeschichtlichen Darstellung[4].

Überhaupt begann um diese Zeit eine recht ansehnliche technische Literatur sich zu bilden. Jene große Sammlung medizinischer Schriften, die uns unter dem Namen des Hippokrates überliefert ist, ist im Laufe des V. Jahrhunderts entstanden, in der Hauptsache in dessen zweiter Hälfte, zum Teil unter dem direkten Einflusse der Sophistik. Polykleitos und Parrhasios schrieben über die Theorie ihrer Kunst, Iktinos über den von ihm erbauten Parthenon. Der Handbücher der Mathematik und Rhetorik ist oben gedacht worden. Auch Reden, die besonderen Erfolg gehabt hatten, wurden jetzt durch Abschriften vervielfältigt. Selbst Kochbücher hat es in dieser Zeit schon gegeben[5]. Wer auf höhere Bildung Anspruch erhob, mußte jetzt seine Bibliothek haben, wenn diese auch noch von recht bescheidenem Umfange war, und demgemäß begann der Buchhandel sich zu entwickeln, dessen Mittelpunkt natürlich Athen wurde[6].

---

[1] *FHG.* II 52.

[2] Plat. *Ion* 530 c d, Aristot. *Rhet.* III 1403 b, doch wohl identisch mit dem Homeriker Glaukon bei Plat. *Ion* 530 c d und Aristot. *Poet.* 25 S. 1461 a.

[3] Diels, *Vorsokratiker* c. 48.

[4] Hiller, *Die Fragmente des Glaukos von Rhegion, Rh. Mus.* XLI, 1886, S. 398 ff., Jacoby, Art. *Glaukos* in Pauly-Wissowa VII 1418. Über Damastes Suidas u. d. N.

[5] Plat. *Gorg.* 518 b, Athen. XII 516 c, Polyd. VI 70 f.

[6] Birt, *Das antike Buchwesen*, Berlin 1882, S. 430 ff.

All dies mannigfaltige Wissen hat Demokritos aus Abdera
zu beherrschen und in seinem Geiste zusammenzufassen vermocht (geb. um 460) [1]. Er war ein Universalgenie wie im
folgenden Jahrhundert Aristoteles; wie dieser war er zugleich
Naturforscher und Philosoph oder, wie man damals sagte,
Sophist; und er hat auf beiden Gebieten Großes geleistet, das
Höchste darin, daß er die Ergebnisse der Naturforschung
und des Denkens zu einer einheitlichen Weltanschauung ver-
schmolzen hat, was Aristoteles nie vollständig gelungen ist.
Seine zahlreichen Schriften umfaßten so ziemlich alle Zweige
der damaligen Wissenschaft: Mathematik, Astronomie, Geo-
graphie, Medizin, Biologie, Physik, Erkenntnistheorie, Ethik,
Philologie, Kunstlehre. In seinem Denken steht er unter dem
Einflusse seines großen Landsmanns Protagoras (oben S. 245 ff.).
Namentlich in seiner Ethik hat er sich eng an diesen an-
geschlossen. An und für sich ist nichts gut und schlecht,
sondern nur in Beziehung auf die Empfindungen, welche die
Dinge in uns erregen. Das Recht des Stärkeren ist allerdings
in der Natur begründet, aber es wird gebändigt durch die
Staatsordnung, von deren Bestehen unser ganzes Wohl und
Wehe abhängig ist. Darum besteht die erste Tugend in der
Pflichterfüllung gegenüber der Gemeinschaft und den einzelnen
Mitgliedern; wer diese Pflicht verletzt, wer raubt und mordet,

---

[1] So Apollodor, s. Jacoby, *Apollodors Chronik* S. 290 ff. Der Ansatz
gründet sich auf Demokrits Angabe im Μικρὸς διάκοσμος, er sei νέος κατὰ
πρεσβύτην Ἀναξαγόραν gewesen (Diog. Laert. IX 41), und muß also, was das
Geburtsjahr angeht, ungefähr richtig sein; ob er freilich, wie angegeben wird,
ein Alter von 90 (Diod. XIV 11, 5) oder gar von 109 Jahren (Diog. Laert. IX
39. 43) erreicht hat, ist mehr als zweifelhaft. Daß bei Diod. a. a. O. angegebene
Todesdatum 404/3 kann also sehr wohl richtig sein. Demokrit selbst gab an,
daß er den Μικρὸς διάκοσμος 730 Jahre nach der Eroberung von Troia geschrieben habe (bei Diog. IX 41); nur wissen wir nicht, welcher troischen Ära
er folgte. Jedenfalls gehört seine schriftstellerische Tätigkeit in die Zeit des
peloponnesischen Krieges. Die sehr umfangreiche Sammlung der unter Demokrits Namen überlieferten Schriften ist durch Thrasyllos in 15 Tetralogien
geordnet worden; es mögen manche Werke seiner Schüler darunter gewesen
sein. Daß aber die ethischen Hauptschriften, die man, um Sokrates den Ruhm
lassen zu können, der Begründer der wissenschaftlichen Ethik gewesen zu sein,
Demokrit so lange abgesprochen hat, echt sind, ist heut allgemein anerkannt.

den soll man totschlagen wie eine wilde Bestie. Und zwar gilt das auch für unseren Verkehr mit den Tieren; nur solche, die „unrecht tun oder tun wollen", ist es zu töten erlaubt. Das Rechte aber sollen wir tun nicht aus Furcht vor den Schrecken der Unterwelt, die nur in der Einbildung bestehen, noch vor menschlicher Strafe, sondern weil es das Rechte ist, aus Achtung vor uns selbst. Das Bewußtsein, unsere Pflicht getan zu haben, gibt uns jene heitere Gemütsruhe (εὐθυμίη), die das höchste Gut ist, das wir erreichen können. Denn Glück und Unglück hängen nicht von äußeren Dingen ab, sondern in unserer Seele wohnt unser guter oder böser Dämon, und nur zur Entschuldigung ihres eigenen Unverstandes haben die Menschen das Wahnbild der Tyche erschaffen. Dauernde Befriedigung geben allein geistige Genüsse, die Betrachtung schöner Kunstwerke, und vor allem die wissenschaftliche Forschung; denn „die Bildung ist im Glück ein Schmuck, im Unglück eine Zufluchtstätte".

Auch für Demokrits naturwissenschaftliches Denken bildet Protagoras' Relativitätstheorie den Ausgangspunkt. Der Sinnenschein trügt, aber hinter der Welt der Erscheinungen liegt die reale Welt, die wir durch unser Denken zu erkennen vermögen. Es gibt in Wahrheit nichts als die Materie und den leeren Raum; und zwar besteht die Materie aus kleinsten Körperchen, die ewig und unveränderlich sind, und die Demokrit deswegen als „Atome" bezeichnet. Sie sind einander an Qualität gleich, aber verschieden an Gestalt, Größe und darum auch an Schwere; kraft dieser Schwere fallen sie im leeren Raume nach unten, aber mit verschiedener Geschwindigkeit, und ballen sich infolge dessen zu Körpern zusammen. Die Schwere und Härte der Körper hängen von der Menge der Atome ab, aus denen sie bestehen, und davon, wie dicht die Atome aneinander gedrängt sind; Geschmack und Farbe von dem Eindruck, den die Atome nach Größe und Gestalt auf unsere Sinne hervorbringen. Und da es überhaupt nichts gibt, als Atome und leeren Raum, so muß auch unsere Seele aus Atomen bestehen, freilich Atomen feinster

Art, durch deren Bewegung das Denken hervorgebracht wird [1].

So war denn ein System der Naturerklärung von groß-artiger Einfachheit und Folgerichtigkeit geschaffen. Um den Kosmos zu bilden, genügt Demokrit neben der qualitativ einheitlichen Materie eine einzige, empirisch nachweisbare Naturkraft, die Gravitation. Aber erst die moderne Natur-wissenschaft hat ihm Gerechtigkeit widerfahren lassen; seine eigene Zeit war für diese Lehre noch nicht reif. Denn eben, als das System hervortrat, war die Welt mit Naturphilosophie übersättigt, und andere Probleme standen im Vordergrund des Interesses. Auch war ja Demokrits System nichts anderes als eine Hypothese, die wohl die Forderungen unseres Denken befriedigt, für die aber ein Beweis nicht zu führen war. So

---

[1] Wie Platon die atomistische Lehre totschweigen wollte, so hat man später, als das nicht mehr möglich war, in der platonischen Schule, um Demokrit etwas am Zeuge flicken zu können, die Behauptung aufgestellt, nicht Demokrit sei der Urheber dieser Lehre, sondern ein gewisser Leukippos, von dem man freilich sonst nichts zu sagen wußte, nicht einmal woher er gewesen wäre. Als angeblichen Lehrer Demokrits machte man ihn zum Abderiten, als Gottes-leugner zum Melier (was schon im Altertume in Μιλήσιος korrumpiert worden ist), wegen des Einflusses der eleatischen Lehre auf den Atomismus zum Eleaten und Schüler des Parmenides oder Zenon. Theophrastos meinte, Leukippos habe den μέγας διάκοσμος geschrieben, der sonst überall als Werk Demokrits galt. Aristoteles nennt da, wo er auf die atomistischen Lehren zu sprechen kommt, fast immer Demokrit neben Leukippos; er hat also offenbar an die Existenz des Leukippos nicht recht geglaubt. Epikur, der als Demokriteer doch wissen mußte, wie die Sachen standen, hat denn auch die Legende von Leukippos aufs schärfste zurückgewiesen: οὐδὲ Λεύκιππόν τινα γεγενῆσθαι φιλόσοφον (Diog. Laert. X 13). Das beweist jedenfalls, daß Demokrit in seinen Werken Leukippos niemals genannt hatte, was er doch unbedingt getan haben würde, wenn er diesem das Wesentlichste seines Systemes verdankte. Das allein würde zur Entscheidung der Sache genügen. Auch ist es ja an und für sich klar, daß ein System wie die Atomistik nur von einem großen Naturforscher herrühren kann; ein solcher war Demokrit, daß es auch Leukippos gewesen wäre, ist durch nichts zu erweisen. Wenn Diels den Beweis führen will, der Atomismus sei schon vor Demokrit nachweisbar, so ist das vollständig mißlungen, denn die Sachen können auch umgekehrt liegen, als er annimmt, und wir wissen ja außerdem nicht, wann Demokrit zu schreiben begonnen hat. Die ganze Frage sollte durch die Bemerkungen Rohdes, *Kl. Schriften* I 205 ff. erledigt sein, die Diels nicht zu widerlegen vermocht hat.

hat die Atomenlehre bei den Zeitgenossen kaum Beachtung
gefunden, die Schüler aber, die Demokrit hinterließ, sind
immer mehr in erkenntnistheoretischen Zweifeln versunken
und haben darüber das naturphilosophische System des
Meisters vernachlässigt, bis es ein Jahrhundert später Epikur
aus der Vergessenheit zog und zur Grundlage der eigenen
Lehre machte.

Dazu kam noch ein Zweites. Demokrit lebte in dem
abgelegenen Abdera an der thrakischen Küste, und er hat
zwar zu Studienzwecken weite Reisen gemacht, aber es verschmäht, in der Art wie sein Landsmann Protagoras als
Wanderlehrer aufzutreten. So blieb er außerhalb seiner
engeren Heimat unbekannt, namentlich auch in Athen [1].
Und Athen wurde eben damals, wie es schon lange der Mittelpunkt des Kunstlebens war, auch zum wissenschaftlichen
Zentrum der Nation. Hier wirkte in Perikles' Zeit Anaxagoras,
hier haben, wenn auch meist nur vorübergehend, alle bedeutenden Sophisten gelehrt. Nur wer in Athen sich Anerkennung zu erringen vermochte, konnte zum geistigen Führer
der Nation werden.

Wie anders Sparta. Auch dies hatte einst in der Pflege
geistigen Lebens in erster Reihe gestanden; aber diese Zeit
war lange vorüber. Seit den Perserkriegen hatte man hier nur
noch den einen Gedanken, den bösen Geist der Revolution
nicht ins Land zu lassen und schloß sich infolgedessen mit
einer Art chinesischer Mauer gegen alle Neuerungen ab.
Wie man in einer Zeit hochentwickelter Geldwirtschaft kein
Gold und Silber im Verkehr duldete und an dem alten Eisen-
geld festhielt, so wollte man hier von der modernen Musik
und der modernen Bildung nichts wissen, konnten doch die
meisten Spartaner kaum lesen und schreiben [2]. So bildete

---

[1] Demokr. fr. 116 Diels bei Diog. Laert. IX 36 ἦλθον γὰρ εἰς Ἀθήνας
καὶ οὔτις με ἔγνωκεν. Noch Platon hat ihn totschweigen können, wenn
er auch vielleicht an einigen Stellen auf ihn anspielt.

[2] Isokr. *Panath.* 209 οὐδὲ γράμματα μανθάνουσι, 251 ἣν λάβωσι τὸν
ἀναγνωσόμενον. Ganz so schlimm ist es freilich nicht gewesen; γράμματα
ἕνεκα τῆς χρείας ἐμάνθανον sagt Plut. *Inst. Lac.* 4 S. 237. Vgl. Aristot.
Polit. V 1339 b.

sich eine tiefe Kluft zwischen Sparta und dem übrigen Hellas [1].
Die Stadt, die der Nation einen Tyrtaeos und Alkman gegeben
hatte, hat im V. und IV. Jahrhundert keinen einzigen Mann
mehr hervorgebracht, der sich auf geistigem Gebiete ausgezeichnet hätte.

IX. Abschnitt.

Die Reaktion.

Neue Gedanken werden zunächst immer angefeindet.
Wieviel mehr mußte das bei Lehren der Fall sein, die alles
Bestehende vor den Richterstuhl ihrer Kritik zogen, bereit,
es rücksichtslos zu verwerfen, wenn es die Prüfung nicht
bestand, einer geistigen Bewegung, die vor nichts Halt machte,
nicht einmal vor dem altgeheiligten Götterglauben. Die
ganze ältere Generation, die nicht mehr umlernen konnte
oder doch wollte, die große Masse des Volkes, der für höhere
Bildung jedes Verständnis abging, war also fest überzeugt,
daß jeder „Sophist“, d. h. nach dem damaligen Sprachgebrauch jeder Lehrer der Philosophie und Rhetorik, ein
sittlich verworfener Mensch sei; etwa so, wie heute gläubige
Katholiken sich einen Freimaurer vorstellen, oder viele von
denen, die sich Gebildete nennen, einen Materialisten. Daß
der Unterricht solcher Männer nur zum Verderben der Jugend
führen könne, ergab sich aus solchen Prämissen von selbst.
So unbegründet nun dieser Vorwurf in den meisten Fällen
auch war — man denke nur an die Verurteilung des Sokrates
auf eben diese Anklage hin — so fehlte es dafür doch nicht
an einem gewissen Schein der Berechtigung. Denn was die
Hörsäle der Sophisten füllte, war viel weniger der Wunsch
nach abstrakter philosophischer Bildung, als das Bedürfnis

---

[1] I 77, 6 ἄμικτα γὰρ τά τε καθ’ ὑμᾶς αὐτοὺς νόμιμα τοῖς ἄλλοις ἔχετε,
καὶ προσέτι εἷς ἕκαστος ἐξιὼν οὔτε τούτοις χρῆται, οὔθ’ οἷς ἡ ἄλλη Ἑλλὰς
νομίζει.

nach Aneignung der praktisch verwertbaren Redekunst;
ähnlich wie heute unsere Universitäten sich leeren würden,
wenn sie aufhören wollten, zu einem Brotstudium anzu-
leiten. Die Rhetorik aber ist an und für sich sittlich indifferent.
Sie ist eine Waffe, die dem, der sie besitzt, eine Überlegenheit
über alle anderen gibt, oder damals doch gab; für den Gebrauch dieser Waffe ist der Lehrer so wenig verantwortlich,
wie der Verkäufer eines Revolvers verantwortlich ist für den
Mord, den etwa der Käufer damit begeht. Der Redner hat
als Redner nur die eine Aufgabe, die Zuhörer von der Gerechtigkeit der Sache zu überzeugen, die er vertritt; ob diese Sache
in Wahrheit gerecht ist oder nicht, ist dabei zunächst völlig
gleichgültig. Und je schlechter eine Sache steht, um so größere
Geschicklichkeit von seiten des Verteidigers wird erfordert,
wenn sie trotzdem siegreich durchgefochten werden soll.
Insofern hatten die Gegner der Sophistik nicht so unrecht,
wenn sie meinten, die neue Kunst liefe darauf hinaus, die
schwächere Sache zur stärkeren zu machen (τὸν ἥττω λόγον
κρείττω ποιεῖν). Aber ungerechtfertigt war es, wenn sie der
Rhetorik zum Vorwurf machten, daß sie in ein System brachte,
was empirisch geübt worden war, so lange eine menschliche
Gesellschaft bestand. Und noch ungerechtfertigter, wenn
man die einzelnen Lehrer der Beredsamkeit dafür verantwortlich machte. Um so mehr, als die Sophisten, gerade
weil sie die Gefahren einer einseitigen Ausbildung in der
formalen Rhetorik sehr wohl erkannten, gleichzeitig bemüht
waren, ihre Schüler zu sittlich tüchtigen Männern auszubilden.
Daß manche unlautere Elemente in den Kreis der Sophisten
sich eindrängten, daß manche von denen, die aus ihren Schulen
hervorgegangen waren, von den erworbenen Kenntnissen
einen gewissenlosen Gebrauch machten, ist natürlich; aber
die neue Bildung deswegen anzuklagen, war ungefähr ebenso
berechtigt, als wenn jemand heute die Eisenbahnen abschaffen
wollte, weil hin und wieder einmal ein Unfall passiert.

Nicht geringeren Anstoß gaben die naturwissenschaft-
lichen Lehren der Vertreter der Wissenschaft. Daß Anaxagoras
die Gestirne für glühende Steinmassen erklärte, erschien der

öffentlichen Meinung als Gotteslästerung, und es ist ihm
daraufhin der Prozeß gemacht worden, der ihn zwang, Athen
zu verlassen, obgleich er einen Perikles zum Beschützer hatte
(siehe unten Abschnitt X). Freilich fand er in Lampsakos
ehrenvolle Aufnahme [1]; man war eben im asiatischen Griechenland, wo die Wiege der Wissenschaft gestanden hatte, aufgeklärter als in Athen, das nicht ohne Grund den Anspruch
erhob, die gottesfürchtigste Stadt in Hellas zu sein. Auch
Protagoras, so vorsichtig er sich über die Götter ausgedrückt
hatte, konnte doch schließlich einer Anklage wegen Religions-
frevels nicht entgehen, und hielt es für klug, sich dem Richter-
spruch durch die Flucht zu entziehen (etwa 415) [2]. Selbst
Euripides soll einmal einen solchen Prozeß zu bestehen gehabt
haben, der aber, falls es wirklich dazu gekommen ist, mit seiner
Freisprechung geendet hat [3].

Solche Polizeimaßregeln konnten der Wissenschaft natürlich keine Gefahr bringen. Vielmehr war es die Wissenschaft
selbst, die ihren Gegnern den Weg bahnte. Die Spekulation
hatte sich mit kühnem Mute herangewagt an die höchsten
Probleme; aber noch fehlte die empirische Grundlage, auf
der es möglich gewesen wäre, diese Fragen, wenn auch nicht
zu lösen, so doch der Lösung näher zu führen. Was die Philosophie bot, waren im wesentlichen nichts anderes als Hypothesen, die auf dem Wege der Deduktion aus allgemeinen
Prinzipien abgeleitet waren. So wurde denn eines dieser
Systeme nach dem anderen mit leichter Mühe von der Kritik
vernichtet, bis schließlich die Wissenschaft dahin gelangte,
überhaupt die Möglichkeit aller wahren Naturerkenntnis
zu leugnen (oben S. 242). Schon der alte Xenophanes hatte
das ausgesprochen:

---

[1] Diog. Laert. II 14 f.

[2] S. unten 2. Abt. § 154. Daß die Anklage auf Asebie lautete, sagt Timon
fr. 48 W [2].

[3] Satyros *Leben des Eurip.* X fr. 39 (*Oxyrh. Pap.* IX). Der Ankläger soll
Kleon gewesen sein, so daß die Sache vor 422 fallen würde. Vgl. Aristot *Rhet.*
III 1416 a.

> Selbst wer die volle Wahrheit uns enthüllte,
> Nie würd' er wissen, ob es Wahrheit ist,
> Denn alles was wir sagen bleibt Vermutung.

Die Relativitätstheorie des Protagoras, die Skepsis des Gorgias sind nur eine weitere Ausführung dieses Gedankens. Diese Resignation war ja bei dem damaligen Stande des Wissens nicht ganz unberechtigt; der Fehlschluß lag nur darin, daß man an Stelle eines mutigen *ignoramus* ein feiges *ignorabimus* setzte.

Es ist diese Stimmung, der der greise Euripides Ausdruck gibt, in einem der letzten Dramen, die er geschrieben hat, den Bakchen. Hier, an der Schwelle des Grabes, wendet der Dichter von der ganzen Weltanschauung sich ab, deren wirksamster Vorkämpfer er bis dahin gewesen war. Das ganze Stück ist eine Verherrlichung jenes enthusiastischen Dionysos dienstes, welcher der orphischen Religion und auch den thrakisch-phrygischen Geheimkulten zugrunde liegt. Es predigt die Lehre, daß menschliche Weisheit nichts ist gegenüber der von der Zeit geheiligten Überlieferung. Das Leben ist kurz; es ist Torheit zu grübeln über Dinge, die keines Sterblichen Geist erfassen kann. Was das schlichte Volk glaubt, dem soll man sich anschließen. Es kostet ja so wenig, die Macht der Gottheit anzuerkennen, die durch Naturgesetz gegeben und deren Verehrnug durch die alte menschliche Satzung geboten ist[1]. So entsagt der Dichter hier allem, was sein langes Leben hindurch den besten Teil seines Strebens gebildet hatte. Es ist nicht das Alter allein, das ihm den Sinn trübt; es ist ebenso die Zeitströmung, die in seinen Worten zum Ausdruck kommt. Das Wissen, wie es in den Schulen der Sophisten gelehrt wurde, konnte das Bedürfnis weiter Kreise nicht befriedigen; sie verlangten nach Glauben.

Freilich, eine Rückkehr zu dem frommen Glauben der Väter war genau so unmöglich, wie die Rückkehr zu der Verfassung der Ritterzeit, welche die politische Reaktion anstrebte. Die Sophistik hatte zu gründliche Arbeit getan. Aber das religiöse Bedürfnis blieb, und je weniger es in der

---

[1] *Bakch.* 200 ff. 395 ff. 430 f. 890 ff.

Staatsreligion Befriedigung fand, desto mehr kamen andere
Kulte in Aufnahme.   Jene religiösen Reformbestrebungen,
die im VI. Jahrhundert auf enge Kreise der höheren Gesellschaftsklassen beschränkt geblieben waren, begannen mehr
und mehr in den Massen Boden zu finden.   Die griechische
Welt füllte sich mit orphischen Bettelpriestern und Wahr-
sagern.   Sie drohten mit der ewigen Verdammnis allen, die
an ihre Predigt nicht glaubten; dem aber, der sich in ihre
Sekte aufnehmen ließ, versprachen sie, was er nur wünschen
mochte: Vergebung der eigenen Sünden und der Sünden der
Vorfahren, ein seliges Leben im Jenseits, Zaubermittel, um
sich hier unten an seinen Feinden zu rächen.   Das alles stand
ja schwarz auf weiß in den Schriften des Orpheus und des
Musaeos[1].   Es fanden sich denn auch Gläubige in Menge;
recht fromme Leute liefen jeden Monat mit Weib und Kind
zu den orphischen Weihen[2].   Den in diesem Glauben Ver-
storbenen legte man wohl Täfelchen ins Grab, mit Versen
aus den orphischen Schriften, bestimmt, der Seele über ihr
Verhalten bei der Ankunft im Hades Anweisung zu geben,
und sie über ihr Schicksal im Jenseits zu beruhigen[3].

Noch größeren Zulauf fanden die Mysterien, die ja mit
der orphischen Lehre so nahe verwandt waren.   Eleusis sah
im V. Jahrhundert seine Glanzzeit, wozu allerdings die politische Stellung Athens das ihrige beigetragen hat.   Aus allen
Teilen von Hellas strömten die Gläubigen zu der heiligen
Feier zusammen; der alte Tempel vermochte die Menge der
Besucher nicht mehr zu fassen und es wurde nötig, einen
Neubau zu errichten, den Iktinos, der Schöpfer des Parthenon,
leitete[4].   Auf Anregung des delphischen Orakels bestimmte

---

[1] Platon v. *Staat* II S. 363 c ff., vgl. oben I 1 S. 433.

[2] Theophr. *Charakt.* 16.

[3] Goldplättchen mit solchen Versen (aus dem IV. Jahrhundert) sind
mehrfach in Gräbern Unteritaliens gefunden worden, dem alten Sitze der pythagoreischen Lehre (oben I 1 S. 432, Dieterich, *De hymnis orphicis*, Dissert. Mar-
burg 1891, *Nekyia* S. 81 ff., Leipzig 1894).

[4] Pind. fr. 137 A, Sophokl. fr. 753 N[2].   Zweimonatiger Gottesfrieden
für die Besucher des Festes: *CIA.* I 1 und IV 1 S. 3 (bald nach den Perserkriegen).   Über den Neubau des Tempels Plut. *Per.* 13 und oben S. 207.

ein athenischer Volksbeschluß um die Mitte des V. Jahrhunderts, daß von allem in Attika und den Bundesstaaten
geernteten Getreide eine Abgabe an den eleusinischen Tempel
entrichtet würde, zum Danke dafür, daß einst Demeter den
Menschen den Feldbau gelehrt hatte; und zwar sollte $1/_6\%$ des
Ertrages an Weizen, $1/_{12}\%$ des Ertrages an Gerste der Göttin
geweiht werden.   Auch manche von Athen unabhängige
Staaten haben diese Abgabe geleistet, selbst als das athenische
Reich schon in Trümmern lag; Athen und seine Kleruchien
sind dem alten Brauch noch in Alexanders Zeit nachgekommen[1].

Zu kaum geringerem Ansehen gelangten die Mysterien,
die auf der Insel Samothrake im Heiligtum der Kabiren
begangen wurden.   Diese „großen Götter", wie man meist
schlechtweg sagte, galten als Retter in jeder Not und Gefahr
und namentlich die Seefahrer empfahlen sich ihrem Schutze[2].
Der Ursprung ihres Kultus geht in die vorhellenischen Zeiten
zurück; ist doch Samothrake so viel wir wissen überhaupt
niemals von Griechen besiedelt worden (oben I 1 S. 100),
und auch später, als die Insel längst hellenisiert war, haben
sich im Ritual Reste der alten Sprache erhalten.   Ebenso
finden wir den Kult der Kabiren auf dem benachbarten Lemnos,
das erst am Ausgang des VI. Jahrhunderts griechisch geworden ist, und in der Troas, deren griechische Kolonisation
kaum über das VII. Jahrhundert hinaufreicht.   Wohl durch

---

[1] *CIA.* IV 1 27 b S. 59 = Dittenb. Syll. ² 20, aus der Zeit zwischen 444
und dem Anfang des peloponnesischen Krieges.   Daß die Abgabe noch um 380
auch von unabhängigen Staaten entrichtet wurde, zeigt Isokr. *Paneg.* 31; in
Alexanders Zeit (329/8) steuerten nur noch Athen und seine Kleruchien, vgl.
die eleusinische Tempelrechnung *CIA.* IV 2, 834 b, Foucart, *Bull. de Corr. Hell.*
VIII (1884) S. 211.

[2] Robert bei Preller, *Mythol.* I ⁴ 847 ff.; der Artikel Μεγάλοι Θεοί in
Roschers *Lexikon* ist ziemlich wertlos.   Der Name wurde früher von phoen. *kbr*
(Vokalisierung unbekannt), hebr. *kabîr* „gross" abgeleitet; doch steht diese
Annahme ganz in der Luft, so lange der Kult der Kabiren bei den Semiten
nicht nachgewiesen ist (Herod. III 37 beweist nichts). *Est enim quoddam genus
argumentorum velitare et ad omnem usum aptum illud ex nominibus ductum, quo
res maximae effici possunt* (Lobeck, *Aglaophamus* S. 1282, die ganze Stelle ist
sehr lesenswert).   Über das Wesen der Kabiren haben wir nur Vermutungen,
die ich hier nicht um eine neue vermehren will.

Vermittlung der aeolischen Ansiedler ist dieser Kultus dann, etwa im VI. Jahrhundert nach dem boeotischen Mutterlande gelangt, wo die Kabiren in Anthedon und bei Theben Tempel hatten, und ebenfalls Mysterien zu ihrer Ehre gefeiert wurden [1]. Auch auf den Inseln des Aegaeischen Meeres und an dessen thrakischen und kleinasiatischen Küsten hat sich der Dienst der Kabiren verbreitet; doch hat von allen diesen Stätten nur Samothrake eine panhellenische Bedeutung gewonnen, und auch dieses erst seit der Zeit des peloponnesischen Krieges [2].

In die griechischen Kolonien an den Küsten der Barbarenländer sind fremde Kulte natürlich schon sehr früh eingedrungen. So wurde der aegyptische Ammon zum Hauptgott von Kyrene [3], während der Dienst der Kybele bei den Griechen Kleinasiens Eingang fand [4]. Im V. Jahrhundert begannen dann auch die Handels- und Industriestädte des griechischen Mutterlandes sich mit Orientalen zu füllen; da gab es lydische, phrygische, syrische, aegyptische Kaufleute in Menge [5], und die Sklavenmassen, die immer mehr anschwollen, stammten in ihrer großen Mehrzahl aus den Ländern des Ostens oder aus Thrakien. Alle diese Barbaren hielten zäh fest an ihrem heimischen Kultus; die einzelnen Landsmannschaften schlossen sich in Korporationen zusammen, um im Hause eines der Mitglieder die heilige Hand-

---

[1] Über das Kabirion bei Theben *Athen. Mitteil.* XIII (1888) S. 81 ff., 412 ff., Kern, *Hermes* XXV (1890) S. 1 ff. Die Ausgrabungen haben gezeigt, daß orphische Elemente in den boeotischen Kabirenkultus eingedrungen sind. Der Athener Methapos, der diesen Kult gestiftet haben soll (Paus. IV 1, 7), ist rein mythisch.

[2] *Archäologische Untersuchungen auf Samothrake*, 2 Bde., Wien 1875. 1880, Rubensohn a. a. O. Älteste Erwähnungen dieser Mysterien Herod. II 51, Aristoph. *Fried.* 277.

[3] E. Meyer, *Ammon* in Roschers *Lexikon*.

[4] In der uns erhaltenen Literatur ward die Göttin (unter dem Namen Κύβηλις) zuerst erwähnt bei dem Ephesier Hipponax (fr. 121) in der II. Hälfte des VI. Jahrhunderts.

[5] Xen. *v. d. Eink.* II 3; zahlreiche Belege dafür auch in den attischen Inschriften.

lung zu begehen [1]. Das Fremdartige dieser Zeremonien, das
Geheimnis, mit dem sie sich meist umgaben, konnte nicht
verfehlen, einen tiefen Eindruck auf die griechische Bevölkerung zu machen; fromme Gemüter glaubten hier den
Weg zum Heil gefunden zu haben. So machten die fremden
Religionen zahlreiche Proselyten, und besonders waren es,
wie immer in solchen Fällen, die Frauen, die sich dazu herbei-
drängten [2].

In dieser Weise gelangte schon um die Zeit der Perserkriege der Dienst der phrygischen Göttermutter auch nach
dem europäischen Griechenland; in Athen wurde ihr ein
Heiligtum am Markte errichtet, für das Pheidias' Schüler
Agorakritos die Statue fertigte. Wenig später, etwa in der
ersten Hälfte des IV. Jahrhunderts, erhielt die „große Mutter"
auch in Olympia einen Tempel [3]. Es folgte der ebenfalls
phrygische Sabazios, ein dem Dionysos verwandter Gott,
dessen Kult mit dem Kult der Göttermutter aufs engste
verbunden war; die phrygisch-thrakischen Korybanten, die
thrakischen Göttinnen Kotyto und Bendis; die letztere erhielt
um die Zeit des peloponnesischen Krieges einen Tempel im

---

[1] Foucart, *Des Associations religieuses chez les Grecs*, Paris 1873.

[2] Aristoph. *Lysistr.* 387 ff., vgl. auch Euripides *Bakchen.*

[3] Pind. fr. 79. 80; erste Erwähnung des Staatskultes der μήτηρ in Athen
CIA. I 4 (bald nach den Perserkriegen); wir wissen freilich nicht, ob hier die
Göttermutter gemeint ist oder Demeter, die in Agrae am Ilisos unter dem Namen
μήτηρ verehrt wurde (*CIA.* I 273, vgl. 201). Die Statue des Agorakritos in dem
Metroon am Markte (Plin. XXXVI 17, dazu Michaelis, *Athen. Mitteil.* II S. 1.
A. 2) stellte die Göttin dar mit Löwen am Thron und einem Tympanon in der
Hand (Arrian. *Peripl. Pont. Eux.* 11 S. 9, vgl. das attische Relief bei Roscher
Lexikon II 1663); also galt sie ihm und seinen Auftraggebern für die phrygische
Göttermutter. Damit stimmen die Tempellegenden (bei Photios und Suid.
μητραγύρτης und Schol. Aristoph. *Plutos* 431). Vgl. den Ausspruch des Antisthenes: καὶ ἡ μήτηρ τῶν θεῶν Φρυγία ἐστίν (Diog. Laert. VI 1). Über
einen geheimnisvollen Zusammenhang zwischen dem Metroon und dem unmittelbar daneben liegenden Buleuterion ist in neuerer Zeit viel gefabelt worden;
aber wenn im IV. Jahrhundert das Staatsarchiv sich im Metroon befand, so
erklärt sich das sehr einfach aus der Nähe des Rathauses. Wahrscheinlich ist
das Metroon eben in Agorakritos' Zeit, also unter Perikles, erbaut worden. —
Über das Metroon in Olympia *Baudenkmäler von Olympia* (Berlin 1892) S. 39 f.

Peiraeeus, bei dem ihr alljährlich ein glänzendes Fest mit
Fackelläufen gefeiert wurde [1]. Aus Kypros kam der Kult des
Adonis und der Aphrodite von Paphos [2]. Der Dienst des
Ammon gelangte aus Kyrene nach dem gegenüberliegenden
Lakonien, wo dem Gott in Sparta und dessen Hafenstadt
Gytheion Tempel errichtet wurden; schon Pindar dichtete
einen Hymnus auf ihn, und stiftete ihm auf der Burg von
Theben eine Statue. Seit dem Ausgang des V. Jahrhunderts
gewann das Orakel des Ammon, auf der libyschen Oase,
in Hellas ein Ansehen, kaum geringer als das der altnationalen
Orakelstätten von Dodona und Delphi [3].

Bereits um die Zeit des peloponnesischen Krieges waren
die meisten dieser orientalischen Kulte in Athen weit verbreitet. Alle Augenblicke zogen Prozessionen der Verehrer
des Sabazios und der „großen Mutter" unter wüstem Lärm
durch die Straßen; am Adonisfest hallte die Stadt wieder
von den Klageliedern der Weiber um den Gott, der in der
Blüte der Jugend dem Tode verfallen war [4]. Besonders drängte
sich das Volk zu den Weihen, die mit den phrygisch-thrakischen
Kulten verbunden waren. Die Gläubigen versammelten sich
des Nachts, bei rauschender Flötenmusik, unter Trommel-
wirbel und wildem Geheul; bald drehte sich alles in rasendem
Tanze, bis die Ekstase auf den höchsten Grad gesteigert war.
Dann setzten die neu aufzunehmenden Mitglieder sich nackt
auf den heiligen Schemel; dort wurden sie mit Erde und Kleie
abgerieben, und dann mit Wasser gereinigt; dabei wurden
Stellen aus den rituellen Schriften verlesen, voll phrygischer

[1] Sabazios: Aristoph. *Lysistr.* 388, *Vögel* 875, *Wesp.* 9 f., *Horen* fr. 566
Kock; Kotyto schon Aeschyl. fr. 57 N [2] (aus den *Edonen*), und besonders Eupolis
Bapten, Rapp in Roschers *Lexikon* Art. *Kotys*; über die Korybanten Immisch
ebend. Art. *Kureten*; über Bendis Platon im Eingang der Bücher *vom Staate*,
ihr Kult als Staatskultus bezeugt *CIA.* I 210 fr. k S. 93 (Anfang des peloponnesischen Krieges), *CIA.* II 741 (aus 334/3).

[2] Adonis: Aristoph. *Frieden* 420, *Lysistr.* 389 ff., Plut. *Nik.* 13, *Alk.* 18.
Im Jahre 333 erhielten die in Athen ansässigen Metoeken aus Kition auf Kypros
die Erlaubnis zum Bau eines Aphroditetempels (*CIA.* II 168).

[3] Über Ammon vgl. den Artikel Eduard Meyers in Roschers *Lexikon.*

[4] Aristoph. und Plut. a. a. O. (oben A. 2), Demosth. *v. Kr.* 259 f.

Brocken, die kein Mensch verstand; zum Schluß sprach der Eingeweihte die heilige Formel: „ich bin der Sünde entflohen, ich habe das Heil gefunden". Daran schlossen sich dann weiter Darstellungen aus der heiligen Legende, wobei die schamlosen Symbole des orientalischen Aberglaubens offen zur Schau gestellt wurden. Da die Hefe des Volkes, beide Geschlechter vermengt, an diesen nächtlichen Weihen Teil nahm, und jede staatliche Aufsicht fehlte, war den ärgsten Ausschweifungen hier Tür und Tor geöffnet.

Die große Mehrzahl der Gebildeten sah natürlich mit Ekel auf solches Treiben. Die Komödie wurde nicht müde, diesen wüsten Aberglauben von der Bühne herab dem Gelächter der Zuschauer preis zu geben; Aristophanes schrieb ein eigenes Stück, die Horen, dagegen, an dessen Schluß „der Phryger, der Flötenbläser, der Sabazios" mit Schimpf und Schande zur Stadt hinausgejagt wurde. Auch das delphische Orakel, das die Konkurrenz der neuen Gottheiten wie begreiflich sehr ungern sah, ermahnte wiederholt, die Götter nach dem Brauch der Väter zu ehren [1]. Aber die großen Handelsstädte konnten den zahlreichen ansässigen Fremden die freie Religionsübung nicht beschränken, und auch unter der Bürgerschaft hatten die neuen Kulte bereits zu feste Wurzeln geschlagen, als daß Polizeimaßregeln noch irgend welchen Erfolg versprochen hätten. Man ließ also die Dinge gehen und kam, wie wir gesehen haben, schließlich dahin, eine Reihe dieser Kulte in die Staatsreligion aufzunehmen.

Auch auf die griechischen Geheimkulte haben diese orientalischen Religionen Einfluß geübt; der Kult der Göttermutter und der ihr verwandten Gottheiten drang in die orphischen Mysterien ein und verband sich darin mit dem Dionysosdienste [2]. So begann hier jene Theokrasie sich vorzubereiten, die auf die spätere Entwicklung der Religion des Altertums von so unermeßlichem Einfluß gewesen ist. Vor der Unsittlichkeit des asiatischen Gottesdienstes aber bewahrte die

---

[1] Xen. *Denkw.* IV 3, 16, Cic. *Gesetze* II 16, 40.
[2] Eurip. *Kreter* fr. 472 N [2]. Altorphisch kann das nicht wohl sein, da die Göttermutter in der orphischen Theogonie keine Stelle hat.

Orphiker ihre asketische Lehre, die geschlechtliche Enthaltsam·
keit vorschrieb, oder wenigstens als etwas verdienstliches pries.
Daß freilich auch hier nur zu oft hinter der frommen Maske
ganz andere Wünsche sich bargen, liegt in der Natur der Sache
und kehrt auch sonst bei asketischen Religionen ganz ebenso
wieder [1].

Reinere Anschauungen bot der Pythagoreismus. Aus
dieser Quelle stammt wahrscheinlich die Vorstellung, daß die
Seele des Frommen und Gerechten nach dem Tode in den
Himmel eingeht, und nur der Leib auf Erden zurückbleibt.
Sie findet sich in der uns erhaltenen Literatur zuerst bei dem
Sikelioten Epicharmos, dessen Weltanschauung ja so vielfach
von der pythagoreischen Lehre beeinflußt ist [2]. Um den
Anfang des peloponnesischen Krieges hat dieser Glaube dann
auch in Athen Verbreitung gefunden. In der Grabschrift,
welche der Staat den vor Poteidaea gefallenen Bürgern setzen
ließ, wird gesagt, daß die Seelen dieser Tapferen in den Äther
eingegangen seien; wohl das einzige Beispiel eines Hinweises
auf eine Fortdauer nach dem Tode in einem öffentlichen
Denkmale dieser Zeit [3]. Ebenso hat Euripides dieser An·
schauung mehrfach Ausdruck gegeben [4]. Zu anderen Zeiten
wieder hatte er orphische Anwandlungen [5]:

> Wer weiß es, ob das Leben nicht der Tod,
> Und erst der Tod dort drüben Leben heißt?

---

[1] Eur. *Hippol.* 956 θηρεύουσι γὰρ σεμνοῖς λόγοισιν, αἰσχρὰ μηχανώμενοι.

[2] Epicharm. fr. 245. 265 Kaibel. Eine verwandte Vorstellung findet sich
in den Χρυσᾶ Ἔπη, am Schluß: ἢν δ' ἀπολείψας σῶμα ἐς αἰθέρ' ἐλεύθερον
ἔλθῃς, ἔσσεαι ἀθάνατος θεὸς ἄμβροτος, οὐκέτι θνητός, vgl. über den pythagoreischen Seelenglauben Diog. Laert. VIII 32, und mehr bei Zeller I [5] 452.
Die Ableitung aus der ionischen Philosophie scheint mir weniger wahrscheinlich;
ohnehin ist diese Lehre älter als die Lehre von Diogenes von Apollonia.

[3] *CIA.* I 442 Αἰθὴρ μέμ ψυχὰς ὑπεδέξατο, σώ[ματα δὲ χθὼν] τῶνδε.

[4] *Hiket.* 533 (vgl. 1140), *Chrysippos* fr. 839 N [2], mit deutlichem Anklang
an Epicharmos. Sehr bemerkenswert *Helena* 1013 ὁ νοῦς τῶν κατθανόντων
ζῇ μὲν οὔ, γνώμην δ' ἔχει ἀθάνατον εἰς ἀθάνατον αἰθέρ' ἐμπεσών. Vgl.
Dieterich, *Nekyia* S. 103 ff., Rohde, *Psyche* II [2] 258.

[5] *Polyid.* fr. 638 N [2], vgl. *Phrixos* fr. 833 und *Hippol.* 189 ff. Im letzteren
Stücke sind Hippolytos selbst und wohl auch die alte Amme der Phaedra Anhänger der orphischen Lehre.

Freilich, die grobsinnliche Eschatologie, wie sie in Eleusis gelehrt und in der heiligen Handlung mimisch dargestellt wurde, mußte gebildeten Männern wie ein Mummenschanz erscheinen. Diagoras aus Melos hatte den Mut, das öffentlich auszusprechen und dabei überhaupt die Existenz der Götter zu leugnen; natürlich wurde er dafür in Athen geächtet und ein Preis auf seinen Kopf gesetzt (kurz vor 431), doch fand er im Peloponnes eine Zuflucht[1].

Solchen Angriffen gegenüber machte das Bedürfnis sich geltend, für die Grundlagen der Religion die wissenschaftlichen Beweise zu geben und so zu einer Weltanschauung zu gelangen, die Wissen und Glauben versöhnt. Das hatte, von orphischen Voraussetzungen ausgehend, bereits Empedokles getan (oben S. 238); Anaxagoras hatte dann, mit seiner Lehre von der Weltseele (Noos), wenigstens den intelligenten Urheber der Weltordnung retten wollen (oben S. 241). Auf diesem Wege ging dann der Athener Sokrates weiter[2]. Geboren um 470 als Sohn eines Bildhauers, hatte er, der Sitte gemäß, das väterliche Handwerk erlernt, darin aber bald kein Genügen gefunden. Schon der Knabe glaubte göttliche Inspirationen zu haben, eine innere Stimme zu vernehmen, die ihn warnte, zu tun, was schädlich war; und dieses „Daemonion", wie er es nannte, hat den Mann während seiner ganzen Laufbahn begleitet. Es konnte auch wohl geschehen, daß er plötzlich in tiefes Nachdenken versank, und regungslos stehen blieb, unbekümmert um alles, was um ihn her vorging; einmal, im Lager vor Poteidaea, soll er einen ganzen Tag und die folgende Nacht so dagestanden haben. So gab denn Sokrates

---

[1] S. unten 2. Abt. § 153.

[2] Da Sokrates nichts Schriftliches hinterlassen hat, kennen wir seine Lehre nur aus den Werken seiner Schüler, am besten aus Xenophon, denn der platonische Sokrates ist nur eine Maske, hinter die sich Platon selbst verbirgt, und Aeschines' Dialoge sind bis auf wenige Fragmente verloren. Für die sehr ausgedehnte moderne Literatur muß ich auf die Handbücher der Geschichte der Philosophie verweisen; sie ist übrigens meist wertlos, da jeder sich seinen Sokrates nach dem eigenen Bilde zurechtmacht. In der Regel pflegt er weit überschätzt zu werden; weltgeschichtliche Wirkung hat erst der Sokrates der platonischen Dialoge geübt.

sein Handwerk auf, und wandte sich ganz dem Berufe zu,
für den er von der Gottheit bestimmt zu sein glaubte, der
Aufgabe, seine Mitbürger durch Belehrung über ihre sittlichen
Pflichten zu bessern. Freilich nicht als Professor, oder wie
man damals sagte, Sophist; dazu hätte weder seine dürftige
Bildung ausgereicht, noch hätte es seiner Neigung entsprochen.
Vielmehr war er den lieben langen Tag auf dem Markte oder
auf der Gasse zu finden, wo er mit jedem, der wollte — und
müßige Leute gab es in der Großstadt genug — oder auch
nicht wollte, Gespräche anknüpfte über beliebige Themen,
wie sie gerade die Gelegenheit bot. Dank seiner glänzenden
dialektischen Begabung und der beständigen Übung war es
ihm ein leichtes, jeden, der sich in eine Diskussion mit ihm
einließ, in seinen Schlingen zu fangen, selbst Sophisten von
Ruf hatten einen schweren Stand gegen ihn. Dagegen fehlte
es ihm an schöpferischer Begabung, er ist nie dazu gelangt,
ein System zu entwickeln oder überhaupt ein wissenschaft-
liches Werk zu verfassen, und beschränkte sich durchaus
auf die mündliche Lehre. Und da er keinen methodischen
Kursus abhielt, konnte er Honorar nicht beanspruchen;
seine große Bedürfnislosigkeit setzte ihn in den Stand, von
den Zinsen seines kleinen Vermögens zu leben[1].

Für das Verständnis naturwissenschaftlicher Probleme
fehlten ihm die nötigen Kenntnisse; er war, wie alle Frommen
im Lande, der Meinung, daß es gottlos sei, sich mit solchen
Dingen zu beschäftigen. Auch sei es ganz überflüssig; denn eine
wahre Erkenntnis sei doch nicht zu gewinnen, und selbst wenn
sie zu gewinnen wäre, würde sie uns ja nichts nutzen. An
Natursinn fehlt es ihm ganz; die Bäume können mich nichts

---

[1] Gegen die Legende von Sokrates' Armut hat schon Demetrios von
Phaleron Einspruch erhoben (bei Plut. Arist. 1), der allerdings wohl nach der
anderen Seite hin übertreibt. Jedenfalls hat Sokrates nicht zur Thetenklasse
gehört, da er als Hoplit gedient hat. Zwar gab es auch Theten, die auf Staatskosten als Hopliten ausgerüstet wurden; aber man wird dazu schwerlich ältere
Männer genommen haben, und Sokrates war bei Poteidaea etwa ein Vierziger,
bei Delion über 45 Jahre alt. Armut ist eben ein relativer Begriff, und auch
ein Zeugite, der ohne eigene Arbeit leben wollte, mußte sich kümmerlich genug
durchschlagen.

lehren, pflegte er zu sagen. Überhaupt huldigte er einem platten Utilitarismus. Wir sollen das Gute tun, weil es das für uns Nützliche ist. Niemand wird sich selbst mit Absicht Schaden zufügen; es genügt also, die Menschen über ihr wahres Interesse zu belehren, damit sie diesem Interesse gemäß, d. h. tugendhaft handeln, denn die Tugend ist weiter nichts, als die Erkenntnis des wahrhaft Nützlichen, also des Guten. Darum ist sie lehrbar. Daß in der Menschenbrust neben dem kühlen Verstande auch Leidenschaften wohnen, kümmerte Sokrates nicht; wie er sich selbst vollständig in der Gewalt hatte, forderte er es auch von den anderen.

Es galt nun aber zu bestimmen, was denn das für uns Nützliche sei; und darin sah Sokrates seine wichtigste Aufgabe. Er glaubte sie lösen zu können, indem er untersuchte, „was jedes Ding eigentlich wäre", und zwar meinte er, daß es dafür genüge, jeden Begriff, der in der Sprache gegeben war, durch eine Definition zu bestimmen. Daß damit kein Wissen zu gewinnen ist, sondern höchstens eine wissenschaftliche Terminologie, sah er nicht, und so lief die Sache auf ein Spiel mit Worten hinaus. Das ist es, was uns heute die ganze Sokratik so ungenießbar macht. Er fand denn auch, was er, bewußt oder unbewußt, suchte, die Bestätigung der geltenden Volksmoral; darüber hinaus ist er kaum fortgeschritten. Ja die sokratische Sittenlehre würde geradezu unsittlich sein, wenn Sokrates wirklich dabei stehengeblieben wäre. Aber Sokrates war ja nicht bloß Philosoph, sondern vor allem ein Mann voll tiefer Religiosität; und so stellte er die Forderung, daß wir die Tugend üben sollen, nicht allein darum, weil die Tugend uns nützt, sondern eben so sehr, weil ein tugendhaftes Leben ein gottgefälliges ist. Gerade darin zeigt sich die Güte der Gottheit, daß sie von uns nur das fordert, was zu unserem eigenen Besten dient. Hier liegt der eigentliche Kern der sokratischen Lehre. Natürlich mußte, wie alles andere, so auch die Existenz der Gottheit bewiesen werden; Sokrates fand, Anaxagoras folgend, den Beweis in der zweckmäßigen Ordnung der Welt, die nur das Werk eines intelligenten Urhebers sein könne. Ferner berief er sich auf den *consensus gentium*, den

allgemeinen Glauben aller Völker an das Bestehen einer
göttlichen Weltregierung. Und zwar meinte er, die zweckmäßige Einrichtung der Welt sei mit spezieller Rücksicht
auf uns Menschen geschaffen. Über die Frage, ob Monotheis-
mus, ob Polytheismus, scheint Sokrates dagegen keine näheren
Untersuchungen angestellt zu haben, wie er sich überhaupt
dem Volksglauben möglichst anschloß, das Ritual beobachtete,
und auf Orakelsprüche und die ganze Mantik großes Gewicht
legte. Daß er dabei die geläuterten Vorstellungen von dem
Wesen der Gottheit annahm, wie sie zu seiner Zeit im Bewußtsein der Gebildeten lebten, und von den großen Dichtern
seit Simonides ausgeprägt waren, ist selbstverständlich.
Den orphischen Lehren dagegen und den Geheimkulten
überhaupt stand er ganz fern, und er hat denn auch die Un-
sterblichkeitslehre nicht angenommen, oder doch nur als
Hypothese betrachtet, weil man von den Dingen nach dem
Tode nichts sicheres wissen könne.

Der großen Menge erschien Sokrates als Sonderling, noch
mehr als die Sophisten von Beruf, die doch wenigstens mit
ihrer Kunst Geld machten. In intellektuellen Kreisen aber
wurde er ein gern gesehener Gesellschafter, dem alle Türen
sich öffneten, und so begann, etwa seit dem Anfang des peloponnesischen Krieges, eine größere Zahl Schüler sich um ihn
zu sammeln. Es war eine bunt gemischte Gesellschaft; junge
Männer aus den ersten Familien Athens, wie Alkibiades,
wie Kritias und seine Vettern Platon und Glaukon, wie Hermo-
genes, der Sohn des Hipponikos, des reichsten Mannes der
Stadt, und daneben Leute geringeren Standes wie der Handwerker Aeschines und Antisthenes, der Sohn einer thrakischen
Sklavin. Auch Fremde kamen, um Sokrates zu hören; so
Kebes und Simmias aus Theben, Eukleides aus Megara,
Aristippos aus Kyrene. Um die Zeit des Nikiasfriedens war
Sokrates bereits der berühmteste Philosoph in Athen, so daß
Aristophanes eben ihn zum Protagonisten des Stückes sich
ausersah, in dem er die Bestrebungen der „Sophisten" in
komischer Verzerrung dem Publikum von der Bühne aus
vorführte. Wirkung auf weitere Kreise aber hat Sokrates

Lehre erst gehabt, als die Schüler, nach dem Tode des Meisters, sich an die breite Öffentlichkeit wandten, und ihr in literarischem Gewande die sokratischen Gespräche zugänglich machten, ein jeder so, wie er sie aufgefaßt hatte.

Mit der Reaktion auf geistigem Gebiete ging eine politische Reaktion Hand in Hand. Waren doch Wissenschaft und Demokratie derselben Wurzel entsprossen; aber wie die Wissenschaft durch unfruchtbare Skepsis ihren theologischen Gegnern den Weg gebahnt hatte, so war es zum großen Teil die Schuld der Demokratie, wenn die öffentliche Meinung jetzt begann, sich von ihr abzuwenden. Gleiches Recht für alle war das Zauberwort gewesen, das um die Zeit der Perserkriege die bestehenden Staatsordnungen umgestürzt hatte, um die Majoritätsherrschaft an deren Stelle zu setzen. Aber als nun das Ziel erreicht war, begann man inne zu werden, daß auch hier die Wirklichkeit ganz anders aussah, als die Theorie. Denn die niederen Volksklassen waren noch keineswegs reif für die Ausübung der politischen Rechte, in dem Maße, wie sie ihnen von den demokratischen Verfassungen geboten ward.

Allerdings, die Kenntnis des Lesens und Schreibens war in Athen ziemlich allgemein verbreitet, obgleich es auch hier Ausnahmen gab [1]. Doch was wollte das sagen in einer Zeit, wo Bücher, schon wegen ihres hohen Preises, der großen Menge so gut wie ganz unzugänglich waren. Die musische und gymnastische Bildung aber war durchaus auf die höheren Klassen beschränkt; der Mann aus dem Volke wußte meist von den Dichtern nicht mehr, als unser Volk von Schiller und Goethe [2]. Auch der bildende Einfluß der Teilnahme

---

[1] In der Zeit der Perserkriege war es in Athen möglich, beim Ostrakismos. die schriftliche Abstimmung einzuführen; doch vgl. die Anekdote bei Plut Aristeid. 7. Auch der Wursthändler bei Aristoph. *Ritt.* 188 kann zur Not lesen, sonst ist er freilich ganz ungebildet. Der Hirt, der in Euripides *Theseus* (fr. 385) eine Botschaft ausrichtet, kann nicht lesen; der Dichter mag sich ihn aber als Sklaven gedacht haben.

[2] Aristot. *Poet.* 9, 8, *Polit.* VIII 1342, vgl. oben S. 228. Daher die Geringschätzung, mit der die καλοὶ κἀγαθοί auf die βάναυσοι herabsahen. Vgl.

am politischen Leben, wie sie die Demokratie jedem Bürger
bot, darf nicht überschätzt werden; schon darum, weil es nur
ein Bruchteil der Bürgerschaft war, der die Volksversammlung
regelmäßig besuchte[1], oder an den Sitzungen der Heliaea
Anteil nahm. Welches Verständnis für Fragen der äußeren
Politik oder für verwickelte Finanz- und Verwaltungsfragen
war also bei den Proletariern vorauszusetzen, welche die Volksversammlungen füllten, und deren Stimmen dort den Ausschlag gaben? Die Menge mußte notwendig zum willenlosen
Werkzeug werden in den Händen derer, die es verstanden
hatten, sich ihr Vertrauen zu erwerben. Der sicherste, jedenfalls der einfachste Weg dazu war aber, der Masse des Volkes
auf Staatskosten materielle Vorteile zu verschaffen. Selbst
ein Perikles hat diesen Verhältnissen mehr Konzessionen
machen müssen als gut war; was war da von Staatsmännern
niedrigerer Gesinnung zu erwarten? So wuchs in wenigen
Jahrzehnten ein Demagogentum heran, das den gemeinen
Instinkten der Massen schmeichelte, um auf die Massen gestützt den Staat zum eigenen Nutzen auszubeuten.

Das war schlimm genug, aber es wäre zu ertragen gewesen. Gegen die Macht der Volksversammlung bildeten
die Beamten ein Gegengewicht, die der Natur der Sache
nach in ihrer großen Mehrzahl aus den besitzenden und gebildeten Klassen hervorgingen. Auch mußten Anträge, über
die in der Volksversammlung abgestimmt werden sollte,
erst durch den Rat gehen, und wenn dieser auch nichts weiter
war, als ein Ausschuß aus der Versammlung, meist, wie in
Athen, durch das Los bestimmt, so war es doch in einer solchen
Körperschaft leichter, verständigen Anträgen Gehör zu schaffen;
und der Ratsbeschluß wurde dann in der Regel vom Volke
ohne weiteres angenommen. Auch konnte jeder gesetzwidrige
Volksbeschluß vor Gericht angefochten werden, und blieb
dann bis zur Entscheidung der Sache suspendiert. Die gesetz-

[Xen.] *Staat d. Athen.* I 5 ἐν δὲ τῷ δήμῳ ἀμαθία τε πλείστη καὶ ἀταξία
καὶ πονηρία· ἥ τε γὰρ πενία αὐτοὺς μᾶλλον ἄγει ἐπὶ τὰ αἰσχρὰ καὶ ἡ
ἀπαιδευσία καὶ ἡ ἀμαθία.
[1] Thuk. VIII 72.

gebende Macht endlich stand zwar natürlich dem souveränen Volke zu; die Ausübung dieses Rechtes aber war durch so viele verfassungsmäßige Kautelen eingeschränkt, daß hier unüberlegte Beschlüsse nicht leicht gefaßt werden konnten. Es blieb ja trotzdem für Mißbräuche aller Art Tür und Tor offen; aber die Gefahren der Massenherrschaft waren auf dem Gebiete der Verwaltung doch zum großen Teil paralysiert, und wenn die besitzenden Klassen in den griechischen Demokratien sich hier über etwas zu beklagen hatten, so war es hauptsächlich über den hohen Steuerdruck. In Athen fiel auch das fort, da die Staatsbedürfnisse im wesentlichen mit den Einnahmen aus den auswärtigen Besitzungen und den Tributen der Bündner bestritten wurden, bis der peloponnesische Krieg auch hier dazu zwang, die Steuerkraft der Bürger in Anspruch zu nehmen.

Was aber ganz unerträglich war, waren die Zustände in der Rechtspflege. Die griechische Demokratie ging von dem Grundsatze aus, daß jeder Bürger, der ein gewisses Alter erreicht hatte (in Athen, und in der Regel wohl auch sonst, 30 Jahre) zum Geschworenen qualifiziert sei. Wenn aber arme Leute auf der Richterbank saßen, lag die Gefahr der Bestechung sehr nahe; nicht weil die Armen an sich bestechlicher gewesen wären, als die Reichen, sondern weil sie natürlich für eine viel geringere Summe zu haben waren. Um dieser Gefahr zu begegnen, gab es nur das Mittel, die Gerichtshöfe aus Hunderten von Geschworenen zusammenzusetzen. Eine so große Zahl von Richtern konnte aber auf die Dauer nur dann zusammengebracht werden, wenn der Staat sich entschloß, ihnen für das Opfer an Zeit und Mühe einen Entgelt zu gewähren (oben S. 155). Das mußte dann weiter zur Folge haben, daß die Bürger der ärmeren Klassen sich zum Richteramt drängten, denn es war ja sehr viel bequemer, den Sold für eine Sitzung in der Gerichtshalle zu empfangen, als den Tagelohn im Schweiße des Angesichts zu erarbeiten. In demselben Maße aber zogen die Wohlhabenden sich von dem Amte zurück; die karge Entschädigung konnte für sie nicht in Betracht kommen, und für den Ausfall des Urteils

blieben doch die Stimmen der Proletarier entscheidend, die
unter den Geschworenen die große Mehrzahl bildeten. Auch
war es wahrhaftig kein Vergnügen, halbe Tage lang unter
dem stinkenden Pöbel zu sitzen[1]. So wurden die Volksgerichte, je länger je mehr, zu einer Domäne der unteren
Klassen der Bürgerschaft, und es bildete sich jenes Ge-
schworenenproletariat, das die Komödie uns mit so unübertrefflicher Lebendigkeit schildert.

Und nun vergegenwärtige man sich eine Versammlung
von zweihundert, fünfhundert, ja tausend solcher Geschworenen, berufen, über die verwickeltsten Fälle in politischen,
Kriminal- und Zivilprozessen das Urteil zu sprechen. Von
der Bildung einer selbständigen, juristisch begründeten Ansicht konnte bei Richtern dieser Art nur sehr selten die Rede
sein; in der Regel mußte es von der größeren oder geringeren
Geschicklichkeit des Anklägers oder Verteidigers abhängen,
ob der Wahrspruch so oder so ausfiel. Und doch war die
Unwissenheit der Richter noch immer das kleinere Übel.
Wo nur das Mein und Dein in Frage kam und die Geschworenen
von dem Ausgang des Prozesses nicht persönlich berührt
wurden, also in der Mehrzahl der Fälle, war immerhin zu
erwarten, daß sie ihren Spruch nach bestem Wissen und
Gewissen abgeben würden. Aber wie, wenn es sich um einen
Prozeß handelte, der das ganze öffentliche Leben des Staates
in seinen Grundfesten aufwühlte, die Anklage z. B. eines
hervorragenden Staatsmannes oder Feldherrn? Wohl werden
überall die Entscheidungen im politischen Prozeß von der
Strömung des Tages beeinflußt sein, so lange Menschen auf
der Richterbank sitzen. Aber um wie viel mehr mußte das
nicht der Fall sein bei einem solchen vielhundertköpfigen
Gerichtshofe, einer Volksversammlung im Kleinen, von denselben Leidenschaften wie diese bewegt, wo das Gefühl der
Verantwortlichkeit durch die scheinbare Bedeutungslosigkeit
des einzelnen Stimmsteines abgestumpft wurde? Die lange
Reihe ungerechter Wahrsprüche, die von Perikles bis Phokion

---

[1] Aristoph. *Ritter* 898.

durch die ganze Geschichte der athenischen Volksgerichte
wie ein roter Faden sich hinzieht, zeigt nur zu deutlich, was
von einem solchen Tribunal zu erwarten stand.

Aber auch das war noch immer das Schlimmste nicht.
Die chronische Finanznot der meisten griechischen Demokratien, die zum großen Teil eben durch die Aufwendungen
zugunsten der „enterbten" Klasse verursacht war, führte
dahin, das Defizit im Staatshaushalt durch Konfiskationen
zu decken, für die politische Prozesse den Vorwand abgeben
mußten. Seit der Zeit des peloponnesischen Krieges wurde
es etwas ganz gewöhnliches, daß der Ankläger die Geschworenen
aufforderte, einen Angeklagten schuldig zu sprechen, damit
aus dem eingezogenen Vermögen der Richtersold bestritten
werden könne, für den sonst keine Mittel vorhanden seien [1].
„Es ist eine bekannte Sache", sagt ein attischer Redner,
„daß der Rat, wenn genug Geld in den Kassen ist, das Recht
nicht verletzt; wenn der Staat sich aber in Finanznot befindet,
dann kann der Rat nicht umhin, Denunziationen entgegen
zu nehmen, das Vermögen der Bürger zu konfiszieren und
den Anträgen der verworfensten Redner Folge zu geben" [2].

Solche Zustände zogen das Sykophantentum groß, das
bereits in den letzten Jahrzehnten des V. Jahrhunderts in
Athen einen erschreckenden Umfang gewonnen hatte. Es
war ungefähr dasselbe, was heute die Revolverpresse ist,
nur daß die Sache in sehr viel größerem Maßstabe betrieben
wurde und ohne daß der Staat sich ernstlich ins Mittel
gelegt hätte. Gewandte Advokaten machten ein Geschäft
daraus, von reichen Leuten unter der Bedrohung mit einer
Anklage Geld zu erpressen; und da bei der Zusammensetzung
der Geschworenengerichte der Ausgang eines Prozesses
schlechterdings nicht zu berechnen war, hatte das Manöver
in den meisten Fällen den gewünschten Erfolg [3]. Wer sich
dagegen schützen wollte, dem blieb kaum ein anderes Mittel,

---

[1] Aristoph. *Ritter* 1358 ff., Lysias (27) g. *Epikr.* 2.

[2] Lysias (30) g. *Nikom.* 22, vgl. [Xen.] *Staat der Athen.* I 13, Aristot. *Polit.*
VI 1320 a.

[3] Vgl. Westermann Art. συκοφάντης in Paulys *Real-Enzyklopädie*.

als selber einen Sykophanten zu besolden, der dann seinen
Genossen das Handwerk legte [1].

Aber die demokratische Bewegung blieb hierbei nicht
stehen und konnte nicht stehen bleiben. Wenn die Gleichheit
der politischen Rechte aller Bürger einmal verfassungsmäßig
anerkannt war, war es dann nicht eine logische Konsequenz
dieses Grundsatzes, daß alle Bürger auch an Besitz gleich
sein sollten? Die Macht dieses Gedankens war so stark, daß
selbst Männer, die alles andere waren als Demokraten, sich
ihr nicht entziehen konnten; in allen Idealverfassungen dieser
Zeit kehrt diese Forderung wieder, mochte man nun das
Eigentum selbst verteilen wollen, oder nur denErtrag, den
das Eigentum brachte. Wie allgemein diese Frage in Athen
diskutiert wurde, zeigt die „Weiberversammlung" des Aristophanes, ein Stück, in dem der Dichter seinen Zuschauern die
Folgen der Verwirklichung solcher Ideen auf der Bühne vor
Augen stellt. Es hat denn auch nicht an Versuchen gefehlt,
die Theorie in die Praxis hinüberzuführen. So wurde in Leontinoi im Jahre 423 der Beschluß gefaßt, das gesamte Grundeigentum an alle Bürger neu aufzuteilen, was dann zur Folge
hatte, daß die Besitzenden sich den Syrakusiern in die Arme
warfen und mit deren Hilfe den Pöbel und seine Führer aus
dem Lande jagten [2]. Auf Samos wurden im Jahr 412 die
Grundbesitzer mit Hilfe der Athener erschlagen oder vertrieben, und ihre Häuser und Felder unter die Menge verteilt [3]. Überhaupt war fast jede tiefer gehende politische
Umwälzung mit mehr oder weniger einschneidenden Ände-
rungen in den Besitzverhältnissen verbunden; und wenn
es auch im allgemeinen nur selten zu so extremen Maßregeln
kam, wie in den Fällen, die eben erwähnt wurden, die Möglichkeit einer Konfiskation ihres Eigentums hing doch beständig wie ein Damoklesschwert über den Häuptern der
Besitzenden.

---

[1] Xen. *Denkw.* II 9.
[2] Thuk. V 4, unten S. 354.
[3] Thuk. VIII 21, unten S. 385.

So war denn die Demokratie, die das gleiche Recht Aller auf ihre Fahne geschrieben hatte, zur Klassenherrschaft geworden, kaum besser als die, welche im VII. Jahrhundert bestanden hatte, nur daß der Druck jetzt von unten kam, statt wie damals von oben. Demgegenüber traten alle Gegensätze innerhalb der besitzenden Klasse selbst in den Hintergrund [1]. Das war um so leichter, als ein eigentlicher Interessenkonflikt zwischen Grundbesitz und mobilem Kapital sich noch kaum hatte bilden können; die griechischen Staaten waren dazu viel zu klein, die Geldwirtschaft zu wenig entwickelt, der Grundbesitz die einzige wirklich sichere Kapitalanlage [2]. „Es ist verzeihlich", schreibt ein Zeitgenosse des peloponnesischen Krieges, „wenn ein Mann aus dem Volke demokratisch gesinnt ist, denn jedem ist es zugute zu halten, wenn er für seinen eigenen Vorteil sorgt; wer aber nicht zum gemeinen Volke gehört und doch lieber in einer Demokratie leben möchte als in einer Oligarchie, der denkt im Trüben zu fischen und weiß, daß seine Schurkereien in einem demokratischen Staate eher ungestraft durchgehen, als in einem oligarchischen" [3]. So wandte sich denn die öffentliche Meinung, die ja von den besitzenden und gebildeten Klassen gemacht wird, immer mehr von der Demokratie ab. In Athen wurde die Komödie nicht müde, die Auswüchse des herrschenden Systems mit beißendem Spotte zu geißeln, und die Führer der demokratischen Partei anzugreifen, zuerst Perikles, dann

---

[1] Aristot. *Polit.* V 1304 b αἱ μὲν οὖν δημοκρατίαι μάλιστα μεταβάλλουσι διὰ τὴν τῶν δημαγωγῶν ἀσέλγειαν· τὰ μὲν γὰρ ἰδίᾳ συκοφαντοῦντες τοὺς τὰς οὐσίας ἔχοντας συστρέφουσιν αὐτούς (συνάγει γὰρ καὶ τοὺς ἐχθίστους ὁ κοινὸς φόβος), τὰ δὲ κοινῇ τὸ πλῆθος ἐπάγοντες.

[2] [Xen.] *Staat d. Athen.* II 14 stellt die γεωργοῦντες καὶ πλούσιοι in Gegensatz zum Demos, ebenso Aristoph. *Ekkl.* 197 f. Nikias hatte hauptsächlich bewegliches Vermögen (Lys. *vAristophVerm.* 47), der reiche Bankier Pasion hatte einen beträchtlichen Teil seines Vermögens in Grundbesitz angelegt (unten Bd. III). Überhaupt ist der Literatur dieser Zeit der Interessengegensatz zwischen Grundbesitz und mobilem Kapital noch ganz fremd. Wenn Xenophon *Oekon.* VI 6 die τεχνῖται (Handwerker) den γεωργοί (Bauern) entgegenstellt, so ist das etwas wesentlich anderes.

[3] [Xen.] *Staat d. Athen.* II 20.

in schärferer Tonart Kleon, Hyperbolos, Kleophon und wie
sie alle heißen. Thukydides hält die demokratische Staatsform
für einen ganz offenbaren Wahnsinn, worüber man unter
verständigen Leuten kein Wort zu verlieren brauche [1]. Sokrates erklärte es für eine Torheit, daß man die Staatsämter
durch das Los besetze, während doch niemand daran dächte,
etwa einen Steuermann, oder einen Baumeister oder Flöten-
spieler durch das Los zu ernennen [2]. Später hat Platon sich
überhaupt vom Staatsleben ferngehalten, weil in der Demokratie eine ersprießliche politische Wirksamkeit doch nicht
möglich sei.

Die so dachten, richteten naturgemäß ihre Augen auf
Sparta, den Staat, der fast allein in Griechenland seine alte
Verfassung durch die Stürme der Zeit nach den Perserkriegen
bewahrt hatte, und der jetzt der einzige sichere Hort der
konservativen Interessen schien. So wurde die Bewunderung
der spartanischen Verfassung und überhaupt des spartanischen
Wesens Mode bei der gebildeten Jugend; und da es leider
mit der Einführung spartanischer Institutionen noch gute
Wege hatte, so begnügte man sich einstweilen damit, die
Äußerlichkeiten des spartanischen Wesens nachzuäffen. Die
athenischen Stutzer gefielen sich darin, in langem Haar, mit
schmutzigen Händen, im kurzen spartanischen Mantel und
lakonischen Schuhen durch die Straßen zu laufen; als Sport
betrieben sie, wie die Spartaner, den Faustkampf, und waren
auf ihre zerhauenen und verquollenen Ohren nicht weniger
stolz, als unsere Korpsstudenten auf ihre Renomierschmisse [3].
Das war ja nun alles sehr kindisch und an sich auch sehr
harmlos; aber es war ein charakteristisches Symptom für die
Strömung der öffentlichen Meinung, und die Stimmung, die

---

[1] Thuk. VI 89, 6 ἐπεὶ δημοκρατίαν γε καὶ ἐγιγνώσκομεν οἱ φρονοῦντές
τι, καὶ αὐτὸς οὐδενὸς ἂν χεῖρον, ὅσῳ καὶ * λοιδωρήσαιμι· ἀλλὰ περὶ ὁμο-
λογουμένης ἀνοίας οὐδὲν ἂν καινὸν λέγοιτο.

[2] Xen. *Denkw.* I 2, 9.

[3] Plat. *Protag.* 342 b c, Demosth. *gKonon* 34 S. 1267. Der Komödie bot
diese Lakonomanie natürlich einen dankbaren Stoff, vgl. Aristoph. *Wesp.* 475 f.,
Vögel 1193 ff., Platon fr. 124 Kock usw.

sich darin ausspricht, fand auch in ernsteren Bestrebungen ihren Ausdruck.

Denn eben die spartanischen Staatseinrichtungen sind es gewesen, woran die ersten Versuche angeknüpft haben, auf rationellem Wege eine Idealverfassung zu entwerfen. So der Begründer der griechischen Staatswissenschaft, der große Mathematiker Hippodamos aus Milet, in Perikles' Zeit. Er verlangte, nach spartanischem Vorbild, eine ständische Gliederung der Bevölkerung; und zwar sollte es drei Stände geben: Krieger, Bauern und Handwerker. Allerdings sollten, im Gegensatz zu Sparta, auch die Bauern und Handwerker volles Bürgerrecht haben, so daß die Verfassung des Hippodamos sich darstellte als ein Kompromiß zwischen der spartanischen Staatsordnung und der Demokratie; aber schon Aristoteles hat mit Recht bemerkt, daß tatsächlich der Kriegerstand zum ausschlaggebenden Faktor in einem so organisierten Staate hätte werden müssen[1]. Auch die Idealverfassung, die um dieselbe Zeit oder wenig später Protagoras von Abdera entwarf, scheint auf dem ständischen Prinzip beruht zu haben; doch wissen wir darüber nichts Näheres[2].

Die große Menge der Gebildeten aber hatte ganz andere Ideale. Wie schön war es zu der Väter und Großväter Tagen gewesen, gegenüber der schlechten Gegenwart; war es da nicht das Einfachste, zu den Zuständen jener Zeit zurückzukehren? Aristophanes und die attische Komödie überhaupt schildern wieder und wieder die gute alte Zeit der Marathonkämpfer; Eupolis ließ in einem seiner Stücke die großen Staatsmänner der Vergangenheit aus dem Hades heraufsteigen, um der lebenden Generation gründlich den Text zu lesen. Selbst Perikles, der doch so viel getan hatte, um die radikale Demokratie zu vollenden, der bei seinen Lebzeiten deswegen so bitter bekämpft worden war, erschien gut konservativen

---

[1] Aristot. *Polit.* II 1267 b—1268 b.

[2] Diog. Laert. IX 55, Favorinus ebend. III 57, nach dessen Angabe die Grundgedanken der platonischen Staatslehre schon von Protagoras ausgesprochen sein sollen. Das ist ja ohne Zweifel sehr übertrieben, aber es kann doch wohl nicht ganz und gar aus der Luft gegriffen sein.

Leuten schon wenige Jahre nach seinem Tode in verklärtem
Licht [1]. Von dem, was die Verfassung der guten alten Zeit
(πάτριος πολιτεία) eigentlich gewesen war, wußte man freilich sehr wenig; es stand also jedem frei, sich diese Verfassung seinem Ideal gemäß auszumalen.   Davon machte
man denn im Parteiinteresse auch reichlichen Gebrauch.
Ein charakteristisches Beispiel dafür ist das Bild, das Aristoteles, ohne Zweifel nach einer Schrift aus der Zeit des peloponnesischen Krieges, von der Verfassung Drakons entwirft [2];
es entspricht ungefähr der Verfassung, wie sie zur Zeit der
Perserkriege gewesen war.   Ähnlich suchte man in Sparta
gegenüber den revolutionären Bestrebungen die bestehende
Verfassung zu stützen dadurch, daß man sie, so wie sie war,
als das Werk des Lykurgos hinstellte.   Solon dagegen, den
man als den Begründer der athenischen Demokratie ansah,
wurde als gewissenloser Demagoge gezeichnet, der seine
Stellung dazu benutzt habe, sich selbst und seine Freunde
durch Landspekulationen zu bereichern [3].   Die Demokraten
blieben natürlich die Antwort nicht schuldig, und so wogte
der publizistische Kampf herüber und hinüber.   Das mußte
dann weiter zur Folge haben, daß man sich bemühte, die Sache
durch Urkundenforschung zur Entscheidung zu bringen.
Der Sophist Thrasymachos scheint der erste gewesen zu sein,
der auf die Notwendigkeit solcher Studien hingewiesen hat [4];
und die Anregung blieb nicht ohne Erfolg.   Bei der oligarchischen Umwälzung im Jahre 411 in Athen wurde der Beschluß
gefaßt, die kleisthenischen Gesetze aus dem Archiv hervor-
zusuchen, damit sie für die Reform der Verfassung als Material
dienen könnten [5].

---

[1] Er wird in Eupolis *Demen* neben Miltiades und Aristeides aus dem Hades
heraufzitiert, Thukydides urteilt sehr günstig über ihn (unten S. 294),
und auch Isokrates spricht von Perikles mit hoher Achtung. Platon freilich
blieb unversöhnlich.

[2] Aristot. ΑΠ. 4, vgl. oben I 2 S. 261.

[3] Aristot. ΑΠ. 6, 2—3, vgl. Wilamowitz *Aristot. u. Athen* I 62.

[4] Thrasym. fr. 1 bei Dionys. Hal. *Demosth.* 3 S. 959, vgl. Wilamowitz
a. a. O. I 173.

[5] Aristot. ΑΠ. 29.

So erwuchsen aus der politischen Polemik die Anfänge
der verfassungsgeschichtlichen Forschung, die denn auch
diesen ihren Ursprung nie ganz zu verleugnen vermocht hat.
Daran schloß sich dann weiter eine Kritik der bestehenden
Staatsformen an. Eine solche hatte Kritias für Athen und
Sparta gegeben [1]; und noch uns ist die Schrift eines athenischen
Oligarchen aus der Zeit des peloponnesischen Krieges er-
halten [2], worin der Nachweis geführt wird, daß die Verfassung
Athens zwar ganz nichtswürdig sei, aber vortrefflich auf den
Vorteil der besitzlosen Menge berechnet; Reformen seien
unmöglich und eine Revolution von innen heraus aussichtslos.
Hier schließt der Verfasser; durch welche Mittel die Demokratie
doch gestürzt werden könne, durfte er in Athen freilich nicht
sagen.

Bei dieser Lage blieb den besitzenden Klassen zunächst
nichts übrig, als nach Möglichkeit gegen die Mißbräuche der
Volksherrschaft sich zu schützen. Die Besitzenden schlossen
sich also zu Verbänden (ἑταιρίαι) zusammen, „zur Beeinflussung der Wahlen und zum Schutz gegen die Willkür der
Gerichte" [3]. An und für sich hatten diese Vereine durchaus
keine verfassungswidrige Richtung, wie sie denn unangefochten
bestanden haben trotz des bis zum krankhaften gesteigerten
Argwohns des Volkes gegen alles, was oligarchischen Bestrebungen auch nur entfernt ähnlich sah; aber allerdings
ließ diese Organisation sich eintretenden Falles zu revolutionären Zwecken vortrefflich verwerten.

---

[1] Wilamowitz, *Aristot. u. Athen* I 174 ff., Dümmler, *Hermes* XXVII (1892).
S. 260 ff. (zum großen Teil unrichtige oder unerweisbare Hypothesen). Die
Fragmente *FHG.* II 68.

[2] Die unter Xenophons Schriften erhaltene Ἀθηναίων πολιτεία, vgl.
besonders Kirchhoff, *Abh. d. Berl. Akad.* 1874. 1878, Müller-Strübing, *Philologus*
Suppl. IV, 1880, Kalinka, *Die pseudoxenophontische Ἀθηναίων Πολιτεία*,
Leipzig 1913.

[3] Thuk. VIII 54, 4 τάς τε ξυνωμοσίας, αἵπερ ἐτύγχανον πρότερον ἐν
τῇ πόλει οὖσαι ἐπὶ δίκαις καὶ ἀρχαῖς. H. Büttner, *Geschichte der politischen
Hetaerien in Athen*, Leipzig 1840, W. Vischer *Kl. Schriften* I 153 ff., vor allem
G. M. Calhoun, *Athenian Clubs in Politics and Litigation, Bulletin of the*
University of Texas Nr. 262, Austin, Texas 1913.

Durch das alles war der Boden für eine Umwälzung vorbereitet; denn keine Verfassung kann von Dauer sein, in der
die besitzenden und gebildeten Klassen nicht die ihnen ge-
bührende Stellung einnehmen. Noch hatte die Demokratie
einen festen Halt an dem athenischen Reiche. Aber dieses
Reich war im Innern bereits tief unterwühlt, und nur die
unbedingte Überlegenheit der Athener zur See hielt die wider-
strebenden Teile vereinigt; es mußte zusammenbrechen,
sobald ein Unfall eintrat, der diese Überlegenheit in Frage
stellte. Und auf die Länge konnte eine solche Katastrophe
nicht ausbleiben.

X. Abschnitt.
Der peloponnesische Krieg bis zum Frieden des Nikias.

Seit den Friedenschlüssen Athens mit Persien (448) und
den Peloponnesiern (446) herrschte in Griechenland tiefe
Ruhe, die nur einmal auf einen Augenblick durch den samischen
Aufstand gestört worden war; aber eben in dieser Krisis
hatten beide Verträge glänzend die Probe bestanden, und so
schien der Nation noch auf ein halbes Menschenalter hinaus,
bis zum Ablauf der 30 Jahre, auf die die Waffenruhe mit den
Peloponnesiern abgeschlossen war, die Ruhe im Innern und
nach außen gesichert. Daß es nicht dazu kam, war die Schuld
der Politik des leitenden athenischen Staatsmannes.

Den äußeren Anlaß gaben die Verhältnisse im griechischen
Westen. Korinth war schon seit Jahrhunderten mit seiner
Kolonie Kerkyra verfeindet[1], die der Mutterstadt an Bedeutung kaum nachstand und ihrem Handel nach dem Adriati-
schen Meer und Italien scharfe Konkurrenz machte; der
Besitz der von beiden Städten an den Küsten von Epeiros
und Illyrien gegründeten Kolonien bildete infolgedessen eine

[1] Thuk. I 25, 3 4, vgl. I 13, 4.

Quelle beständigen Zwistes. Einen Streitfall dieser Art hatte Themistokles nach dem Perserkriege als Schiedsrichter zugunsten Kerkyras beigelegt [1]; jetzt brach ein neuer Konflikt aus. In der kerkyraeischen Kolonie Epidamnos (*Durazzo*) hatte der Pöbel die Besitzenden vertrieben, diese aber riefen die umwohnenden Illyrier zu Hilfe und brachten ihre Gegner in der Stadt bald in so schwere Bedrängnis, daß sie gezwungen waren, die Mutterstadt Kerkyra um Beistand anzurufen (435). Doch dort wollte man mit dem Gesindel nichts zu tun haben, und nun wandten die Demokraten in Epidamnos sich nach Korinth. Hier nahm man es nicht so genau und ergriff gern die Gelegenheit, einen Schlag gegen Kerkyra zu führen. Man sandte also eine Besatzung nach Epidamnos; da Kerkyra das Meer beherrschte, auf dem Landwege über Apollonia. Die Kerkyraeer antworteten mit der Absendung eines Geschwaders, das den Verbannten die Hand reichte und mit ihnen vereinigt die Belagerung der Stadt begann. Jetzt rüstete Korinth eine große Entsatzflotte aus. Kerkyra brauchte den Angriff nicht zu fürchten, denn es besaß die stärkste und tüchtigste Kriegsmarine in Griechenland, die athenische allein ausgenommen (oben S. 115); gleichwohl wünschte es den Krieg zu vermeiden und war bereit, sich einem Schiedsgericht zu unterwerfen. In Korinth aber wollte man von einem Vergleiche nichts wissen und ließ die Flotte in See gehen. So kam es bei dem Vorgebirge Leukimme, nahe der Südspitze Kerkyras, zur Schlacht, in der die Korinthier völlig geschlagen wurden. Am selben Tage ergab sich Epidamnos, und die korinthische Besatzung wurde kriegsgefangen [2].

Korinth durfte diese Niederlage nicht hinnehmen. Es begann also mit Aufgebot aller Kräfte zu rüsten, und es gelang denn auch, mit Hilfe der verbündeten Nachbarstädte und der Kolonien Leukas und Ambrakia, im Lauf von zwei Jahren eine Flotte zusammenzubringen, die der kerkyraeischen mehr als gewachsen war. Jetzt blieb Kerkyra nichts übrig, als sich an den einzigen Staat um Hilfe zu wenden, der wirksame

[1] Plut. *Them.* 24, vgl. Thuk. I 136, 1.
[2] Thuk. I 24—29. Über die Chronologie unten 2. Abt. § 90.

Unterstützung gewähren konnte, Athen. Kerkyra tat diesen
Schritt sehr ungern, denn es verzichtete damit auf die politische Aktionsfreiheit, die es bisher sich durch alle Wechselfälle des Geschicks zu bewahren gewußt hatte; aber es hatte
keine andere Wahl. Athen seinerseits aber hatte das höchste
Interesse daran, zu verhindern, daß Kerkyra unter korinthische
Herrschaft geriete, und damit die kerkyraeische Seemacht
den Zwecken Korinths dienstbar würde. Und nicht minder
wichtig war der Besitz Kerkyras für die Beziehungen Athens
zu Italien und Sicilien. Dem gegenüber mußten alle anderen
Erwägungen in den Hintergrund treten. Die athenische
Volksversammlung nahm, allerdings nach lebhafter Opposition,
das von Kerkyra angebotene Bündnis an (Sommer 433),
doch wurde in Rücksicht auf die Peloponnesier nur eine
Defensivallianz abgeschlossen. Ein Geschwader von 10 Trieren
wurde sogleich nach Kerkyra abgesandt; man erwartete
offenbar, daß die moralische Unterstützung Athens genügen
würde, die Korinthier von weiteren Feindseligkeiten abzuhalten [1].

Ohne Zweifel war Athen formell vollkommen berechtigt,
das Bündnis abzuschließen, und die Peloponnesier selbst
haben das später anerkannt dadurch, daß sie aus der Haltung
Athens in dieser Frage keinen Kriegsgrund abgeleitet haben.
Da indes Kerkyra mit Korinth im Kriege stand, so war der
Abschluß des Bündnisses eine unfreundliche Handlung gegen
Korinth, und er wurde dort als solche empfunden. Doch
man war weit davon entfernt einzulenken, und noch im
August stach die große Flotte in See. Die Kerkyraer erwarteten den Feind an der Einfahrt in den Sund, der ihre
Insel vom Festlande trennt, bei den Sybota-Inseln; gegen
etwa 80 korinthische Schiffe standen 60 Schiffe von Kerkyra,
und die 10 athenischen Trieren. In dem nun sich entwickelnden
Kampfe blieben letztere, ihrer Instruktion gemäß, zunächst
untätige Zuschauer; als aber die Kerkyraer durch die Überzahl des Feindes zum Weichen gebracht wurden, sahen sich

---

[1] Thuk. I 30—45. *CIA.* I 179.

die Athener doch gezwungen, in die Schlacht einzugreifen,
um eine Landung der Sieger auf der verbündeten Insel zu
hindern. Das würde nun freilich bei der geringen Zahl der
attischen Schiffe wenig Erfolg gehabt haben, wenn nicht
gerade zu rechter Zeit eine Verstärkung von weiteren 20
Trieren aus Athen eingetroffen wäre, deren Erscheinen die
Korinthier bewog, den Kampf abzubrechen und nach dem
Festland zurückzurudern. So blieb die Schlacht ohne Entscheidung; freilich hatte die kerkyraeische Flotte viel schwerere
Verluste gehabt, als die korinthische.

Am nächsten Morgen boten die vereinigten Athener
und Kerkyraer den Peloponnesiern von neuem die Schlacht
an. Diese wagten den frischen Trieren aus Athen gegenüber
keinen Kampf; andererseits waren die athenischen Feldherren durch ihre Instruktionen gebunden, sich auf den Schutz
des kerkyraeischen Gebiets zu beschränken, sonst aber jede
Feindseligkeit mit den Korinthiern zu vermeiden. So konnte
die peloponnesische Flotte ungehindert ihren Rückzug an-
treten; sie tat es unter Protest gegen den angeblichen Friedensbruch der Athener. Kerkyra war gerettet [1].

Aber zugleich war es zwischen Athenern und Peloponnesiern zum erstenmal seit dem Abschluß des dreißigjährigen
Friedens zum Kampfe gekommen; man mochte streiten,
wen die Verantwortung traf, die Tatsache blieb bestehen,
daß der Friede, wenn nicht formell, so doch faktisch gebrochen
war. Es war vorauszusehen, daß Korinth die Herausforderung
nicht unbeantwortet lassen würde; war es doch durch die
neue Machtstellung, die Athen in Kerkyra gewonnen hatte,
in seinen vitalsten Interessen bedroht. So beschloß Perikles,
dem Schlage zuvorzukommen.

An der thrakischen Küste, auf dem flachen Isthmos,
der die fruchtbare Halbinsel Pallene mit dem Rumpf der
Chalkidike verbindet, hatten die Korinthier in Periandros'
Zeit die Kolonie Poteidaea begründet (oben I 1 S. 254). Die

---

[1] Thuk. I 45—55. Das zweite athenische Geschwader ist am Anfang
der zweiten Prytanie 433/2 in See gegangen (*CIA.* 1 179, besser Dittenb. *Syll.* [2]
26, unten 2. Abt. § 90), über die Stärke der Flotten unten 2. Abt. § 92 ff.

Mauern liefen von Meer zu Meer, vom Thermaeischen zum Toronaeischen Busen, und schlossen demnach Pallene vollständig gegen den Kontinent ab. Infolge dieser günstigen Lage blühte Poteidaea bald zur ersten Stadt in diesen Gegenden empor. Allein in Thrakien hatte sie gleich nach Salamis es gewagt, der nationalen Sache sich anzuschließen, ungeschreckt durch die zahllosen Scharen der Perser, deren Belagerung sie siegreich Trotz geboten hatte (oben S. 52). Dann war Poteidaea in den attischen Seebund eingetreten; galt es doch, die persischen Garnisonen aus den thrakischen Festungen zu vertreiben. Aber das Band, das es an die Mutterstadt knüpfte, hatte Poteidaea darum nicht gelöst; Jahr für Jahr empfing es aus Korinth seinen Oberbeamten, den „Epidamiurgos". Es war ein Verhältnis, das unhaltbar werden mußte, sobald die Beziehungen zwischen Athen und Korinth sich zu trüben begannen; und Perikles hielt es jetzt an der Zeit, diesem Zustand ein Ende zu machen. Ein attischer Volksbeschluß befahl den Poteidaeaten, den korinthischen Beamten aus der Stadt zu weisen und ihre Befestigungen auf der Seite nach Pallene hin niederzulegen.

Einen sichereren Weg, Poteidaea zum Aufstand zu treiben, hätte man gar nicht einschlagen können. Die unkriegerischen und auf sich selbst gestellten Städte Ioniens hatten sich ohne Widerstand der Entfestigung gefügt, die Athen über sie verhängte; Poteidaeas Bürgerschaft war aus anderem Stoffe und hatte außerdem einen Rückhalt an Korinth und an König Perdikkas von Makedonien, der mit Athen seit kurzem im Kriege stand. Als daher der Versuch, die Rücknahme der attischen Forderungen zu erwirken, erfolglos blieb, erklärte Poteidaea seinen Austritt aus dem Seebunde. Die benachbarten Bottiaeer und Chalkidér folgten dem Beispiel. Sie verließen ihre kleinen Städte am Meer, die gegen die athenische Flotte doch nicht zu verteidigen waren, und siedelten nach Olynthos über, zu dessen künftiger Größe damit der Grund gelegt wurde (Frühjahr 432) [1].

---

[1] Thuk. I 56—58.

In Athen war man seiner Sache so sicher gewesen, daß
man durch die Nachricht vom Abfalle Poteidaeas vollständig
überrascht wurde. Man hatte allerdings ein Geschwader
von 30 Trieren mit 1000 Hopliten an Bord nach Makedonien
geschickt, aber diese Macht war ganz unzureichend, um gleichzeitig gegen Perdikkas und die empörten Städte der Chalkidike
vorzugehen. Ja sie reichte nicht einmal hin zu einer Blockade
Poteidaeas, so dringend nötig es auch war, der Stadt keine
Zeit zu lassen, sich auf eine Belagerung vorzubereiten. Man
beschränkte sich also auf Angriffe gegen die makedonischen
Küstenplätze: Therme wurde genommen, Pydna belagert.
Jetzt endlich, es war schon gegen Ende Sommer, kamen
Verstärkungen aus Athen, 2000 Hopliten und 40 Trieren unter
dem Strategen Kallias [1]. Aber auch diese Streitkräfte waren
durchaus ungenügend für die Aufgabe, die hier zu lösen war.
Es blieb nichts übrig, als Perdikkas den Frieden zu bewilligen,
um endlich gegen Poteidaea vorgehen zu können. Dort waren
aber unterdessen 1600 peloponnesische Hopliten eingetroffen,
Söldner und korinthische Freiwillige, und damit waren die
Aufständischen den Athenern auch numerisch gewachsen,
um so mehr, als Perdikkas, sowie sein Gebiet von den Athenern
geräumt war, den eben geschlossenen Vertrag brach und den
Chalkidern ein Reiterkorps zu Hilfe schickte. Zwar blieb
den Athenern vor den Mauern Poteidaeas in offener Feldschlacht der Sieg [2], aber die vorhandenen Kräfte reichten
nur aus, der Stadt die Verbindungen nach Norden hin abzuschneiden; die gegen Pallene gewandte Südfront blieb
zunächst offen, und erst eine weitere Verstärkung von 1600
Hopliten im nächsten Frühjahr (431) [3] setzte die Athener
in den Stand, auch nach dieser Seite hin ihre Einschließungs-
linien zu vollenden. Jetzt waren nahe an 5000 attische Hopliten,
zahlreiche Bundesgenossen und 70 Trieren vor Poteidaea
vereinigt; ein Heer, wie es Athen nie zuvor zu einer über-

---

[1] *CIA.* IV 179 a b, S. 159 ff.; besser bei Kolbe, *Hermes* XXXIV, 1899.
S. 380 ff. Über die Chronologie unten 2. Abt. § 59.

[2] Die Grabschrift auf die gefallenen Athener *CIA.* I 442.

[3] Über die Zeit unten 2. Abt. § 91.

seeischen Expedition aufgeboten hatte[1]. Gegenüber solchen
Streitkräften hielt es Perdikkas angezeigt, wieder Frieden
mit den Athenern zu machen; er erhielt Therme zurück und
stellte dafür ein Kontingent gegen die Chalkider (Sommer 431)[2].

Inzwischen waren die Korinthier auch nach anderer
Seite hin gegen Athen tätig gewesen. Daß die Erhebung
Poteidaeas nur dann Erfolg haben könne, wenn die Stadt
aus dem Peloponnes wirksame Unterstützung erhielt, war
von vornherein klar; und Poteidaea war denn auch erst zum
Abfall geschritten, als seine Gesandten von den Ephoren
in Sparta das Versprechen einer solchen Unterstützung erhalten hatten[3]. Es handelte sich jetzt darum, dieses Versprechen durch die spartanische Volksversammlung rati-
fizieren zu lassen. Das war nicht ganz leicht; denn mit so
großer Besorgnis man auch in Sparta die Machtstellung Athens
betrachten mochte, so sehr man geneigt war, Korinth den
erbetenen Rückhalt zu gewähren, so bestand doch einmal der
dreißigjährige Frieden mit Athen, und man scheute sich, die
geschworenen Eide zu brechen. Und es war kein geringerer
als der alte König Archidamos, der durch seine Stellung wie
durch sein persönliches Ansehen einflußreichste Mann Spartas,
der für die Erhaltung des Friedens eintrat.

Unter diesen Umständen ist es sehr fraglich, ob die
Ephoren in der Volksversammlung die für ihre Kriegspolitik
erforderliche Mehrheit gefunden haben würden, hätte nicht
Athen selbst den gewünschten Vorwand geliefert. Dort hatte
man nämlich soeben auf Perikles' Antrag den Bürgern von
Megara den Aufenthalt auf attischem Boden und allen Verkehr
mit den Häfen im ganzen attischen Reiche untersagt und
damit den megarischen Handel so gut wie vollständig lahm-
gelegt. Die Maßregel war motiviert mit kleinen Übergriffen
der Megarer, wie sie zwischen feindseligen Nachbarn nie
fehlen; der wahre Grund war der Groll, der sich seit der Erhebung des Jahres 446 in Athen gegen Megara angesammelt

---

[1] Thuk. I 59—66.
[2] Thuk. II 29, 6.
[3] Thuk. I 58.

hatte [1]. So gerechtfertigt dieser Groll nun an und für sich auch sein mochte, so ist es doch klar, daß Athen in diesem Augenblicke nichts weniger Opportunes tun konnte, als die Annahme des „megarischen Psephisma". Denn Megara gehörte zur peloponnesischen Symmachie; und wenn auch der Vertrag von 446/5 über den Verkehr zwischen beiden kontrahierenden Teilen keine ausdrückliche Bestimmung enthielt [2], so galt es doch nichtsdestoweniger in Hellas für selbstverständlich, daß das Recht freien Verkehrs durch den Friedenszustand gewährleistet sei [3]. Den besten Beweis dafür hatten die Athener selbst geliefert dadurch, daß sie den Megarern die Handelsfreiheit mit dem athenischen Reiche bis jetzt nicht zu beschränken gewagt hatten. Damit war die Entscheidung gegeben. Sparta konnte gar nicht anders, als sich seiner Bundesstadt annehmen, wenn es nicht überhaupt auf die Führung im Peloponnes verzichten wollte. Die Rücksicht auf das mächtige Korinth tat das übrige. So erklärte denn zuerst die spartanische Volksversammlung und darauf auch der peloponnesische Bundestag, daß Athen den Frieden gebrochen habe (Herbst 432) [4]. Eine Kriegserklärung war das noch nicht; aber wenn Athen jetzt nicht nachgab, war der Krieg allerdings unvermeidlich.

---

[1] Thuk. I 67, 4; 139, 1. 2, Aristoph. *Acharn.* 531, *Fried.* 609; aus den letzteren beiden Stellen ergibt sich, daß Perikles selbst den Antrag gestellt hatte, und zwar, nach Philoch. Schol. Aristoph. *Fried.* 605, unter Pythodoros (432/1), s. unten S. 296 Anm. ; im Herbst dieses Jahres führten die Megarer deswegen in Sparta Beschwerde (Thuk. I 67, 4). Aus Aristoph. *Acharn.* 515 ff. zu schließen, es hätte schon vor Perikles' Psephisma eine Handelssperre gegen Megara bestanden, ist widersinnig, da ja erst dieses Psephisma die Handelssperre verfügt hat; Aristophanes ist doch kein Historiker, dessen Worte man auf die Goldwage legen könnte. — Das Psephisma des Charinos über die ἄσπονδος καὶ ἀκήρυκτος ἔχθρα gegen Megara (Plut. *Per.* 30) gehört natürlich erst in die Zeit nach Ausbruch des peloponnesischen Krieges (vgl. Thuk. II 31, 3; IV 66, 1); die Ermordung des Herolds Anthemokritos (Brief Philipps bei Demosth. XII 4, Paus. I 436, 3, Harpokr. Suid.) hat mit den beiden Psephismen nichts zu tun.
[2] Thuk. I 144. 2. Auch die Urkunde des Nikiasfriedens enthält keine solche Bestimmung.
[3] Thuk. I 67, 4.
[4] Thuk. I 67—88, 119—125.

In Athen begann eben um diese Zeit das perikleische Regiment bedenklich zu wanken. Seit Perikles ohne Nebenbuhler an der Spitze des Staates stand, hatte er aufgehört, ausschließlich den Interessen der besitzlosen Menge zu dienen. Denn die Demagogie war ihm nie etwas anderes gewesen als ein Mittel zur Erringung der Macht; jetzt, wo das Ziel erreicht war, lenkte er in gemäßigtere Bahnen [1]. Er gewann sich damit allerdings die Sympathien der breiten Schichten der besitzenden und gebildeten Klassen; selbst ein so konservativer Mann wie der Historiker Thukydides steht nicht an, der perikleischen Staatsleitung das begeistertste Lob zu spenden. Aber Perikles verlor darüber einen großen Teil seiner Popularität bei den Massen. Man kam hier immer mehr zu der Überzeugung, daß bei dem Kampfe um die Erweiterung der Volksrechte der Kampfpreis selbst allmählich zugrunde gegangen sei. Lebte man denn überhaupt noch in einer Demokratie, wenn derselbe Mann jahraus jahrein die Militärmacht des Staates wie seine finanziellen Hilfsquellen zur unbeschränkten Verfügung hatte, und die Beziehungen Athens nach außen und zu den Bundesstaaten nach seinem Gutdünken leitete?

An die Spitze dieser Opposition von unten trat der reiche Gerbermeister Kleon aus dem städtischen Demos Kydathenaeon [2], ein Mann ohne jede höhere Bildung und in seiner Brutalität ein echter Emporkömmling [3], aber auch von rücksichtsloser Energie, und ausgerüstet mit jener natürlichen Beredsamkeit, die es vermag, die Massen zu begeistern und mit sich fortzureißen. Für sich allein wäre diese Opposition wenig zu fürchten gewesen, aber sie fand Bundesgenossen bei einem großen Teil der Besitzenden, bei allen denen, die

---

[1] Thuk. II 65 κατεῖχε δὲ τὸ πλῆθος ἐλευθέρως, καὶ οὐκ ἤγετο μᾶλλον ὑπ' αὐτοῦ ἢ αὐτὸς ἦγε, vgl. Plut. *Per.* 15.

[2] Hermippos fr. 46 Kock, Sotion bei Diog. Laert. II 12. Schon sein Vater Kleaenetos hat Leiturgien geleistet (*CIA.* II 971 a).

[3] Thuk. III 36 βιαιότατος τῶν πολιτῶν, vgl. die Rede, die ihn Thukydides in der mytilenaeischen Sache halten läßt (III 37—40) und Aristophanes *Ritter.* Der Paphlagone in diesem Stück ist freilich eine Karikatur, aber eine gute, und eine solche muß die charakteristischen Züge des Originals wiedergeben.

es Perikles niemals verziehen hatten, daß er es gewesen war,
der den Demos zum maßgebenden Faktor im Staate erhoben,
der ihn gewöhnt hatte, auf öffentliche Kosten zu leben und
sich zu vergnügen. Es kam dazu, daß Perikles den religiösen und sozialen
Vorurteilen seiner Mitbürger weniger Rechnung trug, als für
einen Mann in seiner Stellung ratsam gewesen wäre. Er war
ein Anhänger der neuen Aufklärung und stand zu ihren
Koryphäen in den engsten Beziehungen[1]; die große Masse
des Volks aber, und keineswegs bloß der Pöbel, betrachtete
diese Männer mit tiefstem Mißtrauen und befürchtete, nicht
mit Unrecht, von ihnen die Vernichtung des alten Götter-
glaubens. Noch anstößiger war Perikles' Verhältnis zu Aspasia,
in der die öffentliche Meinung nun einmal nur die Hetaere
sah, und die ja außerdem ebenfalls den Kreisen der Aufklärer
angehörte. Hier setzten denn auch die Angriffe der Gegner
zunächst ein; denn Perikles selbst stand zu hoch, als daß
ein direktes Vorgehen gegen ihn irgendwelchen Erfolg versprochen hätte. So wurde Perikles' Freund Anaxagoras wegen
Gottlosigkeit der Prozeß gemacht und der greise Philosoph
gezwungen, Athen den Rücken zu kehren. Desselben Verbrechens und außerdem noch der Verführung freier Frauen
zu unsittlichem Lebenswandel wurde Aspasia angeklagt
und nur mit Aufgebot all seines Einflusses konnte Perikles
sie vor der Verurteilung retten. Dann kam die Reihe an
Pheidias. Unter der Beschuldigung, bei der Anfertigung
des großen Bildes der Stadtgöttin Gold und Elfenbein unter-
schlagen zu haben, wurde er ins Gefängnis geworfen, wo er
noch vor dem Spruch des Urteils gestorben ist. Dem Metoeken
Menon, der die Denunziation gegen ihn eingebracht hatte,
wurde durch Volksbeschluß Steuerfreiheit bewilligt und
damit indirekt Pheidias für schuldig erklärt[2]. Das war zu-

---

[1] Plut. *Per.* 4—6. 36. Vgl. Protagoras fr. 9 Diels bei Plut. *Trostschrift
an Apollonios* 33 S. 118.

[2] Diod. XII 39, Plut. *Per.* 31 f. Über den Prozeß gegen Anaxagoras auch
Plut. *Nik.* 23, Diog. Laert. II 12, andere Stellen bei Diels, *Vorsokratiker.* Über
den Prozeß gegen Aspasia Aeschines der Sokratiker bei Plut. *Per.* 32 = Athen.

gleich ein Schlag gegen Perikles, der als Kommissar die Aufstellung der Statue geleitet hatte, und also für die dazu bewilligten Gelder verantwortlich war; doch ist es zu einer förmlichen Anklage gegen ihn nicht gekommen.

Perikles fühlte sich in seiner leitenden Stellung erschüttert,
und er war entschlossen, den drohenden Sturm nach außen
abzulenken. Der erste Schritt nach dieser Richtung war der
Abschluß des Bündnisses mit Kerkyra 433. Seitdem hatte
er systematisch auf den Bruch mit den Peloponnesiern hingearbeitet; das Vorgehen gegen Poteidaea, das megarische
Psephisma waren offene Herausforderungen an Sparta und
seine Verbündeten. Und als nun eine spartanische Gesandtschaft in Athen erschien, um wegen dieser Übergriffe Beschwerde zu führen, da trat Perikles mit dem ganzen Schwergewicht seines noch immer unermeßlichen Einflusses und

---

XIII 589 e (Dittmar, *Aesch. v. Sphettos*, Berlin 1912, S. 22 A. 85), vgl. Schol.
Aristoph. *Ritter* 969. Prozeß gegen Pheidias: Aristoph. *Frieden* 605 und Philochoros
in den Scholien zu der Stelle. Der auf einem Genfer Papyrus erhaltene Bericht
(J. Nicole, *Le Procès de Phidias*, Genf 1910, dazu L. Pareti, *Röm. Mitt.* XXIV,
1910, S. 271 ff.) ist leider so schwer beschädigt, daß kaum etwas daraus zu
entnehmen ist; mit Apollodor, wie Nicole meint, hat der Bericht natürlich
nicht das geringste zu tun, vgl. Pareti a. a. O. Daß alle diese Prozesse in dieselbe
Zeit gehören, und zwar unmittelbar vor den Ausbruch des peloponnesischen
Krieges, ist an sich klar und auch in den Quellen ausdrücklich bezeugt. Phi-
lochoros a. a. O. setzt den Prozeß des Pheidias unter Pythodoros (432/1); da
aber der Scholiast, der uns dies Zeugnis aufbewahrt hat, der Ansicht war, dieser
Pythodoros sei der siebente vor Skythodoros gewesen, unter den er das megarische
Psephisma setzt, so emendieren die Neueren seit Palmerius ἐπὶ Θεοδώρου,
obgleich die Handschriften beidemal ἐπὶ Πυθοδώρου geben. Der Einspruch
Karl Müllers (*FHG.* I S. 400) ist ungehört verhallt. Mir scheint klar, daß der
Scholiast oder schon seine Quelle eine korrupte Archontenliste vor sich hatte,
in der der Archon von 432/1 Σκυθόδωρος, der von 438/7 Πυθόδωρος hieß. Wie
hätte denn Aristophanes darauf verfallen, können, das megarische Psephisma
mit dem Prozeß des Pheidias zusammenzubringen, wenn 7 Jahre dazwischen
lagen? Ferner ergibt sich aus den Baurechnungen des Parthenon, daß im
14. Jahre (434/3) Gold und Elfenbein verkauft wurde (vgl. die Bearbeitung
der Urkunde bei Cavaignac, *Étude sur l'hist. financière d'Athènes*, Paris 1908);
auch dadurch wird wahrscheinlich, daß die Statue erst damals vollendet worden
ist. Das Richtige hat längst Nissen gesehen (*Hist. Zeitschr.* N. F. XXVII, 1889,
S. 406 f.); näher begründet ist es von Pareti a. a. O.

seiner amtlichen Stellung dafür ein, jede noch so unbedeutende Konzession zu verweigern [1]. Wie die Parteien in Sparta zueinander standen, würde die Aufhebung des megarischen Psephisma aller Voraussicht nach genügt haben, den drohenden Sturm zu beschwören [2]; denn die sonstigen Forderungen der Spartaner, Athen solle von Poteidaea ablassen und Aegina die Freiheit geben, waren kaum ernsthaft gemeint, und wurden sogleich fallen gelassen, wie sie denn auch formell ganz ungerechtfertigt waren. Vor 14 Jahren hatte Athen mit viel schwereren Opfern den Frieden erkauft und doch seine Großmachtstellung behauptet; es war eine Phrase, wenn Perikles jetzt erklärte, die Ehre des Staates gebiete es, an dem einmal gegen Megara gefaßten Beschluß festzuhalten. Aber diese Sprache war trefflich auf die Leidenschaften der großen Menge berechnet, und sie war in Athen fast immer ihres Erfolges gewiß. Die lakedaemonischen Forderungen wurden also auf Perikles' Antrag abgewiesen; dagegen erklärte Athen sich bereit, wegen der streitigen Punkte ein Schiedsgericht anzunehmen [3]. In der Form stellte man sich damit allerdings streng auf den Boden der Verträge [4]; aber nach allem was vorgefallen war, mußte diese Antwort den Peloponnesiern wie Hohn klingen. Wo war denn ein Schiedsrichter zu finden, wenn ganz Hellas für oder wider Partei nahm? So wurden die Verhandlungen abgebrochen und im Peloponnes begannen die Rüstungen.

Gewiß, der Krieg zwischen den beiden hellenischen Vormächten, zwischen Demokratie und Oligarchie, wäre früher oder später doch unvermeidlich gewesen. Nur daß er gerade in diesem Augenblick ausbrach, war Perikles' Werk. Und man kann nicht sagen, daß der Zeitpunkt glücklich gewählt war. War doch Athen eben jetzt vollständig isoliert

---

[1] Thuk. I 127 ὢν γὰρ δυνατώτατος τῶν καθ' ἑαυτὸν καὶ ἄγων τὴν πολιτείαν ἠναντιοῦτο πάντα τοῖς Λακεδαιμονίοις καὶ οὐκ εἴα ὑπείκειν, ἀλλ ἐς τὸν πόλεμον ὥρμα τοὺς 'Αθηναίους.

[2] Thuk. I 139, 1, Plut. Per. 29.

[3] Thuk. I 139—145.

[4] Das haben die Spartaner selbst später anerkannt: Thuk. VII 18, 2.

und auf die eigene Kraft angewiesen; dem einzigen Staat, auf dessen Unterstützung man hätte rechnen können, Argos, waren durch seinen Vertrag mit Sparta noch auf ein Jahrzehnt die Hände gebunden. Dazu kam der Krieg in Thrakien, der ein volles Drittel des athenischen Landheeres in Anspruch nahm. Und auch abgesehen von allem dem, war jedes Jahr, das dem Frieden erhalten blieb, ein unschätzbarer Gewinn für Athen und für Hellas. Perikles wußte das alles natürlich so gut wie irgendein anderer [1]; wenn er trotzdem zum Kriege trieb, so waren es offenbar Rücksichten der inneren Politik, die ihn dazu bewogen, und die öffentliche Meinung in Hellas war darüber auch gar nicht im Zweifel [2]. Skrupel in der Wahl seiner Mittel hat Perikles niemals gekannt; und wie er einst in Athen den Klassenkampf entzünden geholfen hatte, so entzündete er jetzt den hellenischen Bürgerkrieg.

Perikles hatte sein nächstes Ziel erreicht; alles hing nun davon ab, ob er imstande sein würde, den Krieg erfolgreich zu führen. Er selbst redete darüber in der Volksversammlung mit großer Zuversicht, und ohne Zweifel sprach er damit nur seine wirkliche Meinung aus; er würde den Krieg nicht herbeigeführt haben, wenn er nicht von der Gewißheit des Sieges überzeugt gewesen wäre. Und in der Tat gebot Athen noch immer

---

[1] Theophrast bei Plut. *Per.* 23.

[2] So schon Aristophanes (*Acharn.* 515 ff., *Frieden* 609, Andokides *v. Fr.* 8, und später Ephoros (bei Diod. XII 39). Ich sehe nicht, wie Perikles' Politik von anderen Voraussetzungen aus verständlich ist. Man hat gemeint, Perikles hätte den Krieg provoziert, um Megara zu gewinnen, aber das erinnert doch gar zu sehr an die Geschichte von jenem Bauern, der sein Haus anzündete, um die Wanzen daraus zu vertreiben, mit dem Unterschiede, daß der Bauer wenigstens seine Wanzen los wurde, Athen aber Megara durch den Krieg nicht bekommen hat. Vgl. auch Ed. Meyer, *Forschungen* II S. 304. — Der Perikles-Kultus, der ja noch immer in schönster Blüte steht, sträubt sich natürlich, die Tatsache anzuerkennen, daß der große athenische Staatsmann den peloponnesischen Krieg aus persönlichen Gründen zum Ausbruch gebracht hat. Thukydides ist weniger zartfühlend gewesen; er hält es für eine selbstverständliche Sache, daß ein Staatsmann von egoistischen Motiven geleitet wird, und legt demgemäß solche Beweggründe auch den Männern unter, die er am höchsten bewundert, einem Brasidas (V 16, 1), einem Nikias (a. a. O.), einem Phrynichos (VIII 50, vgl. VIII 27, 5).

über eine gewaltige Macht [1]. Sämtliche Inseln des Aegaeischen
Meeres von Kreta nordwärts waren ihm untertänig, mit der
einzigen Ausnahme von Melos und Thera; an der thrakischen
Küste gehorchten ihm auch jetzt noch, nach dem Abfall von
Poteidaea und Olynthos, der größte Teil der chalkidischen
Halbinsel und alle Griechenstädte vom Strymon zum Bosporos;
ebenso fast alle Griechenstädte Asiens von Kalchedon bis
Knidos. Im Westen standen Zakynthos [2], Kerkyra, die
Messenier von Naupaktos, die Akarnanen und Amphilocher,
Rhegion und Neapolis in Italien, Leontinoi und Segesta in
Sicilien mit Athen im Bunde. Die jährlichen Einnahmen
des Reiches betrugen gegen 600 Talente, eine Summe, wie
sie kein anderer Staat der damaligen Welt einnahm, mit
Ausnahme des persischen Reiches und etwa der Republik
Karthago. Aus den Überschüssen dieser Einnahmen war ein
Reservefonds von 6000 Talenten angesammelt worden. In
den Arsenalen des Peiraeeus lagen 300 Trieren; außerdem
verfügte Athen über die Flotten von Lesbos, Chios und Kerkyra; und mehr noch als die Zahl wog die erprobte Tüchtigkeit
der athenischen Marine, die auf der ganzen Welt keinen Rivalen
zu fürchten hatte. Schlimmer bestellt war es mit der Landmacht Athens. Allerdings mochte das attische Reich den
peloponnesischen Bund an Volkszahl um mehr als das doppelte
übertreffen; und die 13 000 Hopliten und 1000 Reiter, die
Athen selbst aufzustellen vermochte [3], brauchten den Vergleich mit keiner anderen griechischen Bürgerwehr zu scheuen,
die von Sparta und Theben allein etwa ausgenommen. Dagegen war die Bevölkerung der Städte in Kleinasien und auf
den Inseln durchaus unkriegerisch, und was noch mehr ins
Gewicht fiel, politisch ganz unzuverlässig. Athen war also

---

[1] Vgl. die Übersichten bei Thuk. II 9 und 13.

[2] Die Insel war mit Kerkyra verbündet (Thuk. I 47) und dadurch auch
mit Athen. Akarnanien wurde durch den Gegensatz zu den korinthischen
Kolonien Ambrakia und Leukas auf die athenische Seite gedrängt. Das Bündnis
ist durch Phormion abgeschlossen (Thuk. II 68, 8), wohl schon vor dem dreißigjährigen Frieden.

[3] Vgl. *Klio* V, 1905, S. 356 ff.

im wesentlichen angewiesen auf das Aufgebot seiner eigenen Bürger und seiner Kleruchen in Lemnos, Imbros, Skyros, Oreos; es konnte nicht daran denken, ein Hoplitenheer aufzustellen, das dem Aufgebot des peloponnesischen Bundes an Zahl, oder gar an Qualität gewachsen gewesen wäre.

Perikles war von dieser Inferiorität Athens zu Lande so vollständig überzeugt, daß er von vornherein entschlossen war, auf jede Verteidigung Attikas zu verzichten. Die Bevölkerung und ihre bewegliche Habe sollte hinter den Mauern der Hauptstadt in Sicherheit gebracht, der Peloponnes durch die Flotte blockiert und durch Landungen in Atem gehalten werden. Bei der unbedingten Überlegenheit Athens zur See und der Stärke seiner Befestigungen die jeden Versuch einer Belagerung von vornherein aussichtslos machte, schien dieser Kriegsplan zum sicheren Siege führen zu müssen. Die Frage war nur, wer die Sache am längsten aushielt. Denn der Schaden, den die Verheerung einiger Küstenstriche des Peloponnes durch die attische Flotte verursachte, kam gar nicht in Betracht gegen den Ruin der gesamten Landbevölkerung Attikas, den die peloponnesische Invasion herbeiführen mußte; der Kern der feindlichen Macht aber blieb für Athen unverwundbar. So ansehnlich ferner der Schatz war, den Perikles auf der Burg gesammelt hatte, er mußte durch einige Kriegsjahre erschöpft werden, und dann stand Athen vor der Notwendigkeit, die Treue der Bundesgenossen durch Erhöhung der Tribute auf eine schwere Probe zu stellen. War es gewiß, daß sie diese Probe bestehen würde? Und wie, wenn Athen gar von unvorhergesehenen Unglücksfällen betroffen wurde? Aber auch wenn Perikles' Berechnungen sämtlich in Erfüllung gingen, wenn Athen sein Machtgebiet im vollen Umfang behauptete, wenn die Peloponnesier im Laufe der Jahre des Krieges müde wurden, so war das höchste, was sich bei dem perikleischen Kriegsplan erreichen ließ, ein fauler Frieden auf Grund des bisherigen Besitzstandes. War das ein Ziel, das so unermeßlicher Opfer wert gewesen wäre? [1]

---

[1] Vgl. Pflugk-Harttung, *Perikles als Feldherr*, Stuttgart 1884. Ein ähnliches Urteil über den perikleischen Kriegsplan habe ich gleichzeitig in meiner

Im Peloponnes hatte man indes mit Eifer gerüstet. Mit
Boeotien wurde ein Bündnis geschlossen und damit nicht
nur eine sehr ansehnliche Verstärkung der verfügbaren Streitkräfte gewonnen, sondern vor allem eine gesicherte Operationsbasis für den Einfall in Attika, der im nächsten Sommer
erfolgen sollte. Ebenso schlossen die im Jahr 446 gleichzeitig
mit Boeotien von der athenischen Herrschaft befreiten Landschaften Lokris und Phokis sich den Peloponnesiern an[1].
Von den peloponnesischen Kolonien im Westen, die ja ebenso
wie ihr Mutterland von den Expansionsbestrebungen Athens
bedroht waren, erwartete man Unterstützung an Schiffen[2].
Gegen Argos war man durch den 451 abgeschlossenen dreißigjährigen Frieden noch auf weitere 10 Jahre gesichert. Überhaupt standen die Sympathien der großen Mehrheit der
Nation durchaus auf der Seite Spartas, dessen Sieg den ge-
knechteten Bundesstaaten Athens die Freiheit, dem Reste
von Hellas die Befreiung von der Gefahr bringen mußte,
ebenfalls der Knechtschaft Athens zu verfallen[3]. Die Athener
haben denn auch im Laufe des Krieges durch politische Propaganda so gut wie garnichts erreicht, während die Peloponnesier

Attischen Politik (Leipzig 1884) S. 22 ff. ausgesprochen. Da Thukydides für
den perikleischen Kriegsplan voll Bewunderung ist, hat dies Urteil natürlich
bei den modernen Thukydides-Theologen die lebhafteste Entrüstung erregt.
Aber welches Gewicht kann denn die Ansicht eines Mannes haben, der seine
militärische Unfähigkeit Brasidas gegenüber so glänzend bewiesen hat? Daß
Perikles wohl daran tat zur Verteidigung Attikas keine Feldschlacht zu wagen,
wird allerdings niemand bestreiten, der imstande ist, sich ein Bild von der
damaligen militärischen Lage zu machen (Delbrück, *Strategie des Perikles*,
Berlin 1890), aber ebensowenig, daß im ersten Kriegsjahr sehr viel mehr hätte
geschehen können, als die unfruchtbare Flottendemonstration um den Peloponnes und die militärisch zwecklose Verheerung der Megaris. Kythera z. B.
hätte schon damals besetzt werden können. Wer freilich auf Grund von Thuk.
II 13 glaubt, Athen habe 29 000 Hopliten aufstellen können, wird Perikles'
Kriegsplan verurteilen müssen; denn mit einer solchen Macht, die sich ja noch
durch Bundeskontingente hätte verstärken lassen, wäre Athen sehr wohl imstande gewesen, eine Feldschlacht zu liefern, mindestens doch eine Defensiv-
schlacht in starker Stellung.

[1] Thuk. II 9.
[2] Thuk. II 7.
[3] Thuk. II 8. 4—5.

derselben ihre hauptsächlichsten Erfolge zu verdanken hatten. Auch das delphische Orakel gab dieser Stimmung Ausdruck und verhieß den Peloponnesiern den Sieg, wenn sie den Krieg mit Nachdruck führen würden; der göttliche Beistand sei ihnen in jedem Falle gewiß [1].

So ging man denn im Peloponnes voll Enthusiasmus und Siegeszuversicht in den Krieg. Man war überzeugt, die Macht Athens in wenigen Feldzügen durch die Verheerung Attikas brechen zu können [2]; und nach den mühelosen Erfolgen des Jahres 446 war es ja sehr begreiflich, daß man die Zukunft im rosigen Lichte sah. Erfahrene Kriegsmänner freilich, wie der alte König Archidamos, schüttelten zu solchen Erwartungen das Haupt [3]; sie sahen voraus, daß der Krieg, in den man sich zu stürzen im Begriffe stand, sehr langwierig werden würde, und erkannten, daß eine Niederwerfung Athens nur dann möglich sei, wenn es gelang, den Feind auf seinem eigenen Elemente, der See, zu überwinden. Dazu gehörten aber, von allem übrigen abgesehen, sehr große Geldmittel, die der Peloponnes aus eigener Kraft aufzubringen ganz außerstande war. Allerdings lagen die Tempelschätze von Delphi und Olympia im peloponnesischen Machtbereich; aber die Lakedaemonier waren viel zu fromme Leute, als daß sie gewagt hätten, daran zu rühren [4]. Und ob der peloponnesische Bund innerlich hinreichend gefestigt war, die Wechselfälle eines langen Krieges zu überstehen? Noch jetzt war er kaum etwas anderes, als was er vor einem Jahrhundert bei seiner Gründung gewesen war, ein loses Aggregat souveräner Staaten, die nichts zusammenhielt, als ihr guter Wille und die Furcht vor der militärischen Überlegenheit Spartas. Schon einmal, nach den Perserkriegen, war der Bund in Stücke gegangen, und es hatte lange Kämpfe gekostet, ihn

---

[1] Thuk. I 118. 3.
[2] Thuk. V 14. 3.
[3] Thuk. I 81. 6.
[4] In Korinth und Athen, wo man aufgeklärter war, scheint man das allerdings befürwortet, beziehungsweise gefürchtet zu haben: Thuk. I 121, 3; 143. 1.

wieder aufzurichten. Der Kriegseifer, der den Peloponnes jetzt
erfüllte, mußte in wenigen Jahren verraucht sein; und wenn
dann ein ernstlicher Unfall eintrat, wer vermochte für die
Treue der Bundesgenossen zu bürgen? Immerhin lagen die
Aussichten auf Erfolg für die Peloponnesier viel besser als
für Athen; denn eine Flotte konnte der Peloponnes im Laufe
der Zeit sich schaffen, Athen aber niemals ein dem peloponnesischen ebenbürtiges Landheer. Wenn es trotzdem
27 Jahre gedauert hat, bis das attische Reich niedergeworfen
war, so lag die Schuld zumeist an der Unfähigkeit der leitenden
Männer in Sparta, oder vielmehr an der verrotteten spartanischen Verfassung, die alle Nachteile der Monarchie und
Oligarchie in sich vereinigte und wie eigens darauf berechnet
schien, aufstrebenden Talenten den Weg zu verlegen. Und
darin liegt auch der Grund, daß Sparta, als es endlich am
Ziele stand, die Früchte seines Sieges nicht festzuhalten
vermocht hat.

Der Krieg war also beschlossen; die peloponnesischen
Rüstungen näherten sich ihrer Vollendung, im Sommer 431
sollte das Bundesheer in Attika einfallen. Auf der Nation
lag jene Gewitterschwüle, wie sie großen Katastrophen voraus-
geht. Überall drängte sich die abergläubische Menge um die
Wahrsager; daß Delos, die heilige Insel Apollons, zum ersten
Male seit Menschengedenken von einem Erdbeben erschüttert
wurde, galt als bedeutsames Vorzeichen, und selbst der auf-
geklärte Geschichtschreiber dieser Zeit hat es nicht verschmäht,
die Tatsache der Nachwelt zu überliefern [1].

Dei Feindseligkeiten begannen in Boeotien. Hier hatte
sich, wie wir wissen (oben I 1 S. 391), die Stadt Plataeae
schon vor den Perserkriegen von den übrigen Städten der
Landschaft getrennt und war mit Athen in enge Verbindung
getreten, an der sie seitdem durch alle Wechselfälle des Schick-
sals hindurch festgehalten hatte. Diese attische Festung

---

[1] Thuk. II 8. — Über die Zustände in Athen während des Krieges vgl
außer den oben I 1 S. 28 angeführten Schriften von Müller-Strübing, G. Gilbert
Beiträge zur inneren Geschichte Athens im Zeitalter des peloponnesischen Krieges,
Leipzig 1877, und meine *Attische Politik seit Perikles*, Leipzig 1884.

mitten in Boeotien, kaum drei Wegstunden von Theben
entfernt, war für dieses eine beständige Drohung; doppelt
gefährlich jetzt, wo man am Vorabend des Krieges stand.
So faßte man den Plan, sich noch vorher der Stadt zu bemächtigen. Die oligarchische Partei in Plataeae selbst bot
zu dem Unternehmen die Hand; mit ihrer Hilfe drang in einer
regnerischen Nacht, etwa Anfang März 431, ein Korps von
300 thebanischen Hopliten in die Stadt ein. Indes die große
Mehrzahl der Bürgerschaft wollte von einem Anschluß an den
boeotischen Bund nichts wissen. Die Ankunft der Verstärkung
aus Theben verspätete sich, und als der Morgen graute, waren
die Thebaner überwältigt und gezwungen, die Waffen zu
strecken. Die Gefangenen, 180 an Zahl, darunter Männer
aus den besten Familien Thebens, wurden sofort hingerichtet;
die Abmahnung aus Athen kam zu spät. Die blutige Tat
sollte furchtbar auf die Häupter ihrer Urheber zurückfallen [1].

Athen antwortete auf den Friedensbruch mit der Fest-
nahme aller in Attika befindlichen Boeoter; das attische
Heer überschritt den Kithaeron, setzte Plataeae in ver-
teidigungsfähigen Zustand und brachte den nicht kriegs-
tüchtigen Teil der Bevölkerung nach Athen in Sicherheit [2].
Aber man vermied jedes aggressive Vorgehen gegen Boeotien;
je mehr Perikles sich bewußt war, den Krieg provoziert zu
haben, um so sorgfältiger war er bestrebt, die formelle Verantwortlichkeit für den Beginn der Feindseligkeiten den
Gegnern zuzuschieben.

Zwei Monate nach dem Überfall von Plataeae, im Mai,
sammelte König Archidamos auf dem Isthmos die peloponnesischen Bundeskontingente, zwei Drittel der feld-
tüchtigen Mannschaft, etwa 20 000 Hopliten. Ehe er vor-
rückte, machte er noch einen letzten Versuch, den Ausbruch
des Krieges zu hindern; vielleicht, daß in Athen angesichts
des feindlichen Heeres noch in der zwölften Stunde die Friedenspartei die Oberhand gewann. Perikles scheint etwas Ähnliches
gefürchtet zu haben; er ließ den lakedaemonischen Herold

---

[1] Thuk. II 2—6. Über die Chronologie unten 2. Abt. § 98.
[2] Thuk. II 6.

gar nicht in die Stadt und sandte ihn sofort unter militärischem Geleit an die Grenze [1].

Archidamos setzte nun sein Heer in Marsch und rückte, durch etwa 5000 boeotische Hopliten verstärkt, in Attika ein. Treu dem gefaßten Entschlusse, sich streng in der Defensive zu halten, hatte Perikles noch wenige Wochen vor dem Einmarsch der Peloponnesier ein Korps von 1600 Hopliten nach Poteidaea abgehen lassen (oben S. 291). Er verzichtete denn auch darauf, durch einen Vorstoß nach der Megaris die Pässe der Geraneia in seine Hand zu bringen und damit den Peloponnesiern den Weg nach Attika zu verlegen; eine Operation, die übrigens, mit den Boeotern im Rücken, militärisch recht bedenklich gewesen wäre. Aber auch in Attika selbst setzte er dem Feinde nicht den geringsten Widerstand entgegen, eine so treffliche Verteidigungslinie die Höhen geboten hätten, welche die Ebene von Athen und die Ebene von Eleusis trennen. Er wußte, wie viel die Disziplin seiner Bürgermilizen zu wünschen ließ, und fürchtete, gegen seinen Willen zur Feldschlacht fortgerissen zu werden, die bei der großen Übermacht des Gegners zu einer sicheren Niederlage geführt haben würde.

Archidamos konnte also ungehindert vorrücken und die Felder verwüsten, auf denen das Getreide eben in Reife stand. Während dessen strömte die Landbevölkerung in die Tore der Hauptstadt; Wagen mit Hausrat, Herden von Rindern und Schafen drängten sich in den Straßen [2]. Wenige fanden bei Verwandten und Freunden Unterkunft; die große Masse lagerte in den Tempeln, oder in Baracken, die auf allen freien Plätzen der Stadt errichtet wurden [3]. Es gehört wenig Phantasie dazu, sich die Stimmung auszumalen, die unter den Flüchtlingen herrschte. Und als nun die Peloponnesier bis nach Acharnae vordrangen, etwa 10 km von der Stadt, und unter den Augen der Bürgerschaft die Felder verheerten

---

[1] Thuk. II 10—12. Über die Stärke des peloponnesischen Heeres *Klio* VI, 1906, S. 77.

[2] Andok. fr. 4 bei Suid. σκάνδιξ.

[3] Thuk. II 17.

und die Dörfer niederbrannten, da fehlte wenig, daß es in Athen zum offenen Aufruhr gekommen wäre. Die kriegstüchtige Mannschaft verlangte stürmisch gegen den Feind geführt zu werden. Aber Perikles hielt die Leitung des Staates in fester Hand. Seit der Feind im Lande stand, hatte er diktatorische Machtvollkommenheit; Volksversammlung und Gericht waren suspendiert, und es war dem Volke damit die Möglichkeit entzogen, irgendeinen unüberlegten Beschluß zu fassen. Als Archidamos sah, daß der Gegner ihm den Gefallen nicht tat, eine Schlacht anzunehmen, verließ er seine Stellung bei Acharnae und marschierte über den Parnes und bei Oropos vorbei durch Boeotien nach dem Isthmos, wo die Kontingente entlassen wurden. Der ganze Feldzug hatte kaum einen Monat gedauert[1].

Perikles hatte indessen eine Flotte von 100 Trieren, mit 1000 Hopliten an Bord, gegen den Peloponnes in See gehen lassen. So geringe Kräfte konnten selbstverständlich nichts Ernstliches ausrichten. Einige Küstendistrikte wurden verheert, aber vor den aus dem Innern heranrückenden Verstärkungen mußten die Athener sich jedesmal eilig auf ihre Schiffe zurückziehen. Doch wurde die wichtige Insel Kephallenia zum Anschluß an Athen bewogen und in Akarnanien die kleine korinthische Pflanzstadt Sollion erstürmt[2].

Hatte die Kriegführung demnach nur sehr dürftige Resultate ergeben, so sollte dem Selbstgefühl des Volkes nach anderer Seite hin Genugtuung gegeben werden. Die wehrlosen Bewohner von Aegina wurden von Haus und Hof getrieben auf die Beschuldigung, mit Sparta in hochverräterische Verbindung getreten zu sein; attische Kleruchen teilten sich den Boden der Insel. Den Vertriebenen gewährten die Lakedaemonier eine Zuflucht in Thyrea an der argeiischen Grenze. Im Herbst unternahm dann Perikles mit dem Gesamt-

---

[1] Thuk. II 18—23.
[2] Thuk. II 23—25. 30. Nach *CIA.* I 179 a. IV S. 161 ist die Abfahrt der Flotte noch vor Ablauf des attischen Jahres 432/1, wahrscheinlich am Ende der 9. Prytanie (Juni) erfolgt (Kolbe, *Hermes* XXXIV, 1899, S. 393; Busolt, ebenda XXXV S. 582).

aufgebot Athens einen Rachezug nach der Megaris; das offene
Land wurde gründlich verwüstet, die befestigte Stadt zu
nehmen machte man nicht einmal den Versuch [1].

Alles in allem genommen, hatte Perikles doch Ursache,
mit den Ergebnissen dieses ersten Feldzuges nicht unzufrieden zu sein. Waren auch keine großen militärischen Erfolge
erzielt, so war wenigstens jeder ernste Unfall vermieden worden.
Die feindliche Invasion war auf die nördlichen Distrikte von
Attika beschränkt geblieben; bis unter die Mauern der Hauptstadt vorzurücken hatte der Feind nicht gewagt, ebensowenig
Athen in der Flanke zu lassen und in die Paralia vorzudringen.
Und was die Hauptsache war, der äußeren Gefahr gegenüber
verstummte aller Hader im Innern; fester als je scharte sich
die Bürgerschaft um den Mann, der nun einmal an der Spitze
des Staates stand. Aber Perikles sollte bald inne werden,
wie gefährlich das Spiel war, das er spielte.

Im folgenden Frühjahr (430) überschritt König Archidamos an der Spitze des peloponnesischen Bundesheeres
von neuem die attische Grenze. Hatte er im vorigen Jahr
den Feind geschont, um den Bruch nicht von vornherein
unheilbar zu machen, so war er jetzt entschlossen, gründliche
Arbeit zu tun. Volle 40 Tage blieb das Heer im Lande, das
bis zu seiner äußersten Südspitze hin verwüstet wurde. Perikles
aber hielt auch jetzt an seinem Plane fest, eine Schlacht nicht
zu wagen, und gab den Süden Attikas ebenso preis wie im
vorigen Jahre den Norden [2].

Doch so schwer Athen durch diese Verheerung getroffen
wurde, es trat alles zurück gegenüber dem Unheil, das die
Pest über die Stadt brachte. Seit längerer Zeit hatte eine
ansteckende Krankheit Aegypten und die Länder Vorder-
asiens verheert, war dann in Lemnos eingeschleppt worden
und trat zu der Zeit, wo die Peloponnesier in Attika einfielen,
in Peiraeeus auf, um bald nach der oberen Stadt vorzudringen.
Unter normalen Umständen hätte das nicht so viel zu bedeuten

---

[1] Thuk. II 27—31, Plut. *Per.* 30.
[2] Thuk. II 47. 55. 57.

gehabt [1], jetzt aber war die gesamte Landbevölkerung Attikas innerhalb der Befestigungen Athens in engen und ungesunden Wohnungen zusammengedrängt, mit der Bevölkerung der Stadt selbst eine Masse von etwa 200 000 Menschen. Unter diesen Umständen mußte die Pest die furchtbarsten Verheerungen anrichten; während der 3 Jahre (430. 429. 426), in denen sie Athen heimsuchte, ist etwa ein Viertel aller Bewohner Attikas ihr zum Opfer gefallen [2]. Unter dem erschütternden Eindrucke dieses Unglücksschlages war die bürgerliche Ordnung zeitweise nahe daran, sich aufzulösen. Unbegrabene Leichen lagen auf den Straßen und selbst in den Heiligtümern; dumpfe Verzweiflung bemächtigte sich der Massen; das Vertrauen auf die Götter, die doch keine Rettung brachten, begann zu schwinden. Wie immer in solchen Fällen, zeigte sich neben hochherziger Aufopferung und Nächstenliebe auf der anderen Seite die rückhaltloseste Selbstsucht [3].

Auf die Nachricht von der Pest in Athen zog der Feind ab [4]; und wirklich blieb der Peloponnes von der Krankheit verschont [5]. Der bestehende Kriegszustand zeigte sich als wirksamste Quarantäne; denn die Peloponnesier töteten ohne Erbarmen jeden Athener oder athenischen Bundesgenossen, der in ihre Hände fiel. Perikles hatte indessen, um der Erregung des Volkes eine Ableitung zu geben, eine große Expedition gegen den Peloponnes ins Werk gesetzt, zu der 150 Kriegsschiffe und 4000 Hopliten aufgeboten wurden. Aber der Angriff auf das feste Epidauros blieb ohne Erfolg, und schließlich beging man den kaum glaublichen Fehler, die schon verseuchten Truppen nach Poteidaea zu führen, wodurch natürlich auch das Belagerungskorps angesteckt wurde. Militärisch war das Unternehmen ganz zwecklos,

---

[1] Es ist auffallend, wie selten in unserer doch verhältnismäßig reichen Überlieferung über die Geschichte des V. und IV. Jahrhunderts von verheerenden Epidemien die Rede ist.

[2] Von den 14 000 Hopliten und Reitern starben nach Thuk. III 87 4700 Mann, wobei aber die Verluste im Felde eingerechnet sind, vgl. *Klio* V 372 f.

[3] Thuk. II 47—54.

[4] Thuk. II 57.

[5] Thuk. II 54—55.

da die starke Festung durch Sturm nicht zu nehmen war
und zu einer bloßen Einschließung auch die bereits dort
stehenden Truppen reichlich genügten. Es wurde denn auch
nicht das geringste erreicht, und bald zwang die Pest dazu,
das Heer nach Athen zurückzuführen, nachdem man mehr
als 1000 Hopliten, ein Viertel der ganzen Stärke, nutzlos
geopfert hatte [1].

Jetzt trat in Athen eine tiefe Entmutigung ein. Man
begann Unterhandlungen mit Sparta; dort aber stellte man
unannehmbare Forderungen, und so blieb nichts übrig, als
trotz der Pest den Krieg weiter zu führen [2]. Und nun brach
der Sturm gegen den Mann los, dessen Politik so unsägliches
Unheil über den Staat gebracht hatte. Perikles sah sich von
seinen eigenen Anhängern verlassen und wurde durch Volksbeschluß seines Strategenamtes entsetzt, das er seit so langen
Jahren bekleidet hatte. Eine Anklage wegen Unterschlagung
öffentlicher Gelder sollte den Sieg der Opposition vervoll-
ständigen und Perikles für immer politisch unmöglich machen.
Bei der herrschenden Stimmung konnte der Ausgang nicht
zweifelhaft sein; die Geschworenen sprachen Perikles schuldig
und verurteilten ihn zu einer schweren Geldbuße. Wenig
hätte gefehlt, und das Todesurteil wäre gegen den Mann
gefällt worden, der soeben noch mit fast monarchischer Machtfülle über die Hälfte von Griechenland gewaltet hatte [3].

Juristisch war der Spruch wahrscheinlich ungerecht,

---

[1] Thuk. II 56. 58.

[2] Thuk. II 59, 2. 65, 2.

[3] Thuk. II 59—65 berichtet nur die Veranlassung und den Ausgang (II
65, 3) des Prozesses. Näheres bei Plut *Per.* 32. 35, vgl. meine *Att. Politik* S. 330
bis 335, wo gezeigt ist, daß die Angaben bei Plut. c. 32 sich auf diesen Prozeß
beziehen. Weiteres bei Swoboda, *Hermes* XXVIII, 1893, S. 536 ff. und Wilamowitz, *Aristoteles* II 245 ff. Da die Strategenwahlen für 430/29 ohne Zweifel
schon vor dem Einfall der Peloponnesier stattgefunden haben, der Prozeß aber
erst im Herbst oder Winter zur Verhandlung gekommen ist (unten 2. Abt. § 98),
so handelt es sich um eine Apocheirotonie, wie auch bei Plut. c. 35 (ἀφελέσθαι
τὴν στρατηγίαν) und Diod. XII 45, 4 (ἀποστήσαντες τῆς στρατηγίας) ausdrücklich gesagt ist. Die feierlichen Formen, in denen verhandelt wurde, beweisen ferner, daß es sich um mehr handelte, als um eine gewöhnliche εὔθυνα.

denn Perikles scheint einer der nicht sehr zahlreichen griechischen Staatsmänner gewesen zu sein, die ganz reine Hände hatten [1]. Aber der Spruch sollte auch nicht den Verwaltungsbeamten treffen, sondern den Politiker, der aus persönlichen Motiven den hellenischen Bruderkrieg entzündet und sich damit des größten Verbrechens schuldig gemacht hatte, das die ganze griechische Geschichte kennt.

Die Opposition hatte also ihr nächstes Ziel erreicht; aber es zeigte sich bald, daß die eigentlichen Schwierigkeiten erst jetzt begannen. Poteidaea freilich ergab sich im Laufe des Winters (430/29), nachdem die Stadt 2 Jahre lang sich heldenmütig verteidigt hatte und durch den Hunger aufs äußerste gebracht war; die Feldherren des Belagerungsheeres bewilligten der Bürgerschaft freien Abzug. Das Gebiet wurde an attische Kleruchen verteilt, und Poteidaea bildete seitdem einen der hauptsächlichsten Stützpunkte Athens an der thrakischen Küste [2]. Aber die Freude über den Erfolg wurde getrübt durch die schwere Niederlage, die das nun freigewordene Belagerungsheer im nächsten Frühjahr (429) gegen die Chalkider vor Spartolos erlitt. Die Schlacht ist kriegsgeschichtlich interessant dadurch, daß die attischen Hopliten, nachdem sie die feindlichen Hopliten besiegt, den chalkidischen Reitern und Peltasten erlagen; eines der ersten Anzeichen dafür, daß die alte Hoplitentaktik sich überlebt hatte, der man die Siege bei Marathon und Plataeae verdankte [3].

Da erschien den Athenern eine unerwartete Hilfe. Seit Thrakien von der Perserherrschaft frei geworden war, hatten die Odryser im fruchtbaren Hebrostale ihre Macht über die Nachbarvölker auszudehnen begonnen; unter König Sitalkes, um den Anfang des peloponnesischen Krieges, erstreckte

---

[1] Wenigstens nach Thukydides' Urteil, das er eben bei dieser Gelegenheit ausspricht (II 60, 5 χρημάτων κρείσσων, 65, 8 χρημάτων τε διαφανῶς ἀδωρότατος γενόμενος). Platon allerdings scheint anderer Ansicht gewesen zu sein (*Gorg.* 515 c).

[2] Thuk. II 70, Diod. XII 46, 7, *CIA.* I 340 = Ditt. *Syll.* [2] 28.

[3] Thuk. II 79.

sich ihr Reich von Abdera und dem oberen Strymon bis zum
Istros und dem Schwarzen Meer, über ein Gebiet von etwa
130 000 qkm. Auch die hellenischen Städte an der Küste
des Pontos hatten die Oberhoheit der Odryser anerkennen
und sich zur Tributzahlung verstehen müssen; die jährlichen
Einkünfte des Königs sollen sich unter Sitalkes' Nachfolger
Seuthes auf 800 Talente Silber belaufen haben, wozu noch
bedeutende Naturalleistungen hinzukamen [1]. Im Jahre 431
war Sitalkes mit den Athenern in Bund getreten, und es war
zum Teil sein Einfluß gewesen, der damals Perdikkas von
Makedonien bestimmt hatte, von der peloponnesischen auf
die athenische Seite hinüberzutreten [2]. Seitdem hatte der
thrakische König nichts mehr für die Athener getan; jetzt
endlich rüttelte der Fall von Poteidaea ihn aus seiner Un-
tätigkeit auf. Aber der Herbst kam heran, ehe er seine Massen
in Bewegung setzte (429). Es war ein gewaltiges Heer, und
das Gerücht vergrößerte die Zahl bis ins maßlose; erzählte
man sich doch in Griechenland, daß Sitalkes 100 000 Mann
zu Fuß und 50 000 Reiter heranführe. Über das Gebirge
am oberen Strymon rückte er von Norden her in Makedonien
ein, dessen König Perdikkas allerdings mit Athen in Frieden
stand, aber mit Sitalkes sich überworfen hatte. Idomene
am Axios wurde erstürmt, das flache Land bis nach Pella
hin verwüstet; schon begann man in Thessalien den Einbruch
der Thraker zu fürchten und rüstete sich zu ihrem Empfang.
Indes zu einer Belagerung fester Plätze waren die Barbaren
ganz außerstande, und so wandte sich Sitalkes nach der
Chalkidike, wohin die Athener versprochen hatten, eine Flotte
zu seiner Unterstützung zu senden. Aber es scheint, daß man
auch in Athen anfing, vor dem barbarischen Bundesgenossen

---

[1] Thuk. II 97. Das Reich umfaßte etwa das bisherige Bulgarien und das
frühere Vilajet Adrianopel. Den Ertrag der Tribute schlägt Thukydides
auf 400 Talente an; ebenso hoch hätten sich die Geschenke belaufen, die der
König erhielt. Namentlich die letztere Angabe ist offenbar weit übertrieben.
Über die Geschichte des Odryserreiches vgl. Höck, *Hermes*, XXVI, 1891, S. 76
bis 117.

[2] Thuk. I 29; vgl. Aristoph. *Acharn.* 134 ff.

Besorgnis zu haben; jedenfalls blieb die Flotte aus, und so zwang der Mangel an Lebensmitteln und das Hereinbrechen des Winters Sitalkes zum Rückzug, 30 Tage nach seinem Einmarsch in Makedonien [1]. Das ganze Unternehmen war vergeblich gewesen, und die athenische Herrschaft auf der Chalkidike blieb beschränkt auf die Halbinseln Pallene, Sithonia und Akte, und die Städte Aeneia, Akanthos, Stagiros [2].

Glänzender hätte sich Perikles' Unentbehrlichkeit gar nicht beweisen lassen, als es in der kurzen Zeit seit seinem Sturze durch seine Feinde geschehen war. Mochte das perikleische System so schlecht sein wie es nur wollte, von den Übeln, zwischen denen man zu wählen hatte, war es noch immer das kleinere. So erfolgte im Frühjahr 429 ein Umschwung der öffentlichen Meinung. Die unnatürliche Koalition löste sich auf, die im vorigen Jahre Perikles gestürzt hatte. Der Demos scharte sich aufs neue um seinen alten Führer, und Perikles wurde für 429/8 wieder zum Strategen gewählt [3]. Aber seine Kraft war durch die Schläge der letzten Jahre gebrochen. Häusliches Unglück trat hinzu; seine beiden legitimen Söhne, Xanthippos und Paralos, wurden kurz nacheinander von der Pest hingerafft. Kaum hatte er um Mitsommer 429 sein Strategenamt angetreten, so wurde auch er von der Krankheit ergriffen und erlag ihr im August oder September des Jahres [4].

Jetzt begann der Kampf der Parteien aufs neue. Unter Perikles' Freunden war der bedeutendste Damon, der Sohn des Damonides aus Oea, ein tüchtiger Musiker, der auch der

---

[1] Thuk. II 95—101. Der Zug hatte τοῦ χειμῶνος ἀρχομένου (Thuk. II 95, 1) begonnen.

[2] Der Umfang der athenischen Herrschaft auf der Chalkidike in dieser Zeit ergibt sich aus den Tributlisten *CIA.* I 256 (aus 432/1), 259 (aus 427/6) und 257 (aus 426/5). Die Liste 259 ist vollständig erhalten; der Gesamtbetrag der Tribute beträgt 87 tal. 3835 dr., während der thrakische Bezirk vor dem Kriege gegen 139 tal. gezahlt hat.

[3] Thuk. II 65, 4. Es ist an sich klar und wird durch Thukydides bestätigt, daß Perikles' Wiederwahl erst bei den Archaeresien für 429/8 erfolgt sein kann.

[4] Thuk. II 65, 5, Plut. *Per.* 36 f., Protagoras fr. 9 Diels bei Plut. *Trostschrift an Apollonios* 33 S. 181.

neuen Bildung nicht fernstand und über die Theorie seiner Kunst geschrieben hat; er war schon seit langen Jahren an Perikles' Seite politisch tätig gewesen und also bereits ein Mann in höherem Alter, gleichwohl erschien er den Gegnern so gefährlich, daß sie ihn durch das Scherbengericht aus Athen verbannten [1] (wohl Frühjahr 428). Sonst hatte das persönliche Regiment, wie überall, so auch in Athen nur Mittelmäßigkeiten aufkommen lassen; Perikles' Werkzeuge waren geistige Nullen, denen jede Fähigkeit zu selbständiger Initiative abging. So der Mann, der Perikles in den letzten Jahren vielleicht am nächsten gestanden und dem er bei seinem

---

[1] Freund des Sokrates und Prodikos: Plat. *Laches* 197 d, des Perikles noch in dessen letzten Jahren *Alk.* I 118 c, bei Platon als Autorität in musikalischen Dingen genannt (*Laches* 180 d, 200 a b; *Staat* III 400 b, IV 424 c). Als Chiron, der Perikles aufgezogen habe, wird er bei dem Komiker Platon angeredet (fr. 191 K bei Plut. *Per.* 4); auch nach Isokrates XV (*Antid.*) 235 war Perikles ein Schüler Damons τοῦ κατ' ἐκεῖνον τὸν χρόνον φρονιμωτάτου δόξαντος εἶναι τῶν πολιτῶν. Ähnlich Plut. *Aristeid.* 1, *Per.* 4. Als Perikles' politischer Ratgeber erscheint Damon bei Aristot. ΑΠ. 27, 4. Daß er älter als dieser gewesen wäre, folgt daraus keineswegs; auch Anaxagoras war ja mit Perikles etwa gleichaltrig, und Damon kann recht gut sogar etwas jünger gewesen sein. Da ihn Platon in einer Komödie auftreten ließ, muß er zur Zeit des peloponnesischen Krieges gelebt haben, falls die Szene nicht etwa in den Hades gelegt war. Agariste ἡ γυνὴ 'Αλκμαιονίδου, γενομένη δὲ καὶ Δάμωνος macht im Mysterienprozeß 415 eine Aussage (Andok. I 16); es kann sein, daß sie die Witwe unseres Damon gewesen ist. Der Ostrakismos wird bezeugt bei Aristot. ΑΠ. 27, 4, Plut. *Per.* 4, *Aristeid.* 1, *Nik.* 6; die von Carcopino geäußerten Zweifel (*Rev. Ét. gr.* XVIII, 1905, S. 415 ff., *Bibl. de la Faculté des Lettres de Paris*, XXV, 1909, S. 174 ff.) scheinen mir ohne Begründung. Es ist klar, daß der Ostrakismos nur nach dem Tod des Perikles gesetzt werden kann, und das wird durch Plut. *Nik.* 6 bestätigt. Daß Thukydides nichts davon erzählt, ist kein Gegengrund; erwähnt er doch auch den Ostrakismos des Hyperbolos bloß beiläufig und bei einer späteren Gelegenheit. Ein Fund von Stimmscherben, wahrscheinlich aus dieser Zeit, ist vor kurzem beim Dipylon gemacht worden: 11 nennen Thukydides, den Sohn des Melesias, 26 Kleïppides, der 428 die gegen Lesbos gesandte Flotte befehligt hat, je eine Teisandros, den Schwiegervater von Perikles Sohn Xanthippos, und einen sonst unbekannten Eucharides (*Jahrb. d. Inst.* XXVI, 1911, Anz. Sp. 121 f.). Da Damons Name fehlt, wird es sich um einen anderen Ostrakismos aus dieser Zeit handeln. Vgl. über Damon Wilamowitz, *Hermes* XIV, 1879, S. 318 und *Aristot.* I 134, und über seine musikalisch-politische Schrift Bücheler, *Rh. Mus.* XL, 1885, S. 309.

Tode die Sorge für seine Aspasia anvertraut hatte, Lysikles, „der Viehhändler", wie ihn die Komödie nennt [1]. Übrigens fiel er schon im Herbst 428/7 auf einem Zuge nach Karien [2]. Die Führung des Demos ging jetzt auf Kleon über, der, wie wir wissen, der perikleischen Politik einst heftige Opposition gemacht hatte und einer der hauptsächlichsten Urheber von Perikles' Sturze gewesen war, jetzt aber die Ansicht vertrat, daß man den einmal angefangenen Krieg mit Aufgebot aller Kräfte zu Ende führen müsse. Doch die soziale Stellung des Gerbermeisters war nicht derart, daß er auf eine Wahl zum Strategen hätte rechnen dürfen, ein Ehrgeiz, der ihm selbst übrigens zunächst noch sehr fern lag; und so konnte er auf die Regierung und namentlich auf den Gang der Kriegführung nur indirekt Einfluß üben.

Der Führer der Gegenpartei, Thukydides, der Sohn des Melesias, war nach Ablauf seiner zehnjährigen Verbannung (435) in die Heimat zurückgekehrt, wo er sogleich an der Agitation Anteil nahm, die zu Perikles' Sturz führte [3]. Aber er war schon zu alt, als daß er noch jetzt die Partei hätte leiten können [4]. So ging die Führung auf Nikias über, den Sohn des Nikeratos, aus dem Bezirk Kydantidae. Ein durchaus achtungswerter Charakter und wie die meisten Mitglieder der vornehmen Häuser Athens der bestehenden Verfassung aufrichtig zugetan, auch ein ganz tüchtiger Subalternoffizier, fehlte es ihm doch an jeder höheren militärischen und staatsmännischen Begabung; sein Ansehen beruhte vor allem auf seinem großen Reichtum, worin ihm wenige in Athen gleichkamen [5].

---

[1] Aristoph. *Ritter* 132. 765 mit den Scholl., Aeschin. der Sokrat. bei Schol. Plat. *Menex.* 235 e, Plut. *Per.* 24, Harpokr. unter ʼΑσπασία. Vgl. Müller-Strübing, *Aristophanes* S. 620 ff.

[2] Thuk. III 19.

[3] Satyros bei Diog. Laert. II 12.

[4] Aristoph. *Acharn.* 708 ff., *Wesp.* 947, falls diese Verse auf den Sohn des Melesias gehen, vgl. Kirchner, *Prosopogr.* I 472 und was dort angeführt ist. Ein Altersgenosse des Perikles muß Thukydides jedenfalls gewesen sein, da sein Sohn Melesias spätestens 461, wahrscheinlich 10—20 Jahr früher, geboren ist, s. unten 2. Abt. § 17.

[5] Plut. *Nik.* 2 ff., Thuk. VII 86, 5, über seinen Reichtum Lys.19 (*vAristoph. Verm.*) 47, Xen. *vdEink.* 4, 14.

Nichts kennzeichnet vielleicht besser den Mangel an Talenten, der jetzt in Athen herrschte, als daß ein solcher Mann die leitende Stellung im Staate einnehmen und mit geringen Unterbrechungen bis zu seinem Tode behaupten konnte. Daß unter diesen Umständen an eine kräftige und zielbewußte Politik und Kriegführung von seiten Athens nicht zu denken war, bedarf keiner Ausführung[1].

Die Peloponnesier hatten im Jahre 429 ihren Einfall nach Attika nicht wiederholt; zu verheeren gab es dort nichts mehr, und die noch immer nicht erloschene Pest mahnte zur Vorsicht. So rückte König Archidamos statt dessen in das Gebiet von Plataeae, und da die Versuche fehlschlugen, die Stadt zum gutwilligen Anschluß an die spartanische Sache zu bestimmen, begann die Belagerung. Wenn die Plataeer auch alle Stürme abwiesen, so mußte doch früher oder später der Hunger die Stadt in die Gewalt der Boeoter und Peloponnesier liefern[2]. Das waren nun gerade keine glänzenden Ergebnisse des Feldzuges. Mehr versprach man sich von einer anderen Unternehmung, die in der zweiten Hälfte des Sommers ins Werk gesetzt wurde. Die Athener hatten nach Perikles' Sturz (Herbst 430) endlich getan, was sie schon am Anfang

---

[1] Vgl. Thuk. II 65, 10.

[2] Thuk. II 71—78. Müller-Strübing, *Jahrb. f. Phil.* CXXXI, 1885, S. 289ff., hat gezeigt, daß diese Erzählung wenigstens zum Teil ein Phantasiestück ist. Für die Topographie grundlegend Washington, *American. Journ. Archaeol.* VI, 1890, S. 445 ff. mit Plan. Die erhaltenen Mauerreste in Polygonalbau lassen keinen Zweifel, daß die Stadt zur Zeit des peloponnesischen Krieges noch etwas größer war als seit dem IV. Jahrhundert, was ja auch schon von vornherein klar sein sollte; der Umfang betrug rund 3½ km. Beim Wiederaufbau nach der Zerstörung durch die Thebaner ist die äußerste Südspitze des Mauerringes abgeschnitten worden. Wenn Grundy, *Topogr. of the battle of Plataea*, London 1894, S. 53 ff., um Thukydides' Autorität zu retten, die Stadt im Jahr 429 auf die Nordwestecke des Stadtplateaus beschränken will, mit einem Umfang von 1430 Yards oder etwa 1300 m und einem Flächenraum von etwa 10 ha, so steht das in schroffem Widerspruch zu dem archäologischen Befund, denn die Zwischenmauer, welche diese Nordwestecke von der übrigen Stadt trennt, ist erst in später Zeit aus von älteren Mauern genommenen Steinen erbaut. Und ebenso verkehrt ist es, in der Südecke das Plataeae des V. Jahrhunderts zu sehen.

des Krieges hätten tun sollen, nämlich ein Geschwader nach Naupaktos geschickt, das die Einfahrt in den Krisaeischen Golf blockiert hielt und damit den gesamten Seehandel Korinths lahm legte[1]. So wurde denn eine starke peloponnesische Flotte gerüstet, um diese Blockade zu sprengen, und zugleich ein Korps von 1000 Hopliten nach Ambrakia gesandt, das, vereint mit den Kontingenten der Bundesgenossen aus der dortigen Gegend, Akarnanien zum Abfall von Athen bringen sollte. Aber das peloponnesisch-epeirotische Bundesheer wurde bei Stratos von den Akarnanen zum Rückzug gezwungen, während gleichzeitig der attische Stratege Phormion bei Naupaktos die an Zahl weit überlegene peloponnesische Flotte in zwei Schlachten aufs Haupt schlug[2]. Ein Anschlag auf den Peiraeeus, den die Peloponnesier dann noch im Herbst von Megara aus unternahmen, blieb ohne Erfolg[3].

Drei Jahre hatte der Krieg jetzt gedauert, ohne irgendeine Entscheidung zu bringen. Aber Athen hatte sein Machtgebiet nur durch die schwersten Opfer zu behaupten vermocht, während die Hilfsquellen der Gegner so gut wie intakt geblieben waren. Der Kriegsschatz, auf dem hauptsächlich Athens maritime Überlegenheit beruhte, war bereits zum größten Teile erschöpft. Die Pest hatte in die wehrfähige Mannschaft furchtbarere Lücken gerissen, als die verlustvollsten Niederlagen hätten tun können. Und noch viel bedenklicher war die moralische Einbuße, die das Ansehen Athens infolge alles dessen bei den Bundesstaaten erlitten hatte. Wenn also die Peloponnesier auch keinen einzigen wirklich durchschlagenden militärischen Erfolg aufzuweisen, ja wenn sie nicht einmal den Verlust Poteidaeas abzuwenden vermocht hatten, wenn ihre Versuche, es zur See mit Athen aufzunehmen, kläglich gescheitert waren, so hatte sich trotz alledem das Machtverhältnis zwischen beiden kriegführenden

---

[1] Thuk. II 69, 1.
[2] Thuk. II 80—92.
[3] Thuk. II 93 f.

Teilen sehr wesentlich zu ihren Gunsten verschoben. Das attische Reich wankte in seinen Grundfesten; die Krisis nahte heran.

Im Frühjahr 428 fielen die Peloponnesier aufs neue in Attika ein. Gleich nach ihrem Abzuge erhob sich Lesbos gegen Athen (etwa Ende Juni), die einzige Insel des Aegaeischen Meeres neben Chios, die sich ihre Autonomie und ihre selbständige Marine bewahrt hatte. Die Gefahr war furchtbar, denn nicht nur verfügte Lesbos über eine bedeutende Seemacht und reiche finanzielle Mittel, sondern vor allem, wer vermochte zu sagen, welche Ausdehnung der Aufstand annehmen würde. An den Olympien, die in diesem Sommer gefeiert wurden, erfolgte die Aufnahme der Lesbier in den peloponnesischen Bund, und es wurde ein neuer Einfall in Attika beschlossen, der noch im selben Herbste ins Werk gesetzt werden sollte. Doch Athen zeigte sich der Lage gewachsen. Auf die erste Nachricht von dem Aufstande wurde eine Flotte von 40 Trieren unter Kleïppides nach Lesbos gesandt, die zwar, da sie kein Landheer an Bord hatte, nicht imstande war, etwas Ernstliches auszurichten, aber wenigstens ein weiteres Umsichgreifen des Aufstandes verhinderte. Dann wurde mit 100 von der Bürgerschaft selbst bemannten Trieren eine Demonstration gegen den Isthmos unternommen, wo eben die peloponnesischen Kontingente sich zu sammeln begannen, während andere 30 Schiffe die lakedaemonische Küste verheerten. Man hatte Athen nach den Verlusten durch die Pest solcher Leistungen nicht mehr für fähig gehalten; um so tiefer war der Eindruck, den die große Rüstung hervorbrachte, und die Folge war, daß die Spartaner nach Hause zurückkehrten. Jetzt ging ein athenisches Heer von 1000 Hopliten unter dem Strategen Paches nach Lesbos; dazu kamen die Kontingente der Kleruchen auf Lemnos und Imbros und Zuzüge aus den Bundesstädten. So gelang es, die Hauptstadt der Insel, Mytilene, zu Lande und zur See einzuschließen [1]. Bei der drohenden Erschöpfung des Staatsschatzes wurde, zum erstenmal in diesem Kriege, eine direkte

---

[1] Thuk. III 2—18, Dittenb. *Syll.* [2] 27.

Vermögenssteuer von 200 Talenten in Attika selbst aus-
geschrieben, die freilich eben nur ausreichte, die dringendsten
Bedürfnisse zu befriedigen [1].

Dem gegenüber gingen die Lakedaemonier mit ihrer
gewohnten Langsamkeit vor. Während des ganzen Winters
blieb Mytilene sich selbst überlassen; endlich im Frühjahr 427
ging eine Hilfsflotte von 42 Trieren dahin ab, während gleichzeitig das Landheer den gewohnten Einfall nach Attika unternahm. Aber es war schon zu spät. Wie in Mytilene die Vorräte zur Neige gingen, brachen innere Unruhen aus, welche
die Übergabe der Stadt an die Athener, und zwar auf Gnade
und Ungnade, herbeiführten. Die kleineren Städte auf Lesbos
und die mytilenaeischen Besitzungen in der Troas [2] unterwarfen sich darauf ohne Widerstand. Die peloponnesische
Flotte war bereits nach Ionien gelangt, wo sie allgemeinen
Schrecken verbreitet hatte; vielleicht hätte ein Handstreich
auf Mytilene die Stadt den Athenern entrissen. Aber der
spartanische Nauarch Alkidas wollte von einem so gefährlichen Wagnis nichts wissen und führte seine Schiffe so rasch
wie möglich nach Hause zurück [3].

So war die Krisis des lesbischen Aufstandes glücklich
vorübergegangen, freilich nicht bloß durch eigenes Verdienst
der Athener, sondern noch mehr durch die Lässigkeit und
Ungeschicklichkeit ihrer Gegner. Das Ansehen Athens bei
seinen Bündnern war aufs neue befestigt, und man konnte
der Zukunft jetzt ruhiger entgegensehen. Um die Bundesstaaten von jedem ähnlichen Versuche abzuschrecken, beantragte Kleon eine exemplarische Bestrafung des unterworfenen Mytilene. Alle erwachsenen Männer sollten hingerichtet, die Weiber und Kinder in die Sklaverei verkauft,
das Gebiet an attische Kleruchen verteilt werden. Und so groß
war in Athen die Erbitterung gegen die bundbrüchige Stadt,
daß Kleon die Annahme seines Antrages durchsetzte. Aber

---

[1] Thuk. III 19.
[2] Thuk. IV 52. Seitdem erscheinen diese sog. Ἀκταῖαι πόλεις in den
athenischen Tributlisten (CIA. I 37. 543. IV S. 141).
[3] Thuk. III 26—35.

kaum war der entsprechende Befehl an den in Mytilene kom-
mandierenden General abgegangen, da begann es den Athenern
selbst vor dem gefaßten Beschlusse zu grauen. Sehr vielen
von denen, die sich in der Volksversammlung durch Kleons
Beredsamkeit hatten fortreißen lassen, kam es jetzt zum
Bewußtsein, daß man im Begriff stand, eine Barbarei zu
begehen, die in der ganzen Geschichte Griechenlands ihres-
gleichen nicht hatte; daß der Massenmord der Bürger einer
der größten und berühmtesten Städte in Hellas in der gesamten Nation einen Schrei der Entrüstung hervorrufen
und Athen die letzten Sympathien rauben mußte, die es noch
besaß. Und hatten denn die Lesbier ein so furchtbares Schicksal verdient? 50 Jahre lang hatten sie Seite an Seite mit den
Athenern gegen Barbaren und Hellenen gefochten, und wenn
sie jetzt abgefallen waren, so traf die Schuld die leitenden
Klassen, nicht aber die Masse des Volkes, die nie aufgehört
hatte, Athen wohlgesinnt zu sein, und schließlich die Vornehmen zur Übergabe der Stadt gezwungen hatte. Die Regierung [1] benutzte diesen Umschlag der Stimmung, um am
nächsten Tage die mytilenaeische Sache noch einmal vor die
Volksversammlung zu bringen; aber auch jetzt gelang es nur
mit knapper Not, die Aufhebung des gefaßten Beschlusses
durchzusetzen. Auch so war das Los, das Lesbos traf, schwer
genug: die Autonomie blieb verloren, die Mauern der Städte
wurden niedergerissen, die Flotte nach Athen fortgeführt,
das Grundeigentum eingezogen und unter 2700 athenische
Bürger verteilt; alle, die bei dem Aufstande in irgendeiner
Weise kompromittiert waren und sich nicht durch die Flucht
gerettet hatten, über tausend an Zahl, wurden hingerichtet.
Nur Methymna, das allein von allen Städten der Insel Athen
die Treue bewahrt hatte, behielt seine alte Unabhängigkeit [2].
    Es ist sehr begreiflich, daß während des lesbischen Auf-
standes, der die Anspannung aller Kräfte erforderte, Athen
sich in Griechenland auf die strengste Defensive beschränkte.

---

[1] Thuk. III 35, 5 (er braucht den Ausdruck: τοὺς ἐν τέλει).
[2] Thuk. III 36—50, Antiphon 5 (vHerodes' Ermordung) 77 ff., Dittenb.
Syll. ² 29.

Selbst zum Entsatz von Plataeae, das seit dem Sommer 429 von den Peloponnesiern und Boeotern belagert wurde (oben S. 315), machte man nicht den geringsten Versuch, obgleich die Not dort aufs höchste gestiegen war. So ergab sich die Stadt im Sommer 427 kurz nach dem Fall von Mytilene. Von der Besatzung hatte sich die Hälfte schon während des Winters durch die feindlichen Linien durchgeschlagen; den Rest, 200 Plataeer und 25 Athener, ließen die Sieger hinrichten, zur nicht unverdienten Vergeltung für den Mord der thebanischen Gefangenen, den die Plataeer zu Anfang des Krieges verübt hatten. Die Stadt wurde zerstört, das Gebiet kam an Theben [1].

Wenig fehlte und den Athenern wäre gleichzeitig ihr wichtigster Verbündeter im Westen, Kerkyra, verloren gegangen. Nur mit innerem Widerstreben und unter dem Drucke einer Zwangslage hatte sich die Insel im Jahre 433 an Athen angeschlossen; jetzt, wo die Gefahr vorüber und zugleich die Macht Athens durch den Krieg gegen Lesbos gelähmt war, hielten die besitzenden Klassen den Augenblick gekommen, die damals geschlossene Verbindung zu lösen und wieder in die Neutralität gegenüber allen hellenischen Händeln zurückzutreten, welche die traditionelle Politik Kerkyras war. Es brach über diese Frage zwischen den Besitzenden und dem Demos der Bürgerkrieg aus. Durch mehrere Tage wütete ein erbitterter Straßenkampf, bei dem ein Teil der Stadt in Flammen aufging; der Sieg neigte sich bereits auf die Seite der Menge, als die Ankunft eines attischen Geschwaders von 12 Trieren von Naupaktos her die Entscheidung brachte. 400 Oligarchen wurden gefangen gesetzt, die bisherige Defensivallianz mit Athen in ein Schutz- und Trutzbündnis verwandelt. Aber alle Erfolge wurden in Frage gestellt durch das Erscheinen der peloponnesischen Flotte, die eben von der Fahrt nach Lesbos zurückgekehrt und durch Verstärkungen auf 55 Trieren gebracht war. Im Angesicht der Stadt kam es zur Seeschlacht, in der den Peloponnesiern über die völlig desorganisierte

---

[1] Thuk. III 20—24. 52—68.

kerkyraeische Flotte mit leichter Mühe der Sieg blieb; das
attische Geschwader war viel zu schwach, das Geschick des
Tages zu wenden. Es lag in der Hand des lakedaemonischen
Admirals, seine Truppen ans Land zu setzen und Kerkyra
zu nehmen; aber der unfähige Alkidas fand auch jetzt zu dem
entscheidenden Entschlusse nicht die Kraft. Inzwischen
erschien eine attische Flotte von 60 Trieren auf der Höhe von
Leukas, und nun blieb den Peloponnesiern nichts übrig als
schleuniger Rückzug. Kerkyra war für Athen gerettet. Unter
dem Schutze der attischen Schiffe hielt der kerkyraeische
Pöbel ein furchtbares Strafgericht über seine Gegner; die
gefangenen Oligarchen wurden sämtlich hingerichtet oder
endeten durch eigene Hand; 500 Bürger der besiegten Partei
flüchteten auf das nahe Festland und setzten von hier aus
den Kampf gegen die Demokratie in der Stadt fort [1]. Sie sind
dann später wieder nach der Insel hinübergegangen, wo sie
sich zwei Jahre lang in den Bergen behaupteten, bis es endlich
der kerkyraeischen Regierung mit athenischer Hilfe gelang,
sie zur Ergebung zu zwingen. Die athenische Volksversammlung sollte über ihr Schicksal entscheiden; die Kapitulation
wurde aber unter einem Vorwand gebrochen und die Gefangenen
sämtlich niedergemacht (Spätsommer 425) [2]. Im ganzen
sollen etwa 1500 Angehörige der besitzenden Klassen dem
Pöbel zum Opfer gefallen sein [3]. Die oligarchische Partei
war vernichtet, und Kerkyra segelte fortan im athenischen
Fahrwasser.

Die Sicherung des Besitzes von Kerkyra war für Athen
von um so größerer Wichtigkeit, als eben jetzt Ereignisse
eintraten, welche die attische Intervention in Sicilien zur
Notwendigkeit machten. Denn kaum hatte die demokratische
Staatsform in Syrakus feste Wurzeln geschlagen, als man
dort anfing, in die Bahnen der deinomenidischen Politik einzulenken und den Wiedergewinn der Hegemonie über die
Insel anzustreben. Gleich nach dem Sturze des Duketios war

[1] Thuk. III 69—85.
[2] Thuk. IV 46—48.
[3] Diod. XIII 48, 2.

es darüber zum Kriege mit Akragas gekommen (um 446), wobei die ganze Insel für und wider Partei nahm; am Flusse Himeras wurden die Akragantiner unter schweren Verlusten geschlagen und gezwungen, um Frieden zu bitten [1]. Syrakus war nun wieder die erste Macht im hellenischen Westen; und so blieb den chalkidischen Städten, wenn sie ihre Selbständigkeit behaupten wollten, nichts übrig, als sich den Athenern in die Arme zu werfen (oben S. 202). Jetzt kam die Zeit, wo Athen die übernommenen Verpflichtungen einlösen sollte. Ein allgemeiner Krieg brach auf Sicilien aus. Auf der einen Seite standen die chalkidischen Städte Naxos, Katane, Leontinoi, Rhegion, das dorische Kamarina, und ein großer Teil der eingeborenen Sikeler; auf der anderen Seite Syrakus, Gela, Selinus, Messene, Himera, Lipara, und das epizephyrische Lokroi; Akragas hielt sich, so weit wir sehen, neutral. Die Syrakusier waren ihren Gegnern weit überlegen; und so sah Athen sich genötigt, im Herbst 427 ein Geschwader von 20 Trieren unter dem Strategen Laches von Aexone seinen Bundesgenossen im Westen zu Hilfe zu schicken. Trotz dieser geringen Macht wurden bedeutende Erfolge erreicht und namentlich Messene zum Anschluß an die athenische Sache gebracht (426). Wenn die Peloponnesier im Anfang des Krieges auf Unterstützung seitens ihrer Kolonien im Westen gerechnet hatten, so war die Verwirklichung dieser Hoffnung jetzt in weite Ferne gerückt [2].

Die Mißerfolge der peloponnesischen Waffen konnten auf die inneren Verhältnisse Spartas nicht ohne Rückwirkung bleiben. Die Erwartung, Athen durch die Verheerung seines Landgebietes zum Frieden zu zwingen, war fehlgeschlagen. Man hatte auf die Erhebung der athenischen Bundesgenossen gerechnet; aber Poteidaea war gefallen, der lesbische Aufstand isoliert geblieben und schnell unterdrückt worden. Alle Versuche, den Athenern auf ihrem eigenen Elemente, dem Meer, zu begegnen, hatten nur zu schmählichen Niederlagen geführt.

---

[1] Diod. XII 8, vgl. 26.
[2] Thuk. III 86. 88. 90, Diod. XII 53 f.; über Thukydides' Quelle: Stein, *Rh. Mus.* LV, 1900, S. 531 ff.

Auch die Rechnung auf einen inneren Umschwung in Athen hatte getrogen. Perikles war gestürzt worden, _und seine Gegner hatten seine Politik weitergeführt; selbst sein Tod hatte keine Änderung in der Lage gebracht. Unter diesen Umständen begann man auch in Sparta auf die Beilegung des Krieges zu denken. Ihren äußeren Ausdruck fand diese Stimmung in der Rückberufung des Königs Pleistoanax (Winter 427/6), der vor 19 Jahren seiner Würde entsetzt und in die Verbannung geschickt worden war, weil er sein Heer von der Grenze Attikas zurückgeführt und durch diese Schonung ihres Gebietes die Athener bewogen hatte, den Frieden mit Sparta um die schwerwiegendsten Konzessionen zu erkaufen[1]. Die Ereignisse der letzten Jahre hatten die damals befolgte Politik glänzend gerechtfertigt. Pleistoanax war jetzt bestrebt, die alten Beziehungen zu Athen wieder anzuknüpfen. Im Frühjahr 426 unterblieb der gewohnte Einfall in Attika[2], und die Unterhandlungen wurden wieder aufgenommen. Die hauptsächlichste Forderung Spartas war die Rückführung der Aegineten auf ihre Insel[3].

Nikias und seine Freunde waren bereit genug, auf die Unterhandlungen einzugehen; aber leider glitt ihnen selbst immer mehr das Heft aus der Hand. So unleugbare Verdienste sie sich um die Erhaltung der Machtstellung Athens in der mytilenaeischen Krise erworben hatten, so völlig unfähig hatten sie sich erwiesen, irgendwelche entscheidende Erfolge über die Peloponnesier zu erringen. Und gerade dieselben Umstände, welche die Kriegspartei in Sparta entmutigten, mußten zur Stärkung der Kriegspartei in Athen beitragen. Das Gefühl, daß eine energische Leitung des Staates notwendig sei, machte sich in immer weiteren Kreisen der Bürgerschaft geltend; und damit mußte der Einfluß der Opposition sich vergrößern. Schon in der Beratung über das Schicksal von Mytilene hatte die Regierung nur mit knapper Not die

---

[1] Thuk. V 16, 3, vgl. oben S. 184. Über die Zeit der Rückberufung oben I 2 § 67.

[2] Thuk. III 89. 1. Ein Erdbeben gab den Vorwand.

[3] Aristoph. _Acharn._ 653 f.

Anträge Kleons zu Fall bringen können. Dieser hatte damals im Rate gesessen und in dieser Stellung eine unermüdliche Tätigkeit zur Herbeischaffung der für den Krieg nötigen Geldmittel entwickelt, unbekümmert um die Erbitterung, welche seine unnachsichtige Strenge bei der Eintreibung von Steuerrückständen bei den besitzenden Klassen hervorrief [1]. Für das folgende Jahr (427/6) wurde er zum Hellenotamias gewählt und erhielt damit maßgebenden Einfluß auf die Leitung der Bundesfinanzen [2]. Auch im Gerichtssaal trat die Opposition der Regierung siegreich entgegen. Selbst ein Mann wie Paches, der Eroberer von Mytilene, wurde zur Verantwortung gezogen und entging nur durch Selbstmord der Verurteilung [3]. Ebenso ist die Absendung der Hilfsflotte nach Sicilien ohne Zweifel auf Kleons Initiative zurückzuführen; ist doch auch später die Eroberung des Westens stets ein Lieblingsplan der athenischen Radikalen geblieben. Bei den Wahlen für 426/5 kam der Umschwung der öffentlichen Meinung in voller Stärke zum Ausdruck. Kaum einer der im Amt befindlichen Strategen wurde wiedergewählt; an ihre Stelle traten Männer der Kriegspartei, darunter Perikles' Brudersohn Hippokrates von Cholargos [4].

Die neue Regierung trat um Mittsommer 426 ins Amt, zu spät, um in diesem Jahre noch etwas Ernstliches zu beginnen. So erfolgten Operationen von einiger Bedeutung nur im Nordwesten von Griechenland. Der athenische Stratege Demosthenes von Aphidna erlitt hier, bei dem Versuche von Naupaktos aus Aetolien zu unterwerfen, eine vollständige Niederlage; und nicht besser erging es den Peloponnesiern,

---

[1] Aristoph. *Ritter* 774 ff.

[2] Nach der ansprechenden Vermutung von Busolt (*Hermes* XXV, 1890, S. 640) auf Grund eines neugefundenen Bruchstücks der Urkunde *CIA.* IV 179 b S. 161. In dieser Stellung machte Kleon den Versuch, den Aufwand für die Reiterei zu vermindern (Aristoph. *Acharn.* 6, Theopomp. fr. 100, Gilbert *Beiträge* S. 133 ff.), womit er freilich nicht durchdrang. Er muß also im Jahre vorher Ratsherr gewesen sein.

[3] Plut. *Nik.* 6, *Arist.* 26, meine *Att. Polit.* S. 33 A. 1.

[4] Aristoph. *Acharn.* 1078, meine *Att. Polit.* S. 34 f. 302 (unten 2. Abt. § 112).

als sie im Herbste des Jahres, auf Ambrakia gestützt, den Versuch machten, Akarnanien von dem Bunde mit Athen abzuziehen. Demosthenes machte hier die in Aetolien erlittene Schlappe glänzend wett; Ambrakia erlitt so schwere Verluste, daß es nur durch schleunigen Friedensschluß mit Akarnanien sich vom Untergang retten konnte [1]. Im folgenden Jahre (425) wurde auch die korinthische Kolonie Anaktorion von den Akarnanen und Athenern genommen; die alten Bewohner mußten die Stadt verlassen und wurden durch akarnanische Ansiedler ersetzt [2]. Doch gelang es den Spartanern, durch die Gründung von Herakleia Trachis am nördlichen Ausgang der Thermopylen einen Stützpunkt in Mittelgriechenland zu gewinnen (Sommer 426) [3]; freilich ein sehr dürftiges Resultat eines Kriegsjahres.

Inzwischen hatten in Sicilien die Syrakusier allmählich wieder die Oberhand gewonnen; es zeigte sich, daß das dort operierende athenische Geschwader für seine Aufgabe viel zu schwach war. Man beschloß also, im Frühjahr 425 eine Verstärkung von weiteren 40 Trieren unter Sophokles und Eurymedon nach dem Westen zu schicken [4]. Gleichzeitig wurde im geheimen ein Schlag gegen den Peloponnes vorbereitet. Demosthenes, der eben im frischen Glanze seiner akarnanischen Siege nach Athen heimgekehrt war, wurde der Expedition beigeordnet mit der Vollmacht, die Flotte während ihrer Fahrt an den peloponnesischen Küsten nach eigenem Ermessen zu verwenden. Mit richtigem Blicke erkannte er die verwundbarste Stelle der feindlichen Macht. Am Gestade Messeniens öffnet sich nach Westen die Bucht von Pylos (Navarino), durch die langgestreckte Insel Sphakteria vor den Stürmen des Ionischen Meeres geschützt, der beste natür-

---

[1] Thuk. III 94—98. 100—102. 105—114; Behr, *Hermes* XXX, 1895, S. 447 ff.

[2] Thuk. IV 49.

[3] Thuk. III 92 f. Die Angabe, daß 10 000 Kolonisten hier angesiedelt worden wären (Diod. XII 59, 5, Skymn. 598), ist maßlos übertrieben, s. meine *Bevölkerung* S. 512.

[4] Thuk. III 115, IV 2.

liche Hafen der ganzen Halbinsel. Die spartanischen Herren des Landes hatten sich um diese abgelegene Gegend wenig bekümmert; ausgedehnte Waldungen bedeckten das Ufer, weit und breit keine menschliche Ansiedlung. So konnte Demosthenes ungestört ans Werk gehen. An der nördlichen Einfahrt in den Hafen wurde ein Kastell errichtet und fünf Trieren unter Demosthenes' Befehl zu seinem Schutze zurückgelassen; dazu kam weiter ein messenisches Piratenschiff aus Naupaktos mit 40 Hopliten an Bord. Man hoffte von dieser Stellung aus die Heiloten im alten Messenien zum Aufstand zu bringen. Der Rest der Flotte fuhr nach Sicilien weiter.

Das peloponnesische Bundesheer war eben wieder in Attika eingefallen, befehligt von Agis, dem Sohne des Archidamos, der vor zwei Jahren (427) seinem Vater auf den Thron der Eurypontiden gefolgt war [1]; auf die Nachricht von den Vorgängen in Pylos kehrten die Truppen eiligst in die Heimat zurück. Gleichzeitig wurde auch die Flotte von 60 Trieren, die zur Unterstützung der dortigen Oligarchen (oben S. 320) nach Kerkyra in See gegangen war, zurückgerufen und nach Pylos geführt. Die Athener wurden jetzt zu Wasser und zu Lande eingeschlossen; um jeden Entsatz vom Meere her unmöglich zu machen, besetzte eine Abteilung von 400 lakedaemonischen Hopliten die Insel Sphakteria. Demosthenes fand sich so in sehr bedenklicher Lage, da die in aller Eile aufgeführte Befestigung kaum den notdürftigsten Anforderungen genügte. Trotzdem gelang es der attischen und messenischen Besatzung den Platz zu halten, bis die nach Sicilien bestimmte Flotte, die mittlerweile auf 56 Trieren verstärkt worden war, zur Hilfe herankam. Die Athener drangen in den Hafen, dessen Eingang der Feind zu sperren versäumt hatte; die peloponnesische Flotte wurde trotz ihrer Überzahl geschlagen, die Insel Sphakteria mit ihrer Besatzung vom Festlande abgeschnitten.

So unbedeutend dieser Erfolg, rein militärisch betrachtet,

---

[1] Oben I 2 § 69.

auch war, er reichte hin, die ganze Lage von Grund aus zu
verändern. Denn die 400 Mann auf Sphakteria bildeten etwa
den zehnten Teil der gesamten Hoplitenmacht Spartas; und
man war dort gewillt, zu ihrer Befreiung jedes irgend
mit der Würde des Staates verträgliche Opfer zu bringen.
Waren bisher alle Versuche zur Herstellung des Friedens
von Athen ausgegangen, so eröffneten jetzt die Lakedaemonier
die Unterhandlungen. Auf ihren Betrieb wurde zunächst
ein Waffenstillstand geschlossen und für die Dauer desselben
die gesamte vor Pylos versammelte peloponnesische Flotte
den Athenern ausgeliefert; als Gegenleistung gestatteten
die Athener die Verproviantierung der Besatzung von Sphakteria.

Athen hatte es in seiner Macht, einen vorteilhaften Frieden
zu schließen; selbst auf der Basis der Wiederherstellung des
Besitzstandes vor dem dreißigjährigen Vertrage waren die
Lakedaemonier zu unterhandeln bereit. Aber Kleon wollte
nichts von einem Frieden wissen, ehe nicht die Besatzung
von Sphakteria gefangen in der Hand der Athener wäre;
und trotz allen Widerstrebens der besitzenden Klassen fanden
seine Anträge die Majorität der Volksversammlung. Die
Verhandlungen wurden demgemäß abgebrochen [1].

Die Athener dachten natürlich nicht daran, die einmal
in ihren Händen befindliche peloponnesische Flotte herauszugeben; ein Vorwand war bald gefunden, um den Vertrags-
bruch zu beschönigen. Aber die Hoffnung, die Besatzung
von Sphakteria durch Hunger zur Kapitulation zu bringen,
schlug gründlich fehl; der Feind fand Wege, durch die Blockade-
flotte hindurch Proviant nach der Insel zu schaffen. Das Ende
der guten Jahreszeit rückte immer näher, und war einmal
der Winter da, so wurde die Aufrechterhaltung der Blockade
eine Unmöglichkeit, und der Besatzung stand der Rückzug
auf den Kontinent offen. Es war klar, daß bei dem bisher
befolgten Plan nichts zu erreichen war und die einzige Hoffnung auf einen Erfolg in einer Landung auf der Insel bestand.

---

[1] Vgl. Philoch. fr. 105. 106.

Demosthenes war sich denn darüber auch keinen Augenblick
zweifelhaft; er war bereit, das Wagnis zu unternehmen, sobald
er aus Athen die nötigen Verstärkungen erhielte. Aber die
oberste Heeresleitung wollte von einem so kühnen Entschlusse
nichts wissen. Denn die Wahlen im Frühjahre 425 waren
unter dem Eindrucke der bisherigen Erfolglosigkeit aller
Unternehmungen der Kriegspartei für diese ungünstig ausgefallen; zwar Demosthenes war gewählt worden, Hippokrates
aber und die meisten seiner politischen Freunde waren unterlegen, und Nikias nahm wieder seinen alten Platz als leitendes
Mitglied des Strategeion ein. Kurze Zeit nach dem Scheitern
der Friedensverhandlungen hatte Nikias seine neue Würde
angetreten; und er war zu fest von der Unüberwindlichkeit
der Spartaner überzeugt, als daß er es gewagt hätte, seinen
Ruf als Feldherr durch eine Landung auf Sphakteria aufs
Spiel zu setzen. Demgegenüber drängte Kleon mit aller
Energie auf entscheidende Maßregeln; wenn die Strategen
Männer wären, könnte Sphakteria in 20 Tagen genommen
sein. Da ließ sich Nikias dazu hinreißen, seinen Gegner auf-
zufordern, doch selbst das Kommando in Pylos zu übernehmen, in der sicheren Voraussicht, daß der Angriff miß-
glücken und Kleons politischer Einfluß dadurch für immer
zerstört sein würde. Kleon hatte nie in seinem Leben eine
Truppe geführt, und es war ihm nicht wohl bei der Sache;
aber ihm blieb keine Wahl. Traf ihn doch die Verantwortung
dafür, daß man in Athen die lakedaemonischen Friedensvorschläge zurückgewiesen hatte. So ging er, ohne weiter
zu zögern, an der Spitze der von Demosthenes verlangten
Verstärkungen nach Pylos ab und schritt, dort angekommen,
sogleich zum Angriff, dessen militärische Leitung er ver-
ständigerweise Demosthenes überließ. Am zweiten Tage
nach Kleons Ankunft, in der Morgenfrühe — es war etwa
Mitte August — landeten die Athener auf der Insel. Es mochten
gegen 10 000 Mann sein, die Demosthenes und Kleon unter
ihrem Befehl hatten; und wenn auch der größte Teil dieser
Zahl aus den militärisch ziemlich wertlosen Rudermannschaften der Flotte bestand, so bildeten doch die etwa 1000

Hopliten und die 1000 Peltasten und Bogenschützen schon
für sich allein eine erdrückende Übermacht gegen die 400
Lakedaemonier. Aber es kam überhaupt nicht zum Kampfe
mit der blanken Waffe. Demosthenes hielt seine Hopliten
zurück und beschränkte sich darauf, den Feind durch seine
Bogenschützen und Peltasten beschießen zu lassen. Demgegenüber waren die Spartaner in ihrer schweren Rüstung
ganz ohnmächtig; nach starken Verlusten blieb ihnen nichts
übrig als der Rückzug in ihr befestigtes Lager, wo sie, von
allen Seiten umstellt, endlich die Waffen streckten; es waren
noch 292 Hopliten. Kleon hatte sein Versprechen glänzend
eingelöst; innerhalb 20 Tagen hatte er Sphakteria erobert
und die Besatzung gefangen nach Athen geführt[1].

Jetzt erntete er die Früchte seines Erfolges. Mochte
das Verdienst der militärischen Leitung des Angriffs auf
Sphakteria immerhin Demosthenes gebühren, es war doch
Kleon, der den Oberbefehl geführt und die Verantwortung
für den Ausgang getragen hatte; sein Verdienst war es, daß
die Verstärkungen abgesandt wurden, die den Sturm erst
möglich gemacht hatten, und nicht mit Unrecht feierte ihn
darum die öffentliche Meinung als Sieger. Die höchsten Ehren,
die der Staat überhaupt einem Bürger verleihen konnte,
wurden ihm zuerkannt: die lebenslängliche Speisung im
Rathause und ein Ehrensitz im Theater. In Rat und Volksversammlung gab sein Wort jetzt den Ausschlag[2], sein Gegner
Nikias hatte durch seine schwächliche Haltung in der pylischen
Sache sich selbst um allen Einfluß gebracht und es half ihm
sehr wenig, daß er sich jetzt plötzlich aus seiner alten Un-
tätigkeit aufraffte. Die Landung am Isthmos, die er unmittelbar nach der Eroberung Sphakterias unternahm, führte zu
nichts als zu einem unfruchtbaren Siege über die korinthische

---

[1] Thuk. IV 3—41. Über die Topographie Grundy, *Journ. Hell. Stud.* XVI,
1896, S. 1 ff. (mit Plänen), XVIII, 1898, S. 232 ff., vgl. Burrows ebenda XVI 55,
XVIII 147. 345. Über das Taktische Delbrück, *Strategie des Perikles*, Berlin
1890, über die Chronologie unten 2. Abt. § 100.
[2] S. Aristophanes' im Winter 425/4 aufgeführte *Ritter*.

Landwehr [1]; und wenn Nikias im nächsten Frühjahr (424) den Lakedaemoniern die Insel Kythera entriß, so war das allerdings ein glänzender Erfolg, aber man konnte mit Recht fragen, warum er diese Unternehmung nicht schon vor Jahren ins Werk gesetzt hatte [2].

Kleon überließ dem Gegner die wohlfeilen Lorbeeren und widmete seine ganze Kraft den Verwaltungsgeschäften. Die hauptsächlichste Schwierigkeit, mit der Athen in den letzten Jahren zu kämpfen gehabt hatte, war der Mangel an Geldmitteln; seit der Schatz nahezu erschöpft war, genügte der Betrag der regelmäßigen Reichseinnahmen nicht entfernt für die Bedürfnisse einer energischen Kriegsführung. Unter dem frischen Eindrucke des Sieges von Sphakteria, der Athens Autorität im ganzen Umfang des Reiches aufs neue befestigte, erhöhte jetzt Kleon die Tribute auf über 1000 Talente, mehr als das Doppelte ihres bisherigen Betrages [3]. Einen kleinen Teil der so gewonnenen Geldmittel verwendete er zur Be-

---

[1] Thuk. IV 42—44, vgl. Aristoph. *Ritter* 594 ff.

[2] Thuk. IV 53—55, *CIA.* I 293 Z. 20 ff.

[3] *CIA.* I 37, aus 425/4. Die Gesamtsumme betrug, nach dem Fragment *CIA.* I 544, das den untersten Teil dieser Stele bildete (Cavaignac, *Hist. financ. d'Athènes* pl. I 2, Wilhelm, *Wien. Akad. Anz.* 1909 S. 52) entweder 960 oder 1460 tal., je nachdem wir das verlöschte erste Zahlzeichen mit 500 oder 1000 ergänzen. Die Sätze des Inseltributs, die auf unserer Stele verzeichnet sind, ergeben, soweit eine Vergleichung mit den früheren Tributsätzen möglich ist, eine Erhöhung von rund 55 auf 130 tal., also um nahe an 140%. Die Summe des hellespontischen Tributs betrug nach dem Fragment *CIA.* I 543, das vielleicht zu I 37 gehört (Wilhelm a. a. O.), jedenfalls aber zu einer der nächsten Einschätzungslisten, mehr als 250 tal., nach *CIA.* I 37 z'', das aber nicht zu dieser Stele gehörig ist, 296 tal., während dieser Bezirk vorher nur gegen 90 tal. gezahlt hatte. Doch sind hier wahrscheinlich die pontischen Städte einbegriffen, die in den Quotenlisten nie vorkommen. Ebenso ist 425/4 Melos eingeschätzt worden, das niemals Tribut gezahlt hat, und so werden noch viele andere Städte *in partibus infidelium* eingeschätzt worden sein. Es ist demnach allerdings wahrscheinlich, daß der Sollbetrag der Tribute 425/4 auf 1460 tal. veranlagt worden ist, eine Summe, die aber bei weitem nicht vollständig eingehen konnte. Andok. *vFr.* 9 gibt den Betrag der Tribute nach der Erhöhung auf 1200 tal. an, Plut. *Arist.* 24 auf 1300 tal.; das mag dem wirklichen Ertrag näher kommen und ist wahrscheinlich auch noch zu hoch. — Daß Kleon der Urheber der Maßregel war, bedarf keines Beweises und wird durch Aristoph. *Ritter* 313 bestätigt.

festigung seiner Popularität in Athen, indem er den Richtersold von täglich 2 Obolen auf 3 Obolen erhöhte, eine Maßregel, die durch die Steigerung aller Lebensmittelpreise, wie
sie infolge des Krieges in Athen eintreten mußte, immerhin
gerechtfertigt werden konnte [1].

Unter diesen Umständen konnte die Wahl Kleons zum
Strategen im Frühjahr 424 nicht zweifelhaft sein, trotz aller
Anstrengungen der Gegenpartei. Selbst daß die Sonne vor
der Wahl sich verfinsterte, blieb ohne Eindruck auf die Menge [2].
Natürlich war auch der andere Sieger von Pylos, Demosthenes,
unter den neuen Strategen, und ebenso wurde Hippokrates
von Cholargos, der im vorigen Jahre unterlegen war, jetzt
wiedergewählt. So durfte man den Operationen des nächsten
Sommers mit hochgespannten Erwartungen entgegensehen.
In der Tat entwickelte die Regierung eine sehr anerkennens-
werte Energie. Kaum ins Amt getreten, rückten Hippokrates
und Demosthenes mit dem Kern des attischen Heeres, 4600
Hopliten und 600 Reitern, gegen Megara, wo man Verbindungen
mit den Führern der demokratischen Partei angeknüpft
hatte, zu dem Zwecke, die Stadt den Athenern in die Hände
zu spielen. Ein Tor der langen Mauern, welche die Stadt mit
dem Meere verbanden, wurde den Athenern geöffnet, die
peloponnesische Besatzung auf den Hafen Nisaea zurückgeworfen und hier eng eingeschlossen; am nächsten Tage
kapitulierte sie auf freien Abzug. In Megara selbst haderten
indes die Parteien, die Stadt war zu jedem ernstlichen Widerstand unfähig und schien den Athenern zur leichten Beute
werden zu müssen [3].

Indes auch die Peloponnesier hatten diesmal den rechten
Mann an der rechten Stelle. Der Verlust von Pylos und Kythera
hatte die Lakedaemonier endlich aus ihrer bisherigen Un-
tätigkeit aufgerüttelt. Daß bei den beständig wiederholten
Einfällen in Attika nichts herauskam, hatte eine siebenjährige

---

[1] Müller-Strübing, *Aristophanes* S. 149 ff.

[2] Meine *Attische Politik* S. 269 f. 305 f.   Aristoph. *Wolken* 581—6, die
hier erwähnte Sonnenfinsternis fällt auf den 21. März.

[3] Thuk. IV 66—69.

Erfahrung bewiesen; auch verbot die Rücksicht auf die Sicherheit der Gefangenen von Sphakteria einen neuen Zug gegen
Athen, denn dort hatte man den Beschluß gefaßt, diese Gefangenen zum Tode zu führen, sobald ein peloponnesisches
Heer die attische Grenze überschritte [1]. Athen war verwundbar
nur durch Schläge gegen seine Bundesgenossen; und es konnte
nicht zweifelhaft sein, wohin eine solche Unternehmung zu
richten war. Denn die Inseln und Ionien waren bei der unbedingten Beherrschung des Meeres durch die Athener jedem
Angriff der Peloponnesier entrückt; nur e i n e Stelle gab es
im ganzen Umfang des athenischen Bundesgebietes, die für
ein peloponnesisches Landheer erreichbar war, die thrakische
Küste. So entschlossen sich die Peloponnesier endlich zu der
Maßregel, die sie hätten ergreifen sollen, solange Poteidaea
noch widerstand, einem Feldzug nach Thrakien. Aber auch
jetzt waren es nicht mehr als 700 freigelassene Heiloten und
1000 arkadische Söldner, die zu dem Unternehmen bestimmt
wurden. Doch die ungenügende Zahl wurde aufgewogen durch
die Person des Führers; denn an die Spitze des Korps trat
Brasidas, der Sohn des Tellis, der fähigste Offizier, den Sparta
besaß [2].

Eben jetzt stand Brasidas auf dem Isthmos, beschäftigt,
sein kleines Heer zusammenzuziehen und zu organisieren,
als die Nachricht von dem athenischen Angriff auf Megara
eintraf. Sofort bot er aus den benachbarten Städten Korinth,
Sikyon, Phleius 3700 Hopliten auf und führte diese Truppen
und was er von seinen eigenen Leuten beisammen hatte, über
die Geraneia. Gleichzeitig stiegen von Norden her 2200 boeotische
Hopliten mit 600 Reitern über den Kithaeron und vereinigten
sich vor Megara mit Brasidas, der somit gegen 8000 Mann
unter seinem Befehle hatte und den Athenern numerisch
bedeutend überlegen war. Diese hielten es denn auch nicht

---

[1] Thuk. IV 41, 1.

[2] Wahrscheinlich ist er identisch mit dem eponymen Ephoren für 431/0
(Xen. *Hell.* II 3, 10). Kurz vor seinem Amtsantritt hatte er Methone gegen
die Athener verteidigt (Thuk. II 25, 2) und in den Jahren 429, 427, 425 auf
der Flotte gedient (Thuk. passim).

für ratsam, die Schlacht anzunehmen, die Brasidas ihnen anbot, und damit war Megara für die Peloponnesier gerettet. Die Führer der Demokratie flohen nach Athen, während die Verbannten zurückkehrten, und eine oligarchische Verfassung eingeführt wurde. Doch blieb Nisaea in der Hand der Athener [1].

Brasidas vollendete nun seine Rüstung und brach im Spätsommer nach Thrakien auf. In Eilmärschen durchzog er Thessalien, dessen Bewohner in ihrer Mehrzahl den Athenern geneigt waren, dem peloponnesischen Heere aber keine ernstlichen Hindernisse in den Weg legten. Sobald Brasidas die makedonische Grenze überschritt, trat König Perdikkas auf die peloponnesische Seite; die athenischen Bundesstädte Akanthos und Stagiros folgten sogleich diesem Beispiel. Nun, schon zu Anfang des Winters, wandte sich Brasidas gegen Amphipolis, die Hauptstadt des athenischen Thrakiens. Die Bürgerschaft, unter der die Athener nur eine kleine Minorität bildeten, war zum Teil zum Abfall bereit, zum Teil wenig geneigt, sich für die attischen Interessen zu schlagen. Einen Angriff hatte man zu dieser Jahreszeit so wenig erwartet, daß der athenische Stratege Thukydides von Halimus, der das Kommando in diesen Gegenden führte, mit seinem Geschwader von 7 Trieren nach Thasos gefahren war. Auf die Nachricht von Brasidas' Erscheinen vor Amphipolis kehrte er allerdings schleunigst zurück, aber er kam zu spät; Amphipolis hatte sich bereits den Peloponnesiern ergeben. Nur Eïon, die Festung an der Mündung des Strymon, die einst Kimon den Persern entrissen hatte, blieb in der Hand der Athener [2].

---

[1] Thuk. IV 70—74.

[2] Thuk. IV 78—88. 102—108. Es ist schwer zu verstehen, was Thukydides in Thasos zu tun hatte, das in keiner Weise bedroht war, so wenig wie die gegenüberliegenden Küstenorte. Sein Platz wäre in Eïon gewesen. So haben die athenischen Geschworenen gedacht, die ihn verurteilten. Er selbst sagt kein Wort zu seiner Entlastung, während er seine angeblichen Verdienste um die Rettung von Eïon hervorhebt (IV 106, 4). „Verzweifelt naiv" ist nur die Art, wie man der Kritik den Mund stopfen möchte; das Bild des heiligen Thukydides soll eben um jeden Preis rein bleiben.

Während Brasidas diese Schläge gegen die athenische Macht in Thrakien führte, hatten die athenischen Waffen auch in Boeotien eine schwere Niederlage erlitten. In der richtigen Erkenntnis, daß eine siegreiche Beendigung des Krieges nur dann zu hoffen sei, wenn es gelänge, die Boeoter von dem Bündnis mit den Peloponnesiern abzuziehen, hatte Hippokrates mit der demokratischen Partei in Boeotien Verbindungen angeknüpft. Von drei Seiten her sollte ein kombinierter Angriff auf die Landschaft ins Werk gesetzt werden; die boeotischen Verbannten sollten sich Chaeroneias bemächtigen; Demosthenes, der nach der Einnahme von Nisaea mit 40 Trieren nach Naupaktos gegangen war, sollte mit akarnanischen Truppen bei Siphae im Gebiet von Thespiae landen, und zugleich Hippokrates selbst an der Spitze des attischen Gesamtaufgebots von Osten her in Boeotien ein- fallen. Der Plan mochte seinen Urhebern ein strategisches Meisterwerk scheinen, wie er sich denn auch in der Theorie sehr gut ausnahm; leider war er zu kompliziert, als daß auch nur mit einiger Wahrscheinlichkeit auf ein Gelingen zu rechnen gewesen wäre. Vor allem war bei der Menge der Eingeweihten das Geheimnis nicht zu bewahren gewesen; die boeotische Regierung erfuhr, was im Werke war, und ließ die bedrohten Punkte, Chaeroneia und Siphae, besetzen. Die geplante demo- kratische Erhebung war damit vereitelt. Und auch die attischen Feldherren operierten nicht mit der nötigen Präzision; Demo- sthenes erschien zu früh vor Siphae und wurde infolgedessen von den Boeotern mit leichter Mühe zurückgetrieben. So war die ganze Macht des boeotischen Bundes gegen Hippo- krates verfügbar, als dieser einige Tage später von Oropos her die Grenze überschritt, 7000 Hopliten, 1000 Reiter und über 10 000 Mann leichter Truppen. Hippokrates hatte etwa die gleiche Zahl Hopliten und Reiter; an leichten Truppen war er sogar dem Feinde beträchtlich überlegen. Trotzdem wünschte er eine Entscheidungsschlacht zu vermeiden; er begnügte sich also, den Tempel des delischen Apollon am Ufer des euboeischen Sundes im Gebiete von Tanagra mit einer Verschanzung zu umgeben und dort eine Besatzung zurückzulassen, während er seine Hauptmacht nach der Grenze zurückführte. Dabei wurde er noch am späten Nachmittag von den Boeotern angegriffen und nach kurzem Kampfe völlig geschlagen. Die Entscheidung hatte die thebanische Phalanx gegeben, die in tiefer Kolonne von den Höhen herabstürmend den linken athenischen Flügel durchbrach und dann, nach links um- schwenkend, die ganze feindliche Schlachtlinie aufrollte, so daß der bis dahin siegreiche rechte athenische Flügel in der allgemeinen Flucht mitgerissen wurde. Hippokrates selbst fiel und mit ihm an 1000 seiner Hopliten; nur die Nacht rettete das Heer vor völliger Vernichtung. Nach wenigen Tagen ergab sich auch die Verschanzung beim Delion. Es war die furchtbarste Niederlage, die Athen bisher in diesem Kriege erlitten hatte [1].

Auch die sicilische Unternehmung hatte nicht die Erfolge gebracht, die man sich in Athen versprochen hatte. Laches war im Herbste 426 vom Kommando abberufen und durch

---

[1] Thuk. IV 76 f., 78—101, vgl. Plat. *Symp.* 121 a, *Laches* 181 b. Das Delion lag am Meer (Herod. VI 118, Thuk. IV 100, 5, Skylax 59, Paus. IX 20, 1, Liv. XXXV 51, Strab. IX 403) nach Thuk. IV 90,4 10 Stadien (2 km) von der oropischen Grenze, nach Liv. a. a. O., d. h. Polybios (Nissen, *Unters.* S. 175, vgl. Diod. XXIX 1) 5 Milien, also 40 Stadien (8 km) von Tanagra, *minus quattuor milium,* also 30 Stadien (6 km) von dem nächsten Punkt der euboeischen Küste, nach Strab. a. a. O. 30 Stadien von Aulis. Man setzt darauf hin, und wegen des Namens, das Delion nach Dilesi (Ulrichs, *Annali Inst.* XVIII 26 ff. = *Reisen u. Forsch.* II, Berlin 1863, S. 46 ff.). Strabons Angabe würde allerdings auf Dramesi führen, das 6 km weiter NW. liegt; aber von dort sind es nur etwa 2 km nach Euboea, und es ist auch höchst unwahrscheinlich, daß die Oropia sich so weit ausgedehnt haben sollte, ferner hätten die Athener dann gegen das von Tanagra (Thuk. IV 91, 1) kommende boeotische Heer mit verkehrter Front kämpfen müssen. Die Distanzangabe bei Strabon ist also falsch oder korrupt. — Burrows hat 10 Minuten NO. der Station Schimatari, wo die Bahn nach Chalkis sich von der Bahn nach Larisa abzweigt, in einer byzantinischen Kapelle des H. Demetrios eingemauert eine Weihinschrift an Apollon gefunden und will darauf hin das Delion hier ansetzen (*Annual Br. School Athens* XI, 1904/5, S. 153 ff.); da es aber von hier 5 km bis zum Meere sind, so bedarf dieser Ansatz dem klaren Wortlaut der Zeugnisse gegenüber keiner Widerlegung. Übrigens haben die Ausgrabungen an dieser Stelle keine Spur eines Tempels ergeben; bei Dilesi allerdings ebensowenig (Burrows a. a. O. S. 172 Anm.).

Pythodoros ersetzt worden; bei seiner Rückkehr nach Athen machte Kleon dem abgesetzten Feldherrn den Prozeß, der jedoch mit dessen Freisprechung endete [1]. Sein Nachfolger verlor gleich im Frühjahr 425 Messene an die Syrakusier, die nun von hier aus den Athenern die Beherrschung der Meerenge streitig machten. Die 40 Trieren unter Sophokles und Eurymedon, die zur Verstärkung der in den sicilischen Gewässern operierenden Flotte bestimmt waren, wurden durch die Ereignisse von Pylos dort den größten Teil des Sommers festgehalten und gelangten erst im Herbste nach Rhegion. Jetzt war hier eine imponierende Flotte vereinigt. Aber eben diese gewaltige Machtentfaltung erregte bei den Sikelioten den sehr begründeten Argwohn, daß die Athener es auf mehr abgesehen hätten, als den Schutz ihrer chalkidischen Bundesgenossen [2]. Gegenüber der Gefahr, mit der Athen die Unabhängigkeit der ganzen Insel bedrohte, verstummte der innere Hader; im Sommer 424 wurde in Gela zwischen den kriegführenden Teilen der Friede geschlossen, im wesentlichen auf der Grundlage des gegenwärtigen Besitzstandes. Den Athenern blieb nichts übrig als gute Miene zum bösen Spiel zu machen und nach Hause zurückzukehren [3].

So waren alle Unternehmungen der Kriegspartei gescheitert, und den einzigen Erfolg, dessen man sich rühmen konnte, seit Nikias aus seiner leitenden Stellung verdrängt war, bildete die Einnahme von Nisaea. Es half sehr wenig, daß man die unglücklichen Strategen einen nach dem andern vor Gericht stellte und zu schweren Strafen verurteilte, zuerst die Befehlshaber der nach Sicilien gesandten Flotte, Eurymedon, Sophokles und Pythodoros, dann Thukydides, durch dessen Fahrlässigkeit Amphipolis verloren gegangen war. Solche Prozesse konnten höchstens dazu dienen, das Vertrauen

[1] Aristoph. *Wespen* 891 ff., vgl. 240 ff.; meine *Attische Politik* S. 337—39.

[2] Thuk. IV 65, 3, vgl. Aristoph. *Ritter* 174. 1303.

[3] Thuk. III 115. IV 1. 58—65, Tim. fr. 97 bei Polyb. XII 25 k 26. Nur Morgantine mußte von Syrakus gegen eine Geldentschädigung an Kamarina abgetreten werden (Thuk. IV 65, 1).

der Truppen in ihre Führung zu erschüttern, und das sollte sich bald genug rächen[1].

Unter dem Eindrucke des Schlages beim Delion und der Verluste in Thrakien begann die öffentliche Meinung sich jetzt von der Kriegspartei abzuwenden. In wie helles Licht trat diesen Leuten gegenüber Nikias, er, der nie eine Schlacht verloren hatte, dem alles, was er unternahm, zu glücken schien und der trotzdem seit Jahren nicht müde wurde, für den Frieden zu wirken. In immer breiteren Schichten brach die Überzeugung sich Bahn, daß bei dem ganzen Kriege sehr wenig herauskam und daß Perikles recht gehabt hatte, wenn er die Erhaltung des vorigen Besitzstandes gleich zu Anfang als höchstes zu erstrebendes Ziel hingestellt hatte. Denn daß der Kern der spartanischen Macht mit den Athen zu Gebote stehenden Mitteln unverwundbar war, hatte eine achtjährige Erfahrung jedem, der sehen wollte, bewiesen.

Die Unterhandlungen zwischen den kriegführenden Mächten wurden also wieder aufgenommen. Zwar konnte man sich zunächst über die Friedensbedingungen noch nicht einigen; aber Nikias' Freund Laches brachte im Frühjahr 423 wenigstens einen Waffenstillstand auf ein Jahr zustande, und der Abschluß des definitiven Friedens schien nur noch eine Frage der Zeit[2].

Daß es noch nicht dazu kam, war Brasidas' Werk. Die Einnahme von Amphipolis hatte Athens Ansehen in Thrakien einen tödlichen Stoß gegeben; überall drängten sich die Städte zum Abfall[3]. Zuerst traten das edonische Myrkinos und die thasischen Kolonien Galepsos und Oesyme auf die peloponnesische Seite hinüber; Brasidas wurde damit Herr der Goldminen des Pangaeon. Bald folgten die kleinen Städte am Athos bis auf Sane und Dion und das wichtige Torone auf der Halbinsel Sithonia[4]. Endlich griff der Aufstand

---

[1] Thuk. IV 65. V 26, 5. Philochoros fr. 104. Markellinos *Leben des Thukydides* 26.

[2] Thuk. IV 117, die Urkunde 118 f.

[3] Thuk. IV 108, 3.

[4] Thuk. IV 107, 3—116.

sogar nach Pallene hinüber, obgleich diese Halbinsel durch die Festungswerke der attischen Kolonie Poteidaea völlig von dem übrigen Kontinente abgesperrt war und nur zur See erreicht werden konnte. In denselben Tagen, wo der Waffenstillstand in Athen und Sparta beschworen wurde, fiel hier Skione zu Brasidas ab [1].

Die Athener verlangten jetzt natürlich, daß diese Stadt ihnen zurückgegeben würde, und ebenso natürlich war es, daß Brasidas seine neuen Bundesgenossen nicht preisgeben wollte. So war der Waffenstillstand, kaum abgeschlossen, schon wieder in Frage gestellt, und Kleon tat alles, um den Bruch zu erweitern. Auf seinen Antrag wiesen die Athener das Schiedsgericht zurück, das die Lakedaemonier anboten. Skione sollte mit Waffengewalt unterworfen und seine ganze Bürgerschaft, zur Strafe für den Verrat, hingerichtet werden. Ein Exekutionsgeschwader von 50 Trieren, mit 1000 Hopliten und vielen leichten Truppen an Bord, wurde sogleich nach Thrakien gesandt und Nikias der Befehl übertragen [2].

Der athenische Feldherr wandte sich zunächst gegen Mende, die Nachbarstadt Skiones, die inzwischen ebenfalls abgefallen war [3]. Von den dortigen Demokraten unterstützt, wurde er der Stadt mit leichter Mühe Herr; dann rückte er vor Skione, das, von einer peloponnesischen Besatzung verteidigt, kräftigen Widerstand leistete, so daß sich Nikias zu einer regelmäßigen Belagerung entschließen mußte. Diese Erfolge veranlaßten Perdikkas von Makedonien, der sich eben mit Brasidas überworfen hatte, wieder auf die athenische Seite hinüberzutreten; ein wertvoller Erwerb für Athen, da der makedonische König den lakedaemonischen Verstärkungen den Durchzug sperrte, die schon für Brasidas unterwegs waren. Dieser blieb damit auf seine eigne kleine Streitmacht und die Hilfsquellen seiner chalkidischen Bundesgenossen beschränkt [4].

---

[1] Thuk. IV 120—122.
[2] Thuk. IV 122, 5 f. 129, 2.
[3] Thuk. IV 123.
[4] Thuk. IV 129—132. Vertrag mit Perdikkas *CIA.* I 42. 43. IV 1 S. 14 (Scala, *Staatsverträge* I S. 62 ff.).

Im eigentlichen Griechenland blieb übrigens trotz dieser Kämpfe in Thrakien die Ruhe ungestört. Aber die Friedensverhandlungen machten begreiflicherweise unter diesen Umständen keine Fortschritte, und auch der Waffenstillstand wurde bei seinem Ablaufe im Frühjahr 422 nicht weiter verlängert [1]. Wie die Stimmung in Athen war, zeigt die Wahl Kleons zum Strategen für das nächste Amtsjahr, 422/1. Und Kleon war entschlossen, Brasidas seine Eroberungen mit Waffengewalt zu entreißen. Seit dem Siege von Sphakteria hatte er kein Kommando mehr übernommen, obgleich er ein Jahr im Strategeion gesessen hatte; er wußte, daß er kein Feldherr war. Aber die Offiziere von Beruf hatten Amphipolis verloren und die Katastrophe am Delion herbeigeführt. Schlimmer hätten die Dinge nicht gehen können, auch wenn ein militärischer Dilettant an der Spitze gestanden hätte. Vor allem mußte verhindert werden, daß der Zauderer Nikias den Befehl gegen Brasidas erhielt. So entschloß sich Kleon, die Leitung der Operationen selbst in die Hand zu nehmen; vielleicht daß das Glück ihm noch hold war wie einst [2]. Noch im Spätsommer, sobald die Zeit der Etesien vorüber war, ging er an der Spitze von 1200 athenischen Hopliten, 300 Reitern und vielen Bundesgenossen nach Thrakien in See. Der Anfang schien die kühnsten Hoffnungen zu rechtfertigen: Torone und Galepsos wurden mit stürmender Hand wiedergenommen, der Angriff auf Amphipolis vorbereitet. Aber bei einer Rekognoszierung, die Kleon von Eïon aus mit seiner ganzen Macht gegen die Stadt unternahm, wurde er unversehens von Brasidas angegriffen, das Heer auseinandergesprengt und in regellose Flucht geschlagen; 600 Athener und der Feldherr selbst deckten die Wahlstatt. Den Peloponnesiern kostete der Sieg nur sieben Mann; aber unter diesen sieben war Brasidas. Die dankbaren Amphipoliten errichteten ihm

---

[1] Thuk. V 1.

[2] Nach dem stehenden Brauch dieser Zeit wird Kleon Kollegen gehabt haben; Thukydides nennt sie nicht, offenbar mit Absicht, um Kleon allein die Verantwortung für die Niederlage zuschieben zu können.

ein Denkmal auf dem Markte ihrer Stadt und erwiesen ihm als Befreier heroische Ehren [1].

Die Schlacht bei Amphipolis war ein schwerer Schlag für die Kriegspartei in Athen. Nicht nur daß sie ihren Führer Kleon verloren hatte, den einzigen wahrhaft fähigen Mann, den sie in ihren Reihen zählte; noch schwerer wog es, daß auf Kleons Andenken die ganze Verantwortung für das verunglückte thrakische Unternehmen lastete. So mußte die Leitung des Staates von selbst Nikias zufallen, und dieser konnte nun ungehindert dem Ziele zusteuern, dem er bereits vor zwei Jahren so nahe gewesen war. Hatte doch der Gegner selbst den Beweis geliefert, daß unter den jetzigen Umständen mit Waffengewalt in Thrakien nichts zu erreichen war und die Hoffnung auf Wiedererlangung von Amphipolis einzig in der Verständigung mit Sparta beruhte.

Auch in Sparta hatte man allen Grund, den Frieden zu wünschen. Unter den peloponnesischen Bundesgenossen begannen sich bedenkliche Symptome zu zeigen. Mantineia hatte seine Herrschaft über die südlichen Gaue Arkadiens bis zur lakonischen Grenze ausgedehnt [2] und geriet dabei in Krieg mit Tegea; eine blutige Schlacht, die im Winter 423/2 geschlagen wurde, blieb ohne Entscheidung [3]. Es war dringend geboten, hier Ordnung zu schaffen und Mantineia in seine Schranken zurückzuweisen. Auch mit den Eleiern stand Sparta in gespannten Beziehungen, da es in einem Streit zwischen Elis und dessen Untertanenstadt Lepreon zugunsten dieser letzteren interveniert und zu ihrem Schutze eine lakedaemonische Besatzung hineingelegt hatte [4]. Das alles hätte nun nicht viel zu bedeuten gehabt, wenn nicht der auf 30 Jahre mit Argos abgeschlossene Waffenstillstand seinem Ablauf so nahe gewesen wäre; und Argos forderte als Preis für die Erneuerung des Vertrages die Rückgabe der Kynuria, die

---

[1] Thuk. V 2 f. 6—11.
[2] Thuk. V 29. 33.
[3] Thuk. IV 134.
[4] Thuk. V 31.

ihm Sparta vor einem Jahrhundert entrissen hatte [1]. Darauf konnte Sparta natürlich nicht eingehen; es war also von der höchsten Wichtigkeit, mit Athen zum Abschluß zu gelangen, ehe der Krieg mit Argos ausbrach. Dazu kam weiter der Wunsch nach Befreiung der Gefangenen von Sphakteria und Rückgabe von Kythera und Pylos.

Freilich den Frieden durch weitgehende Konzessionen zu erkaufen war man jetzt nach den Siegen von Delion und Amphipolis in Sparta sehr wenig geneigt. Herstellung des Besitzstandes vor dem Kriege war das äußerste, das man zu bewilligen dachte, und da im Augenblicke die peloponnesischen Waffen in entschiedenem Vorteil waren, so lag darin immerhin ein wichtiges Zugeständnis. Bedeutete doch ein Frieden auf solcher Grundlage für Sparta den Verzicht auf das stolze Programm, mit dem es vor 10 Jahren in den Kampf getreten schaft. Ja noch mehr; Sparta verpflichtete sich damit, hellenische Städte an Athen auszuliefern, die im Vertrauen auf die geschworenen Eide den Abfall gewagt und dem peloponnesischen Bunde sich angeschlossen hatten.

So wurden die Feindseligkeiten eingestellt, und die Unterhandlungen begannen aufs neue. Aber trotz des guten Willens der leitenden Männer auf beiden Seiten verging der Winter, ohne daß ein Abschluß erreicht worden wäre. Endlich im Frühjahr stellten die Lakedaemonier ein Ultimatum, dem sie durch den Befehl an die Bundesgenossen, sich für einen Feldzug nach Attika bereitzuhalten, den nötigen Nachdruck gaben. Das wirkte. Nikias nahm die lakedaemonischen Bedingungen an, Rat und Volk erteilten die Ratifikation. Gleich nach den großen Dionysien (im April) 421 wurde der Frieden abgeschlossen, oder wie die Griechen sagten, ein Waffenstillstand (σπονδαί) auf 50 Jahre zwischen Athenern und Lakedaemoniern und ihren beiderseitigen Bundesgenossen [2].

---

[1] Thuk. V 14, 4, oben I 1 S. 385.

[2] Thuk. V 17, ἐκ Διονυσίων εὐθὺς τῶν ἀστικῶν (V 20, 1), die vom 8.—13. Elaphebolion gefeiert wurden, und zwar lief der Frieden vom 24. bzw. 25. Elaphebolion (c. 19, 1 Ἐλαφηβολιῶνος ἕκτῃ φθίνοντος). Die Schwierigkeit, die Kirchhoff hier findet und die Ed. Meyer *Forschungen* II 288 zu lösen

Die Grundlage des Friedens bildete der Besitzstand
vor dem Ausbruch des Krieges. Demgemäß sollten die Athener
Pylos und Kythera, die Lakedaemonier Amphipolis heraus-
geben. Skione, das sich noch immer hielt, wurde der Rache
Athens überlassen, und nur für die peloponnesische Besatzung
freier Abzug ausbedungen. Als Ersatz für Plataeae, das
herauszugeben die Boeoter sich weigerten, sollten die Athener
Nisaea behalten. Die chalkidischen Städte, die während
des poteidaeatischen Aufstandes oder später bei Brasidas'
Zug bis zum Abschluß des Waffenstillstandes von Athen ab-
gefallen und noch nicht wieder unterworfen waren: Olynthos,
Akanthos, Stagiros, Argilos, Stolos, Spartolos, Mekyberna,
Sane, Singos sollten unabhängig bleiben, aber an Athen den
Tribut zahlen, den einst Aristeides festgesetzt hatte. Endlich
sollten die Gefangenen beiderseits in Freiheit gesetzt werden [1].

Athen hatte erreicht, wofür es zum Schwerte gegriffen
hatte; es ging, scheinbar wenigstens, mit unverminderter
Macht aus dem Kampfe hervor. Das Programm, das Perikles
am Anfang des Krieges aufgestellt hatte, war siegreich durchgeführt worden. Und während die athenische Seeherrschaft
unerschüttert dastand, hatte Spartas militärisches Ansehen,
auf dem seine Stellung in Hellas beruhte, durch die Kapitulation von Sphakteria einen schweren Stoß erlitten. Von
diesem moralischen Erfolge abgesehen, aber hatte Athen nicht
den geringsten Machtzuwachs erlangt. Wohl aber war der
Schatz, auf den Athens Kriegsbereitschaft beruht hatte,

---

sucht, existiert nicht; εὐθύς ist ein dehnbares Wort. Daß Aristophanes' Eirene
an den Dionysien aufgeführt worden ist, zeigt nur, daß der Präliminarfrieden
abgeschlossen, beweist aber nicht, daß der definitive Abschluß, d. h. die Eides-
leistung, bereits erfolgt war. So richtig Busolt III 2 S. 1191, 3.

[1] Die Urkunde des Friedens bei Thuk. V 18 f. — Mekyberna, Sane, Singos
sind nachträglich in den Entwurf des Vertragsinstruments eingefügt. In der
gekünstelten Erklärung, die Steup, Thuk. Stud. I, Kirchhoff Thuk. und sein
Urkundenmaterial S. 35, von der diese Städte betreffenden Bestimmung geben,
vermag ich beim besten Willen einen vernünftigen Sinn nicht zu finden. Wenn
Sane im Herbst 424 am Bündnis mit Athen festhielt (Thuk. IV 109, 5), so muß
es eben später zu Brasidas übergetreten sein; Mekyberna kann nach dem Frieden,
freiwillig oder gezwungen, sich wieder an Athen angeschlossen haben (V 39, 1).

aufgezehrt worden bis auf einen Rest von 1000 Talenten, den man gleich zu Anfang für den äußersten Notfall zurückgelegt hatte, so daß Athen jetzt ausschließlich auf die Tribute seiner Untertanen angewiesen war; die Bürgerschaft war durch den Krieg und die Pest mehr als dezimiert worden, das Land durch die Einfälle der Peloponnesier zur Wüste geworden. Noch lange Jahre mußten hingehen, ehe diese Verluste ausgeglichen werden konnten. Dagegen waren der Peloponnes und Boeotien von den Verheerungen des Krieges so gut wie unberührt geblieben, hatten auch keine schweren Verluste im Felde gehabt und die Kriegskosten aus den laufenden Einnahmen bestritten. Das Machtverhältnis zwischen beiden Teilen hatte sich also sehr wesentlich zuungunsten Athens verschoben. Athen bedurfte einer längeren Reihe von Jahren der Sammlung, um das alte Gleichgewicht wieder herzustellen; aber die einzige Bürgschaft, daß ihm diese Frist gewährt werden würde, bildete ein Blatt Papier, oder was auf dasselbe herauskam, eine Inschrift auf einem Marmorblocke. Mochte also auch Nikias von seinem Friedenswerke sehr befriedigt sein, die Opposition durfte fragen, welche Notwendigkeit denn vorlag, Athen gerade in dem Augenblick durch einen Vertrag die Hände zu binden, in dem der Waffenstillstand zwischen Sparta und Argos unmittelbar vor seinem Ablauf stand [1], und die Spannung in den beiden Demokratien Mantineia und Elis gegen die peloponnesische Vormacht einen Grad erreicht hatte, der eine Krisis innerhalb der spartanischen Eidgenossenschaft mit Sicherheit voraussehen ließ. Die Ereignisse der nächsten Jahre sollten auf diese Frage eine nur zu beredte Antwort geben.

---

[1] Kleon hatte schon seit Jahren auf ein Bündnis mit Argos hingearbeitet: Aristoph. *Ritter* 465 f.

XI. Abschnitt.
Der Fall der athenischen Seeherrschaft.

Griechenland hatte den Frieden; auf ein halbes Jahr-hundert, wie es in dem beschworenen Vertrage hieß. Aber die Gegensätze, die vor 10 Jahren zum Kriege geführt hatten, blieben in voller Schärfe bestehen. Und die Art, wie die Be-stimmungen des Vertrages ausgeführt wurden, gab diesen Gegensätzen sogleich neue Nahrung. Die spartanische Re-gierung war allerdings bereit genug, ihren vertragsmäßigen Verpflichtungen nachzukommen; hatte sie doch selbst das höchste Interesse daran, Pylos, Kythera und die Gefangenen von Sphakteria zurückzuerhalten. So setzte man denn in Sparta sofort die athenischen Gefangenen in Freiheit und sandte an Klearidas, der nach Brasidas' Tode in Thrakien kommandierte, den Befehl, Amphipolis den Athenern zu übergeben. Aber dieser Offizier war weit davon entfernt, an den Bundesgenossen zum Verräter zu werden, zu deren Befreiung vom athenischen Joch er selbst mitgeholfen hatte. Er schützte also die Unmöglichkeit vor, mit seinen schwachen Kräften etwas gegen den Willen der Chalkider auszurichten, und begnügte sich damit, seine Truppen aus den thrakischen Plätzen herauszuziehen und nach dem Peloponnes zurück-zuführen[1]. So blieb die für Athen bei weitem wichtigste Bestimmung des Friedens ein toter Buchstabe; und infolge-dessen weigerten sich nun die Athener, Pylos und Kythera zu räumen oder auch nur die Gefangenen von Sphakteria in Freiheit zu setzen.

Nicht geringere Verlegenheiten erwuchsen Sparta von seiten seiner eigenen Bundesgenossen. Kein Staat hatte in diesem Kriege größere Opfer gebracht als Korinth, dessen Seehandel so lange Jahre durch die athenische Blokade lahm-gelegt worden war. Und nun gewährte der Frieden nichts von alledem, wofür es zum Schwerte gegriffen: Poteidaea und

---

[1] Thuk. V 21, 34, 1.

Kerkyra blieben im Besitz Athens, ja, Korinth sollte nicht einmal seine Kolonien Anaktorion und Sollion von den Akarnanen zurückerhalten [1]. So weigerten denn die Korinthier dem Frieden die Annahme, und sie fanden Unterstützung bei den Chalkidern in Thrakien, die entschlossen waren, niemals in die Abtretung von Amphipolis zu willigen oder wieder Tribut an die Athener zu zahlen. Auch die Boeoter wollten von Frieden nichts wissen und verstanden sich Athen gegenüber nur zu einem Waffenstillstand mit zehntägiger Kündigungsfrist [2]

Gegenüber dieser Krisis in der eigenen Bundesgenossenschaft sah Sparta keinen anderen Ausweg, als sich Athen noch weiter zu nähern. Dort fand man bei Nikias bereites Entgegenkommen. Das Ideal Kimons schien sich zu verwirklichen; zwischen den beiden griechischen Vormächten wurde ein Defensivbündnis abgeschlossen. Athen konnte nun die Herausgabe der Gefangenen von Sphakteria nicht länger weigern, und so war wenigstens die dringendste Forderung der Spartaner befriedigt [3].

Die Katastrophe im Peloponnes wurde durch diese Wendung der lakedaemonischen Politik nur beschleunigt. Die Eidgenossenschaft brach zusammen; Elis, Mantineia, Korinth, die Chalkider in Thrake fielen von Sparta ab und traten in Bündnis mit Argos [4]. Der Versuch, auch Tegea zum Anschluß an diesen Bund zu bewegen, blieb allerdings ohne Erfolg [5], ja, es gelang den Spartanern, Mantineia die Herrschaft über die Parrhasia im Süden Arkadiens zu entreißen [6]; aber im wesentlichen war Sparta doch jetzt im Peloponnes isoliert. Und auch mit Athen war trotz des eben beschworenen Bündnisses zu keinem aufrichtigen Einvernehmen zu kommen. Man weigerte sich dort, und mit vollem

---

[1] Thuk. V 30, 2.
[2] Thuk. V 26, 2.
[3] Thuk. V 22—24.
[4] Thuk. V 27—31.
[5] Thuk. V 32, 3—4.
[6] Thuk. V 33.

Recht, Pylos und Kythera zu räumen so lange Amphipolis
nicht zurückgegeben war, und Korinth, Boeotien und die
Chalkider den Frieden nicht angenommen hatten; Sparta
aber konnte bei seiner jetzigen bedrohten Lage nicht daran
denken, diese Staaten mit Waffengewalt zur Annahme der
athenischen Forderungen zu zwingen. So mußten die Unterhandlungen mit Athen resultatlos bleiben, oder vielmehr,
das einzige Ergebnis war eine wachsende Entfremdung zwischen
den beiden verbündeten Mächten [1].

Unter diesen Umständen brachten die nächsten Ephoren-
wahlen zum Teil Männer der Kriegspartei in Sparta ans
Ruder [2]. Die Folge war, daß Sparta sein altes Bündnis mit
Boeotien erneuerte (Ende des Winters 421/0) [3]. Und nun
erhob auch in Athen die Opposition wieder das Haupt. An
ihrer Spitze stand jetzt Hyperbolos von Perithoedae, wie
Kleon ein Mann aus den Kreisen der Gewerbtreibenden, der
schon seit einigen Jahren in der Volksversammlung wie im
Gerichtssaal eine hervorragende Stellung eingenommen hatte [4].
Er konnte sich rühmen, nächst Kleon der in den besitzenden
und gebildeten Kreisen bestgehaßte Mann zu sein, und er ist
diesem Haß schließlich bei der oligarchischen Reaktion des
Jahres 411 zum Opfer gefallen. Ihm zur Seite trat ein Mann
ganz anderer Art, Alkibiades, der Sohn des Kleinias aus dem
Demos Skambonidae, ein naher Verwandter des Perikles,
in dessen Hause er nach dem frühen Tode seines Vaters erzogen
worden war. Seine vornehme Abkunft, sein Reichtum, seine
körperlichen Vorzüge und hohen Geistesgaben machten ihn
bald zum Löwen der Gesellschaft Athens, in der er den Ton
angab, und die stets bereit war, sich seinen Launen zu beugen.
Der Weg zu einer glänzenden politischen Laufbahn stand
ihm offen wie wenigen; aber so hervorragende militärische
und diplomatische Talente er auch besaß, zum Staatsmann

---

[1] Thuk. V 35.

[2] Thuk. V 36.

[3] Thuk. V 39.

[4] Aristoph. *Frieden* 679 ff., *Frösche* 570, überhaupt in den Komödien
aus dieser Zeit sehr häufig genannt, in Eupolis' Μαρικᾶς (421), in Platons
Hyperbolos hatte er die Titelrolle. Weiteres *Att. Polit.* S. 49 f.

fehlte es ihm an Selbstbeherrschung, und so ist sein Wirken ohne dauernden Erfolg geblieben und hat seiner Vaterstadt nicht zum Segen gereicht. Eben jetzt hatte er das 30. Jahr überschritten und stand so in dem Alter, in dem ihm die Bewerbung um das höchste Staatsamt, die Strategie, möglich war. Die Traditionen seiner Familie wiesen ihn auf die Seite der entschiedenen Demokratie, und bei dem Mangel an militärischen Kapazitäten in deren Reihen konnte es nicht fehlen, daß er hier mit offenen Armen aufgenommen wurde, so wenig er auch vom Volksführer an sich hatte [1].

Die Friedenspartei unterlag denn auch bei den Feldherrenwahlen im Frühjahr 420. Nikias wurde nicht wiedergewählt, und statt seiner trat Alkibiades in das Strategeion [2]. Auf seinen Antrag wurde nun sogleich ein Defensivbündnis mit Argos und seinen Verbündeten Mantineia und Elis abgeschlossen, was freilich zur Folge hatte, daß Korinth sich jetzt wieder Sparta näherte [3]. Um zwischen Argos und Athen eine nahe Verbindung zu sichern, schritten beide Staaten im folgenden Jahre zum Angriff auf Epidauros, das seinerseits von Sparta Unterstützung erhielt [4]. Die Feindseligkeiten zwischen Athen und Sparta hatten also aufs neue begonnen, wenn auch nur am dritten Ort, und nun erfolgte in Athen auf Alkibiades' Antrag die Erklärung, daß die Lakedaemonier den Frieden gebrochen hätten (Winter 419/8) [5].

---

[1] Hauptquellen sind, neben der Komödie, die Dialoge Platons und die Lebensbeschreibung Plutarchs. Vgl. *Att. Polit.* S. 50 f. und über Alkibiades' Familie unten 2. Abt. § 14. — Daß die Bewerber um das Strategenamt das 30. Jahr überschritten haben mußten, ist zwar nicht überliefert, wird aber gerade durch den Fall des Alkibiades sehr wahrscheinlich, da ein Mann wie er sonst ohne Zweifel eher zu der Würde gelangt wäre. Vgl. Hauvette-Besnault, *Les Stratèges athéniens*, Paris 1885, S. 44.

[2] Plut. *Alk.* 15, *Nik.* 10, vgl. Loeschcke *De titulis aliquot atticis* (Dissert. Bonn 1876) S. 24 f.

[3] Thuk. V 34—48, die Urkunde c. 47 und *CIA.* IV 46 b S. 14, Scala, *Staatsverträge* I 76 ff., wo die weitere Literatur. Die Frage, wie die, übrigens unwesentlichen, Abweichungen des inschriftlichen Textes von Thukydides zu erklären sind, berührt nur die Thukydides-Kritik.

[4] Thuk. V 53—56.

[5] Meine *Attische Politik* S. 307 f.

Es war klar, daß dieser Beschluß einer Kriegserklärung
sehr nahe kam. Demgegenüber rafften die besitzenden Klassen
sich zu energischster Anstrengung auf, und wirklich gelang
es bei den nächsten Strategenwahlen (Frühjahr 418), die
Gewalt wieder in die Hände des Nikias und seiner Freunde
zu bringen. Alkibiades wurde nicht wiedergewählt; ein Zeichen,
daß die Mehrheit der Bürgerschaft auch jetzt von einer Politik
der Abenteuer nichts wissen wollte [1].

Sparta hielt es nun an der Zeit, aus der bisher beob-
achteten Reserve herauszutreten. Sobald um Mittsommer 418
die neue Regierung in Athen ins Amt getreten war, rückte
König Agis an der Spitze des ganzen lakedaemonischen Auf-
gebots nach Arkadien, zog die Kontingente der dortigen
Verbündeten an sich, umging durch ein geschicktes Manöver
die Stellung der Argeier und ihrer peloponnesischen Bundesgenossen bei Methydrion und vereinigte sich in Phleius mit
den Boeotern und den Truppen der Bundesstädte am Isthmos.
Er mochte jetzt gegen 20 000 Hopliten unter seinem Befehl
haben und war dem Feinde an Zahl wie an Qualität der
Truppen weit überlegen. Aber die feste Stellung der Argeier
auf der Höhe des Passes, durch den die Straße von Nemea
nach Argos führt, war durch einen Frontangriff nicht zu
nehmen; Agis ließ also den Feind durch die Boeoter beobachten,
während er selbst mit den Lakedaemoniern und Arkadern
von Phleius aus auf unwegsamen Pfaden das Gebirge überschritt und durch das Tal des Inachos in die argeiische Ebene
hinabstieg. Er stand jetzt dem Feinde im Rücken und zwang
damit die Argeier, den Paß von Nemea zu räumen; da aber
die Boeoter dem Gegner nicht auf den Fersen blieben, kam
Agis zwischen den Mauern von Argos und dem argeiischen
Heere in eine so bedenkliche Lage, daß er es für geraten hielt
mit dem argeiischen Strategen Thrasyllos einen Waffenstillstand auf vier Monate abzuschließen, und unter dessen Schutze
das Gebiet von Argos zu räumen. Beide Heere waren mit
dieser Lösung sehr unzufrieden, denn hüben und drüben

---

[1] Thuk. V 56, 3.

meinte man den sicheren Sieg in der Hand zu haben; die
Argeier hätten Thrasyllos beinahe gesteinigt und verurteilten
ihn zum Verlust seines Vermögens, in Sparta entging Agis
nur mit knapper Not einer harten Bestrafung[1].

Jetzt endlich, als alles vorüber war, landeten bei Argos
1000 athenische Hopliten und 300 Reiter unter den Strategen
Laches und Nikostratos. Um aber den üblen Eindruck, den
die Zögerung in der Hilfleistung in Argos hervorbringen mußte,
nach Möglichkeit abzuschwächen, war Alkibiades dem Heer
als Gesandter beigeordnet, der Mann, der bisher alle Verhandlungen mit Argos geführt hatte, und der wenn irgendein anderer dort *persona grata* war. Es war eine gefährliche
Wahl; denn Alkibiades überschritt den ihm gewordenen
Auftrag und begann auf eigene Hand Politik zu treiben. Sein
Einfluß bewirkte, daß die Verbündeten, ohne sich an den
eben geschlossenen Waffenstillstand zu kehren, eine kräftige
Offensive gegen die lakedaemonischen Bundesgenossen in
Arkadien unternahmen, von der die athenischen Strategen
sich um so weniger ausschließen konnten, als ein Angriff auf
unmittelbar spartanisches Gebiet nicht im Plane lag. Es
gelang denn auch, Orchomenos nach kurzer Belagerung zum
Anschluß an Argos zu bringen. Nun verlangten die Eleier,
daß man gegen Lepreon ziehe; und als sie überstimmt wurden,
verließen ihre 3000 Hopliten das Bundesheer und kehrten
nach Hause zurück. Dieser Zwiespalt wurde für die Sache
der Verbündeten verhängnisvoll. Denn die Lakedaemonier
zogen auf die Nachricht der Einnahme von Orchomenos mit
ganzer Macht ins Feld, vereinigten sich mit den Kontingenten
von Tegea und den übrigen südarkadischen Gauen und rückten
vor Mantineia. In der Ebene unter den Mauern der Stadt
kam es zur Schlacht, der größten, die seit langer Zeit zwischen
Griechen geschlagen worden war. Beide Heere mochten sich
an Zahl annähernd gleich sein, etwa je 8000—10 000 Schwerbewaffnete; aber die Argeier und Athener hielten dem Stoße
der spartanischen Hopliten nicht stand, und nun wurden

---

[1] Thuk. V 57—60. 63.

auch die anfangs siegreichen Mantineier auf dem rechten
Flügel von der allgemeinen Flucht fortgerissen. Die Verbündeten verloren 1100 Mann, darunter die beiden athenischen
Strategen Laches und Nikostratos; der Verlust der Sieger
soll sich auf etwa 300 Mann belaufen haben. Der Flecken
von Sphakteria war ausgetilgt, das militärische Ansehen
Spartas in Griechenland aufs neue befestigt (August 418) [1].

Argos schloß nun Frieden und Bündnis mit Sparta
und löste seinen Bund mit Athen; bald darauf erfolgte eine
Verfassungsänderung in oligarchischem Sinne (Anfang 417).
Mantineia mußte in einen 30 jährigen Frieden mit Sparta
willigen, in dem es allen Ansprüchen auf die Hegemonie in
Arkadien entsagte. Achaia, wo bisher nur Pellene mit Sparta
verbündet gewesen war, trat jetzt ganz in den peloponnesischen
Bund ein. Auch Elis schloß Frieden und gab seinen Anspruch
auf Lepreon auf, ohne indes sein altes Bundesverhältnis mit
Sparta zu erneuern. Nie zuvor hatte Sparta den Peloponnes
so vollständig beherrscht [2].

So war Athen jetzt mehr als je in Griechenland isoliert;
es war alles verloren, was Alkibiades' Politik in den letzten
Jahren erreicht hatte. Mochte immerhin Alkibiades selbst
ein großer Teil der Verantwortung dafür treffen, so war es doch
Nikias, der dem verbündeten Argos jede wirksame Unterstützung versagt hatte, und der damit die eigentliche Schuld
an allem Unheil trug. Seine Gegner beeilten sich, ihren Vorteil
aus dieser Lage zu ziehen. Auf Hyperbolos' Antrag beschloß
das Volk, im Frühjahr 417 ein Scherbengericht abzuhalten.
Der Führer des Demos rechnete darauf, daß die Entscheidung
gegen Nikias ausfallen und dieser auf 10 Jahre aus Athen
verbannt würde; aber auch wenn diese Erwartung trog, hatte
Hyperbolos selbst dem Anschein nach wenig zu fürchten.
War es doch klar, daß Nikias' Anhänger ihre Stimmen nicht
gegen Hyperbolos, sondern gegen Alkibiades abgeben würden,
der allein eine wirkliche Gefahr für den Frieden und, wie viele

---

[1] Thuk. V 61—75. Über die Heeresstärken *Klio* VI, 1906, S. 68 ff.
[2] Thuk. V 76—82, 1. Wegen Achaia vergl. auch Thuk. II 9, 2; Elis hat
sich am dekeleiischen Krieg nicht beteiligt.

meinten, auch für die Freiheit Athens bildete. Und allerdings lag bei dem Bedürfnis der besitzenden Klassen nach Ruhe, bei Nikias' noch immer unermeßlichem Einfluß die Möglichkeit eines ungünstigen Ausgangs für Alkibiades nahe genug. Dieser war denn auch keineswegs gewillt, die Gefahr zu bestehen. Er löste also sein Bündnis mit der extremen Demokratie und ging in Nikias' Lager hinüber; beide vereinigten die Stimmen ihrer Anhänger gegen Hyperbolos. So geschah das Unerwartete; das Volk fand Hyperbolos schuldig, nach der Tyrannis über Athen zu streben, und sandte ihn in die Verbannung. Er ging nach Samos und hat die Heimat nicht wiedergesehen[1]. An der Institution des Ostrakismos aber, die ja längst antiquiert war, haftete fortan der Fluch der Lächerlichkeit; und wenn sie auch nicht förmlich aufgehoben wurde, ist sie doch seitdem ein toter Buchstabe geblieben.

Nikias und Alkibiades waren jetzt die Herren der Lage. Beide wurden unmittelbar nach dem Ostrakismos zu Strategen gewählt und auch für das nächste Jahr (416/5) im Amte bestätigt[2]. Aber Alkibiades war doch seit seinem Bruch mit der extremen Demokratie Nikias gegenüber in der Stellung eines abhängigen Verbündeten. So konnte Nikias die Unterwerfung von Amphipolis ins Auge fassen, die er mit Recht für Athens dringendste Aufgabe hielt[3]. Denn die Eroberung von Skione war der einzige Erfolg gewesen, dessen die Athener seit Abschluß des Friedens sich in Thrakien rühmen konnten; nach dem Abzug der peloponnesischen Besatzung hatte die Stadt sich im Sommer 421 ergeben müssen, die Bürger waren als Rebellen hingerichtet, das Gebiet an die nach Athen ge-

---

[1] Thuk. VIII 73, Plut. *Alk.* 13, *Arist.* 7, Nik. 11. Das Jahr ist nicht überliefert; auf 417 führt Theopomp. fr. 103 und eine Erwägung der politischen Lage, vgl. meine *Attische Politik* S. 339 f. Auf diesen Ostrakismos bezieht sich die unter Andokides' Namen überlieferte Rede gegen Alkibiades, eine Fälschung des IV. Jahrhunderts; der fingierte Sprecher ist, wie sich aus dem Schluß und Theophrast bei Plut. *Nik.* 11, *Alk.* 13 ergibt, Phaeax. Über diesen Thuk. V 4, Aristoph. *Ritter* 1375, Eupolis fr. 95 K (I 281).

[2] Meine *Attische Politik* S. 308.

[3] Thuk. VI 10, 4.

flüchteten Plataeer verteilt worden [1]. Wohl aber hatten die
Chalkider einige kleinere Orte eingenommen, die zu Athen
hielten [2]. Jetzt, noch vor Mittsommer, ging Nikias an der
Spitze einer Flotte nach der thrakischen Küste in See; aber
König Perdikkas von Makedonien, der ihm dort die Hand
reichen sollte, war nicht zur Stelle; er hatte soeben wieder
einmal die Farbe gewechselt und sich mit Sparta und Argos
verbündet [3]. Infolgedessen vermochte Nikias nichts auszurichten und mußte sich endlich dazu verstehen, mit den
Chalkidern einen Waffenstillstand zu schließen [4]. Perdikkas
wurde der Krieg erklärt und über die Häfen seines Reiches
die Blockade verhängt [5].

Inzwischen aber war in Argos eine Erhebung gegen die
oligarchische Regierung erfolgt; und da die Lakedaemonier
mit der Hilfe zögerten, wurde die Demokratie hergestellt,
die nun sogleich das Bündnis mit Sparta aufsagte und sich
wieder an Athen anschloß. So war die Lage im Peloponnes
mit einem Schlage verändert; Sparta hatte die beste Frucht
des Sieges bei Mantineia verloren und sah sich aufs neue der
Koalition der beiden großen griechischen Demokratien gegenüber. Der Versuch, Argos, nach dem Vorbilde Athens, durch
Schenkelmauern mit dem Meer zu verbinden, wurde allerdings
von den Lakedaemoniern in einem Winterfeldzuge verhindert,
auch die argeiische Landstadt Hysiae eingenommen, sonst
aber wurde nichts erreicht, und der kleine Krieg an der
argeiischen Grenze ging weiter [6]

Athen glaubte jetzt den Spartanern alles bieten zu dürfen.
Man beschloß also die Eroberung von Melos, das als Kolonie
Spartas galt und mit diesem in enger Freundschaft verbunden
war, wenn es auch formell der peloponnesischen Eidgenossen-

---

[1] Thuk. V 32.
[2] Thuk. V 35, 1 (Thyssos), 39, 1 (Mekyberna), 82, 1 (Dion).
[3] Thuk. V 80, 2.
[4] Thuk. VI 7, 4.
[5] Thuk. V 83, 4, Dittenb. *Syll.* [2] 37. In diese Zeit etwa gehört der Vertrag mit den Bottiaeern, Dittenb. *Syll.* [2] 36.
[6] Thuk. V 82. 83. Angeblicher Exzeß eines der Führer der Oligarchie:
Paus. II 20, 2. Urkunde des Vertrages mit Argos *CIA.* I 50.

schaft nicht angehörte [1]. Schon vor 10 Jahren (426) hatte Nikias an der Spitze einer Flotte von 60 Trieren mit 2000 Hopliten aņ Bord die Insel zu unterwerfen versucht, aber nichts ausgerichtet [2]; nur das benachbarte Thera, das sich bis dahin gleichfalls vom Seebunde ferngehalten hatte, wurde tributpflichtig gemacht [3]. Jetzt, wo Athen die Hände frei hatte, sollte das damals Versäumte nachgeholt werden. Im Vertrauen auf die Hilfe Spartas ließen die Melier es auf eine Belagerung ankommen (Sommer 416). Diese Hoffnung sollte nun freilich trügen, zur See war Sparta gegen die athenische Flotte ohnmächtig, und daß bei einem Einfall in Attika nichts herauskam, hatte die Erfahrung des letzten Krieges bewiesen. Vor allem, man wollte in Sparta keinen Krieg gegen Athen und Argos zugleich. Selbst als die Besatzung von Pylos Raubzüge in das spartanische Gebiet unternahm, ließ man sich aus seiner passiven Haltung nicht aufrütteln und beschränkte sich darauf, nun auch seinerseits die Kaperei gegen Athen freizugeben [4]. So blieb Melos sich selbst überlassen. Die Stadt hielt sich bis tief in den Winter, aber das Ende war doch eine Kapitulation auf Gnade und Ungnade. Obgleich Melos nie zum athenischen Bunde gehört hatte, wurden die Bürger nach dem barbarischen Kriegsrecht behandelt, das man seit einigen Jahren gegen abgefallene Bundesgenossen zur Anwendung brachte; die erwachsenen Männer wurden hingerichtet, der Rest der Bevölkerung in die Sklaverei verkauft. Eine attische Kleruchie von 500 Mann trat an die Stelle der alten Bewohner [5].

---

[1] Das letztere ergibt sich aus dem Schweigen des Thukydides (II 9) be der Aufzählung der beiderseitigen Bundesgenossen, ebenso aus dem Dialog zwischen den Athenern und Meliern V 85—112.

[2] Thuk. III 91.

[3] Es wird zuerst in den Listen des 29. Jahres (426/5) aufgeführt, mit einem Tribute von 3 tal. (*CIA*. I 257). Im Jahr 431 war es noch unabhängig gewesen (Thuk. II 9, 4); wahrscheinlich hat es sich ohne Kampf unterworfen, und das ist der Grund, warum Thukydides die Sache nicht erwähnt.

[4] Thuk. V 115, 2.

[5] Thuk. V 84—116, Dittenb. *Syll.* [2] 37 Z. 28 (= *CIA*. I 181), Plut. *Alk.* 16, [Andok.] 4, 22.

Noch während der Belagerung von Melos wurden Athens
Blicke wieder nach dem griechischen Westen gelenkt. Seit
dem Frieden von Gela (424) hatte man sich, von dringenderen
Aufgaben in Anspruch genommen, um die dortigen Verhältnisse nicht mehr ernstlich bekümmert, so sehr dazu Anlaß
gewesen wäre. Denn kaum war der Frieden geschlossen, als in
Leontinoi Unruhen ausbrachen; die Führer des Demos be-
antragten eine Neuverteilung des Grundeigentums, und die
besitzenden Klassen sahen sich dadurch gezwungen, bei der
mächtigen Nachbarstadt Syrakus Beistand zu suchen. Mit
deren Hilfe wurde der Demos vertrieben; die Besitzenden
siedelten nach Syrakus über und erhielten dort Bürgerrecht.
Das leontinische Gebiet wurde dem syrakusischen Staat
einverleibt [1].

In Athen nahm man die Vernichtung der verbündeten
Gemeinde hin, ohne zu etwas anderem als zur Absendung
einer Gesandtschaft sich aufzuraffen, die natürlich erfolglos
blieb (422) [2]. So wuchs den Gegnern der Mut, und wenige
Jahre später überzog Selinus das benachbarte Segesta mit
Krieg (416), das gleichfalls mit Athen im Bunde stand [3]
Viel zu schwach, dem Angriff aus eigener Kraft zu widerstehen,
wandten sich die Segestaner nach Athen um Hilfe [4].

Über die formelle Verpflichtung Athens, die erbetene
Unterstützung zu gewähren, konnte nicht der geringste Zweifel
sein. Und ebensowenig darüber, daß, wenn Athen auch
diesmal untätig blieb, es allen politischen Einfluß im Westen
verlieren mußte. Trotzdem fehlte es nicht an solchen, die
bereit waren, dieses Opfer zu bringen, in der Überzeugung,
daß die gefährdete Stellung Athens in Griechenland selbst die
Sammlung aller Kräfte erfordere. Erst solle man die Chalkidike
wiedergewinnen, ehe man ein neues Unternehmen gegen
Sicilien plane. Und kein geringerer als Nikias war es, der

---

[1] Thuk. V 4.

[2] Thuk. a. a. O.

[3] Oben S. 202. Auch aus Thuk. VI 6, 2 (τοὺς λοιποὺς ἔτι ξυμμάχους)
ergibt sich, daß Segesta mit Athen verbündet war.

[4] Thuk. VI 6. Aus anderer Quelle (Timaeos) Diod. XII 82.

diese Ansicht in der Volksversammlung vertrat. Aber er wurde diesmal von seiner eigenen Partei im Stiche gelassen; Athen hatte zu wichtige Handelsinteressen im Westen, als daß die besitzenden Klassen ein Aufgeben der dortigen Macht-stellung des Staates hätten ertragen können. Die extreme Demokratie aber hatte schon unter Kleon die Unterwerfung Siciliens angestrebt (oben S. 324); sie war weit davon entfernt, jetzt ihrer Vergangenheit ins Gesicht zu schlagen. Alkibiades endlich trat mit dem ganzen Gewichte seines Einflusses für das Unternehmen ein, dessen Leitung ihm selbst zufallen mußte, und das ihm endlich den ersehnten großen Wirkungskreis für die Entfaltung seiner Talente zu gewähren schien. So wurde denn mit überwältigender Majorität der Beschluß gefaßt, Segesta Hilfe zu leisten und die Unabhängigkeit von Leontinoi wieder herzustellen. Auch Nikias gab jetzt nach und ließ es geschehen, daß er selbst zu einem der Führer der Expedition gewählt wurde; neben ihn traten Alkibiades und Lamachos, wohl der tüchtigste Offizier, den Athen damals hatte, wenn er auch bisher noch zu keinem wichtigeren Kom-mando gelangt war. War der sicilische Krieg einmal nicht abzuwenden, so sollte wenigstens verhindert werden, daß Alkibiades die unbeschränkte Leitung desselben in die Hand bekäme [1].

In der Tat erschien das Unternehmen, militärisch be-trachtet, ohne jedes Bedenken. Athen war während des letzten Krieges imstande gewesen, eine sehr ansehnliche Flotte nach Sicilien zu entsenden, ohne daß seine maritime Überlegenheit über die Peloponnesier dadurch im geringsten geschwächt worden wäre; um wieviel mehr jetzt, wo man in Griechenland Frieden hatte. Und gesetzt, daß die Expedition erfolglos blieb, oder daß inzwischen in Griechenland neue Verwicklungen ausbrachen, welche die Zurückrufung der Flotte notwendig machten, so schien die athenische Meeres-

---

[1] Thuk. VI 8—26. Plut. *Nikias* 12, *Alk.* 17. Über Lamachos unten 2. Abt. § 89. Aristophanes, der ihn in den *Acharnern* und im *Frieden* (473. 1290) als einen Führer der Kriegspartei scharf angreift, läßt ihm später volle Gerechtigkeit widerfahren: *Frösche* 1039, vgl. *Thesm.* 841.

herrschaft in jedem Falle die Sicherheit des Rückzuges zu verbürgen [1].

Auch an den nötigen finanziellen Mitteln fehlte es nicht. Um den erschöpften Schatz wieder zu füllen, hatte man nach dem Frieden die Tribute in dem bisherigen gegenüber den aristeidischen Sätzen um mehr als das Doppelte gesteigerten Betrag weiter erhoben, wie er während des Krieges festgesetzt worden war; den Vorwand dazu bot die Verpflichtung des Staates, den Göttern die für den Krieg entliehenen Summen zurückzuerstatten. Dadurch war es möglich gewesen, an den Schatz der Athena eine Abschlagszahlung von 3000 Talenten zu leisten und mit den Rückzahlungen an die übrigen Götter zu beginnen, deren Schätze während des Krieges zur besseren Kontrolle einer einheitlichen Verwaltung unterstellt worden waren [2] Auch hatten die Segestaner sich verpflichtet, die Kriegskosten aus ihren eigenen Tempelschätzen zu bestreiten, und sogleich eine erste Rate von 60 Talenten als Monatssold für ebenso viele Trieren vorausbezahlt [3].

Eine andere Frage ist es freilich, ob die hochgespannten Erwartungen sich erfüllen konnten, welche die öffentliche Meinung in Athen an das Unternehmen knüpfte. Die Einnahme von Syrakus lag allerdings im Bereiche der Möglichkeit. Hat doch nur wenig gefehlt, daß sie gelungen wäre; was dann zu einer Oberhoheit Athens über die ganze Insel geführt haben würde. Und der Besitz Siciliens würde Athen zur herrschenden Macht am westlichen Mittelmeer erhoben haben, wie es bereits die herrschende Macht am östlichen Mittelmeer war. Einer solchen Stellung Athens gegenüber hätte auch der Peloponnes seine Selbständigkeit nicht auf die Dauer behaupten können, und Athen würde die Führung der ganzen Nation in die Hand bekommen haben [4]. Die Frage war nur, ob Athen stark genug

---

[1] Auch Thukydides (II 65, 11) hält das Unternehmen an sich für keinen Fehler, sondern tadelt nur die Art, wie es ausgeführt wurde.

[2] *CIA*. I 32; s. unten 2. Abt. § 148 ff.

[3] Thuk. VI 6, 2; 8, 1.

[4] Thuk. VI 90 läßt Alkibiades diese Pläne vor der lakedaemonischen Volksversammlung entwickeln.

war, die Herrschaft über Sicilien festzuhalten. Mit der politischen Propaganda war hier nichts zu machen, da die Insel
bereits durch und durch demokratisch war, durch Besatzungen
waren so volkreiche Städte kaum im Gehorsam zu halten,
und zu einer Kolonisation im großen Stile war die attische
Bürgerschaft nicht zahlreich genug. Es würde also voraussichtlich gegangen sein, wie vor jetzt 30 Jahren in Mittelgriechenland, und die athenische Herrschaft im Westen, auch
wenn es gelungen wäre, sie aufzurichten, sehr bald zusammengebrochen sein; die Schwächung von Syrakus aber, welche
die Folge eines athenischen Sieges gewesen wäre, würde nur
Karthago in die Hände gearbeitet haben.

Der Größe des Unternehmens entsprachen die Rüstungen.
Die Flotte zählte 134 Trieren, von denen Athen selbst 100 gestellt
hatte, darunter 60 Schlachtschiffe und 40 zum Truppen-
transport; an Landungstruppen hatte man reichlich 4000
Hopliten an Bord, darunter 1500 Athener und 500 Argeier.
Athen hatte wohl schon ebenso starke oder auch stärkere
Flotten in See gehen lassen, aber noch keine, die so sorgfältig
ausgerüstet gewesen wäre [1].

Schon war alles zur Abfahrt bereit, als ein unheimliches
Vorkommnis die Stadt in die höchste Aufregung stürzte.
Eines Morgens fand man fast alle Hermen, welche die Straßen
und öffentlichen Plätze Athens schmückten, an den Köpfen
verstümmelt. Die abergläubische Menge sah in diesem uner-
hörten Religionsfrevel ein schlimmes Vorzeichen für die
Expedition nach Sicilien; zugleich argwöhnte man eine Verschwörung zum Umsturz der bestehenden Verfassung. Das
war nun offenbar ein ganz grundloser Verdacht; denn abgesehen von der völligen Aussichtslosigkeit jedes Versuches,
unter den gegenwärtigen Umständen die Demokratie in ihrer
Hochburg zu stürzen, welcher Verschwörer konnte so töricht
sein, die öffentliche Aufmerksamkeit selbst auf sein Treiben zu
lenken? Soviel war ja allerdings klar, daß hier mehr vorlag,

---

[1] Thuk. VI 30—32, 43—44. Über die Zusammensetzung der Expedition
s. unten 2. Abt. § 122.

als die mutwillige Tat einer Gesellschaft trunkener Zech-
brüder; ein so systematisches Vorgehen setzt das Einverständnis zahlreicher Teilnehmer voraus. Es wurde also dem
Rat unbeschränkte Vollmacht in der Sache gegeben, eine
Untersuchungskommission ernannt und für die Angeber
Belohnungen ausgesetzt. Nun regnete es Denunziationen,
bei denen allerdings über den Hermenfrevel zunächst nichts
herauskam, wohl aber eine Anzahl anderer Religionsvergehen
enthüllt wurden. Namentlich wurde Alkibiades beschuldigt,
in seinem Hause eine Parodie der eleusinischen Mysterien zur
Aufführung gebracht zu haben. Alkibiades verlangte natürlich
sogleich vor Gericht gestellt zu werden; bei dem Rückhalt,
den er an dem Heere hatte, an dessen Spitze er stand, war
seine glänzende Freisprechung so gut wie gewiß. Aber eben
deswegen suchten seine Gegner die Sache zu verschleppen;
und es war auch in der Tat kaum möglich, die schon zum
Auslaufen bereite Expedition zurückzuhalten, bis der Prozeß
entschieden war. Das Volk beschloß also, Alkibiades solle
nach Sicilien abgehen und erst nach seiner Rückkehr sich
gegen die Anklage verantworten[1]. Der Sache nach kam das
auf eine Niederschlagung des Verfahrens heraus; man konnte
Alkibiades das Kommando nicht lassen, wenn man ihn für
schuldig hielt, und wer hätte es wagen wollen, ihn zur Rechenschaft zu ziehen, wenn er als Sieger aus dem Feldzuge heimkehrte?

Endlich, um Mittsommer, konnte die Expedition in See
gehen; die ganze Stadt gab den Scheidenden bis zum Peiraeeus
das Geleit. Ohne Unfall gelangte man über das Ionische
Meer an die italische Küste. Aber man fand dort sehr kühle
Aufnahme; selbst Rhegion, die alte Verbündete Athens,
weigerte diesmal den Anschluß. Auch in Sicilien war man
voll schwerer Besorgnis; der Zweck einer so gewaltigen Rüstung
konnte doch kein anderer sein, als die Insel der Herrschaft
Athens zu unterwerfen. Aber man war in keiner Weise auf
den Krieg vorbereitet, und die syrakusische Flotte war in so

---

[1] Thuk. VI 27—29, Andok. *vdMyst.* 11 ff., Plut. *Alk.* 18 f.

tiefem Verfall, daß es Wahnsinn gewesen wäre, dem Feinde
zur See entgegenzutreten. Im athenischen Kriegsrat drang
nun Lamachos darauf, die Gunst des Augenblicks zu benutzen,
geraden Weges auf Syrakus loszusegeln und die Belagerung
zu beginnen; ein Plan, der aller Wahrscheinlichkeit nach zur
Einnahme der Stadt geführt haben würde. Aber er konnte
damit den beiden angesehenen Kollegen gegenüber nicht
durchdringen, und so wurde auf Alkibiades' Vorschlag beschlossen, methodisch zu verfahren und erst die kleineren
Städte zum Anschluß zu bringen, um sich so eine sichere
Operationsbasis zu schaffen. Doch nur das chalkidische Naxos
trat zunächst auf die athenische Seite; die Schwesterstadt
Katane folgte erst, als die Athener durch ein erbrochenes
Tor eingedrungen waren. Das athenische Heer, das bisher
vor den Toren von Rhegion gelagert hat, wurde jetzt hierhin
übergeführt [1].

Währenddessen war in Athen die Untersuchung wegen
der Religionsfrevel weitergegangen. Eine Reihe der angesehensten Bürger wurde ins Gefängnis geworfen und zum
Teil hingerichtet, die Stadt war in fieberhafter Aufregung.
Überall witterte man Verschwörer; niemand war sicher, ob
er nicht im nächsten Augenblick auf die Aussage eines gewissenlosen Angebers hin verhaftet und zum Tode geführt werden
würde. Da entschloß sich einer der Angeklagten, Andokides
von Kydathenaeon, ein junger Mann aus sehr vornehmem
Hause, ein Geständnis zu machen: er selbst habe mit einer Anzahl seiner Freunde die Hermen verstümmelt. Ob die Angabe
richtig war, ist niemals ermittelt worden; wie die Sachen
lagen, war sie eine rettende Tat, und Rat und Volk ergriffen
begierig den Ausweg, der sich hier bot, um aus der unhaltbaren Lage herauszukommen. Die von Andokides Beschul-
digten wurden hingerichtet, soweit man ihrer habhaft werden
konnte; auf den Kopf derer, die sich geflüchtet hatten, wurde
ein Preis gesetzt; die übrigen Angeklagten wurden sogleich
aus dem Gefängnis befreit. Der Angeber erhielt Straflosigkeit,

---

[1] Thuk. VI 44—52.

fand es aber doch bald geraten, die Heimat zu verlassen, die er erst nach Jahren wiedergesehen hat [1].

Der Hermenfrevel schien also gesühnt; es blieb der Mysterienfrevel. Auch in dieser Sache waren inzwischen neue Denunziationen erfolgt; und wieder war es Alkibiades, den man der Tat beschuldigte [2]. Es ist ja auch an und für sich gar nicht unwahrscheinlich, daß diesen Anklagen etwas Wahres zugrunde lag, und daß Alkibiades den Mummenschanz, den man zur Erbauung der Gläubigen in Eleusis aufführte, einmal in lustiger Weinlaune parodiert hat. Jedenfalls ergriffen seine Gegner mit Eifer die Gelegenheit, die sich ihnen hier bot, ihn von seiner Höhe herabzustürzen. Allen voran Androkles von Pitthos, ein Führer der radikalen Partei, der eben im Rate saß und dort großen Einfluß übte [3]. Denn die extreme Volkspartei konnte es Alkibiades nicht vergessen, daß es sein Abfall von der gemeinsamen Sache gewesen war, der vor zwei Jahren beim Ostrakismos gegen Hyperbolos die Entscheidung gegeben hatte. Und auch die Gemäßigten hatten keinen Anlaß, sich besonders für den Mann zu er- wärmen, der bei allem, was er tat, nur seinen eigenen Vorteil

---

[1] Hauptquelle ist neben Thuk. VI 53. 60 die Mysterienrede des Andokides. die aber natürlich die Tendenz verfolgt, diesen möglichst rein zu waschen, Daß sie nur mit Vorsicht benutzt werden darf, zeigen auch die abweichenden Angaben des Thukydides, die unter Lysias' Namen erhaltene Anklagerede gegen Andokides und des letzteren eigene Rede *von seiner Rückkehr*. Die Komödie bietet fast nichts, obgleich Aristophanes *Vögel* im Winter nach dem Prozeß zur Aufführung kamen; Plut. *Alk.* 18—21, Diod. XIII 2, Nepos *Alc.* 3 kommen kaum in Betracht. Τὸ δὲ σαφὲς οὐδεὶς οὔτε τότε οὔτε ὕστερον ἔχει εἰπεῖν περὶ τῶν δρασάντων τὸ ἔργον sagt Thukydides (VI 60, 2), und ich maße mir nicht an, mehr wissen zu wollen. Doch kann der Zweck wohl nur der gewesen sein, das sicilische Unternehmen noch in letzter Stunde durch ein ungünstiges Vorzeichen nicht zustande kommen zu lassen. Ob nun gerade die Korinthier die Sache angestiftet haben, wie Kratippos meinte (bei [Plut.] *Leben des Andok.* 834 d ihm folgend Philoch. fr. 110), mag dahingestellt bleiben; es gab auch in Athen, Leute genug, die das gleiche Interesse hatten. Vgl. Wilamowitz, *Aristot.* II 113, 1. Von neueren Spezialuntersuchungen ist zu nennen Götz, *Der Hermo- kopidenprozeß, Jahrb. f. Phil.* Suppl. VIII (1876). Das Beste bleibt immer noch die betreffende Partie bei Grote.

[2] Andok. *vdMyst.* 16.

[3] Thuk. VIII 65, 2, Plut. *Alk.* 19, Andok. *vdMyst.* 27.

verfolgte und stets bereit war, den Staat in neue kriegerische
Verwicklungen zu stürzen. So vereinigten sich gegen Alkibiades Männer aus beiden Parteien; Kimons Sohn Thessalos
war es, der die Anklage einbrachte, unterstützt von dem
radikalen Volksführer Androkles. Auf dessen Antrag wurde
Aikibiades nach Hause zurückgerufen, um sich sogleich vor
Gericht zu verantworten.

Es hätte in Alkibiades' Hand gelegen, der Vorladung
den Gehorsam zu weigern, gestützt auf seine Beliebtheit
bei dem Heere; jener erste Volksbeschluß, der den Prozeß
bis nach Beendigung des Krieges vertagte, konnte dafür
den passenden Vorwand abgeben. Auch fühlte die athenische
Regierung sich ihrer Sache so wenig sicher, daß sie ihre Ab-
gesandten ausdrücklich angewiesen hatte, offene Gewalt zu
vermeiden. Aber im entscheidenden Augenblick fand Alkibiades doch nicht den Mut, aus den Schranken der Gesetzlichkeit herauszutreten; er mochte darauf rechnen, daß sein
persönliches Erscheinen genügen würde, um alle Gefahr zu
beschwören. Kaum aber hatte er die Heimreise angetreten,
als ihm die Sachen in anderem Lichte erschienen; und so
entwich er in Thurioi von seinem Schiff und ging in freiwillige
Verbannung. Er hatte sich damit selbst das Urteil gesprochen,
und demgemäß erkannte das Gericht in dem jetzt eröffneten
Kontumazverfahren. ÜberAlkibiades und seineMitangeklagten:
seinen Oheim Axiochos von Skambonidae, seinen Vetter
Alkibiades von Phegus, seinen Gaugenossen Adeimantos
wurde die Todesstrafe verhängt, ihr Andenken verflucht, ihr
Vermögen eingezogen [1].

Der Mann war gestürzt, der während der letzten Jahre
in Athen fast allmächtig gewesen war. Und Nikias, der Führer

---

[1] Thuk. VI 61, Plut. *Alk.* 21 f., wo die Eisangelie des Thessalos im Wortlaut gegeben ist, Andokides *vdMyst.* 16. 65. Xen. *Hell.* I 2, 13. Über Androkles
Thuk. VIII 65, 2, Plut. *Alk.* 19. Er saß damals im Rate (Andok. *Myst.* 27).
Rechnungen über den Erlös aus dem eingezogenen Vermögen der in diesem
Prozesse Verurteilten *CIA.* I 274—76, IV S. 35. 177 f., Köhler *Hermes* XXIII
395. Über die Verwandtschaft des Alkibiades mit Axiochos Platon *Euthydem.*
275 a und Töpffer *Att. Geneal.* S. 179 f., unten 2. Abt. § 14. Daß auch Adeimatos
ein Verwandter des Alkibiades gewesen ist, ist sehr wahrscheinlich.

der Konservativen, stand fern in Sicilien; übrigens war auch er, zwar nicht selbst, aber durch seine Brüder beim Hermenprozeß compromittiert[1]. So fiel die Leitung des Staates jetzt den Führern der radikalen Partei zu, die die Erregung des Volkes über die Religionsfrevel mit solchem Geschick zu benutzen verstanden hatten; neben Androkles vor allen Peisandros, der in der Untersuchungskommission gesessen hatte und ihr einflußreichstes Mitglied gewesen war[2] Sie und ihre Freunde trifft für die Politik Athens in der nächsten Zeit die Verantwortung.

Nikias und Lamachos waren jetzt die alleinigen Befehlshaber der athenischen Flotte. Sie benutzten den Rest des Sommers zu einer Fahrt nach Segesta, wobei sie sich überzeugten, daß auf eine irgend wirksame Unterstützung von dieser Seite her nicht zu rechnen sei. Endlich im Spätherbst unternahmen sie eine Landung bei Syrakus. In der Ebene am großen Hafen, beim Tempel des olympischen Zeus, kam es zur Schlacht gegen das ganze syrakusische Aufgebot, das trotz seiner überlegenen Zahl völlig geschlagen wurde. Doch blieb der Sieg unfruchtbar, da Nikias es bei der vorgerückten Jahreszeit für geboten hielt, den Beginn der Belagerung auf das nächste Frühjahr zu verschieben. Das Heer ging nach Naxos und Katane zurück und bezog dort die Winterquartiere[3].

Die Athener hatten also einen halben Sommer nutzlos verzettelt. Während des folgenden Winters waren sie vergeblich bemüht, Messene auf ihre Seite zu bringen; doch blieb die Stadt wenigstens in dem Kriege neutral. Besseren Erfolg hatten sie bei den Sikelern, die in Syrakus ihren natürlichen Feind sahen und demgemäß die Athener bereitwillig unterstützten, soweit sie nicht durch syrakusische Besatzungen

---

[1] Eukrates und vielleicht auch sein zweiter Bruder Diognetos hatten eine Zeitlang in Untersuchungshaft gesessen (*Andok.vdMyst.* 47, 15).
[2] Andok. *Myst.* 36, Aristoph. *Lysistr.* 490 f. Überhaupt wird Peisandros in den Komödien dieser Jahre ebenso angegriffen wie vorher Kleon und Hyperbolos.
[3] Thuk. VI 62—72.

im Zaume gehalten wurden. Auch einige tyrrhenische Städte traten aus demselben Grunde auf die athenische Seite. Kamarina, das beide Teile zu gewinnen suchten, erklärte neutral bleiben zu wollen, schickte aber dann doch unter der Hand den Syrakusiern Beistand. Auch Akragas hielt sich neutral, und ebenso wies Karthago die athenischen Annäherungsversuche zurück. Aber es wurde doch wenigstens soviel erreicht, daß außer Selinus und Gela keine andere Stadt Siciliens mit Syrakus in offenes Bündnis trat [1].

Dem athenischen Heere fehlte es bis jetzt so gut wie ganz an Reiterei, einer Waffe, die für einen Feldzug in Sicilien unentbehrlich war. Es wurden also mit Anbruch des Frühjahrs 250 Reiter von Athen abgesandt, die in Sicilien beritten gemacht werden sollten, da ein Transport so vieler Pferde auf eine so weite Entfernung untunlich schien. Sie kamen etwa Mitte Mai in Katane an, und nun endlich beschlossen Nikias und Lamachos ernsthaft gegen Syrakus vorzugehen [2]. Die Syrakusier hätten also Zeit genug gehabt, sich auf die Belagerung vorzubereiten. Sie hatten denn auch, unter dem Eindrucke der Niederlage im vorigen Herbst, das im Amt befindliche Kollegium von 15 Strategen abgesetzt und an dessen Stelle drei neue Strategen erwählt, darunter Hermokrates, den Führer der Opposition [3]. Es wurden nun einige Außenwerke angelegt und namentlich die Vorstadt am Theater, der sog. Temenites, in die Befestigung hineingezogen, man versäumte es aber, die Höhe von Epipolae zu sichern, die im Westen der Stadt aufragt und die ganze Umgegend strategisch beherrscht. So konnten die Athener, ohne Widerstand zu finden, an der nahen Küste landen und in raschem Anlauf die

---

[1] Thuk. VI 72—88. Über die Tyrrhener VI 88, 6; 103 2; VII 53, 2;, 57, 10. Mit den Campanern, welche die Neopoliten 413 für die Athener in Sold nahmen, haben diese Tyrrhener nichts zu tun, denn die campanischen Söldner kamen erst nach der Niederlage der Athener nach Sicilien (Diod. XIII 44, 2), auch waren die Tyrrhener nicht Söldner, sondern Bundesgenossen. — Messene wird unter den syrakusischen Bundesgenossen niemals erwähnt.
[2] Thuk. VI 94, vgl. unten 2. Abt. § 6.
[3] Thuk. VI 72 f.
[4] Thuk. VI 75, 1.

wichtige Stellung besetzen; ein Versuch, sie von dort zu vertreiben, blieb ohne Erfolg. Bald darauf kam den Athenern eine weitere Verstärkung von 400 Reitern ihrer sicilischen Bundesgenossen; freilich blieb die syrakusische Reiterei noch immer weit überlegen. Es handelte sich nun darum, die Stadt durch eine etwa 5 km lange Umwallung vom Hafen Trogilos im Norden nach dem großen Hafen im Süden von der Verbindung mit dem Inneren der Insel abzuschließen. Vergebens suchten die Belagerten den Fortschritt dieser Arbeiten durch Ausfälle und die Errichtung von Gegenwerken zu hindern. Die Athener blieben in allen Gefechten siegreich; allerdings fiel in einem dieser Kämpfe der Stratege Lamachos, dessen Energie die bisherigen Erfolge hauptsächlich verdankt wurden. Aber der Mut der Verteidiger war gebrochen. Die athenischen Linien wurden von der Hochfläche im Westen der Stadt bis an den großen Hafen herabgeführt, in den nun auch die Flotte einlief, die bisher im Norden von Syrakus bei Thapsos gelegen hatte. Die nördliche Hälfte der Umschließungswerke war freilich noch nicht fertig, aber ihre Vollendung schien nur noch eine Frage kurzer Zeit, und schon begann man in Syrakus von Ergebung zu sprechen [1].

Da im letzten Augenblick kam der bedrängten Stadt Rettung. Schon während des Winters hatten die Syrakusier an Korinth und Sparta Gesandte geschickt und das Versprechen der Unterstützung erhalten; hatten doch die Peloponnesier selbst das höchste Interesse daran, zu verhindern, daß Sicilien von Athen abhängig würde [2]. Zum Befehlshaber des Hilfsheeres wurde ein Mann bestimmt, der wie kein zweiter in Sparta mit den Verhältnissen des Westens vertraut war, Gylippos, ein Sohn jenes Kleandridas, der nach seiner Verbannung im Jahre 445 sich nach Thurioi gewandt hatte und dort rasch zu bedeutendem Einfluß gelangt war [3]. Gylippos erkannte, daß vor allem schnelle Hilfe von nöten sei; und da die

---

[1] Thuk. VI 96—103. Über die Topographie, die athenischen Belagerungswerke und die Gegenwerke der Syrakusier unten 2. Abt. § 126 ff.

[2] Thuk. VI 73. 88.

[3] Thuk. VI 93, vgl. oben S. 202.

Ausrüstung des nach Sicilien bestimmten Geschwaders mit
der im Peloponnes einmal hergebrachten Langsamkeit betrieben wurde, ging er selbst indes mit nicht mehr als 4 Trieren
in See, gelangte glücklich durch die Straße von Messina, die
Nikias zu sperren versäumt hatte und landete an der Nordküste der Insel in Himera. Die Himeraer ließen sich bereit-
finden, ihm ein Korps von 1000 Mann und 100 Reitern zur
Verfügung zu stellen; auch aus Selinus, Gela und von den
umwohnenden Sikelern kam Zuzug, so daß Gylippos bald
etwa 3000 Mann unter seinem Befehle hatte, mit denen er quer
durch die Insel auf Syrakus rückte. Hier kam er gerade noch
zur rechten Zeit an, um durch die Lücke der athenischen
Zirkumvallationslinie in die Stadt zu gelangen. War schon
die materielle Unterstützung, die er brachte, nicht unbedeutend, so fiel doch die moralische Wirkung seines Eintreffens
noch weit mehr ins Gewicht. Das Bewußtsein, von den
Stammesgenossen im Peloponnes nicht verlassen zu sein,
einen Spartiaten zum Führer zu haben, weitere Verstärkungen
erwarten zu dürfen, gab den Syrakusiern neuen Mut. Gylippos
schritt nun ohne Zögern zum Angriff; während er selbst durch
eine geschickte Demonstration die athenische Hauptmacht
in ihren Verschanzungen festhielt, gelang es einer Abteilung
seines Heeres in überraschendem Ansturm die Höhe von
Epipolae zurückzugewinnen. Nun galt es, diese wichtige
Stellung durch eine befestigte Linie mit der Stadt zu verbinden. Diese Mauer würde die Richtung der athenischen
Zirkumvallationslinie in rechtem Winkel geschnitten und
deren Vollendung unmöglich gemacht haben; es handelte
sich also für Nikias darum, den Bau des syrakusischen Werkes
um jeden Preis zu verhindern. So führte er sein Heer aus den
Verschanzungen heraus und nahm die Schlacht an, die der
Gegner ihm anbot. In einem ersten Treffen blieb den Athenern
der Sieg, aber sie waren doch nicht imstande, den Fortgang
des feindlichen Werkes zu hemmen, und als es dann noch
einmal zum Kampfe kam, wußte Gylippos seine numerische
Überlegenheit besser zu verwerten, und die Athener wurden
hinter ihre Wälle zurückgeworfen. Die Syrakusier konnten

nun ihre Mauer in aller Ruhe vollenden, und die Gefahr einer Einschließung war von der Stadt abgewendet [1].

Nikias sah sich jetzt zu Lande auf die Defensive beschränkt. Um sich für alle Fälle wenigstens die Verbindung mit dem offenen Meere zu sichern, hatte er gleich nach Gylippos' Ankunft die Landspitze Plemmyrion befestigt, die, der Stadt gegenüber von Süden her vorspringend, die Einfahrt in den großen Hafen beherrscht [2]. Doch die Lage des athenischen Heeres wurde von Tag zu Tag ernster. Der Feind erhielt beständig neue Verstärkungen. Noch im Herbst kamen 12 korinthische Schiffe; im folgenden Frühjahr (413) weitere 3000 Mann aus den sicilischen Städten; die Spartaner und Boeoter sandten 900 Hopliten [3]. Und jetzt wagten es die Syrakusier und ihre Verbündeten, dem Feinde auch zur See zu begegnen; war doch die athenische Flotte im kläglichsten Zustande, die Schiffe, die beständig im Dienst sein mußten, zum großen Teil kaum mehr seetüchtig, die Mannschaften durch Krankheit und Desertionen gelichtet. Trotzdem fiel der erste Versuch, sich mit den Athernern zur See zu messen, für die Syrakusier ungünstig aus; aber während der Seeschlacht nahm Gylippos mit dem Landheer die Befestigungen auf dem Plemmyrion. Die Einfahrt in den großen Hafen war damit für die Athener auf das höchste erschwert. Bald erneuten die Syrakusier auch ihren Angriff zur See, und diesmal mit besserem Erfolge; die Athener wurden auf ihrem eigenen Elemente geschlagen und auf ihr Lager zurückgetrieben. Nikias war jetzt vollständig eingeschlossen und verloren, wenn nicht bald Entsatz kam [4].

Während so Athener und Peloponnesier sich in Sicilien bekämpften, war auch in Griechenland der Krieg zwischen

---

[1] Thuk. VI 104, VII 1—6.

[2] Thuk. VII 4.

[3] Thuk. VII 7. 19. 21. 32 f. Auch Korinth und Sikyon hatten 700 Hopliten abgesandt (19, 4), die aber, durch einen Sturm nach Kyrene verschlagen, erst im August in Syrakus anlangten (50, 2). Über das boeotische Kontingent unten 2. Abt. § 125.

[4] Thuk. VII 21—25. 36—41.

beiden Mächten zum offenen Ausbruch gekommen. Bisher hatten die Gegner sich wohl am dritten Ort nach Möglichkeit Abbruch getan, doch einer direkten Verletzung des feindlichen Gebietes sich enthalten. Als aber im Sommer 414 ein lakedaemonisches Heer in die Argeia einrückte und das Land weithin verwüstete, konnte Athen nicht länger untätig zusehen. Um der verbündeten Stadt Luft zu machen, landete ein attisches Geschwader an der lakonischen Küste [1].

Hatten die Spartaner bisher Bedenken getragen, durch einen Einfall in Attika den beschworenen Frieden zu brechen, so bekamen sie jetzt freie Hand. Im Frühjahr 413 überschritt das peloponnesische Bundesheer, von König Agis geführt, zum erstenmal wieder seit 12 Jahren die attische Grenze. Und diesmal begnügte man sich nicht, wie früher, mit einem kurzen Einfall. Die Spartaner zeigten, daß sie vom Feinde gelernt hatten. Nachdem die Ebene um Athen verheert war, errichtete Agis auf den Höhen von Dekeleia ein befestigtes Lager, etwa 20 km von der Hauptstadt und ebensoweit von der boeotischen Grenze; eine Stellung, trefflich gewählt, um den ganzen Norden Attikas militärisch zu beherrschen. Agis selbst blieb hier mit einer starken Besatzung zurück, die nun eine beständige Drohung für Athen bildete und die Bürger zu fortwährendem angestrengten Wachtdienst auf den Mauern zwang. Von einer Bebauung des Landes konnte jetzt überhaupt nicht mehr die Rede sein; der Viehstand ging aus Mangel an Futter zugrunde, und die Sklaven begannen zu Tausenden aus der Stadt zum Feinde überzulaufen [2].

Offenbar wäre es jetzt das richtige gewesen, die Flotte und das Heer aus Sicilien zurückzurufen, sobald das Meer schiffbar wurde. Nikias hatte das schon im letzten Herbste befürwortet, da ein Erfolg doch nicht mehr zu erreichen sei [3]. Aber die Regierung glaubte von Athen aus besser imstande zu sein, die militärische Lage zu beurteilen, als der komman-

---

[1] Thuk. VI 105.
[2] Thuk. VII 18—19. 27—28, vgl. VI 91, 7, Kratippos 12, 4.
[3] Thuk. VII 8. 10—15.

dierende General im Felde; oder vielmehr, die radikalen
Volksmänner, die seit dem Hermenprozeß an der Spitze Athens
standen, wußten sehr wohl, daß es mit ihrer Macht zu Ende
sein müßte in dem Augenblick, wo das sicilische Unternehmen
aufgegeben wurde, für das sie die Verantwortung trugen.
Man hatte also, um Mittwinter, Nikias eine Verstärkung von
10 Schiffen geschickt [1]; kurz darauf gingen 20 Schiffe unter
Konon nach Naupaktos, um die Absendung von Verstärkungen
aus dem Peloponnes nach Sicilien zu verhindern, was freilich
nicht gelang, da die Korinthier diesem Geschwader überlegene
Kräfte entgegenstellten [2].   Inzwischen wurde eine zweite
Expedition nach Sicilien ausgerüstet, nicht viel schwächer als
diejenige, die vor zwei Jahren dorthin abgegangen war; und
man ließ sie im Frühjahr in See stechen, obgleich die Peloponnesier eben damals Dekeleia besetzt hatten.   Den Befehl
erhielt Demosthenes, der gefeiertste Feldherr, den Athen in
diesem Augenblick besaß; neben ihm stand Eurymedon, der
bereits im vorigen Kriege auf Sicilien befehligt hatte.   In
Italien fanden die Athener diesmal bessere Aufnahme; Meta-
pont stellte zwei Trieren und 300 Speerwerfer, Thurioi, wo
eine Revolution soeben die athenische Partei ans Ruder
gebracht hatte, 700 Hopliten und ebenfalls 300 Mann leichte
Truppen. Gegen Mittsommer gelangte die Flotte nach Syrakus,
noch gerade zu rechter Zeit, um Nikias vor sicherem Verderben zu retten [3].

Es waren 73 Trieren mit 5000 Hopliten und zahlreichen
Leichtbewaffneten, die Demosthenes und Eurymedon heran-
führten. Die militärische Lage war dadurch mit einem Schlage
verändert, die Athener wieder der stärkere Teil, und Demosthenes drängte demgemäß auf sofortige kräftige Offensive.
Alles hing von dem Besitz von Epipolae ab; und da die offenen
Angriffe auf die syrakusischen Befestigungen ohne Erfolg
blieben, beschloß man einen nächtlichen Überfall.   Zuerst
ging alles vortrefflich; beim Scheine des Mondes wurde die

---

[1] Thuk. VII 16.
[2] Thuk. VII 17.
[3] Thuk. VII 16. 20. 26. 31. 35.

Höhe erstiegen, die feindlichen Werke im Rücken gefaßt, die
Besatzung in die Flucht getrieben. Aber beim weiteren Vorrücken gegen die Stadt hin gerieten die Athener in Unordnung;
der Feind erholte sich von dem ersten Schrecken und hielt
wieder stand, und nun wurden die Athener ihrerseits zurückgeworfen. In der Verwirrung des Nachtgefechtes löste sich
bald alles in regelloser Flucht; mit großen Verlusten gelangten
die Athener endlich von den steilen Höhen herab in ihr Lager
(Ende Juli 413) [1].

Demosthenes war jetzt mit Recht der Ansicht, daß jede
weitere Fortsetzung der Belagerung zwecklos sei. Nikias
widersprach anfangs; er fürchtete die Verantwortung für
das mißglückte Unternehmen und wiegte sich noch immer
in der Illusion, mit Hilfe seiner Verbindungen in Syrakus
die Stadt in die Hand zu bekommen. Endlich, nachdem man
einige Wochen nutzlos verloren hatte, während beständig
Verstärkungen nach Syrakus strömten, gab auch er seine
Zustimmung. Am Abend des 27. August lag die Flotte bereit,
das Heer aus dem Hafen zu führen, als die Mondscheibe sich
plötzlich verfinsterte. Die Truppen nahmen das für ein
schlimmes Zeichen, und Nikias, der selbst nicht weniger
abergläubisch war als seine Matrosen, und dem außerdem
der Aufschub ganz gelegen kam, widersetzte sich jetzt der
Abfahrt und erklärte, zu bleiben, bis ein neuer Vollmond am
Himmel stände. Mit dieser Zögerung war das Schicksal des
Heeres entschieden. Denn die Syrakusier steckten sich nun
das Ziel, den Belagerern den Rückzug abzuschneiden und
sie vor den Mauern ihrer Stadt zu vernichten. Sie boten also
dem Feinde von neuem die Seeschlacht an, die dieser, falls
er seine Verbindungen offenhalten wollte, nicht weigern
durfte. Aber in der Enge des Hafens konnten die Athener
ihre Manöverierfähigkeit nicht entwickeln, während sie mit
ihren leichtgezimmerten Schiffen gegenüber den stärker

---

[1] Thuk. VII 42—45. Den Verlust gibt Diod. XIII 11, 5 auf 2500, Plut.
Nik. 21 in runder Zahl auf 2000 Mann an, offenbar weit übertrieben. Thuk.
VII 45, 2 sagt nur οὐκ ὀλίγοι. Die Zeit ergibt sich aus der Mondfinsternis vom
27. August, s. unten 2. Abt. § 102.

gebauten peloponnesischen und syrakusischen Trieren im
Nachteil waren. So endete der Tag, trotz der numerischen
Überlegenheit der Athener mit deren völliger Niederlage;
der Stratege Eurymedon fiel, 18 Schiffe wurden genommen
und ihre ganze Mannschaft niedergemacht. Die Syrakusier
waren nun Herren des Hafens, und sie gingen sogleich daran,
dessen Einfahrt zu sperren. Wohl machten die Athener noch
einen letzten verzweifelten Versuch, die Blockade zu sprengen.
Alle noch irgendwie seetüchtigen Schiffe der Flotte — es
waren 110 — wurden ins Wasser gezogen und gegen den
Feind geführt, der nur über 76 Trieren verfügte. Die Leute
wußten, daß die um ihre Rettung kämpften und fochten mit
dem Mut der Verzweiflung. Aber auch jetzt blieben alle
Anstrengungen vergebens; mit einem Verlust von 50 Schiffen
wurden die Athener auf ihr Lager zurückgetrieben [1].

Das Heer war jetzt völlig demoralisiert; an eine Wiederholung des Versuches, dem Feinde zur See zu begegnen, war
nicht zu denken. Auch das Lager war nicht länger zu halten,
da die Vorräte zu Ende gingen; es blieb nichts übrig als der
Rückzug zu Lande. Alles Gepäck, alle Kranken und Ver-
wundeten mußten zurückgelassen werden, die Flotte fiel dem
Feinde zur Beute. Die nächste befreundete Stadt war Katane;
aber der direkte Weg dahin war durch die feindlichen Befestigungen auf Epipolae versperrt, und der Versuch, sich
am Anapos aufwärts nach Akrae hin einen Weg zu öffnen,
wurde von den Syrakusiern abgeschlagen. Es blieb also nur
die Küstenstraße, die von Syrakus in südwestlicher Richtung
über Eloros nach Kamarina führte. Man verfügte noch immer
über etwa 20 000 Mann [2], allerdings zum großen Teil für den
Kampf zu Lande wertlose Rudermannschaften. Eine um-
sichtige Führung hätte ein solches Heer vielleicht trotz allem
zu retten vermocht; doch es fehlte daran ebensosehr wie
an der nötigen Disziplin bei den Truppen. Man war nicht
einmal darauf bedacht, das Heer zusammenzuhalten. Nikias,
der an der Spitze marschierte, ging vorwärts ohne Rücksicht

---

[1] Thuk. VII 47—71. Diod. XIII 12—17.
[2] S. unten 2. Abt. § 124.

auf Demosthenes, der die Nachhut führte und durch die
beständigen Angriffe der verfolgenden Syrakusier zu lang-
samerem Marsche genötigt war. So kam ein weiter Zwischen-
raum zwischen die beiden athenischen Heerteile; der Feind
konnte sich mit ganzer Macht auf Demosthenes werfen, der
nach tapferem Widerstande zur Ergebung gezwungen wurde.
6000 Mann streckten die Waffen [1].

Jetzt kam die Reihe an Nikias. Unter unablässigen
Angriffen seitens der feindlichen Reiter und leichten Truppen
gelangte er an den Assinaros, einen der kleinen Flüsse, die
bei dem heutigen Noto von den Bergen herab ins Ionische
Meer strömen. Hier löste alle Ordnung sich auf, es erfolgte
ein furchtbares Blutbad, endlich ergab sich Nikias mit dem
Rest seiner Truppen dem Sieger (Anfang Oktober). Da keine
förmliche Kapitulation erfolgt war, blieb der größte Teil
der Gefangenen den Soldaten des siegreichen Heeres als Beute;
„ganz Sicilien wurde voll davan", wie der Geschichtsschreiber
des Krieges sagt. Doch retteten sich nicht unbedeutende
Teile des athenischen Heeres nach Katane [2].

---

[1] Thuk. VII 72—82.

[2] Thuk. VII 82—85, [Lysias] /. Polystr. 23—26, Paus. VII 16, 5. Über
den Rückzug Holm bei Lupus, Syrakus S. 146 ff., Pais, Ricerche storiche e geografiche S. 189 ff., Ciaceri in Pais' Studi Storici III 353 ff., Pisa 1894. Thukydides nennt drei Flüsse, welche die Athener überschreiten mußten, den Kakyparis,
Erineos, Assinaros. Heute gibt es südlich vom Anapos überhaupt nur dre
Flüsse, die das ganze Jahr hindurch, also auch im Oktober, Wasser haben:
den Cassibile, Fiume di Noto, Tellaro, oder wie er beim Volke heißt, Atiddaru.
Der letztere müßte also der Assinaros sein, denn über die Identität des Cassibile
mit dem Kakyparis läßt der Name keinen Zweifel. Nun ist aber zweifellos der
Atiddaru der schon von Pindar erwähnte Eloros (Nem. IX 40). Es bleibt also
nur die Alternative: entweder war der Erineos im Altertum wasserreicher als
heute und ist in einem der jetzt meist trockenen Flußbetten zwischen Cassibile
und Fiume di Noto zu erkennen (Holm), oder Eloros und Assinaros sind ein
und derselbe Fluß (Pais). Das erstere ist sehr unwahrscheinlich, da es sich
nur um ganz kurze Rinnsale handelt, für letztere Annahme spricht der Ἐλώριος
ἀγών, τελούμενος ἐπὶ Ἐλώρου ποταμοῦ, den Hesychios erwähnt, und der
kaum etwas anderes sein kann als die Ἀσσιναρία ἑορτή, welche die Syrakusier
zum Gedächtnis des Sieges gestiftet haben (Plut. Nik. 28). Leider ist aus dem
unklaren Bericht des Thukydides nicht mit Sicherheit zu erkennen, ob Demosthenes nördlich oder südlich vom Kakyparis kapituliert hat; ist das letztere

So hatten die Syrakusier den vollständigsten Sieg errungen, einen Sieg, wie er nie zuvor von Hellenen über ein hellenisches Heer gewonnen worden war. Aber sie befleckten ihren Erfolg durch barbarische Rache an dem wehrlosen Feinde. Die beiden Feldherren Nikias und Demosthenes wurden gegen alles hellenische Kriegsrecht hingerichtet; vergebens hatte Gylippos sie zu retten versucht. Die übrigen Gefangenen, soweit sie in der Gewalt des Staates waren, wurden in den Steinbrüchen eingeschlossen, jenen weitgedehnten Latomien, die tief in den Felsen eingeschnitten, mit üppigster Vegetation bedeckt, heute einen der anziehendsten Punkte für den Besucher von Syrakus bilden, damals aber noch völlig kahl ein Bild trostloser Öde boten. Hier blieben die Gefangenen über zwei Monate, allen Unbilden der Witterung ausgesetzt, bei der dürftigsten Nahrung; dann wurden sie als Sklaven verkauft, mit Ausnahme der Athener selbst und ihrer Bundesgenossen aus Italien und Sicilien. Diese wurden noch bis zum nächsten Frühjahr gefangen gehalten; was aus denen geworden ist, die diesen schrecklichen Winter überstanden, hat Thukydides zu berichten nicht wert gehalten [1].

Die Nachricht von dieser Katastrophe wirkte in Hellas wie ein Donnerschlag; der Nimbus der Unbesiegbarkeit war zerrissen, der die athenische Flotte seit dem Tage von Salamis umgeben hatte. Im Peloponnes rüstete man sich, nunmehr den Athenern auch zur See zu begegnen; Syrakus versprach

---

der Fall, wie zuletzt auch Holm für wahrscheinlich hielt (bei Lupus S. 156), so ist der Assinaros der Atiddaru; die Distanzangabe bei Thuk. VII 81, 3, vgl. 81, 1; 82, 3 läßt darüber (trotz Holm) nicht den geringsten Zweifel. Unweit nördlich der Mündung des Atiddaru erhebt sich die *Colonna della Pizzuta*, eine riesige, aus großen Steinquadern aufgemauerte Säule aus griechischer Zeit, in der man ein Denkmal des Sieges gesehen hat (abgebildet bei Orsi, *Not. Scavi* 1899, S. 243 und Pais a. a. O. S. 194). Reste einer ähnlichen Säule finden sich aber auch nördlich von Noto, am Oberlauf des Flusses (Ciaceri a. a. O. S. 360); eine dritte, jetzt verschwundene Säule dieser Art scheint nach Fazello (Buch IV Kap. 2) bei den Ruinen von Alt-Noto gestanden zu haben. Demnach kann von einer Beziehung auf den Sieg der Syrakusier nicht die Rede sein. Vgl. Orsi, a. a. O. S. 242 ff. — Über die Chronologie des Rückzuges unten 2. Abt. § 102.

[1] Thuk. VII 86. 87.

Hilfe, überall im Umkreis des athenischen Reiches bereiteten sich die Städte zum Abfall. Kein Mensch in Griechenland glaubte, daß Athen nach solchen Verlusten imstande sein würde, auch nur noch einen Feldzug zu überstehen [1].

XII. Abschnitt.

Der Fall der Demokratie.

Der Kampf zwischen den beiden großen griechischen Demokratien, den die Katastrophe am Assinaros beendet hatte, sollte in seinen Folgen beiden verhängnisvoll werden; der Siegerin nicht minder als der Besiegten. Syrakus war, nach der Anspannung aller Kräfte während der anderthalbjährigen Belagerung, tief erschöpft, die Finanzen zerrüttet; hatte doch der Krieg schon über 2000 Talente (11 000 000 Mk.) erfordert, und es blieb noch eine drückende Schuldenlast [2]. Nicht weniger schwer waren die einzelnen Bürger getroffen worden, da während so langer Zeit alle wirtschaftliche Tätigkeit zum Stillstand gekommen war. Und noch waren die athenischen Verbündeten auf Sicilien unbezwungen, und wer vermochte zu sagen, welche Haltung Karthago der neuen politischen Lage gegenüber einnehmen würde? Athen aber hatte die gute Hälfte seiner Flotte vor Syrakus eingebüßt, und gerade die besten Schiffe; der Kern des Hoplitenheeres, weit über 2000 Mann, war gefallen oder lag gefangen in den syrakusischen Steinbrüchen. Und die Kosten des Unternehmens hatten fast alle Überschüsse aufgezehrt, die während der letzten Friedensjahre sich angesammelt hatten. Es war eine Katastrophe, noch ungleich schwerer als einst die Niederlage in Aegypten.

Gleichwohl ließ man auch jetzt in Athen den Mut nicht sinken. Noch stand das Reich; noch immer besaß man eine

---

[1] Thuk. VIII 2.
[2] Thuk. VII 48, 5; 49, 1.

Flotte, die an Zahl wie an Tüchtigkeit jeder anderen Seemacht in Griechenland überlegen war. Auch der Schatz war noch keineswegs völlig erschöpft, und namentlich der Reservefonds von 1000 Talenten noch ganz unberührt, den man gleich zu Anfang des Krieges für den äußersten Notfall beiseite gelegt hatte. Ein weiterer glücklicher Umstand war es, daß die sicilische Katastrophe am Ende des Sommers erfolgt war, so daß man für dieses Jahr keinen feindlichen Angriff mehr zu besorgen hatte. Man hatte also den ganzen Winter Zeit, für den bevorstehenden Entscheidungskampf zu rüsten [1].

Natürlich war es jetzt vorbei mit dem Einfluß jener radikalen Demagogen, die das sicilische Unternehmen ins Werk gesetzt hatten, Peisandros, Androkles, Demostratos und ihrer Genossen [2]. Ja, man begann zu der Einsicht zu kommen, daß die unbeschränkte Demokratie, wie Ephialtes und Perikles sie begründet hatten, überhaupt unfähig sei, den Staat durch die Krisis hindurchzuführen, die ihm bevorstand. Man erkannte die Notwendigkeit, die Regierungsgewalt gegenüber den wechselnden Majoritäten der Volksversammlung zu stärken. So schritt man zur Verfassungsänderung. Als höchste Verwaltungsbehörde wurde ein Kollegium von zehn Probulen geschaffen, durch Volkswahl aus älteren bewährten Männern besetzt, denen ein wesentlicher Teil der Funktionen übertragen wurde, die seit Kleisthenes der Rat versehen hatte [3]. Auch die Leitung des Finanzwesens wurde

---

[1] Thuk. VIII 1. Über den Reservefonds, der erst im nächsten Jahre zur Verwendung gelangte, Thuk. VIII 15 (vgl. II 24) und Philochoros fr. 116.

[2] Thuk. VIII 1, 1 χαλεποὶ μὲν ἦσαν τοῖς ξυμπροθυμηθεῖσι τῶν ῥητόρων τὸν ἔκπλουν — ὥσπερ οὐκ αὐτοὶ ψηφισάμενοι, wie Thukydides beißend hinzusetzt. Aristoph. Lysistr. 490 (aufgeführt an den Lenaeen 411) beweist keineswegs, daß Peisandros noch nach der sicilischen Katastrophe leitenden Einfluß hatte; die Stelle geht auf die Zeit vorher.

[3] Thuk. VIII 1, 3 und Aristophanes Lysistrate (aufgeführt Anfang 411). Da die Probulen durch die Revolution von 411 beseitigt wurden, wissen wir natürlich über ihre Kompetenz nur sehr wenig. Die Zehnzahl bezeugt Aristot. ΑΠ. 29, 2. Daß der Rat im wesentlichen durch die Einsetzung der Probulen depossediert war, zeigt die Anspielung bei Aristoph. Thesmoph. 808, vgl. Wilamowitz, Aristot. u. Athen II 344.

zum Teil dem Rate entzogen und dafür eine neue Behörde, das Kollegium der Poristen, geschaffen. In der inneren Verwaltung sollte die äußerste Sparsamkeit durchgeführt werden; freilich an dem Krebsschaden des Budgets, den Soldzahlungen an die Bürger für Ausübung der politischen und richterlichen Funktionen, wagte man noch nicht zu rütteln [1].

Zugleich schritt man zu einer Steuerreform im Reiche. Die Tribute waren bereits auf eine so drückende Höhe emporgeschraubt worden, daß an eine weitere Steigerung nicht zu denken war, am wenigsten im jetzigen Augenblick, wo das Reich in seinen Grundfesten wankte. Man entschloß sich also, sie ganz zu beseitigen und ersetzte sie durch einen Wertzoll von 5% auf die gesamte Ein- und Ausfuhr der Häfen des Bundesgebietes. Man versprach sich davon eine Erhöhung des finanziellen Erträgnisses; ein weiterer Vorteil des neuen Systems war es, daß jetzt die gewaltsame Eintreibung rückständiger Zahlungen fortfiel, die mehr als alles andere die athenische Herrschaft verhaßt gemacht hatte. Da die Erhebung der Zölle durchweg an Unternehmer in Pacht gegeben wurde, war die Reform ohne große Schwierigkeit durchführbar; der einzige Unterschied gegen früher war, daß die Verpachtung jetzt für Rechnung des Reiches erfolgte. Allerdings war es ein mächtiger Schritt auf der Bahn zum Einheitsstaate, den Athen damit tat; aber wie die Dinge lagen, wären noch viel einschneidendere Maßregeln am Platze gewesen. Jedenfalls hat das System sich bewährt; denn als man im korinthischen Kriege daran ging, das zerstörte Reich wieder aufzurichten, hat man nicht die Tribute, wohl aber die Bundeszölle von neuem ins Leben gerufen [2].

---

[1] Thuk. VIII 1, 3, und über die Poristen *Rh. Mus.* XXXIX, 1884, S. 249 ff. Sie werden zuerst erwähnt in Antiphons Rede *über den Choreuten* (49), die spätestens 412 gehalten ist. Br. Keils Ansatz auf 425 (*Hermes* XXIX, 1894, S. 32 ff. 337 ff.) beruht nur auf seinem „Kleisthenischen Staatskalender", s. darüber unten 2. Abt. § 97.

[2] Thuk. VII 28, 4 erzählt die Steuerreform nach der Besetzung von Dekeleia durch die Peloponnesier; natürlich ließ sie sich nicht von heute auf morgen durchführen, sie wird also wohl kaum vor dem Winter 413/2 ins Leben getreten sein. Vgl. *Rh. Mus.* XXXIX, 1884, 43 ff.

Indessen begann das athenische Reich zusammenzu-
brechen. Die wichtigsten Inseln, Euboea, Lesbos, Chios,
schickten heimlich Abgesandte zu Agis nach Dekeleia oder
nach Sparta selbst und erklärten sich zum Abfall bereit,
sobald eine peloponnesische Flotte an ihren Küsten sich zeige.
In Sparta beschloß man, zunächst Chios die Hand zu reichen,
dessen Anschluß bei seiner starken Flotte und seinen reichen
finanziellen Hilfsquellen besonders wertvoll war. Es wurde
also in Korinth ein Geschwader von 21 Trieren gerüstet und
nach Chios bestimmt; doch waren die Korinthier nicht zu
bewegen, vor dem isthmischen Feste in See zu gehen, dessen
Feier gerade bevorstand. Darüber erfuhr man in Athen, was
im Werke war; und als die Peloponnesier endlich ausliefen,
sahen sie sich von einer gleich starken athenischen Flotte
angegriffen und gezwungen, im Peiraeos Zuflucht zu suchen,
einem einsamen Hafen an der Grenze zwischen Korinth und
Epidauros. Hier wurden sie von den Athenern blockiert [1].

Inzwischen aber war ein Geschwader von 5 Schiffen,
unter dem Spartaner Chalkideus, von Lakonien direkt nach
Chios gesegelt. Sein Erscheinen im Hafen genügte, um die
Stadt zum Anschluß an die Peloponnesier zu bestimmen
(um Mittsommer 412); Erythrae, Klazomenae, Teos folgten
sogleich dem Beispiel der mächtigen Nachbarstadt. Die
Mannschaft der peloponnesischen Schiffe blieb als Besatzung
in Chios zurück; Chalkideus selbst fuhr mit 25 chiischen
Schiffen weiter nach Milet und bewog auch dieses zum Abfall,
während ein anderes chiisches Geschwader, von Landtruppen
unterstützt, die Teos benachbarten Städte Aerae und Lebedos
zum Anschluß an die Sache des Aufstandes brachte. Darauf
gingen 13 chiische Schiffe nach Lesbos, wo die beiden wichtigsten Städte, Methymna und Mytilene, sogleich zu ihnen
übertraten; dasselbe taten Kyme und Phokaea auf dem Lesbos
gegenüberliegenden Festland [2].

---

[1] Thuk. VIII 5—11.

[2] Thuk. VIII 11—19, über Phokaea und Kyme vgl. Thuk. VIII 31. Die
Zeit des Abfalls von Chios ergibt sich aus der Folge der Ereignisse bei Thukydides,
verglichen mit Philoch. fr. 116. S. unten 2. Abt. § 103.

Und nun trat auch Persien dem Bündnisse gegen Athen bei. Die Beziehungen zwischen beiden Mächten, die zu keiner Zeit gute gewesen waren, hatten sich in den letzten Jahren bedeutend verschlechtert. Denn die kleinasiatischen Satrapen hatten den Krieg Athens gegen die Peloponnesier benutzt, um ihr Machtgebiet in Ionien und Karien zu erweitern; schon 430 war Kolophon von den Persern genommen worden[1], einige Jahre später Iasos[2]. Auch Sparta hatte mit Persien Unterhandlungen angeknüpft, die allerdings ohne Ergebnis geblieben waren[3], da Sparta sich noch nicht entschließen konnte, die kleinasiatischen Griechen dem Könige preiszugeben. Demgegenüber war natürlich Athen bemüht gewesen, zu einer Verständigung mit Persien zu kommen, und es war denn auch nach König Dareios' Thronbesteigung (424) gelungen, die Erneuerung des mit Artaxerxes geschlossenen Vertrages zu erlangen[4]. Nicht lange darauf (um 420) brach in Kleinasien ein Aufstand aus; der Satrap von Sardes, Pissuthnes, erhob sich gegen seinen Herrn, wurde aber von den königlichen Truppen unter Tissaphernes gefangen genommen und zum Könige gesandt, der ihn hinrichten ließ, worauf Tissaphernes die erledigte Satrapie erhielt[5]. Doch setzte Pissuthnes' Sohn Amorges in Karien mit griechischen Söldnern den Kampf fort. Da Athen in dieser Zeit durch das sicilische Unternehmen in Anspruch genommen war, benutzte

[1] Thuk. III 34, 1.

[2] Iasos hat noch 421/0 (*CIA.* I 262, dazu Wilhelm, *Wiener Akad. phil. hist. Kl. Anz.* 1909 S. 50) Tribut gezahlt, war aber 412 im Besitze von Pissuthnes Sohne Amorges (Thuk. VIII 28, 2).

[3] Thuk. II 67 (vgl. Herod. VII 137), IV 50, 2.

[4] Aristoph. *Acharn.* 61 ff. (Anfang 425), Thuk. IV 50, 3 (Frühjahr 424), Andok. *vFr.* 29 (Gesandtschaft des Epilykos, Sohnes des Peisandros, die nach dessen Lebensverhältnissen nur in diese Zeit gehören kann, vgl. Kirchner, *Prosopogr.* I 325, und Köhler, *Hermes* XXVII, 1892, S. 68 ff.); doch scheint mir sehr unwahrscheinlich, daß der Volksbeschluß für Herakleides aus Klazomenae, Dittenb. *Syll.*[2] 58 sich auf diese Verhandlungen bezieht.

[5] Ktes. 52; die Annahme, daß hier eine Verwechslung mit dem Aufstande des Amorges vorliegt (E. Meyer IV S. 556 A), scheint mir in keiner Weise begründet; vielmehr wird Amorges' Erhebung nur verständlich, wenn der Abfall des Vaters vorhergegangen war.

der neue Satrap die günstige Gelegenheit, sich des wichtigen
Ephesos zu bemächtigen [1], was dann die athenische Regierung
veranlaßte, Amorges unter ihren Schutz zu nehmen. Das war
eine offene Provokation Persiens; und als wenig später die
Katastrophe von Syrakus erfolgte, beschloß der König, seine
alten Ansprüche auf die griechischen Küstenstädte Kleinasiens endlich zur Geltung zu bringen. Sogleich, noch im
Winter 413/2, traten nun Pharnabazos, der Satrap von
Phrygien am Hellespont, und Tissaphernes mit Sparta in
Unterhandlungen, und sobald Milet in der Hand der Peloponnesier war, schloß Tissaphernes im Namen des Königs
mit ihnen ein Bündnis ab. Die Peloponnesier erkannten das
Recht des Königs auf alles Gebiet an, das ihm selbst gehörte,
oder seinen Vorfahren gehört hatte. Der König seinerseits
verpflichtete sich dagegen, der in den asiatischen Gewässern
operierenden peloponnesischen Flotte den Sold zu zahlen,
so lange der Krieg mit Athen dauerte [2]. Die Peloponnesier
sahen sich so mit einem Schlage aller finanziellen Sorgen
enthoben; allerdings um den Preis der Auslieferung der asiatischen Griechen an die Barbaren. Doch das ließ man sich im
Peloponnes wenig anfechten; man schloß vielmehr den Vertrag
mit dem Hintergedanken, den Persern ihre Beute wieder zu
entreißen, sobald man erst mit Athen fertig wäre [3]. Indes
auch Sparta sollte die Erfahrung machen, daß es nicht immer
leicht ist, die Geister zu bannen, die man beschworen hat. Das
Beispiel, das Sparta gegeben, fand bei Spartas Feinden nur
zu bereitwillige Nachahmung; und so wurde der Vertrag von
Milet zum ersten Gliede in jener verhängnisvollen Kette von
Ereignissen, die den Großkönig innerhalb weniger Jahrzehnte

---

[1] Thukydides berichtet den Abfall der Stadt nicht; gleich nach dem
Abschluß des Bündnisses der Peloponnesier mit Persien erscheint sie auf pelo-
ponnesischer Seite (VIII 19). Als Alkibiades in Olympia siegte (416), war
Ephesos noch mit Athen verbündet: Satyros fr. 1 bei Athen XII 534 b (daraus
Plut. *Alk.* 12).

[2] Ktes. *Pers.* 52, Andok. *vFr.* 29, vgl. Thuk. VIII 5, 5.

[3] Über die Verhandlungen Thuk. VIII 5. 6. 8; die Vertragurkunden
VIII 18. 37.

[4] Thuk. VIII 84.

zum obersten Schiedsrichter aller hellenischen Angelegenheiten
erheben sollte.

In Athen hatte man indessen eifrig gerüstet; galt es
doch den Kampf um die Existenz. Auf die Nachricht von
dem Abfall von Chios faßte man den Beschluß, die 1000 Talente
anzugreifen, die man als letzte Reserve für den äußersten
Notfall zurückgelegt hatte. Ein Geschwader von 8 Trieren
unter Strombichides, das sogleich nach Samos hinüberging,
war freilich viel zu schwach, der überlegenen Seemacht von
Chios gegenüber die Fortschritte des Abfalls zu hemmen [1].
Bald aber kamen Verstärkungen über Verstärkungen: erst
12 Schiffe unter Thrasykles, dann 16 unter Diomedon, endlich
10 unter Leon; und jetzt wurden Lesbos und Klazomenae
zurückerobert, Milet blockiert, auf Chios Truppen ans Land
gesetzt und die Bürger in mehreren Treffen geschlagen, die
reiche Insel weithin verheert [2]. Darüber gelang es dann allerdings den im Peiraeos eingeschlossenen peloponnesischen
Schiffen, die athenische Blockade zu durchbrechen und sich
nach Kenchreae, dem Hafen Korinths am Saronischen Busen
in Sicherheit zu bringen. Hier kam der lakedaemonische
Admiral Astyochos auf die Flotte und fuhr sogleich mit 4
Schiffen nach. Chios hinüber [3].

Gegen Ende des Sommers ging noch eine athenische
Flotte nach Ionien, 48 Trieren unter Phrynichos, Onomakles
und Skironides, mit 3500 Hopliten an Bord, darunter 1000
Athener und 1500 Argeier. Man landete bei Milet; die Bürger
und ihre peloponnesischen und persischen Bundesgenossen
wurden vor der Stadt in offener Feldschlacht geschlagen, und
eben schickten die Athener sich an, die Belagerung zu beginnen, als das Herannahen einer starken feindlichen Flotte
gemeldet wurde. Es waren 55 Trieren, darunter 22, die Syrakus
und Selinus ihren peloponnesischen Verbündeten zu Hilfe
gesandt hatten. Diesen Kräften gegenüber wagten die Athener
vor Milet keine Seeschlacht, da im Falle einer Niederlage

---

[1] Thuk. VIII 15. 16, Philochoros fr. 116.
[2] Thuk. VIII 17. 19. 23. 24.
[3] Thuk. VIII 20. 23.

ihr Landheer verloren gewesen wäre; sie nahmen also die
Truppen wieder an Bord und gingen nach Samos zurück.
Die Argeier, die in der Schlacht bei Milet sehr schweren Verlust
erlitten hatten, fuhren jetzt weiter nach Hause; und es scheint,
daß Argos bald darauf mit Sparta Frieden geschlossen hat,
wenigstens hören wir von seiner Beteiligung am Kriege nichts
weiter[1]. Nun vereinigten sich die Peloponnesier mit den 25
chiischen Schiffen, die bisher von den Athenern im Hafen
von Milet blockiert gehalten waren. Durch unvermuteten
Angriff wurde Iasos, die Burg des Amorges, erstürmt, dieser
selbst gefangen und an Tissaphernes ausgeliefert, dem auch
die Stadt übergeben wurde. Die peloponnesischen Söldner
des Amorges traten bei ihren Landsleuten in Dienst und
wurden unter dem Befehl des Spartaners Pedaritos nach Chios
gesandt[2]. Der lakedaemonische Admiral Astyochos ging nun
nach Milet und übernahm das Kommando der großen peloponnesischen Flotte[3].

Die Athener hatten inzwischen ihr vor Chios liegendes
Geschwader nach Samos gezogen, um den 80 peloponnesischen
Schiffen vor Milet gewachsen zu sein. Im Herbst erhielten
sie eine neue Verstärkung von 35 Trieren und konnten nun
den Angriff gegen Chios wieder aufnehmen. Während die
Hauptmacht, 74 Schiffe bei Samos blieb, gingen 30 Schiffe
und ein Teil der Hopliten, die bei Milet gefochten hatten,
nach Chios, wo sie bei dem Tempel des Apollon Delphinios
im Norden der Stadt eine feste Stellung einnahmen[4]. Chios
wurde jetzt zu Wasser und zu Land eingeschlossen; bald
begann Mangel in der Stadt sich fühlbar zu machen, die Sklaven
liefen in Masse zu den Belagerern über, unter den Bürgern
erhob die attische Partei wieder ihr Haupt und nur durch

---

[1] Thuk. VIII 25—27.
[2] Thuk. VIII 28.
[3] Thuk. VIII 33. 36.
[4] Thuk. VIII 30. Die Summe der Einzelposten VIII 15. 19. 23. 25. 30,
beträgt 129 Schiffe, doch waren darunter ὁπλιταγωγοί (VIII 25, 1), die hier
nicht eingerechnet sind. Da es sich um den Transport von 3500 Mann handelte
und jede ὁπλιταγωγὸς etwa 140 Mann faßte (unten 2. Abt. § 122), ergeben sich
genau die 25 fehlenden Schiffe.

blutige Strenge konnte Pedaritos die Ordnung aufrecht erhalten. Endlich, da von der großen peloponnesischen Flotte
kein Entsatz kommen wollte, suchte er sich durch einen Ausfall
Luft zu machen, erlitt aber eine völlige Niederlage und blieb
selbst auf dem Platze [1].

Inzwischen war auch Knidos zu Tissaphernes und den
Peloponnesiern abgefallen, und ein Versuch der Athener,
die offene Stadt mit Sturm wiederzunehmen, war vergeblich
geblieben [2]. Um Mittwinter ging dann eine weitere Verstärkung
von 27 Schiffen aus dem Peloponnes nach Asien ab, wagte
aber aus Furcht vor der überlegenen athenischen Flotte nicht,
ihren Kurs direkt auf Milet zu nehmen, und gelangte so endlich
nach Kaunos an der Südküste Kariens. Um die Vereinigung
dieses Geschwaders mit der peloponnesischen Hauptmacht zu
hindern, sandten die Athener aus Samos 20 Trieren unter
Charminos in die Gewässer bei Rhodos, wurden aber bei
der kleinen Insel Syme unvermutet von der großen peloponnesischen Flotte unter Astyochos angegriffen und mit
Verlust von 6 Schiffen geschlagen. Der lakedaemonische
Admiral zog nun das Geschwader in Kaunos an sich und wandte
sich dann, 94 Trieren stark, gegen Rhodos, das sogleich zu
ihm übertrat; die Mannschaft der Flotte nahm für den Rest
des Winters Quartier auf der reichen Insel [3].

So blieb den Athenern jetzt, am Anfang des Jahres 411,
in Ionien und Karien wenig mehr als die Inseln Lesbos, Samos
und Kos und die Küstenplätze Halikarnassos, Notion und
Klazomenae. Allerdings stand ihre Herrschaft am Hellespont, in Thrakien und auf den Kykladen noch unerschüttert;
aber niemand konnte zweifeln, daß auch hier der Abfall beginnen würde, sobald eine peloponnesische Flotte sich zeigte.
Und überhaupt war nicht abzusehen, wie Athen gegenüber
der Koalition zwischen den Peloponnesiern, Syrakus und

---

[1] Thuk. VIII 31—34. 38—40. 55.

[2] Thuk. VIII 35.

[3] Thuk. VIII 39. 41—44. Anspielung auf die Niederlage bei Syme Aristoph.
Thesmophor. 804 (aufgeführt einige Monate später, an den Dionysien 411, vgl.
Wilamowitz, *Aristoteles* II 343 ff.).

Persien sich auf die Länge behaupten sollte; wenn nichts
anderes, mußte die finanzielle Erschöpfung den Ruin des
Staates herbeiführen. Denn der Schatz ging zur Neige, während
die Einkünfte durch die feindliche Besetzung von Dekeleia
und den Abfall von Ionien sich sehr beträchtlich vermindert
hatten; und demgegenüber erforderte der Seekrieg immer
wachsende Mittel [1].

Unter diesen Umständen gewann in Athen die oligarchische
Bewegung an Boden; die Zeit schien gekommen, zu vollenden,
was man nach der sicilischen Katastrophe begonnen hatte.
Ein großer Teil der geistigen und gesellschaftlichen Elite
Athens vereinigte sich zu dem Werke des Umsturzes. An die
Spitze trat Antiphon von Rhamnus, einer der ersten Redner
und der erste Rechtsanwalt seiner Zeit, ein Mann, der aus
seiner oligarchischen Gesinnung nie ein Hehl gemacht und
eben darum bisher vom öffentlichen Leben sich möglichst
zurückgehalten hatte. Neben ihm stand eine ganze Reihe
philosophisch und rhetorisch gebildeter Männer, so Archeptolemos von Agryle, ein Sohn des berühmten Architekten und
Staatslehrers Hippodamos von Milet, dem zum Lohn seiner
Verdienste das athenische Bürgerrecht verliehen worden
war, der Sophist Andron, der Tragödiendichter Melanthios,
vor allen Theramenes von Steiria, dessen Vater Hagnon einst
mit Perikles eng befreundet gewesen war, und jetzt, im hohen
Alter, als einer der Probulen an der Spitze der Regierung stand.
Dazu kam dann eine große Anzahl anderer Männer aus den
ersten Familien der Stadt, wie Melesias von Alopeke, der
Sohn jenes Thukydides, der vor einem Menschenalter mit
Perikles um die erste Stelle im Staate gerungen hatte, gewesene
Strategen wie Aristarchos, Aristokrates, Laespodias, praktische
Politiker wie Peisandros, ein alter Demokrat und Anhänger
Kleons, der jetzt seine Schwenkung zum Oligarchen vollzog [2].
Außerdem konnte man auf die Unterstützung der Regierung

---

[1] Vgl. Thuk. VII 28, 4; 76, 6.
[2] Thuk. VIII 68. Die weiteren Belege bei Wattenbach, *De Quadring.
Athenis factione* (Dissert. Berlin 1842) S. 42—46, und Gilbert, *Beiträge* S. 307
bis 313.

zählen, da die Probulen in Athen ebenso wie die Mehrzahl der Offiziere der Flotte auf Samos der Verfassungsänderung günstig gesinnt waren [1].

Auch Alkibiades war bereit, die Bewegung zu fördern. Seit seiner Verbannung hatte er nur den einen Gedanken gehabt, sich die Rückkehr in die Heimat zu öffnen: und er wußte sehr wohl, daß das nur möglich war, wenn Athen durch schwere Niederlagen gedemütigt würde. So hatte er denn kein Bedenken getragen, mit Aufgebot seines ganzen Einflusses in Sparta zum Kriege gegen seine Vaterstadt zu drängen, und als der Krieg endlich ausgebrochen war, den ionischen Aufstand nach Kräften zu fördern [2]. In Milet war er dann in intime Beziehungen zu Tissaphernes getreten und hatte sich dadurch den Lakedaemoniern verdächtig gemacht, deren gutes Einvernehmen mit dem Satrapen eben damals merklich zu erkalten begann. Denn Tissaphernes erkannte sehr wohl, daß es den Peloponnesiern nur um die persischen Subsidiengelder zu tun war, daß sie aber sehr wenig geneigt waren, die Griechen Asiens dem Könige auszuliefern. Unter diesen Umständen wurde Alkibiades in Milet der Boden zu heiß; er ging also an den Hof des Satrapen und tat hier sein Möglichstes, den Bruch zwischen den Verbündeten zu erweitern. Und wirklich begann Tissaphernes jetzt, der peloponnesischen Flotte den Sold nur noch unregelmäßig und in vermindertem Betrage zu zahlen [3].

Nun knüpfte Alkibiades Unterhandlungen mit den athenischen Offizieren auf Samos an. Er versprach ein Bündnis zwischen Athen und dem Könige zu vermitteln, stellte aber die Bedingung, daß die „Lumpendemokratie" gestürzt würde, die ihn vor vier Jahren in die Verbannung getrieben hatte.

---

[1] Über die Haltung der Probulen Lysias 12 (g. *Eratosth.*) 65, Aristot. *Rhet.* III 1419 a, über die Offiziere auf Samos namentlich Thuk. VIII 76, 2, vgl. 47, 2 und öfter.

[2] Thuk. VI 88—92, VII 18, 1. Thukydides sieht diese Ereignisse durch die Brille des athenischen Verbannten, und ist darum geneigt, den Anteil, den Alkibiades daran hatte, zu überschätzen.

[3] Thuk. VIII 45. 46.

Mit diesem Bescheid ging Peisandros, der als Trierarch auf
der Flotte diente, von Samos nach Athen. Dort brach natürlich
zuerst ein Sturm des Unwillens über diese Forderung aus,
endlich aber siegte die Einsicht, daß für Athen keine Rettung
zu hoffen sei, so lange die Peloponnesier und der Perserkönig
vereinigt ihm gegenüberständen. Das Volk beschloß also,
eine Gesandtschaft an Tissaphernes zu schicken, um auf der
von Alkibiades bezeichneten Grundlage zu verhandeln [1].

Es zeigte sich nun freilich, daß Alkibiades mehr versprochen hatte, als er zu halten imstande war; denn Tissaphernes war keineswegs geneigt, es zum offenen Bruche mit
den Peloponnesiern zu treiben, welche die ganze Küste seiner
Satrapie beherrschten, und deren Flotte gegenüber er vollständig machtlos war. Er stellte also den athenischen Gesandten unannehmbare Bedingungen und schloß dann sogleich einen neuen Vertrag mit den Peloponnesiern, wie diese
ihn wünschten. Danach wurde ,,das Land des Königs, soweit
es in Asien liegt" als persischer Besitz anerkannt, die Frage
aber, ob die griechischen Städte an der Küste dazu gehören
sollten, mit Stillschweigen übergangen; dagegen verpflichtete
sich Tissaphernes, der peloponnesischen Flotte, die jetzt in
den asiatischen Gewässern lag, den Sold weiterzuzahlen,
bis der König selbst eine Flotte in das Aegeische Meer schicken
würde; der Frieden mit Athen sollte nur unter Zustimmung
beider Kontrahenten geschlossen werden [2].

So war Athen von einer Verständigung mit Persien
entfernter als je; aber die Sachen waren jetzt so weit ge-
diehen, daß die Oligarchen auch ohne das hoffen konnten,
ihre Pläne durchzusetzen. In Athen selbst ging denn auch
alles ganz glatt. Noch während der Verhandlungen waren
Androkles und andere Führer der radikalen Demokratie
durch Meuchelmord aus dem Wege geräumt worden; das
Volk war vollständig terrorisiert, und als die Gesandten von
Tissaphernes zurückkamen, fanden sie alles für die Ver-

---

[1] Thuk. VIII 53. 54.
[2] Thuk. VIII 56—57, die Urkunde 58.

fassungsänderung vorbereitet. Es hätte kaum des militärischen
Rückhaltes bedurft, den die Umsturzpartei durch Heran-
ziehung von Hopliten von den Kykladen und aus Aegina
sich sicherte. Dank der Mitwirkung der Regierung verlief
alles in gesetzlichen Formen; ein Volksbeschluß hob die bestehende Demokratie auf und beschränkte die politischen
Rechte auf die 5000 wohlhabendsten Bürger. Der erloste Rat
der 500, der schon durch die Einsetzung der Probulen vor
zwei Jahren eines wesentlichen Teiles seiner Kompetenz
entkleidet worden war, wurde jetzt gänzlich beseitigt; man
zahlte den Mitgliedern ihren Sold bis zum Ende des Jahres
aus und schickte sie dann einfach nach Hause (14. Thargelion,
Ende Mai 411). An die Stelle des aufgelösten Rates trat ein
neuer Rat von 400 Mitgliedern, die zunächst von den Führern
der Bewegung gewählt wurden, später aber durch Wahl aus
den 5000 bestellt werden sollten. Dieser Rat erhielt unbeschränkte Machtvollkommenheit, erwählte aus seiner Mitte
die Strategen und die übrigen Behörden, und es blieb seinem
Ermessen anheimgegeben, ob und wann er die Versammlung
der 5000 berufen wollte. Außerdem wurde der Grundsatz
aufgestellt, daß fortan niemand mehr für die Verwaltung von
Staatsämtern Besoldung empfangen sollte; bei der bedrängten
Finanzlage eine sehr heilsame Maßregel [1].

Gleichzeitig war man auch auf Samos zur Aktion geschritten. Hier war im vorigen Sommer eine Erhebung des
Demos gegen die Grundbesitzer erfolgt, bei der 200 der letzteren
erschlagen, 400 verbannt worden waren; die übrigen Grundbesitzer, die man geschont hatte, waren aller politischen
Rechte beraubt worden. Infolgedessen hatte Athen den
Samiern die Autonomie zurückgegeben, die sie nach dem
Aufstande des Jahres 440 verloren hatten [2]. Jetzt hielten
die Besitzenden auf Samos den Augenblick für gekommen,
ihre herrschende Stellung auf der Insel zurückzugewinnen;

---

[1] Thuk. VIII 65—70, Aristoteles ΑΠ. 29. 32 (Kap. 30—31) beziehen
sich auf die nach dem Sturz der Vierhundert durch Theramenes eingeführte
Verfassung, s. unten 2. Abt. § 131 ff.

[2] Thuk. VIII 21, athenischer Volksbeschluß für die Samier *CIA.* I 56.

sie verbanden sich also mit den oligarchisch gesinnten Offizieren der athenischen Flotte. Wie in Athen, begannen die Verschwörer auch hier damit, ihren entschiedensten Gegner durch Mord auf die Seite zu schaffen, jenen Demagogen Hyperbolos, der vor 6 Jahren durch den Ostrakismos aus Athen verbannt, auf Samos die Zeit seiner Rückkehr erwartete (oben S. 351). Die große Mehrzahl der athenischen Flottenmannschaften aber war gut demokratisch gesinnt und verweigerte ihren Offizieren den Gehorsam. So wurde die oligarchische Erhebung mit Leichtigkeit niedergeschlagen; die Strategen und ein Teil der Subalternoffiziere der Flotte wurden abgesetzt und neue Strategen gewählt, darunter die bisherigen Trierarchen Thrasybulos und Thrasyllos, die sich an die Spitze der demokratischen Bewegung gestellt hatten. Das ganze Heer und alle Bürger von Samos verpflichteten sich durch feierlichen Eidschwur, an der Demokratie festzuhalten [1].

Es fragte sich, was weiter geschehen sollte. Denn zwischen der peloponnesischen Flotte und der Oligarchie in Athen befanden die Demokraten auf Samos sich in einer nahezu verzweifelten Lage. Nur einen Mann gab es, der vielleicht Rettung bringen konnte: Alkibiades. Man rief ihn also nach Samos und wählte ihn zum Strategen, was bei Alkibiades' überlegener Persönlichkeit auf dasselbe hinauslief, als ob man ihn zum Oberbefehlshaber der Flotte bestellt hätte. Freilich, ein Bündnis mit Tissaphernes, auf das man gehofft hatte, kam auch jetzt nicht zustande; aber der Satrap wurde doch wieder lauer in der Unterstützung der Peloponnesier, und vor allem, er sandte eine phoenikische Flotte von 147 Trieren zurück, die bereits bis nach Aspendos in Pamphylien gelangt war, und deren Erscheinen im Aegaeischen Meere,

---

[1] Thuk. VIII 72—76. Nach Thukydides (73, 2) wäre die oligarchische Reaktion auf Samos von denselben Leuten ausgegangen, die ein halbes Jahr früher die demokratische Bewegung gemacht hatten. Das ist höchst unwahrscheinlich; das treibende Element sind doch offenbar die entrechteten Geomoren gewesen (vgl. Thuk. VIII 63, 3). Immerhin mag ja auch auf Samos mancher Demokrat die Farbe gewechselt haben.

menschlicher Voraussicht nach, das sichere Verderben Athens herbeigeführt haben würde [1].

Die Regierung in Athen suchte jetzt eine Verständigung mit der Flotte; und Alkibiades wies die gebotene Hand nicht zurück. Sein Ansehen bewirkte es, daß die Mannschaft von dem Verlangen abstand, gegen den Peiraeeus geführt zu werden, was den Verlust aller athenischen Besitzungen in Ionien und am Hellespont zur Folge gehabt haben würde. Ja, er erklärte sich sogar bereit, die Oligarchie der Fünftausend anzuerkennen, nur müsse der erloste Rat der Fünfhundert wieder hergestellt, und die Herrschaft der Vierhundert beseitigt werden [2].

Diese Sprache verfehlte in Athen ihre Wirkung nicht. Die gemäßigten Mitglieder des Regierungskollegiums waren bereit, Alkibiades entgegenzukommen; Antiphon freilich und seine ultra-oligarchischen Freunde waren so weit gegangen, daß es für sie keinen Rückzug mehr gab. Aber sie sahen, wie der Boden unter ihren Füßen wankte, und so griffen sie nach der einzigen Rettung, die ihnen noch blieb, der Verständigung mit Sparta um jeden Preis. Schon unmittelbar nach der Einsetzung der Oligarchie waren Friedensunterhandlungen eröffnet worden, aber an den unannehmbaren Forderungen gescheitert, die Sparta bei der Gunst der politischen Lage stellen zu dürfen geglaubt hatte; jetzt war Antiphon bereit, auf alles einzugehen und sogar die Selbständigkeit des Staates zu opfern, wenn nur die Oligarchie bestehen blieb. Freilich die Zustimmung der Bürgerschaft oder auch nur der Majorität des Ratskollegiums zu solchen Bedingungen zu erlangen, war keine Aussicht; es mußte also Vorsorge getroffen werden, den Plan nötigenfalls auch gegen den Willen des Volkes ins Werk zu setzen. Zu diesem Zwecke schritt die Regierung zur Befestigung der Landzunge Eetioneia, von der die Ein-fahrt in den Peiraeeus beherrscht wird, und deren Besitz ihr die Möglichkeit gegeben hätte, jederzeit eine peloponne-

---

[1] Thuk. VIII 81—85. 87.
[2] Thuk. VIII 82. 86 (Dublette, vgl. Holzapfel, *Hermes* XXVIII, 1893, S. 462).
[3] Thuk. VIII 70. 71. 86, 9.

sische Flotte in den Hafen einzulassen und dadurch Athen
widerstandslos in die Hand des Feindes zu spielen[1].

Aber die Oligarchie beschleunigte damit nur ihren eigenen
Sturz. Die Befestigung von Eetioneia erregte allgemein
Argwohn, und eines der einflußreichsten Mitglieder der Re-
gierung, der Stratege Theramenes, trat an die Spitze der
Opposition. Phrynichos, einer der fähigsten Führer der
Oligarchie, der als Stratege auf Samos befehligt hatte (oben
S. 379), wurde auf offenem Markte erschlagen, und der An-
stifter des Mordes blieb unentdeckt. Als nun eine peloponnesische Flotte bei Aegina erschien, brach unter den Hopliten
im Peiraeeus eine offene Meuterei aus. Die Befestigung von
Eetioneia wurde niedergerissen, dann zogen die Hopliten
hinauf nach der Stadt. Doch trugen beide Teile Bedenken,
die Sache zum äußersten zu treiben; es wurde also ein Kompromiß geschlossen, in dem die Regierung sich verpflichtete,
endlich das Verzeichnis der 5000 Bürger zusammenzustellen,
die fortan zur Ausübung der politischen Rechte befugt sein
sollten. Die Versammlung dieser 5000 würde dann aus ihrer
Mitte ein neues Ratskollegium wählen und damit der Staat
wieder zu verfassungsmäßigen Zuständen zurückkehren[2].

Die militärische Aktionsfähigkeit Athens war durch
alle diese Ereignisse natürlich schwer beeinträchtigt worden,
und die Gegner säumten nicht, ihren Vorteil davon zu ziehen.
Noch im Winter, während der oligarchische Staatsstreich vorbereitet wurde, fiel Oropos, die athenische Untertanenstadt
an der Nordgrenze Attikas, durch Verrat in die Hand der
Boeoter[3]. Mit Anbruch des Frühjahres (411) zog der Spartaner Derkylidas mit einem kleinen Truppenkorps zu Lande
von Milet nach dem Hellespont, wo sich Abydos und Lam-

---

[1] Thuk. VIII 89. 90. Die Erzählung des Aristoteles (ΑΠ. 32) ist auch
hier ganz ungenügend; wir lernen daraus nur, daß die 400 zuerst auf der Grundlage des gegenwärtigen Besitzstandes mit Sparta zu unterhandeln suchten, was
Thukydides mit Recht, als unwesentlich, nur beiläufig andeutet (VIII 91, 3).

[2] Thuk. VIII 91—93. Über Phrynichos' Ermordung vgl. Lysias g Agoratos
70 ff. und CIA. I 59. Charakteristik: Thuk. VIII 27. 48.

[3] Thuk. VIII 60, vgl. [Lys.] 20, 6.

psakos sogleich an ihn anschlossen. Die letztere Stadt wurde freilich bald von den Athenern zurückerobert, die auf die Nachricht von diesen Vorfällen mit 24 Schiffen von Chios herankamen. Darüber aber mußte die Blockade von Chios aufgehoben werden; nur das Delphinion blieb nach wie vor von den Athenern besetzt [1]. Als dann im Sommer ein peloponnesisches Geschwader von 10 Trieren im Hellespont sich zeigte, fiel auch das wichtige Byzantion von Athen ab; die Nachbarstädte Kalchedon, Selymbria, Perinthos, Kyzikos folgten gleich darauf diesem Beispiel [2].

So war auch die hellespontische Provinz im wesentlichen für die Athener verloren; es blieb ihnen hier jetzt kaum mehr als der thrakische Chersones, der von athenischen Kleruchen besetzt war (oben S. 198), und Lampsakos am asiatischen Ufer. Und auch in der thrakischen Provinz begann der Abfall um sich zu greifen. Die wichtigste Bundesstadt in diesem Teile des Reiches war Thasos, das vor der Tributerhöhung von 424 an Athen jährlich 30 Talente gezahlt hatte und jetzt wahrscheinlich mehr als das Doppelte dieser Summe steuerte. Hier hatten die athenischen Oligarchen im Frühjahr die demokratische Verfassung gestürzt und ihre eigenen Parteigenossen ans Ruder gebracht; die neue Regierung schritt sogleich dazu, die Befestigungen der Stadt wieder aufzurichten, die einst Kimon vor einem halben Jahrhundert niedergerissen hatte, und trat in Unterhandlungen mit den Peloponnesiern Im Herbst sagte Thasos sich von Athen los. Ebenso das kaum weniger mächtige Abdera an der gegenüberliegenden Küste des Festlandes [3].

---

[1] Thuk. VIII 61—63. Thukydides berichtet seitdem nichts mehr von Kämpfen bei Chios. Das Delphinion ist erst 406 von den Peloponnesiern genommen worden, s. unten S. 418.

[2] Thuk. VIII 80. Über Kyzikos Thuk. VIII 107, 1; Diod. XIII 40, 6; der Abfall von Kalchedon, Selymbria, Perinthos wird in unseren Quellen nicht erwähnt, wir finden diese Städte aber zu Anfang des folgenden Jahres auf der peloponnesischen Seite, s. unten S. 395.

[3] Thuk. VIII 64. Über den Abfall von Thasos Kratippos, II 4: da Thukydides ihn nicht mehr erzählt, wird er erst im Herbst erfolgt sein. Xen.

Im Spätsommer, etwa Anfang September, erschien dann eine peloponnesische Flotte von 42 Schiffen unter dem Spartaner Agesandridas in den Gewässern von Euboea, dieselbe Flotte, die soeben Aegina und den Peiraeeus bedroht hatte (oben S. 388). In aller Eile bemannte man jetzt in Athen, was von Schiffen zur Hand war, und sandte dies Geschwader zum Schutze der Insel dem Feinde entgegen; es waren mit den schon bei Euboea liegenden Schiffen im ganzen 36 Trieren. Vor Eretria kam es zur Schlacht, in der Agesandridas über die schlecht ausgerüsteten und mit ungeübter Mannschaft besetzten Schiffe des Gegners mit leichter Mühe den Sieg gewann; 22 Trieren fielen in seine Hände. Jetzt erhob sich Eretria gegen die athenische Herrschaft und bald auch die übrigen Städte der Insel mit Ausnahme natürlich der athenischen Kleruchengemeinde Oreos [1] Die bei weitem wertvollste seiner auswärtigen Besitzungen war für Athen verloren.

Die Nachricht von diesen Vorgängen brachte in Athen eine Panik hervor, schlimmer als vor 2 Jahren die Kunde von der Katastrophe in Sicilien. Jeden Augenblick erwartete man die feindliche Flotte vor dem Peiraeeus zu sehen, was bei der inneren Zwietracht, die in der Stadt herrschte, von unabsehbaren Folgen hätte sein können. Mindestens lag es in der Hand der Sieger, Athen die Verbindungen zur See abzuschneiden und damit die bei Samos liegende Flotte zu zwingen, zum Entsatze der Stadt nach Griechenland herüberzukommen. Indes die Peloponnesier fanden zu einem so energischen Entschluß nicht die Kraft, und so war das Schlimmste für diesmal noch abgewendet [2].

Die Oligarchie in Athen brach jetzt, unter dem Ein-

Hell. I 1, 32 hat mit Thasos nichts zu tun, s. unten Abt. § 105. Über Abdera Diod. XIII 72, 2.

    [1] Thuk. VIII 95, vgl. [Lys.] 20, 14, Dittenb. *Syll.* ² 47. 48. Die Zeit dieser Ereignisse ergibt sich aus Aristot. AΠ. 33, 1, wonach der Sturz der Vierhundert Ende Metageitnion oder Anfang Boedromion 411/0 erfolgt ist. — Die Inseln im Norden Euboeas blieben Athen treu, mindestens Skiathos (*CIA.* IV 1, 62 b S. 166 f.). Dagegen ist Andros bald dem Beispiel Euboeas gefolgt, jedenfalls vor 407, wo wir es auf peloponnesischer Seite finden (Xen. *Hell.* I 5, 21).

    [2] Thuk. VIII 96.

druck der Niederlage, widerstandslos zusammen, und Theramenes ergriff die Leitung des Staates. Der Rat der Vierhundert wurde aufgelöst, die Entscheidung über alle Staatsangelegenheiten in die Hand der Versammlung der „Fünftausend" gelegt; dazu sollten alle die gehören, die imstande
wären, auf eigene Kosten als Hopliten zu dienen, also die
Bürger der drei oberen solonischen Schatzungsklassen. Aus
der Mitte dieser sog. Fünftausend — in Wahrheit waren es
9000 — wurde eine neue Ratsversammlung gewählt, ebenfalls
von 400 Mitgliedern, nach boeotischem Vorbilde (oben S. 181)
in vier Sektionen geteilt, von denen immer eine den Vorsitz
hatte. Die Strategen und die übrigen Wahlbeamten, zu denen
fortan auch die Archonten und die Schatzmeister der Göttin
und der „anderen Götter" gehören sollten, wurden aus dem
Rate genommen, die Losbeamten aus den übrigen vollberechtigten Bürgern. Zur Reform des geltenden Rechts wurde
eine Kommission von Nomotheten eingesetzt. An dem Grundsatze, daß niemand für die Verwaltung von Staatsämtern
Bezahlung erhalten sollte, wurde festgehalten. Um die Verständigung mit der Flotte anzubahnen, wurde das Verbannungs-
dekret gegen Alkibiades aufgehoben, doch waren die Mannschaften nicht zur Anerkennung der neuen Verfassung zu
bringen und blieben unter ihren selbstgewählten Strategen.
Immerhin wurde wenigstens erreicht, daß die Flotte ihre
feindselige Haltung gegen die Regierung in Athen aufgab
und mit dieser zusammenwirkte [1].

Von den Führern der gestürzten Oligarchie hatten die
meisten sich rechtzeitig nach Dekeleia in Sicherheit gebracht;
sie wurden jetzt, im Kontumazverfahren, zum Tode verurteilt
und ihre Güter eingezogen. Nur Antiphon und Archeptolemos
wurden gefangen und hingerichtet trotz der meisterhaften

---

[1] Thuk. VIII 97. Diod. XIII 38, 2; 42, 2. Die Angaben bei Aristot. A͞Π.
30. 31 beziehen sich auf die Verfassung des Theramenes, nicht, wie Aristoteles
glaubte, auf die Oligarchie der Vierhundert, s. unten 2. Abt. § 132. Zahl der
vollberechtigten Bürger: [Lys.] 20 (ƒPolystr.) 13, vgl. meine *Bevölkerung* S. 107.
Die Rückberufung des Alkibiades erfolgte nach Kritias' Antrag (fr. 4 bei Plut.
Alk. 33) auf Veranlassung des Theramenes (Nep. *Alc.* 5, 4, Diod. a. a. O.).

Rede, mit der Antiphon vor Gericht sich verteidigte. Sonst
war die Verfassungsänderung ohne jedes Blutvergießen vor
sich gegangen. Das Hauptverdienst an dem allem gebührte
Theramenes; ohne sein kräftiges Auftreten gegen die hoch-
verräterischen Pläne seiner Genossen wäre Athen schon damals
in die Hand der Spartaner gefallen, und auch die neue Verfassung war im wesentlichen sein Werk. Er war es denn auch,
dem jetzt die Leitung des Staates zufiel. Seine bisherigen
Freunde, die oligarchischen Ultras, konnten es ihm natürlich niemals verzeihen, daß er sich in der entscheidenden
Stunde von ihnen getrennt und dem Interesse Athens das
Interesse der Partei geopfert hatte. Sie nannten ihn seitdem
den „Kothornos"; wie dieser an beide Füße paßt, so habe es
Theramenes verstanden, beiden Parteien, Oligarchen und
Demokraten, zu dienen. Und doch war diese Beschuldigung
sehr ungerecht; denn was Theramenes nach dem Sturz der
Vierhundert geschaffen hatte, war keineswegs eine Demokratie,
sondern die Herrschaft des Mittelstandes. Darum haben die
entschiedenen Demokraten Theramenes mit nicht geringerem
Hasse verfolgt, als die entschiedenen Oligarchen. Leider sollte
er nur zu bald die Erfahrung machen, daß der athenische
Mittelstand nicht Kraft genug hatte, die Macht zu behaupten,
die in seine Hände gelegt war; und als Theramenes später,
ungeschreckt durch seinen Mißerfolg, es noch einmal versuchte, seine Ideale zu verwirklichen, hat er dafür mit dem
Leben zu büßen gehabt. Erst die Nachwelt hat ihm Gerechtigkeit widerfahren lassen; Aristoteles nennt ihn einen der besten
Bürger, die Athen seit den Perserkriegen hervorgebracht habe,
und ähnlich war das Urteil des ganzen späteren Altertums.
Wir aber, die wir heute in demselben Kampfe stehen, gegen
ein begehrliches Proletariat und ein ebenso begehrliches
Junkertum, werden dem antiken Vorkämpfer unserer Sache
unsere Sympathie nicht versagen [1].

---

[1] Thuk. VIII 97. 98, Lysias 7 (περὶ τοῦ σηκοῦ) 4. Über Antiphons Prozeß
[Plutarch] Leben des Antiphon, Krateros bei Harpokr. Ἄνδρων, Thuk. VIII
68, 2, und die Fragmente von Antiphons Verteidigungsrede. Das von J. Nicole
aus einem Genfer Papyrus unter dem Titel Apologie d'Antiphon (Genf und

Indessen war die große peloponnesische Bundesflotte den ganzen Sommer über untätig geblieben. Im Frühjahr war Astyochos allerdings von Rhodos nach Milet gefahren, hatte dort die Schiffe aus Chios an sich gezogen und damit seine Flotte auf 112 Trieren gebracht, sich aber dann darauf beschränkt, die Athener in Samos zu beobachten, ohne die Schlacht anzunehmen, die diese ihm anboten [1]. Die Schuld daran trugen zum Teil die Differenzen mit Tissaphernes, zum Teil die Unfähigkeit des lakedaemonischen Admirals. Endlich wurde Astyochos durch Mindaros im Kommando ersetzt [2], und dieser entschloß sich nun, den Kriegsschauplatz nach dem Hellespont zu verlegen, wo er an dem Satrapen Pharnabazos eine bessere Stütze zu finden hoffte (Ende August). Die Peloponnesier gelangten auch glücklich, an der athenischen Flotte vorbei, nach Chios und von dort nach Abydos. Die Athener folgten, war es doch eine Lebensfrage für sie, die Wasserstraße nach dem Pontos offen zu halten, aus dem Athen den größten Teil seiner Getreidezufuhr erhielt. Es kam denn auch sogleich in der Meerenge zwischen Sestos und Abydos zur Seeschlacht, und den Athenern blieb trotz ihrer geringeren Stärke — 76 gegen 88 Trieren — der Sieg; freilich ein Erfolg von mehr moralischer als materieller Bedeutung, da die Verluste, 21 peloponnesische gegen 15 athenische Schiffe, auf beiden Seiten fast gleich waren [3] (September). Immerhin wurde das wichtige Kyzikos jetzt von den Athenern zurückgewonnen [4]. Mindaros rief nun die Flotte des Agesandridas aus den euboeischen Gewässern herbei, gegen 50 Trieren, die aber beim Umschiffen des Athos durch einen Sturm zum

---

Basel 1907) veröffentlichte Bruchstück kann aber dieser Rede nicht angehören, wie Pasquali gezeigt hat (in Pais' *Stud. Storici* I, 1908, S. 46 ff.). — Über Theramenes' leitende Stellung Aristot. ἈͲͲ. 28, 3, Diod. XIII 42, 2; über seine politischen Ideale Xen. *Hell.* II 3, 48, Aristot. ἈͲͲ. 28, 5. Vgl. meine *Attische Politik* S. 76 A. und Pöhlig, *Der Athener Theramenes*, Fleckeisens *Jahrb.* Suppl. IX S. 224—320, Leipzig 1877.

[1] Thuk. VIII 60. 63. 79.
[2] Thuk. VIII 83. 85. 87.
[3] Thuk. VIII 99—106.
[4] Thuk. VIII 107.

großen Teil vernichtet wurden [1]. Dagegen gelangte ein peloponnesisches Geschwader von 14 Schiffen, das von Rhodos
herankam, glücklich in den Hellespont, wurde aber bei der
Einfahrt von den Athenern mit überlegenen Kräften angegriffen. Sogleich eilte Mindaros mit seiner ganzen Flotte
von Abydos zur Hilfe, und es entspann sich eine zweite große
Seeschlacht. Die Entscheidung gab Alkibiades, der während
des Kampfes mit 18 Schiffen von Samos her in den Hellespont
einfuhr. Die Peloponnesier mußten nach dem Strande zurück-
weichen, wo ihnen Pharnabazos' Heer einen sicheren Rückhalt
bot; doch wurden 30 von ihrer Mannschaft verlassene Schiffe
den Athenern zur Beute [2].

Der Winter machte für jetzt den Operationen ein Ende.
Im Frühjahr erhielten die Athener eine Verstärkung von
20 Schiffen, die Theramenes vom Peiraeeus heranführte,
und nun beschloß Alkibiades, einen entscheidenden Schlag
gegen den Feind zu unternehmen. Mindaros war indes von
Abydos nach Kyzikos gesegelt und hatte diese Stadt wieder
auf die peloponnesische Seite gebracht. Während er seine
Flotte hier vor dem Hafen manövrieren ließ, wurde er unversehens von Alkibiades angegriffen, von Kyzikos abgeschnitten
und an die offene Küste getrieben. Vergebens suchte Pharnabazos, der auch diesmal zur Stelle war, mit seinem Heer die
Flotte zu decken; die Athener landeten und erfochten den
vollständigsten Sieg, Mindaros fiel, alle peloponnesischen
Schiffe wurden genommen, nur die Syrakusier fanden Zeit,
die ihrigen zu verbrennen. Doch vermochten die Mannschaften
zum größten Teil sich zu retten (Mai 410) [3].

---

[1] Thuk. VIII 107, 2, Diod. XIII 41, nach Ephoros, der aber, durch eine
Votivinschrift im Athenatempel von Koroneia irregeführt, die Größe des Ver-
lustes übertreibt. Denn Hippokrates, einer der Führer der Flotte (Thuk. a. a. O.)
erscheint später in Mindaros' Heer bei Kyzikos (Xen. *Hell.* I 1, 23), und Agesandridas selbst stand noch im Sommer 408 an der Spitze eines Geschwaders an der
thrakischen Küste (Xen. *Hell.* I 3, 17). Vgl. Grote VII 353. Immerhin muß
die Einbuße sehr beträchtlich gewesen sein, da sonst die peloponnesische Flotte
bei Kyzikos stärker gewesen wäre.

[2] Xen. *Hell.* I 1, 2—8, Diod. XIII 45. 46, Plut. *Alk.* 27.

[3] Xen. *Hell.* I 1, 11—18, Diod. XIII 49—51, Plut. *Alk.* 28. Polyaen.,

So war die große peloponnesische Flotte vernichtet und
die athenische Meeresherrschaft wieder hergestellt; freilich
nur so lange, bis die Peloponnesier eine neue Flotte gebaut
haben würden. Es galt, die Frist nach Kräften auszunützen.
Kyzikos und Perinthos wurden sogleich zum Gehorsam zurückgebracht; dann wandte Alkibiades sich nach dem Bosporos,
wo er auf der Landzunge Chrysopolis (*Skutari*) gegenüber
Byzantion eine Befestigung anlegte. Ein Geschwader von
30 Trieren unter Theramenes wurde hier zurückgelassen, um
Byzantion und Kalchedon zu beobachten und die Wasserstraße nach dem Pontos freizuhalten. Der Zoll, der hier von
den Handelsschiffen erhoben wurde, gewährte einen wesentlichen Beitrag zur Bestreitung der Kriegskosten [1].

Der Schlag von Kyzikos brachte in Sparta die Friedenspartei wieder zu maßgebenden Einflusse. Es schien ein Unstern
über dem Seekriege zu walten; und auch wer die Dinge noch
so sanguinisch ansah, mußte zugeben, daß die Niederwerfung
Athens jetzt, wenn überhaupt, erst in Jahren zu erwarten
stand. So entschloß man sich, auf Grund des gegenwärtigen
Besitzstandes den Frieden anzubieten; Dekeleia sollte dabei
für Pylos und Kythera als Kompensation dienen [2]. Mehr zu-
bewilligen, war für Sparta ohne Verletzung seiner Ehre unmöglich; es konnte die athenischen Bundesstädte nicht preisgeben, die sich ihm in den letzten Jahren angeschlossen hatten.
Auch so hätte Athen einen sehr ansehnlichen Teil seines Macht-
gebietes gerettet, mehr als es jemals nach der Schlacht bei
Aegospotamoi wieder erlangt hat: alle Kleruchien, Samos,
Lesbos, die Kykladen, den thrakischen Chersones und eine
Reihe anderer wichtiger Punkte. Wie die Dinge lagen, waren
das immerhin sehr annehmbare Bedingungen; denn jeder
Verständige mußte sich sagen, daß Athen auf die Länge dem

I, 40, 9. Die Stärke der peloponnesischen Flotte gibt Xen. I 1, 17 auf 60 Schiffe,
Diod. XIII 50, 2 (vgl. Iustin. V 4, 2) auf 80 an. Über die Chronologie unten
2. Abt. § 105.
    [1] Xen. *Hell.* I 1, 19—22. Diod. XIII 64.
    [2] Diod. XIII 52. Nepos *Alc.* 5, 5. Iust. V 4, 4. Aristeid. *Panath.* S. 265 Dind.
Philochoros fr. 117. 118 (unter Theopompos, also noch vor Mittsommer 410).

Kampfe gegen die Peloponnesier und den Großkönig nicht
gewachsen war.

Aber auch in Athen taten die Siege im Hellespont ihre
Wirkung. Die Niederlage vor Syrakus, dann der Abfall Ioniens
hatten den Sturz der Demokratie zur Folge gehabt; jetzt,
wo die Meeresherrschaft Athens aufs neue begründet schien,
begann die demokratische Partei wieder ihr Haupt zu erheben.
Wie es scheint, stand diesen Bestrebungen Thrasyllos nicht
fern, der im vorigen Sommer mit Thrasybulos die demokratische Bewegung auf Samos geleitet hatte, und nach den
Schlachten im Hellespont im letzten Herbst nach Athen
gekommen war, um die Absendung von Verstärkungen für
die Flotte zu betreiben; er wurde zum Strategen gewählt, und
damit ein weiterer Schritt getan zur Verschmelzung der beiden
Hälften, in die das Reich durch die Ereignisse des Sommers
411 zerfallen war [1]. Indes der eigentliche Leiter der demokratischen Bewegung war Kleophon, ein Mann aus den Kreisen
der Gewerbetreibenden, der jetzt die Rolle des Kleon und
Hyperbolos wieder aufnahm [2]. Und es waren die Besitzenden
selbst, die durch ihre eigenen Fehler dieser Strömung den
Weg gebahnt hatten. Der Riß war unheilbar, den erst die
Errichtung der Oligarchie, dann Theramenes' Abfall von der
oligarchischen Sache unter den gebildeten Klassen Athens
geöffnet hatte; an ein Zusammengehen der entschiedenen
Oligarchen mit Männern von Theramenes' Richtung, und
beider mit ehrlichen Demokraten wie Thrasyllos war für jetzt
und noch für lange Zeit nicht zu denken. Dazu kam, daß
gerade die fähigsten Männer der Partei wegen ihrer Teilnahme
an der Oligarchie in die Verbannung getrieben oder doch aufs
schwerste kompromittiert waren. Theramenes selbst mußte

---

[1] Xen. *Hell.* I 1, 8. Über Thrasyllos Wahl zum Strategen meine *Attische
Politik* S. 311 f. und unten 2. Abt. § 105.

[2] Aristot. ΑΠ. 28, 3, Diod. XIII 53, 2 (μέγιστος ὢν τότε δημαγωγός),
vgl. schon Aristoph. *Thesmoph.* 805 (Dionysien 411); λυροποιός: Schol.
Aristoph. *Thesmoph.* 805, Frösche 681. Andok. *vdMyst.* 146, Aeschin. *vdGes.* 76.
Ael. *Verm. Gesch.* XII 43 Ὑπερβόλου δὲ καὶ Κλεοφῶντος οὐδεὶς ἂν εἴποι τοὺς
πατέρας. In einem Stücke Platons hatte er die Titelrolle, und auch sonst wird
er von der Komödie scharf angegriffen.

erkennen, daß unter solchen Umständen der Opposition gegenüber jeder Widerstand nutzlos war; und es war ohne Zweifel
aus diesem Grunde, daß er Athen verlassen hatte, um an der
Spitze eines Geschwaders nach dem Kriegsschauplatz abzu-
gehen.

Auf die Nachricht von dem Siege bei Kyzikos brach denn
auch die Herrschaft der „Fünftausend" haltlos zusammen,
und die Demokratie wurde wieder hergestellt, im wesentlichen
so, wie sie vor der Niederlage in Sicilien bestanden hatte.
Mit dem Beginn des neuen Amtsjahres (Juli 410) nahm der
erloste Rat der Fünfhundert wieder die Leitung der Geschäfte
in die Hand, und die Volksgerichte begannen aufs neue zu
funktionieren. Auf jeden Versuch, die Demokratie zu stürzen,
wurden die schärfsten Strafen gesetzt und alle Bürger durch
feierlichen Eidschwur auf die Erhaltung der Verfassung in
Pflicht genommen. Die Kodifizierung des geltenden Rechtes,
die von der Oligarchie in Angriff genommen war, wurde weiter-
geführt, aber natürlich jetzt in ganz anderem Geiste [1].

Die Rückkehr zur unbeschränkten Demokratie hatte die
Wiedereinführung der Diäten für den Rat und die Volks-
gerichte zur Voraussetzung, und diese wurde denn auch auf
Kleophons Antrag beschlossen, allerdings, der bedrängten
Finanzlage entsprechend, nur in dem Betrage von 2 Obolen

---

[1] Das Psephisma des Demophantos, durch das die Bürger auf die Demokratie in Pflicht genommen wurden, bei Andok. vdMyst. 96, vgl. Lyk. gLeokr.
124—127, Demosth. 20 (gLept.) 159, H. Droysen, De Demophanti, Patroclidis,
Tisameni populiscitis, Dissert. Berlin 1873. Darin heißt es: ἄρχει χρόνος
τόνδε τοῦ ψηφίσματος ἡ βουλὴ οἱ πεντακόσιοι οἱ λαχόντες τῷ κυάμῳ ὅτε
Κλεογένης πρῶτος ἐγραμμάτευεν (unter dem Archon Glaukippos 410/9), und
zwar ist das Psephisma unter der Prytanie der Aeantis, der ersten dieses
Jahres (CIA. I 188) zur Annahme gelangt. Wir sehen also, daß die
demokratische Verfassung bereits am Anfang 410/9 funktioniert hat, und
offenbar ist sie eben mit dem Beginn dieses Jahres, 1—2 Monate nach der
Schlacht bei Kyzikos, in Kraft getreten. Über die Gesetzgebung, die sich,
wie natürlich, durch eine Reihe von Jahren hingezogen hat, CIA. I 57
(grundlegende Verfassungsbestimmungen), 61 = Dittenb. Syll. ² 52, (die
Blutgesetze Drakons bleiben in Geltung), Lys. 30, gNikomachides, Harpokr.
Ἀπόληξις (kann sich auch auf die Zeit der 5000 beziehen). Neue Sitzordnung
des Rates Philoch. fr. 119.

für die Sitzung. Gleichwohl war das Erfordernis dafür sehr
beträchtlich, und es muß anerkannt werden, daß Kleophon
es verstanden hat, die nötigen Mittel herbeizuschaffen, ohne
die Energie der Kriegführung zu lähmen oder die Bürgerschaft
durch übermäßige direkte Steuern zu drücken. Sogar die
Bautätigkeit des Staates wurde wieder aufgenommen, wenn
auch in sehr bescheidenen Grenzen. Kleophon war offenbar
ein guter Verwalter und, wie es scheint, ein Mann von persönlicher Integrität, wenn er auch ein weitblickender Politiker
so wenig gewesen ist, wie alle seine Parteigenossen [1].

---

[1] Über Kleophons Finanzverwaltung Lys. 19 (v Aristoph. Verm.) 48
Κλεοφῶντα δὲ πάντες ἴστε, ὅτι πολλὰ ἔτη διεχείρισε τὰ τῆς πόλεως πάντα,
Aristot. ΑΠ. 28, 3 ὃς καὶ τὴν διωβελίαν ἐπόρισε πρῶτος, Aeschin. vdGes. 78
διεφθαρκὼς νομῇ χρημάτων τὸν δῆμον. Die Diobelie ist, wie die Schatzrechnung
CIA. I 188 zeigt, bereits seit der 3. Prytanie 410/9 gezahlt worden. Daß es sich
dabei nicht, wie allerdings Aristoteles geglaubt zu haben scheint (Polit. II 1267b)
und darauf hin auch Böckh annahm (Staatsh. I² 312), um ein Theorikon handelt,
habe ich Rh. Mus. XXXIX, 1884, S. 239 ff. gezeigt und ist heut allgemein anerkannt. J. Christ hat die Behauptung aufgestellt, die Diobelie sei eine „Staatspension" gewesen, die an alle Bürger gezahlt worden sei (bei Wilamowitz, Aristot.
II 212 ff.), und es ist merkwürdig, daß dieser Einfall so viele Zustimmung gefunden hat. Rechnen wir auch nur 12 000 Bürger, so betrug das Erfordernis
täglich 4000 dr., 240 tal. im Jahr. Wo hätte diese Summe herkommen sollen,
und was wollen demgegenüber die kleinen Beträge besagen, bis zu 6½ dr. herab,
die in den Schatzrechnungen (CIA. I 188 und 189) für die Diobelie verrechnet
werden? Und sollen wir denn annehmen, daß neben der Diobelie noch Richtersold und andere Diäten gezahlt worden sind? Doch sicher nicht; μὴ διχόθεν
μισθοφορεῖν war ja eine der Grundmaximen der Demokratie. Aber wer würde
sich dann noch zum Geschworenen hergegeben haben, wenn er auch ohne das
seine 2 ob. bekam? Und bekam sie jeder Bürger, dann doch auch die ἀδύνατοι;
wie geht es da zu, daß sie dann später, im Frieden, nur 1 ob. erhielten (Lys. 24)?
Aber wir wissen ja aus Aristophanes, daß der Richtersold in dieser Zeit bestanden
hat (Frösche 1466), und zwar eben im Betrage von 2 ob. (v. 140, mit dem
Scholion). Und der Richtersold verschlingt alle Staatseinnahmen (ὁ δικαστὴς
αὐτὰ καταπίνει μόνος). Wie konnte Aristophanes das sagen, wenn die „Staatspension" den vielfachen Betrag verschlungen hätte? Denn nehmen wir selbst
an, daß 3000 Geschworene Tag für Tag, also abzüglich der Feste 300 Tage
im Jahre gesessen hätten, was für diese Zeit viel zu hoch ist, so betrug das Erfordernis doch nur 50 tal. Also die „Staatspension" ist ein Phantasiegebilde.
Aber immerhin mögen in der Diobelie auch andere Besoldungen einbegriffen
gewesen sein, z. B. die Diäten der Ratsherren; sie waren ja früher höher gewesen,

Kleophon also war jetzt der erste Mann in Athen; und er sah die militärische Lage mit dem Optimismus an, den die athenischen Radikalen immer gezeigt haben. Sein Einfluß bewirkte es, daß die lakedaemonischen Friedensvorschläge zurückgewiesen wurden; ebensosehr allerdings wohl die Erwägung, daß es ziemlich gleichgültig war, was die athenische Volksversammlung in dieser Sache beschloß, und daß die wahre Entscheidung bei der Flotte stand, oder vielmehr bei deren Führer Alkibiades. Und Alkibiades brauchte den Krieg, der ihm das Mittel war, zu der Stellung im Staate emporzusteigen, die sein Ehrgeiz erstrebte; was lag ihm daran, ob dem Interesse Athens mit der Fortsetzung des Kampfes gedient war?

So ging der Krieg seinen Gang weiter. Gleich nach dem Abbruch der Verhandlungen rückte König Agis aus seiner Stellung bei Dekeleia gegen Athen herab, wagte es aber nicht, die Schlacht anzunehmen, die Thrasyllos ihm unter den Mauern der Stadt anbot; ein Erfolg, der natürlich in Athen großen Jubel erregte [1]. Nach dem Hellespont wurde der Spartaner Klearchos mit 15 Trieren gesandt, um Byzantion und die Nachbarstädte zu sichern [2]. In Antandros, am Südfuße des Ida, wurde mit dem Bau einer neuen Flotte begonnen, wozu Pharnabazos die Mittel gab [3]. Die Athener andererseits vermochten nichts Ernstliches auszurichten, da sie wohl das Meer beherrschten, wo ihnen jetzt kein Feind mehr gegenüberstand, aber nicht Landtruppen genug hatten, um eine Belagerung beginnen zu können. Es wurde also in Athen eine neue Expedition ausgerüstet, 50 Trieren unter Thrasyllos, mit

wie auch der Richtersold, aber bei den schlechten Zeiten mußte sich eben alles nach der Decke strecken. Und wenn Aristoteles sagt, daß Kleophon die Diobelie eingeführt habe (ἐπόρισε πρῶτος), so ist das ganz richtig; denn unter der Verfassung des Theramenes hatte es überhaupt keine Besoldungen gegeben. Weiteres *Rh. Mus.* a. a. O. — Über Kleophons Integrität Lys. 19, 48; Platon freilich nennt ihn ἁρπαγίστατος (*Kleophon* fr. 57) und auch Lysias sagt προσεδοκᾶτο πάνυ πολλὰ ἐκ τῆς ἀρχῆς ἔχειν.

[1] Xen. *Hell.* I 1, 33 f.
[2] Xen. *Hell.* I 35 ff.
[3] Xen. *Hell.* I 1, 24 ff.

1000 Hopliten und 100 Reitern an Bord, auch von den See-
leuten waren 5000 mit leichter Rüstung versehen, um bei
Landungen als Peltasten zu dienen (Frühjahr 409). Zunächst
war die Wiedereroberung Ioniens in Aussicht genommen.
Das Heer wurde in Notion ausgeschifft, das nahe Kolophon
trat sogleich über, dann wandte sich Thrasyllos gegen Ephesos.
Hier aber fand er die Syrakusier und Selinuntier sich gegenüber,
die inzwischen den Neubau ihres Geschwaders vollendet und
aus der Heimat eine Verstärkung von 5 Trieren erhalten
hatten. Auch der Satrap Tissaphernes war mit seinem Heere
zur Verteidigung der bedrohten Stadt herbeigeeilt. So erlitt
Thrasyllos eine schwere Niederlage, die ihn 400 Mann kostete
und ihn zwang, das Unternehmen gegen Ionien aufzugeben.
Er wandte sich nun nach dem Hellespont und vereinigte sich
dort mit Alkibiades [1].

Dieser hatte sich bisher auf den kleinen Krieg gegen
Pharnabazos und Klearchos beschränken müssen; Thrasyllos'
Ankunft setzte ihn in den Stand, entscheidende Schläge zu
führen. Im Frühjahr 408 begann die Belagerung von Kalchedon;
ein Ausfall der peloponnesischen Besatzung wurde zurückgeschlagen, Pharnabazos, der zu gleicher Zeit den Versuch
machte, den Belagerten die Hand zu reichen, vermochte es
nicht, die attischen Linien zu durchbrechen. Infolge dieser
Niederlage bequemte sich der Satrap zu einem Vertrage, in
dem er sich verpflichtete, die Feindseligkeiten gegen Athen
einzustellen, eine athenische Gesandtschaft zum Könige
hinaufzuführen und 20 Talente zu zahlen; die Athener ihrerseits erkannten die Unabhängigkeit Kalchedons an, das aber
gehalten sein sollte, fortan seinen früheren Tribut zu entrichten, und die seit dem Abfall aufgelaufenen Rückstände
abzuzahlen. Alkibiades ging nun nach Europa hinüber, nahm
Selymbria ein, und nach längerer Belagerung auch Byzantion [2].

---

[1] Xen. *Hell.* I 1, 34; 2, 1—15. Diod. XIII 64, vgl. Lys. 32 (*gDiogeiton*)
5. 7. Über die Chronologie, auch der folgenden Ereignisse unten 2. Abt.
§ 104 f.

[2] Xen. *Hell.* I 3, Diod. XIII 66 f., Plut. *Alk.* 29—31, Polyaen. I 40, 2
(= Front. III 11, 3), 47, 2. Der Vertrag mit Selymbria *CIA.* IV S. 18 f. =
Dittenb. *Syll.* [2] 53.

Die hellespontischen Landschaften, bis auf Abydos, waren jetzt fast vollständig wieder in der Gewalt der Athener. Im folgenden Jahre (407) wurden auch Thasos und Abdera durch Thrasybulos zum Gehorsam zurückgeführt [1], so daß von dem Reiche, wie es im Jahre 413 gewesen war, im wesentlichen nur noch das ionische Festland, Chios, Rhodos und Euboea im Besitze des Feindes blieben.

Darüber waren allerdings in Griechenland wichtige Stellungen verloren gegangen. Im Frühjahr 410 stand Kerkyra auf dem Punkte, zu den Peloponnesiern abzufallen; die Demokraten riefen Konon, der die athenische Flottenstation in Naupaktos befehligte, zur Hilfe herbei, und es kam nun zum Straßenkampfe, in dem der Menge dank dieser Unterstützung der Sieg blieb; von den Angehörigen der besitzenden Klassen wurden viele getötet, mehr als 1000 aus der Stadt getrieben; den ansässigen Fremden wurde das Bürgerrecht, den Sklaven die Freiheit gegeben. Bald aber, nachdem Konon den Rücken gewandt hatte, kehrten die Verbannten zurück und erzwangen ihre Wiederaufnahme in die Stadt. Kerkyra löste infolgedessen sein Bündnis mit Athen, ohne sich indessen den Peloponnesiern anzuschließen; es trat zurück in seine traditionelle Neutralität gegenüber den hellenischen Händeln [2].

So hatte Athen seine hauptsächlichste Stütze im Westen verloren. Die Folge war, daß im nächsten Jahre Pylos von den Lakedaemoniern genommen wurde; eine Entsatzflotte von 30 Schiffen unter Anytos, die von Athen aus abgesandt worden war, wurde durch widrige Winde am Vorgebirge Malea festgehalten, bis es zu spät war. Der Führer wurde vor Gericht gestellt, aber freigesprochen, wie man sagte, durch Bestechung

---

[1] Xen. *Hell.* I 4, 9, Diod. XIII 72, und die Volksbeschlüsse für Neapolis *CIA.* IV 1 S. 15 = Dittenb. *Syll.* [2] 49, der erste aus dem Jan. 409, der zweite von Axiochos beantragte wohl aus dem Sommer 407. Daß Thasos in diesem Sommer zurückgewonnen wurde, sagt Xen. a. a. O.; Diodor setzt die Einnahme richtig unter Euktemon (408/7), erzählt sie aber erst nach Alkibiades' Abfahrt aus Athen.

[2] Diod. XIII 48, vgl. Thuk. IV 48,5. Die Revolution scheint in das Frühjahr 410 zu gehören, da Diodor den Bericht darüber in die Erzählung der Expedition des Theramenes einschiebt.

der Geschworenen[1]. Schon etwas früher war auch Nisaea
von den Megarern erobert worden; ein athenisches Heer, das
darauf gegen Megara gesandt wurde, blieb zwar in einem Gefecht
bei den Kerata siegreich, vermochte aber den verlorenen Platz
nicht wieder zu nehmen[2].

Während Alkibiades die hellespontischen Landschaften
unterwarf, waren in Sicilien Ereignisse eingetreten, welche
die Syrakusier zwangen, ihre Schiffe aus dem Aegaeischen
Meere zurückzurufen. In Syrakus war, nach dem Siege über
die Athener, Hermokrates der mächtigste Mann. Schon der
Friede von Gela (424), der dem ersten Versuche der Athener,
sich in Sicilien festzusetzen, ein Ende gemacht hatte, war
zum großen Teil sein Werk gewesen; 10 Jahre später hatte
er bis zu Gylippos' Ankunft und dann an dessen Seite die
Verteidigung von Syrakus geleitet, und sein Verdienst war
es vor allem, wenn man es gewagt hatte, den Kampf mit dem
Feinde auch zur See aufzunehmen. Als dann das athenische
Belagerungsheer vernichtet war, hatte er mit Eifer für die
Absendung eines syrakusischen Geschwaders nach dem
griechischen Osten gewirkt und war selbst an dessen Spitze
getreten[3].

Aber eben diese Entfernung von Syrakus sollte ihm
verhängnisvoll werden. Der Sieg über die Athener hatte
zur Folge gehabt, das Selbstgefühl der unteren Klassen der
Bürgerschaft mächtig zu steigern; sie drängten jetzt nach
Erweiterung ihrer politischen Rechte. So wurde die syra-

---

[1] Xen. *Hell.* I 2, 18 (Winter 409/8), Diod. XIII 64, 5—7 (unter Diokles
409/8), vgl. unten 2. Abt. § 106; über Anytos' Prozeß auch Aristot. ATT. 27, 5.

[2] Diod. XIII 65 (unter Diokles), der einzige, der die Sache erwähnt. Da
nach Xen. *Hell.* I 1, 36 das Geschwader, mit dem Klearchos nach Byzantion
ging, in erster Linie von Megara gestellt war, sollte man annehmen, daß Nisaea
damals schon wieder megarisch gewesen ist, denn es ist doch kaum wahrscheinlich, daß die megarischen Schiffe von Pagae gekommen sind. Wenn also Xenophon
Klearchos' Sendung nicht vorgreifend berichtet, müßte die Einnahme von Nisaea
in den Sommer oder Herbst 410 fallen. Die beiden athenischen Strategen Leo-
trophides und Timarchos können sehr wohl dem Kollegium des Jahres 410/9
angehört haben.

[3] Thuk. IV 58, VI 72 f., 99, VII 21, 3, VIII 26, 1.

kusische Verfassung durch den Volksmann Diokles im Sinne
der radikalen Demokratie umgestaltet und namentlich, nach
athenischem Vorbilde, die Besetzung einer Reihe von Staatsämtern durch das Los eingeführt [1]. Die neuen Machthaber
sahen in Hermokrates ihren gefährlichsten Gegner [2]; und
die Vernichtung der syrakusischen Flotte bei Kyzikos gab
ihnen die erwünschte Gelegenheit, den Feind beiseite zu
schieben. Hermokrates wurde durch Volksbeschluß seiner
Stelle enthoben und aus Syrakus verbannt, und neue Strategen
auf die Flotte gesendet. Der abgesetzte Feldherr wagte keinen
Widerstand; denn wenn er auch seiner Offiziere sicher war,
so waren die Mannschaften dafür in ihrer großen Mehrzahl
überzeugungstreue Demokraten. Er ging also nach Sparta
und schloß sich dann einer Gesandtschaft an, die im Sommer
408 zum König hinaufreiste [3].

Der Krieg zwischen Syrakus und den athenischen Bundesgenossen im Westen war indes weitergegangen. In Thurioi
allerdings kam es bald nach der Katastrophe am Assinaros
zu einer Revolution, infolge deren die athenisch Gesinnten
verbannt wurden und die Stadt den Peloponnesiern ein
Geschwader zu Hilfe sandte [4]. Katane aber leistete erfolgreichen Widerstand, unterstützt von den Trümmern des

---

[1] Aristot. *Polit.* V 1304 a, Diod. XIII 33—35 (Einführung des Loses 34, 6),
vgl. 19, 4 τῶν δημαγωγῶν ἐνδοξότατος ὤν; bei Plut. *Nik.* 28 heißt er Eurykles.
Daß dieser Demagog Diokles nicht, wie Diodor meint, mit dem alten Gesetz-
geber Diokles (oben I 1, 350) identisch sein kann, dem die Syrakusier nach
seinem Tode heroische Ehren erwiesen und einen Tempel errichteten (Diod.
XIII 35, 2), liegt auf der Hand (Holm, *Gesch. Sicil.* II 78. 417 f., De Sanctis,
Studi ital. di Fil. class. XI, 1903, S. 433). Über Diokles' Verfassungsreformen
Holm a. a. O. und Freeman, *Hist. of Sicily* III 722 ff.

[2] Über Hermokrates' Gegensatz zur radikalen Demokratie Thuk. VI
33—40, vgl. Xen. *Hell.* I 1, 27 ff.

[3] Xen. *Hell.* I, 1, 27—31; 3, 13, vgl. Thuk. VIII 85, 3, weiteres unten
2. Abt. § 110. Die Mannschaft der syrakusischen Schiffe bestand zum größten
Teil aus freien Leuten (Thuk. VIII 84, 2).

[4] Dionys. Hal. *Lys.* 1. [Plutarch] *Leben des Lysias* S. 835 d, unter dem
Archon Kallias (412/1), und zwar zu Anfang des Jahres, denn im Spätherbst 412
stießen bereits 10 thurinische Schiffe zu der peloponnesischen Flotte an der kleinasiatischen Küste (Thuk. VIII 35, vgl. 61, 2, Xen. *Hell.* I 5, 19).

athenischen Heeres [1], um so mehr, als Syrakus durch die lange
Belagerung erschöpft war und den besten Teil seiner Flotte
nach dem Aegaeischen Meere entsendet hatte. Einen schwereren
Stand hatten die Elymer von Segesta und Eryx gegen ihre
mächtige Nachbarstadt Selinus. Von ihren Feinden aufs
äußerste bedrängt, blieb ihnen endlich nichts übrig, als sich
den Karthagern in die Arme zu werfen [2].

Karthago hatte seit dem Unglückstage von Himera
sich jeder Einmischung in die sicilischen Angelegenheiten
enthalten. Selbst während des attischen Krieges war es
neutral geblieben, trotz der Bundesgenossenschaft, welche
die Athener angeboten hatten [3]; und der Untergang der
athenischen Flotte im Hafen von Syrakus war nicht dazu
angetan, Karthago zu einer Änderung der bisher verfolgten
Politik zu veranlassen. Aber man hatte jetzt keine Wahl
mehr. Gelang es Selinus, die Elymer zu unterwerfen, so waren
die phoenikischen Plätze im Nordwesten der Insel aus nächster
Nähe bedroht, und Karthago war dann voraussichtlich doch
gezwungen, unter noch ungünstigeren Bedingungen den
Kampf gegen die Hellenen Siciliens aufzunehmen.

So sandte man denn im Sommer 409 Segesta ein Truppenkorps zu Hilfe, das den Selinuntiern eine ernste Niederlage
beibrachte; im nächsten Frühjahr folgte die Hauptmasse
des Heeres, karthagische Bürger, libysche Untertanen und
iberische Söldner, unter dem König Hannibal, dem Enkel
jenes Hamilkar, der einst bei Himera gegen Gelon Schlacht
und Leben verloren hatte. Die Karthager landeten am Vorgebirge Libybaeon, rückten ohne Verzug auf Selinus und
begannen die Belagerung. Die Mauern der Stadt waren
während des langen Friedens verfallen und sanken bald vor
den Maschinen des Feindes zusammen; dann wurde unablässig gestürmt, bis endlich, am neunten Tage, die Iberer
durch die Bresche drangen. In der Stadt begann jetzt ein
furchtbares Morden; die Barbaren schonten weder Alter noch

---

[1] [Lysias] *Polystratos* 24 ff., vgl. Diod. XIII 56, 2.
[2] Diod. XIII 43.
[3] Thuk. VI 88, 6.

Geschlecht, 16 000 Menschen sollen ihrer Wut zum Opfer gefallen sein. Nur 5000 Gefangene wurden gemacht und als Sklaven nach Afrika geführt; noch geringer war die Zahl derer, denen es gelang, nach dem benachbarten Akragas sich zu retten. Die Stadt wurde geplündert und ihre Mauern zerstört [1].

Die Katastrophe war mit so furchtbarer Schnelle hereingebrochen, daß die Syrakusier keine Zeit gehabt hatten, rechtzeitig zum Entsatze herbeizukommen. In der Erwartung des Krieges mit Karthago hatten sie mit Katane und Naxos Frieden geschlossen und ihre Flotte aus dem Aegaeischen Meere zurückgerufen [2]; auf die Nachricht von der Landung des Feindes setzten sie sofort 3000 Hopliten unter Diokles in Marsch, die schon bis Akragas gelangt waren, als der Fall von Selinus erfolgte. Sie sollten nur zu bald Gelegenheit haben, sich mit den Karthagern zu messen [3].

Denn Hannibal wandte sich jetzt nach der Nordküste der Insel gegen Himera, verstärkt durch Zuzüge aus den sikanischen und sikelischen Städten. Zum Schutz der bedrängten Stadt eilte Diokles mit seinem inzwischen auf 4000 Mann verstärkten Heere herbei, und gleich darauf erschien auf der Reede die Flotte, die bisher im Aegaeischen Meere gegen die Athener gefochten hatte. Aber gegen die Übermacht der Barbaren war alles umsonst. Ein Ausfall der Belagerten wurde mit schwerem Verluste zurückgeschlagen; die Stadt war nicht mehr zu halten, und man mußte sich darauf beschränken, die Bevölkerung in Sicherheit zu bringen. Auch das gelang nur zum Teil; während die Räumung noch im Gange war, brachen die Karthager in die Stadt, und was noch von Bewohnern zurückgeblieben war, fiel unter dem Schwerte der Sieger oder geriet in Gefangenschaft. Die Ge-

---

[1] Diod. XIII 44. 54—59. [Xen.] *Hell.* I 1, 37. Über die Chronologie unten 2. Abt. § 110. — Die Angaben über die Stärke des karthagischen Heeres in unseren Quellen (nach Ephoros 200 000 Mann und 4000 Reiter, nach Timaeos etwas über 100 000 Mann [Diodor XIII 54, 5], 100 000 Mann auch nach [Xen.] *Hell.* I 1, 37) sind wie gewöhnlich sehr übertrieben, vgl. meine *Bevölkerung* S. 467 f.

[2] Diod. XIII 56, 2. Rückberufung der Flotte: Iustin. V 4, 5.

[3] Diod. XIII 59, 1.

fangenen schlachtete Hannibal den Manen seines Großvaters
als Totenopfer; die Stadt wurde dem Boden gleich gemacht,
und ihre Stätte ist seitdem wüst geblieben. Dann schiffte der
siegreiche Feldherr sein Heer nach Libyen ein und hielt in
Karthago seinen triumphierenden Einzug [1].

Der Untergang zweier so bedeutenden Städte, eine Katastrophe, wie sie in solcher Furchtbarkeit die Griechen Siciliens
noch niemals betroffen hatte, mußte einen erschütternden
Eindruck hervorbringen. Und die Schuld lastete zum größten
Teil auf der Regierung von Syrakus. Obgleich der Krieg
mit Karthago seit einem Jahr in sicherer Aussicht gestanden
hatte, war man bei Selinus zu spät gekommen und hatte
Himera nur mit ganz ungenügenden Kräften unterstützt.
Das mußte der jetzt in Syrakus herrschenden Partei verhängnisvoll werden, um so mehr, als ihr erster Mann, Diokles,
bei Himera den Befehl geführt hatte und also nicht nur
politisch, sondern auch militärisch für den unglücklichen
Ausgang die Verantwortung trug.

Jetzt hielt Hermokrates den Augenblick für gekommen,
seine Rückkehr nach der Vaterstadt ins Werk zu setzen. Er
gab also, auf die Nachricht von den Ereignissen in Sicilien,
seine Reise zum Großkönig auf; von seinem Freunde Pharnabazos erhielt er die nötigen Geldmittel, um einige Schiffe
auszurüsten und ein kleines Söldnerkorps in Dienst zu nehmen [2].
Mit diesen Truppen landete er in Messene; hier zog er 1000
der geflüchteten Bürger von Himera an sich und versuchte
dann einen Handstreich auf Syrakus, der freilich erfolglos
blieb. Er wandte sich nun nach dem Westen der Insel, wo er
Selinus aufs neue befestigte, die alten Bewohner zurück-
rief, und so eine Basis für die Ausführung seiner weiteren
Pläne gewann. Dann zog er vor die phoenikischen Städte
Motye und Panormos, machte in deren Gebiet reiche Beute
und trieb die Bürger, die gegen ihn ausrückten, hinter ihre
Mauern zurück. Nach diesen Erfolgen begannen auch in
Syrakus seine Anhänger sich zu regen; Diokles wurde gestürzt

---

[1] Diod. XIII 59—62, vgl. Frontin. III 10, 3.
[2] Xen. *Hell.* I 1, 31.

und in die Verbannung geschickt, aber es gelang nicht, Hermokrates' Rückberufung beim Volk zu erwirken. So machte er
noch einmal den Versuch, seine Rückkehr mit Gewalt zu
erzwingen. Diesmal wurden ihm die Tore geöffnet, und er
konnte bis zum Marktplatze vordringen. Die Bürger aber
wollten in ihrer großen Mehrzahl von einem gewaltsamen
Umsturz der Verfassung nichts wissen; von allen Seiten
strömten sie in Waffen herbei, und in dem nun sich entspinnen-
den Straßenkampfe fand Hermokrates ein unrühmliches
Ende (407)[1].

In Karthago hatte man indes zu einem neuen Zuge nach
Sicilien gerüstet; schienen doch die leichten und glänzenden
Erfolge, die man im vorigen Feldzuge errungen hatte, die
Unterwerfung der ganzen Insel in den Bereich der Möglichkeit
zu rücken. Vergebens versuchten die Syrakusier die Überfahrt
des feindlichen Heeres zu hindern; ihre Flotte besiegte zwar
ein karthagisches Geschwader von 40 Schiffen in der Nähe
von Drepana, sah sich aber zum Rückzug gezwungen, als
Hannibal mit 50 frischen Trieren herankam. Der karthagische
Feldherr setzte nun seine Truppen ans Land und rückte
sogleich vor Akragas, das jetzt, nach dem Fall von Selinus
und Himera, die äußerste Griechenstadt gegen Westen hin
war (Frühjahr 406). Aber die durch Natur und Kunst gleich
starken Befestigungen leisteten den Angriffen der Belagerer
kräftigen Widerstand; und bald kam der bedrängten Stadt
Entsatz. Denn die Griechen Siciliens und Italiens erkannten
jetzt endlich die ganze Größe der Gefahr, die von Karthago
her drohte; aus allen Städten strömten die Kontingente nach
Syrakus. So kam ein Heer zusammen, wie es die Westhellenen
seit Gelons Zeit nicht mehr aufgestellt hatten. An der Spitze

---

[1] Diod. XIII 63. 75. Danach hätte Hermokrates seine Schiffe erst in
Messene gebaut und dort auch die Söldner in Dienst genommen. Wie unwahrscheinlich das ist, liegt auf der Hand; einmal in Sicilien angekommen, brauchte
Hermokrates überhaupt keine Schiffe mehr, und Söldner konnte er viel besser
im Peloponnes anwerben. Seine Rückkehr nach Sicilien scheint noch im Herbst
408 erfolgt zu sein, da Diodor sie in unmittelbarem Anschluß an den Fall von
Himera erzählt.

von angeblich 30 000 Mann überschritt der syrakusische
Oberfeldherr Daphnaeos den Himeras, schlug ein karthagisches
Korps, das ihm den· Vormarsch wehren wollte, völlig aufs
Haupt und hielt bald seinen Einzug in das befreite Akragas.
Aber es gelang nicht, die Karthager aus ihrem stark befestigten
Lager im Westen der Stadt zu vertreiben. Der Krieg zog
sich in die Länge, und in der volkreichen Stadt begannen
die Vorräte auszugehen. Ein zur See von Syrakus gesandter
Transport fiel dem Feinde in die Hände. Jetzt glaubte man,
die Stadt nicht länger halten zu können, und beschloß, sie zu
räumen (um Mittwinter 406/5). Unter dem Schutz des Entsatz-
heeres wurden die Bewohner nach Gela in Sicherheit gebracht
und ihnen dann Leontinoi zum Aufenthalt angewiesen, das
seit der Übersiedlung seiner Bürger nach Syrakus (oben S. 354)
verlassen stand. Akragas wurde ohne Kampf von den Karthagern besetzt, die nun hier für den Rest des Winters Quartier
nahmen [1].

In Syrakus erhob sich auf die Kunde von diesen Vorgängen ein Sturm der Entrüstung. Soviel war klar: entweder
waren Daphnaeos und seine Kollegen im Kommando Verräter,
oder sie waren militärisch ganz unfähig; in beiden Fällen
war ein Wechsel im Oberbefehl dringend geboten. Jetzt
erhob die Partei des Hermokrates wieder ihr Haupt, an ihrer
Spitze zwei der vornehmsten Bürger, Hipparinos und Philistos,
und ein junger Offizier, Dionysios, der sich in den Kämpfen
bei Akragas glänzend hervorgetan hatte und dadurch zu
großer Popularität gelangt war. Diese Popularität wurde
noch dadurch gesteigert, daß er einer Familie des Mittelstandes angehörte; denn in Syrakus ebenso wie in Athen
waren trotz der Demokratie die hohen Befehlshaberstellen
tatsächlich ein Privilegium der reichsten und vornehmsten

---

[1] Diod. XIII 80—90, Xen. *Hell.* I 5, 21. Über die Topographie Schubring,
Akragas (Leipzig 1870) und Cavallari, *Sulla topografia di talune città greche di
Sicilia*, Arch. Stor. Sic. n. S. IV 1879, der den von Schubring (und Holm) an-
genommenen Lauf der Mauern in einem wesentlichen Punkte berichtigt. Danach
die Pläne bei Freeman und in Kieperts *Formae* (XIX). Über die Chronologie
unten 2. Abt. § 111.

Geschlechter. So hatte Dionysios vollen Erfolg, als er in der Volksversammlung auftrat und die Strategen des Verrates beschuldigte; auf seinen Antrag wurden sie ihres Amtes enthoben und neue Feldherren an ihrer Stelle erwählt, darunter Dionysios selbst. Dieser setzte nun weiter durch, daß angesichts der furchtbaren Gefahr, welche den Staat bedrohte, die Verbannten zurückgerufen wurden; eine Maßregel, die zunächst den geflüchteten Parteigenossen des Hermokrates zugute kam und Dionysios eine große Anzahl ergebener Anhänger sicherte. Dann zog er nach Gela, wo er in einen inneren Zwist zugunsten des Demos gegen die Besitzenden eingriff; eine Anzahl der Vornehmen wurden auf sein Betreiben zum Tode verurteilt und ihr Vermögen eingezogen. Natürlich steigerte dieses Verhalten Dionysios' Ansehen bei der Menge in Syrakus, die nun endlich den Mann gefunden zu haben glaubte, der imstande wäre, den Staat zu retten. Dionysios zögerte nicht, diese günstige Stimmung auszubeuten; er begann nun gegen seine Mitfeldherren dasselbe Spiel, das ihm soeben seinen Vorgesetzten gegenüber so gut gelungen war, und beschuldigte auch sie, sich den Karthagern verkauft zu haben. Eine solche Anklage aus solchem Munde war jetzt in Syrakus ihres Erfolges gewiß; und auch wer nicht in das Geschrei über den Verrat einstimmte, konnte sich der Überzeugung nicht verschließen, daß, wenn nicht alles zugrunde gehen solle, der Oberbefehl in die Hände e i n e s Mannes gelegt werden müsse. Noch war es unvergessen, wie einst zu der Größväter Tagen Gelon als unbeschränkter Oberfeldherr Sicilien vor den Karthagern gerettet hatte. So wurden die Strategen abgesetzt und Dionysios der alleinige Befehl über das Heer übertragen.

Es galt nun, die Truppen zu gewinnen; Dionysios brachte also einen Volksbeschluß zur Annahme, der die Löhnung auf das Doppelte des bisherigen Betrages erhöhte. Dann befahl er dem syrakusischen Aufgebot, sich in Leontinoi zu sammeln. Hier wurde ein Mordversuch auf den Feldherrn gemacht, wie seine Feinde sagten, von ihm selbst angestiftet; er gab ihm den Vorwand, sich von der Heeresversammlung eine

Leibwache von 600 Mann bewilligen zu lassen, die er selbst aus den zuverlässigsten Leuten auswählte und auf über 1000 Mann brachte. Ein in Gela stehendes Söldnerkorps von 1500 Mann, das von den Akragantinern angeworben und dann in syrakusische Dienste getreten war, wurde gleichfalls nach Leontinoi gezogen. Auf diese Macht gestützt, glaubte Dionysios den Staatsstreich wagen zu können; er marschierte an der Spitze der ihm ergebenen Truppen nach Syrakus, besetzte das Arsenal und nahm die ganze Regierungsgewalt in seine Hände. Die Stadt blieb ruhig; jeder Widerstand wäre doch nutzlos gewesen, und dem Karthagerschrecken gegenüber schien alles andere Nebensache, wenn Syrakus nur gerettet wurde, gleichviel wie und durch wen. Dionysios ließ nun seine beiden einflußreichsten Gegner, Daphnaeos und Damarchos, von der Volksversammlung zum Tode verurteilen und sie dann hinrichten; er selbst vermählte sich mit der Tochter des Hermokrates und gab Hermokrates' Schwager Polyxenos seine Schwester zur Ehe[1].

Die Karthager hatten den Ausgang der Wirren in Syrakus in Akragas abgewartet; jedes Vorgehen ihrerseits würde nur der syrakusischen Kriegspartei zugute gekommen sein. Erst als Dionysios zum Oberfeldherrn erwählt war, setzten sie sich

---

[1] Diod. XIII 91—96, vgl. Aristot. *Polit.* V 1305 a, Polyaen V 2, 2, Plut *Apophth. Reg.* Dionys. 1 S. 175. Eine gute Schilderung der Lage gibt [Platons] VIII. Brief S. 353. Über Hipparinos Arist. *Polit.* V 1306 a; nach [Platon] Brief VIII 353 b (daraus Plut. *Dion* 3) wäre er vom Volke als σύμβουλος dem Strategen Dionysios zur Seite gestellt worden, was in dieser Form ohne Zweifel falsch, in der Sache aber richtig ist, da Hipparinos gewiß eine der einflußreichsten Stellen in der neuen Regierung bekleidet hat. Später hat Dionysios seine Tochter zur Frau genommen. — Damarchos ersetzte Hermokrates nach dessen Verbannung im Befehl über die Flotte an der kleinasiatischen Küste (Thuk. VIII 85, 3, Xen. *Hell.* I 1, 29), war also offenbar dessen Gegner; wahrscheinlich hat er dann neben Daphnaeos bei Akragas kommandiert. — Dionysios war, als er zur Herrschaft gelangte (405), 25 Jahre alt (Cic. *Tusc.* V 20, 57, vgl. Ephoros bei Polyb. XII 4 a), also 430 geboren. Über seine Herkunft Isokr. *Phil.* 65, Cic. a. a. O. (*bonis parentibus atque honesto loco natus, etsi id quidem alius alio modo tradidit*), Demosth. gLept. 161, Polyb. XV 35, 2, Diod. XIII 96, 4, XIV 67, 1. Anhänger des Hermokrates: Diod. XIII 79, 9. Über Philistos Diod. XIII 91, 4.

in Bewegung und begannen, etwa um Mittsommer 405, die
Belagerung von Gela. Wie im Vorjahre versammelte sich in
Syrakus das Bundesheer der sicilischen und italischen Griechen,
dessen Befehl diesmal natürlich Dionysios übernahm. Aber
der Ausgang war derselbe wie vor Akragas, freilich auch die
griechische Verteidigungsstellung viel schwächer. Dionysios'
Angriff auf das karthagische Lager schlug vollständig fehl;
Gela konnte nun nicht länger gehalten werden, und es blieb
nichts übrig, als auch diese Stadt und das benachbarte Kamarina zu räumen und die Bewohner nach Syrakus in Sicherheit
zu bringen. Die ganze Südküste der Insel war damit in der
Hand des Feindes, und man stand vor der Belagerung von
Syrakus selbst [1].

Auch die Militärdiktatur also hatte das Kriegsglück
nicht zu wenden vermocht. Es war das sehr natürlich; die
verrotteten Zustände, wie sie unter der Demokratie im syrakusischen Militärwesen sich entwickelt hatten, ließen sich
von heute auf morgen nicht ändern [2]. Dionysios' Stellung
aber mußte durch diese Ereignisse um so schwerer erschüttert
werden, je mehr das Volk sich von seiner Leitung versprochen

---

[1] Diod. XIII 108—111. [Xen.] *Hell.* II 3, 5. Schubring, *Rhein. Mus.*
XVIII, 1873, S. 82 ff., der, um keine Lücke in dem Bericht Diodors annehmen
zu müssen, lieber zu der Auskunft greift, der Gelas habe seit dem Altertum
seinen Lauf geändert und sei nördlich an der Stadt vorbeigeflossen, statt wie
jetzt östlich von ihr. Soweit ich ohne Autopsie urteilen kann, ist das völlig
unmöglich. Wir müssen vielmehr annehmen, daß die Karthager auch hier,
wie bei der Belagerung von Akragas, zwei Lager geschlagen haben, eines im
Westen der Stadt und das andere östlich davon, am Flusse. Die Beschreibung
Diodors, der nur das Hauptlager im Westen erwähnt, wird bei dieser Annahme
ohne weiteres klar. Vgl. Cultrera, *Rend. Linc.* 1908 S. 257 ff. und besonders
Pareti, *Röm. Mitt.* XXV, 19 S. 1 ff. — Beim Beginn der Belagerung entführten
die Karthager die Kolossalstatue des Apollon, die vor der Stadt stand, und
sandten sie nach Tyros; wie Timaeos erzählte (bei Diod. XIII 108, 4), wurde
Tyros an dem Jahrestage dieses Frevels von Alexander erobert. Demnach
hätte die Belagerung von Gela im Hekatombaeon begonnen. S. unten 2. Abt.
§ 111.

[2] Charakteristisch ist, daß Dionysios, als er dem syrakusischen Aufgebot
in Leontinoi sich zu sammeln befahl, selbst annahm τῶν Συρακοσίων
τοὺς πλείστους οὐδ᾽ ἥξειν εἰς Λεοντίνους (Diod. XIII 95, 3).

hatte. Während des Rückzuges von Kamarina kam es zur
Meuterei im Heere; die syrakusischen Reiter, Männer aus
den ersten Familien der Stadt, sprengten nach Syrakus, wo
sie ohne Widerstand zu finden sich des Arsenals bemächtigten;
das Haus des Herrschers wurde ausgeplündert, seine junge
Gemahlin so furchtbar mißhandelt, daß sie den Folgen erlag.
Darauf zerstreuten die Reiter sich in ihre Häuser, im Glauben,
daß alles getan sei. Aber Dionysios folgte ihnen auf dem
Fuße, an der Spitze seiner zuverlässigsten Söldner; um Mitter-
nacht stand er vor der Stadt, das Tor wurde erbrochen, der
Marktplatz besetzt, die Reiter, die sich vereinzelt und ohne
Ordnung zur Wehr stellten, zum Teil niedergehauen, zum
Teil aus der Stadt geschlagen. Die Herrschaft des Tyrannen
war jetzt fester begründet als je [1].

Im karthagischen Heere war schon während der Belagerung von Akragas eine Epidemie ausgebrochen, welcher
der König Hannibal selbst zum Opfer gefallen war; jetzt trat
die Seuche mit verstärkter Heftigkeit auf. Imilkon, der seinem
Großoheim Hannibal in der Königswürde und im Oberbefehle
gefolgt war [2], konnte unter diesen Umständen nicht daran
denken, die Belagerung einer Festung wie Syrakus zu beginnen, um so weniger, als der Winter herannahte. Auch
hatte Sparta jetzt, nach dem Siege von Aegospotamoi (unten
S. 424), die Hände frei, und es war mit Sicherheit vorauszusehen, daß es Syrakus nicht im Stiche gelassen haben würde.
Imilkon eröffnete also Unterhandlungen, und Dionysios wies
die gebotene Hand nicht zurück. Man einigte sich auf der
Grundlage des gegenwärtigen Besitzstandes. Die eroberten
Griechenstädte sollten Karthago gehören, die vertriebenen

---

[1] Diod. XIII 112 f.; über den Tod der Gemahlin des Dionysios auch
Diod. XIV 44, Plut. *Dion* 3.

[2] *Klio* VII, 1907, S. 25.

[3] Diod. XIII 114. Katane und Naxos werden nicht ausdrücklich erwähnt;
da aber sogar die Unabhängigkeit von Leontinoi ausbedungen wurde (vgl.
Diod. XIV 14 f.), das im syrakusischen Besitz war, so ist klar, daß dasselbe
von den beiden nördlich davon gelegenen Städten zu gelten hat, die bereits von
Syrakus unabhängig waren. Das *argumentum ex silentio* darf Diodor gegenüber
noch weniger angewendet werden als sonst.

Bürger als tributpflichtige Untertanen zurückkehren; auch die Elymer und Sikaner sollten Karthago unterworfen sein. Dionysios wurde als Herrscher von Syrakus anerkannt; den Sikelern wurde die Unabhängigkeit gewährleistet, ebenso den Griechenstädten im Osten der Insel, Messene, Naxos, Katane; Leontinoi, das seit 423 mit Syrakus vereinigt war, wurde als selbständige Gemeinde wieder hergestellt. Kamarina, Gela, Akragas wurden, so gut es gehen wollte, neu aufgebaut; im Gebiet des zerstörten Himera hatten die Karthager schon vor zwei Jahren die Kolonie Thermae gegründet, in der nun die noch übrigen Himeraer Aufnahme fanden [1]. Die Hälfte der Insel war jetzt von Karthago abhängig.

Während so die große Demokratie des Westens sich in eine Militärmonarchie umwandelte, ging auch die große Demokratie des Ostens mit schnellen Schritten ihrem Untergang entgegen. Es schien eine Zeitlang, als ob auch hier die Monarchie zum Siege gelangen sollte. Wenn Athen die Folgen der sicilischen Katastrophe und des Abfalls seiner Bündner überwunden, wenn es die Herrschaft des Aegaeischen Meeres wiedergewonnen hatte, so verdankte es das zum großen Teil dem Feldherrngenie des Alkibiades. Dieser stand seit 411 an der Spitze der Flotte, nicht durch Wahl des Volkes in Athen, sondern der Mannschaften der Flotte selbst, und damit frei von jeder Verantwortlichkeit gegen die Behörden daheim; der Sache nach war er während dieser Zeit Diktator im größten Teil des athenischen Reiches. Jetzt, nach der vollendeten Unterwerfung des Hellespontes, schien der Augenblick gekommen, wo er seine Hand auch nach der Herrschaft über Athen aus- strecken konnte. Er ließ sich also im Frühjahr 407 vom Volk zum Strategen wählen und hielt auf die Nachricht von der erfolgten Wahl unter dem Jubel von Tausenden seinen Einzug in die Vaterstadt, die er vor 8 Jahren an der Spitze der nach Sicilien bestimmten Flotte verlassen hatte (Ende Thargelion, im Juni 407). Seine Ankunft brachte alle Opposition zum

---

[1] Diod. XIII 79, Cic. *Verr.* II 35, 86, vgl. Freeman *Hist. of Sic.* III 510 ff. Als Flecken des himeraeischen Gebietes hat Thermae schon vorher bestanden (Philist. fr. 20, aus dem III. Buch, bei Steph. Byz. Θέρμα).

Schweigen, die sich etwa noch regte; feierlich wurde er von
dem religiösen Fluche gelöst, der vom Mysterienprozeß her auf
ihm lastete, sein Vermögen wurde ihm zurückgegeben, ein
Volksbeschluß verlieh ihm unbeschränkte Vollmacht für die
Leitung des Krieges[1].

Das Ziel schien erreicht; nur noch ein letzter Schritt
blieb zu tun, und Freund und Feind erwartete, daß er geschehen würde.   Die Bewerbung um die Strategenwürde
und die Rückkehr nach Athen hatte nur dann einen Zweck,
wenn Alkibiades entschlossen war, die bestehende Verfassung
über den Haufen zu werfen, um in Athen dieselbe Stellung
einzunehmen, die er bisher auf der Flotte gehabt hatte. Sonst
war die Rückkehr nach Athen ein schwerer politischer Fehler,
da Alkibiades damit nur seine bisherige Machtvollkommenheit
opferte, ohne irgend ein greifbares Äquivalent dafür einzu-
tauschen.   Denn dieselbe Volksgunst, die ihn heute zu den
höchsten Ehren erhoben hatte, konnte ihn morgen herab-
stürzen, so lange seine Macht keine andere Grundlage hatte,
als die wechselnden Majoritäten der Volksversammlung. Und
es ist sehr wahrscheinlich, daß die Herrschaft ihm zugefallen
wäre, wenn er es gewagt hätte, die Hand danach auszustrecken.
War doch ganz Athen überzeugt, daß nur unter Alkibiades'
Leitung eine siegreiche Beendigung des Krieges zu hoffen
war; die besitzenden Klassen aber und namentlich alle, die
bei der oligarchischen Bewegung kompromittiert waren,
würden die Tyrannis begrüßt haben als Erlösung von der
Pöbelherrschaft, in die Athen unter Kleophons Leitung mehr
und mehr zurücksank[2].

---

[1] Xen. *Hell.* I 4, 8—20, Diod. XIII 68 f., Plut. *Alk.* 32—34, Nepos *Alc.* 6,
Iustin. V 4, 6—18. Die Rückkehr erfolgte am Plynterienfeste, über dessen
Kalenderzeit A. Mommsen, *Feste der Stadt Athen* S. 491 ff. Über die Rückgabe
des Vermögens (in Grundstücken, statt in Geld) auch Isokr. 16 περὶ τοῦ
ζεύγους) 46.

[2] Über die Stimmung in Athen Xen. *Hell.* I 4, 16—17, Diod. XIII 68, 4—6,
Plut. *Alk.* 34. Vgl. auch die ein Jahr später geschriebenen *Frösche* des Aristophanes. Über die Verfolgungen gegen die Mitglieder der gestürzten Oligarchie
Lys. 25 (δήμου καταλ.) 25, 30 (gNikom.) 7, und namentlich die Rede fPolystr.,
vgl. Aristoph. *Frösche* 686 ff.

Aber wie einst in Sicilien, verließ Alkibiades auch jetzt in der entscheidenden Stunde der Mut, aus der Bahn der Gesetzlichkeit herauszutreten und alles an alles zu wagen. Er ließ die Gelegenheit vorübergehen, zum eigenen Verhängnis und zum Verhängnis Athens. Nachdem er den ganzen Sommer in Athen vertrödelt hatte, ging er endlich im Herbst an der Spitze von 100 Trieren, 1500 Hopliten und 150 Reitern zur Unterwerfung Ioniens in See, begleitet von den hochgespannten Erwartungen seiner Mitbürger. Er sollte die Heimat niemals wiedersehen [1].

Auf dem Kriegsschauplatze hatten die Verhältnisse sich indessen zuungunsten Athens wesentlich verändert. Seit dem Tage von Kyzikos waren die Peloponnesier unablässig bemüht gewesen, eine neue Flotte zu schaffen; und wenn auch die Abberufung der sicilischen Kontingente diese Bemühungen sehr erschwert hatte, so wurde das Ziel doch endlich erreicht. Im Sommer 407 lag bei Ephesos eine Flotte von 70 Schiffen versammelt, die dann bis zum Winter auf 90 vermehrt wurde; wohl war diese Flotte der athenischen weder an Zahl noch an Qualität gewachsen, aber sie reichte doch immerhin aus, diese bis zu einem gewissen Punkte im Schach zu halten und ihre Operationen zu hemmen [2].

Vor allem aber, die Spartaner fanden zur Führung ihrer Flotte endlich den rechten Mann. Der neue Nauarch Lysandros, der Sohn des Aristokritos, der im Frühjahr den Befehl übernommen hatte, stammte aus wenig begütertem Hause, das freilich seinen Ursprung, gleich den Königen, auf Herakles zurückführte. Als Soldat von erprobter Tüchtigkeit und einer der ersten Feldherren seiner Zeit, verdankte er seine Erfolge doch hauptsächlich seinem diplomatischen Geschick und der Gabe, die Menschen seinen Zwecken dienstbar zu machen. Sein Leben lang hat er nur den einen Ehrgeiz gekannt, seinem Lande zu nützen. Alle niederen Leidenschaften lagen tief unter ihm; Millionen sind durch seine Hände gegangen, ohne daß er für sich selbst auch nur eine Drachme genommen

---

[1] Xen. *Hell.* I 4, 21, Diod. XIII 69, 4, Plut. *Alk.* 35.
[2] Xen. *Hell.* I 1, 32; 5, 1. 12.

hätte. Der Mann, der mit fast unbeschränkter Machtvollkommenheit über halb Hellas geboten hatte, ist in Armut
gestorben [1].

Daneben gestalteten die Beziehungen zu Persien sich
intimer als je. Statt wie bisher mit den Satrapen zu verhandeln,
hatten die Spartaner endlich eine Gesandtschaft zum König
hinaufgeschickt (408), und dieser war es gelungen, den persischen Hof zu überzeugen, daß die von Tissaphernes befolgte
Schaukelpolitik dem Interesse des Reichs nicht entspreche.
Tissaphernes wurde demgemäß seiner Stellung als Satrap
von Sardes entsetzt und auf Karien südlich des Maeandros
beschränkt [2]; nach Sardes aber wurde als Satrap von
Lydien, Großphrygien und Kappadokien, zugleich als Oberfeldherr aller Streitkräfte in Kleinasien, im Frühjahr 407
Kyros gesandt, der zweite Sohn des Königs Dareios, ein eben
dem Knabenalter entwachsener Jüngling von hohem Streben,
dessen Ziel es war, dereinst statt seines älteren Bruders Artaxerxes die Tiara der Achaemeniden zu tragen. Er war von
seinem Vater angewiesen, den Peloponnesiern kräftige Unterstützung zu gewähren, und er erkannte bald, daß es auch
für seine eigenen Zwecke vom höchsten Werte sei, sich an
Sparta einen sicheren Rückhalt zu schaffen. Lysandros'
diplomatische Geschmeidigkeit trug viel dazu bei, diese Annäherung zu erleichtern; und so flossen denn die persischen
Subsidien für die peloponnesische Flotte jetzt so reichlich,
wie nie zuvor [3].

---

[1] Plut. *Lys.* 2, Theopomp. fr. 21. 22 (*FHG.* I 281). Nach Phylarch fr. 44
bei Athen. VI 271 e, und Aelian *Verm. Gesch.* XII 43 wäre Lysandros Mothake
gewesen (Sohn eines spartiatischen Vaters und einer heilotischen Mutter); eine
Fabel, die keiner Widerlegung bedarf. Wenn Isokr. *Paneg.* 111 sagt, die Mitglieder der Dekarchien ἡροῦντο τῶν εἰλώτων ἑνὶ δουλεύειν, so geht das auf
die Harmosten, nicht auf Lysandros.
[2] Tralleis gehörte zu Kyros' Satrapie: Xen. *Anab.* I 4, 8.
[3] Xen. *Hell.* I 4, 1—5; 5, 1—10, *Anab.* I 1, 2; 9, 7, Diod. XIII 70, Plut
Lys. 4. 5, *Alk.* 35. Nach Plut. *Artox.* 2 wäre Kyros nach der Thronbesteigung
seines Vaters Dareios (424/3) geboren, also 407 höchstens 17 Jahre alt gewesen.
Dementsprechend heißt er Plut. *Lys.* 4 μειράκιον (vgl. *Lys.* 9). Die Zweifel
Büngers (*Fleckeisens Jahrb.* CLI, 1895, 375 ff.) scheinen mir unbegründet. Aller-

Unter diesen Umständen blieben die Hoffnungen un-
erfüllt, die man in Athen an das Aussegeln der großen Flotte
unter Alkibiades geknüpft hatte. Für größere Unternehmungen
war der Winter ohnehin nicht die geeignete Zeit; bald hatte
Alkibiades mit finanziellen Schwierigkeiten zu kämpfen, bei
denen es ohne schwere Bedrückung der Bundesgenossen nicht
abging. Endlich gelang es Lysandros, während Alkibiades
auf einer Expedition abwesend war, der zur Beobachtung
von Ephesos vor Notion liegenden athenischen Flotte eine
Niederlage beizubringen, bei der 15 Trieren in seine Hände
fielen; der erste Mißerfolg zur See, den Athen seit 5 Jahren
erlitten hatte (Frühjahr 406) [1]
    Es war nur eine verhältnismäßig unbedeutende Schlappe,
welche die militärische Lage ganz unverändert ließ; aber sie
machte in Athen einen um so tieferen Eindruck, je sicherer
man auf große Siege unter Alkibiades' Führung gerechnet
hatte. Dessen zahlreiche Feinde säumten nicht, diese Stimmung
auszubeuten; und sie erreichten es denn auch, daß bei den
Strategenwahlen, die unmittelbar nach der Niederlage gehalten wurden, Alkibiades unterlag. Nach Athen zurückzukehren verschmähte er; da sein Ansehen auch auf der Flotte
erschüttert war, legte er den Befehl sogleich nieder; er war
zu hoch gestiegen, als daß er wie ein gewöhnlicher Feldherr zur gesetzlichen Rechenschaftsablage sich hätte stellen
mögen. So ging er in freiwillige Verbannung auf die festen
Schlösser am Hellespont, deren Besitz er sich während der
Zeit seiner Macht als Zuflucht für den äußersten Notfall gesichert hatte. Das Kommando auf der Flotte übernahm

---

dings soll Kyros' Bruder Artaxerxes 86 (Deinon bei Plut. *Artox.* 30) oder 94
([Lukian] μακρόβ. 15) Jahre alt geworden sein; da er 358 starb, wäre er also
444 oder 452 geboren. Ein so großer Altersunterschied zwischen beiden Brüdern
wäre allerdings wenig wahrscheinlich; es ist aber sehr fraglich, ob auf die Zahlen
Verlaß ist. Jedenfalls hätte Bünger nicht „Kinder des Kyros" aus Plut. *Artox.* 3
herauslesen sollen. — Idealisierte Charakteristik des Kyros bei Xen. *Anab.* I 9;
sie läuft genau besehen darauf hinaus, daß er gut zahlte, und seine Leute auch
sonst gut behandelte.
    [1] Xen. *Hell.* I 5, 11—14, Diod. XIII 71, Plut. *Lys.* 5, *Alk.* 35, Nepos *Alc.* 7,
Iustin. V 5 (wertlos).

Konon von Anaphlystos, einer der Mitfeldherren des Alkibiades, der bei den Wahlen für das nächste Jahr im Amte
bestätigt worden war [1].

Um diese Zeit machten die Peloponnesier den Versuch,
Athen durch einen Handstreich zu nehmen. Agis, der noch
immer in Dekeleia stand, zog Verstärkungen an sich und
führte dann sein Heer, 12 000 Hopliten und ebensoviel leichte
Truppen nebst 1200 Reitern, in einer mondlosen Nacht gegen
die Stadt. Doch die Athener hielten gute Wacht und eilten
sogleich auf die Mauer, so daß Agis nichts übrig blieb, als
unverrichtetersache wieder abzuziehen [2].

Lysandros' Amtsjahr war inzwischen längst abgelaufen
und Kallikratidas übernahm den Befehl über die Flotte (Frühjahr 406). Der neue Nauarch war ein Spartaner von altem
Schrot und Korn, der sich nicht dazu hergab, Kyros den Hof
zu machen; was dann zur Folge hatte, daß dieser ihm die
Subsidien sperrte. Gleichwohl gelang es Kallikratidas, mit
Unterstützung der kleinasiatischen Bundesstädte, die sehr
wohl wußten, was auf dem Spiele stand, seine Flotte auf
140 Trieren zu verstärken, und er war damit in der Lage, eine
kräftige Offensive zu ergreifen. Das athenische Kastell am
Delphinion auf Chios wurde erstürmt, dann Teos und Methymna genommen. Konon war viel zu schwach, diese Erfolge
zu hindern; denn seine Seeleute, denen er aus Geldmangel
den Sold nur unregelmäßig zahlen konnte, desertierten in
Masse, so daß der Bestand seiner Flotte auf 70 Trieren herab-
sank. Endlich zwang ihn Kallikratidas vor dem Hafen von
Mytilene zur Schlacht; 30 attische Trieren wurden genommen,
der Rest in Mytilene eingeschlossen. Auch ein athenisches
Geschwader von 12 Trieren, das von Samos zur Hilfe herbei-
kam, wurde bis auf 2 Schiffe genommen. Die große Flotte

---

[1] Xen. *Hell.* I 5, 15—18, Diod. XIII 73 f., Plut. *Alk.* 36, *Lys.* 5, Nepos
Alc. 7, vgl. Lys. *gAlk.* 1 36 ff., Isokr. 16, 38. Weiteres unten 2. Abt. § 107.

[2] Diod. XIII 72, der die Sache gleich nach der Schlacht bei Notion und
vor Alkibiades' Absetzung erzählt. Daß Xenophon nichts davon erwähnt, ist
kein genügender Grund, in dem Bericht Diodor ein Duplikat des Angriffs im
Jahr 410 zu sehen, der bei Diodor übergangen wird.

die so lange das Aegaeische Meer beherrscht hatte, bestand nicht mehr: der Fall der belagerten Stadt schien in kurzer Frist zu erwarten, und damit war menschlichem Ermessen nach die Entscheidung des Krieges gegeben [1].

So hatte sich die Lage gewandelt, seit Alkibiades vor kaum einem Jahre zur Unterwerfung Ioniens ausgesegelt war. Aber man begriff in Athen, daß es gelte, das äußerste aufzubieten, um den drohenden Schlag abzuwehren. Was noch von Schiffen im Arsenale lag, wurde in Stand gesetzt, alle kriegstüchtige Mannschaft in Attika aufgeboten; den Metoeken wurde das Bürgerrecht, den Sklaven die Freiheit versprochen [2]. Zur Bestreitung der Kosten wurde fast alles eingeschmolzen, was an Weihgeschenken aus edlem Metall in den Tempeln auf der Akropolis noch übrig war [3]; selbst die goldenen Statuen der Siegesgöttin wanderten bis auf zwei in die Münze, doch wurde das Gewand der Parthenos selbst in dieser Zeit höchster finanzieller Bedrängnis nicht angetastet. So wurden 110 Trieren bemannt; Samos stellte 10 Schiffe, aus allen Teilen des Aegaeischen Meeres wurden die zerstreuten Geschwader herangerufen. Nach Verlauf eines Monats konnten 150 Trieren zum Entsatz von Mytilene in See gehen. Auf die Nachricht davon teilte Kallikratidas seine Flotte, die inzwischen auf 170 Trieren verstärkt worden war; er ließ 50 Schiffe vor Mytilene zurück und fuhr selbst mit 120 Schiffen dem Feinde entgegen. Bei der Inselgruppe der Arginusen, am südlichen Eingang in den Sund von Lesbos, kam es zur Seeschlacht, der größten, die bisher in diesem Kriege geschlagen worden war, und noch einmal blieb der Sieg den Athenern. Kallikratidas fiel, mehr als 70 seiner

---

[1] Xen. *Hell.* I 5, 20—6, 24. Diod. XIII 76—78. Polyaen. I 48, 2. Eroberung des Delphinion und von Teos (die Handschr. geben 'Ηιόνα, was nach Diod. XIII 76, 4 zu verbessern ist): Xen. *Hell.* I 5, 15. Wann Teos, das 412 zu den Peloponnesiern abgefallen war (oben S. 376), von den Athenern zurückgewonnen worden ist, wird nicht überliefert.

[2] Xen. *Hell.* I 6, 24. Diod. XIII 97, 1. Aristoph. *Frösche* 33. 190. 693 f., und Hellanikos in den Scholien zu letzterer Stelle; über die Niken Foucart, *Bull. Corr. Hell.* XII, 1888, S. 283 ff.

[3] *CIA.* I 140 S. 69, vgl. S. 77, Schol. Aristoph. *Frösche* 720.

Schiffe wurden versenkt oder genommen, der Rest rettete
sich nach Chios und Phokaea. Hätten die athenischen Feldherren ihren Sieg kräftig verfolgt, so konnte auch das Blockadegeschwader vor Mytilene vernichtet werden. Aber statt zu
handeln, hielten sie Kriegsrat ab; darüber setzte ein heftiger
Nordwind ein, der nicht nur die Fahrt nach Mytilene unmöglich machte, sondern die Athener auch an der Rettung ihrer
eigenen Schiffbrüchigen verhinderte. So gelang es den Peloponnesiern, ihre Landtruppen und Vorräte an Bord zu nehmen
und ihr Geschwader nach Chios in Sicherheit zu bringen
(August 406) [1].

Auch so hatten die Athener Großes erreicht; Konon
war entsetzt, das maritime Übergewicht Athens wieder hergestellt. Aber freilich war der Sieg teuer erkauft; 25 Trieren
mit fast ihrer ganzen Mannschaft waren verloren gegangen,
und diese Verluste wurden um so schwerer empfunden, als
die Flotte diesmal nicht wie sonst mit gemieteten Ruderern,
sondern zum großen Teil mit athenischen Bürgern bemannt
war. Bald ging das Gerücht, die auf den Wracks und den
Schiffstrümmern umhertreibenden Seeleute hätten gerettet
werden können, wenn die Strategen sie nicht hilflos ihrem
Schicksal überlassen hätten. Daraufhin wurden die Feldherren vom Amt suspendiert und zur Rechenschaft nach Athen
gerufen. Sie versuchten es nun, die Verantwortung auf die
Trierarchen abzuwälzen, denen sie die Bergung der Schiffbrüchigen befohlen hatten, darunter Thrasybulos und Theramenes; aber sie verschlimmerten damit nur ihre Lage, denn
jetzt waren Theramenes und seine Genossen gezwungen,
um ihrer Rettung willen zu Anklägern der Strategen zu werden.
Es wurde ihnen denn auch nicht schwer, nachzuweisen, daß
sie den Befehl, die Schiffbrüchigen zu bergen, erst erhalten
hatten, als der Sturm jeden Rettungsversuch unmöglich
machte, und damit die Verantwortung auf die Strategen
zurückzuwerfen. Die Erbitterung gegen diese wuchs nun beim
Volk höher und höher; man beschloß, die Sache nicht an das

---

[1] Xen. *Hell.* I 6, 19—38, Diod. XIII 97—100. Über die Chronologie
unten 2. Abt. § 103.

Gericht zu verweisen, sondern in der Volksversammlung selbst zur Verhandlung zu bringen. Nach zwei stürmischen Sitzungen wurde das Urteil gesprochen, gegen das Herkommen nicht über jeden Angeklagten einzeln, sondern über alle zugleich; es lautete auf den Tod und Einziehung des Vermögens. Von den 8 Strategen, die bei den Arginusen befehligt hatten, hatten zwei, Protomachos und Aristogenes, in richtiger Erkenntnis der Lage es überhaupt nicht gewagt, sich dem Volke zu stellen; die übrigen sechs wurden hingerichtet. Es waren Perikles, der Sohn des großen Perikles und der Aspasia, Thrasyllos, der bei der demokratischen Erhebung auf Samos in erster Reihe gestanden, dann Diomedon, Lysias, Erasinides und Aristokrates, alles gute Demokraten und verdiente Offiziere, die nach dem großen Siege, durch den sie soeben Athens Meeresherrschaft gerettet hatten, wohl auf mildere Beurteilung Anspruch gehabt hätten, selbst wenn sie wirklich nicht alles getan haben sollten, was zur Rettung ihrer verunglückten Leute möglich war. So hat Sokrates die Sache angesehen, der bei der entscheidenden Abstimmung unter den Prytanen saß; und die öffentliche Meinung Athens ist bald zu derselben Einsicht gekommen. Die Verurteilung der Feldherren von seiten der erregten Volksmenge ist menschlich zu begreifen und also auch zu entschuldigen; aber sie bleibt ein Schandfleck für Athen oder vielmehr für die Verfassung, unter der solche Dinge geschehen konnten (Oktober 406) [1].

----

[1] Xen. *Hell.* I 7, 11 3, 32. 35, Diod. XIII 101—103. Die beste neuere Darstellung ist noch immer die von Grote (Kap. 64, VII 417 ff.). Daß eine Verletzung des formellen Rechtes bei dem Prozeß nicht stattgefunden hat, ist richtig (Fränkel, *Att. Geschworenenger.*, Berlin 1877, S. 75 ff.), aber nur darum, weil die Verteidiger der Strategen gegenüber dem Toben des Volkes nicht den Mut hatten, die γραφὴ παρνόμων aufrecht zu erhalten, die sie gegen den Ankläger Kallixenos angemeldet hatten. Es ist ganz falsch, zu meinen, die Strategen wären verurteilt worden, weil sie die Bergung der Toten unterlassen hätten (so schon Diod. XIII 100 f.); er handelte sich in erster Linie um die Schiffbrüchigen (Xenophon spricht stets von den ναυαγοί, vgl. ganz besonders *Hell.* I 7, 11). Herbst, *Schlacht bei den Arginusen* (Progr. Hamburg 1855) ist ziemlich wertlos und in der Auffassung verfehlt. Über Theramenes' Haltung meine *Att. Politik* S. 87 f. Bezeichnenderweise machen ihm die Neueren einen Vor-

Politische Motive scheinen bei der Anklage gegen die
Feldherren kaum mitgespielt zu haben. Aber es konnte doch
nicht fehlen, daß die Partei des Alkibiades ihren Vorteil aus
dem Sturz des Strategenkollegiums zog, das im letzten Frühjahr Alkibiades und seine Freunde aus ihrer leitenden Stellung
verdrängt hatte. Alkibiades' Rückberufung wurde jetzt in
Athen lebhaft erörtert [1], und wenn auch bei der Tyrannen-
furcht der Menge diese Agitation erfolglos blieb, so war doch
Alkibiades' Freund Adeimantos unter den neuen Strategen,
die zum Ersatz der hingerichteten Feldherren erwählt wurden.
Auch Theramenes wurde gewählt, seine Wahl aber bei der
Prüfung vor Gericht kassiert [2]. Kleophons Einfluß blieb nach
wie vor in Athen maßgebend. An die Spitze der Flotte traten
Konon, Adeimantos und Philokles; im Frühjahr wählte man
noch drei andere Strategen hinzu, Menandros und Tydeus,
die bereits in Sicilien befehligt hatten, und Kephisodotos,
der jetzt zum ersten Male hervortritt. Die Feldherren sollten
täglich im Oberbefehl abwechseln, wodurch natürlich jede
Einheitlichkeit der Leitung verloren ging [3].

---

wurf daraus, daß er sich gegen die Anklage der Strategen verteidigte (wenn
Kritias das bei Xen. *Hell.* VI 3, 32 tut, so ist das etwas ganz anderes), während
sie von Thrasybulos kein Wort sagen. *Cet animal est très méchant, quand on
l'attaque, il se défend.* Und doch hat Theramenes die Strategen zu entlasten
versucht (Xen. *Hell.* I 7, 6). Wohl aber ist klar, daß die Strategen sich selbst
um die Rettung der Schiffbrüchigen hätten bekümmern müssen, und es gibt
überhaupt nichts Verächtlicheres, als wenn ein Vorgesetzter seinen Untergebenen zum Sündenbock machen will. Perikles und Diomedon, die Gentlemen
waren, hatten das zu verhindern gesucht (Xen. *Hell.* I 7, 17). — Aristokrates
ist wahrscheinlich nicht identisch mit dem gleichnamigen Taxiarchen, der an
Theramenes Seite die Herrschaft der Vierhundert stürzen half, sondern mit
dem *CIA.* I 188 erwähnten Strategen der Flotte auf Samos, vgl. meine *Att.
Politik* S. 327 und unten 2. Abt. § 112.

  [1] Aristoph. *Frösche* 1422 ff.
  [2] Lysias 13 (g *Agorat.*) 10, vgl. meine *Attische Politik* S. 90.
  [3] Xen. *Hell.* I 7, 1, über den Wechsel im Oberbefehl Diod. XIII 106.
Tydeus (der Name ist in Athen selten) ist zweifellos identisch mit dem in der
Rede *für Polystratos* 26 erwähnten athenischen Befehlshaber in Katane; Menandros wird derselbe sein, der im Frühjahr 413 Nikias im Befehl vor Syrakus
beigeordnet wurde (Thuk. VII 16).

In Sparta mußte die Niederlage bei den Arginusen einen noch tieferen Eindruck machen, als einst die Niederlage bei Kyzikos. Damals waren nur die leeren Schiffe verloren gegangen; jetzt betrug der Verlust über 70 Trieren mit der ganzen Bemannung, gegen 14 000 Mann; noch keine Schlacht dieses Krieges hatte auch nur annähernd solche Opfer gekostet. Und Sparta selbst war besonders schwer betroffen; denn von den 10 Schiffen, die es gestellt hatte, hatte nur eins sich zu retten vermocht. Athens Hilfsquellen aber schienen unerschöpflich und das Ende des Krieges ferner als je. Schon vor zwei Jahren, nach Alkibiades' Erfolgen am Bosporos, hatte man Verhandlungen angeknüpft, zunächst zum Austausch und der Auslösung der Gefangenen[1]; jetzt entschloß man sich, noch einmal den Frieden anzubieten, natürlich wieder auf der Grundlage des gegenwärtigen Besitzstandes, die allein möglich war. Aber Kleophon war nach dem neuen glänzenden Siege weniger als je geneigt, einem Frieden zuzustimmen, der Athens Machtgebiet nicht im vollen Umfange wieder herstellte; und auf seinen Betrieb wurden die lakedaemonischen Vorschläge abgewiesen[2].

Kyros und die ionischen Bundesgenossen der Peloponnesier verlangten nun, daß Lysandros wieder an die Spitze der Flotte gestellt würde, der einzige Mann, der sich bisher in der Leitung des Seekrieges bewährt hatte; und Sparta konnte sich dieser Forderung nicht entziehen. Es gab allerdings ein Gesetz, wonach niemand mehr als einmal im Leben die Nauarchie bekleiden durfte; man half sich also damit, daß man Lysandros zwar nicht den Titel, wohl aber die Kompetenz eines Nauarchen gab[3]. Die reichlichen Hilfsgelder, die Kyros nun zahlte, machten es Lysandros leicht, die bei den

---

[1] S. das von Usener, *Fleckeisens Jahrb.* CIII, 1871, S. 311 ff. hergestellte Fragment Androtions (Archon Εὐκτήμων, 408/7).
[2] Aristot. ΑΤΤ, 34, 1, vgl. Aristophanes am Schlusse der *Frösche*. Grote (VIII S. 1 A.) würde die Richtigkeit dieser Angabe kaum bezweifelt haben, hätte ihm statt der Scholien zu Aristophanes der Text der 'Αθηναίων πολιτεία selbst vorgelegen.
[3] Xen. *Hell.* II 1, 6 f., Plut. *Lys.* 7, näheres unten 2. Abt. § 115.

Arginusen erlittenen Verluste zu ersetzen; freilich erforderte
die Rüstung Zeit, und erst im Hochsommer 405 war die peloponnesische Flotte imstande, wieder die Offensive zu ergreifen [1]. Sie wandte sich nach dem Hellespont, wo Lampsakos mit Sturm genommen wurde. Die Athener folgten
sogleich und legten sich Lampsakos gegenüber am Ufer des
thrakischen Chersones auf der offenen Reede von Aegospotamoi vor Anker; im Vertrauen auf ihre überlegene Seetüchtigkeit glaubten sie den Rückhalt eines befestigten Platzes
entbehren zu können. An Stärke standen die beiden Gegner
sich annähernd gleich; die Athener hatten 180, die Peloponnesier gegen 200 Trieren; aber Lysandros weigerte sich
die Schlacht anzunehmen, welche der Feind ihm anbot, und
blieb mit seinen Schiffen unbeweglich im Hafen von Lampsakos. Erst am fünften Tage schritt er unvermutet zum
Angriff, eben als die Athener, durch sein langes Zögern sicher
gemacht, sich am Lande zerstreut hatten. Rasch durchschnitt
die peloponnesische Flotte die schmale Meerenge; den Athenern
blieb keine Zeit, ihre Schiffe zu bemannen oder gar sich in
Schlachtordnung aufzustellen. So fiel die athenische Flotte
fast ohne Widerstand in die Hände des Feindes; nur 20 Schiffe
mit dem Strategen Konon entkamen. Von der Bemannung
der übrigen Flotte rettete sich der größte Teil nach Sestos
und anderen Plätzen des Chersones; immerhin machte der
Sieger viele Tausende von Gefangenen. Die Athener darunter,
3000 Mann, ließ Lysandros in Lampsakos hinrichten, zur

---

[1] Die Stärke der athenischen Flotte gibt Xen. *Hell.* II 1, 30 auf 180 Schiffe
an, Diod. XIII 104, 2 auf 173, von denen 20 bei Samos zurückgeblieben wären
(die letztere Angabe bestätigt durch *CIA.* IV 2, 1); die peloponnesische Flotte
war nach Plut. *Lys.* 9 der athenischen an Zahl der Schiffe ungefähr gleich, nach
Xenophon II 2, 5 zählte sie nach der Schlacht 200 Trieren. Vor Athen hatte
Lysandros dann, nach manchen Entsendungen, noch 150 Trieren (Xen. *Hell.*
II 2, 9). Eine Aufzählung der einzelnen Kontingente und ihrer Führer gibt
Paus. X 9, 7—10 nach dem delphischen Siegesdenkmal; die Inschriften dieses
Denkmals sind jetzt bei den Ausgrabungen wieder aufgefunden (Homolle,
Bull. Corr. Hell. XXI, 1897, S. 284 ff. Pomtow, *Athen. Mitt.* XXXI, 1906,
S. 505. Inschrift der Statue Lysandros' in Delphi *Jahrb. Arch. Inst.* XVII, 1902,
Anz. S. 18).

Repressalie für Barbareien, welche von athenischer Seite gegen peloponnesische Gefangene verübt worden waren. Nur Adeimantos wurde verschont; wie man meinte, weil er die Flotte an Lysandros verraten hätte (August / September 405) [1].

Nie ist ein großer Sieg mit geringeren Opfern gewonnen worden; ohne ein Schiff, ja, fast ohne einen Mann einzubüßen, hatte Lysandros die ganze athenische Flotte vernichtet. Der Krieg war entschieden; Athen besaß jetzt keine Mittel mehr, eine neue Flotte auszurüsten. Selbst die wenigen aus der Niederlage geretteten Schiffe gingen Athen zum Teile verloren; denn Konon wagte es nicht, seinen Mitbürgern vor Augen zu treten, und suchte mit 8 Trieren Zuflucht bei dem Athen befreundeten Könige von Salamis auf Kypros, Euagoras [2]. Überall brach nun die athenische Herrschaft zusammen; die festen Plätze des Reiches ergaben sich ohne Widerstand, um so mehr, als Lysandros den Besatzungen freien Abzug gewährte. So fiel erst Sestos, dann Byzantion, dann Mytilene; zehn Schiffe genügten, um das ganze athenische Thrakien zur Unterwerfung unter Sparta zu bringen. Von allen Bundesstädten hielt nur Samos fest an der Treue gegen Athen [3].

Eine der geretteten Trieren brachte die Nachricht von der Vernichtung der Flotte nach dem Peiraeeus. Es war schon dunkel, als das Schiff in den Hafen einlief; aber die Unglücksbotschaft verbreitete sich noch am selben Abend gleich einem Lauffeuer durch die ganze Stadt; und wie ein Zeitgenosse berichtet, vermochte niemand in dieser Nacht ein Auge zu schließen. Jetzt stieg die Erinnerung herauf an all die Frevel,

---

[1] Xen. *Hell.* II 1, Plut. *Lys.* 7—13, *Alk.* 36 f., Nepos *Lys.* 8, Polyaen. I 45, 2, Diod. XIII 104—106. Der Schlachtbericht Diodors weicht in wesentlichen Punkten von Xenophon ab und ist größtenteils wertlos. Von Adeimantos' Verrat spricht auch Lysias 14 (*gAlk.* I) 38, vgl. Dem. *vdGes.* 19. In den 12 geretteten Schiffen, von denen Lys. 21 (ἀπολ. δωροδ.) 11 spricht, sind offenbar die 8 Trieren nicht einbegriffen, die Konon nach Kypros führte, vgl. Isokr. *gKallim.* 59. Über die Zeit unten 2. Abt. § 103.

[2] Xen. *Hell.* II, 1, 29, Diod. XIII 106, 6. Athenisches Ehrendekret für Euagoras aus der Zeit von 407 bis 405 *CIA.* I 64.

[3] Xen. *Hell.* II 2, 1—6, Plut. *Lys.* 13, Diod. XIII 106.

die Athen in der Zeit seiner Macht gegen andere hellenische
Städte verübt hatte; man gedachte der Bürger von Melos,
von Skione, von Torone, die man zum Tode geführt, deren
Weiber und Kinder man in die Knechtschaft verkauft hatte,
der Bewohner von Aegina und Histiaea, die man von Haus
und Hof hinweg ins Elend getrieben. Wie, wenn die Sieger
jetzt gleiches mit gleichem vergalten? Aber man war entschlossen, was auch kommen möge, wenigstens mit Ehren
zu fallen. Die Stadt wurde also in Verteidigungszustand
gesetzt, allen denen, die wegen ihrer Teilnahme an der oligarchischen Bewegung des Jahres 411 oder als zahlungs-
unfähige Staatsschuldner politisch rechtlos geworden waren,
wurden ihre vollen Rechte zurückgegeben, den treuen Samiern
das athenische Bürgerrecht verliehen. Nur die Verbannten
zurückzurufen, konnte man sich auch jetzt nicht entschließen [1].

Bald erschien Lysandros mit 150 Schiffen im Saronischen
Busen; er nahm Aegina ein, und legte sich dann vor den
Peiraeeus. Gleichzeitig führte König Pausanias, der seinem
Vater Pleistoanax vor vier Jahren (409/8) auf dem Thron
der Agiaden gefolgt war, das Gesamtaufgebot der Peloponnesier
nach Attika, wo er sich mit den Truppen vereinigte, die unter
Agis Dekeleia besetzt hielten. Beide Könige rückten nun
vor Athen und schlugen ihr Lager bei der Akademie, in un-
mittelbarer Nähe der Mauern auf. Sie mußten sich allerdings
überzeugen, daß die Stadt mit Gewalt nicht zu nehmen war;
das peloponnesische Heer kehrte also mit Anbruch des Winters
in die Heimat zurück, und nur die Flotte blieb, um Athen
die Zufuhr zur See abzuschneiden. Nach einigen Monaten,
etwa im Januar, begannen in der volkreichen Stadt die Vorräte knapp zu werden, und jetzt endlich bequemten sich
die Belagerten zur Unterhandlung [2]. Athen erklärte sich

---

[1] Xen. *Hell.* II, 2, 3 f. Der Volksbeschluß über die Rehabilitierung der
ἄτιμοι bei Andok. *vdMyst.* 77—79, vgl. Xen. *Hell.* II 2, 11, Lysias 25, 27; der
Beschluß über die Verleihung des Bürgerrechts an die Samier *CIA.* IV 2, 1 b.
Einsichtige Politiker hatten beide Maßregeln schon längst empfohlen; vgl.
Aristoph. *Lysistr.* 582 ff., *Frösche* 689 ff.

[2] Xen. *Hell.* II 2, 5—11, Diod. XIII 107, Isokr. 18 (*gKallim.*) 60 f.

bereit, auf das Reich bis auf Samos und die Kleruchien zu verzichten und mit Sparta in Bund zu treten. Auf solche Anerbietungen konnten die Sieger natürlich nicht eingehen; sie forderten Niederreißung der langen Mauern auf eine Strecke von 10 Stadien (gegen 2 km) und Abtretung aller auswärtigen Besitzungen bis auf Lemnos, Imbros und Skyros, wo seit einem Jahrhundert eine athenische Bevölkerung ansässig war und es keine alten Bewohner mehr gab, die man hätte zurückführen können. Aber Kleophon konnte sich noch immer in die Lage nicht finden; auf seinen Antrag beschloß das Volk, niemanden anzuhören, der es wagen würde, für einen solchen Frieden zu sprechen [1].

Das war ja nun offener Wahnsinn; denn Athen hatte von keiner Seite Hilfe zu erwarten, und nur ein Wunder hätte die Stadt retten können. Jede Verlängerung des Widerstandes also konnte nur die Folge haben, die Forderungen der Sieger zu steigern, ja, die Gefahr lag nahe, daß Sparta, wenn die Verhandlungen einmal abgebrochen waren, ihre Wiederaufnahme überhaupt ablehnte und Unterwerfung auf Gnade und Ungnade forderte. Das abzuwenden, erbot sich Theramenes, als Gesandter zu Lysandros zu gehen, um den Versuch zu machen, bessere Bedingungen zu erwirken; er wußte natürlich sehr wohl, daß er nichts erreichen würde, aber es galt, die Verhandlungen hinzuziehen, bis das Volk zur Besinnung gekommen wäre. So blieb Theramenes drei Monate in Lysandros' Hauptquartier, während die Hungersnot in Athen immer höher stieg und zahlreiche Opfer hinwegraffte. Theramenes' Freunde waren indessen nicht untätig; die Friedenspartei bekam im Rate das Übergewicht, Kleophon wurde vor Gericht gestellt, unter der Anklage, seine Pflicht als Offizier nicht erfüllt zu haben, und wie die Strömung in Athen jetzt ging, gelang es, seine Verurteilung und Hinrichtung durchzusetzen [2].

---

[1] Xen. *Hell.* II 2, 12—15, Lys. 13 (g *Agorat.*) 8, Aesch. *vdGes.* 76, Plut. *Apophth. Lakon.* 22 S. 233. Bei der Aufnahme der Samier in den Bürgerverband hatte sich Athen, wie natürlich, verpflichtet, keinen Frieden zu schließen, in dem Samos nicht einbegriffen wäre (*CIA.* IV 2, 1 b).

[2] Xen. *Hell.* II 2, 16, Lysias g*Eratosth.* 68 ff., g*Agorat.* 9—12. 20, g*Nikom.*

Der Hauptgegner des Friedens war damit aus dem Wege
geräumt. Theramenes kehrte nun nach Athen zurück und
wurde sogleich an der Spitze einer Gesandtschaft nach Sparta
gesandt, mit unbeschränkter Vollmacht zum Abschlusse des
Friedens. Natürlich konnte von Bedingungen, wie sie vor
vier Monaten bewilligt worden wären, jetzt nicht mehr die
Rede sein. Ja, die Korinthier, Thebaner und andere spartanische Bundesgenossen stellten die Forderung, daß Athen
zerstört, seine Bürger in die Sklaverei verkauft würden [1].
Von solcher Barbarei war Sparta weit entfernt [2]; hat doch
Sparta seit der Eroberung Messeniens niemals eine hellenische
Gemeinde vernichtet. Athen wurde also der Frieden gewährt;
es behielt seine Unabhängigkeit und blieb im Besitze seines
attischen Landgebietes mit Einschluß von Salamis. Dagegen
mußte es alle auswärtigen Besitzungen abtreten, die Befestigungen des Peiraeeus und die langen Mauern, die den
Hafen mit der Stadt verbanden, niederreißen, seine Kriegsschiffe bis auf 12 ausliefern, die Verbannten zurückrufen
und sich Sparta gegenüber zur Heeresfolge verpflichten [3].

10—13. Daß Kleophon vor Theramenes' Rückkehr aus Sparta hingerichtet
wurde, sagt Lys. *gAgoratos* 12; da er aber die beiden Gesandtschaften des Theramenes zu Lysandros und nach Sparta zusammenwirft, so steht nichts im Wege,
die Hinrichtung Kleophons schon vor die Rückkehr des Theramenes von Lysandros zu setzen, was aus inneren Gründen sehr wahrscheinlich ist. Nach Schol.
Aristoph. *Frösche* 679 wäre Kleophon Stratege gewesen, daß er wenigstens
Offizier war, werden wir annehmen müssen, da er für ein Vergehen zum Tode
verurteilt wurde (λειποστρατίου), das für einen gemeinen Soldaten nur eine
partielle Atimie im Gefolge gehabt hätte (vgl. *Rh. Mus.* XXXIX, 1884, S. 255 f.);
auch kann doch ein Mann in Kleophons Stellung nicht wohl als gemeiner Soldat
gedient haben.

[1] Xen. *Hell.* II 2, 19; 3, 8, VI 5, 35. 46, Plut. *Lys.* 15, Andok. *vdMyst.* 142,
vFr. 21, Isokr. 14 (*Plat.*) 31 f., 18 (*gKallim.*) 29.

[2] Iustin. V 8, 4. Es ist eine höchst ungerechtfertigte Behauptung (Polyaen.
I 45, 5), Sparta habe Athen verschont, um sich daran einen Stützpunkt gegen
Theben zu schaffen. Ganz im Gegenteil, politisch hätte es für Sparta gar nichts
Vorteilhafteres geben können als die Zerstörung Athens.

[3] Xen. *Hell.* II 2, 20, Plut. *Lys.* 14 (gibt den Beschluß der Ephoren im
Wortlaut), Andok. *vFr.* 12, Diod. XIII 107, XIV 3. Nach Diodor und Aristot.
ATT. 34, 3, vgl. Iustin. V 8, 5, hätte der Vertrag die Bestimmung enthalten,
daß in Athen die πάτριος πολιτεία bestehen solle; das Friedensinstrument

Am Tage nach Theramenes' Rückkehr ratifizierte ein Volksbeschluß diese Bedingungen, und Lysandros fuhr mit der peloponnesischen Flotte in den Peiraeeus ein, am 16. Munichion (April / Mai 404). Lysandros begann jetzt sogleich die langen Mauern niederzureißen, unter dem Jubel seiner Bundesgenossen; sie meinten, daß nun endlich die Freiheit der Hellenen gesichert sei. Sie sollten bald genug inne werden, daß sie nur den Herrn gewechselt hatten [1].

Es blieb noch übrig, Samos zur Unterwerfung zu bringen. Lysandros ging also nach kurzem Aufenthalt in Athen dorthin unter Segel und begann die Belagerung. Die Bürger verteidigten sich mit dem Mut der Verzweiflung; wußten sie doch daß sie durch die greuelvolle Revolution des Jahres 412 (oben S. 385) jeden Anspruch auf Schonung verwirkt hatten. Natürlich war auch hier aller Widerstand nutzlos; nach einigen Monaten mußte die Stadt sich ergeben. Den Bürgern wurde freier Abzug bewilligt, die vor 8 Jahren vertriebenen Grundeigentümer kehrten in die Heimat zurück und traten wieder in den Besitz ihrer Güter [2].

Indessen hatten in Athen die Parteien gehadert. Die heimgekehrten Verbannten drängten auf den Umsturz der Demokratie, und sie fanden Unterstützung bei den leitenden Männern des Rates. Auch Theramenes hoffte sein altes Ideal, eine gemäßigte Oligarchie, jetzt noch einmal verwirklichen zu können. Demgegenüber rüsteten sich die Demokraten zur Abwehr, an ihrer Spitze die Strategen Strombichides aus Euonymia und Eukrates aus Kydantidae, ein Bruder des Nikias; es scheint, daß es darauf abgesehen war, die Führer der oligarchischen Partei aus dem Wege zu räumen. Doch wurde die Sache noch rechtzeitig dem Rat hinterbracht, der

bei Plutarch enthält nichts darüber, und aus *Lys. gEratosth.* 70 ff. ergibt sich deutlich, daß die Verfassungsfrage erst nach Lysandros' Rückkehr aus Samos zur Sprache kam.

[1] Xen. *Hell.* II 2, 21 f., Plut. *Lys.* 14 f. (hier auch das Datum, vgl. Thuk. V 26, 3).

[2] Xen. *Hell.* II 3, 6 f., Diod. XIV 3, 4 (vorgreifend erzählt er die Belagerung schon XIII 106, 8), Plut. *Lys.* 14. Die Vertriebenen wurden zum Teil in Ephesos und Notion aufgenommen (*CIA.* II 1 b S. 393).

die Häupter der Verschwörung sogleich in Haft nehmen ließ. Trotzdem glaubten die Oligarchen ohne militärischen Rückhalt nicht zum Ziele kommen zu können. Sie sandten also Botschaft an Lysandros nach Samos, und dieser lief nun mit seiner Flotte zum zweitenmal in den Peiraeeus ein. Jetzt wurde eine Volksversammlung einberufen, in der Theramenes den Antrag stellte, die Demokratie aufzuheben und zu der Verfassung zurückzukehren, die „zur Zeit der Väter‟ bestanden hatte. Natürlich erhob sich eine heftige Opposition; da aber trat Lysandros auf und erklärte, daß Athen den Frieden gebrochen habe; denn noch ständen die langen Mauern, obgleich die zu ihrer Niederreißung gewährte Frist bereits verstrichen sei; nur bei Annahme der Vorschläge des Theramenes sei er bereit, die Verletzung des Vertrages zu verzeihen. Dieser Drohung gegenüber verstummte der Widerstand, und es wurde eine provisorische Regierung von dreißig Männern eingesetzt, mit dem Auftrage, die neue Verfassung auszuarbeiten (Mittsommer 404). Die Wahl fiel natürlich auf die von Theramenes und dem leitenden Ausschuß der Oligarchen bezeichneten Kandidaten. Nun wurde die Schleifung der Befestigungen des Peiraeeus und der langen Mauern vollendet, und die Kriegsschiffe an Lysandros ausgeliefert; dieser entließ die Flottenkontingente der Bundesgenossen in ihre Heimat und fuhr selbst mit den erbeuteten Schiffen und Trophäen nach Gytheion, dem Seehafen Spartas. Der lange Krieg war beendet [1].

---

[1] Xenophon berichtet nichts über die Ereignisse in Athen zwischen der Kapitulation und der Einsetzung der Dreißig. In die Lücke treten Diod. XIV 3, Aristot. ΑΠ. 34, 3 und namentlich Lysias gEratosth. 71—78 und gAgoratos 15—35. Daß die demokratische Verschwörung erst nach der Kapitulation erfolgte, ist evident; denn als Theramenes aus Sparta zurückkam, war die Hungersnot derart, daß nur ein Wahnsinniger an weiteren Widerstand hätte denken können. Dazu kommt dann, daß zu der Zeit als Agoratos die Verschworenen denunzierte, die Blockade des Peiraeeus nicht mehr bestand (Lys. gAgor. 25), und daß die Verhaftung der Verschworenen nicht lange vor der Einsetzung der Dreißig erfolgt ist, da erst der von diesen berufene Rat das Urteil gesprochen hat. Das hat bereits Grote gesehen. Auch Lysias widerspricht nur scheinbar: denn die ἐκκλησία περὶ τῆς εἰρήνης gAgor. 17 ist identisch mit der gEratosth. 71

Die Einsetzung der Oligarchie in Athen war das letzte
Glied in einer Kette politischer Umwälzungen, welche den
Sturz der Demokratie in fast dem ganzen Umfang des früheren
attischen Reiches zur Folge gehabt hatten. Überall waren
es die besitzenden Klassen gewesen, deren Einfluß den Über-
tritt der Gemeinden auf die peloponnesische Seite bewirkt
hatte [1]; es konnte nicht fehlen, daß die Gewalt von da an mehr
und mehr in ihre Hände überging. So in Chios während der
Belagerung durch die Athener [2]. Auch die athenischen Oligarchen hatten bei der Revolution des Jahres 411 mit Erfolg
dahin gearbeitet, die Macht in den Bundesstädten so viel als
möglich in die Hände ihrer politischen Freunde zu bringen;
und diese Regierungen hielten sich mit Unterstützung der
Peloponnesier zum Teil auch nach dem Sturz der Vierhundert
in Athen [3]. Ließ aber die Demokratie sich nicht auf ver-
fassungsmäßigem Wege beseitigen, so schreckten die Oligarchen auch vor gewaltsamem Umsturz der bestehenden
Verfassung nicht zurück, wobei sie sicher waren, an den peloponnesischen Garnisonen einen festen Rückhalt zu finden.
So kehrten im Jahre 408 mit Hilfe des lakedaemonischen
Nauarchen Kratesippidas die Verbannten nach Chios zurück
und schickten nun ihrerseits die Demokraten in die Ver-

erwähnten ἐκκλησία, in der die Dreißig eingesetzt wurden. Für die Schleifung
der langen Mauern und des Peiraeeus muß den Athenern ein paar Monate Frist
gegeben worden sein; diese Frist war verstrichen, als Lysandros von Samos
zurückkehrte und die Dreißig gewählt wurden. Daß aber die oligarchische
Regierung erst unter Pythodoros eingesetzt ist, wie Aristoteles angibt (ΑΠ.
35, 1), ist nicht ganz richtig, aus dem einfachen Grunde, weil niemand sein
eigener Vater sein kann, und Pythodoros erst von den Dreißig gewählt ist;
was ich *Philol.* XLIII, 1884, S. 264 darüber bemerkt habe, hat auch heute noch
Geltung. Aber allerdings wird die Verfassungsänderung gegen Ende des Jahres
des Alexias erfolgt und Pythodoros gleich damals ins Amt getreten sein. Den
Ergebnissen der Untersuchung von Schwartz *Rh. Mus.* XLIV (1889) 104 ff.
kann ich nach dem Gesagten nicht zustimmen; mit Recht polemisiert Boerner
dagegen (*De rebus a Graecis 410—403 gestis*, Dissert. Gött. 1894 S. 49 ff.),
dessen Ansicht über die Zeit der Verschwörung freilich ebenso unhaltbar ist.

[1] So in Chios (Thuk. VIII 9, 3), in Rhodos (VIII 44, 1).
[2] Thuk. VIII 38, 3.
[3] Thuk. VIII 64 f.

bannung [1]. Aber erst Lysandros hat die Verfassungsreform im oligarchischen Sinne konsequent durchgeführt. Schon während seiner ersten Nauarchie hatte er mit den oligarchischen Klubs in den kleinasiatischen Städten enge Fühlung genommen [2]; sobald er dann im Frühjahr 405 zum zweitenmal an die Spitze der peloponnesischen Flotte getreten war, begann er ans Werk zu schreiten. In Milet erfolgte auf seinen Betrieb eine Erhebung der Oligarchen, bei der eine große Anzahl der angesehenen Demokraten ermordet oder in die Verbannung getrieben wurde [3]. Nach dem Siege von Aegospotamoi wurden überall in den eroberten Städten Regierungskollegien von 10 Männern — sog. Dekarchien — eingesetzt und dieselbe Verfassungsreform dann auch, so weit als möglich, in den alten Bundesstaaten durchgeführt. Die Mitglieder dieser Regierungen wurden den zuverlässigsten Parteigenossen entnommen, ohne Rücksicht auf vornehme Geburt oder Reichtum [4]; daß sie durchweg der wohlhabenden und gebildeten Klasse angehörten, ist selbstverständlich.

So war denn die Herrschaft der besitzlosen Masse fast im ganzen Umkreis der griechischen Welt hinweggefegt worden. Die Demokratie hielt sich noch an wenigen Punkten, in Argos, Mantineia und Elis, in Kyrene, auf Kerkyra und in Unter-Italien. In Syrakus herrschte die Militärdiktatur, im griechischen Osten lag die Macht fast überall in den Händen der Besitzenden, der „edlen und guten" (καλοὶ κἀγαθοὶ), wie sie selbst sich nannten. Sie sollten jetzt zeigen, ob sie ein Recht hatten, auf diesen Namen Anspruch zu machen.

---

[1] Diod. XIII 65, Xen. *Hell.* III 2, 11.

[2] Diod. XIII 70, Plut. *Lys.* 5.

[3] Diod. XIII 104, Plut. *Lys.* 8. An den Dionysien, also wahrscheinlich im Frühjahr 405.

[4] Plut. *Lys.* 13, Xen. *Hell.* II 3, 7, III 4, 7, Diod. XIV 13.

Printed in Great Britain
by Amazon